Hans P. Sturm

Widerspiegelung des Geistes II/6

Altindische Vierfüßler (चतुष्पात्)

Hans P. Sturm

WIDERSPIEGELUNG DES GEISTES II/6

Altindische Vierfüßler (चतुष्पात्)

Bhārata's
antik-philosophische Prinzipienlehre(n)
oder Wie man aufrecht auf allen Vieren geht

Edition Verstehen – Augsburg 2019

FSC
www.fsc.org
MIX
Papier aus verantwortungsvollen Quellen
Paper from responsible sources
FSC® C105338

Bibliographische Information der Deutschen Nationalbibliothek:
Die Deutsche Nationalbibliothek verzeichnet diese Publikation in der Deutschen Nationalbibliographie; detaillierte bibliographische Daten sind im Internet über http://dnb.dnb.de abrufbar.

Sturm, Hans P.
Widerspiegelung des Geistes II/6. Altindische Vierfüßler (चतुष्पात्). Bhārata's antik-philosophische Prinzipienlehre(n) oder Wie man aufrecht auf allen Vieren geht
Augsburg – Edition Verstehen
Verlag der Gesellschaft für transkulturelles Verstehen e.V. 2019
www.getrav.de & www.getrav.org
ISBN 978-3-937736-09-9

Satz: Hans P. Sturm
Umschlag: Hans P. Sturm
Thematisches Cover-Emblem: Heiko Helbig
Diagramme und Tabellen incl. Nachgestaltungen von solchen aus der Forschungsliteratur: Hans P. Sturm

Herstellung: BoD - Books on Demand, Norderstedt
Printed in Germany

ISBN 978-3-937736-09-9

सर्वं ह्येतद्ब्रह्मायमात्माब्रह्म
सोऽयमात्मा चतुष्पात् ॥

„Wahrlich, all dies ist Brahman,
dieser Ātman ist Brahman,
er, dieser Ātman, ist vierfüßig/vierteilig.“[1]

---

[1] Māṇḍūkya-Upaniṣad 2, ⟨ed.⟩ J. L. Shastri, Upaniṣatsaṃgrahaḥ, p. 20: *sarvaṃ hy-etad-brahma-ayam-ātmā-brahma so-'yam-ātmā catuṣ-pāt* ‖.

Inhaltsverzeichnis

Abbildungen, Diagramme, Tabellen

Vorbemerkung zu den Teilbänden II/2-7

Da Gedankengang und Gesamtsinn des auf neun Bände konzipierten Werkes ›Widerspiegelung des Geistes‹ im theoretischen Grundlegungsband I entfaltet und erörtert wurden, im Einleitungsband der 7-teiligen Abteilung II zudem die spezifischen formalen Konventionen, der wissenschaftliche Stand und Zustand der derzeitigen ‚Philosophie' generell wie ihrer speziellen interkulturellen Spielart, die allgemeine Verfaßtheit dessen, worauf Philosophie gründen sollte oder müßte, wissenschaftliche Rationalität und intellectuelles Verständnis, Wahrheitssuche und Wahrhaftigkeit, aber auch in einer Hinführung der Gegenstand, das Themengebiet der nun zu leistenden Forschungsarbeit dargestellt und diskutiert wurden, werde ich in den folgenden Büchern des Teilbands II auf weitere einleitende Worte und Erläuterungen verzichten und nur diesen Vorbemerkungs-Text hier mit minimalen Anpassungen zusammen mit dem Abstract zum jeweiligen Faszikel wiedergeben.

Leser, deren Interesse auf einzelne Themengebiete und bestimmte philosophische Schulen oder Richtungen gewisser Zeitabschnitte meiner strukturell wie gleichermaßen historiodoxographisch ausgerichteten Studien begrenzt ist, werden gebeten, sich das zum Verständnis hilfreiche, in mancherlei Hinsicht notwendige Vorwissen an den einschlägigen Stellen der vorangegangenen Bände zu verschaffen.

Vom Standpunkt des Selbstdenkers aus betrachtet verhält es sich keinesfalls so, daß beim nun anhebenden Durchgang durch das Schrifttum der antiken Stiftertraditionen dessen, was von den Hellenen Philosophie genannt wurde, die Erkenntnisse zur Thematik der »Strukturtheorie der Re–flexion« nicht zu vertiefen, aspektuell zu erweitern und zu ergänzen wären, und sich die Erschließung des gesamten folgend vorzustellenden Gedankenmaterials erübrigen würde. Vielmehr birgt dessen Studium einen mehrfachen Gewinn.

Erstens dient es zur Einübung in die Kunst der Re–flexion, d. h. des transzendentalen Denkens (Meta-Metatheorie); zweitens verschafft es Einblicke in die diesbezüglichen Fertigkeiten von Geistern anscheinend unterschiedlichster Voraussetzungen und Ausrichtungen (Kulturen, Weisheitstraditionen, Religionen, Weltanschauungen); drittens erschließt sich durch die re–flexionsstrukturelle Methode in ihrer Bi-Aspektualiät a) als Technik des Aufweises kognitiver Prinzipien und b) dessen sprachliche, thetisch-antithetische Formelhaftigkeit eine verblüffende Hermeneutik, die durch die Anwendung der beiden stufenartigen Einteilungsraster den Aufbau von betrachteten Gedankengebäuden durchleuchtungsartig freilegt; viertens und letztens schärft es die Einsicht in den ‚Sinn' des Seins und Daseins und versetzt dadurch in die Lage, durch eine entsprechende Lebensführung selbst nicht nur Philo-Soph zu sein, sondern Weiser, σοφός (*sophós*), ज्ञानिन् (*jñānin*), 聖人 (*shèng rén*) zu werden, wahrhafter Mensch (etymologisch von idg. *√men*, skr. *√man*, gr. *maínō*, *manthánō*, lat, *memini*, *mens*, *mentior*, dt. ausdenken, meinen, Mensch): Erdichter, Meinender, Geistwesen, Weiser.

Abstract zum Faszikel II/6

Von den bis zum vorliegenden Teilband behandelten okzidental-orientalischen Prinzipien- bzw. Hypostasenspekulationen aus knüpfen wir an die Thematik des Beginns unserer Studie zu Grundformen der nach heutiger Historio-Doxographie ersten Philosophien Griechenlands (Vorsokratiker) und Indiens (Vedānta) wieder an, indem wir uns hinsichtlich der Philosophie in Bhārata zunächst den nach derzeitiger Dokumentenlage ältesten und prägenden Schichten der Mytho-Metaphysik Südasiens zuwenden. Konkret geht es dabei um die re-flexionsstrukturelle Auslegung der beiden für die Herausbildung des späteren streng rationalen indischen Denkens wichtigsten sogenannten Weltentstehungshymnen (*bhāva-vṛtta*) des Veda, dem Nāsadīya-Sūkta = ›Ṛg-Veda 10.129‹, und dem Puruṣa-Sūkta = ›Ṛg-Veda 10.90‹. Anschließend daran wird das Prinzip in den Blickpunkt gerückt, das in Mythos und Metaphysik das Absolute in der Relativität manifest (wahr-nehmbar) werden läßt, der Geist als Informations-, Energie- und Materialisationsprinzip, der/das auch in außerindischen Weisheits- und Denktraditionen oft mit der ‚Sprache', dem ‚Wort' oder ‚Namen' (skr. *vāk/nāma* / gr. *lógos* / chin. 名*míng*) in Verbindung gebracht wird, die das Geistige artikulieren.

Es folgen Ausführungen zur Vierfüßigkeit/Viergliedrigkeit des GeistWelt-Wesens im philosophisch strengeren Sinne des Vedānta mit Bemerkungen zu einigen hierfür relevanten Feingliederungs-Elementen der Hindu-Tradition, um schließlich den Buddhismus sowohl in seiner Theravāda- als auch in seiner Mahāyāna-Ausrichtung auf einen äquivalenten Prinzipienaufbau hin zu durchgehen. Hierbei stehen die Theorien von den Vier Füßen/Vierteln des Urgeistes (*catuṣ-pāt*) oder Vier Bewußtseinszuständen (*avasthā/sthāna*) im Vedānta und die analog zu verstehenden GeistWelt-Gebäude (*tri-loka/trai-lokya/tri-dhātu*) des Hīnayāna- oder Theravāda- wie Drei Ansich-Seienden oder Wesensglieder (*tri-svabhāva*) plus drei Modifikationen (*pariṇāma*) des Nur-Bewußtseins (*citta-mātratā, vijñāna-mātratā, vijñapti-mātratā*), insgesamt ein Quadrupel bildend, der Vijñānavāda- oder Yogācāra-Schule des Mahāyāna-Buddhismus, im Fokus. Die theoretischen Grundlagen der Hypostatik des Geist-Buddhismus wurden bereits in Zusammenhang mit der generellen Explikation der Vierfachheit des BewußtSeins samt tetralemmatischer Artikulationsweise mit Hilfe ausgiebiger Re–flexionen zum Madhyamaka-Buddhismus im Band I der ›Widerspiegelung des Geistes‹ auf fast 700 Buchseiten auseinandergesetzt. Aus diesem Grund brauchen sie im Indien-Faszikel hier in ihrer Systematik ebensowenig wie die entsprechenden Lehrgegenstände des Mittelweg-Buddhismus entfaltet zu werden.

Da im Vijñānavāda ausgefeilte Gedanken einer metaphysischen Prinzipienlehre nachzuweisen sind, die auffällige Analogien zum Mittel- und Neuplatonismus zeigen, könnte man geneigt sein, kulturelle Einflüsse anzunehmen, die aus zeitlichen Erwägungen heraus vom Westen auf den Osten postuliert werden müßten. Doch sind auf indischer Seite bisher weder die historischen Daten und Fakten eindeutig bestimmbar noch wurden Dokumente gefunden, die auf Übernahmen schließen ließen. Eine Beschränkung auf die Darstellung einiger verblüffender Ähnlichkeiten von Argumentationsgebilden war allein schon aus diesem Grund gerechtfertigt und muß nicht erst unter Verweis auf die von mir zur Anwendung gebrachte strukturelle Methode begründet werden. Durch ein Vergleichsschema zum Vedānta, Vijñānavāda, Platonismus und der Kabbala aus der Forschungsliteratur werden sie mit einer hohen systemischen Plausibilität versehen.

Nach wenigen umrißhaften Bemerkungen zum Tantrismus folgen dann drei ausführliche Kapitel über Folgegedanken zu den vorausgehenden prinzipientheoretisch orientierten Rekonstruktionen indischer Metaphysik. Eines zur vergleichenden Drei(ein)heits-Spekulation indischer und christlicher Geisttheorie. Dieser Abschnitt reicht in den Bereich des interreligiösen Dialogs und zeigt auf indirekte Weise, wie wenig die daran Beteiligten die metaphysischen Grundlagen, auf denen Religionen stehen, beachten. Das nächste handelt von der Anwendung des noologischen Dreier-/Viererschemas zur Graduierung verschiedener Wirklichkeitsbereiche, wie sie die Hellenen und Inder vornahmen. Durch den Aufweis des Zusammenhangs der Kognitionsmodelle mit einigen ihrer Ausdrucks- und Anwendungsformen: Gesellschaftsklassen, Menschentypen, Lebensformen, Seelenfunktionen usw., für die sie hintergründig als Vorbilder dienen – im Abendland kennt man das vor allem aus Platon's ›Politeia/Staat‹ –, wird zudem auf den Umstand aufmerksam gemacht, daß sie unser Welt- und Selbstverständnis prägen, ohne als solche wahrgenommen zu werden. Zur Einsicht in derartige Entsprechungen sind (intra- wie interkulturell) allerdings Erfahrung im abstrakten Strukturerkennen und Sensibilität für spekulative Ausgestaltungen, die nicht starr verharren, sondern in lebendiger Flexibilität um den formal vorgegebenen, reflektorisch aufzufindenden und dieserart definitorisch festzulegenden Mittelwert oszillieren, erforderlich, nicht nur mechanische Anwendung denkerisch-logischen Rechnens und Schematisierens, aber auch nicht nur Historio-Doxographie, die den Wahrheitsanspruch in dem von ihr Berichteten ignoriert, nivelliert und die existentielle Bedeutung der daraus zu ziehenden Erkenntnisse für uns hier und heute verdeckt. Mit Hilfe der von mir eingeführten Skaleneinteilung müßte die Locierung jeweiliger Kategorien einzelner Argumentationssequenzen auf den richtigen Ordnungsniveaus gedanklicher Hierarchien jedoch einigermaßen problemlos gelingen.

Bei sehr tief gegliederten Skalen wird entweder auf außergewöhnliche Philosopheme oder auf nicht ausschlaggebende, doch erwähnenswerte Elemente eines doktrinalen Systems oder Subsystems aufmerksam gemacht, um den meine Ausführungen genau Mitvollziehenden anzudeuten, daß sie an dieser Stelle besonders nachdenklich sein, kritisch prüfen und sich ihr eigenes Urteil bilden sollten.

Um die Frage nach dem Zusammenhang zwischen philosophischer Theorie und Praxis, dem Reflektieren und speziell dem ureigenen philosophischen Vollzug der Geistesschulung, ist es uns im abschließenden Kapitel zu tun. Diese stellen wir nicht nur hinsichtlich der allenthalben festzustellenden Parallelität von Erkenntnisstruktur und paideutisch-meletischer Methode (*sādhana*) dar, wobei die Antwort eindeutig ist, sondern auch hinsichtlich der aus dem Traditionsbestand ableitbaren Vermutung, daß die denkerisch oft unerklärliche und unverhältnismäßig erscheinende Differenziertheit von Prinzipienlehren mit ihrem Einsatz für die spirituell-kontemplative Praxis einhergeht. Die Antwort darauf wird mehr oder weniger den Interessierten selbst überlassen. Um sie ihnen zu erleichtern, lege ich natürlich auch dazu Belege aus der antiken Philosophie, West und Ost, vor. Der Korrelativität von Ebenen der Re-flexionsstruktur und Graden praktischer Geistesschulung in der chinesischen Philosophie habe ich im Faszikel II/7 zum Daoismus ein eigenes, nicht gerade kurzes Kapitel gewidmet.

Das gesamte Projekt der Strukturtheorie der Re-flexion ist, das muß hier noch hervorgehoben werden, nicht als existentiell bedeutungslose akademische Gedankenakrobatik zu verstehen, nicht als für irgend jemand unnachvollziehbare, aus irgend vorhandenen okkulten Sphären gewonnene Eingebung, nicht als die Objektwissenschaften aufheben wollenden Irrationalismus. Es handelt sich dabei lediglich um die Restitution des Wissens in Minimal- und Fundamentalform und die daraus zu ziehenden Konsequenzen, Philo-Sophie.

1 ›Veda‹ als Wissens- und Weltordnung

Es mag so manchem gelehrten Zeitgenossen unserer Breiten vorkommen, als machte ich mit dem Titel dieses Buches eine meiner unernsten Bemerkungen. Doch muß ich den zu erwartenden Vorwurf zurückweisen, indem ich betone, daß die indische Spekulation von ihren Vorläufern und Anfängen an die Bezeichnung vierfüßig (*catuṣ-pāt*) verwendet, um die Prinzipien-Unterteilung der SpiritualRealität in vier Viertel (*catuṣ-pāt*) sprachlich zu fassen. Daß die Sprache des Veda parallel dazu selbst vierfüßig über die Lippen geht, möchte ich nebenbei noch vorwegnehmend anfügen.

Selbstverständlich ist die Vierfältigkeit der indischen Urlehren auch in den Buddhismus übergegangen. Damit soll nicht gesagt sein, daß sie von diesem einfach nur übernommen wurde, sondern daß die Buddhisten sowohl kanonischer (Theravāda/Hīnayāna) als auch reformierter Ausrichtung (Mahāyāna) auf dieser Basis entwickelter Denkkultur durch Spekulation und Intuition auf dieselben Strukturen des Geistigen stießen wie ihre Vorläufer und orthodoxen Konkurrenten. Im folgenden werden nun also die verschiedenen Ausdrucksformen dieser Vierfachheit vorgestellt und interpretiert. Ausgenommen ist davon, wie bereits erklärt, nur die Mittelwegschule (Madhyamaka) des Großen Fahrzeugs; die Arbeit dazu habe ich bereits in ausführlicher Form geleistet und der Fachwelt in einem opus maximum, das von dieser hartnäckig ignoriert wird, vorgelegt. Abgeschlossen wird der folgende Über- und Einblick mit einer Zusammenschau von antiken Gliederungsversuchen der Wirklichkeit, die wohl dadurch zustandekamen, daß das theoretische Modell in der Art einer Schablone an gewisse

Bereiche der Realität angelegt wurde. Dabei konnte ich aufgrund unübersehbarer Übereinstimmungen nicht umhin, einen vergleichenden Blick auf die hellenische Philosophie zu werfen.

Wenn ich in Zusammenhang mit der (asiatischen) Philo-Sophie, von Wissens- und Weltordnung spreche, hat das nichts mit einer einseitigen positiven Charakterisierung, ja Bewertung des Alls zu tun, wie sie insbesondere von Protagonisten und Anhängern abrahamitischer, durchaus aber auch anderer Religionen und Ideologien vertreten wird. Mit Blick auf das Ziel, Sophía, ist eigentlich das gerade Gegenteil der Fall. Was für gewöhnlich als Schöpfung oder Universum bezeichnet wird, ist nichts anderes als die Verkehrung des Absoluten ins Relative, das Eine verkehrt/pervertiert (*unum versum*)[1], eine Vernichtung, die Bestimmung des Unbestimmbaren, Negation durch Vereinseitigung des Ne-utralen. Darauf trifft mit Fug und Recht die Einsicht Arthur Schopenhauers zu: „Aber so ein Gott J e h o v a , der *animi causa* [aus Lust] und *de gaieté de coeur* [frohen Herzens] diese Welt der Noth und des Jammers hervorbringt und dann noch gar sich selber Beifall klatscht, mit πάντα καλὰ λίαν [alles sehr gut], – Das ist nicht zu ertragen."[2] Wenn nach Platon das überseiende (*epékeina tẽs ousías*) Gute (*agathón*) das ist, was sein soll, was notwendig, richtig (*tò agathòn kaì déon*) und wünschens-/wählenswert (*tò ʻairetón*) ist,[3] sagt er im Umkehrschluß, daß das, was ist, das Nicht-Gute ist, das Unnütze, Falsche, Unerwünschte, Zu-Meidende.

---

1 Cf. F. W. J. v. Schelling, Schellings Werke, 12.90 (Philosophie der Mythologie): „U n i v e r s u m (denn dieß Wort bedeutet eben nichts anderes als das gleichsam umgewendete Eine … – unum versum)."

2 A. Schopenhauer, Arthur Schopenhauers sämtliche Werke, 5.326.15-19 (Parerga und Paralimpomena 2, Kap. 12 § 156), meine Übersetzungen in eckigen Klammern und Akzentuierung des Griechischen; das „alles ist sehr gut" zitiert Gn 1.31.

3 Cf. Platon, Phaidon 99c6; idem Philebos 22a5-22e4.

1.1 Nichts und Urkeim, Urwesen und Urlichtmeer. Zwei ur-indische Klassifikationsschemata des BewußtSeins

Der indeuropäische Idealtypus geist-kosmischer Mehrfachgefüge ist bis in den Hymnus 10.90 des ›Ṛg-Veda‹ zurückzuverfolgen, das ›Puruṣa-Sūkta‹. Es tradiert eine Ausprägung des weltweit verbreiteten Mythos eines primordialen, göttlichen, ja übergöttlichen Urmenschen- oder Urgeistwesens (*puruṣa*) als non-manifester Einheit und intakter Ganzheit. Prinzipiell ist der Puruṣa, und nur Er, immer schon alles (*púruṣa evédáṃ sárvaṃ*), doch ist Seine Herrlichkeit und Macht so gewaltig, daß Er selbst noch darüber hinausragt (*etā́vān asya mahimā áto jyā́yāṃś ca púruṣaḥ*).[4] Dadurch sind schon die ursprünglichen indischen Spekulationen über Gott und das All jeglicher Pantheismus-Unterstellung enthoben, um wieviel mehr aber erst die darauf fußenden wohlreflektierten metaphysischen Entwürfe.[5] Prinziphaftes Prinzip wird das ungeborene Ursubjekt in einer Art Selbsterschaffung mittels der von Ihm, als einem Prinziplosen, ausgehenden Ur- oder Geistmaterie. Aus der Opferung dieses geborenen Gott-Menschen gehen durch Zerstückelung seines Körpers die Erscheinungen der Welt, jede aus einem bestimmten Teil, und damit die Welt selbst als gestaltete (Makranthropos), hervor.

(ϒ4) „Aus Ihm [Puruṣa, dem Urgeistwesen] entstand
(ϒ3) die (Aus-)Strahlende/Glitzernde, aus der (Aus-)

---

4 Cf. Ṛg-Veda 10.90.3ab, ⟨edd.⟩ B. van Nooten / G. B. Holland, p. 531, ⟨ed.⟩ T. Aufrecht, 2.387.

5 Was Pantheismus ist, und was nicht, klärt kurz und bündig und ein für allemal A. K. Coomaraswamy, 'Pantheism', Indian and Neo-Platonic, und damit, wie ich im Anschluß daran zu behaupten wage, daß es sich bei vielen derer, denen der Pantheismus-Vorwurf gar so leicht über die Lippen geht, um Propagandisten handelt.

Strahlenden/Glitzernden danach
(ϒ2½) der Puruṣa; geboren überstrahlte er
(ϒ1) die Erde nach hinten/Westen
(ϒ2) und nach vorne/Osten.“[6]

„*Purusha* ist das erste Mal das Urwesen (*Âdipurusha,* wie Sây. richtig erklärt) (ϒ4), das zweite Mal der Erstgeborene (dem *Hiraṇyagarbha* 10,121,1, sowie dem spätern *Nârâyaṇa* entsprechend) (ϒ2½/ϒ2). Das Zwischenglied, die Urmaterie, erscheint hier als *Virâj* (nach Sây. ‚der Leib des Brahman-Eis‘ (ϒ3), während der aus der Virâj geborene Purusha von ihm als die dasselbe regierende, individuelle Seele (ϒ2) aufgefaßt wird). *Virâj* (bisher nur in der Bedeutung ‚glänzend‘, ‚herrschend‘ sowie als Name einer Metrums vorkommend) wird hier zur mythologischen Personifikation der Urwasser, welche schon 10,121,9 ‚die großen, glänzenden‘ hießen und (wohl im Anschluß daran) hier als *Virâj* ‚die nach allen Seiten Strahlende‘ bezeichnet werden.“[7] Um einen zusätzlichen Aspekt der in alle

---

6 Ṛg-Veda 10.90.5, ⟨edd.⟩ B. van Nooten / G. B. Holland, p. 531, ⟨ed.⟩ T. Aufrecht, 2.388: *tásmād virā́ḷ ajāyata virā́jo ádhi pū́ruṣaḥ* | *sá jātó áty aricyata paścā́d bhū́mim átho puráḥ* ||; mit meiner erläuternden Ergänzung in eckigen Klammern.

7 P. Deussen, Allgemeine Geschichte der Philosophie, 1.1.153–154, meine Einfügung von Ordnungszahlen ohne Paragraphierung. „Sây.“ ist die Abkürzung für Sāyaṇa, einen gefeierten Kommentator der Veden am Ende des Mittelalters. Allein aufgrund der Schwankung der Bedeutungen und Funktionen der einzelnen kosmogonisch-kosmologischen Faktoren in verschiedenen Texten muß die im Zitat anklingende Apodiktizität, mit welcher ihre Ordnung wie Zuordnung behauptet wird, eingeschränkt werden, auch wenn ich sie für diese Stelle für einigermaßen zutreffend erachte. Wie viele mythisch-metaphysische Konzepte nimmt auch das der Ausstrahlenden, Glänzenden, Gloriosen, Brillanten, Exzellenten, Überragenden, Herrlichen und Herrschenden (*virāṭ*) in der langen und vielschichtigen Geistestradition Indiens unterschiedliche Bedeutungen an und somit auch unterschiedliche Ränge in den Hierarchien der konkurrierenden und sich gegenseitig beeinflussenden Weltanschauungen ein.

Richtungen kräftig Ausstrahlenden (*vi-* √*rāj*), der Geisthimmel-Lichtflut, in den Blick zu bekommen, den der »Welt« äußernden Sprache, darf ich eine weitere Forscherstimme zu Wort kommen lassen. Zum hier betrachteten Mantra 5 des ›Urmenschenlieds‹ gibt sie folgenden Kommentar: „Hier wird gesagt (..), daß aus Puruṣa (ϒ4) Virāj (ϒ3) emanierte; dann wurde aus Virāj Puruṣa geboren, ein kosmisches Wesen (ϒ2½). Dieser Puruṣa (= Nārāyaṇa), Sohn des hyperkosmischen Mannes und der Wasser, i.e. der uranfänglichen himmlischen Lichtsee Virāj, die die hyperkosmische Vāc [Sprache] (ϒ3) ist (ṚV. 1, 164, 41f., etc.; X, 189, 3), wurde in einem Opfer, das von den Demiurgen (Göttern oder Ṛṣis) ⟨ϒ2½?⟩ ausgeführt wurde, geschlachtet und in die Vielheit des kontingenten Kosmos zerstückelt (ϒ2/1).“[8]

Dieses Zeugnis altindischer Genesismythologie läßt sich in Teilen wahrhaft geisttheoretisch lesen. In seinen beiden Anfangsstadien erinnert es an die Licht-Metaphysik, die in Platon's Sonnengleichnis zur Darstellung kommt, nämlich der Identifikation des Allerersten mit dem Lichtspender, der Sonne selbst, und der Gleichsetzung des davon Herkommenden, des Lichtglanzes, mit der Helle, dem Licht, das die Sonne verstrahlt und das Medium darstellt, in dem und durch das alles zur Sichtbarkeit bzw. Erkennbarkeit gelangt. „Weder scheint dort die Sonne noch Mond und Sterne, noch leuchten da diese Blitze, um wieviel weniger diese Feuer. Nur dieser [Ātman] glänzt (ϒ4), alles [sonst] glänzt [nur] nach [reflektiert]. In

8 M. Falk, Nāma-Rūpa and Dharma-Rūpa, p. 3; meine Skalierung ohne Paragraphierung und Übersetzung des Fachterminus in eckigen Klammern; ṚV. steht für Ṛg-Veda. Weitere alte Stellen zu *Vāk* = *Virāṭ* sind aufzufinden in eadem, Il mito psicologica nell' India antica, Indice analitico, s.vv. *Virāj, Vāc, acque, Oceano.*

dessen Strahlen (ϒ3) widererstrahlt diese ganze Welt (ϒ2/1).“[9]

Ich bitte diesbezüglich, sich zudem an den hypostatischen Ausstrahlungskegel und die Lichtglanzmetaphorik von Plotin zurückzuerinnern.[10] Um den Doxographen und Philosophiehistorikern moderner Prägung, die von der selbstverständlichen Undenkbarkeit eines irgendwie gearteten geistformalen Zusammenhangs beider Muster ausgehen, zusätzlichen Anlaß dafür zu geben, die Ausführungen hier mit Überlegenheit und Verachtung abzutun, möchte ich auf die weitere Entsprechung zwischen der platoni(sti)schen Seele und deren Körper, den Kosmos, und dem an den Kosmos gebundenen, mit Vernunft teilenden und selbst zerteilt, zerstückelt werdenden indischen Schöpfergottmenschen aufmerksam machen, die aus Sāyaṇa’s (14. Jh.), von Deussen herangezogenem Kommentar zusätzliche Überzeugungskraft zieht.

Die arischen Varianten des Mythos, germanische und römische inclusive, sind eingehend erforscht.[11] Neben den indo-iranischen und griechischen[12] wurde auch auf eine altrussische

---

9 Kaṭha-Upaniṣad 2.5.15 = 2.2.15, ⟨ed.⟩ J. L. Shastri, Upaniṣatsaṅgrahaḥ, p. 9: *na tatra sūryo bhāti na candra-tārakaṃ na-imā vidyuto bhānti kuto'yam-agniḥ | tam-eva bhāntam-anubhāti sarvaṃ tasya bhāsā sarvam-idaṃ vibhāti* ||; cf. Śvetāśvatara-Upaniṣad 6.14; Muṇḍaka-Upaniṣad 2.2.10; Bhagavad-Gītā 15.6, 15.12; cf. R. Guénon, L'Homme et son devenir selon le Vêdânta, pp. 54-56, 70-72, 81-84, 204-205, ⟨engl.⟩ pp. 36-38, 48-50, 57-59, 136-137, wo der Lichtstrahl mit *buddhi* (Intellect) ≈ *mahat* (Großes), *trimūrti* (Götterdreigestalt), der Brücke zwischen *puruṣa* und *jīvātaman* (Individualseele) wie auch mit dem Alexandrinischen Lógos in Verbindung gebracht wird.

10 Cf. H. P. Sturm, Die vier Wissenskonstituenzien (in) der spätantiken westlichen (?) Spekulation, pp. 129-130.

11 B. Lincoln, The Indo-European Myth of Creation, bietet eine konzise Übersicht über vorhandene, auch nachfolgend von mir genannte Arbeiten und ihre ausführliche Diskussion mit Literaturhinweisen.

12 Cf. A. M. Frenkian, PURUṢA – GAYŌMARD – 'ΑΝΘΡΩΠΟΣ; A. Olerud, L'idée de macrocosmos et de microcosmos dans le Timée de

hingewiesen.[13] Bemerkungen zu eventuell verwandten Mythen des Judentums, Chinas und mehreren ähnlichen, doch angeblich nicht verwandten, die Babyloniens und der Molukkeninsel Ceram z. B., fehlen nicht.[14] Anläßlich dessen muß man konstatieren, daß die Mythenforschung in Sachen Transkulturalität der Philosophiewissenschaft um einiges voraus ist, auch wenn die Überschreitung der Grenze zwischen der arischen und der außerarischen Kultursphäre bisher kaum gewagt wurde und die diesbezüglichen Abhängigkeitsverhältnisse besagter Kosmogonien immer noch kaum erforscht und somit unklar sind, was meinen strukturspezifischen Forschungsresultaten gegenüber unbedeutend, ja bedeutungslos ist, vielmehr von diesen ein Impetus zur Erforschung weiterer Zusammenhänge ausgehen könnte.

Während die Puruṣa-Gestalt von einer doxographischen Richtung als Urahn der chinesischen Sagenfigur Pángŭ (盤古),[15] des Urriesen, aber auch Urzwergs, angesehen wird, der – nach gewissen Legenden – aus einem Ei geboren wurde und starb, als er das Universum aus dem Chaos gemeißelt hatte, worauf aus seinen Körperteilen die irdischen und erdnahen Phänomene entstanden,[16] geht eine andere von der These aus, die Idee von der Zerteilung Gottes (bzw. des Gottmenschen)

Platon, pp. 114–128, 136–156.

13 Cf. S. Schayer, O filozofowaniu Hindusów, pp. 482–486 (A Note on the Old Russian Variant of the Purushasûkta).

14 Cf. B. Lincoln, The Indo-European Myth of Creation, pp. 123[14/15]–124.

15 Cf. H.-s. Hoàng-sy-Quý, Le mythe indien de l'Homme cosmique dans son contexte culturel et dans son évolution, pp. 136–139, 142; bestätigend B. Lincoln, The Indo-European Myth of Creation, pp. 123–126.

16 Kurzdarstellung bei E. T. C. Werner, Myths and Legends of China, pp. 76–81; D. A. Mackenzie, Myths of China and Japan, pp. 258–267.

sei sowohl von Indien wie von China aus einer gemeinsamen Quelle in Zentralasien übernommen worden.[17]

Die neueste Forschung verlegt den Ursprung solcher Mythologeme hingegen in die vedische Zivilisation, weil diese noch weiter in die Vergangenheit zurückreiche als die des Alten Orients.[18] „Viele Elemente, speziell populäre ikonographische und folkloristische Details, die in China in den Gesamtmythos von P'an-ku aufgenommen wurden, verraten nicht nur eine Ähnlichkeit mit den indischen Themen von Purusa-Prajapati, sondern auch mit Sintflut-Themen südlicher Lokalkulturen. … Die sicherste Bewertung dieser Faktoren ist, daß die Mythen von der Sintflut und dem kosmischen Riesen, während sie verschiedene mythische Kreise darstellen, von den Taoisten dem allgemeinen philosophischen und religiösen Thema von *hun-tun* [Chaos/Ur(kloß)suppe] als kosmischer Eierkalebasse einverleibt wurden."[19]

Die Diskussion um den Pángǔ-Mythos im Kontext von Urwesenmythen verschiedenster Kulturen[20] eröffnet sehr weite Horizonte möglicher Detailforschung und erweist die diesbezügliche Zurückhaltung in den letzten Jahrzehnten als echtes Versäumnis. Dies wird schon an der Nebenbemerkung eines Experten deutlich, daß die kabbalistische Schöpfungslehre von Isaak Luria (1534–1572), die Zusammenziehung des Göttlichen in sich (צִמְצוּם *zimzum*) zum Zwecke der Erschaffung der Welt in den so entstandenen Hohlraum, zusammen mit der

[17] Cf. D. A. Mackenzie, Myths of China and Japan, p. 265.

[18] Cf. N. Kazanas, Indo-Aryan Origins and other Vedic Issues, pp. 187–276, zum Verhältnis Altindiens zu Mesopotamien und Ägypten.

[19] N. J. Girardot, Myth and Meaning in Early Taoism, p. 195; cf. o.c., pp. 191–197; über das Ur-Chaos (混沌 *hùn-dùn*) wird ausführlich im Faszikel II/7 gehandelt werden.

[20] Cf. D. A. Mackenzie, Myths of China and Japan, pp. 260–266; N. J. Girardot, Myth and Meaning in Early Taoism, pp. 275–310.

Vorstellung von der Gestalt des Zwitters Tumtum und des Golem, gewissermaßen einen Kommentar zur daoistischen Schöpfungslehre darstelle. „Eine historische Erklärung für diese merkwürdige semantische und phonetische Ähnlichkeit ist ohne Zweifel unwahrscheinlich. Aber bei der gegebenen starken Kongruenz in der mythologischen Struktur wie einer Konvergenz in der religiös-mystischen Ausrichtung ist die seltsame Sympathie zwischen dem taoistischen *hun-tun* und dem kabbalistischen *ẓimẓum* ein Sachverhalt, der weitere vergleichende Überlegungen verdient."[21]

Das vedische ›Loblied vom (ersten/göttlichen) Menschen‹ schildert nun nicht nur den doppelten Anfang des Urwesens und den Vorgang der Glied-für-Glied-Verstümmelung, der opferrituellen Dimensionierung seines kosmosgebundenen Wesensaspekts durch die Götter, Seligen und Poiēten (*devā́ .. sādhiyā́ ṛ́ṣayaś ca*) – sich selbst? –, in einer Vorschau dazu gibt es uns zudem noch eine Art Grobgliederung, die zeigt, in welchen Schichtungsverhältnissen es zu denken ist. Dabei handelt es sich um eine Zweiteilung, in die eine Tetramerie eingeschrieben ist. Folgende, an die Huldigung des mesopotamischen Gottkönigs Gilgamesch: „Zwei Drittel an ihm sind Gott,

[21] Cf. N. J. Girardot, Myth and Meaning in Early Taoism, p. 299. Genaue Korrespondenzen zum kabbalistischen Zimzum sieht G. Scholem, Die jüdische Mystik in ihren Hauptströmungen, p. 290, im System des Basileides und im gnostischen ›Buch des großen Logos‹. A. K. Coomaraswamy, Ṛgveda 10.90.1 *áty atiṣṭhad daśāṅgulám,* p. 147[5], stellt mit Verweis auf Śatapatha-Brāhmaṇa 11.2.3.3, ⟨ed.⟩ A. Weber, p. 838 (von mir im Kapitel 2 des Faszikels II/2, cf. H. P. Sturm, Prinzipien-Triadik oder Prinzipien-Tetradik?, pp. 52–53, innerhalb einer ganz anderen Thematik textnah paraphrasiert), fest, daß die Theorie des Rückzugs Gottes, um den Raum freizumachen, in den hinein Schöpfung, Offenbarung und Verkörperung vollbracht werden kann, schon im späten Vedentum vorfindlich ist. Ähnliches versucht E. Röth, Geschichte unserer Abendländischen Philosophie, 2.657–659, vor 150 Jahren für die Ägypter und Orphiker (Wasserblase, Schale, Weltei im unendlichen Urraum) in einer freien Interpretation aufzuweisen.

doch sein (drittes) Drittel, das ist Mensch."[22] erinnernden Verszeilen sind darin zu lesen:

(♈1) „Ein Fuß/Viertel von Ihm ist alle/s Wesen/Seiende,
(♈2-4) drei Füße/Viertel von Ihm sind unsterblich im Himmel. Mit drei Füßen ist der Urmensch hoch erhaben,
(♈1) ein Fuß/Viertel von Ihm ward wiederholt/dagegen hier (seiend)."[23]

Dieser Ausspruch des ›Ṛg-Veda‹ erhellt die Morphologie eines wesentlichen Teils indischer Kosmos-, d.h. Ordnungs- und Richtigkeitsvorstellungen (ved. *ṛta*,[24] klassisch skr. *dharma*). In der »Bhagavad-Gītā« wird die Vierfüßigkeit des Urwesens variiert, wodurch sich unsere Skalierung aus einem leicht geänderten Blickwinkel bestätigt.
„Zwei sind diese Urmenschen [Puruṣa-s] in der Welt,

(♈2½) der vergängliche
(♈3) wie der unvergängliche;
(♈1/2) der vergängliche wird alle Wesen,
(♈3) der oben stehende wird der Unvergängliche genannt.
(♈4) Der Höchste Urmensch [Puruṣottama] aber ist ein anderer, genannt der »Höchste Ātman« [Paramātman];

---

[22] Gilgamesch-Epos, Tafel 1.48, ⟨tr.⟩ S. M. Maul, p. 47.

[23] Ṛg-Veda 10.90.3c-4b, ⟨edd.⟩ B. van Nooten / G. B. Holland, p. 531, ⟨ed.⟩ T. Aufrecht, 2.387-388: *pā́do 'sya víśvā bhūtā́ni tripā́d asyāmṛ́taṃ diví* ‖ *tripā́d ūrdhvá úd ait púruṣaḥ pā́do 'syehā́bhavat púnaḥ* |. Cf. Chāndogya-Upaniṣad 3.12.6, ⟨ed.⟩ J. L. Shastri, Upaniṣatsaṅgrahaḥ, p. 50.

[24] Cf. J. Miller, The Vision of Cosmic Order in the Vedas; N. Kazanas, Indo-Aryan Origins and other Vedic Issues, p. 73; dazu in Gegenüberstellung zur Notwendigkeit (*anágkē*) bei Platon: idem, The Dialogues of Plato and the Upaniṣad-s, pp. 23-25.

(ϒ1/2) die Dreifachwelt [*bhū*/Erde (ϒ1), *bhuvar*/Zwischenraum (ϒ1½), *svar*/Himmel (ϒ2)]
(ϒ3) durchdrungen habend, trägt er sie als der unveränderliche Gott-Herr [Īśvara].
(-ϒ1/2) Weil ich jenseits des Vergänglichen bin
(-ϒ3) als auch das Unvergängliche überragend,
(ϒ4) werde ich in der Welt und im Veda als Höchster Urmensch [Puruṣottama] gefeiert.“[25]

Die dem Urwesen entsprechende Untergliederung ist auch hinsichtlich der Rede, Sprache, des Logos (*vā́k*) bekannt. Sie ist eingeteilt (*párimitā*) in vier Viertel/Füße (*catvā́ri padā́ni*); nur die wissenden Brahmanen (*brāhmaṇā́ yé manīṣíṇaḥ*) kennen (*vidur*) sie; drei Viertel (*trī́ṇi*) bleiben verborgen (*gúhā*), ungeäußert/unbewegt (*néṅgayanti*), das vierte der Sprache, des Lógos (*turī́yaṃ vācó*), ist, was die Menschen reden (*manuṣyà vadanti*).[26] Die Übereinstimmung ist nicht nur mir aufgefallen.

[25] Bhagavad-Gītā 15.16–18, ⟨ed./tr.⟩ S. Gambhīrānanda, pp. 609–612: *dvāv-imau puruṣau loke kṣaraś-ca-akṣara eva ca | kṣaraḥ sarvāani bhūtāni kūtastho 'kṣara ucyate || uttamaḥ puruṣas-tv-anyaḥ paramātmety-udāhṛtaḥ | yo lokatrayam-āviśya bibharty-avyaya īśvaraḥ || yasmāt-kṣaram-atīto 'ham-akṣarād-api ca-uttamaḥ | ato 'smi loke vede ca prathitaḥ puruṣottamaḥ ||*. Einteilung der Dreiwelt (*lokatraya*) nach Śaṅkara, Bhagavad-Gītā-Bhāṣya 15.17, Samata Edition, 6.445; K. N. Upadhyaya, Early Buddhism and the Bhagavadgītā, pp. 382–383, führt weitere Interpretationen an, da es nicht klar ist, was mit »Dreifachwelt« hier gemeint ist. Normalerweise versteht man unter der Dreiwelt (*loka-traya*) die ersten drei der 7 oder 14 Weltschichten, die in rituellen Anrufungen (*vayāhṛti*) verehrt werden; ihre esoterischen Bedeutungen weichen von den naturalistischen und von Schulrichtung zu Schulrichtung voneinander ab.

[26] Cf. Ṛg-Veda 1.164.45, ⟨edd.⟩ B. van Nooten / G. B. Holland, p. 99, ⟨ed.⟩ T. Aufrecht, 1.152; zum Zusammenhang der Füße der Sprache, der Kuh, deren Fußspuren und der Vierfachheit cf. sehr ausführlich und versiert in der Hindu-Metaphysik, doch nicht immer mit der re-flexionsstrukturellen Rekonstruktion übereinstimmend V. S. Agrawala, The

„Vermutlich ist das, was der Dichter speziell über die göttliche Sprache und die vierfache Unterteilung dachte, analog zu dem über den Puruṣa, dessen eines Viertel unter den Geschöpfen ist und dessen drei Viertel, die unsterblich sind, im Himmel sind, wie es in ṚV.x.90.3 festgestellt wird –“[27].

Damit haben wir ein sprach-, soll heißen, lógosspezifisches Pendant zur eher seins- oder onto-spezifischen Anatomie des kosmisch-überkosmischen Vierfüßlers, der mit drei Füßen im Geistigen und Überirdischen feststeht, nur mit einem Fuß als alles Seiende, alle Wesen, im Kreislauf der Zeit um(her)geht und auf die Erde, d.h. in das Materielle herabsteigt und somit die Dimensionen des bloß Physischen durchmißt, welches kosmogonische Ereignis durch die Erleuchtung des individuellen Bewußtseins wiedergutgemacht werden kann.[28]

Die ›Chāndogya-Upaniṣad‹ beruft sich bei ihrer Gleichsetzung der Gāyatrī-Versfüße mit den Füßen Puruṣa's auf das vedische Vorbild. Sie beläßt dabei zwar das Verhältnis eins zu drei zwischen allem, was auch immer geworden ist (*idaṃ sarvaṃ bhūtam yad-idaṃ kiṃ-ca*), und dem Ungewordenen, erweckt durch die alleinige Erwähnung und damit Betonung des Brahman als Gegenpol zum Manifesten aber den Eindruck, als wäre nur dieser das Transzendente. Indem

---

Thousand-Syllabled Speech, pp. 147–155 (zu Ṛg-Veda 1.164.41: der vierfüßigen Büffelkuh (*gaurī*)), pp. 171-179 (zu Ṛg-Veda 1.164.45: der vierfüßigen Sprache (*vāk*)); L. Renou, Études védiques et pāṇinéennes, 1.9–11 (Les pouvoirs de la parole dans le Ṛgveda).

[27] P. M. Pingle, The Concept of VĀC in the Vedic Literature, p. 287; zu den verschiedenen Unterteilungen von *vāc* und deren Auslegungen cf. o.c., pp. 278–294.

[28] Cf. M. Falk, Nāma-Rūpa and Dharma-Rūpa, pp. 4–14, spirituell einfühlsame Interpretation von ›Ṛg-Veda 1.164‹, auf die ich bereits im Faszikel II/2, H. P. Sturm, Prinzipien-Triadik oder Prinzipien-Tetradik?, p. 54[+42], aufmerksam machte.

(Ϋ4) Brahman qua Fülle und Inaktivität/Nichtwirken (*pūrṇam apravarti*)
(Ϋ1) erstens dem Raum außerhalb des Puruṣa/Menschen (*bahirdhā puruṣād-ākāśo*),
(Ϋ2) zweitens dem Raum im Puruṣa/Menschen (*antaḥ puruṣa ākāśo*)
(Ϋ3) und drittens dem Raum innerhalb des Herzens/Gemüts/Geistes (*antar-hṛdaya ākāśaḥ*)

gleichgesetzt wird,[29] ist zugleich die eindeutig graduierte, viel spätere Fußverteilung der ›Māṇḍūkya-Upaniṣad‹, zu der ich noch kommen werde, vorweggenommen. Noch deutlicher ist die Schwerpunktverschiebung zum vierten Fuß (Ϋ4) in der ›Bṛhadāraṇyaka-Upaniṣad‹ ausgeprägt. Darin werden im gleichen Kontext

(Ϋ1) den ersten acht der drei mal acht Silben und somit dem ersten Fuß der Gāyatrī die drei Sphären der sichtbaren Lebenswelt: Erde (*bhūmir*), Zwischenraum (*antarikṣaṃ*) und Himmel (*dyaur*),
(Ϋ2) den zweiten acht Silben und somit dem zweiten Fuß die drei Veden: Verse (*ṛco*), Opfersprüche (*yajūṃṣi*) und Lieder (*sāmāni*) und
(Ϋ3) den dritten acht Silben und somit dem dritten Fuß die Lebenshauche: Inspiration (*prāṇo*), Exspiration (*apāno*) und ‚Inter'spiration/Zwischenatem (*vyāna*) zugeteilt.

[29] Cf. Chāndogya-Upaniṣad 3.12.1–9, ⟨ed.⟩ J. L. Shastri, Upaniṣatsaṅgrahaḥ, pp. 49–50. P. Deussen, Allgemeine Geschichte der Philosophie, 1.2.111–112; idem, Sechzig Upanishad's des Veda, pp. 105–106, Anmerkung, stützt die Annahme von dieser Eins-zu-drei-Proportion zwischen Immanentem und Transzendentem unter Berufung auf einen Scholiasten; Bemerkungen zum Ordnungsproblem der Prinzipien des gesamten Passus bei D. Bhattacharya, The Doctrine of Four in the Early Upaniṣads and Some Connected Problems, pp. 7–9.

(Y4) Der (imaginäre) vierte Fuß (*caturthaṃ*) ist Das Vierte (*tat-turīyaṃ*). Es ist das Augenfällige/Offensichtliche (*darśataṃ*), hoch erhaben über dem (trüben) Wolkendunst(raum) Leuchtende/Glühende (*paro-rajā ya eṣa tapati/eva-eṣa raja upary-upari tapati*), nicht von irgend etwas/jemand zu Erlangende (*na-eva kena-cana-āpyaṃ*).

(Y5) Damit nicht genug. Vom vierten Fuß aus schreitet der Text nämlich hinauf und hinaus zu einem quasi-fünften oder nullten Fuß, dem Fuß der Fußlosigkeit: „Ihre Huldigung lautet: »Du bist Gāyatrī, bist einfüßig, zwei-, drei-, vierfüßig, fußlos, denn du gehst nicht auf Füßen; Verehrung deinem vierten, augenfälligen/offensichtlichen, über dem (trüben) Wolkendunst(raum) erhabenen Fuße.«“[30]

Daß man hieran eine Umkehrung des Verhältnisses von Transzendentem zu Immanentem ablesen kann, in dem Sinne, daß im Gegensatz zur vedischen Vorlage drei Füße als Welt manifest geworden seien, einer nicht,[31] habe nicht erst ich festgestellt. „Hier haben wir einen der ersten Versuche, das Saṃhitā-Schema der drei himmlischen Viertel und des einen irdischen Viertels umzukehren. Jedoch bleiben andere Grundzüge mehr oder weniger dieselben wie zuvor.“[32] Es stellt sich jedoch die Frage, ob diese Vertauschung nicht auf einer Umstellung der Blickrichtung und damit auf einer Umgewichtung der Schwerpunkte basiert, welche nur die gegenläufigen Orientierungen

---

30 Cf. Bṛhadāraṇyaka-Upaniṣad 5.14.1–7, ⟨ed.⟩ J. L. Shastri, Upaniṣatsaṅgrahaḥ, p. 125; wörtlich übersetzter Text des Verses 7: *tasyā upasthānaṃ gāyatry-asy-eka-padī dvi-padī tri-padī catuṣ-pady-apad-asi na-hi padyase | namaste turīyāya darśatāya padāya paro-rajase.*

31 Cf. P. Deussen, Allgemeine Geschichte der Philosophie, 1.2.112.

32 D. Bhattacharya, The Doctrine of Four in the Early Upaniṣads and Some Connected Problems, p. 6.

des einen philosophischen Weges darstellen, der theoretischen Nachschöpfung und ihres praktischen Rückbaus. Sehen wir von den historio-doxographischen Korollarien der folgend zitierten Einsicht, die ›Chāndogya-Upaniṣad‹ betreffend, ab, dann gewahren wir die Zwiefältigkeit des weisheitlichen Unterfangens in unmißverständlicher Weise. „Die Entdeckung Brahman's im Herzen deutet auf den Trend, Brahman als zu verwirklichende Wahrheit darzustellen, welche letztlich in der Transformation der quaternären Einteilung kosmischen Seins in die Stufung subjektiver Erfahrung resultierte."[33]

Wie man es sich im Kontext indischer Weisheit gar nicht anders vorstellen kann, ist schon in ihrer frühen Schicht, dem ›Veda‹, eine Verbindung der Theorie von der Vierfüßigkeit mit der Praxis der Selbsterkenntnis im Sinne von Selbstverwirklichung, der spirituellen inneren Reinigung des Wahrheitssuchers, innerlich-geistiger Aspekt des vedischen Opfers (*yajña*) neben dem äußerlich-zeremoniellen, ausfindig gemacht worden. „Dieser innere Reinigungsprozeß, der zweite Aspekt von *yajña,* ist, würde ich denken, eng verwandt mit den vier *padāni* (Stadien, Ebenen) von *vāk* 'Sprache' (I 164, 45), die Brahminen, welche Verständnis besitzen, bekannt ist … Die Reinigung war gewöhnlich eine innere Verfeinerung, die jemandes Bewußtsein zur letzten Ebene (der ruhigsten und stillstehenden), die an anderer Stelle »die vierte Heilige-Gebetskraft (*brāhma-*: V 40, 6)« oder *acittaṃ bráhma* (das *brahman* jenseits des Denkens/Begreifens) (I 152, 5) genannt wird."[34]

---

[33] D. Bhattacharya, The Doctrine of Four in the Early Upaniṣads and Some Connected Problems, p. 11.

[34] N. Kazanas, Philosophy and Self-realization in the Ṛgveda, p. 36, Nachweise beziehen sich auf den Ṛgveda; die Stelle zur vierten Gebetskraft, Ṛg-Veda 5.40.6cd, ⟨edd.⟩ B. van Nooten / G. B. Holland, p. 219, ⟨ed.⟩ T. Aufrecht, 1.355, lautet im Original: *gūḷhám sū́ryaṃ támasā́pavratena turī́yeṇa bráhmaṇāvindad átriḥ* (mit Hilfe der vierten Gebetskraft fand Atri die von verdorbener Finsternis verborgene Sonne). Einiges zur

Demnach ergäbe sich folgender Phasenablauf: an unterster Stelle das hörbare, gesprochene Wort der Alltagskommunikation, das inneres und äußeres Handeln bei den Hörern verursacht (ϒ1); im zweiten Stadium die nicht-geäußerten Gedanken in der Vernunft (*manas*), die entweder geäußert werden können oder auch nicht (ϒ2); diese hätten ihren Ursprung im Herzen (*hṛd*), dem dritten Stadium, einem weiteren und feineren Raum, in dem sowohl die Vernunft als auch die ausgesprochene Sprache oder jede andere manifeste Handlung ihre Stätte habe (ϒ3); vierte und feinste Ebene sei das Ungeborene (*aja*), Unvergängliche oder Unzerstörbare (*akṣara*), das Höchste Eine (ϒ4).[35] „Es genügt aber, den Zusammenhang mit einem Ausdruck einer Passage des AV. (VIII. 1, 1) herzustellen, um festzustellen, daß das *turī́yam bráhma* der Endpunkt einer fortschreitenden inneren Verwirklichung ist, deren Etappen durch

(ϒ1) *dhītī́* «Intuition» (welche erlaubt, «das Haupt der Rede zu leiten» *yé ánayan vācó ágram*);
(ϒ2) *mánasā* «Reflexion» (welche erlaubt, «die kosmischen Realitäten zu formulieren» *yé'vadann ṛtā́ni*);
(ϒ3) *tṛtī́yena bráhmaṇā* «das dritte *bráhman*» (das «aufwertet», *vāvṛdhānā́ḥ*);
(ϒ4) schließlich *turī́yeṇa*, das letzte Stadium, das das Recht verleiht, «den Namen der Kuh zu denken» (*amanvata nā́ma dhenóḥ*), gegeben sind.

Es ist kein Zufall, wenn in einer Hymne des RV. X (67, 1)

Selbsterkenntnis unter dem indischen Blickwinkel von *ātma-vidyā* im Verhältnis zu westlichen Konzepten bei G. Vallin, Voie de gnose et voie d'amour, pp. 157-175.

[35] Cf. N. Kazanas, Philosophy and Self-realization in the Ṛgveda, pp. 35-38.

Bṛhaspati, d.h. «der Meister des *bráhman*» selbst «das Vierte» durch analoge Etappen «erzeugt hat»: a. *ṛjú dī́dhyānāḥ* [das Richtige erfaßt habend]; b. *ṛtáṃ śáṃsantaḥ* [die (Ur-)Ordnungen verkündet habend]; c. *vípram padám ... dádhānāḥ* [den Inspirierten/Weisen zur Fußspur gemacht habend]; d. *yajñásya dhā́ma ... mananta* [die Normen des Opfers ersonnen habend]. {Der Terminus des «Vierten» ... ist der Ursprung der Spekulationen über «das Vierte» in den Upaniṣad. ... Andernteils ist das *bráhman* selbst aus vier Teilen zusammengesetzt ... Diese ganze Stufung verbindet sich mit den Stadien von *dhyāna* der Buddhisten, deren «vierter» Zustand, der erhabenste, zum Teil mit dem in einer anderen Folge, den man exakt *brahmavihāra* «göttlicher Verweilzustand» nennt, zusammenfällt.}"[36]

---

[36] L. Renou, Sur la notion de *bráhman*, pp. 10–11; RV = Ṛg-Veda; AV = Atharva-Veda; meine Übersetzung der vedischen Ausdrücke in eckigen Klammern; die Fußnote p. 11[1], die ich nur auszugsweise zitierte, indem ich vor allem die Stellenaufzählung für den Vedānta wegließ, da die meisten Passus davon in meinem Werk selbst bedacht werden, zog ich in den Haupttext und setzte sie zwischen geschweifte Klammern; die Reihenfolge der beiden ersten Argumentteile von ›Ṛg-Veda 10.67.2‹ ist im Original umgekehrt; die Anordnung von L. Renou infolgedessen vom Text her, nach hermeneutischen Kriterien aber auch aus reflexionsstrukturellen Gründen, problematisch. Text von Atharva-Veda 7.1.1 (1745), ⟨ed./rev.⟩ K. L. Joshi, 2.3: „Wer einerseits mit Geisteinsicht den Beginn der Sprache lenkte, andrerseits mit Vernunft die (Ur-)Ordnungen aussprach, sich durch die dritte Brahman-Kraft steigerte/aufwertete, wurde mit Hilfe der vierten des Namens der Kuh bewußt." (*dhītī vā ye anayan vāco agraṃ manasā vā ye 'vadann-ṛtāni* | *tṛtīyena brahmaṇā vāvṛdhānās-turīyena-amanvata nāma dhenoḥ* ‖). Cf. J. Miller, The Vedas, pp. 94–99; N. Kazanas, Philosophy and Self-realization in the Ṛgveda, pp. 37–38 (meine Ergänzung in eckigen Klammern folgt den Begriffserläuterungen im zitierten Artikel; meine Skalierung): „Das erste Stadium, ist, wie gesagt, das hörbare äußere Artikulieren (ϒ1). Das zweite ist die mentale Handlung, die miteinschließt, an eine höhere Macht angeschirrt zu sein. Diese werden summarisch im AV VII 1, 1 mit den Worten *dhīti*, Ableitung von *dhī* [re-flektieren, erwägen, vergegenwärtigen, scheinen, reflektieren, Licht übertragen], und *manas* erwähnt (ϒ2). Dieser Vers gibt dann das dritte Stadium als 'erweitert/ausgedehnt sein' (*vāvṛdhāna*) (ϒ3)

Zusammen mit dem ›Puruṣa-Sūkta‹ verkörpert das Lied 10.129 des ›Ṛg-Veda‹, der ›Nicht-Nichtseinshymnus‹, das Urmuster, wenigstens für einen Hauptstrang des indischen Weltverständnisses, den Vedānta, weshalb die Umrisse beider in diesem Entwicklungszweig subkontinentaler Metaphysik durchgängig präsent bleiben. „*RV* 10.129 ist ein äußerst wichtiger Hymnus. Wenn es Sinn ergibt zu verallgemeinern und die gesamte europäische Philosophietradition als »eine Reihe von Fußnoten zu Platon« (Alfred North Whitehead) anzusehen, könnte man ebenso sagen, daß die gesamte indische Philosophietradition »eine Reihe von Fußnoten zu *RV* 10.[1]29« ist. Fast genauso wichtig ist *RV* 10.90."[37] Dieser Hymnus ist für die darauffolgende, streng überdachte indische Metaphysik in der Tat nur „fast genauso wichtig" wie ›Ṛg-Veda 10.129‹, weil er nicht an die transzendentale Subtilität des letzteren (Rückbezüglichkeit auf den Erkennenden) heranreicht.

Insofern bietet sich der Weltentstehungshymnus (*bhāvavṛtta*) von ›Ṛg-Veda 10.129‹, das ›Nāsadīya-Sūkta‹, geradezu an, vierfältig untergliedert zu werden, wenn das auch nicht ohne Konjekturen, Unschärfen und Überlappungen möglich ist. Um eine Überprüfung meiner spekulativen, doch an den Bildeprinzipien von Weltentstehungssagen und der Kognitionsstruktur orientierten Skalierung zu ermöglichen, gebe ich den Text des Cantus zunächst in Devanāgarī, dann transliteriert und

– während mit dem vierten »der Name der Kuh« wahrgenommen wird (ϒ4)."

[37] C. Lindtner, Madhyamaka Causality, p. 40; RV steht für Ṛg-Veda; Druckfehlerkorrektur in eckigen Klammern von mir; meine Präzisierung der Bezugnahme: A. N. Whitehead, Process and Reality, p. 39; in C. Lindtner, From Brahmanism to Buddhism, wird der überwältigende Einfluß von ›Ṛg-Veda 10.129‹ auf den Buddhismus anhand vieler Textbelege aufgezeigt, wobei auch auf die Kosmogonie vom Uranfang im Pāli-Kanon, Dīgha-Nikāya 27.10–11 (Aggañña-Sutta), ⟨edd.⟩ T. W. Rhys Davids / J. E. Carpenter, 3.84–85, hingewiesen wird.

schließlich in wortwörtlicher Translation wieder. In diese sind dutzende von philologischen Anmerkungen, Übersetzungsvorschlägen und Interpretationsversuchen aus den damit befaßten Fachwissenschaften der Indologie, indeuropäischen Sprachwissenschaft (Indogermanistik) und (vergleichenden) Mythosforschung eingeflossen.

नासदीय सूक्त

नासदासीन्नो सदासीत्तदानीं नासीद्रजो नो व्योमा परो यत् ।
किमावरीवः कुह कस्य शर्मन्नंभः किमासीद्गहनं गभीरं ॥१॥

न मृत्युरासीदमृतं न तर्हि न रात्र्या अह्न आसीत्प्रकेतः ।
आनीदवातं स्वधया तदेकं तस्माद्धान्यन्न परः किं चनास ॥२॥

तम आसीत्तमसा गूळ्हमग्रेऽप्रकेतं सलिलं सर्वमा इदं ।
तुच्छ्येनाभ्वपिहितं यदासीत्तपसस्तन्महिनाजायतैकं ॥३॥

कामस्तदग्रे समवर्तताधि मनसो रेतः प्रथमं यदासीत् ।
सतो बंधुमसति निरविंदन्हृदि प्रतीष्या कवयो मनीषा ॥४॥

तिरश्चीनो विततो रश्मिरेषामधः स्विदासी३दुपरि स्विदासी३त् ।
रेतोधा आसन्महिमान आसन्त्स्वधा अवस्तात्प्रयतिः परस्तात् ॥५॥

को अद्धा वेद क इह प्र वोचत्कुत आजाता कुत इयं विसृष्टिः ।
अर्वाग्देवा अस्य विसर्जनेनाथा को वेद यत आबभूव ॥६॥

इयं विसृष्टिर्यत आबभूव यदि वा दधे यदि वा न ।
यो अस्याध्यक्षः परमे व्योमन्त्सो अंग वेद यदि वा न वेद ॥७॥ [A]

[A] Ṛg-Veda 10.129, ⟨ed.⟩ F. M. Müller, Rig-Veda-Sa*m*hitâ, 4.422–426.

NĀSADĪYA-SŪKTA

Nā́sad āsīn nó sád āsīt tadā́nīṃ nā́sīd rájo nó víomā paró yát |
kím ā́varīvaḥ kúha kásya śármann ámbhaḥ kím āsīd gáhanaṃ gabhīrám ‖ 1 ‖

ná mṛtyúr āsīd amṛ́taṃ ná tárhi ná rā́triyā áhna āsīt praketáḥ |
ā́nīd avātáṃ svadháyā tád ékaṃ tásmād dhānyán ná paráḥ kíṃ canā́sa ‖ 2 ‖

táma āsīt támasā gūḷhám ágre apraketáṃ saliláṃ sárvam ā idám | *tucchyénābhú ápihitaṃ yád ā́sīt tápasas tán mahinā́jāyataíkam* ‖ 3 ‖

kā́mas tád ágre sám avartatā́dhi mánaso rétaḥ prathamáṃ yád ā́sīt | *sató bándhum ásati nír avindan hṛdí pratī́ṣyā kaváyo manīṣā́* ‖ 4 ‖

tiraścī́no vítato raśmír eṣām adháḥ svid āsī́3d upári svid āsī3t | *retodhā́ āsan mahimā́na āsan svadhā́ avástāt práyatiḥ parástāt* ‖ 5 ‖

kó addhā́ veda ká ihá prá vocat kúta ā́jātā kúta iyáṃ vísṛṣṭiḥ |
arvā́g devā́ asyá visárjanena áthā kó veda yáta ābabhū́va ‖ 6 ‖

iyáṃ vísṛṣṭir yáta ābabhū́va yádi vā dadhé yádi vā ná | *yó asyā́dhyakṣaḥ paramé víoman só aṅgá veda yádi vā ná véda* ‖ 7 ‖ [B]

[B] Ṛg-Veda 10.129, ⟨edd.⟩ B. van Nooten / G. B. Holland, p. 554; cf. ⟨ed.⟩ T. Aufrecht, 2.430–431.

„Weder Nichtsein war noch Sein war damals,[38] weder der Wolkendunstraum noch der Himmel darüber.[39] / Was war da stark verhüllend/umherwirbelnd,[40] wo, unter wessen Schutz (-Schirm)? War da Wirksamkeit/Wasser/Nebel? Bodenloser Abgrund(?)(.)[41] *Nā́sad āsīn nó sád āsīt tadā́nīṃ nā́sīd rájo nó víomā paró yát | kím ā́varīvaḥ kúha kásya śármann ámbhaḥ kím āsīd gáhanaṃ gabhīrám* ‖ 1 ‖

Weder Tod noch Unsterblichkeit war zu d(ies)er Zeit, nicht Unterscheidbarkeit von Tag und Nacht. / Selbsttätig/Aus sich

---

38 Die Übersetzung von J. Gonda, Selected Studies, 3.432 (De kosmogonie van Ṛgveda 10, 129): „Weder das undifferenzierte 'Chaos' noch die Wirklichkeit des 'Kosmos' war damals (cf. RV. 10, 72, 2 ; 3); ...“ Erläuterung zur Verwendung des Begriffs „Chaos“ o.c., p. 411, führt zu einer Konfusion oder wenigstens Unschärfe innerhalb der Prinzipienstratifikation, da der Ausdruck »weder Chaos noch Kosmos« gerade das „undifferenzierte Chaos“ (ϒ4) bezeichnen müßte, welcher Begriff bisweilen nicht nur in der daoistischen Philosophie qua 混沌 (*hùn-dùn*) für das Durch-einander von Sein und Nichtsein der Geistsphäre (ϒ3) steht.

39 G. F. McLean, Plenitude and Participation, p. 36, macht darauf aufmerksam, daß wenn man von der traditionellen (inner-)kosmischen Triade von Himmel, Zwischenraum und Erde ausginge, die Abwesenheit der Mittelsphäre (*rájo*) auf das Fehlen der Teilung und Differenzierung von Himmel und Erde deutete.

40 Cf. P. Deussen, Allgemeine Geschichte der Philosophie, 1.1.122: „Wer hielt es in sich verborgen, hüllte es mächtig (intens.) ein? *âvarîvar* von *var,* nicht von *vart,* da die Frage nach dem ersten Beweger ebenso verfrüht wie die nach dem Verhüller passend und durch das Vorhergehende gefordert ist.“ Dagegen die Übersetzung „What stirred“ (Was regte sich?) von W. Doniger O'Flaherty, The Rig Veda, p. 25, mit der Note o.c., p. 26[1]: „Das Verb wird oft verwendet, um die Atembewegung zu beschreiben. Der Vers impliziert, daß die Handlung dem Handelnden vorausgeht.“

41 Als Frage oder Antwort/Feststellung zu verstehen. M. Mayrhofer, Sanskrit-Grammatik, p. 83 ([1]1953), übersetzt: „War dumpf das Dunkel, war das Meer gebannt?“. Ab o.c., Auflage [2]1965, fehlt der Text plus lyrische Übersetzung.

selbst atmete atem-/(wind-)hauchlos dieses Eine/allein[42]; irgend etwas anderes war jenseits von diesem nicht vorhanden. *ná mṛtyúr āsīd amṛ́taṃ ná tárhi ná rā́triyā áhna āsīt praketáḥ | ā́nīd avātáṃ svadháyā tád ékaṃ tásmād dhānyán ná paráḥ kíṃ canā́sa* ‖ 2 ‖

Dunkelheit war von Finsternis verhüllt am Anfang;[43] ununterscheidbares (Meeres-)Wogen war all dies; / was als Werdendes/Keimfähiges/Leere durch Spreu/Leere/Vakuum verborgen war, wurde durch die Macht/Kraft des [hitzigen geistigen] (Aus-)Brütens/Heckens als dieses Eine geboren.[44] *táma āsīt támasā gūḷhám ágre apraketáṃ saliláṃ sárvam ā idám | tucchyénābhú ápihitaṃ yád ā́sīt tápasas tán mahinā́jāyataíkam* ‖ 3 ‖

Verlangen/Liebe überkam dieses zuerst, was des Geistes erster Samen(erguß) war. / Das Band des Seins am/im Nichtsein fanden, im Herzen suchend/forschend, die Dichter/Weisen durch Geisterkenntnis. *kā́mas tád ágre sám avartatā́dhi mánaso rétaḥ prathamáṃ yád ā́sīt | sató bándhum ásati nir avindan hṛdí pratī́ṣyā kaváyo manīṣā́* ‖ 4 ‖

Quer/horizontal hindurch gespannt deren Lichtstrahl/Richtschnur; war denn ein Unten, war denn ein Oben? / Besamer waren, Expansionskräfte waren, Eigenkraft nach unten, Darbringung/Ausdehnung nach oben. *tiraścī́no vítato raśmír eṣām adháḥ svid āsī́3d upári svid āsī3t | retodhā́ āsan mahimā́na āsan svadhā́ avástāt práyatiḥ parástāt* ‖ 5 ‖

---

[42] Ad *ekam* als „allein" siehe Fußnote zu Mantra /3cd/.

[43] Cf. J. Gonda, Selected Studies, 3.418[38], 432 (De kosmogonie van Ṛgveda 10, 129): „Es war Dunkelheit. Von Dunkelheit verborgen war dieses Universum zu Beginn." Ebenso W. H. Maurer, A Re-Examination of Ṛgveda X.129, the Nāsadīya Hymn, pp. 224-225, 234.

[44] Oder: „das allein wurde durch die Macht/Kraft des [hitzigen geistigen] (Aus-)Brütens/Heckens geboren." Cf. W. H. Maurer, A Re-Examination of Ṛgveda X.129, the Nāsadīya Hymn, pp. 223-224[+19].

Wer weiß es sicher, wer kann es hier verkünden, wodurch sie entstanden, woher diese Emanation kam? / Die Götter [kamen erst] herbei durch die Emanation dieser [Welt]; wer weiß dann, woraus sie geworden? *kó addhā́ veda ká ihá prá vocat kúta ā́jātā kúta iyáṃ vísṛṣṭiḥ | arvā́g devā́ asyá visárjanena áthā kó veda yáta ābabhū́va ‖ 6 ‖*

Woraus diese Emanation geworden ist, ob sie geschaffen wurde oder ob nicht – / der, welcher Auf-Seher dieser [Welt] im höchsten Himmel ist, der allein weiß es, es sei denn, auch er weiß es nicht. *iyáṃ vísṛṣṭir yáta ābabhū́va yádi vā dadhé yádi vā ná | yó asyā́dhyakṣaḥ paramé víoman só aṅgá veda yádi vā ná véda ‖ 7 ‖*"

Ein gemessen an seinem Alter philosophischeres, mit größerer rationaler Distanziertheit verfaßtes Gefüge kosmogonischer Konkretionsphasen und Manifestationsprinzipien, weiß ich nicht anzuführen. Die Entstehenszeit des Hymnus wird von der Mehrzahl westlicher und westlich beeinflußter Experten in etwa auf das 10. bis 12. vorchristliche Jahrhundert, nach ihrem Verständnis die spätvedische Periode, datiert. Die Fixierung auf dem Zeitstrahl folgt, wie viele historische Verortungen von Geschehnissen und Dokumenten indischer Kulturentwicklung, gewissen Moden und schwankt entsprechend den jeweils einflußreichen Forschercliquen beträchtlich. Nach hindu-traditionalistischen ist der Veda mindestens five thousand years old. Und diese volkshinduistische Redensart scheinen die neueren und neuesten Resultate unterschiedlicher wissenschaftlicher Disziplinen zu erhärten.[45] Setzt man die Entstehung des Liedes unter Berücksichtigung solcher Datierungen sehr spät an, so

[45] Cf. N. Kazanas, The Ṛgveda Date and Indigenism; idem, A New Date for the Ṛgveda; M. Winternitz, Geschichte der indischen Litteratur, 1.246-258.

könnte sich dafür folglich immer noch das dritte oder vierte vorchristliche Jahrtausend ergeben.

Diese Hymne hat seit ihrem Bekanntwerden in Spezialistenkreisen der Indologie und Indogermanistik große Beachtung gefunden und tiefe Bewunderung hervorgerufen. „Dieser berühmte, nach den Eingangsworten das *Nâsadâsîya*-Lied genannte Hymnus ist in seiner edlen Einfachheit, in der Hoheit und Reinheit seiner philosophischen Anschauungen vielleicht das bewunderungswürdigste Stück Philosophie, welches aus alter Zeit uns überkommen ist.“[46] Daneben hat sie aber auch tiefe Verachtung hervorgerufen. In ihrer Bedeutung als Objektivation der Kognitionsstruktur ist sie bisher unerkannt. Ein nicht unbedeutender Experte zu Beginn ihrer Erforschung läßt sich zur folgend zitierten abschätzigen Einschätzung hinreißen. Die Haltung des Verfassers der Hymne und die Dreistigkeit seines Bestrebens seien zwar überaus bemerkenswert, doch sei hinsichtlich des Erfolgs dieses Bestrebens überhaupt kein Lob zu zollen. „Im Gegenteil weist es die charakteristische Schwäche aller Hindu-Theosophie auf; eine Neigung, Wörter so zu behandeln, als wären sie Dinge, Paradoxon und unlösbaren Widerspruch als Tiefsinnigkeit vorzubringen und anthropomorphe Gottheiten dadurch loszuwerden, daß man dem Universum selbst eine anthropomorphe Personalität zuschreibt. Die uneingeschränkten Lobpreisungen, die ihr als Philosophie und Dichtung erwiesen wurden, sind nachgerade ekelhaft.“[47]

Hier spricht ein Kenner mit Tiefsinn, einem Tiefsinn, der so tief ist, daß man ihn geradezu unterirdisch nennen muß. Dieser Beurteilung, nein Verurteilung durch einen der metaphysischen Urteilsfähigkeit Ermangelnden haben sich einige spätere Forscher bis auf unsere Tage angeschlossen. So schiebt

---

[46] P. Deussen, Allgemeine Geschichte der Philosophie, 1.1.119-120.

[47] W. D. Whitney, The Cosmogonic Hymn, Rig-Veda X. 129, p. CXI.

eine derzeit international führende akademische Vertreterin der Fachwissenschaft Indologie diesen Hymnus, der von tiefstem Einblick in den Bau des BewußtSeins zeugt, mit einer für den Westen geradezu beispielhaften mythologisch-philosophischen Frivolität in das Reich eines tumben Agnostizismus oder Skeptizismus ab: „Er beabsichtigt in vielfältiger Weise zu verblüffen, anzuzweifeln, unbeantwortbare Fragen aufzuwerfen, Paradoxien aufzuhäufen.“[48]

Dagegen erhob ein weltweit anerkannter deutscher Philosoph des letzten Jahrhunderts die Hymne in den Status der Zeitlosigkeit, wo sie gewissermaßen auch hingehört: „... wir sind trotz aller Wissenschaft im Grunde nicht einen Schritt weiter als dieser alte Weise in Indien.“[49] Mein Kommentar dazu lautet, daß man sich glücklich fühlen müßte, wenn man überhaupt so weit wäre. Hingegen ist man durch die Verengung des geistigen Horizonts auf das Objekthafte, eine seit Jahrhunderten grassierende Geisteskrankheit pandemischen Ausmaßes, der ich die Bezeichnung »Objektivitis« gab, weit dahinter zurückgefallen.

In diesem Gesang wird der Vorgang der Weltentstehung, man könnte meinen, sich im um ein Jahrtausend, womöglich noch viel späteren Neuplatonismus zu befinden, Emanation, Ausfließen, Hervorgehen (*visṛṣṭi*) genannt. Und analog zu diesem wird wiederum beschrieben, wie der ungrundartige Ausgangszustand durch die geistige Bemühung und das schließliche Gewahren dieses wieder gefunden wird. Während die Dimorphie dieser Kosmogonie, ihre Untergliederung in eine jenseitig-geistige und eine diesseitig-sinnliche Hemisphäre einigermaßen zu bestimmen ist, sie folgt dem klassisch dualen, mißverständlich nicht selten dualistisch genannten Schema,

---

[48] W. Doniger O'Flaherty, The Rig Veda, p. 25.

[49] K. Jaspers, Chiffren der Transzendenz, p. 12.

das in der griechischen, besonders der eleatisch-platonistischen und griechisch beeinflußten Philosophie wie Theologie und der daoistischen Spekulation nicht weniger deutlich ausgeprägt ist, fällt es, wie die unterschiedlichen Auslegungen vom vedischen Altertum bis in die akademische Gegenwart bekunden, enorm schwer, die überweltlichen und weltlichen Glieder gemäß ihren einzelnen Bestandteilen exakt über- und unterzuordnen, was abgeschwächt wiederum entsprechend für die sogenannte idealistische Richtung der antiken griechischen Gedankenwelt gilt. Hier nun mein Versuch einer skalierten Hypostatik des Liedes:

(ϒ4) Weder-Nichtsein–noch-Sein (*Nā́sad āsīn nó sád āsīt*), das unerkennbare/ununterscheidbare (a*praketáṃ*) Fließen/(Meeres-)Wogen (*salilám̩*), von jedem Erkennungszeichen/Unterscheidbaren, wie Tod und Unsterblichkeit, Tag und Nacht Freie (*ná mṛtyúr āsīd amṛ́taṃ ná tárhi ná rā́triyā áhna āsīt praketáḥ*), der (mögliche) bodenlose Abgrund (*gáhanaṃ gabhīrám*);

⟨ϒ3B⟩ der stark verhüllende (*ā́varīvaḥ*) Schutz(-Schirm) (*śármann*);

⟨ϒ3AB⟩ die von Finsternis verhüllte Dunkelheit (*táma āsīt támasā gūḷhám*);

⟨ϒ3A⟩ das von Spreu/Leere ver-/umhüllte (*tucchyéna .. ápihitaṃ*) Werdende/Keimfähige/Leere (*ābhú*);

(ϒ3) das im/zu Anfang (*ágre*), d.h. überzeitlich und übersinnlich, nur geisthaft vorhandene, aus sich selbst atemlos atmende (*ā́nīd avātáṃ svadháyā*) Diese (*tád*) bzw. Dies-Eine (*tád ékam*), jenseits von welchem nicht irgend etwas anderes vorhanden war (*tásmād dhānyán ná paráḥ kíṃ canā́sa*), das als dieses Eine/Alleinige

(ϒ3½) geboren wurde (*tán .. ajāyata-íkam*) durch die Macht/Kraft des (hitzigen geistigen) (Aus-)Brütens/Heckens (*tápasas .. mahinā́*),

(ϒ$\overset{\rightleftarrows}{3}$) und von Verlangen/Liebe (*kā́mas*) erfaßt wurde,

(ϒ3_1) was der erste Same (*rétaḥ prathamáṃ*)

(ϒ3_2) des Geistes (*mánaso*) war.

(ϒ'3) Mit Hilfe von Geisterkenntnis (*manīṣā́*) fanden (*nir avindan*) die Dichter/Weisen (*kaváyo*) im Herzen (= Geist, Gemüt, Verstand) (*hṛdí*) suchend/forschend (*pratī́ṣyā*) die Anbindung

(ϒ3-1) des Seins (*sató bándhum*)

(ϒ4) am/im Nichtsein (*ásati*).

(ϒ2) Quer/horizontal hindurch war ihr Lichtstrahl, ihre Richt-/Meßschnur gespannt (*tiraścī́no vítato raśmír eṣām*), welche die Dimensionen von oben und

(ϒ1) unten (*adháḥ svid āsī́d upári svid āsīt*) auf zunächst fragliche Weise ausmaß,

(ϒ1½) dann der polare Kräftevektor [vgl. chin. 氣 *qì*] und seine Wirkrichtungen:

(ϒ2) Besamer (*retodhā́ āsan*) und Eigenkraft (*svadhā́*) = Männliches nach unten (*avástāt*) [vgl. chin. 陽 *yàng*],

(ϒ1) Expansionskräfte (*mahimā́na*) und Darbringung/Ausdehnung (*práyatiḥ*) = Weibliches nach oben (*parástāt*) [vgl. chin. 陰 *yīn*],

(ϒ'3/2) im de-finierenden, Grenzen ziehenden Geist/Herz verortete

(ϒ2/1) und diese Emanation (*iyáṃ vísṛṣṭiḥ*), die Emanation dieser Welt (.. *asyá visárjanen*a ..), diese [Welt] (.. *asyá* ..) mitsamt den ihr zugehörigen Göttern (*devā́*), von ihrem

(ϒ3/4) Wodurch bzw. Woher (*kúta/yáta*)

(ϒ2½) und dem Auf-Seher (*ádhyakṣaḥ*) im höchsten Himmel (*paramé víoman*) (unter)schied.

Schon die Placierung des aller (positiven) Bestimmung ermangelnden Sowohl-Vornichts–Als-auch-Vorseins an der Spitze der Hierarchie unterliegt erheblichen Unschärfen. Solche

Bedeutungsspielräume der Urweltvorstellungen haben altindische mit den frühesten Kosmogonien aller Himmelsrichtungen gemein, weshalb ich hier noch die Frage anschließen möchte, ob jemand, der die Charakterisierungen der präkosmischen Konstellation im ›Ṛg-Veda‹ unvoreingenommen mit den paarigen Chaoselemente-Göttern von Hermopolis vergliche, jegliche Ähnlichkeit guten Wissens und Gewissens bestreiten könnte.[50]

Diese und ähnliche Mehrdeutigkeiten, auch die allgemeine geist-welt-theoretische Problematik, daß das Erste erst durch das Entstehen des Zweiten oder der Zweiheit als Erstes und Einheit entsteht (Selbsterschaffung) und in seinem Wesen, entstehen zu lassen, selbst schon das Zweite sein muß, da das Entstehenlassende ohne die Relation zu dem, was es entstehen ließ, in seiner Absolutheit allein, im Endeffekt also gar nicht dastehen würde, was eine mythologisch-metaphysische Deutung mit Hilfe des Konzepts der Gleichursprünglichkeit ratsam erscheinen läßt, das ja nur eine theoretisch profund erscheinende Ausdrucksweise dafür ist, daß eine Strukturbetrachtung angestellt wird. Genese, das haben die Alten wohl geahnt und sollten die Neuen, die Urknall-Köpfe, wissen, braucht immer zwei. Wie keine Wirkung ohne Ursache denkbar ist, so keine Ursache ohne Wirkung, und keine Wirkung ohne etwas, worauf eingewirkt werden kann. Kausalität findet nur innerhalb des dimensional Erschlossenen statt. Insofern ist es durchaus angebracht, das Eine und alles schon implizit dem Unbestimmtheitszustand innewohnen zu lassen, was dadurch

---

[50] J. Gonda, Selected Studies, 3.418[39] (De kosmogonie van Ṛgveda 10, 129), gibt zum Vergleich tatsächlich einen Hinweis auf altägyptische und alttestamentliche Chaos-Vorstellungen. N. Kazanas, Indo-Aryan Origins and other Vedic Issues, pp. 213, 275, wirft dem altorientalischen, besonders dem mesopotamischen Mythos vor, daß seine Göttergestalten materieller und anthropomorpher als die im arischen Mythos gewesen seien, und daß diese Kultur(en) kein so ausgeprägtes Abstraktionsvermögen wie die Arier besessen hätten.

grammatikalisch untermauert werden könnte, daß man das anfängliche *nāsad āsīn* adjektivisch als »weder nichtseiend noch seiend« verstünde und wie die älteste Nachdichtung, die gleich betrachtet werden wird, ein Satzsubjekt, z. B. *sárvam idám* (all dies, Diesseits) oder *manas* (Geist) ergänzte.[51] Auf die Problematik des Allanfangs werde ich gleich, wie auch im Faszikel zur Lehre des Dào, noch einmal zu sprechen kommen.

In diesem Zusammenhang ist hinsichtlich der hier zur Debatte stehenden Hymne schon einmal festzuhalten, daß die alleinige Existenz des atem- oder (wind-)hauchlos atmenden Einen nicht bedeuten muß, daß es als Supremum, wahres, sonst unbenanntes Sein und Ungeborenes (*aja*) an oberster und erster Stelle der Nichts-Seins-Hierarchie steht.[52] Wenn es heißt, daß jenseits von ihm nicht irgend etwas anderes vorhanden/gegenwärtig war (*tásmād dhānyán ná paráḥ kíṃ canā́sa*), besagt das zunächst nur, daß die undifferenzierte Ursuppe, in der ein verlorenes keimfähiges Ei dümpelte,[53] nicht als irgend etwas (Dingliches, Gegenständliches, Manifestes) vorgestellt werden kann.

---

51 W. H. Maurer, A Re-Examination of Ṛgveda X.129, the Nāsadīya Hymn, pp. 221^{+12}-222, übersetzt *asat* und *sat* als Adjektive von *sárvam idám*, „all dies", von Stanze /3b/; cf. J. P. Brereton, Edifying Puzzlement: Ṛgveda 10.129 and the Uses of Enigma, p. 250d.

52 Wie von N. Kazanas, Indo-Aryan Origins and other Vedic Issues, pp. 78, 86-88, idem, Philosophy and Self-realization in the Ṛgveda, p. 31, idem, The Three Functions and Unity in the *Ṛgveda*, p. 87, K. Werner, From Polytheism to Monism – a Multidimensional View of the Vedic Religion, pp. 16-17 (Aspekte ineinandergedeutet o.c., p. 23), und den meisten Interpreten, alt wie neu, vertreten; zu *aja* „ungeboren", aber auch „Ziege", und der Verwendung des damit möglichen Wortspiels zur Charakterisierung des manifesten Teils von ihm qua *aja ekapād*, einfüßige Ziege, cf. o.c., pp. 19-20.

53 Eine Bemerkung zur (strukturell entsprechenden) Urraviolisuppe (Wonton) der Daoisten werde ich zur Metaphysik des Dào im nächsten Faszikel machen.

Das bestätigt eine Hymne des ›Ṛg-Veda‹, die Viśvakarman, den Allesmacher oder Allvollbringer und Schöpfergott per se lobpreist. „Was jenseits des Himmels (-ϒ2), jenseits dieser Erde (-ϒ1), jenseits der Götter, der Daímones/Geistwesenheiten (-ϒ2½) ist, was war es denn, was das Wasser (ϒ4) als ersten Keim empfing, worin (ϒ3) alle Götter zusammen erschienen (ϒ2½)? Diesen empfing das Wasser (ϒ4) als ersten Keim (ϒ3), wo sich alle Götter (ϒ2½) versammelten. In des Ungeborenen (ϒ4₂) Nabelgrube/Nabe (ϒ4₁) geborgen ist das Eine (ϒ3), worauf alle Wesen (ϒ1) fußen/stehen. Den werdet ihr nicht finden, der diese erschaffen hat, Dazwischenliegendes wird euch begegnen; in Dunst/Kot gehüllt und mit Geplapper wandeln die (schmarotzerhaft-)lebenslustigen Lob-/Hymnensänger."[54] Zuerst also Wasser (10.129: ununterscheidbares Meereswogen: *apraketám salilám*), dann der Nabel bzw. die Nabe(lgrube) (10.129: Spreu/Leere(s)/Raum: *tucchya*) des Ungeborenen und darin geborgen (10.129: verborgen: *ápihitam*) erst der götterträchtige Keim/Fötus, das Eine (10.129: aus Eigenkraft atem(hauch)los Atmendes: *ā́nīd avātáṃ svadháyā;* Werdendes/Keimfähiges: *ābhú;* Dieses: *tát;* Dies-Eines, Dieses allein: *tád ékam*). Wie sollte das Eine das Ungeborene selbst sein, wenn es

[54] Ṛg-Veda 10.82.5–7, ⟨edd.⟩ B. van Nooten / G. B. Holland, p. 524, ⟨ed.⟩ T. Aufrecht, 2.374: *paró divā́ pará enā́ pṛthivyā́ paró devébhir ásurair yád ásti | káṃ svid gárbham prathamáṃ dadhra ā́po yátra devā́ḥ samápaśyanta víśve ‖ 5 ‖ tám íd gárbham prathamáṃ dadhra ā́po yátra devā́ḥ samágachanta víśve | ajásya nā́bhāv ádhi ékam árpitaṃ yásmin víśvāni bhúvanāni tasthúḥ ‖ 6 ‖ ná táṃ vidātha yá imā́ jajā́na anyád yuṣmā́kam ántaram babhūva | nīhāréṇa prā́vṛtā jálpiyā ca asutṝ́pa ukthaśā́saś caranti ‖ 7 ‖*. Was den letzten Vers, aber auch den Sinn des gesamten Hymnus angeht, möchte ich, indem ich Mainstream-Gelehrten meine laienhafte, unwissenschaftlich-assoziative Vorgehensweise bestätige, zum Vergleich einmal empfehlen, Platon, Phaidros 247b5–248b4, zur Kenntnis zu nehmen, welche Stelle im Kapitel zu den Anwendungen der Geistform im Anschluß an die indische Viergliederungsproblematik dargestellt werden wird.

geborgen ist in der Nabelhöhlung oder Nabe des Ungeborenen, welches allenfalls das Urwasser (oder mysteriöserweise noch etwas anderes Unbekanntes) sein könnte?

An anderer Stelle ist es zu Anfang der Goldkeim/Goldembryo, der entstand und als Geborener der Eine, der Herr der Wesen, war (*bhūtásya jātáḥ pátir éka āsīt*). Merkwürdigerweise ging er aber nicht nur als Goldkeim/Goldembryo (*hiraṇyagarbháḥ*) und alleiniger Gott (*devá éka*) wie einziger Geisthauch der Götter (*devā́nāṃ ... ásur ékaḥ*) aus den allkeimhaften (*víśvam ā́yan gárbhaṃ dádhānā*), mächtig-großen (*bṛhatī́r/mahinā́*), glitzernden (*candrā́*) Wassern (*ā́po*) hervor (*avartata*), sondern erschuf (*jajā́na*) und überblickte (*paryápaśyad-*) diese auch.[55] Es dürfte nicht schwerfallen, darin einen dritten Weg zwischen dem kosmogonischen Typus des ›Puruṣa-Sūkta‹ und dem des ›Nāsadīya-Sūkta‹ zu erkennen und anzuerkennen. Die Botschaft lautet »Gleich-Ursprünglichkeit«: Reingeistiges kennt keine Dimension, weder Zeit noch Raum – nicht Kausalität.

Nach den übrigen relevanten Textstellen im ›Ṛg-Veda‹ ist das Eine qua Ungeborenes (*aja*) dem Menschen wie dem Kosmos sowohl transzendent als auch immanent.[56] Ähliches

[55] Cf. Ṛg-Veda 10.121, ⟨edd.⟩ B. van Nooten / G. B. Holland, p. 550, ⟨ed.⟩ T. Aufrecht, 2.423-424.

[56] Cf. Ṛg-Veda 1.67.5; 1.164.6; 8.41.10, ⟨edd.⟩ B. van Nooten / G. B. Holland, pp. 41; 98; 375, ⟨ed.⟩ T. Aufrecht, 1.57; 1.148; 2.140, und einige Erläuterungen bei K. Werner, The Vedic Concept of Human Personality and its Destiny, pp. 278-279; dieser Autor verbindet damit weder „Seele" noch „Weltseele", sondern den transzendenten und immanenten Puruṣa und das überpersonal-personale vedāntische Ātman-Brahman, wie Bṛhadāraṇyaka-Upaniṣad 4.4.22, ⟨ed.⟩ J. L. Shastri, Upaniṣatsaṅgrahaḥ, p. 119, läßt ein Dazwischen, die Geistebene im hypostatischen Sinne, aber unthematisiert, obwohl er die Funktionen des *aja* exakt in Geist- und Schöpfer-Begriffen beschreibt: als kreativer, strukturierender und kontrollierender Grund der Existenz phänomenaler Funktionseinheiten; das tut, abzüglich der Schöpferfunktion, allerdings auch die genannte Upaniṣad-Stelle trotz der dort vorkommenden Neti-neti-Formel, die eine

kennen wir von der als Einheit ⟨ϒ4⟩ gedachten Geist- und/oder Zeus-Ebene des Herakleitos von Ephesos. Im betrachteten Lied ›Ṛg-Veda 10.82‹ bilden die Urideen qua Götter (Deva-s ≈ *sat*) und Daímones/Geistwesenheiten (Asura-s ≈ *asat*) eine Gesamtheit ⟨ϒ3/2½⟩, weshalb anläßlich Viśvakarman mit Einschränkung die Bezeichnung Monismus, eher aber die des Henotheismus anzuwenden wäre, der zugestandenermaßen monistisch verstanden werden kann. Das trifft für die hier betrachteten beiden Kosmogonien von ›Ṛg-Veda‹ 10.82 und 10.129 aber deshalb nicht ohne Einschränkung zu, weil das Erste das Unbestimmte (Absolute), das als »Dieses« und »Eines« Bestimmte strukturell aber erst das Zweite ist, das im späteren Vedānta konsequenterweise mit Brahmā[57] bzw. der Trimūrti, Īśvara und Saguṇa-Brahman (die entsprechenden Kategorien der ›Māṇḍūkya-Upaniṣad‹ werden noch vorgestellt) gleichzusetzen ist. Neuere Forschungen rücken das Eine in die Nähe des Aristotelischen »unbewegten Bewegenden«.[58]

---

totale Transzendent(al)isierung des großen, ungeborenen (*mahān-aja*) Ātman mit sich bringen müßte, und damit höchstenfalls aus Bewußtsein bestehen (*vijñāna-mayaḥ*) und sich im inneren Herzraum befinden (*antar-hṛdaya ākāśas-tasmiñ-chete*), doch wohl kaum Allkontrolleur (*sarvasya vaśi*), Allbesitzer (*sarvasya-īśānaḥ*) und Allherrscher (*sarvasya-adhipatiḥ*), also all-verbunden und somit immanenzverhaftet sein dürfte.

[57] A. Ludwig, Der Rigveda oder die heiligen Hymnen der Brâhmana, 3.301, lokalisiert die erste Maskulinform von Brahman, nämlich Brahmā, im ›Atharva Veda‹, wo dieser dem Schöpfergott Prajāpati, dem Herrn der Geschöpfe, entspreche.

[58] Cf. H. Nakamura, A Comparative History of Ideas, p. 54: „Die Idee des Einen, das aus eigener Kraft atemlos atmete, erinnert uns an Aristoteles' unbewegten Beweger." Nämliches bei S. Radhakrishnan, Indian Philosophy, 1.101. Fragt sich nur, an welcher Stelle der BewußtSeins-Hierarchie dieses »unbewegte Bewegende« zu verorten ist. Zur Geist-Welt-Struktur, wie sie Aristoteles lehrte, inclusive der genannten Kategorie des „unbewegten Bewegenden" (im griechischen Original ein Neutrum), habe ich in H. P. Sturm, Alt-Akademische Erledigung der okzidentalen Metaphysik, pp. 198–234, Stellung genommen; wer will,

Aufgrund dessen entgehen einige dieser alten vedischen Sagen von der Weltentstehung, gemessen an der re-flexions-strukturell stimmigen onto-gnoseologischen Hierarchie, der Unzulänglichkeit einer ‚transzendentalen Deplacierung',[59] d.h. tektonischer Verschiebungen und Umwertungen, was im Vedānta offensichtlich in der Weise wirksam blieb, daß das Eine (*ekam*) bevorzugt privativ, als Negation der Zwei-/Vielheit Nicht-Zweites (*advitīyam*) und Nicht-Zweiheitliches (*advaitam*) benannt wurde. Daß ein solcher Nondualismus mehr oder weniger dogmatisch monistisch verstanden wurde und fortwirkte, konnte dadurch aber nicht durchgängig verhindert werden. „Die Philosophen fanden in der Konzeption von Asat und Sat, dem Nicht-Seienden und dem Seienden, einen Dualismus, den sie in einen Monismus auflösten, der das unterschiedslose ursprüngliche Chaos umfaßte. Manchmal ließen sie dieses unbenannt, manchmal nannten sie es Asat; manchmal gaben sie ihm einen neuen Namen, wie Skambha [Angelpunkt/Säule/Pfosten/Stütze] oder Brahman. Dieser letzte Begriff gewann am Ende die Oberhand, ... Da fehlte aber noch etwas, das ist die Idee der Seele, des Selbst, des *ātman*. Dieser ist in den Hymnen nicht erwähnt, obwohl möglicherweise in 10.129 angedeutet worden, indessen ist er später in den monistischen Upanischaden mit *brahman* gleichgesetzt worden. Brahman ist in der Tat im Rig-Veda als Kraft erwähnt, die das Universum durchdringt, um mittels Opfer oder wahrer, d.h. mystisch-übernatürlicher Wahrnehmung (cf. RV 10.71.6), die andächtige Einsicht des Weisen von RV 10.129, erlangt oder genutzt

möge einen Vergleich mit der Darstellung dort anstellen.

[59] Wie wichtig es ist, diese zu vermeiden, geht aus meinen und den Schriften von René Guénon und Georges Vallin (siehe Literaturverzeichnis) hervor, die innerhalb der Expertengelehrtheit vielleicht gerade deswegen gemieden oder zumindest kaum bzw. nicht beachtet werden.

zu werden."[60]

Aus der problematischen, bisweilen geradezu irreführenden vedāntischen Deutung der vor-anfänglichen Uroffenheit zusammen mit dem anfänglichen Diesen/Einen als Quasi-Entität schließen so gut wie alle modernen (akademischen) Interpreten auf die Bedeutung des Unbestimmtheitszustands, Abgrunds oder Chaos unserer Entstehungs-Mythe als das Sein oder Eins-Sein zurück und verkennen damit dessen intuitive Exaktheit, die der spekulativ-metaphysischen späterer Zeiten einiges voraushat. Denn in den frühen Originaltexten ist wenigstens der Grundpunkt, demgemäß alles Seiende, und damit auch das dazu in Opposition stehende Nichtseiende, in einem hyperbolischen, elliptisch so zu nennenden und traditionell auch so benannten Nichts wurzelt,[61] recht deutlich ausgewiesen. Es

---

[60] W. N. Brown, India and Indology, p. 19 (The Rigvedic Equivalent for Hell) … … Idem, Theories of Creation in the Rig Veda, p. 28s, meine Übersetzung in eckigen Klammern.

[61] Cf. P. Deussen, Allgemeine Geschichte der Philosophie, 1.2.123, wo zu unserem Werdelied ausgeführt wird, daß das Sein potentiell im Nichtsein vorhanden ist, letzteres also an erster Stelle steht. Zum ursprünglichen, unanfänglichen Nichts, Nichtsein, Nichtseienden (*asat/na kiṃcana*) cf. Chāndogya-Upaniṣad 3.19.1 (ist infra übersetzt), 6.2.1-2 (kritisch), ⟨ed.⟩ J. L. Shastri, Upaniṣatsaṅgrahaḥ, pp. 52, 66; Taittirīya-Upaniṣad 2.7, ⟨ed.⟩ J. L. Shastri, Upaniṣatsaṅgrahaḥ, p. 27 (ist infra übersetzt); Bṛhadāraṇyaka-Upaniṣad 1.2.1, ⟨ed.⟩ J. L. Shastri, Upaniṣatsaṅgrahaḥ, p. 84 = Śatapatha-Brāhmaṇa 10.6.5.1, ⟨ed.⟩ A. Weber, p. 807 (wird folgend noch dargestellt); Śatapatha-Brāhmaṇa 6.1.1.1, ⟨ed.⟩ A. Weber, p. 499; Ṛg-Veda 10.72.3, ⟨edd.⟩ B. van Nooten / G. B. Holland, p. 519, ⟨ed.⟩ T. Aufrecht, 2.365; Atharva-Veda 10.7.21 (2858), ⟨ed./rev.⟩ K. L. Joshi, 2.349; Übersetzung der letzten drei Passus bei P. Deussen, Allgemeine Geschichte der Philosophie, 1.1.199; 1.1.145-146; 1.1.316. Viele Stellen zum Nichts(eienden) und „Schoß/Urgrund von Seiendem und Nichtseiendem" (*sataś-ca yonim-asataś-ca,* cf. Atharva-Veda 4.1.1 (591), ⟨ed./rev.⟩ K. L. Joshi, 1.238, mit Angabe von 12 identischen Stellen in anderen altindischen Schriften) der frühen indischen Spekulation sind bei C. A. Scharbau, Die Idee der Schöpfung in der vedischen Literatur, pp. 75-82, gesammelt, doch ist in den Interpretationen dieser

geschieht, um das nochmals herauszustellen, wohl durch Rückschluß aus anders zu deutenden Veda-Stellen, in denen der Antagonismus zwischen Sein und Nichtsein (*ásac ca sác ca*) in einem höheren Prinzip, dem höchsten Himmel (*paramé víoman*),[62] aufgehoben und in einer allumfassenden Totalität versöhnt ist,[63] und vor allem in Rückprojektion der speziell im späteren Vedānta vorherrschenden Lehrmeinung vom Sein (*sat*) ohne Zweitem (*advitīyam*), das „Dies-Eine" (*tad ekam*) als absolutes Sein (*sat*), Erstes und Höchstes (*paramārtha-sat*) zu setzen.[64] Weder-Nichtsein-noch-Sein gleich Sein? Vielleicht ahnte das der zuletzt gemeinte Gelehrte, verknüpft/vereint er andrerseits doch in einer seiner Studien das Werdende, Entstehende oder zu sein Beginnende (*ābhu*), wie strukturlogisch

---

vom übertriebenen Theismus (Personalismus des Göttlich-Geistigen) und dem ‚Mirakulismus' (Erklärung durch Wunderbares unter Berufung auf Unerklärbarkeit) abzusehen. A. K. Coomaraswamy, Selected Papers, 1.377-379 (The Inverted Tree), dokumentiert und interpretiert die Vierteiligkeit der axialen Weltsäule und des umgekehrten Allbaumes in den vedisch-vedāntischen Schriften unter Hinweis auf verwandte Vorstellungen in der Gnosis, beim Hl. Thomas und bei Zhuāngzǐ und weist darauf hin, daß man den transzendenten Teil dieser als das Nichtseiende (*asat*) verstand.

[62] Cf. Ṛg-Veda 10.5.7a, ⟨edd.⟩ B. van Nooten / G. B. Holland, p. 480, ⟨ed.⟩ T. Aufrecht, 2.293.

[63] Cf. F. B. J. Kuiper, Ancient Indian Cosmogony (The Basic Concept of Vedic Religion), pp. 19-22; dabei wird jedoch vergessen, daß Nichtsein und Sein im höchsten Himmel und als dieser nicht nur vereint sind (ϒ3), sondern das im Schoß von Áditi (*áditer upásthe*), von Göttermutter Unendlichkeit/Uneingeschränktheit (ϒ4), cf. Ṛg-Veda 10.5.7b, ⟨edd.⟩ B. van Nooten / G. B. Holland, p. 480, ⟨ed.⟩ T. Aufrecht, 2.293.

[64] Cf. N. Kazanas, Indo-Aryan Origins and other Vedic Issues, pp. 86-89, idem, Philosophy and Self-realization in the Ṛgveda, p. 31; idem, The Three Functions and Unity in the *Ṛgveda*, p. 87.

zu erwarten, mit dem Einen (*ekam*),[65] und wenn man das gemäß platonistischer Noologie auslegte, dann auch berechtigterweise mit dem Sein bzw. Seienden.

„Wenn wir »Sein« denken, kann uns nichts davon abhalten, auch »Nichtsein« zu denken, und auf diese Weise verfehlt gerade der Begriff eines alles einschließenden »Seins«, das »Nichtsein« nicht einschließt, seinen Zweck. Ein Metaphysiker könnte in der Tat sagen, daß »Nichtsein« eine Nicht-Entität und ein undenkbarer Begriff *ist;* doch bleibt die Tatsache bestehen, daß der Begriff des »Seins« wenigstens auf der Ebene unseres Denkens seinen Widerspruch nicht einschließen kann. Dieser [erste] Vers sagt uns, daß das ursprüngliche Mysterium nicht auf den Punkt irgendeiner Idee, irgendeines Dings, Gedankens oder Seins gebracht werden kann."[66] Trotzdem hält der zitierte Autor l. c. das Eine für das ununterschiedene Mysterium jenseits jeglichen Begriffs. Wenn aber zugelassen wird, von einem allumfassenden, grenzenlosen Einen zu sprechen, warum sollte dann nicht auch ein totales Sein, ein Sein an sich akzeptiert werden können?

Dieses Durcheinander konnte auch vom bedeutendsten Exegeten des ›Ṛg-Veda‹ nicht entwirrt werden, da seine Interpretation selbst wiederum re-flexionsstrukturell diffizil zu rekonstruieren wäre, verbindet er doch mit dem Weder-Noch der Pro-Archḗ unseres Genesis-Gesangs das Projektionsvermögen der Urmagie Māyā, die auch in gewissen Passus der Vedānta-Schriften aufgrund ihrer Funktion und Charakteristik an

---

65 Cf. N. Kazanas, The Three Functions and Unity in the *Ṛgveda,* p. 88, mit Endnote, p. 96[10]: „In jener Ureinheit tauchte aus Ihrer eigenen *tapas* 'Transformationskraft' die produktive oder generative Kraft (Prinzip oder Gott) auf.[10] 10. Der Einfachheit halber vereinige/kombiniere ich hier *ābhu* und *ekam.*"

66 R. Panikkar, The Vedic Experience, pp. 55-56; meine Erläuterung in eckigen Klammern.

der Stelle des eigentlich Schöpferischen des Geistbereichs (♈3) zu verorten wäre. Im berühmten Sāyaṇa-Kommentar wird zur Lösung des Problems der Weltentstehung eben die vedāntische Lehre von der Positivität, vom Setzungs-, d.h. Seinscharakter (*bhāva-rūpa*) der Ur-Unwissenheit (*ajñāna/avidyā*) bzw. Ur-Phantasie (*māyā*) vorgeschlagen.[67]

Während die von mannigfachen bunten Formen überbordende Welt des Vielheitlichen (*vividha-vicitra-rūpa-bhūyasaḥ*) von der aus einer (inhalts)leeren Fiktion/Einbildung bestehenden, durch Sein und Nichtsein nicht gekennzeichneten, Seinscharakter nur vorgaukelnden Unwissenheit eingehüllt werde, (*tuccha-kalpanena sad-asad-vilakṣaṇena bhāva-rūpa-ajñānena-apihitaṃ chāditam-āsīt*), sich das Eine (*ekam*) bzw. Einsgewordene bzw. Einsseiende (*ekībhūtaṃ*) in dieser Weise mit der Ursache, der Finsternis nämlich, zwar zu einem gänzlich Ununterschiedenen vereinigt habe (*kāraṇena tamasā-avibhāgatāṃ prāptam*), sei die Finsternis aber als das Vorherrschende, Stärkere zu bezeichnen (*tamo'api … balavad-ity-eva-ucyate*) und deren Weltverbergung erst durch das aus der (Ur-)Reflexion über das Emanierbare bestehende (*sraṣṭavya-paryālocana-rūpa*) geistige Brüten oder Aushecken (*jñānamayaṃ tapaḥ*) zu

67 Übersetzung des gesamten vedāntisierenden Passus in Sāyaṇa's Ṛg-Veda-Kommentar in K. F. Geldner, Zur Kosmogonie des Rigveda mit besonderer Berücksichtigung des Liedes 10, 129, pp. 24–35; Text in V. S. Agrawala, Hymn of Creation (Nāsadīya Sūkta, Ṛigveda, X.129), pp. 48–57; einen weniger ausgearbeiteten zweiten, im Kern jedoch ähnlichen, mit Sāṃkhya-Terminologie operierenden Kommentar des ›Nāsadīya-Sūkta‹ verfaßte Sāyaṇa in seiner Exegese des ›Taittirīya-Brāhmaṇa 11.8.9.3–6‹, cf. V. S. Agrawala, Hymn of Creation (Nāsadīya Sūkta, Ṛigveda, X.129), pp. 42–47 (Text), 69–72 (englische Paraphrase). Letzterer Pandit legt o.c., pp. 4–28, eine Interpretation des Hymnus vor, die die darin vorkommenden Ideen in die Entwicklung der Hindu-Philosophie ganz allgemein hineinliest.

überwinden.[68]

In dieser Sache wird relevant, ob und wie man den heute meist verkannten Sehern der fernen Vergangenheit Indiens zugesteht, überzeitliche Erkenntnisse erlangt zu haben, die erst viel später mit Hilfe unerbittlicher Re-flexion begründet wurden, oder ob man nachfolgende Gedankenentwicklungen, in ideologischen oder doxographischen, besonders modern-westlichen, d.h. materialistisch-realistischen Vorurteilen und ihren Konsequenzen befangen, in diese hineinprojiziert, was für die Vedāntin-s, und damit auch Sāyaṇa, speziell aber die Advaitin-s, überhaupt nicht zutrifft.

Im Mantra 3 des Schöpfungslieds ›Ṛg-Veda 10.129‹ wird denn ja auch unmißverständlich herausgestellt, daß dieses Eine in seinem Noch-nicht-Stadium als Leeres, als reine Möglichkeit, reine Potenz oder Prä-Reales, von Leerem, von Raum oder Vakuum umschlossen, darin gar verborgen war (*tucchyénābhú ápihitaṃ*),[69] was einen Nachhall der vorausgehenden

---

[68] Cf. Sāyaṇa, Kommentar zum Ṛg-Veda, in 〈ed.〉 F. M. Müller, Rig-Veda-Saṃhitâ, 4.424–427; Text auch bei: V. S. Agrawala, Hymn of Creation (Nāsadīya Sūkta, Ṛigveda, X.129), pp. 52–53; 〈tr.〉 K. F. Geldner, Zur Kosmogonie des Rigveda mit besonderer Berücksichtigung des Liedes 10, 129, pp. 29–30.

[69] Die Grundbedeutung von skr. *tuccha* / ved. *tucchya,* ist leer, eitel, unbedeutend, gering(fügig), klein; weitere Bedeutung ist Spreu, Schale, Hülse; die in allen Wörterbüchern gegebene Bedeutung von *ābhu* ist leer, bar, karg, inhaltslos; die stark voneinander abweichenden Übersetzungen sprechen dafür, daß sie nicht eindeutig geklärt ist; auf eine andere Konnotation weist die etymologische Verbindung zu *a-bhva,* Un-Seiendes, Unwesen, Ungetüm, Monster, immense Kraft, Ungestüm, cf. H. Grassmann, Wörterbuch zum Rig-Veda, col. 180, s.v. *ābhú;* col. 89, s.v. *ábhva*; dazu zurückhaltend M. Mayrhofer, Etymologisches Wörterbuch des Altindoarischen, 1.94, s.v. *ábhva;* mit dem Verb *ābhū*, zuhanden, gegenwärtig, helfend, entstehend, in die Existenz tretend, versteht es der bedeutendste Kommentator Sāyaṇa, cf. K. F. Geldner, Zur Kosmogonie des Rigveda mit besonderer Berücksichtigung des Liedes 10, 129, p. 30, diesen übersetzt zitierend: „»Was vollständig (*ā*) wird (*bhū*), heisst

(*ābhū*).«" Sāyaṇa-Text in ⟨ed.⟩ F. M. Müller, Rig-Veda-Saṁhitâ, 4.425: *ā samaṃtād-bhavati-ity-ābhu*. Folgend eine Zusammenstellung von Versionen der diesbezüglich relevanten Stelle aus dem dritten Mantra, die zugleich ein Allegat von Übersetzungen des Hymnus ›Ṛg-Veda 10.129‹ sein soll. N. Kazanas, Philosophy and Self-realization in the Ṛgveda, p. 31: „(that-which-is-becoming) *ābhu*", „*ābhu*, 'that-which-becomes'"; idem, Indo-Aryan Origins and other Vedic Issues, pp. 87–88: „*ābhu* 'that-which-becomes'"; „'that-which-becomes (something or other)'"; „*asat* (= *ābhu* 'becoming')"; „*asat* or *ābhu*". A. A. Macdonell, Hymns from the Rigveda, p. 19: „That which, becoming, by the void was covered, ..." A. L. Basham, The Wonder that was India, p. 250: „That One which came to be, enclosed in nothing, ..."; F. M. Müller, The Vedas, p. 80; idem, A History of Ancient Sanskrit Literature, p. 564: „The germ that still lay covered in the husk, ..."; idem, The Six Systems of Indian Philosophy, p. 49, auch zitiert von S. Radhakrishnan, Indian Philosophy, 1.101: „the germ that lay covered by the husk, ..."; H. T. Colebrooke, Miscellaneous Essays, 1.34: „but that mass which was covered by the husk, ..."; P. Deussen, Allgemeine Geschichte der Philosophie, 1.1.122: „das Lebenskräftige (*ābhu*), welches von der Hülse eingeschlossen war"; W. Doniger O'Flaherty, The Rig Veda, p. 25: „The life force that was covered with emptiness, ..."; H. Grassmann, Rig-Veda, 2.406: „Vom leeren Raum war zugedeckt die Oede, ..." L. Scherman, Philosophische Hymnen aus der Ṛig- und Atharva-veda-Sanhitâ, p. 2: „Das Ungeheuere, das eingeschlossen war in den leeren Raum, ..."; R. T. H. Griffith, The Hymns of the Rigveda, 2.575: „All that existed then was void and formless: ..."; J. Muir, Original Sanskrit Texts on the Origin and History of the People of India, their Religion and Institutions, 5.356: „That One, a void in chaos wrapt, ..."; O.c., 4.4: „that One which lay void, and wrapped in a husk [or in nothingness],..."; J. Gonda, Selected Studies, 3.432, 420 (De kosmogonie van Ṛgveda 10, 129): „The virtual (cf. the verb in st. 6 d; 7 a), viz. the One, which was covered by the void, assumed individual existence by the greatness of eternal heating." A. Bernabé / J. Mendoza, Pythagorean Cosmogony and Vedic Cosmogony (RV 10.129), p. 40: „... what was hollowness covered by hollowness"; o.c., p. 43: „... 'it was born a vacuum and covered in vacuum'". H. W. Wallis, The Cosmology of the Ṛigveda, p. 59: „... it was void covered with emptiness, all that was; ..."; W. D. Whitney, The Cosmogonic Hymn, Rig-Veda X. 129, p. CXI: „... the void that was covered with emptiness – ..."; H. H. Wilson, Ṛig-Veda Sanhitá, 6.351: „that empty united (world) which was covered by a mere nothing, ..."; G. Thieme, Gedichte aus dem Rig-Veda, p. 66, mit „Der Keim, der von Leere bedeckt war ...", kommentiert in einer Note dazu aber o.c., p. 67[2]:

Formel des von Düsternis verhüllten/verdeckten Dunkels (*tá-ma āsīt támasā gūḷhám*) am unvordenklichen Anbeginn (*ágre*) darstellt, und während noch alles verdüstert und verborgen war, durch die Macht oder Kraft einer durch Áskēsis erzeugten Hitze, geistiges Brüten oder Hecken (*tápasas .. mahinā́*), als eben dieses Eine geboren oder erzeugt wurde (*tán .. ajāyata-íkam*), d.h. selbst seinen Anfang (‚*ágre*') nahm und zum Anfang aller Dinge wurde.[70] „In dieser zeitlosen Vergangenheit gibt es einen Anfangspunkt, auf den durch das Adverb *ágre,* 'zu Beginn, am Anfangspunkt' Bezug genommen wird. ... Zweitens, 'es wurde ein Vakuum geboren und in Vakuum eingehüllt' (*tucchyénābhv ápihitam*). Das heißt, das Vakuum wurde

---

„Wie das Dotter von Eiweiß und Schale." K. F. Geldner, Der Rig-Veda, 3.360: „Das Lebenskräftige, das von der Leere eingeschlossen war"; in idem, Zur Kosmogonie des Rigveda mit besonderer Berücksichtigung des Liedes 10, 129, p. 14, wird deutlich, daß dieses Leere mit dem kennzeichenlosen Urwogen gleichgesetzt ist: „Als lebendiger Keim von dem toten Gewoge umfangen"; o.c., p. 20: „Was als entwicklungsfähiger (Keim) von totem (Wasser) bedeckt war ..."; idem / A. Kaegi, Siebenzig Lieder des Rigveda, p. 165: „Es ruhte auf dem leeren Raum die Oede, ..."; J. Miller, The Vedas, pp. 100, 219, eadem, The Vision of Cosmic Order in the Vedas, p. 53: „Enwrapped in voidness, that which flame-power kindled to existence emerged." O.c., p. 48: „that one which flame-power kindled to existence emerged." M. Mayrhofer, Sanskrit-Grammatik, p. 83 ([1]1953): „Und alles war gestaltenlose Flut, / Die nur das Leersein hatte zum Genossen / Und einzig lebte durch die Macht der Glut." Eine Zusammenfassung zu den Bedeutungsvarianten von *ābhu* gibt J. P. Brereton, Edifying Puzzlement: Ṛgveda 10.129 and the Uses of Enigma, p. 253s.

[70] Zum »Im Anfang« cf. C. A. Scharbau, Die Idee der Schöpfung in der vedischen Literatur, pp. 89-93; philologisch sehr subtile, doch vom mythologischen oder metaphysischen Standpunkt aus nicht immer treffliche Explikationen zum vedischen, spät- und postvedischen »Am Anfang« (*agre*/*agra*), insbesondere in Zusammenhang mit Prajāpati, und viele kosmogonische Passus aus dem indischen Schrifttum der genannten Epoche gibt J. Gonda, Selected Studies, 6.2.117-136 ("In the Beginning").

als Bedingung von dessen 'unterschiedenem' Charakter mit dem Einen geboren. ... Drittens, im Moment seines Auftauchens war es das einzige existierende Ding: 'jenseits von ihm existierte nichts anderes' (...).“[71]

Damit dürfte klar sein, daß es sich beim „Diesen“ oder „Dies-Einen“, zumindest der Vordergrundbedeutung des Originaltexts nach, überhaupt nicht um das Ungeborene (*aja*) handeln kann.[72] „Im TYSS lagerte das Große Eine im Wasser, während es das Wasser gebar. Im ṚV X.129 könnte Dieses Eine nun im Wasser lagern, aber es gebar das Wasser nicht. Demgegenüber wurde es durch die Kraft der Hitze (*tapas*) geboren.“[73] Diese Geburt meint sicherlich kein reales, raum-

---

[71] A. Bernabé / J. Mendoza, Pythagorean Cosmogony and Vedic Cosmogony (RV 10.129), p. 43.

[72] Es wäre allein anläßlich dieser Originaltextstelle interessant zu wissen, wie N. Kazanas, Indo-Aryan Origins and other Vedic Issues, p. 86, zu der felsenfesten Überzeugung kommt: „Hier, zu Beginn vor der Schöpfung, vor Sein und Nichtsein, Unsterblichkeit und Tod, atmete (*an-*) nur 'Dieses Eine' *tád ékam* aus Eigenkraft *svadháyā* – sonst war absolut nichts (st 1-2).“ O.c., p. 213: „... das Eine, das ohne Luft vor Sein und Nichtsein von selbst atmete (X 129).“ Cf. o.c, p. 251; idem, The Three Functions and Unity in the *Ṛgveda*, p. 87; oder wie J. Miller, The Vedas, p. 100: „Sie [die vedischen Seher] faßten auf diese Weise das Absolute als jenseits von Manifestem und Nicht-Manifestem, jenseits von Leben und Tod, jenseits des Schattens von Tod und des Schattens von Unsterblichkeit (Ṛgv. X.121.2) auf, jenseits aller Spekulation, und ließen es in dieser unerreichbaren Höhe.“ In den Studien des ersteren Autors wird jegliche Bezugnahme auf diesen Teilvers unterlassen. Die an zweiter Stelle zitierte Gelehrte übersetzt ihn, cf. o.c., pp. 100, 219, eadem, The Hymn of Creation, in: G. Feuerstein / J. Miller, The Essence of Yoga, pp. 64, 72, eadem, The Vision of Cosmic Order in the Vedas, p. 53, indem sie „dieses Eine“ unterschlägt, so frei, daß ein Zusammenhang von Geburt oder Erzeugung mit dem Dies-Einen für den Leser des englischen Texts nicht im mindesten erkennbar ist; übersetzerisch ist dies richtiggestellt in o.c., pp. 48, 209.

[73] Yao Zhi-hua, One, Water, and Cosmogony, p. 6; TYSS = Tài-yī-shēng-shuǐ (太一生水); dazu Weiteres und Genaueres im Faszikel II/7

und zeitimmanentes, (inner-)kosmisches Ereignis, muß jedoch, wenn ihre Erwähnung überhaupt etwas bedeuten soll, auf eine Nachrangigkeit prinzipientheoretischer Art hindeuten.

Für unsere Ausführungen hat dies auch insofern Relevanz, als in den beiden metaphysisch ausgereiftesten Kosmogonien von Maṇḍala 10 des ›Ṛg-Veda‹, die wir analysieren, den Hymnen 90 und 129, das Urfluidum einmal qua Leuchtkräftigem/Lichtflut/Strahlenmasse (*virāṭ*) an zweiter, einmal qua Wogen/Fließen/Wehen (*salila*) an erster Position der Hierarchie steht. Rolle und Status der bestimmenden (aktiven) und bestimmt werdenden (passiven) Urgröße verraten aber einiges darüber, wie eine primordiale Zwitterhaftigkeit, so eine solche, und sei das nur im Verborgenen, anzunehmen ist, zerspalten wurde und wohin sich die Dominanz innerhalb der jeweiligen Spekulation verschob, auf die weibliche oder die männliche Seite. Betreffs der Entwicklung indischer Weisheitslehren sollte das, wie ich noch zeigen werde, in der Gegenstellung von buddhistischem und hinduistischem Tantra seinen deutlichsten Ausdruck finden: während in ersterem das Weibliche passiv den obersten Rang einnimmt (*prajñā/śūnyatā*), das Männliche demgegenüber untergeordnet und aktiv gedacht wird (*upāya/karuṇā*), verhält es sich in letzterem normalerweise gerade umgekehrt, dem Femininen als Tätigem (Śakti) ist das untätige Maskuline übergeordnet (Śiva).

Führten wir unser Gedankenexperiment, ob der vedische Werdehymnus mit einer völlig transzendenten Über-Kategorie, die mythologisch als vor-ursprüngliches Unbestimmtheitschaos zu denken wäre, beginnt, nach den angestellten Überlegungen durch, so müßte zunächst eingewendet werden, daß es eine Errungenschaft logischen Nachdenkens, und somit entwickelter Reflexionskunst zu sein scheint, auf ein hinter dem thetisch als

---

zum Daoismus.

bestimmungslos bestimmten Urprinzip anzunehmendes über-unaussprechliches Transabsolutes zu weisen, das die Transkategorialität solcher gedanklicher Entwürfe be-deutete. Wenn man sich also zu der Kühnheit hinreißen ließe, den sagenhaften Damals-, Ur-, Vor- oder Unzustand der metaphysisch durchdrungenen ṛgvedischen Aitiologie des Liedes ›Ṛg-Veda 10.129‹ als äußerstes unanfänglich-hypermetaphysisches Zero-Stadium aufzufassen (Υ5), dann unter Berufung auf die wissensspezifische Selbstbeschränkung des diese vortragenden Wahr-Sagers und am ehesten im Übergang zur primordialen Anfangsphase und in Überschneidung mit ihr, und die Eigenschaft indischer Geistigkeit, die endgültige Verwirklichung nicht in der Mittelbarkeit des Denkens bzw. Gedachten, sondern in der Unmittelbarkeit des Erfahrens respective der Absolutwerdung (*kaivalya/mokṣa*) zu erstreben. Das käme der Erhebung dieses Mythologems in den Rang eines Philosophems von wahrlich transzendentaler Qualität gleich.

Dagegen spricht in Anbetracht des formal konsequenten Aufbaus und Ablaufs, daß die Weder-noch-Position dann leer bliebe, wenn man das Eine nicht verdoppelte und zum einen als Atemloses dorthin setzte (Υ4), zum andern als aus sich selbst atemlos Atmendes, Potentielles (Urkeim) und durch die Kraft geistigen Brütens Ausschlüpfendes an die Stelle der Geisthypostase (Υ3) setzte, wodurch sich die typische geistspezifische Darstellungsform(el) des Sowohl–Als-auch, die durch die dort von den Weisen aufzufindende Verbundenheit (*bandhu*) von Nichts und Sein, womöglich aufgrund der Verursachung durch das Verlangen (*kā́mam*),[74] ergäbe und sowohl

[74] Cf. W. H. Maurer, A Re-Examination of Ṛgveda X.129, the Nāsadīya Hymn, pp. 219–220, 226–229, mit Dokumentation aus der Sekundärliteratur; o.c., p. 228[31]: „Allermeist sind es nur die früheren Übersetzer dieser Hymne, die *kā́mam* als Objekt von *nír avindan* anbieten und so Verlangen als das verbindende Glied zwischen *sát* und *ásat* ansehen.“

vertikal als auch horizontal verstanden werden könnte. „... das Primärprinzip oder Diese und *mánas* sind letztlich ein und dasselbe.“[75] Doch sind sie das nicht in der Weise, daß es keinen Unterschied zwischen dem Abgrund und dem ersten Grund, dem Geist (*manas*) nämlich, gäbe, weshalb ich bei der nachfolgenden Vorstellung der ältesten Deutung dieses Passus im ›Śatapatha-Brāhmaṇa‹ zwischen einem Geist als Absolutum und einem Geist als dessen suprarealer ersten Manifestation und Vermittlungsprinzip zwischen dem Absoluten und Relativen im Sinne re–flexionsstruktureller Gleichursprünglichkeit ausgehe.[76]

„Es ist hier aber nicht vom Wasser als dem Urelement die Rede, sondern das ursprüngliche Chaos, die große Leere, war wie die große Meerflut etwas Unterschiedsloses, im Bilde der Zeugung aber ist das Wasser das Fruchtwasser, in dem der Weltkeim schwamm von dem Leeren als den Eihüllen umschlossen.“[77] Wendet man diese naturalistische Auslegung des

---

[75] W. H. Maurer, A Re-Examination of Ṛgveda X.129, the Nāsadīya Hymn, p. 227, cf. o.c., p. 225; J. Gonda, Selected Studies, 3.424 (De kosmogonie van Ṛgveda 10, 129): „Die Lösung ist höchstwahrscheinlich diese, daß *manas* und das Eine hier identisch sind ...“ S. W. Jamison / J. P. Brereton, The Rigveda, 3.1608 (ad 10.129), sehen als Verbindung zwischen Sein und Nichtsein den Verstand (thought, gemeint ist skr. *manas*), diesen als das Eine und dieses wiederum als ultimative Quelle der Schöpfung an.

[76] Was von W. H. Maurer, A Re-Examination of Ṛgveda X.129, the Nāsadīya Hymn, p. 227[29], bei seiner Heranziehung von Śatapatha-Brāhmaṇa 10.5.3.1sqq. nicht ausdrücklich deutlich gemacht wird, bei J. Gonda, Selected Studies, 3.420[44] (De kosmogonie van Ṛgveda 10, 129), aber zumindest anzuklingen scheint: „»Diese Leere«: ich bin geneigt, dies (*tuchyena*) so aufzufassen, daß es mit dem »Nichts« korrespondiert, das da außerhalb des Einen nach Str. 3, letzte Zeile, war.“

[77] K. F. Geldner, Der Rig-Veda, 3.360; cf. o.c., 3.359-361; idem, Zur Kosmogonie des Rigveda mit besonderer Berücksichtigung des Liedes 10, 129, pp. 14-23; die Einteilung der verschiedenen Emanationsphasen bei A. K. Coomaraswamy, The Vedas, pp. 54-59, ist zu erwägen.

bedeutenden Veda-Forschers Karl Friedrich Geldner (1852–1929) mit ihrer Einsicht vom Chaos als gähnender Leere des bodenlos-abgründigen Raumes und Urfruchtwassers, vom Urembryo und Anfang, der Selbstsetzung durch Selbstzersetzung, wenn ich so sagen darf, noologisch, dann dürfte man auf dem Weg zu dem sein, was in der Monographie hier angestrebt wird zu vermitteln: kosmogonischer Mythos gemäß der Struktur des reflektierten Reflektierens (Mythologie als Noologie).

Da für die Entfaltungsphasen onto-gnoseologischer Hierarchien im allgemeinen eine kumulative Lesart in der Weise der hypostatischen Emanationsordnung gilt, wonach vorhergehende Prinzipien, Entitäten oder Qualitäten mit ihren Spezifika und Funktionen, d.h. nachfolgenden Prinzipien wiederum zusammenzudenken und bei der Interpretation zusätzlich Zwischenschritte der Materialisation einzelner Faktoren respektive Binnendifferenzierungen der Konkretionsebenen in Erwägung zu ziehen sind, ist die Bestimmung der Anzahl und Bezüge der beteiligten Bestandteile fast eine Aufgabe der Mantik. Ihre Zahl ist also davon abhängig, wie man gewisse (mehr oder minder offensichtlich zusammengehörige) Konstituenzien und Entwicklungsabschnitte auseinanderhält oder gruppiert, einzeln, paarig usw. Und das hängt wiederum von dem generellen Sinn ab, den man dem jeweiligen Text unterstellt.[78] Allein schon in den ersten drei Versen unserer Werdehymne, die vornehmlich den vor-geistigen Zustand bis einschließlich dem

[78] M. Falk, Il mito psicologica nell' India antica, pp. 25–34, argumentiert z.B. psychologisch-spirituell, indem sie diese Hymne als „psychologische Kosmogonie" deutet; gemäß dieser Auslegung, nach welcher die Autorin generell verfährt, mythologische Bezüge dabei jedoch im Hintergrund lassend, müßten, da es sich um eine weisheitlich-menschliche Wiederherstellung der Ursprungswirklichkeit handelt, gewisse kosmogonische Größen und Vorgänge vom Blickwinkel der Seher oder Poieten aus thematisiert werden, die die Stelle der kosmos- und schöpfungsrelevanten Göttergestalten oder Kräfte vertreten.

Einen zum Thema haben und, wie in einer ganz neuen Studie aufgezeigt, unbestreitbare Ähnlichkeiten zu einer Ausdrucksform pythagoreischer Geistlehren aufweisen,[79] wurden folgende Feinabstufungen entdeckt:

„Über diese ersten drei Verse hinweg erzeugt die Hymne nun eine Verlaufskurve, in welcher die Form eines Kerns und einer Umhüllung zuerst als Möglichkeit (in 1*c* [= Schutzschirm]), dann paradox als eine Form, deren Äußeres und Inneres nicht unterschieden werden kann (in 3*a*, »Dunkelheit durch Dunkelheit verborgen«), vorgebracht und schließlich zweideutig als eine Form präsentiert wird, deren Umhüllung nicht wahrnehmbar ist, deren Kern jedoch das Potential zum Sein in sich tragen könnte. Wie Thieme richtig aufzeigte, beschreibt diese Gestalt von Kern und Umhüllung die Form eines Eis. Um sich für einen Moment darüber klar zu werden: bis zu diesem Punkt gibt es nichts oder wenigstens nicht viel, was sich tatsächlich ereignet hätte. Alle drei Verse haben ihren Ort noch »zu jener Zeit«, »damals« und »am Anfang«. Die auffallendste Entwicklung ist im Geist der Hörer. Ein nichtidentifizierter Gegenstand wurde in Vers 1 eingeführt, dann nahm er begriffliche Gestalt als das »Eine« in Vers 2 an, und in Vers 3 schließlich hat das Eine eine Form angenommen: es ist ein Ei geworden. ... Zuerst ist das Prinzip als seiend oder nichtseiend nicht zu kategorisieren; dann wird es als ein Ganzes, ein Eines, aufgefaßt; dann nimmt es eine Form an; und schließlich wird es als Denken offenbart. Während sich das Bild im Geist der Hörer der Hymne entwickelt, wiedererschaffen sie auf diese Weise die fundamentale Schöpferkraft, den Denkakt, und wiederholen den Schöpfungsprozeß. ... Nun können wir sehen, daß die ersten drei Verse keine materielle Evolution beschreiben, sondern eher ein Bild im Geist derer

[79] Cf. A. Bernabé / J. Mendoza, Pythagorean Cosmogony and Vedic Cosmogony (RV 10.129).

hervorrufen, die die Hymne hören. Der Dichter beschwört einen Denkprozeß, eine Ideenentwicklung und ein stufenweises Verständnis herauf. Vom ersten Anfang an hat das Gedicht die Hörer veranlaßt zu reflektieren und die Aufmerksamkeit auf ihre eigene, sich entfaltende Reflexion gelenkt. In Vers 4 entdeckt die Hörerschaft der Hymne schließlich den Grund dafür, warum das Gedicht so verfuhr: die Reflexion, die ihnen die Hymne aufdrängt, ist selbst ein Reflex des Grundprinzips."[80] Wäre diese Feststellung transzendental begründet oder wenigstens gerahmt, dann könnte sie dem Programm der »Strukturphilosophie der Re-flexion in transkulturaler Anwendung« entnommen sein.

Die von dem anglo-tamilischen Universalmetaphysiker Ananda K. Coomaraswamy[81] festgestellte Analogie zwischen

---

[80] J. P. Brereton, Edifying Puzzlement: Ṛgveda 10.129 and the Uses of Enigma, pp. 253d ... 259s ... 255s; Erläuterung in eckigen Klammern von mir hinzugefügt; die Skalierung der in dieser Interpretation betonten, als „Verlaufskurve" bezeichneten drei Manifestationsphasen, scheint bei mir oben in spitzen Klammern auf; daß der zitierte Forscher zwar an die re-flektorische (transzendentalphilosophische), doch nicht an die zudem kontemplative, typisch ‚indische' Lösung des Rätsels von *manas* gedacht zu haben scheint, geht m.E. allein schon aus seiner Übersetzung mit Wörtern aus dem Bedeutungsfeld von denken und sprechen (reflection, thinking, thought, speech) hervor.

[81] An der universalmetaphysischen Ausrichtung Coomaraswamy's nimmt M. Falk, Indologie auf den Wegen und Abwegen vergleichender Religionsforschung, pp. 24-37, Anstoß, diesem eine typisch indische „synkretistisch-synthetische Betrachtungsweise" vorwerfend, um dieser ihre „historisch-psychologische Methode" entgegenzustellen; bei aller Berechtigung einiger Detailkritik an Coomaraswamy's Gedankenflügen, äußerlichen Analogiebildungen und ungezügelten Assoziationen vergißt die Autorin, daß alle Ausdrucksformen des Geistes einem zeitlosen Strukturplan folgen, weshalb sie auch verkennt, daß sich ihre eigenen, von mir sehr hoch geschätzten Deutungen altindischer Texte, einem einzigen von mehreren konkurrierenden wissenschaftlichen Paradigmata, einem *categorial framework* unter anderen, verdanken, dessen Geltungsbereich durch den (formalen) Aufbau von Kategoriengefügen, der

dem atemlos atmenden (*ānīd avātam*) diesen Einen (*tad-ekam*) des ›Ṛg-Veda‹ und dem geistentleerten und geisterfüllten (*entgeistet und gegeistet*) Abgrund und Entleerten/Bloßen bei Meister Eckhart, in dem eins und eins zur Übereinheit (*hohen einigkeit*) vereint sind,[82] sowie dem ungeschaffenen und geschaffenen Abgrund bei Johannes Tauler, den ich zusätzlich ins Spiel bringen will,[83] legt bei der Annahme ähnlicher Bildeprinzipien von Geistwelten, wie sie in dieser Studie erhärtet wird, nahe, unser frühindisches Allentstehungslied so zu interpretieren, daß der atemlose, de-spirierte Zustand, in dem der Geist aufgegeben ist (*nir-vāṇa, a-vāta, a-prāṇa, an-ātmya, nir-ātmā, a-manas[ka]*),[84] dem eigenschaftslosen, nichts(eins)haften Urnichts, der mit Atem und Geisthauch verbundene, sprich in-spirierte Zustand, eher dem von Vakuum/Leere umhüllten noch-werdenden, wirk-, und keimkräftigen Leerraum/

Reflexions-Struktur, abgesteckt ist; die indirekte Nebeneinanderstellung der metaphysischen Interpretationen Coomaraswamy's und der philosophischen Spekulationen antiker Denker und Religionsvertreter, die der eigenen Lehre im Rückgriff auf alte und orientalische Spekulationen ein „Adels- und Wahrheitsdiplom" ausstellten, cf. o.c., p. 18, wo die Forscherin als Vertreter dieser Unart, „dass allgemein neuer Wein in die alten Schläuche eigener und fremder Mythen und Kulte gefüllt wurde", Plutarch, Apuleius, Gnostiker, Hermetiker und Neuplatoniker aufmarschieren läßt, samt pauschaler Herabwürdigung, geben einen zusätzlichen Hinweis auf einen Mangel an transzendentalem Bewußtsein.

[82] Cf. A. K. Coomaraswamy, Selected Papers, 2.41 (Śrī Ramakrishna and Religious Tolerance); 2.300 (Some Pāli Words).

[83] Zu den beiden Parallelen aus der mittelalterlichen deutschen Mystik cf. H. P. Sturm, Urteilsenthaltung oder Weisheitsliebe zwischen Welterklärung und Lebenskunst, pp. 206-207.

[84] Cf. A. K. Coomaraswamy, The Vedas, pp. 57-58; idem, Selected Papers, 2.210-211 (Manas); vgl. auch die atemtechnische Auslegung von Nirvāṇa bei J. Przyluski / É. Lamotte, Buddhisme et Upaniṣad, p. 186; desselbe zusätzlich im Vergleich zum Daoismus bei J. Filliozat, Taoïsme et Yoga, pp. 52-54.

Vakuum (*tucchyena-ābhv apihitam*), dem Spiritus, Gemüt (Wollen), Intellect und Seienden, dem Urgeist als Hypostase, zugesellt wird.[85] „Eine Interpretation könnte sein, daß das Eine äußerliches Vakuum als Grenze mit der 'verschwommenen Flut' benötigt, und innerliches Vakuum vielleicht, um atmen zu können und im Innern etwas anzufangen."[86] Der äußere Leerraum stellt jedoch, der kumulativen Verfahrensweise emanatistischer GeistWelt-Modelle (gr. *mónē*) entsprechend, nichts anderes, denn das mit dem inneren Leerraum schon zu einem Etwas zusammengebrachte und -gedachte Ununterschiedenheits-Chaos und die Weite oder Offenheit des Urozeans dar.

„Die höchste Identität (*tad ekam,* RV) ist eine Syzygie (*principium conjunctum*) von Sein und Nichtsein, Spiration [‚Geistung'/Atmung] und Despiration [‚Entgeistung'/Atemlosigkeit] etc., ein Wesen aus zwei Naturen (RV X.129.2, MU VII.11.8). Wenn diese Naturen gesondert und als aufeinander einwirkend bedacht werden, nimmt Sein seinen Ursprung im Nichtsein, Leben in dem, was nicht lebendig ist, wie von einem Vater und einer Mutter (RV X.72.2, *asataḥ sad ajāyata;* JUB IV.18.8, *yat prāṇena na prāṇiti yena prāṇaḥ prāṇīyate;* Muṇḍ. Up. II.1.2,3 *aprāṇo … tasmāj jāyate prāṇaḥ*). … Diese beiden sind Meister Eckharts »Gott« und »Gottheit«, …"[87]

Das Bild vom dem sich in den nicht-unterscheidbaren,

---

[85] Die atemtechnischen Ausdrücke dürften kein Zufall sein; J. W. Hauer, Die Anfänge der Yogapraxis im alten Indien, erarbeitet mit geltungsspezifischer Selbstbeschränkung textbasierte Thesen dafür, daß der Yoga schon im Ṛg- wie im Atharva-Veda bekannt war; zur Atmung besonders o.c., pp. 9–17.

[86] A. Bernabé / J. Mendoza, Pythagorean Cosmogony and Vedic Cosmogony (RV 10.129), p. 43.

[87] A. K. Coomaraswamy, Selected Papers, 2.345[46] … 2.339[26] (On the Indian and Traditional Psychology, or Rather Pneumatology), RV = Ṛg-Veda; MU = Maitrī-Upaniṣad; JUB = Jaiminīya-Upaniṣad-Brāhmaṇa; Muṇḍ. Up. = Muṇḍaka-Upaniṣad.

Erkennungszeichen ermangelnden, in Düsternis versunkenen, abgründigen Energiewellen und der Leerhülle durch die Umwandlungskraft der Bruthitze/Geistanstrengung entwickelnden Werdefähigen, Werdend-Wirksamen, ins Sein oder Werden Tretenden, vom Geistei, Urkeim oder Primordialsamenkorn also,[88] gehört in die an anderen Traditionsstellen vorfindliche Symbolik des Goldembryos/Goldkeims (*hiraṇya-garbha*), Goldeis (*hema-aṇḍa/hiraṇmaya-āṇḍa*) oder Brahma-Eis (*brahma-aṇḍa*) des noch unentfalteten (ϒ3) oder gerade in der Entfaltung (zum Kosmos) begriffenen (ϒ2½) Geistes.[89]

---

[88] W. H. Maurer, A Re-Examination of Ṛgveda X.129, the Nāsadīya Hymn, pp. 226–227[+27], 234, hält den Primärsamen (*rétaḥ prathamáṃ*) mit Verweis auf frühere Experten als Verlangen (*kā́ma*) für das Produkt, den Sprößling des Geistes (*mánas*), wohingegen A. Collins, Reflections on Ṛgveda, X.129, pp. 274–275, den Samen für den Schöpfer des Geistes (*mánas*) hält, das Verlangen (*kā́ma*) des Primär-Seins (*rétas*) als Ausdruck des Suchens und Forschens (*pratī́ṣyā*) der Weisen/Poieten (*kaváyo*), während er ihren subjektiven Anteil bei der Entwicklung des Kosmos betont, cf. o.c., p. 275 (meine Übersetzungen in eckigen Klammern): „Nun verstehe ich die »Suche« (*pratī́ṣyā*) der *kaví*-s [Weisen/Poieten] nach dem Ursprung des *sát* [Seins] so, daß sie aus dem *kā́ma* [Verlangen] resultierte, »Verlangen«, das im Primär-Sein als »Same« (im Sinne eines Produ*zenten*) des Denk(vermög)ens entsteht. Dieses 'Denk(vermög)en' ist eng verwandt mit *manīṣā́* (»poetische Aktivität«?), durch die die Suche der *kaví*-s betrieben wird. … das »Verlangen« des Primär-Seins wurde *durch* die *kaví*-s in der Form des Denk(vermög)ens, das den Ursprung der Welt suchte, ausgedrückt." Bedenkt man, daß im Original in diskursiver (rationaler) Weise ein intuitiver (intellectualer) Vorgang beschrieben wird und aus einer noologischen Perspektive ‚subjektiver Geist' (*pratī́ṣyā/manīṣā́*) und ‚objektiver Geist' (*tápas/kā́ma*) koinzidieren, nur verschiedene Betrachtungsweisen ein und desselben Geistes darstellen, so erübrigt sich die berühmte Frage, was früher ist, Henne oder Ei, hier Produzent, Produzieren oder Produkt; die Konstitution ist unmittelbar gegeben: durch-einander.

[89] Der Prinzipienrang der verschiedenen sanskritischen Begriffe für das Urei oder den Urkeim ist in verschiedenen Kontexten nicht deckungsgleich und schwankt, wie in anderen Traditionen des Ostens und Westens, von Text zu Text zwischen Ebene (ϒ3) und (ϒ2), weshalb Status

Die menschliche Geistbemühung (*manīṣā*) der Wahr-Sager/ Poiëten (*kavi*), an anderen ›Veda‹-Stellen gleichfalls Seher/ Weise (*vipra/dhīra*) oder in Versen Weis-Sagende (*ṛṣi*) genannt, d.h. der Propheten, Pro-Gnostiker und Welterdichter, die nach der Auffindung der Verbindung und Verwandtschaft von Nichts (*asat*) und Sein (*sat*), möglicherweise als hitziges Verlangen (*kāma*), ihr eigenes begrifflich-spekulatives Brüten (*tapas*) in mehreren Abkühlungsstufen wieder temperieren, d.h. in Frage stellen und damit zum Ausdruck bringen, daß es – in der Art zu Ende re-flektierter philosophischer Theorie – keine denkerische Letztgültigkeit beansprucht,[90] dürfte qua

---

und Funktion dieser Ideen jeweils einzeln aus dem Kontext erschlossen werden müssen; H. Lommel, Der Welt-Ei-Mythos im Rig-Veda, zeigt, daß das Bild vom »Goldkeim/-embryo« (*hiraṇya-garbha*) den Weltei-Mythos enthalte und der Keim oder Embryo (*garbha*) eines Eies eben der Dotter sei; zu indischen Welteiern und dem Zusammenhang zwischen den Urwassern, dem Weiblichen, der Empfängnis, dem Urei, Urembryo, der Geburt und dem Lotos in frühindischen Kosmogonien cf. F. B. J. Kuiper, Ancient Indian Cosmogony (Cosmogony and Conception), pp. 97–103; über chinesischen Welteiern brütet N. J. Girardot, Myth and Meaning in Early Taoism, pp. 169–253, cf. o.c., p. 414, s.v. Egg as cosmic symbol; E. Erkes, Spuren einer kosmogonischen Mythe bei Lao-tse, 29–35; A. Kühn, Berichte über den Weltanfang bei den Indochinesen und ihren Nachbarvölkern, pp. 35–36, zu Pángŭ und dem Weltei; L. Kohn, Early Chinese Mysticism, pp. 191–194; zum chinesischen und indischen Weltei cf. H.-s. Hoàng-sy-Quý, Le mythe indien de l'Homme cosmique dans son contexte culturel et dans son évolution, pp. 145–151 (p. 136[3], mit Verweis auf M. Granet, Das chinesische Denken, p. 264).

90 Cf. J. Gonda, Selected Studies, 3.432 (De kosmogonie van Ṛgveda 10, 129): „Der Schluß von 10, 129 mag skeptisch scheinen, wahrscheinlicher ist, daß der Dichter deutlich machen will, daß es hier um Dinge geht, die kein Wissen ausloten kann." J. P. Brereton, Edifying Puzzlement: Ṛgveda 10.129 and the Uses of Enigma, p. 258s: „Weder menschliches Wissen noch Sprache können jenen Ursprung fassen, selbst wenn sie Reflexe der schöpferischen Urkraft sind." C. A. Scharbau, Die Idee der Schöpfung in der vedischen Literatur, p. 34, meint von dem (Er-)Seher dieser Verse (welche Meinung ich – evtl. gegen die Intention ihres

gnoseologischem Ausdruck des kosmischen ‚Eros', des heißen Verlangens oder der Liebe(sglut), Transformationspotenz der mit dem geistig-meditativen Brüten und Hecken zusammenhängenden Hitze des Askesefeuers glühender Inbrunst (*tapas*)[91], die in beide Richtungen durchlässige Übergangszone zwischen urweltlicher und innerweltlicher Sphäre (*idam* = dies, diese Welt, Diesseits) der Erkenntnis darstellen.

Dafür spricht, daß sowohl das weltschöpferische Wissen (Veda) und seine Artikulationsform, der Lógos (*vāk*), als auch seine Triebkraft (*tapas*) eng mit der Vorstellung des (opfer-) priesterlichen Zaubers, der später zum Prinzip aller Prinzipien aufstieg, verknüpft sind: *bráhman*. „Schon in unserm dritten bande des Rigv. haben wir dargestellt dasz *tapaḥ* an die Stelle des älteren *brahma* getreten ist, und die Verwandtschaft beider hat auch Deussen richtig erkannt. *Tapaḥ* ist nichts weiter als das streben nach erkenntnis der identität der individuellen mit

---

Vertreters – nach den Regeln Negativer, ja Mystischer Theologie verstanden wissen will): „Er ist skeptisch geworden, nicht gegenüber der Existenz Gottes, vielleicht gegenüber dem Wissen und Können Gottes, wohl mehr aber gegenüber dem Unternehmen des Menschengeistes, über das metaphysische Wesen Gottes oder der Schöpfung etwas Endgültiges auszumachen. Und doch hat er Ahnungen und Schauungen."

91 Die Wortwurzel √*tap* bedeutet grundsätzlich Hitze, Wärme, Feuer, Scheinen, Flamme, (Ver-)Brennen, Glut, weiter dann Leidenschaft, Askese(feuer), Buße, Schwitzen, aber auch Verletzung, Schmerz, Qual; in Zusammenhang mit dem Entstehenlassen von Materiellem wie Geistigem durch Wärme, Hitze oder Anstrengung von vielen Übersetzern und von mir mit der Hitze oder Wärme des (Aus-)Brütens oder (Aus-) Heckens in Verbindung gebracht; von N. Kazanas, Indo-Aryan Origins and other Vedic Issues, p. 87[17], idem, Philosophy and Self-realization in the Ṛgveda, p. 31, unter Bezugnahme auf die Eintragung im Dhātupāṭha: *aiśvarye,* Herrschaft, Macht, Überlegenheit, Kraft, mit „Transformationskraft" übersetzt, cf. S. R. Hill, / P. G. Harrison, Dhātu-Pāṭha, pp. 69 (152/153, Index), 29 (72/73, 241, Nr. 146); zur allgemeinen Bedeutung o.c., pp. 21 (56/57, 330, Nr. 615), 46 (106/107, 263, Nr. 268); G. B. Palsule, A Concordance of Sanskrit Dhātupāṭhas, p. 58.

der weltseele, allerdings dises streben in seiner höchsten alles andere verbannenden intensität.“[92]

Subjektives (Ggnoseologisches) und Objektives (Ontologisches) durchgehen einander vollkommen. Was als von uns unabhängiger Prozeß geschildert wird: „Mit anderen Worten: früher als die Manifestation und empirische Existenz und vor die Zeit begann, war der geheimnisvolle und verborgene Dynamismus der Einheit. Er war in Leere eingehüllt und hegte, wie ununterschiedenes Wasser, seine potentielle Mannigfaltigkeit im Innern. Er tauchte dann durch seine ihm selbst innewohnende Flamme der Kreativität (*tapas*) und geistigen Antrieb (*kāmas – manaso retaḥ*) zur Existenz auf, die zu Polarität und dadurch zur Vielheit führte. Götter waren nicht Zeuge dieses Prozesses, weil sie selbst aus ihm auftauchten, und es ist ungewiß, ob der, der die Welt im höchsten Himmel überblickt, weiß, woraus dies alles hervorging, oder nicht.“[93] kann, wenn es sonst niemand weiß, nur vom menschlichen Geist erkannt worden sein.

Hier ist mitzubedenken, daß das Geistig-Seelische nach alter Ved(ānt)a-Lehre, wie im Platonismus, in sich selbst differenziert und/oder gestaffelt ist. „Fragen wir, welche Funktionen man im Einzelnen dem *manas* [Geist, Vernunft, Verstand, Denkvermögen] zugeteilt hat, so finden wir dieses schon im Rigveda unterschiedslos sowohl denkend wie fühlend und wollend. Diesen weiten Umfang seines Tätigkeitsbereichs behält es auch in dem uns beschäftigenden Zeitalter [der

---

[92] A. Ludwig, Der Nâsadasîya-hymnus Rigveda X. 129, p. 3; cf. idem, Der Rigveda oder die heiligen Hymnen der Brâhmana, 3.296–302.

[93] K. Werner, From Polytheism to Monism – a Multidimensional View of the Vedic Religion, p. 17; zu beachten ist, daß in dem Zitat vom Einen als in Leere gehüllt berichtet wird, obwohl es genannter Autor, wie in einer früheren Fußnote dieses Kapitels erwähnt, als Erstes und Urprinzip setzt.

Brāhmaṇa-s].“[94] Eine isomorphe Stratifikation personaler Wesensschichten, wie sie den vedischen Sehern bekannt gewesen sein dürften, verläuft von der auch im Menschen wirksamen kosmischen Schöpfer-, Erhaltungs- und Steuerungskraft, die als Ungeborenes (*aja*) gilt (♈3), über die äußere und innere Charakteristika repräsentierende (leibliche, nicht körperliche) Personengestalt, die Leibseele oder das Ich (*tanū*) (♈2), zum physisch existenten, sinnlich wahrnehmbaren Körper (*śarīra*) (♈1).[95]

Eine derartige funktionale Gliederung weist zudem beachtliche Ähnlichkeiten zum Modell des Psycho-Mentalen in der chinesisch-daoistischen Tradition auf. Hier wäre insbesondere der Zusammenhang mit den Drei Schätzen (三寶 *sān bǎo*), der (Vital-)Essenz (精 *jīng*), der Atem- und Lebensenergie bzw. dem Pneuma (氣 *qì*) und dem Psychomentalen/Geistigen (神 *shén*), die sowohl in der asketisch-magischen inneren Alchemie (內丹 *nèi dān*) des Daoismus als auch in der chinesischen Medizin eine wichtige Rolle spielen, zu bedenken. „Die Idee der Transformation von *jing*, *qi* und *shen* ist besonders im *neidan* wichtig, wo die Sätze

(♈1) »Essenz zu Pneuma läutern« (*lianjing huaqi* 鍊精化氣),
(♈2) »Pneuma zu Geist läutern« (*lianqi huashen* 鍊氣化神) und
(♈3) »Geist läutern und
(♈4) zur Leere zurückkehren« (*lianshen huanxu* 鍊神還虛),

[94] H. Oldenberg, Vorwissenschaftliche Wissenschaft, pp. 69–70; meine Übersetzungstermini und Ergänzung; zum Geist (*manas*, *citta*, *saṃkalpa*, *vijñāna*, *dhyā*) als trifunktionalem Vermögen in der frühen Phase der indischen Philosophie cf. o.c., pp. 69–78, mit Belegstellen.

[95] Cf. K. Werner, The Vedic Concept of Human Personality and its Destiny, pp. 278–280, mit Belegstellen.

die drei Hauptstadien der Praxis innerer Alchemie definieren."[96] So wird die folgende Feststellung zur antiken indischen und sinitischen Psychophysiologie von ihren Verfassern denn auch exakt in diesen Zusammenhang gestellt, indem sie auf die parallele Schichtung in der daoistischen Philosophie, die »Drei Zinnoberfelder« (丹田 *dān tián*), weisen, die im Kopf, Herzen und Bauch ihren jeweiligen Ort haben, und davon sprechen, daß sich diese Theorie, wenigstens in gewissen Aspekten, an die indische Anschauung anschlösse.[97]

„*Kāma* [Verlangen] ist für *manas* [Geist], was *retas* [Sperma] für *hṛdayam* [Herz] ist, weil *manas* = *hṛdayam,* kann das Wort *retas* für *kāma* stehen. … Aus den vorangegangenen Beobachtungen ergibt sich, daß *manas* in drei grundlegenden Bedeutungen verwendet werden konnte: 1) weil es die Psyché bezeichnet, ist es *kāya,* dem Körper, entgegengesetzt; 2) es ist der Sitz der Empfindungen; 3) es ist das Zeugungsorgan. Diesen drei Bedeutungen von *manas* korrespondieren unterschiedliche Funktionen: 1) als Psyché erzeugt es die Intention, die die Akte veranlaßt/bestimmt; 2) als Sitz der Empfindungen erzeugt es das Verlangen; 3) als Organ scheidet es das Sperma ab. Obgleich sich diese Begriffe (bedeutungsmäßig) teilweise decken und mischen, wäre es unrichtig, sie durcheinanderzubringen.

---

[96] C. Despeux, *jing, qi, shen* 精 · 氣(炁) · 神 essence, pneuma (breath, energy, vital force), spirit, p. 563, cf. o.c., pp. 562–565; (bei dem Zitat handelt es sich um eine fast wörtliche Übernahme aus ⟨ed.⟩ Zhōng-huá-dào-zàng 19/096,738a.1-2 ≊ Zhèng-tǒng-dào-zàng 725/1046.4v.6-7; die ‚Logik' meiner Angaben von Stellen im ›Daoistischen Kanon‹ wird für Nicht-Spezialisten im Faszikel II/7, cf. H. P. Sturm, Dao einfach, Dao vierfach, pp. 17–19, erklärt werden; darin auch einiges Weitere zum dargestellten Sachverhalt, o.c., pp. 348–355; natürlich wäre auch zu erforschen, ob es Gemeinsamkeiten mit der Drei-Qualitäten-Lehre (*tri-guṇa*) des Sāṅkhya und der Lehre von den Drei Komponenten (*tri-dhātu*) des Āyur-Veda gibt, die ich später wenigstens noch ansprechen werde.

[97] Cf. M. Falk / J. Przyluski, Aspects d'une ancienne psychophysiologie dans l'Inde et en Extrême-Orient, p. 727.

Sie sind auf drei verschiedenen Niveaus angesiedelt, die der intellektuellen, der emotionalen und der die Zeugung betreffenden Aktivität entsprechen. Mit anderen Worten, sie erlauben, drei Ebenen zu unterscheiden, die des Intellekts (ϒ3), der Gefühlsregungen (ϒ2) und der Zeugung (ϒ1).“[98]

Nur unter der nicht auszuschließenden Annahme, daß der Ort bzw. Nicht-Ort des unbestimmten Über-Einen des absoluten Damals von den vedischen Weisen methodisch bewußt jenseits des Denkbaren verlegt wurde (Y5) und das Eine tatsächlich als Absolutum (ϒ4) verstanden würde, entspräche die Gliederung der Manifestation des Einen im Menschen, die ein Interpret vor kürzerem vornahm, indem er das Eine in drei Phasen der Manifestation im Menschen untergliedert, der Stratifikation des Hymnus, die sich durch das Anlegen der re-flexionsstrukturellen Meßlatte ergibt. „Ein .. Aspekt betrifft die dreigliedrige Manifestation des Einen (ϒ4) in *kāma* (ϒ3), *manas* (und *hṛd*) (ϒ2) und implizit, doch nicht ausgesprochen, *śarīra* ‘physischer Körper’ (ϒ1). Verlangen/Liebe, *kāma*, die Kraft, die *ābhu* [Werden] reguliert, steht hier für das, was spätere Schulen *kāraṇa* ‘kausal, spirituell’ nennen. Das ist der Höchste Wille, den die *Māṇḍūkya Upaniṣad prajñānaghana* ‘Bewußtseinsmasse’, *sarveśvara* ‘Herr des Alls’ und *antaryāmin* ‘innerer Regler’ (ϒ3) nennen wird. Dann kommt *manas* und *hṛd*, die mit dem späteren *sūkṣma* ‘fein’ oder *antaḥkaraṇa*

[98] M. Falk / J. Przyluski, Aspects d’une ancienne psychophysiologie dans l’Inde et en Extrême-Orient, p. 726, zu anderen frühen Ved(ānt)a-Stellen mit zusätzlicher Explikation der vierten, transzendenten Einheit, konsultiere man M. Falk, The Five Jinas and the Five Colours of Consciousness, pp. 438–439; die Skalierung ist schwierig; hier wäre eine Andeutung in Richtung Platon angebracht gewesen, um dann konsequent noologisch (geistintern) zu argumentieren. Die enge Verbindung von *kāma* mit *manas* und Prajāpati wird von J. Gonda, Selected Studies, 6.2.303–305 (The Creator and His Spirit (Manas and Prajāpati)), auf den allen dreien innewohnenden kosmogonischen Impuls zurückgeführt.

'inneres Mentalorgan' korrespondieren, welche zwischen dem Kausalen und Materiellen liegend diese verbinden (der *taijasa* 'Brilliante' der *Māṇḍūkya*) (♈2). Schließlich ist all dies im materiellen Leib verkörpert, dem *sthūla-śarīra* (♈1).“[99]

Diese Stufung träfe zudem nur unter der weiteren Bedingung zu, daß auch *manas/hṛd* in zweifachem Sinne verstanden würden, untergeordnet bzw. nach außen gerichtet, funktional und ausführend, wie auch übergeordnet, geltungsgewährend, wesenhaft und nach innen gewendet, oder ein Vermögen dem anderen untergeordnet würde, welche später von mir noch vorzustellende hinduistische und buddhistische Lösung des ‚Geist-Problems' der zitierte Forscher, wie wir bereits sahen, in einer anderen seiner Studien wählt.[100]

Während, wie aus meiner Argumentation bis hierher zu entnehmen ist, sich das ungegenständliche, noch nicht manifeste weder Nichtseins- noch Seinshafte (*na-asad .. no sad*), elliptisch auch Nichts zu Nennende (♈4), im Geist der Weisen als Nichts (*asat*) in Relation (*bandhu*) zum Sein (*sat*), in der dafür typischen Formelhaftigkeit von Nichts und Sein, sowohl Nichts als auch Sein (man denke hier auch an die adjunktive Bestimmungsformel des aus sich, aus Eigen- oder Selbstkraft atemlosen Atmens (*ānīd avātaṃ svadhayā*) des Einen), entsprechend dem noch nichts seienden, doch zu allem werdenden Urkeim/Werdefähigen (*ābhu*) (♈3) erkennbar wird (horizontale Lesart)[101], repräsentieren demgegenüber das Nichtseiende (*asat*)

---

[99] N. Kazanas, Indo-Aryan Origins and other Vedic Issues, pp. 88-89, Übersetzung in eckigen Klammern nach dem Verständnis des zitierten Verfassers.

[100] Die meiner Stufung entsprechende, bereits vorgestellte Graduierung, findet sich in N. Kazanas, Philosophy and Self-realization in the Ṛgveda, pp. 35-38.

[101] Was in moderner (transzendental)philosophischer Diktion deren ‚absolute' Relation, die Form von Wissen überhaupt, zu nennen wäre. Ich

und Seiende (*sat*) in polarer Gegenüberstellung, d.h. alltagsweltlich genommen, der gestaffelten Verwendung von Name (*nāma*) (ϒ2) und Form (*rūpa*) (ϒ1) des Vedānta analog, die elementare Gegensätzlichkeit (*dvandva*), die die Sensual- und Mentalwirklichkeit, den Diákosmos (*idam*) konstituieren, den die Epopten mit ihrer oben und unten auseinanderhaltenden Richtschnur vom Geisthaften unterscheiden und uns hinsichtlich seines Ursprungs in ihrem diesbezüglichen Wissen, dem ›Nāsadīya-Sūkta‹, im Ungewissen lassen, weil von einem Ursprung gar nicht die Rede sein kann.

„Die Hitze (*tapas*), die Dieses Eine von ṚV X.129, Vers 3, gebiert, hat sich zu Verlangen (*kāma*) entwickelt. Aus dem Primärsamen des Verlangens entfaltet sich Geist (*manas*). Mit anderen Worten ist der menschliche Geist oder Verstand die Grundlage von allem, was auch immer ist oder nicht ist. Die grundlegendsten ontologischen Konzepte von »seiend« und »nichtseiend« sind auf der epistemologischen Basis des Geistes oder Verstandes aufgebaut. Aus demselben Geist erstreckte sich eine Linie, die auf ein Bild sexueller Vereinigung weist: die männliche Gestalt oben, die weibliche unten.“[102]

In einer neueren schematischen Rekonstruktion der vedischen Weltordnung wird eine Urebene als transzendente und erste Ebene von drei Entfaltungsstadien oder Welträngen, ausgehend vom ›Nāsadīya-Sūktam‹ angenommen. Dieses weise mit dem Urstadium der Vor-Gegensätzlichkeit von weder Nichtsein noch Sein, weder Chaos noch Kosmos auf einen das All enthaltenden Zustand perfekter Einheit (der von der Forscherin problematischerweise mit dem Dies-Einen identifiziert

möchte allerdings nicht vergessen, darauf aufmerksam zu machen, daß diese Relation auch einen vertikalen Aspekt hat, der in den bisherigen Argumentationsgängen schon mehrmals thematisiert wurde, die scheinbare Manifestation des Absoluten/Nichts (ϒ4) im Geist/Sein (ϒ3).

[102] Yao Zhi-hua, One, Water, and Cosmogony, p. 14.

wird) (♈4). Mit einem gewissen Abstand von solchen Höhen perfekter Einheit, die der menschliche Geist kaum durchmessen könne, kämen die Gegensatzpaare, indem sich aus dieser Ureinheit die beiden positiv-negativ oder spirituell-materiell zu nennenden Manifestationspole ausdifferenzierten, die die vedischen Seher mit *asat* und *sat*, Nichtsein und Sein, Nicht-Manifestes und Manifestes, Potentielles und Aktuelles und, schon etwas konkreter, gewissen Götter-Gegensatzpaaren gleichgesetzt hätten: Dyaus-Pṛthivī (Himmel-Erde), Aditi-Dakṣa (Absolute-Effizienter), Apas-Tvaṣṭṛ ([heilige] Handlung-Fähiger), Vṛtra-Indra (Chaosdrache-Gewittergott), wobei nach ›Ṛg-Veda 10.72.3b‹ das Nichtsein das Sein zu erzeugen scheine, Sein die Wurzel der Manifestation und aktualer Ausdruck des noch nicht Manifesten potentialen Nichtseins sei, als ineinander Aufgegangene, Verschmolzene beide aber im höchsten Himmel latent wären:[103] „Sowohl das Nichtseiende als auch das Seiende ist im höchsten Himmelsraum bei der Geburt des Dakṣa/Effizienten (♈3) im Schoß der Aditi/Absoluten (♈4).“[104] Als zweite Ebene folgt die Sphäre der Götter, die den manifesten Kosmos errichteten, formten und regierten (♈3).[105] Und

[103] Cf. J. Miller, The Vision of Cosmic Order in the Vedas, pp. 48–66, meine Übersetzungen der Götternamen nach ihrer sachlichen Bedeutung im Anschluß an die Ausführungen der Verfasserin; zur zweiten Manifestationsphase (♈3) und dem damit zusammenhängenden Motiv des gliederlosen, elementaren, undifferenzierten, trägen Chaosdrachen Vṛtra und seiner Erschlagung, nein, Zerschlagung, d.h. Aufgliederung und Anordnung zum Kosmos cf. eadem, The Vedas, pp. 27–41; in diesem Zusammenhang möchte ich auf das Hùndùn-Motiv (混沌 *hùn-dùn*) im Daoismus verweisen, das im entsprechenden Faszikel meines Werks thematisiert werden wird.

[104] Ṛg-Veda 10.5.7a, ⟨edd.⟩ B. van Nooten / G. B. Holland, p. 480, ⟨ed.⟩ T. Aufrecht, 2.293: *ásac ca sác ca paramé víoman dákṣasya jánmann áditer upásthe* |.

[105] Cf. J. Miller, The Vision of Cosmic Order in the Vedas, pp. 49–50; detailliert: o.c., pp. 67–121.

als dritte die raum-zeitlich phänomenale Welt, in der sich die Spannung zwischen den Gegensätzen durch die menschen-verursachte Störung des göttlichen Gleichgewichts in Konflikt und Disharmonie manifestierten (ϒ2/1).[106] „Schöpfung ... bedeutete für die ṛṣis die Projektion dessen in begrenztes oder bedingtes Sein (ϒ2/1), was alles *in potentia* enthält (ϒ3). Sie beinhaltet eine Reflexion und gleichzeitig eine Zusammenziehung oder Verkehrung der unbegrenzten oder unendlichen Quelle (ϒ4). In dieser spiegelartigen Verkehrung (ϒ3) findet sich das Unbedingte (ϒ4) durch das Bedingte (ϒ2/1) gefangengenommen, während ein solches Bedingen (ϒ3) wesentlich für die Manifestation ist, denn ohne Form oder Gefüge (ϒ2/1) kann es keine Äußerung (ϒ3) geben. ... Das Wesen des Seins ist einheitlich (ϒ4), das, was sozusagen aus ihm projiziert wird, wird eine Reflexion (ϒ3) werden, und in seiner äußersten Projektion sein gerades Gegenteil, nur insoweit wirklich, als es seine Realität von seiner Quelle borgt, in gewissem Sinne daher illusorisch (ϒ2/1)."[107]

Um noch in aller Deutlichkeit zu dokumentieren, daß die re-flexionsstrukturelle Rekonstruktion des vedischen Weltbaus auch in ihrem zweiten Aspekt, dem der Vierkant-Formel seiner Artikulation, die originären Texte in systematischer Minimalform ausdrückt, hier noch ein Zitat aus der neueren Fachliteratur, das im Spannungsfeld zwischen ›Ṛg-Veda‹ 10.129 und 10.72 mit den Zwischengliedern zweier weiterer wichtiger Veda-Stellen die Anfangsbedingung der darauffolgenden Philosophieentwicklung, besonders des ‚Veda-Endes', des Vedānta nämlich, nennt. „Vor und jenseits der Schöpfung, in der Dunkelheit der Flut (10. 129. 1), *ante principium,* ist das Verhältnis

[106] Cf. J. Miller, The Vision of Cosmic Order in the Vedas, pp. 49-50; detailliert: o.c., pp. 123-199.

[107] J. Miller, The Vision of Cosmic Order in the Vedas, pp. 60-61.

zwischen Sat und Asat, Sein und Nichtsein, ein »Weder–Noch« (Υ4). Zu Beginn der Schöpfung, *in principio,* werden sowohl Sat als auch Asat im Lichte des Anbruchs der Schöpfung betrachtet. Ihr Weder–Noch *ante-principium* erscheint nun als ein Zusammen *in principio,* im höchsten Himmel (10. 5. 7) (Υ3). Bei der Schöpfung, *apud principium,* scheidet Indra das Sein (Υ1) vom Nichtsein (Υ2) (6. 24. 5). Diese drei Phasen sind Teil einer Vision. Im absoluten Jenseits kann außer einem Weder–Noch nichts prädiziert werden (Υ4); im höchsten Himmel, d.h. in der Sphäre der Vorformung, wird das »Weder–Noch« (Υ4) in ein »Sowohl–Als-auch« umgewandelt (Υ3). Diesem vorgebildeten Zustand wird vom Schöpfer, der das Zustandekommen des Seins (Υ1) und Nichtseins (Υ2) in ihrer getrennten Verschiedenheit herbeiführt, Aktualität verliehen. … Das Auftauchen des Sat aus dem Asat geschieht vom Nichtsein aus, weil es noch nicht Sein ist (10. 72. 2, 3). Von daher »fanden die Weisen, indem sie in ihrem Herzen suchten, im tiefen Denken (*manīṣā*) das Band des Seins im Nichtsein« (10. 129. 4). Von ihrer kosmogonischen und ontologischen Schichtung aus betrachtet, ist die erste und oberste Position jedoch die von weder Sein noch Nichtsein im dunklen Unerschaffenen (Υ4). An der nächsten Stelle, am Anbruch der Welt, dem höchsten Lichthimmel, bilden Sein und Nichtsein zusammen ein ununterscheidbares Ganzes. Das »Weder–Noch« (Υ4) leuchtet im Verhältnis von »Sowohl–Als-auch« (Υ3) auf. In diesem Moment sieht der Seher seiend werden, was bisher noch nicht ins Sein getreten war. An ihrer dritten Stelle wird das »Weder–Noch« des Unerschaffenen (Υ4), das das »Sowohl–Als-auch« am Anbruch der Schöpfung ist (Υ3), getrennt. Nun ist jedes von ihnen (seiend); das eine der Kosmos, das Sein selbst (Υ1), das andere Nichtsein (Υ2), außerhalb, d.h. unterhalb der Schöpfung (ᔭ⅄). Die drei ontologischen Momente im Verhältnis von Sat und Asat entsprechen verschiedenen Ebenen in der

Struktur der Schöpfung."[108]

Wenn die zitierte Indologin die Lemmatik der vedischen Prinzipienspekulation als eine der wenigen Gelehrtenpersönlichkeiten unzweideutig ausspricht: „Im Ṛg Veda sind Sat, Asat, weder Sat noch Asat, sowohl Sat als auch Asat nicht vier Modi der Prädikation. Sie bilden nicht den logischen Vierfüßler (*catuṣkoṭi*). Jedes von ihnen ist, das Seiende ist; das Nichtseiende ist. Asat und Sat sind korreliert."[109], dann ist einerseits deutlich, daß sie eine gewisse Verwandtschaft zwischen beidem durchaus ahnte, andrerseits, daß sich ihr der Modus dieses Zusammenhangs nicht erschlossen hatte.

Betrachten wir unseren Werdehymnus ohne Blick auf andere Hymnen des Veda, dann kommen wir diesbezüglich zum gleichen Ergebnis: „Und wenn es zum *saṃsāra* [Werdekreislauf] kommt, wörtlich »Zusammen-Fließen«, dürfen wir nicht versäumen, uns und unsere Quellen zu fragen, *was* genau zusammenfließt. In den buddhistischen Texten finden wir oft alte Passagen, die *saṃsāra* als Geburt und Tod definieren (was sich übrigens exakt in der chinesischen Übersetzung *sheng si,* Leben und Tod, widerspiegelt). In den ersten beiden Versen von *RV* 10.[1]29 wurde ausdrücklich festgestellt, daß es am Anfang weder *sat* [Sein] noch *asat* [Nichtsein] gab und keinen Tod, keine Unsterblichkeit (Ƴ4). Mit anderen Worten, es gab noch kein Zusammenfließen (Ƴ3) – nämlich von *sat* (Ƴ1) und *asat* (Ƴ2). *Saṃsāra* bedeutet demzufolge gewissermaßen die Kon-Fusion [*com-mersion*] von Leben und Tod. Es wird oft gesagt, daß er ohne Anfang und Ende, ohne ein *ārambha*

---

[108] S. Kramrisch, The Triple Structure of Creation in the Ṛg Veda, pp. 145–146; die Unterwelt wurde dem Sinn des Texts gemäß von mir als pervertiertes Vor-Sein oder gefallenes Ungeschaffenes mit einer verkehrten Symbol (ᵻ⅄) skaliert; strukturlogisch handelt es sich jedoch um (Ƴ2).

[109] S. Kramrisch, The Triple Structure of Creation in the Ṛg Veda, p. 146[4].

[Ursprung] ist. Und *saṃsāra* wird regelmäßig mit einem Ozean verglichen. Das Leben des Individuums ist wie eine Welle. Individuelle Begrenzungen kommen nur durch *kāma* [Leidenschaft/Verlangen] und *manas* [Geist/Verstand/Vernunft/Wille] zustande. Wenn sie einmal unterdrückt sind, ist es auch *saṃsāra*. Solche Bilder sind überall in der philosophischen Sanskrit-Literatur üblich. Im *RV* 10.[1]29 scheint der Autor zu verstehen zu geben, daß am Anfang das Wasser war (1,3). Aber es wird erst manifest, wenn *sat* und *asat* zusammenfließen, i.e. im *saṃsārischen* Strom von Leben und Tod – was wörtlich das ist, was *saṃsāra* stets heißt. Unser Text ist intellektuell anspruchsvoller als das *Enuma Elish.*"[110]

[110] C. Lindtner, Madhyamaka Causality, pp. 49–50; Übersetzungen der Sanskrittermini, Druckfehlerkorrektur in eckigen und Skalierung (eines von mehreren skalierbaren Argumentteilen), wie Einfügung eines englischen Originalwortes in runden Klammern, stammen von mir; RV steht für Ṛg-Veda. Es dürfte für das Verständnis hilfreich sein, ergänzend zu erwähnen, daß sowohl das Urfließen, Urwogen, die Urflut (*salila*) von ›Ṛg-Veda 10.129.3‹ also auch das im Zitat genannte Zusammen-Fließen (*saṃ-sāra*) aus derselben *√sṛ*, laufen, durchqueren, fließen, strömen, wehen, sich (fort)bewegen etc. stammen. N. Kazanas, Indo-Aryan Origins and other Vedic Issues, p. 87[17], idem, Philosophy and Self-realization in the Ṛgveda, pp. 30–31, wirft bisherigen Übersetzern und Interpreten des Liedes vor, *ambhas* von Mantra 1 und *salila* von Mantra 3 semantisch zwar korrekt mit Wasser, Ozean, Materiebegriffen also, zu übersetzen, den Sinn dabei jedoch zu verfehlen, da es sich um einen Zustand handle, in dem nichts bzw. noch nichts existiert; wenn er an deren Stelle ebenso philologisch korrekt Kraft-, Energie- und Potenzbegriffe setzt, ist das metaphysisch gerechtfertigt, so man sie als rein geistige verstünde, ansonsten wären sie ebenso nur physikalisch und das heißt irgendwie dinglich, doch ist eben zu bedenken, daß in dieser kosmogonischen Phase, wenn von Materie die Rede ist, nur Geistmaterie, was für ein Konstrukt das bei re-flexionsstruktureller Helle besehen auch immer sein mag, gemeint sein kann, die grundsätzlich als licht-, schwingungshaft, strahlkräftig, informationsgeladen, steuerungs- und regelungsmächtig gilt, was durch die Symbolik von Kosmogonien weltweit bestätigt und durch die stoffliche Vordergrundbedeutung der verwendeten Terminologie nicht beeinträchtigt wird, auch wenn vom genannten Autor, wie

Auch die älteste Nachdichtung der berühmten ›Nicht-Nichtseinshymne‹ scheint die Vorstellung von einer 5-Level-Hierarchie unwahrscheinlich zu machen. Sie sei hier nicht zuletzt deshalb wiedergegeben, weil man sich damit ein Bild von der subtilen Variabilität und Multistabilität solcher Spekulationen machen kann, die sich in den schwankenden Bestimmungen einzelner Sinneinheiten und den Verschiebungen ihrer Ordnungs- wie gegenseitigen Zuordnungsverhältnisse ausdrückt:

(Υ4) „Zu Anfang war dies hier einerseits gewissermaßen weder nichtseiend noch war es andrerseits gewissermaßen seiend.
(Υ3) Am Anfang war dies hier in der Tat gewissermaßen und es war gewissermaßen nicht.
(Υ4/3) Da ist wirklich nur der Geist (*tan-mana eva*) gewesen, weshalb von den Ṛṣi-s folgendes gesagt wurde:
(Υ4) »Weder Nichtsein war noch Sein war damals«. Denn der Geist (*mano*) [ist] gewissermaßen weder seiend noch auch gewissermaßen nichtseiend.
(Υ3) Eben der Geist (*tad-idaṃ manaḥ*),
(Υ3½) [einmal] hervorgegangen/ausgeflossen,
(Υ$\overrightarrow{3}$.2) mühte sich, manifest zu werden, expliziter, solider.
(Υ3) Dieser wünschte sich
(Υ3_2) ein Selbst [Wesenhaftigkeit];

---

bereits erwähnt, Gegenteiliges behauptet wird; zum Herz-Ozean (*hṛdaya-samudra*) und Verlangens-Wogen oder Meer des Sehnens (*kāma-salila, kāma-samudra*) cf. M. Falk, Il mito psicologica nell' India antica, pp. 30, 36. Grundsätzlich können die Wasser, verstanden als Wellen(energien), fast alle Schichten der kosmischen und psychischen Stratifikation einnehmen, was je einzeln kontextuell zu erschließen ist; frühindische Textstellen zum Wasser als Ur- oder Geiststoff in C. A. Scharbau, Die Idee der Schöpfung in der vedischen Literatur, pp. 46–51; zu den fünf Elementen, jeweils als primordiale Grundsubstanz, cf. o.c., pp. 40–58.

(ϒ$\overset{\rightleftarrows}{3}$.1) Er heckte eine Bruthitze [übte Askese/Kasteiung] aus;
(ϒ3$_1$) Er verfestigte sich. ... Dieser Geist ließ
(ϒ2½) die Sprache hervorgehen/ausfließen ... Die Sprache ließ
(ϒ1½) den Lebenshauch hervorgehen/ausfließen ... Der Lebenshauch ließ
(ϒ1$_1$) das Auge hervorgehen/ausfließen ... Das Auge ließ
(ϒ1$_2$) das Ohr hervorgehen/ausfließen ... Das Ohr ließ
(ϒ1$_3$) das Tun/Karma hervorgehen/ausfließen ... Das Tun/Karma ließ
(ϒ1$_4$) das Feuer hervorgehen/ausfließen ... Diese [Feuer{stätten}] sind wahrlich
(ϒ2) aus/durch Wissen errichtet ...“[111]

Zwei sich ergänzende Bestimmungsformeln für das unbestimmte Anfangsstadium der Welt werden in der Spekulation, ausgehend vom Werdehymnus 10.129 des ›Ṛg-Veda‹, also für anwendbar gehalten. Einmal, daß es „weder nichtseiend noch

[111] Śatapatha-Brāhmaṇa 10.5.3.1–12, ⟨ed.⟩ A. Weber, pp. 796–798: *vā 'idam-agre-'sad-āsīn-na-iva sad-āsīt | āsīd-iva vā'idam-agre na-iva-āsīt-tad-dha tan-mana eva-āsa ‖1‖ tasmād-etad-ṛṣṇābhan-ūktam | na-asad-āsīn-no sad-āsīt-tadānīṃ-iti na-iva hi san-mano na-iva-asat tad-idaṃ manaḥ sṛṣṭam-avir-abubhūṣat | niruktaraṃ mūrtataraṃ tad-ātmānam-anvaichat-tat-tapo-'tapyata tat-prāmūrchat ... ‖2‖ tan-mano vācam-asṛjata ... ‖4‖ sā vāk-prāṇam-asṛjata ... ‖5‖ sa prāṇaś-cakṣur-asṛjata ... ‖6‖ tac-cakṣuḥ śrotram-asṛjata ... ‖7‖ tac-chrotram karma-asṛjata ... ‖8‖ tat-karma-agnim-asṛjata ... ‖10‖ te ha-ete vidyā-cita eva ... ‖12‖*; meine Ergänzung in eckigen und geschweiften Klammern; J. P. Brereton, Edifying Puzzlement: Ṛgveda 10.129 and the Uses of Enigma, p. 250d, versteht die Negation *na* mit der Partikel *iva* = *neva* hier nicht als qualifizierte, sondern als verstärkte: „Im Anfang war dies keineswegs/keinesfalls (in no way) nichtseiend ...“; aus mythologisch-metaphysischen Gründen halte ich das für unzutreffend, da in dem Ur-Zustand eben schon der Nun-Zustand, Seiendes ‚gewissermaßen‘ also mitgedacht ist. Cf. A. K. Coomaraswamy, Ṛgveda 10.90.1 *áty atiṣṭhad daśāṅgulám*, pp. 154^{30}–155.

seiend“ (*na-asad āsīn no sad āsīt*) zu nennen ist, was unschwer als eine Vorwegnahme der berühmten *Neti-neti*-Formel der ›Bṛhadāraṇyaka-Upaniṣad‹, zu der ich noch kommen werde, gelten kann, andermal, daß es „in der Tat gewissermaßen war und gewissermaßen nicht war“ (*āsīd-iva vā'idam-agre na-iva-āsīt*), die zum positiven Sowohl–Als-auch umgepolte Variante des erstgenannten negativen Weder–Noch. Nimmt man die beiden Formeln zusammen zu einer Sowohl–Als-auch-Proposition, so handelt es sich in re-flexionsstruktureller Diktion um eine Plus-Koinzidenz [(ϒ4)+(ϒ3)=(ϒ3')].

Nach dem von mir phänomenologisch beschriebenen und anhand dieser Studie hier in philosophischem Traditionsgut aufgewiesenen Zusammenhang dieser beiden Aussageweisen mit den geisttheoretischen Urprinzipien ist zu konstatieren, daß hiermit der Bereich des Rein- oder Absolutgeistigen (*tan-manas*) mit seinen zwei Gesichtern, dem weltabgewandten und dem weltzugewandten, abgedeckt ist. Es handelt sich hiermit um die Doppeltheit des nach Hypostasenanordnung eigentlich Geistigen, welche wir soeben schon ansprachen, um eine Stufe nach oben verschoben bzw. ergänzt, womit wir eine geistige Dreiheit hätten, die drei unsterblichen, nicht-werdenden Füße des Urgeists (im Himmel) des ›Puruṣa-Sūkta‹? Daran kann man sehen, daß Geistmetaphysik ein diffiziles Geschäft ist. Diese Zwiefältigkeit des Beginnens, die sich von der Unentfaltetheit einer einshaften Urandrogynie oder nullartigen In-Differenz bis zur Paarigkeit einer ersten Zweiheit erstreckt, blickt uns im ›Taittirīya-Brāhmaṇa‹ in einer beispielhaften Sequenz entgegen:

(ϒ4) „Dieses hier war zu Anfang wahrlich nicht einmal irgend etwas (*idaṃ vay-agre na-eva kiñca na-āsīt*).
(-ϒ2) Weder war der Himmel
(-ϒ1) noch die Erde,
(-ϒ1½) noch der Zwischenbereich.

(Υ3_2) Das bloß nichtseiende Sein/Seiende (*tad-asad-eva san*)

(Υ$\overset{\rightleftarrows}{3}$) richtete

(Υ3_1) seinen Geist darauf [faßte den Gedanken/Entschluß] (*mano-'kuruta*):

(Υ$\overset{\rightleftarrows}{3}$) »möge ich sein« (*syām-iti*). Dieses brütete/heckte (geistig) (*tad-atapyata*); durch dieses (geistige) Brüten/Hecken (*tasmāt-tapanād-*) entstand

(Υ$2^3/_4$) der Rauch (*dhūmo*). Dieses brütete/heckte (geistig) weiter; durch dieses (geistige) Brüten/Hecken entstand das Feuer (*agnir*). Dieses brütete/heckte (geistig) weiter; durch dieses (geistige) Brüten/Hecken entstand das Licht (*jyotir*). Dieses brütete/heckte (geistig) weiter; durch dieses (geistige) Brüten/Hecken entstand die Flamme (*arcir*). Dieses brütete/heckte (geistig) weiter; durch dieses (geistige) Brüten/Hecken entstanden die Sonnenstäubchen (*marīcayo*). Dieses brütete/heckte (geistig) weiter; durch dieses (geistige) BrütenHecken entstanden die Dünste (*udārā*). Dieses brütete/heckte (geistig) weiter; dies verdichtete sich wie eine (Gewitter-)Wolke (*abhram-iva*). Dieses zerschmetterte die Fruchtblase. Diese wurde der Ozean (*samudro*). Darum trinken sie vom Ozean nicht. Sie denken nämlich, er sei dem Geborenen gleich. Dadurch fließen vor der Geburt von Vieh die (Frucht-)Wasser ab.

(Υ$2^1/_2$) Darauf floß der Daśahotar [Personifikation der zehn Teile des Feueropfers samt Opferlitanei] aus; der Daśahotar ist dem Herrn der Geschöpfe (Prajāpati) gleich.

(Υ'3) Wer so, die Macht des Brütens/Heckens kennend, brütet/heckt, der wird.

(Υ$2^3/_4$) Also war dies Wasser, Gewoge (*āpaḥ salilam*).

(Υ$2^1/_2$) Prajāpati, er weinte. Er [sprach]: »woraus bin ich

geboren, wenn aus dieser Bodenlosigkeit?«
(ϒ1) Was ins Wasser hinunterfiel, das wurde zur Erde;
(ϒ1½) was er zur Seite wischte, das wurde zum Zwischenbereich;
(ϒ2) was er nach oben vergoß, das wurde zum Himmel.“[112]

Wer mit den geistigen Urerscheinungen und Elementareigenschaften dieser Schilderung des Weltwerdens nichts anfangen kann, den möchte ich an die Philonischen Archetypen oder Urideen, Modelle und Paradigmen, d.h. Konstitutionsbegriffe der Welt in Faszikel II/5 zurückerinnern,[113] die auf die präkosmischen Urqualitäten altorientalischer Schöpfungserzählungen verweisen. Was es mit dem urzuständlichen »Nicht-einmal-irgend-etwas-Gewesenen« auf sich hat, das üblicherweise und philologisch durchaus korrekt, doch die metaphysische Subtilität dieser Formel nicht gänzlich freilegend, mit dem Begriff »Garnichts« wiedergegeben wird, diskutierte ich anläßlich der Nichts-Problematik altorientalischer Werdelehren und ihrer

[112] Taittirīya-Brāhmaṇa 2.2.9.1–4, ⟨ed.⟩ R. Mitra, 1.204: *idaṃ vay-agre na-eva kiñca na-āsīt | na dyaur-āsīt | na pṛthivī | na-antarikṣaṃ | tad-asad-eva san-mano-'kuruta syām-iti | tad-atapyata | tasmāt-tapanād-dhūmo-'jāyata | tad-bhūyo-'tapyata | tasmāt-tapanād-agnir-ajāyata | tad-bhūyo-'tapyata ‖ tasmāt-tapanāj-jyotir-ajāyata | tad-bhūyo-'tapyata | tasmāt-tapanād-arcir-ajāyata | tad-bhūyo-'tapyata | tasmāt-tapanān-marīcayo-'jāyanta | tad-bhūyo-'tapyata | tasmāt-tapanād-udārā-ajāyanta | tad-bhūyo-'tapyata | tad-abhram-iva samahanyata | tad-vastim-abhinat ‖ sa samudro-'bhavat | tasmāt samudrasya na pibanti | prajananam-iva hi manyante | tasmāt paśor-jāyamānād-āpaḥ purastād-yanti | tad-daśahotā-anvasṛjyata prajāpati-va daśahotā | ya-evaṃ tapaso-vīryyaṃ vidvāṃs-tapyate | bhavaty-eva | tad-vai-idam-āpaḥ salilam-āsīt | so-'rodīt-prajāpatiḥ ‖ sa kasmay-ajñi | yady-asya-apratiṣṭāyā-iti | yad-apsv-avāpadyata | sā pṛthivy-abhavat | yad-vyamṛṣṭa | tad-antarikṣam-abhavat | yad-ūrdhvam-udamṛṣṭa | sā dyaur-abhavat |.*

[113] Cf. H. P. Sturm, Die vier Wissenskonstituenzien (in) der spätantiken westlichen (?) Spekulation, pp. 21–23.

Weiterentwicklungen bereits im Faszikel II/3.[114] Die antiken indischen Interpreten des ›Nicht-Nichtseinslieds‹ wußten es selbst freilich auch: „... das ursprüngliche Nichtsein von irgend etwas, entweder von Nichtseiendem/nichts oder Seiendem/ etwas, das im ersten Vers geltend gemacht wird, dürfte, wie der Kommentator des ›Taittirīya Brāhmaṇa‹ erklärt, lediglich bedeuten, daß es bis dahin keine distinkte Manifestation des Einen gab.“[115] Der mit dem Nichteinmalirgendetwas anhebende ausführlichere Schöpfungsbericht wird ein wenig später im Text in einer Art Kurzprotokoll, anfangend mit dem Nicht-Seienden als Primordialzustand, auf drei hauptsächliche Emanationsphasen zusammengedrängt.

(ϒ4) „Aus dem Nichtsei(ende)n (*asato*) emanierte
(ϒ3) das Geistige (*mano*), das Geistige ließ
(ϒ2½) den Herrn der Geschöpfe (*Prajāpati*) ausfließen, der Herr der Geschöpfe brachte
(ϒ2/1) die Geschöpfe (*prajā*) hervor. Daher steht dies[es All], was dieses ferner auch sein mag,
(ϒ3) wahrlich an höchster Stelle im Geistigen allein (*manasy-eva*) fest.
(ϒ4) Dieses genau ist das »Glückverheißendes« genannte Brahman.“[116]

[114] Cf. H. P. Sturm, »Im Anfang war ... ?«, pp. 97–115.

[115] J. Muir, Original Sanskrit Texts on the Origin and History of the People of India, their Religion and Institutions, 5.360.

[116] Taittirīya-Brāhmaṇa 2.2.9.10, ⟨ed.⟩ R. Mitra, 1.206: *asato-'dhi mano-'sṛjyata* | *manaḥ prajāpatim-asṛjata* | *prajāpatiḥ prajā asṛjata* | *tad-vai-idaṃ manasy-eva paramaṃ pratiṣṭitaṃ* | *yad-idaṃ kiñca* | *tad-etac-cchvovasyasan-nāma brahma* |; der Vorgang des emanativen Hervorbringens/-gehens wird im Original dreimal mit demselben Wort beschrieben (√*sṛj*).

Dem verwandt ist das Manifestationsgeschehen in der ›Taittirīya-Upaniṣad‹, die ja, wie schon aus dem Namen hervorgeht, in der Traditionslinie des ›Taittirīya-Brāhmaṇa‹ steht.[117] Entlang seiner Darstellung möchte ich den geduldigen Leser nicht nur in der Werkstatt der Mytho-Metaphysik an der Schwierigkeit der Auslegung (früher) spekulativer Texte teilhaben lassen, sondern seinen Sinnhorizont dazu nutzen, zwei geisttheoretische Gedankengänge anhand zweier Bedeutungsvarianten eines einzigen quellentextlichen Passus zu erhellen. Wer vor allem oder ausschließlich an den Ergebnissen dieser Forschung interessiert ist, der kann folgendes schnell einmal überfliegen, ohne sich die Qual antun zu müssen, die Akribie hermeneutischer Erschließung mitzuvollziehen. An diesem Beispiel kann man nicht nur erahnen, welchen Umfang mein Werk angenommen hätte, wenn ich bei jeder fraglichen Stelle so verfahren wäre, sondern auch auf welch tönernen Füßen manche Interpretation steht, die glaubt, auf solchen Forschungsfeldern allein aus doxographischen Überlegungen heraus definitive und eindeutige Auslegungen vorlegen zu können. Wenn dabei eine unernste Beliebigkeit, mit der man antiker und/oder asiatischer Metaphysik vom modernen szientistischen Überlegenheitsdünkel aus begegnet, dennoch vermieden werden soll, dann nur durch eine re-flexionsstrukturelle Vorgehensweise.

Ich beginne mit der oben bereits angesprochenen Problematik aller Autopoíēsis, daß das Entstehungsprinzip nur dann etwas entstehen lassen kann, wenn es selbst bereits (entstanden) ist, d.h. wenn man von Entstandenem ausgeht, somit nicht das Schaffende das Geschaffene, sondern dieses streng genommen auch jenes hervorbringt. Soll nun das Gewordene wiederum schon sein, da es aus dem Nichtgewordenen und somit

[117] Zu den Bezügen zwischen den Verwandtschaftsverhältnissen und Inhalten der heiligen Schriften der Taittirīya-Schule cf. P. Deussen, Sechzig Upanishad's des Veda, pp. 211-214.

Nichtseienden ja nicht geworden sein kann, so muß es sich also selbst hervorbringen bzw. hervorgebracht haben, eine Unmöglichkeit, die den derzeit dominanten astrophysikalischen Weltentstehungstheorien (Urknallmärchen) gleichermaßen anhaftet wie den alten mythisch-metaphysischen, die sich vermutlich umgekehrt genauso wahr wähnten, wie die heutigen auch, nur kann man jenen noch keinen Kategorienfehler unterstellen, weil ihr Wahrheitsanspruch auf ganz anderen Kriterien beruhte und ‚eingelöst' wurde: nicht in erster Linie durch Denken und Demonstration, sondern durch Intuition und Proklamation.

Gehen wir von der gängigsten Lesart des Upaniṣad-Texts aus, so darf und muß konstatiert werden, daß schon die ersten Denker im sogenannten Übergang vom Mythos zum Logos ein Problembewußtsein von der Argumentationsfigur der Selbsterschaffung gehabt haben mußten. Ich übersetze und skaliere diesem Verständnis gemäß: „Bloß Nichtsein (*asann-eva*) wird man, wenn man weiß: »Brahman ist Nichtsein« (*asad brahma-iti*) (ϒ4); wenn einer weiß: »Brahman ist« (ϒ3), diesen wisse dann als seiend (ϒ2/1). Das genau ist das leibliche (ϒ1) Selbst/Ich (ϒ2) (*śārīra ātmā*) von diesem (ϒ3). ... Er hatte das Verlangen: möge ich viele sein, mich fortpflanzen. Er übte Askese [heckte eine Bruthitze aus]. Askese ausgeübt [eine Bruthitze ausgeheckt habend] (ϒ$\overline{3}$), ließ er (ϒ3) alles, was es auch immer war (ϒ2/1), ausfließen/emanieren. Nachdem dies emaniert war, ging er (ϒ2½), ihm folgend, selbst in dieses ein. In dieses eingegangen, war er sowohl Seiendes (ϒ2/1) als auch Jenseitiges (ϒ4/3), sowohl Aussprechbares als auch Unaussprechliches, sowohl Grundartiges als auch Ungründiges, sowohl Erkenntnis als auch Nichterkenntnis, sowohl Seiendes/Wirkliches als auch Unwahres/Unwirkliches. Als Seiendes/Wirkliches ward er zu jedwedem (*kiṃ-ca*); dies wird »Seiendes/Wirkliches« (ϒ2/1) genannt. Davon handelt auch dieser Vers: Nichtsein/Nichtseiendes (*asad-*) war dies wahrlich zu Anfang (ϒ4); eben daraus wurde das Sein/Seiende (*sad-*) geboren (ϒ3); dieses machte/

schuf sich (ϒ3) aus sich selbst (*ātmānaṃ*); deshalb wird dieses das »Wohlbeschaffene«/»Selbstgemachte« (*sukṛtam* [auch als *svakṛtam* gedeutet]) genannt. Was tatsächlich dieses Wohlbeschaffene/Selbstgemachte ist, das ist in der Tat die Essenz (*raso*) (ϒ3/4). Wenn einer nämlich die Essenz erlangt, wird er glückselig. Denn wer (ϒ1) nur könnte atmen, wer leben (ϒ2), wenn dieser Raum (*ākāśa*) (ϒ3) nicht Glückseligkeit (*ānando*) (ϒ4) wäre?«[118]

Einige unverzichtbare Erläuterungen dazu: die Auflösung der Wortverbindung *asanneva* = *asann-eva* (Nichtsein allein, nur/bloß Nichtsein) durch *asan-na-iva* (dem Nichtsein nicht gleich oder gleichsam nicht nichtseiend), wie sie von namhaften Übersetzern und Exegeten vertreten wurde, wird der Gedankenführung der Textstelle m. E. nicht gerecht, auch wenn sie nach den Lautwandlungsregeln (*sandhi*) des Sanskrit philologisch unabweisbar ist. Das leibliche Selbst (*śārīra ātmā*) verstehe ich als inkarnierte Seele, die in ihrem personalen Aspekt das Ich, in ihrem kosmischen in etwa die *anima mundi* wäre. Er (*so-*), der danach verlangte (*akāmayata*), sich fortzuzeugen, paßt als Maskulinum nicht in die Argumentationsabfolge; man erwartete ein Neutrum, Brahman, das mit »Nichtseiendes«

---

[118] Taittirīya-Upaniṣad 2.6–7, ⟨ed.⟩ J. L. Shastri, Upaniṣatsaṅgrahaḥ, pp. 26–27: *asann-eva sa bhavati* ‖ *asad-brahma-iti veda cet* ‖ *asti brahma-iti ced-veda* ‖ *santam-enaṃ tato vidur-iti* ‖ *tasya-eṣa eva śārīra ātmā* ‖ … *so-'kāmayata* ‖ *bahu syāṃ prajāyeya-iti* ‖ *sa tapo-'tapyata* ‖ *so tapas-taptvā* ‖ *idaṃ sarvam-asṛjata* ‖ *yad-idaṃ kiṃ-ca* ‖ *tat-sṛṣṭvā* ‖ *tad-eva-anuprāviśat* ‖ *tad-anu praviśya* ‖ *sac-ca tyac-ca-abhavat* ‖ *niruktaṃ ca-āniruktaṃ ca* ‖ *nilayanaṃ ca-anilayanaṃ ca* ‖ *vijñānaṃ ca-avijñānaṃ ca* ‖ *satyaṃ ca-anṛtaṃ ca satyam-abhavat* ‖ *yad-idaṃ kiṃ-ca* ‖ *tat-satyam-ity-ācakṣate* … ‖6‖ *asad-vā idam-agra āsīt* ‖ *tato vai sad-ajāyata* ‖ *tad ātmānaṃ svayam-akuruta* ‖ *tasmāt-tat-sukṛtam-ucyate iti* ‖ *yad-vai tat-sukṛtam* ‖ *raso vai saḥ* ‖ *rasaṃ hy-eva-ayaṃ labdhvā-ānandī bhavati* ‖ *ko hy-eva-anyāt-kaḥ prāṇyāt* ‖ *yad-eṣa ākāśa ānando na syāt* … ‖7‖; meine Übersetzungsvarianten und Erläuterung in eckigen Klammern wie Einfügung von Ordinalen ohne Paragraphierung.

charakterisiert wohl nicht der maskuline Schöpfergott Brahmā sein kann, auch wenn dies aus der Grammatik des Texts aufgrund der euphonischen Lautveränderung (*sandhi*) bei der Verbindung des Nomens und der Zitationspartikel (*iti*), die für Anführungsstriche steht, nicht herauszulesen ist. Also bietet sich an, dafür den maskulinen Ātman einzusetzen,[119] der dieserart, anders als das leibliche Selbst oder die Psyche, als nichtverkörpertes »Geist-Selbst« (ϒ3) des Brahman die Funktion des bisweilen an dieser Stelle stehenden Geistes (*manas*), Lógos (*vāk*) oder symbolisch dargestellter Weltschöpfungsprinzipien (Wasser, Licht, Geistmaterien und -kräfte) einnähme.

Einen Hinweis darauf, daß eine solche Vorgehensweise im ved(ānt)ischen Schrifttum vorfindlich ist (›Bṛhadāraṇyaka-Upaniṣad‹/›Śatapatha-Brāhmaṇa‹), wird meine Argumentation im nächsten Kapitel liefern. Da in der ›Taittirīya-Upaniṣad‹ Brahman und Ātman offensichtlich untereinander ausgetauscht werden und somit gleichwertig sind, kann die Unterordnung des letzteren unter ersteren nur als eine Art Selbstunterordnung beider unter ihre eigene Absolutheit gelten, die nötig ist, um die weitere Schöpfungsprozedur des (geistig-asketischen) Brütens oder Heckens mythologisch analog zu anderen altindischen Weltwerdesagen zu deuten, das überkosmischen oder am oberen Rand des Kosmos angesiedelten (z.B. Prajāpati) Geist- oder Schöpfergottwesen zugeschrieben wird. Unter dem All oder allem (*sarvam*), jedwedem (*kiṃ-ca*) bzw. Seienden/Wirklichen (*sat/satyam*) ist in diesem Kontext wohl das Manifeste, das sinnliche Universum in seiner Vielheitlichkeit (*bahu*), die das schaffende Prinzip ja ersehnte, zu verstehen. Das Sein oder Seiende wird in diesem Textabschnitt vornehmlich als duales Gegenstück zum Nichtmanifesten hingestellt, was aus der

[119] S. Radhakrishnan, The Principal Upaniṣads, p. 548, fügt seiner Übersetzung „He“ (Er) in Klammern erläuternd „the supreme soul“ (die höchste Seele) hinzu.

Reihe von fünf Antonymen (Aussprechbares – Unaussprechliches; Grundartiges – Ungründiges etc.) zu lesen ist.

Bei dieser Interpretation, die den überweltlichen Charakter des Seins/Seienden, wie er z.B. in der Platonik mitgedacht wird, übergeht, will sich der Selbsterschaffungsvorgang nicht recht sinnvoll erklären lassen. Ein Fall von Autopoíēsis des schon manifest Gewordenen (Kosmos, Welt, Universum, All), woraus auch immer, wäre eine Kuriosität in mythologisch-metaphysischen Traditionen; an dessen Stelle wäre allenfalls der immerwährende Kosmos, womöglich aus ewigen Grundbausteinen und -kräften zusammengesetzt, anzunehmen. Hierbei von einer (Von-)Selbst-Erschaffung zu reden, wäre überzogen, wiewohl eine solche Spekulationsfigur in den kosmogonischen Traditionsbeständen irgendwo nachweislich sein mag; wir befinden uns schließlich im Mythos. Normalerweise ist diese Aufgabe einer hyperkosmischen, dem Geistbereich zugehörigen Funktionseinheit, eigen.

Das Wohlbeschaffene (*su-kṛtam*) oder (nach Advaita-Deutung) Selbstgeschaffene (*sva-kṛtam*) kann sich also nur dann selbst erschaffen, wenn wir von einer uns aus anderen Kosmogonien vertrauten Zwischenstufe ausgehen, die sowohl energetisch wie hylisch sich- und weltschöpferische Intelligenz und Potenz besitzt, weshalb meine Skalierung dort mutmaßend ist. Außerdem ist die Welt als solche doch nicht n u r (leerer) Raum und damit, indem dieser Glückseligkeit ist, selbst allumfassende Glückseligkeit. Vielmehr ist mit diesem Raum der Raum innerhalb des Herzens/Gemüts/Geistes (*antar-hṛdaya ākāśaḥ*) gemeint, der im ersten Vers desselben Upaniṣad-Abschnitts (*vallī*) die Höhle (*guha*), nämlich des Herzens, benannt ist, der den Geistbereich symbolisiert und der in der indischen Philosophie, wie noch aufgezeigt werden wird, sehr wohl als Ort der Glückseligkeit (*ānanda*) gilt.

Um diese Ungereimtheiten zu vermeiden, halte ich es für angezeigt, den zweiten Vers anders auszulegen, indem man das darin vorkommende Sein/Seiende (*sad-*) platonistisch schon auf der zweiten Ebene anfangen läßt (ϒ3) und dem geistigen Macher (ϒ3̄) beiordnet.[120] Auch das ist, wie in dieser mehrbändigen Monographie ein ums andere Mal dokumentiert, keine Besonderheit innerhalb von Geistspekulationen, welcher Provenienz auch immer. Der Akkusativ *ātmānaṃ* kann dann freilich nicht der des Reflexivpronomens, sondern muß der eines Nomens sein und den Ātman, welcher Entfaltungsstufe auch immer, meinen (im selben Textabschnitt wird von fünf Intensivierungsstufen des Ātman, die wir später noch unter der Bezeichnung Hüllen/Schalen (*koṣa*) kennenlernen werden, gesprochen, wobei die innerste die aus Seligkeit bestehende (*ānanda-maya*) ist). Als der vorher schon genannte, nach Selbsterzeugung und Selbstvervielfältigung schmachtende »Er« (*saḥ*) wäre der Ātman rückbezügliches, urre-flektorisches Geist-Selbst, in dessen Aktionsradius die »Wohlbeschaffenheit« und speziell die in Śaṅkara's Auslegung verwendete Charakterisierung »Selbstprodukt« (*sva-kṛtam*), annähernd mit dem Resultat der modernen Autopoíēsis gleichzusetzen, ihren rechten Platz hätte. Als inkarnierter Ātman spielte er eine ähnliche Rolle wie die im Neuplatonismus dem Kosmos gleichgestellte Universal-Psychḗ[121] ⟨ϒ2¼⟩ oder eine Weltschöpferfigur, z. B. der Prajāpati oder der Goldembryo/-keim (*hiraṇya-garbha*) (ϒ2½). Diesen Gedanken abschließend, übertrage ich den relevanten Versteil dem soeben entfalteten Sinn gemäß noch einmal und versehe ihn, natürlich im Höchstmaße konjektural,

[120] In der Taittirīya-Upaniṣad 2.1, ⟨ed.⟩ J. L. Shastri, Upaniṣatsaṅgrahaḥ, p. 25, ist *satyam*, das Wirkliche, Seiende, Wahre, in der ‚Transzendentalien'-Bestimmung: „Brahman = Wirkliches/Seiendes, Erkenntnis, Unendliches" (*satyaṃ jñānam-anantaṃ brahma*), sogar dem Höchsten und damit höchsten Rang (ϒ4) zugeordnet.

[121] S. Radhakrishnan, The Principal Upaniṣads, p. 549, übersetzt denn auch mit „soul" (Seele).

mit den entsprechenden Skalenwerten.

($\Upsilon 4$) „Nichtsein/Nichtseiendes (*asad-*) war dies wahrlich zu Anfang;
($\Upsilon 3_2$) eben daraus wurde das Sein/Seiende (*sad-*) geboren; dieses
($\Upsilon \overrightarrow{\overrightarrow{3}}$) machte/schuf sich (*svayam*)
($\Upsilon 3_1$) ein (Seelen-)Wesen (*ātmānaṃ*);
($\Upsilon 3$) deshalb wird dieses (*tat* [Neutrum]) [Sein/Seiende] das »Wohlbeschaffene«/»Selbstgemachte« genannt."

Danach käme das lebende und atmende leibliche Selbst oder Ich. Würde mir nun ein Kritiker vorwerfen, daß diese hochkomplexen Überlegungen, die durchaus an die in früheren Faszikeln vorgestellten Prinzipienspekulationen Platons und des Platonismus erinnern, keinesfalls im Quellentext angelegt seien, sondern es sich bei meinem denkerischen Unterfangen um Projektionen (Dar-über-legungen) handle, dann könnte ich ihm nur antworten, daß er mit diesem Vorwurf mit gewissen Einschränkungen nicht nur bezüglich mehrdeutiger Spekulationen wie dieser Recht hat – textspezifische Probleme darf ich auf präsumtive Editoren einer kritischen Ausgabe abwälzen –, sondern daß er auch für eindeutiger scheinende zutrifft und nur bestätigt, daß die (schriftlichen) Überlieferungen stumm sind und nur ein je geartetes Echo zurückwerfen, wenn wir, ihnen (wünschenswerterweise) entsprechend, in sie hineinsprechen. Entsprechen wir ihnen nicht, sprechen sie auch nicht zu und mit uns, nicht einmal als Widerhall, und wir bleiben in einem Monolog befangen. Der mit Objektivitis behaftete und sich deshalb für einen Rationalisten haltende Materialist und Mechanizist hat damit natürlich keine Schwierigkeiten; für ihn existieren solche Problemstellungen gar nicht, da sie auf Geist beruhten und dieser ein bloßes Hirngespinst wirklichkeitsferner Träumer oder Irrer sei.

Die Hymnen 10.90 und 10.129 des ›Ṛg-Veda‹ stellen, um abschließend nochmals die Bildeprinzipien ältester Schichten geistkosmischer Entwürfe der Menschheit zu vergegenwärtigen, nicht nur zwei Haupttypen indischer, sondern, wie im Faszikel II/3 zu den altorientalischen und nahöstlich-‚fernwestlichen' Kosmogonien gezeigt wurde und in den chinesischen gezeigt werden wird, erdumspannend nachweisbarer Weltentstehungssagen dar, die, ich graduiere notgedrungen fließend und überlappend, doch nicht konturlos, entweder von einem urtümlichen Vorstadium der Bestimmungslosigkeit, mitunter mehrerer Elementarqualitäten, oder einem Urwesen ausgehen (ϒ4); die Manifestation setzt sich bisweilen mit einer auto- oder parthenogenetischen Urerzeugung oder Ur-Selbstspaltung bzw. Trennung des Urzustands/Urwesens ⟨ϒ3½⟩ fort und/oder führt über ein Zweiheit (bzw. Mehrheit) enthaltendes Fruchtbarkeitsprinzip resp. Urpaar, das durch gewisse energetische Prozesse, kalorische oder kinetische, resp. einen Koitus, oft innerhalb gewisser idealer Zeiträume (ϒ3), zur Reifung und zum Aufbrechen, zur Zerteilung gebracht wird oder einen Nachkommen (er)zeugt (ϒ3/2); dabei entsteht eine Urhebergestalt oder Urperson, ein Vater-, Schöpfer-, Kosmos-, Sonnengott, oder ‚Adam Kadmon', ein Ganz-Welt-Wesen bzw. mehrere davon (ϒ2½), als einheitlicher Grund des Manifesten.

Von dieser aus fortschreitend oder – das die andere, ich nenne sie hier einmal Y-Variante – direkt mit dieser als Einheit und Totalität beginnend (Y4), wird nun durch den Akt ihres oder mit ihrem alter ego, der geistbegabten Sprache oder anderer maß-gebender Potenzen bzw. Grundsubstanzen (Y3), die vielheitliche Ausgestaltung des Universums mitsamt den Göttergestalten und Geistwesen (Y2) bewirkt, die ihrerseits wiederum, und hier deckt sich die erste weitgehend mit der zweiten Abfolge, in verschiedene innerweltliche Dimensionen oder Elementarreiche, beispielhaft sind Himmel (ϒ2), Erde (ϒ1) und der Mittelbereich dazwischen (ϒ1½), geschieden wird.

Nahezu jeder Schritt dieser mythologischen Werdefolge findet sich in der abstrakteren metaphysischen Terminologie des emanatistischen Neuplatonismus wieder: das Eine, Absolute in seiner Einsamkeit; die Manifestation des Geistes; innergeistige Vorgänge; Heraustreten des Gesamtkosmos und der Weltseele; Differenzierung in die mundanen Einzelheiten und Individualseelen; Fall in die Materie. Um das zu verifizieren, bitte ich, parallel das Kapitel zu Plotins Hypostatik im Faszikel II/5 zu lesen.[122]

Mythenforschern sind solch mehrstufige kosmogonische Konkretionsschemata, bei denen sich die einzelnen – nicht selten kongruent untergliederten – Basalniveaus und/oder ihre analogen Segmente öfters gegeneinander verschieben und/oder ineinanderschieben, nicht unbekannt. Bei der Auslegung ist hier besonders darauf zu achten, ob gewisse Begriffe aus dem Wortfeld der Natur: Naturreiche, Naturerscheinungen, Elemente usw. innerkosmisch-sinnlich oder überweltlich-geistig, und damit nur symbolisch, noologisch und/oder sophologisch (kontemplationstechnisch) gemeint sind. Ich gebe ein Beispiel, in dem ein Haupttypus altindischer Welterklärungen mit Querverweisen auf chinesische Ähnlichkeiten auf das Wesentliche zusammengedrängt ist:

„Wie wir sahen, verbindet sich die Thematik des kosmischen Menschen oft auch mit der des kosmischen Eies [*hiraṇmayam-āṇḍaṃ*]. Das letztere steht in Verbindung mit dem Vorgang des Brütens. Es sind die uranfänglichen Wasser [*āpas/salilam*], die alles Leben virtuell enthalten, in denen das Ei ausgebrütet wird. Das Brüten vollzieht sich dank der (den Lebewesen eigenen) Hitze, die die Askese (*tapas*) liefert. Die antike Askese besteht in Indien wie China darin, die geheimnisvolle, belebende und kosmische Energie zu konzentrieren, um sich

122 Cf. H. P. Sturm, Die vier Wissenskonstituenzien (in) der spätantiken westlichen (?) Spekulation, pp. 125–155.

ihrer des Wirkens wegen zu bedienen. Kāma, das Verlangen/Begehren, ist ebenso eine Form, die erste und innerlichste, der Konzentration von Energie. Im RV, X, 129, 4, ist es *kāma,* der sich als erster Same (*retas*) des Denkens (*manas*) behauptet. Aus dem kosmischen Ei, das in den Wassern geformt und ausgebrütet wurde, wurde der erste Mensch, der Prajāpati hieß, geboren. Dieser sprach, einmal geboren, ein Jahr hindurch. Seine ersten Worte, die ihn in der Schöpfung manifestierten, waren *Bhūr* (*bhū*: Erde), *Bhuvar* (Zwischenbereich) und *Svar* (Himmel). Aus diesen Worten sind die Erde, der Zwischenraum und der Himmel gebildet.“[123]

[123] H.-s. Hoàng-sy-Quý, Le mythe indien de l'Homme cosmique dans son contexte culturel et dans son évolution, p. 148; RV steht für Ṛg-Veda; der Autor bezieht sich hauptsächlich, doch an dieser Stelle ohne Nachweis, auf Śatapatha-Brāhmaṇa 11.1.6.1-13, ⟨ed.⟩ A. Weber, pp. 831-833, von wo ich drei Originalbegriffe in zwei eckigen Klammern hinzufügte, und indirekt wohl auch auf Chāndogya-Upaniṣad 3.19.1-4; 6.2.1-6.3.4, ⟨ed.⟩ J. L. Shastri, Upaniṣatsaṅgrahaḥ, pp. 52-53; 66; Vereinheitlichung der Kursivierung durch mich. Ob er mit „chaleur (animale)“, der animalischen = Lebewesen eigenen Hitze/Wärme, auf *anima,* die atmende Seele, anspielen wollte, weiß ich nicht zu sagen. Übersetzungen der wichtigsten kosmogonischen Texte des alten Indien mit Erläuterungen geben J. Muir, Original Sanskrit Texts on the Origin and History of the People of India, their Religion and Institutions, 1.7-160; 4.3-62; 5.356-367; P. Deussen, Allgemeine Geschichte der Philosophie, 1.1.119-209; 1.2.163-182.

1.2 Sage(n). Vāk oder die ved(ānt)ische Erdichtung des Alls

Durch Einfügung weiterer und Umstellung vorhandener Bestandteile und Bezüge kompliziert und deplaciert fast jede Nach-, Um- und Weiterdichtung solcher Kosmogonien die Relationen der Einzelmomente zu- und untereinander und führt zu einer Verlagerung der Proportionen und Akzente der kosmologischen Gesamtkonstellation, ohne eine folgerichtigere und klarere Ordnung darzustellen. Je mehr konstitutive Bestandteile ein GeistWelt-Gebäude aufweist, das als Faustregel, desto weniger ist dieses nach Maßgabe reiner Re-flexion konstruiert (Überlegungen dazu im Kapitel 7). Das gilt in hohem Maße auch für die Schöpfungslehre zu Beginn des berühmten, die indische Kulturentwicklung prägenden Gesetzestextes, der seinen Titel dem sagenhaften Rechtsgelehrten Manu verdankt, die ›Manu-Smṛti‹,[124] und dessen Abfassung und mehrmalige Überarbeitung in die nach-vedische Brāhmaṇa-Zeit fällt. Da er hinsichtlich unserer Fragestellung nichts Neues und keine Besonderheiten aufweist, kann seine Besprechung vernachlässigt werden.

Über die bis hierher entfalteten Kenntnisse von und Erkenntnisse zu frühantiken indischen Kosmogonien hinaus ist zum ›Gesetzestext des Manu‹ betreffs neueren europäischen Kulturverständnisses erwähnenswert, daß er sich hoher Wertschätzung durch Karl Wilhelm Friedrich von Schlegel (1772-1829) erfreute, der ihn sowohl in die Nähe der ›Theogonie‹ von Hesiodos rückte, die alles aus dem Chaos, der Öffnung der Urkluft, hervorgehen ließ, als auch in ihm philosophische Anklänge an Empedokles oder gar den römischen Epikureer Lucretius (ca. 99/95-55/53) sah.[125] „Signifikante Analogien dieses

---

[124] Cf. Manu-Smṛti 1.5-25.

[125] Cf. R. U. Jeck, Platonica Orientalia, pp. 527-535.

indischen Entwurfs zu prominenten Philosophemen des orientalisierenden Platonismus ließen sich hier kaum übersehen: Die Rede von der anfänglichen Finsternis und der Hinweis auf das transrationale Prinzip, das Konzept göttlicher Schöpfung, die Erwähnung des Welteneis, der Hinweis auf Geist, Weltseele oder intellektuelle Emanationen sowie der Entwurf einer providentiellen Instanz mit der Annahme gradueller Abstufungen kosmischer Schichten forderten jeden Kenner zu Vergleichen mit Platonischen oder neuplatonischen Theoremen geradezu auf."[126] Da diesbezügliche Vergleiche seither so gut wie nicht durchgeführt wurden, kann es die erwähnten „Kenner" bisher aber kaum gegeben haben. In der Sache aber einverstanden! Und überdies verstärkte Forderung, kosmogonische Mythen früher Kulturen ihrer Struktur nach übungshalber einmal mittelplatonisch-porphyrianisch zu lesen.

Es war wohl kein Hörfehler, wenn dem christlichen Häresiebekämpfer Hippolytos von Rom zu Ohren gekommen war, daß die Hindus Gott mit dem Lógos als Geist gleichsetzten. „Diese sagen, Gott ist Licht, nicht so beschaffen wie etwa das sichtbare, nicht auch gleichsam wie die Sonne oder das Feuer, sondern ihnen ist Gott Lógos, nicht der artikulierte, sondern [der Lógos] der Erkenntnis, durch den von den Weisen die verborgenen Geheimnisse der Natur geschaut werden. Dieses Licht aber, sagen sie, das sie Lógos/Verstand und Theós/Gott nennen, (er-)kennen nur die Brahmanen selbst – dadurch, daß sie allein das leere Wähnen/Meinen ablegen/abwerfen, das das letzte Kleid der Seele ist."[127]

126 R. U. Jeck, Platonica Orientalia, p. 533.

127 Hippolytos, Refutatio omnium haeresium 1.24.2.7-12: *'Oũtoi tòn theòn phȭs eĩnai légousin, ouch 'opoĩón tis 'orãj oud' 'oĩon 'ḗlios è pũr, all' éstin autoĩs 'o theòs lógos, ouch 'o énarthros, all' 'o tȇs gnṓseōs, di' 'oũ tà kruptà tȇs phúseōs mustḗria 'orãtai sophoĩs. toũto dè tò phȭs, 'ó phasi lógon kaì theón, 'autoùs mónous eidénai Brachmãnes légousin dià tò aporrĩpsai*

In dieser Einschätzung tut sich nämlich die Problematik der frühindisch-spekulativen Entwicklung der Geistkategorie kund, wie sie in Zusammenhang mit der Kategorie »*brahman*« gegeben ist und in der indologischen Forschung bisher nur beiläufig beachtet wurde. „Das *brahman* ist zuerst wirksame Formel, magische Formel, Zauber, der durch sich selbst wirkt oder den Erfolg des Opfers garantiert. Es wird gängigerweise mit Vāc, Sprache, identifiziert. Die Bezeichnungen «Meister des Brahman», *brahmaṇaspati*, und «Meister der Sprache», *vācaspati*, sind seit dem *Ṛgveda* Äquivalente. Es ist ganz natürlich, daß Hippolyt den Namen Logos verwendet hat, um den so verstandenen «Gott» der Brâhmanen zu benennen."[128]

Die Information des christlichen Ketzerjägers ist mit einiger Wahrscheinlichkeit ein halbes Jahrtausend jünger als die Mitteilung, aus der sie stammt, indem sie auf den Berichten des griechischen Diplomaten Megasthenes (4./3. Jh.) beruhen könnte.[129] Er kam als Gesandter des makedonischen Feldherrn Seleukos Nikator, Gründer der Seleukidendynastie in Persien, an den Hof des Maurya-Herrschers Candragupta in Pāṭaliputra, dem heutigen Patna/Bihar, dem Seleukos aufgrund politisch-diplomatischer Erwägungen eine seiner Töchter zur Frau gab.

In der vedisch-vedāntischen Literatur finden sich an einigen Stellen Beispiele von Kosmogonien, in denen die Sprache oder

---

mónous tḕn kenodoxían, 'ó⟨s⟩ esti chitṑn tē̃s psuchē̃s éschatos. Meine Erläuterungen und Ergänzungen in eckigen Klammern. Text ebenso ediert in ⟨edd.⟩ B. Breloer / F. Bömer, Fontes historiae religionum Indicarum, pp. 145–147.

[128] J. Filliozat, La doctrine des brâhmanes d'après saint Hippolyte, p. 68; cf. o.c., pp. 64–73, wo auf zentrale Stellen der indischen Tradition verwiesen ist, die Textgrundlagen der zitierten Nachricht von Hippolytos sein könnten.

[129] Cf. A. Dahlquist, Megasthenes und indische Religion, 1.66–68.

Rede (in der Funktion der Gattin des göttlichen Geistes) als Emanationsmedium erscheint, die mühelos als Äquivalente (mittel-)platonistischer Lógos-Spekulationen angesehen werden können, nur sind sie tausend(e) Jahre älter. Sie operieren wie diese mit der geistbegabten Sprache bzw. dem sprachbegabten Geist als Schaltstelle zwischen dem Ansich (Ousialen) und dem Nicht-Aussich (Phänomenalen). „Der Geist (*mana*) ist wahrlich der Vater, die Sprache/Rede (*vāṅ*) die Mutter, der Lebenshauch (*prāṇaḥ*) das Kind.“[130] Mitunter ist die Sprache, wie im Platonismus, in eine umfangreichere Phasenabfolge des Konstitutionsprozesses eingepaßt.

Von geradezu sprach-kosmogonischer Beispielhaftigkeit ist der Schluß der Hymne ›Ṛg-Veda 10.125‹ an Vāk, die Göttin Sprache, Rede, in der sich diese, sich (geistspezifisch-selbstbezüglich) selbst ansprechend, d.h. lobpreisend, ausspricht und auf diese Weise äußert oder offenbart. In eine stimmige Abfolge gebracht, reicht die Verkündigung der Sage von ihrer Geburtsstätte, dem Mutterschoß der ozeanischen Ur(frucht)-wasser (ϒ4), über die Potenz des Windes, Hauchs und der Sprache (ϒ3) zum daraus hervorgehenden ersten mit dem Kosmos verknüpften Prinzip, dem Schöpfergott bzw. Vater der diesseitigen Welt (ϒ2½), und von dort zur Sphäre aller Wesen, alles Gewordenen (ϒ2/1), die in die zwei Hemisphären von Himmel (ϒ2) und Erde (ϒ1) unterteilt ist und von ihr durchdrungen, er- und umfaßt wird. Lassen wir den zwischen den mütterlichen Sprachgeist und den Kosmos geschobenen vatergöttlichen Weltschöpfer einmal beiseite, so weist die Konstellation dieser Genesissage eine unübersehbare Ähnlichkeit mit der des altisraelischen ersten Genesisberichts auf, was bisher normalerweise durch den Einfluß ältester orientalischer Schöpfungsmythen auf beide, neuerdings auch durch das Alter des

[130] Bṛhadāraṇyaka-Upaniṣad 1.5.7, ⟨ed.⟩ J. L. Shastri, Upaniṣatsaṅgrahaḥ, p. 91: *mana eva pitā vāṅ-mātā prāṇaḥ prajā* ‖.

Veda und dessen Einfluß auf altorientalisches Mythengut erklärt wird.[131]

(ϒ3) „Ich [Vāk, die ‚Sage‘] durchdringe

(ϒ2) Himmel

(ϒ1) und Erde.

(ϒ3$_2$) Ich

(ϒ$\overset{\rightleftarrows}{3}$) gebäre/erzeuge

(ϒ2½) den Vater

(ϒ3$_1$) im Haupt

(ϒ2/1) des Diesseits;

(ϒ4) mein Ursprung/Schoß liegt/ist in den Wassern inmitten des Ozeans. Von dort

(ϒ2/1) streiche ich durch/über alle/s Wesen/Gewordene

(ϒ3) und reiche mit dem Scheitel

(ϒ2) empor zu jenem Himmel dort.

(ϒ3) Ich selbst wehe/hauche wie der Wind/Odem,

(ϒ2/1) alle/s Wesen/Gewordene um-/ergreifend, über den Himmel hinaus, bis jenseits der Erde.

(ϒ3) Dermaßen umfassend bin ich an Größe/Macht geworden.“[132]

---

[131] J. Gonda, Selected Studies, 6.2.136 (“In the Beginning”), gibt gegen seine eigene, auf der vorhergehenden Seite seiner Studie anklingende Intention, den Unterschied zwischen altorientalischen (incl. alttestamentlichen) und vedischen Kosmogonien (oder genauer, deren ersten Phasen) aufzuzeigen, ein paar Beispiele aus letzterer Tradition, die man vielmehr als Entsprechungen, zumindest als strukturelle, ansehen muß. S. Radhakrishnan, East and West in Religion, pp. 75–82, interpretiert die Anfangsphasen indischer Kosmogonien parallel zum ersten Genesis-Bericht des ›Alten Testaments‹.

[132] Ṛg-Veda 10.125.6d–8d, ⟨edd.⟩ B. van Nooten / G. B. Holland, p. 552, ⟨ed.⟩ T. Aufrecht, 2.428: *ahám dyā́vāpṛthivī́ ā́ viveśa* ‖ 6 ‖ *ahám suve pitáram asya mūrdhán máma yónir apsú antáḥ samudré* | *táto ví tiṣṭhe bhúvanā́nu víśvā́ utā́mū́m dyā́m varṣmánópa spṛśāmi* ‖ 7 ‖ *ahám evá vā́ta iva prá vāmi ārábhamāṇā bhúvanāni víśvā* | *paró divā́ pará enā́*

In einem Kommentar zu dieser Stelle aus der Zeit der Konsolidierung der Indologie als Universitätswissenschaft, als man kulturübergreifende Gemeinsamkeiten der Ideenbildung noch aussprechen durfte, ohne als philosophie- oder religionswissenschaftlicher Imperialist oder Phantast zu gelten, lesen wir dazu folgende Feststellung: „»Die Gewässer, der Ocean« (ϒ4), den sie [sc. *vāk* = Sprache/Lógos] (ϒ3) als ihre Geburtsstätte nennt, ist das chaotische Urprincip, die Urmaterie, in welcher alles, was zur Entfaltung kommen soll, noch in gleicher Ununterschiedenheit in und neben einander ruht (...) (ϒ4): sie selbst ist die erste Emanation daraus {Wie der Wind weht sie (v. 8), selbst also geisterhaft, wesenlos, und doch Allem Wesen und Halt gebend ...} (ϒ3), die allem Uebrigen (ϒ2/1) Halt und Leben giebt, und die auch »den Vater dieses«, des Weltalls nämlich, d.i. den prajâpati [den Herrn der Wesen], d e n brahmán (ϒ2½), in ihrem Haupte zeugt, aus ihrem Haupte hervorgehen läßt, womit offenbar seine rein geistige Entstehung versinnbildlicht werden soll. Sie bildet somit die Zwischenstufe (ϒ3) zwischen dem Absoluten (bráhman, neutr.) (ϒ4) und dem persönlichen Wesen, welches als Vater des Universums (ϒ2½) in den Brâhmaṇa erscheint. – Im Johannes-Evangelium fehlt nun freilich die Urmaterie, an ihre Stelle tritt der ϑεός [Gott] selbst, aber – dies bei Seite – bietet im Uebrigen obiger Hymnus in der That eine treffliche Parallele ... Und in den Brâhmaṇa-Stellen tritt die Analogie als eine noch schärfere hervor, insofern in ihren Legenden vielfach ebenfalls die Urmaterie (die âpas [Wasser], das asat [Nichtseiende], das bráhman [Brahman/Absolutes]) ganz bei Seite tritt, p r a j â p a t i [der Herr der Wesen] aber in völliger Selbstherrlichkeit als Schöpfer des Alls erscheint, die v â c [Sprache/Lógos] resp. (nicht als seine Zeugerinn, sondern) als seine G e n o s s i n, im Verein

pṛthivyā́ etā́vatī mahinā́ sám babhūva ‖ 8 ‖; die Ergänzung zum Verständnis des Kontextes in eckigen Klammern stammt von mir.

mit welcher, und durch welche er seine Schöpfung vollzieht.“[133] In gesteigerter Bedeutung ist die ‚Sprache‘ „als die geistigste Zeugerinn hie und da auch geradezu an den Anfang aller Dinge überhaupt, sogar noch über den persönlichen Träger ihrer selbst, gestellt.“[134]

Die vielschichtige Konnotation von »Lógos«[135] wird im indischen Kontext, wie schon anklang, meist oder zumindest oft durch den Sanskrit-Terminus *vāk* (etymologisch gleich lat. *vox* / gr. *óps*, Stimme, Ton, Laut, Rede, *épos*): Rede, Sprache, Sage, Wort und die ideenhaft-schöpferische Kraft, die darin steckt, abgedeckt,[136] und das nahezu über das gesamte

---

[133] A. Weber, vâc und λόγος, pp. 475–477; die Erläuterung und Übersetzungen in eckigen Klammern stammen von mir; der zitierte Teil der Fußnote p. 476[1], wurde aus Gründen besserer Lesbarkeit innerhalb geschweifter Klammern in den Haupttext eingefügt; die Grobskalierung ohne Paragraphierung in runden Klammern ist ebenso von mir. R. M. Clark, A Study of Christological Categories in the Indian Church, as Compared with those of the Early Church, pp. 158–159, macht sowohl auf den im Zitat gemachten Unterschied wie auf die Gemeinsamkeit des Lógos des Johannes-Prologs und Vāk aufmerksam.

[134] A. Weber, vâc und λόγος, p. 480; cf. P. Deussen, Allgemeine Geschichte der Philosophie, 1.1.206–207.

[135] G. Teichmüller, Neue Studien zur Geschichte der Begriffe, 1.167–198, erforscht die Konnotation von *légō/lógos* bei den frühesten griechischen Dichtern und Denkern bis Herakleitos und geht dabei von den Grundbedeutungen (aus-/auf-)lesen, sammeln, zusammennehmen (Realaspekt) und rechnen, zählen, addieren, summieren (Idealaspekt) aus; cf. o.c., 1.173: „Wie sehr nahe aber schon bei Homer der Charakter des Logischen, d.h. das vernünftige Denken, dieser Wurzel ΛΕΓ liegt, sieht man aus dem Compositum διαλέγεσθαι, in welchem schon das Wesen der Dialektik deutlich hervortritt. Während in dem Simplex ausgedrückt ist, dass Gleichnamiges aufgelesen und zusammengefasst wird, so deutet dies Compositum an, dass ein vorgefundenes Ganzes in seine verschiedenen Theile auseinandergenommen wird.“ Cf. M. Fattal, *Logos,* pensée et vérité dans la philosophie grecque, pp. 27–48.

[136] Zu *vāk* (*bṛ*(*ṃ*)*h* –*lógos*) F. M. Müller, The Six Systems of Indian Philosophy, pp. 55–58; R. Garbe, Die Sāṃkhya-Philosophie, pp. 134–135;

Sinnspektrum hinweg. Mitzudenken ist der Sachverhalt, daß die Ursprungsbedeutung von *bráhman* (n.) Zauber(-Spruch), magische Kraft, Gebet, heilige Rede, Beschwörungsformel, Hokuspokus, Abrakadabra und die darin steckende übersinnliche Potenz war,[137] und daß dieses mit dem Veda gleichgesetzt wurde,[138] was betreffs der Festlegung der Sprosse, der dieses auf der Leiter des BewußtSeins in der (post)vedischen Zeit zuzuordnen ist, zu denken gibt. Ausführungen dazu von Śri Aurobindo (1872–1950) zu Rate ziehend, wird für das vedische *brahman* in der neueren Forschung denn auch festgestellt: „Dies ist, was der Hindu Buddhi-Bewußtsein nennen würde …“[139] Danach müßte das Brahman an zweithöchster Stelle der Prinzipienhierarchie placiert werden.

„Die empirische Welt mit all ihren Gestalten vom Himmel bis zur Erde, von den Göttern bis zum Wurm herab ist eine Materialisation, eine Kristallisation, ein fester Aggregatszustand des göttlichen Urkraftmeeres, des Brahman, das ja Bewußtseinsinhalt des immateriellen, allwissenden Ur-Ichs ist.

A. K. Coomaraswamy, Selected Papers, 2.192–197 (Vedic Exemplarism); 2.231–235 (Divine Biunity).

[137] Eine kurze Entwicklungsgeschichte und Deutung des Begriffs *bráhman* mit Allegationen aus vedischen und postvedischen Schriften liefert P. Deussen, Allgemeine Geschichte der Philosophie, 1.1.239–248; übersetzte Texte dazu o.c., 1.1.248–282; zur Thematik entsprechend dem heutigen indologischen Forschungsstand: L. Renou, Sur la notion de *bráhman;* idem / J. Filliozat, L'Inde classique, 1.335–343; J. Gonda, Notes on Brahman; J. Miller, The Vedas, pp. 46–50; die Bedeutung von Brahman im Veda belegt und diskutiert ausführlich unter Bezugnahme auf modernes und originales Schrifttum J. Charpentier, Brahman; die Bedeutungen von *ātman* gegenüber *brahman* H. G. Narahari, Ātman in Pre-Upaniṣadic Vedic Literature, pp. 1–49.

[138] Cf. M. Winternitz, Geschichte der indischen Litteratur, 1.195–196, 1.211–212.

[139] J. Miller, The Vedas, p. 48.

Stoff ist träge, geronnene Energie. Es liegt noch ein tiefer Nebensinn in dieser Idee. Die Vokabel mūrta, erstarrt, geronnen bedeutet zugleich: ohnmächtig, betäubt, d.h. also dumpf, unbewußt sein. ... Es ist nun bedeutsam, daß die empirische Welt nicht erstarrter Ātman oder Puruṣa, sondern erstarrtes Brahman ist. Es besteht eben ein sublimer Dualismus zwischen Ātman bzw. Puruṣa und Brahman."[140]

Die Zuordnungen Brahman = Inhalt und Ātman = Form beinhalten, auch wenn sie selbst nicht korrekt sein sollten, die Einsicht, daß die Weltentstehung nicht direkt aus dem absoluten Prinzip des Transzendenten, sondern aus dessen bereits immanenzverbundenem Pendant abzuleiten ist, rituellen und sprachmagischen Kräften, über die der Seher, Priester oder Liturg Verfügungsgewalt besitzt. Da seine Anstrengung geistigen Brütens (Kontemplation) und die dadurch entfachte Glut (*tapas*) in engem Zusammenhang mit seinem weltschöpferischen Gebet (*bráhman*) und Wissen (Veda) steht, ja gewissermaßen deren energetischen Ausdruck darstellt,[141] ist die Einordnung Brahman's an der zweiten Stelle der Rangfolge von Wirklichkeitsprinzipien, für eine gewisse (frühe) Epoche wenigstens, vorzunehmen, insbesondere wo dieses qua Beschwörungsformel (Mantra) und Zauberspruch, Hokuspokus und Gebetskraft, Zauberkraft und (Opfer-)Magie dem, was man unter dem Namen Māyā, der geistig ermessenden, ausmessenden und vermessenden Kraft faßt, mit Vāk, der sprachlichen Artikulationsfähigkeit, einem in mehreren Varianten

---

140 C. A. Scharbau, Die Idee der Schöpfung in der vedischen Literatur, p. 50, im Anschluß an Chāndogya-Upaniṣad 7.10.1–2; cf. o.c., pp. 8–16, 49–51; die Zuordnungen Brahman zu Inhalt und Ātman zu Form entsprächen hypostatisch Absolutes/Eines im Verhältnis zum Geist oder Platonisch Über-Sein im Verhältnis zum Sein.

141 Cf. P. Deussen, Allgemeine Geschichte der Philosophie, 1.1.256–259, 1.1.270–272, 1.1.277-278; 1.2.91–204; A. Ludwig, Der Nâsadasîya-hymnus Rigveda X. 129, p. 3.

auftretenden kosmogonischen Vermögen, gleichzusetzen ist.[142]

Daß zu Zeiten des ›Ṛg-Veda‹ der Ātman (oder einige äquivalente Kategorien), obwohl er bisweilen als Lebensprinzip, geist-seelische, unkörperliche, den Tod überdauernde Wesenheit und Kontrollinstanz des Menschen fungiert, wie im Vedānta, die Absolutstelle (ϒ4) einnimmt, ist kaum zu erweisen. Eher wäre ihm die Geist- oder oberste Seelenstelle (ϒ3), und damit der gleiche Rang wie nicht selten dem vedischen Brahman qua Vāk, zuzuweisen. Für die vor-upanischadische wie die upanischadische Zeit gilt gleichermaßen: „Wir haben die zahlreichen Diskrepanzen und äußerst verwirrenden Verbindungen zwischen Sein und Nicht-Sein, dem Einen und dem Geist, Brahman, Atman, und Purusha erwähnt; der Klarheit wegen vereinfachten wir die Sachlage und ließen die Darstellung von Prajapati und anderen Wesen und Symbolen, die in altindischen Texten als Schöpfer oder Synonyme für diese erscheinen weg. All dies zeugt von der Schwierigkeit, mit der der Prozeß der ontologischen Interpretation der Welt und Erstellung einer einigermaßen kohärenten Theorie der Welt vor sich ging. Ein wichtiger Abschnitt in diesem Prozeß war die Epoche der Upanishads (8. - 3. Jh.v.Chr.), als sich die ersten philosophischen Texte im eigentlichen Sinne ausbildeten."[143]

Grundsätzlich können in Zusammenhang mit frühindischen Kosmogonien, wie die diesbezügliche Forschung lehrt, mehr als ein halbes Dutzend Funktionen der Sprache/Sage (*vāk*) unterschieden werden: a) als Manifestationsmedium, wobei die

---

[142] M. Winternitz, Geschichte der indischen Litteratur, 1.203, nennt die Upaniṣad-s Resultat der unnatürlichen Verquickung der priesterlichen Lehre, in der Brahman als heiliges Wort an höchster Stelle stand und der Lehre vom inneren Selbst, vom Ātman als dem Alleinseienden.

[143] L. S. Vasil'ev, Dao and Brahman, p. 8; cf. H. G. Narahari, Ātman in Pre-Upaniṣadic Vedic Literature, pp. 5-16, 46-49; P. Deussen, Allgemeine Geschichte der Philosophie, 1.1.324-332; 1.2.78-90.

Wirklichkeit das ausgesprochene Wort des Schöpfungsprinzips ist; b) als Urmutter; c) als Schöpfer und Sohn; d) als Gedanke; e) als Namensgebung und Gestaltung; f) als Zaubermacht und g) als Meditationskraft.[144] „Die Logosmythologie führt zu einer Art magischen Wortmythologie, denn die Schöpfung wird auch *als Zauber* angesehen, und sie geschieht durch die Zaubermacht des Wortes. Wenn Brahman durch sein[e] Vāk (Logos) schafft, so benötigt er eine Kraftquelle (Shakti). Diese Kraft muß im Wort selbst enthalten sein, denn Prajāpatis eigene Kraft ist sein Wort (cf. S. B. 2,2,4,4). Logos und Shakti sind im Brahman noch nicht zwei Teile, sondern sie fallen in ihm zusammen. Wenn man die *Schöpfung als Māyā* betrachtet, so bedeutet Māyā keine erkenntnistheoretische Kategorie, sondern eine mythologisch-mystisch-religiöse Kategorie (also keine Illusion). So ist Māyā die uns unbekannte und von uns nicht erkennbare Urkraft des Schöpfers."[145] Vergleicht man die sich der Rede bedienenden indischen Kosmogonien mit ihren griechischen Entsprechungen, so sind sie in ihrer Symbolik insofern konsistenter, als das Genus des Sanskrit-Worts *vāk* feminin ist und dies metaphorisch genutzt wurde, indem man aus den beiden Urprinzipien eine Syzygie bildete, das (ideale) Urpaar der Zeugung schlechterdings. „Im ›Kāṭhaka‹ steht (XII-1 und XXVII-1)

[144] Cf. C. A. Scharbau, Die Idee der Schöpfung in der vedischen Literatur, pp. 117-140; aus den Darstellungen dieses Autors geht nur selten der Stellenwert hervor, den die behandelten Kategorien im jeweiligen Weltanschauungssystem innehaben; cf. L. Renou, Études védiques et pāṇinéennes, 1.1–27 (Les pouvoirs de la parole dans le Ṛgveda).

[145] R. A. Mall, Indische Schöpfungsmythen, p. 33; S. B. steht für Śatapatha-Brāhmaṇa, meine korrigierende Zufügung in eckigen Klammern; zur *māyā* als Geist- oder Urmaterie (intelligible Materie Plotins) und Geist- oder Urnatur (*natura naturans*), nicht nur als Geist- oder Urkraft, werde ich eine Forschermeinung in Kapitel 5 zitieren.

(Υ4) »Prajāpati war damals nur dies (*Prajāpatir vai idam āsīt*).

($\Upsilon 3_1$) *Vāk* war Ihm gegenüber eine zweite (*Tasya vāg dvitīya āsīt*).

($\Upsilon\overrightarrow{3}$) Er vereinigte sich mit ihr (*Tāṃ maithunaṃ sambhavat*)

($\Upsilon 3_2$) und sie wurde schwanger (*Sā garbhaṃ ādhatta*).

(Υ2½) Sie ging von Ihm aus und erzeugte

(Υ2/1) diese Kreaturen (*Sā asmād apākrāmat sā imāḥ prajāḥ asṛjata*)

(Υ3/4) und ging wieder in Ihn ein (*Sā prajāpatim eva punaḥ prāviśat*).« …

… Es ist immer möglich, daß sich das menschliche Denken ähnlich und doch unabhängig voneinander entwickelt. Es ist, wenn man den Einfluß Indiens auf den Westen sieht, ebenso nicht unwahrscheinlich, daß der Philonische, neoplatonische und Johanneische Entwurf ihren Ursprung wenigstens teilweise Indien verdanken.“[146]

Von den Autoren der früheren Zeit indologischer Forschung werden mehrere Stellen aus spät- und postvedischen wie früh-vedāntischen heiligen Texten mythisch-kosmogonischen Charakters genannt, zitiert, übersetzt, paraphrasiert und erläutert, die analoge Züge aufweisen. Einer der ersten war hierbei ein deutscher Indologe, der auf die Ähnlichkeit

[146] J. Woodroffe, The Garland of Letters, pp. 6 … 5. Text: Kāṭhaka 12.5 = 27.1, ⟨ed.⟩ L. v. Schroeder, 1.167.15-17 = 2.137.8-10: *prajāpatir-vā idam-āsīt-tasya vāg-dvitīya-āsīt-tāṃ mithunaṃ sambhavat-sā garbham-ādhatta sā-asmād-apākrāmat-sā-imāḥ prajā asṛjata sā prajāpatim-eva punaḥ prāviśad-*; zu beachten ist die subtile Stufung samt den Schwankungsbreiten der einzelnen Zuordnungen; Assoziationen an den Platonismus können dabei nicht ausbleiben. Modifiziert findet sich ein solcher Schöpfungsmythos auch in der Maitrī-Upaniṣad 2.6, ⟨ed.⟩ J. L. Shastri, Upaniṣatsaṅgrahaḥ, p. 177.

zwischen dem ›Johannes-Prolog‹ und einigen anderen frühindischen Texten in seiner kurzen, sehr dichten Studie schon in der zweiten Hälfte des 19. Jahrhunderts, hingewiesen hatte.[147]

Je eine Stelle aus zwei dieser Texte muß ich aus strukturellen Vergleichsgründen hier noch vorstellen. Zunächst eine Kosmogonie aus dem ›Pañcaviṃśa-Brāhmaṇa‹, welche sich mit einigen sprachlichen und textlichen Abweichungen auch im ›Jaiminīya-Brāhmaṇa‹ findet. Sie fällt durch ihre zweifache Mehrstöckigkeit auf, bei welcher beide Bereiche in ihrer Untergliederung nahezu gleich- und in ihrer Ausrichtung gegeneinanderlaufen, der überkosmische, bis zum Kosmos reichende, und der kosmische, bis an den Überkosmos reichende:

(ϒ4) „Der Herr der Geschöpfe (*Prajāpati*) war nun dies einzig [und allein];

(ϒ3) einzig/allein die Sprache (*vāg*) sein eigen/Selbst, die Sprache war eine zweite.

(ϒ3⃡) Er hatte die Geisteinsicht:

(ϒ2½) »Diese Sprache allein sei eine Emanation; diese fließe nun aus,

(ϒ2/1) das All durchdringend«.

(ϒ4) Er ließ

(ϒ3) die Sprache

(ϒ2½) ausfließen und siehe, sie war eine das All Durchdringende. Dergestalt ragte sie empor wie ein ununterbrochener Springquell von Wasser.

(ϒ1) [Prajāpati's Aussprechen des Lautes] »A« trennte ein Drittel von ihr ab; das wurde die Erde (*bhūmir-abhavad-*); das heißt: es ist nun gleichsam geworden (*abhūd-iva*), darum die Bezeichnung Erde [wörtlich:

[147] Cf. A. Weber, vâc und λόγος; J. Woodroffe, The Garland of Letters, pp. 1–11; zusätzlich P. Deussen, Allgemeine Geschichte der Philosophie, 1.1.201–207.

Erdheit der Erde] (*tad-bhūmer-bhūmitvaṃ*).

(Ƴ1½) [Prajāpati's] »Ka« trennte ein Drittel ab; das wurde der Zwischenraum (*antarikṣam-abhavad*); das wird nun gleichsam das Zwischen (*antara*) genannt, darum die Bezeichnung »Zwischenraum« [wörtlich: die Zwischenraumheit des Zwischenraums] (*antarikṣasyā-'ntarikṣatvaṃ*).

(Ƴ2) [Prajāpati's] »Ho« warf ein Drittel in die Höhe; das wurde der Himmel (*dyauḥ*); das bedeutet: jenes hat gleichsam erhellt (*adyutad-iva*); darum die Bezeichnung Himmel [wörtlich: Himmelheit des Himmels] (*divo divatvam*).«[148]

Die drei hörbaren (*pratyakṣa*) Laute »*a*«, »*k*« und »*ho*«, die nach der sanskritischen Lautlehre, beginnend mit der Zungenspitze (*jihvā-agrena*) über deren Mittenbereich (*madhyena*) bis hin zum gesamten Sprechapparat (*sarvayā-etad-vāco*), gebildet werden, bringen die an sich (noch) unartikulierte Sprache, die

[148] Pañcaviṃśa-Brāhmaṇa/Tāṇḍyamahā-Brāhmaṇa 20.14.2, ⟨edd.⟩ Ś. C. Śāstri / P. Śāstri, 2.419-420 ≈ Jaiminīya-Brāhmaṇa 2.244, ⟨edd.⟩ Raghu Vira / L. Chandra, p. 265: *prajāpatir-vā idam-eka āsīt-tasya vāg-eva svam-āsīd-vāg dvitīyā sa aikṣata-imām-eva vācaṃ visṛjā iyaṃ vā idaṃ sarvaṃ vibhavanty-eṣyati-iti sa vācaṃ vyasṛjata sā-idaṃ sarvaṃ vibhavanty-et sā-ūrdhva-udātanod-yathā-'pāṃ dhārā santata-evaṃ tasyā a-iti tṛtīyam-acchinat-tad-bhūmir-abhavad-abhūd-iva vā idam-iti tad-bhūmer-bhūmitvaṃ ka-iti tṛtīyam-acchinat-tad-antarikṣam-abhavad-antara-iva vā idam-iti tad-antarikṣasyā-'ntarikṣatvaṃ ho iti tṛtīyam-ūrdhvam-udāsyat tat dyaur-abhavad-adyutad-iva vā ada iti tad-divo divatvam* ‖. Das Wort *vibhavatnī* wurde von mir nach ⟨ed.⟩ L. Chandra, Ms. Bl. 621, und dem Paralleltext des ›Jaiminīya-Brāhmaṇa‹ emendiert; bei meiner Lesart von *vibhavantyait,* das im ›Jaiminīya-Brāhmaṇa‹ zusammen mit einem ganzen Satzteil fehlt, bin ich mir nicht sicher. Man vergleiche die sachlich korrekte Minimalübersetzung von W. Caland, Pañcaviṃśa-Brāhmaṇa, p. 538. Die drei paronymischen Wortspiele können im Deutschen leider nicht wiedergegeben werden; ich wies durch Angabe der Sanskrit-Wörter auf sie hin.

Elementarideen, zum Ausdruck, verbildlicht durch eine kosmische Wasserfontäne, die drei Sphären des Erd-Sonnensystems umfaßt: Erde, Mittelsphäre und Firmament. Der Himmel wird dabei mit der Essenz, dem Fluid oder Saft (*raso*) der Sprache gleichgesetzt, repräsentierend den manifesten Gesamt-Lógos, die das Universum ausdrückende, in diesem ausgedrückte und dieses durchdringende Sprache generell in ihrer nach oben tönenden Eigenschaft (*adhy-ūrdhva udvadati*).[149] Ihre Ausrichtung nach oben ist in der noch unartikulierten (undifferenzierten) Ganzheit der Wasserfontäne (Weltensäule, Weltenbaum), aus der die drei Sphären der wahrnehmbaren Welt qua besagte drei vernehmbare Laute gewissermaßen ausgespuckt werden, angelegt. Mit ihrem ununterbrochenen Aufwärtsfließen dürfte angedeutet sein, daß der Kosmos als sinnliches Ordnungsgeschehen fortwährend auf seinen übersinnlichen, überkosmischen Archetypus im Geistigen ausgerichtet ist.[150] Der sprachliche Springquell bildet somit den Rede-Fluß – im späteren Hindu-Pantheon durch Sarasvatī, die Göttin des Wortes, der Beredsamkeit, der Wissenschaft, Gelehrsamkeit, Kunst und Musik personifiziert – der die entfalteten mit den unentfalteten Stätten der Sprache als reingeistigem Alter ego des Herrn der Kreaturen (Prajāpati) verbindet.

Beim zweiten Beispiel handelt es sich um eine Weltzeugungsmythe vergleichbaren Kalibers aus dem ›Śatapatha-Brāhmaṇa‹, die in die ›Bṛhadāraṇyaka-Upaniṣad‹ übergegangen ist.

---

[149] Cf. Pañcaviṃśa-Brāhmaṇa/Tāṇḍyamahā-Brāhmaṇa 20.14.3, ⟨edd.⟩ Ś. C. Śāstri / P. Śāstri, 2.421: *eṣā vāva pratyakṣaṃ vāg-yaj-jihvā-greṇa-etad-vāco vadati yad-a-iti madhyena-etad-vāco vadati yat ka-iti sarvayā-etad-vāco raso-'dhy-ūrdhva udvadati yad-ho iti.*

[150] In diesem Zusammenhang darf, nein muß ich noch einmal auf A. K. Coomaraswamy, Selected Papers, 1.376–404 (The Inverted Tree), verweisen, wo die Zwei- bzw. Viergliedrigkeit der Weltachse/Weltsäule (*skambha*) und des Welten- oder Sonnenbaums (*vṛkṣa*) indischer, chinesischer und europäischer Spekulation expliziert wird.

Sie hebt mit einem Vorstadium zeroartiger Qualität an, das uns aus zeitlich vergleichbaren oder früheren Kosmogonien bereits bekannt ist. Ihre Sphäreneinteilung des Erd-Sonnensystems und Ordnung der Elementarzustände teilt sie mit anderen (Selbst-)Schöpfungsberichten des Vedentums. Auch die diesen entsprechende Aufgliederung der Körperteile des Urwesens ist archetypisch aus dem ›Veda‹ bekannt. Was bei der Deutung jedoch ein gewisses Vorverständnis für Mythisches erfordert, ist der Sachverhalt, daß die Manifestationsgrade des Ersten, das heißt im vorliegenden Falle das Nicht-Irgendetwas des primordialen Un-Zustands nullter Potenz vom Tod ≈ Negation und Hunger ≈ Privation umhüllt war, der vorkosmische, zunächst immanente, geistvirtuelle (Selbst-)Verdoppelungsvorgang an nächster Stelle kommt, die Paarung der geistwirklich auseinandergetretenen Erstwesen an dritter Position und die mehrfache Entfaltung der nächsten Stufen nur dann der zu erwartenden absteigenden Sequenz gemäß sind, wenn die erste Elementareinteilung rein ideell und die anschließende kosmische Entfaltung der mundan-stofflichen und irdisch-lebensweltlichen Stufen materiell verstanden wird. Daß in dieser Spekulation eine Vermengung mehrerer Schöpfungen oder Götterhierarchien vorliegen könnte, mag an der gedoppelten Erzählung abgelesen werden, die ich mit einer höchst konjekturalen Skalierung versehe:

(ϒ4₂) Am Anfang war hier nicht einmal irgend etwas (*na-eva-iha kiṃcana-agra āsīn-*).

(ϒ4₁) Vom Tod (*mṛtyu*) verüllt war dies, vom Hunger (*aśa-nāyā*), denn Tod ist Hunger. Er

(ϒ3½) schuf

(ϒ3) diesen Geist (*tan-mano-'kuruta*) [mit den Worten]: »möge ich ein Selbst/Wesen haben« (*ātmanvī syām-iti*). Lobpreisend einhergehend entstanden durch ihn

(ϒ2/1) die Wasser (*āpas*), aus diesen die Erde (*pṛthivī*) und daraus wiederum das Feuer (*agni*). Er drittelte sich selbst in Feuer (*agni*), Sonne (*āditya*), Luft/Wind (*vāyu*) und war [so] als Lebenshauch (*prāṇaḥ*) dreifach aufgeteilt. Die vier Richtungen (*dik*), der Himmel (*dyaus*), der Zwischenraum (*atarikṣa*) und diese [Erde] (*iyam*) stellen jeweils bestimmte Körperteile von ihm dar. Auf diese Weise ist er fest stehend/gegründet in den Wassern (*sa eṣo-'psu prathiṣṭhito*), wie jeder fest steht, der das weiß, wohin er auch immer geht.

(ϒ4_1) „Er

(ϒ3½) wünschte: »ein zweites Wesen möge mir entstehen«.

(ϒ3_2) Als Geist (*manasā*) vollzog er

(ϒ3_1) mit der Sprache (*vācaṃ*)

(ϒ$\overset{\rightleftarrows}{3}$) die Paarung,

(ϒ4_1) der Hunger, der Tod;

(ϒ2½) was der Keim/Samenerguß (*reta-*) war, das war(d) das Jahr; früher als von da an war in der Tat kein Jahr. Er trug dieses so lange Zeit, wie ein Jahr [dauert], nach einer so langen Zeitspanne ließ er es ausfließen/hervorgehen. Als es geboren war, riß er seinen Schlund auf (es zu verschlingen). Dieses schrie: sprechen (*bhāṇ*)! Das genau war(d) die Sprache. Er dachte bei sich: »Wenn ich dieses [Jahr] nun zu fressen wünsche, wird die Speise sehr gering ausfallen.«

(ϒ3_1) Durch diese Sprache,

(ϒ3_2) diesen Geist,

(ϒ4_1) ließ er

(ϒ2/1) dies alles, was auch immer (*idaṃ sarvam .. yad-idaṃ kiṃ-ca*),

(ϒ2½) ausfließen/hervorgehen,

(ϒ2) die Verse [›Ṛg-Veda‹], die Opfersprüche [›Yajur-Veda‹], die Lieder [›Sāma-Veda‹], die Metren – [sc. das mit *Veda*/*veda* = ‚Wissen' Verbundene] –,

(ϒ1) die Opfer, die Kreaturen, das Vieh.

Was er auch immer selbst ausfließen/hervorgehen ließ, das beschloß er, auch zu verschlingen; eben weil »allesverschlingend« [genannt; *atti-iti*, von √*ad* + *iti*], deshalb »Maß-losigkeit« [als Name] der Aditi (Ab-soluten/Ungebundenen/Unermeßlichen) …"[151]

Die ‚Logik' der dargestellten Erzeugung ist in ihrem Anfangsstadium wie in ihrem Zwischenstadium nur dann zu verstehen, wenn man je eine Hintergrundinformation hat. Für den Urzustand ist dies die Unterscheidung zwischen einem unartikulierten (impliziten) Zustand der Sprache (*vāk*) vor ihrer Emanation und einem artikulierten (expliziten) danach. Dies gilt für alle drei präsentierten Beispiele in ähnlicher, m. E. jedoch nicht in gleicher Weise, da sich die Verhältnisbestimmungen von Vor-, Bei- und Nachordnung erkennbar oder wenigstens erahnbar voneinander unterscheiden. Wahrscheinlich stand hinter dieser Idee die Vorstellung, daß das Urwesen

[151] Cf. Bṛhadāraṇyaka-Upaniṣad 1.2.1–5, ⟨ed.⟩ J. L. Shastri, Upaniṣat-saṅgrahaḥ, pp. 84–85, wörtlich zitierter Text: 1.2.4–5 = Śatapatha-Brāhmaṇa 10.6.5, ⟨ed.⟩ A. Weber, pp. 807–808, wörtlich zitierter Text: 10.6.5.4–5: *so-'kāmayata dvitīyo ma ātmā jāyeta-iti sa manasā vācaṃ mithunaṃ samabhavad-aśanāyā mṛtyus-tad-yad-reta āsīt-sa saṃvatsaro-'bhavat | na ha purā tataḥ saṃvatsara āsa tam-etāvantaṃ kālam-abibhaḥ | yāvān-saṃvatsara-tam-etāvataḥ kālasya parastād-asṛjata taṃ jātam-abhivyādadāt-sa bhāṇ-akarot-sa-eva vāg-abhavat ‖4‖ sa aikṣata yadi vā imam-abhimaṃsye kanīyo-'nnaṃ kariṣya iti sa tayā vācā tena-ātmanā-idaṃ sarvam-asṛjata yad-idaṃ kiṃ-ca-rco yajūṃṣi sāmāni cchandāṃsi yajñān-prajāḥ paśūn | sa yad-yad-eva-asṛjata tat-tad-attum-adhriyata sarvaṃ vā atti-iti tad-aditer-adititvam … ‖5‖*. Die Ergänzungen und Erläuterungen in eckigen Klammern stammen von mir. Die Phaseneinteilung des »Anfangs«, die N. Kazanas, Advaita and Gnosticism, p. 207[+18], vornimmt, ist nur minimal untergliedert. Eine Übersetzung mit kulturübergreifend religionsvergleichendem Kommentar zu dieser Upaniṣad-Stelle gibt A. K. Coomaraswamy, The Vedas, pp. 1–47; scharfe Kritik daran übt M. Falk, Indologie auf den Wegen und Abwegen vergleichender Religionsforschung, pp. 24–33.

in seiner Anlage ein Zwitter war. „Eines der Urmuster der indischen Schöpfungsmythologie sieht so aus: Im Anbeginn war der Urgeist, das Brahman, in einem als Mann und Frau. Dieses Brahman, das neutrum ist, darf nicht mit dem Brahmā, der maskulinum ist und die Welt schafft, verwechselt werden. Dieser Urgeist zerfällt in zwei Teile, d.h. schafft Polaritäten: der Urgeist und die Urwasser, Mann und Frau.“[152]

Für die Phase vom Samenfluß über die Geburt des Jahres, d.h. der Zeit, ist betreffs des letzten Beispiels in Betracht zu ziehen, daß das Jahr (und das Opfer) häufig nichts anderes als das Abbild des Prajāpati, des Herrn der Geschöpfe repräsentiert, seine sich mit dem Geschaffenen verbindende Kreationskraft, die in den Wachstumskräften und der Buntheit wie Verschiedenheit der Jahres-Zeiten, die sie hervorbringen, ihre natürliche Äußerung findet – und somit die im Akt der Manifestation befindliche Sprache (*vāk*) selbst,[153] die die Mannigfaltigkeit des Benennbaren ausspricht. Das Jahr (stellvertretend für die Zeit) als Anfang des eigentlichen Zeugungsaktes könnte hier, Physiker und Physikalisten mögen mir den naiven Verweis auf die ebenso naive analoge Lehre von den spontanen Quantenfluktuationen modern astrophysikalischer Weltentstehungsmythen verzeihen, den Anfang des (temporalen) Anfangens versinnbildlichen, den Beginn des Beginnenkönnens, des Zeitlichen nämlich, falls es das wider das bessere Wissen, daß es sich dabei um einen Kategorienfehler handelt, gäbe.

Man beachte auch, wie das Wirklichkeitsgeschehen als In-sich-selbst-Verschlungenheit und Selbstverschlingung, nach

---

152 R. A. Mall, Indische Schöpfungsmythen, p. 31.

153 Cf. P. Deussen, Allgemeine Geschichte der Philosophie, 1.1.133-134; 1.1.207-209. Zu Prajāpati und Jahr (*saṃvatsara*) = Zeit cf. B. K. Smith, Reflections on Resemblance, Ritual, and Religion, pp. 54-81, mit Verweisen; zum Samen oder Keim (*retas*) darf ich auf die Ausführungen zum ›Nāsadīya-Sūkta‹ (Ṛg-Veda 10.129.4) zurückverweisen.

dem Bild des schlangenartigen, hungrigen Hinterteilfressers (gr. *ourobóros* / skr. *ananta* = Endloses, Unendliches) also, beschrieben ist. Das Symbol der sich selbst verschlingenden, sich aus sich selbst nährenden und somit sich selbst als Zero setzenden wie annullierenden Welt-, Wind-, Luft- oder Seeschlange oder analoger Drachenwesen und Fabelwesen teilen die indischen mit Weltentstehens- und Weltvergehensmythen nicht weniger anderer Kulturen.[154]

Für die Namensherleitung der Göttin Aditi, Mutter der Sonne(ngötter), der Ādityas, einer der ältesten weiblichen Göttergestalten Indiens überhaupt, aus dem Verschlinger, dem Tod (*aditi*), werden Ableitungen von zwei Wortwurzeln vermischt. Etymologisch korrekt ist die Herleitung von *aditi* aus *a√dā* = buchstäblich: ungebunden, ab-solut; erweiterter Bedeutungsbereich: unendlich, endlos, grenzenlos, unbegrenzt, maßlos, übermäßig, immens, unerschöpflich, nicht aber die Ableitung aus der Wurzel (fr)essen, verschlingen, √*ad*. Metaphysisch betrachtet ist dieser Kunstgriff jedoch genial. Eine vereinfachte interpretierende Wiederholung des Schöpfungsgeschehens als solchem, in der die Stelle des uranfänglichen Un-Zustands vom Geist (*manas*) eingenommen wird, der mit dem Selbst, dem Ātman gleichgesetzt ist, folgt einige Verse weiter. Damit sind wir in die Einfachheit und Eindeutigkeit der Hypostatik eingekehrt. Danach sind

(ϒ4) der (Ur-)Geist (*manas*) der Ātman,
(ϒ3) die Sprache (*vāk*) seine Gattin (*jāyā*),
(ϒ2½) der Lebensgeist oder der Lebensodem (*prāṇa*) ihre

[154] Aus diesem Blickwinkel nehme man einmal die Beschreibung des Kosmos in Platon, Timaios 33b8–34a1, zur Kenntnis. Im Yoga/Tantra kennt man den Ourobóros als Kuṇḍalinī, „die mit dem Maul ihr Hinterteil erfaßt hat“ (*mukhena puccham saṃgṛhya*), Yogakuṇḍali-Upaniṣad 1.83, ⟨ed.⟩ J. L. Shastri, Upaniṣatsaṅgrahaḥ, p. 556.

Nachkommen (*prajā*) und

(Υ'1) das Auge, der Gesichtssinn (*cakṣur*) [der die Formen, *rūpa*, sieht] das menschliche Erworbene (*mānuṣaṃ vittaṃ*),

(Υ'3) das Ohr, der Gehörsinn[, der die Namen und Worte, *nāma*, hört,] das göttliche (*śrotraṃ daivam*) [Erworbene] und

(Υ'2) der Organismus/Leib (*ātmā*) das Werk, die Tat (*karma*).[155]

Isomere Klassifikationen, stammend aus Textabschnitten derselben und noch früherer indischer Schriften, sind uns aus bisherigen Darstellungen bekannt. Die einzelnen Elemente im Hinblick auf ihre funktionalen und inhaltlichen Bestimmungen jedoch gleichzusetzen, wäre exegetisch fahrlässig. Unter dem Licht der Sturkturtheorie betrachtet, stehen die Kosmogonien mit Unbestimmtheits-Kategorie(n) am Anfang dem transzendentalen Sinn der allem zugrunde- und vorausliegenden und dieserart notwendigen Ermöglichungsannahme aller Bestimmtheit (Bedingung der Möglichkeit) näher als die mit kategorial fixiertem Beginn, auch wenn die darin vorkommenden Festschreibungen oft nur noch eine einheitsstiftende Funktion anzeigen sollen und somit in übertragener Bedeutung als Annäherung an erstere zu verstehen sind.

[155] Cf. Bṛhadāraṇyaka-Upaniṣad 1.4.17, ⟨ed.⟩ J. L. Shastri, Upaniṣatsaṅgrahaḥ, p. 90; meine Skalierung der menschlichen Sinnesfunktionen folgt hier der von Bṛhadāraṇyaka-Upaniṣad 1.4.7, ⟨ed.⟩ J. L. Shastri, Upaniṣatsaṅgrahaḥ, p. 88, siehe dagegen oben Śatapatha-Brāhmaṇa 10.5.3.1–12. cf. H. P. Sturm, Prinzipien-Triadik oder Prinzipien-Tetradik?, pp. 30–32; Zum schwierigen Verhältnis von *manas*, *vāk* und Prajāpati cf. J. Gonda, Selected Studies, 6.2.293–296 (The Creator and His Spirit (Manas and Prajāpati)).

1.3 Von der Metaphorik zur Metaphysik. Der Vierfußgeist der Upaniṣad-s

Die indischen Seher-Dichter der frühen Upanischaden, in der Stiftersprache unserer Philosophietradition müßten sie wohl Logo-Po(i)eten genannt werden, hatten, wann immer sie auf dem Zeitstrahl zu verorten sind, zwar schon ziemlich genaue Vorstellungen von den Bestandteilen, die an der Konstitution des Alls und der Menschenwelt beteiligt sind, doch waren sie in dieser Epoche beginnender reflektorischer Geltungskritik noch in ein symbolisches Gewand gekleidet, durch das hindurch der moderne Interpret heute kaum mehr auf den nackten metaphysischen Sinn zu blicken imstande ist. Mit ihnen, den vier (*catuṣ*) Füßen/Vierteln (*pāt*), auf denen das Brahman steht und durch unser Denken und die Welt geht, waren die Faktoren einer vollständigen Beschreibung der BewußtSeins-Struktur wie auch ihre korrekte Anordnung gefunden. Wie bei einem Vergleich mit der »Wissenschaftslehre« von Johann Gottlieb Fichte – ich berufe mich bewußt auf ein neues, beispiellos durchreflektiertes und fundiertes Modell – festgestellt werden kann, ist die Drei-, Vier- bzw. Fünffältigkeit alles andere denn zufällig.[156]

Im Rückschluß wiederum auf die antiken Schemata bestätigt sich, daß diese systematisch-transzendentalphilosophischen, re-flexionstheoretischen Gesetzmäßigkeiten folgen und Auslegungen des sich bedenkenden Denkens (oder korrekt: des

[156] Dazu Genaues in H. P. Sturm, Widerspiegelung des Geistes I. Die vier Stadien des Ent-Setzens (ausgehend von) der buddhistischen Mittelweg-Philosophie Ārya Nāgārjuna's, nebst Parallelen aus den »Wissenschaftslehren« von J. G. Fichte. Eine Grundlegung der Strukturtheorie der Re-flexion; der erste, vom jetzigen Entwicklungsstand meiner Forschung aus betrachtet an einigen Stellen präzisierungsbedürftige Versuch einer Skizze dazu auch in idem, Absolute Grunddisjunktion und Hypostasen. Das Vierphasen-Schema des Wissens bei J. G. Fichte und Plotin.

Bedenkens von Gedachtem) darstellen, das sich aufgrund der zur Anwendung kommenden metatheoretischen Erwägungen eben in einer 3/4/5-fach-Form niederschlägt. Im mystisch orientierten Vedānta wird ihre zusätzliche Funktion als Instrument der Hinführung zur und Vorbereitung wie Begleitung der weisheitlichen oder religiösen Praxis, und damit eines kompletten Zyklus von Ab- und Aufstieg, Vergegenständlichung und Entgegenständlichung, besonders deutlich.

Diesbezüglich ist zu beachten, daß die Vierfältigkeit, indem sie die strukturelle Grundlage allen Wissens und alles Wißbaren bildet, auch auf sie selbst anzuwenden ist, die einzelnen Viertel somit selbst wieder vierteilig zu denken sind. Und in der Tat enthält jeder Hauptfuß des Brahman eine Spiegelung der Vierfachheit des Ganzen in spezifischer Ausprägung, was nur heißen kann, daß die früh-upaniṣadischen Denker ahnten, die Grundstruktur müsse sich in all ihren Elementen fraktal wiederholen und die Unterteilung eigentlich ins Endlose fortgehen, da für die Unterfüße usw. immer wieder Analoges gilt. Dies ist in der Charakterisierung des zweiten Fußes (ϒ2), die gleich folgt, denn auch angedeutet.

Ob sich das Aristoteles ebenso vorstellte, als er festhielt, daß in jedem einzelnen Seelenteil alle Seelenteile vorkämen und untereinander wie mit der Gesamtseele gleichartig seien?[157] Grundsätzlich wäre der Prozeß der Selbstanwendung ad infinitum fortführbar, doch muß und kann er wegen der entstehenden Komplexität und der Iteration, die die Konturen des Reflektierten nach wenigen solcher Schritte verwischte und dem Reflektieren jegliche zusätzliche Information verunmöglichte, mit dem Hinweis auf die transzendental einsehbare letzthinnige Unbestimmbarkeit, auch der Geistwirklichkeit und des Geistwirkens, abgebrochen werden. Die Beachtung dieses

---

157 Cf. Aristoteles, De anima 411^{b}24–27; 432^{b}6–7.

Sachverhalts ist deshalb wichtig, weil die verschiedenen Ausdrucksformen, die die Grundform in einzelnen Überlieferungen annimmt, oftmals nicht trennscharf sind, Variationen aufweisen, einzelne Aspekte von Hauptgruppen für das Ganze genommen werden usw. Sind die Unterviertel bestimmbar, so gelingt es um einiges leichter, sie gemäß klassischer metaphysischer Ausdrucksweisen der über- oder nebengeodneten Gattung zuzuordnen und stellvertretend für diese gelten zu lassen. Ein apriorisches Schema dafür gibt es leider nicht und ich kann mich wegen des Versuchscharakters und der daraus folgenden Unzulänglichkeit auch nicht dazu durchringen, ein von mir grob skizziertes zur Veröffentlichung vorzulegen.

(Υ1) Das Wesen des ersten Fußes Brahman's wird vom Stier (*ṛṣabha*), dem Symbol für das Terrestrische, Bodenständige verkündet. Weil er aus den vier Richtungen (*diś*) besteht, in die man sich auf der ebenenhaften Erdoberfläche bewegen kann, von denen jede ein Sechzehntel (*kalā*) des Gesamt-Brahman ausmacht, heißt er *Prakāśavān*, der Ausgedehnte, Sichtbare, Erscheinungshafte.[158]

(Υ2) Der zweite Fuß wird vom Feuer (*agni*) kundgetan. Es steht für das Hitzige, Scharfe, Auflösende, Verneinende und im hellen Licht seines Scheins räumlich, nicht nur flach (Unter-)Scheidende und stellt die vier Sechzehntel

---

[158] Cf. Chāndogya-Upaniṣad 4.5.1–3, ⟨ed.⟩ J. L. Shastri, Upaniṣatsaṅgrahaḥ, p. 55: *atha ha-enam-ṛṣabho'bhyuvāda satyakāma 3 iti bhagava iti ha pratiśuśrāva prāptāḥ somya sahasraṃ smaḥ prāpaya na ācārya-kulam* ‖1‖ *brahmaṇaś-ca te pādaṃ bravāṇi-iti bravītu me bhagavān-iti tasmai ha-uvāca prācī dik-kalā pratīcī dik-kalā dakṣiṇā dik-kalā-udīcī dik-kalā-eṣa vai somya catuṣ-kalaḥ pādo brahmaṇaḥ prakāśavān-nāma* ‖2‖ *sa ya etam-evaṃ vidvāṃś-catuṣ-kalaṃ pādaṃ brahmaṇaḥ prakāśavān-ity-upāste prakāśavān-asmiṃl-loke bhavati prakāśavato ha lokāñ-jayati ya etam-evaṃ vidvāṃś-catuṣ-kalaṃ pādaṃ brahmaṇaḥ prakāśavān-ity-upāste* ‖3‖.

des ihm zugeordneten Viertels als die geschiedenen Lebensräume des Erd-Sonnensystems (der Menschen/Landtiere, Vögel, Seelen/Götter und Bewohner der Wassertiefen): Erde (*pṛthivī*), Zwischenraum (*antarikṣa*), Himmel (*dyaus*) und Ozean (*samudra*) vor. Dieser Fuß, der zweite, heißt *Anantavān*, der Grenzenlose oder Unbegrenzte, Unendliche, Endlose.[159] Ich lasse mich einmal dazu hinreißen, die Symbolik in Richtung Metaphysik zu lesen, wonach diese Bezeichnung neben der linearen (horizontalen und/oder vertikalen) räumlichen Ausdehnung des Kosmos in endlose Weiten eine Verschlüsselung für die raumgleich-unendliche Teil- und Reflektierbarkeit im Denken darstellte und das Feuer die Eigenschaft des Brennenden, Trennenden, Unterscheidenden, Verzehrenden, der Negation eben, versinnbildlichte, die auf der Ebene der begriffsfundierten Reflexion in die Welt eingreift und alles Dinghafte e-liminiert (entgrenzt), während es (durch den Feuerschein) zugleich erhellt und einsichtig gemacht wird: De–Finition. Die vier Sechzehntel dieses Viertels sind unter leicht geänderter Terminologie in der ›Taittirīya-Upaniṣad‹ als vier Ausrufe (*vyāhṛti*) den Welträumen zugeordnet:

(ϒ1(2)) Erde (*bhūr*),
(ϒ2(2)) Zwischenraum (*bhuvaḥ*),

---

[159] Cf. Chāndogya-Upaniṣad 4.6.1–4, ⟨ed.⟩ J. L. Shastri, Upaniṣatsaṅgrahaḥ, p. 55: *agniṣ-te pādaṃ vakta-iti sa ha śvo-bhūte gā abhiprasthāpayāṃ-cakāra tā yatra-abhisāyaṃ babhūvus-tatra-agnim-upasamādhāya gā uparudhya samidham-ādhāya paścād-agneḥ prāṅ-upopaviveśa* ‖1‖ *tam-agnir-abhyuvāda satyakāma 3 iti bhagava iti ha pratiśuśrāva* ‖2‖ *brahmaṇaḥ somya te pādaṃ bravāni-iti bravītu me bhagavān-iti tasmai ha-uvāca pṛthivī kalā'ntarikṣaṃ kalā dyauḥ kalā samudraḥ kalā-eṣa vai somya catuṣ-kalaḥ pādo brahmaṇo'nantavān-nāma* ‖3‖ *sa ya etam-evaṃ vidvāṃś-catuṣ-kalaṃ pādaṃ brahmaṇo'nantavān-ity-upāste'nantavān-asmiṃl-loke bhavaty-anantavato ha lokāñ-jayati ya etam-evaṃ vidvāṃś-catuṣ-kalaṃ pādaṃ brahmaṇo'nantavān-ity-upāste* ‖4‖.

(ϒ3(2)) Himmel (*suvar*),

(ϒ4(2)) Macht, Größe, Glanz (*mahas*),[160]

und werden wiederum mit leichten Veränderungen in der späten ›Nṛsiṃha-Pūrva-Tāpanīya-Upaniṣad‹ selbst zu den vier Füßen des Brahman, wodurch die Variabilität einzelner Elemente und Elementgruppen zum Zwecke der Klassifizierung, ihre Funktionalisierung für verschiedene Lehrabsichten und damit die Schwierigkeit der Bestimmung ihrer jeweiligen Bedeutung sichtbar wird. Dabei entspricht der Zwischenraum als zweites Viertel hier dem zweiten Sechzehntel dort, was von tieferer Bedeutung sein könnte, wenn das Feuer selbst als Phänomen der Mittelsphäre verstanden würde:

(ϒ1) Erde (*pṛthivī*),

(ϒ2) Mittlere Sphäre zwischen Himmel und Erde (*antarikṣa*),

(ϒ3) Himmel, Empyreum (*dyaus*) und endlich

(ϒ4) Somawelt (*soma-loka*), Welt des Gottes Soma, des personifizierten Extrakts, aus dem der Göttertrunk der Unsterblichkeit und Glückseligkeit bereitet wurde.[161]

(ϒ3) Die (Wild-)Gans bzw. der Schwan (*haṃsa*), die/der, ich interpretiere, in der Lage ist, sich vom Land aus oder auf

---

[160] Cf. Taittirīya-Upaniṣad 1.5, Ausgestaltungen, o. c. 1.6–1.7, ⟨ed.⟩ J. L. Shastri, Upaniṣatsaṅgrahaḥ, pp. 22–23.

[161] Cf. Nṛsiṃha-Pūrva-Tāpanīya-Upaniṣad 2.1, ⟨ed.⟩ J. L. Shastri, Upaniṣatsaṅgrahaḥ, p. 220; Nṛsiṃha-Uttara-Tāpanīya-Upaniṣad, ⟨ed.⟩ J. L. Shastri, Upaniṣatsaṅgrahaḥ, p. 229. Eine Übersicht über indische Vorstellungen von der natürlichen Welt und ihrer Einteilung in verschiedene Weltsphären und -gegenden gibt W. Kirfel, Die Kosmographie der Inder. B. K. Smith, Classifying the Universe, pp. 329–349, führt dreizehn kosmogonisch-kosmologische Schemata aus den Brāhmaṇa-s und Saṃhitā-s vor und erarbeitet für jedes ein genaues Schema vertikaler und horizontaler Entsprechungen.

dem Wasser schwimmend in luftige Höhen aufzuschwingen (und dort empyreische Eier zu legen), offenbart die Natur des dritten Fußes. Ich darf in diesem Zusammenhang an die in früheren Faszikeln bereits thematisierte symbolische Gleichsetzung von Vogel, dem aus dem Ei geborenen, und Geist erinnern. Seine Sechzehntel sind die Lichterscheinungen am Firmament: Feuer (*agni*), Sonne (*sūrya*), Mond (*candra*) und Blitz (*vidyut*), weshalb er *Jyotiṣmān,* der Lichthafte, Leuchtende oder Durchsichtige, genannt wird. Die (Misch-)Philosophie des Sāṃkhya-Vedānta verband damit die Elementareigenschaft der Seinsheit, Wahrh(aftigk)eit, Gutheit, (Geistes-)Klarheit und Heiterkeit (*sattva-guṇa*), die dem selbsttransparenten, selbstleuchtenden, selbstevidenten (*svaprakāśa*)[162], ununterbrochenen und sich stets gegenwärtigen Geist- oder BewußtSeins-Kontinuum (*prajñāna-ghana*)[163] der dritthöchsten Erfahrungs-Stufe der ›Chāndogya-Upaniṣad‹ entspricht.

Dieses dritte Stadium wird in der ›Bṛhadāraṇyaka-Upaniṣad‹ als eines der Begierdefreiheit und Leidenschaftslosigkeit (*atichandas/akāmam*), der Vernichtung des Übels (*apahata-pāpmā*), der Furchtlosigkeit (*abhayaṃ*), Unabhängigkeit/Beziehungslosigkeit (*asaṅgo*), Tiefenruhe/Heiterkeit (*saṃprasāde*), des gedankenfreien Denkens im Nichtdenken (*na manute manvāno vai tan-na manute*) und erkenntnislosen Erkennens im Unerkennen (*na vijānāti vijānan-vai tan-na vijānāti*), in dem etwas nicht/kein etwas ist (*lokā alokā devā adevā vedā avedāḥ* ...),

---

162 Cf. Nṛsiṃha-Uttara-Tāpanīya-Upaniṣad 2-9, ⟨ed.⟩ J. L. Shastri, Upaniṣatsaṅgrahaḥ, pp. 229-236.

163 Cf. Bṛhadāraṇyaka-Upaniṣad 4.5.13, ⟨ed.⟩ J. L. Shastri, Upaniṣatsaṅgrahaḥ, p. 121; Māṇḍūkya-Upaniṣad 5, ⟨ed.⟩ J. L. Shastri, Upaniṣatsaṅgrahaḥ, p. 20.

als „Ich bin Gott gleich“-heit (*deva-iva*), „Alles bin ich“-heit (*sarvo-'smi*), Nicht-Andersheit und Ungetrenntheit (*tato-'nyad-vibhaktam*), Zweitlosigkeit (*na tu tad-dvitī-yam-asti*) und Glückseligkeit (*ānanda*), sozusagen im Übergange zum

(Υ4) vierten, dem Stadium der Erlösung oder Loslösung, der Ab-solut-Werdung (*vimokṣa*) beschrieben,[164] was bezüglich des Verständnisses des Bildeprinzips von geistigen Dreier-/Viererstrukturen bzw. des Umbildungsprinzips von Drei- in Vierfachstrukturen äußerst aufschlußreich ist.

Den ultimativen vierten Grad der ›Chāndogya-Upaniṣad‹ macht der Tauchervogel (*madgu*) bekannt, ein Wesen, abermals deute ich, das sich aus den Lüften, in die seine (geistigen) Höhenflüge emporsteigen, in die Tiefen des Urwassers versenken kann, welches schon im ›Veda‹, in den ›Brāhmaṇa-s‹ und anderen (heiligen) Schriften Indiens für die Unterschiedslosigkeit des (noch-)nichtseienden Ungrunds steht. Dieser Bereich ist untergliedert in vier Unterbereiche, die die Wahrnehmungs-, Lebensgeist- und Wissens-/Kognitionsfunktionen des Menschen (des verstandes-, erkenntnis- oder geistbegabten und zur

---

[164] Cf. Chāndogya-Upaniṣad 4.7.1–4, ⟨ed.⟩ J. L. Shastri, Upaniṣatsaṅgrahaḥ, p. 55: *haṃsas-te pādaṃ vakta-iti sa ha śvo-bhūte gā abhiprasthāpayāṃ-cakāra tā yatra-abhisāyaṃ babhūvus-tatra-agnim-upasamādhāya gā uparudhya samidham-ādhāya paścād-agneḥ prāṅ-upopaviveśa* ‖1‖ *taṃ haṃsa upanipatyābhyuvāda satyakāma 3 iti bhagava iti ha pratiśuśrāva* ‖2‖ *brahmaṇaḥ somya te pādaṃ bravāṇi-iti bravītu me bhagavān-iti tasmai ha-uvāca-agniḥ kalā sūryaḥ kalā candraḥ kalā vidyut-kalā-eṣa vai somya catuṣ-kalaḥ pādo brahmaṇo jyotiṣmān-nāma* ‖3‖ *sa ya etam-evaṃ vidvāṃś-catuṣ-kalaṃ pādaṃ brahmaṇo jyotiṣmān-ity-upāste jyotiṣmān-asmiṃl-loke bhavati jyotiṣmato ha lokāñ-jayati ya etam-evaṃ vidvāṃś-catuṣ-kalaṃ pādaṃ brahmaṇo jyotiṣmān-ity-upāste* ‖4‖, mit meiner Zusammenfassung von Bṛhadāraṇyaka-Upaniṣad 4.3.15–33, ⟨ed.⟩ J. L. Shastri, Upaniṣatsaṅgrahaḥ, pp. 115–117.

Erleuchtung/Allwissendheit fähigen Wesens, des *veda-vān* also im doppelten Wortsinne) repräsentieren: Lebenshauch/Lebensenergie (*prāṇa*), Auge (*cakṣus*), Ohr (*śrotra*) und Verstand/Geist (*manas*). Sein Name ist *Āyatanavān*, der eine Stätte, Bleibe, Wohnung, ein Heim, einen Ruheplatz innehat, der Grundhafte.[165] In seiner Funktion des allem Subjizierten, des All-Subjekts (*puruṣa/ātman*), des Darunterliegenden oder Substrats, wird er viel später nicht umsonst auch Allgrundlage (*sarva-adhiṣṭhāna*) genannt.[166]

⟨Y5⟩ Das Brahman selbst und an sich kann nur vom Lehrer

[165] Cf. Chāndogya-Upaniṣad 4.8.1–4, ⟨ed.⟩ J. L. Shastri, Upaniṣatsaṅgrahaḥ, pp. 55–56: *madguṣ-te pādaṃ vakta-iti sa ha śvo-bhūte gā abhiprasthāpayāṃ-cakāra tā yatra-abhi sāyaṃ babhūvus-tatra-agnim-upasamādhāya gā uparudhya samidham-ādhāya paścād-agneḥ prāṅ-upopaviveśa* ‖1‖ *taṃ madgur-upanipatyābhyuvāda satyakāma 3 iti bhagava iti ha pratiśuśrāva* ‖2‖ *brahmaṇaḥ somya te pādaṃ bravāṇi-iti bravītu me bhagavān-iti tasmai ha-uvāca prāṇaḥ kalā cakṣuḥ kalā śrotraṃ kalā manaḥ kalā-eṣa vai somya catuṣ-kalaḥ pādo brahmaṇa āyatanavān-nāma* ‖3‖ *sa ya etam-evaṃ vidvāṃś-catuṣ-kalaṃ pādaṃ brahmaṇa āyatanavān-ity-upāsta āyatanavān-asmiṃl-loke bhavaty-āyatanavato ha lokāñ-jayati ya etam-evaṃ vidvāṃś-catuṣ-kalaṃ pādaṃ brahmaṇa āyatanavān-ity-upāste* ‖4‖. Ob der Tauchervogel (*madgu*) hier etwas mit dem Erdtaucher zu tun hat, der in Zusammenhang mit der Aufzählung verschiedener Mythentypen in H. P. Sturm, »Im Anfang war … ?«, p. 56, bereits genannt wurde und besonders bei nordamerikanischen Indianervölkern auftaucht?

[166] Cf. Śrīrāmottaratāpanīya-Upaniṣad 3 (Zählung P. Deussen), ⟨ed.⟩ J. L. Shastri, Upaniṣatsaṅgrahaḥ, p. 402. P. Deussen, Allgemeine Geschichte der Philosophie, 1.2.267–281, liefert eine ausführliche doxographische Darstellung über die Zustände der Seele, der ich allerdings nicht in jeder Einzelheit beipflichten kann. Meine Ausführungen in H. P. Sturm, Tetralogos – Ein erster Versuch. Die vier Positionen der Aussage und die vier Glieder des Geistes in der Māṇḍūkya-Upaniṣad und der ars coniecturalis des Nicolaus Cusanus, pp. 85–90; idem, Weder Sein noch Nichtsein, pp. 168–178, betonen andere Aspekte und fallen deshalb etwas anders als die Darstellung hier aus, ohne ihnen zu widersprechen.

(*ācāryād-*) erklärt und kundgetan werden (*uvāca*).[167]

Fast dieselbe Reihe von Basalzuständen des Seins und Bewußtseins, welche durch Tiere symbolisiert sind, wird in der ›Maitrī-Upaniṣad‹ aufgezählt:

(ϒ4) Tauchervogel (*madgu*)
(ϒ3) (Wild-)Gans/Schwan (*haṃsa*)
(ϒ2) Glut/Feuer (*tejas*)
(ϒ1) Stier (*vṛṣā*)[168]

Die Anbindung der Vierfußanatomie des Brahman in der

[167] Cf. Chāndogya-Upaniṣad 4.9.1-3, ⟨ed.⟩ J. L. Shastri, Upaniṣatsaṅgrahaḥ, p. 56: *prāpa hā''cārya-kulaṃ tam-ācāryo'bhyuvāda satyakāma 3 iti bhagava iti ha pratiśuśrāva ‖1‖ brahmavid-iva vai somya bhāsi ko nu tvā'nuśaśāsetyanye manuṣyebhya iti ha pratijajñe bhagavāṃs-tv-eva me kāme brūyāt ‖2‖ śrutaṃ-hy-eva me bhagavad-dṛśebhya ācāryādd-ha-eva vidyā viditā sādhiṣṭaṃ prāpati-iti tasmai ha-etad-eva-uvāca-atra ha na kiṃcana vīyāyeti vīyāyeti* ‖3‖. Zum gesamten Gedankengang von den vier Füßen des Urwesens, o.c. 3.18.2, ⟨ed.⟩ J. L. Shastri, p. 52, wird expressis verbis vom vierfüßigen Brahman (*catuṣpād-brahma*) gesprochen: (ϒ4) Sprache (*vāc*); (ϒ3) Odem (*prāṇa*); (ϒ2) Auge (*cakṣus*); (ϒ1) Ohr (*śrotra*); diese sind wieder korreliert mit (ϒ4) Feuer (*agni*); (ϒ3) Wind (*vāyu*); (ϒ2) Sonne (*āditi*); (ϒ1) Gegend/Richtung (*diś*), cf. A. Padoux, Vāc, p. 21, sind parallel zu lesen die etwa gleichzeitig entstandenen Lehrreden: Chāndogya-Upaniṣad 8.7.1-8.12.6, ⟨ed.⟩ J. L. Shastri, Upaniṣatsaṅgrahaḥ, pp. 80-83; Bṛhadāraṇyaka-Upaniṣad 4.3.1-4.4.25, ⟨ed.⟩ J. L. Shastri, Upaniṣatsaṅgrahaḥ, pp. 114-119, die die drei bzw. vier BewußtSeins-Zustände (*avasthā*) vorstellen; zu den letzteren beiden Stellen cf. die historio-doxographischen Überlegungen von D. Bhattacharya, The Doctrine of Four in the Early Upaniṣads and Some Connected Problems, pp. 12-16; zu den drei Welten und drei psychischen Zuständen in den frühesten Upaniṣad-s und der Praśna-Upaniṣad äußern sich darstellend und erläuternd J. Przyluski / É. Lamotte, Buddhisme et Upaniṣad, pp. 180-185.

[168] Cf. Maitrī-Upaniṣad 6.34, nach rekonstruiertem Text von J. A. B. van Buitenen, Maitrāyaṇīya Upaniṣad, Vulgata, 6.34, p. 117, Übersetzung mit Emendationen des Texts, o.c., pp. 49-51, 149.

›Chāndogya-Upaniṣad‹ an die kosmogonischen Urformeln vom Urnichts, Urei und von der Trennung von Himmel und Erde derselben Schrift läßt die Verwandtschaft von Mythos und Metaphysik auf einen Schlag sichtbar werden:

(ϒ4) „Ebendieses war zu Anfang Nichtsei(e)n(des) (*asad*);

(ϒ3) Dieses war(d) das Sei(e)n(de) (*tat-sad-āsīt*); dieses ward (*tat-samabhavat*); dieses entwickelte sich zu einem Ei (*āṇḍaṃ*); dieses lag für die Dauer eines Jahres da;

(ϒ2/1) dieses brach entzwei/auseinander; die beiden Eierschalen[hälften] waren aus Silber und Gold.

(ϒ1) Das Silberne, das ist die Erde;

(ϒ2) das Goldene, das ist der Himmel.

(ϒ1₁₋ₙ) Was die äußere Eihaut (Chorion) ist, das sind die Gebirgsketten; was die innere Eihülle (Amnion) ist, das ist der Wolkendunst; was die Adern sind, das sind die Flüsse, was in der Blase ist, das ist der Ozean.

(ϒ2½) Was aber geboren wurde, das ist jene Sonne.“[169]

Eine beträchtliche Zeit nach der Entstehung des sagenhaften vedischen Hymnus vom urmenschlichen Vierfüßler, um die Blütezeit des späten Neuplatonismus im Mittelmeerraum, finden wir das, was aus der vedischen Vierfußspekulation des Geistlebewesens im Vedānta wurde, in der ›Māṇḍūkya-Upaniṣad‹ trennscharf eingeteilt und allein dem menschlichen

169 Chāndogya-Upaniṣad 3.19.1–3, ⟨ed.⟩ J. L. Shastri, Upaniṣatsaṅgrahaḥ, p. 52: *…asad–eva-idam-agra āsīt* | *tat-sad-āsīt-tat-samabhavat-tad āṇḍaṃ niravartata tat-saṃvatsarasya mātrām-aśayata tan-nirabhidyata te āṇḍa-kapāle rajataṃ ca suvarṇaṃ ca-abhavatām* ‖1‖ *tad-yad-rajataṃ sā-iyaṃ pṛthivī yat-suvarṇam sā dyaur-yaj-jarāyu te parvatā yad-ulbaṃ sa metho nīhāro yā dhamanayas-tā nadyo yad-vāsteyam-udakaṃ sa samudraḥ* ‖2‖ *atha yat-tad-ajāta so-'sāv ādityas- …* ‖3‖.

Bewußtsein innewohnend vor: „Wahrlich, all dies ist Brahman, dieser Ātman ist Brahman, er, dieser Ātman, ist vierfüßig/vierteilig.

(Υ1) Der sich im Wachzustand (*jāgarita*) befindet, das Erkennen nach außen gerichtet (*bahiḥ-prajñaḥ*), … das Grobe genießend (*sthūla-bhug-*), ist Jedermann (*vaiśvānara*), der erste Fuß.

(Υ2) Der sich im Schlaf-/Traumzustand (*svapna*) befindet, das Erkennen innen (*antaḥ-prajñaḥ*), … das Feine/Losgelöste/Scharf(sinnig)e genießend (*pravivikta-bhuk*), ist der Stechende/Di-stinguierende/Schneidende/Helle/Glänzende/Heftige/Hitzige/Ungestüme (*taijasa*), der zweite Fuß. …

(Υ3) Der sich im Tiefschlaf [in Tiefenruhe/Empfindungslosigkeit] (*suṣupta*) befindet, ein Einsgewordener/Geeinter (*ekībhūtaḥ*), der ein/e Geistkontinuum/Erkenntnismasse (*prajñāna-ghana*) ist, ein wahrlich von Seligkeit Durchdrungener, ein Glückseligkeitsgenießender (*ānanda-bhuk*) also, der Mund/Mündung des Wissens (*ceto-mukhaḥ*) ist, das ist Intellectus/Geist (*prājña*), der dritte Fuß. Er ist der Herr(-gott) des Alls, er der Allerkennende/Allwissende (*sarvajña*), er der innere Lenker/Zügler (*antar-yāmī*), er der Schoß (*yoniḥ*) von allem, denn er ist (beides,) der Wesen Entstehen und Vergehen (*prabhava-apyayau*).

(Υ4) Als weder innerlich (-Υ4(2)) noch nach außen (-Υ4(1)), noch nach beiden Seiten bewußt (-Υ4(3)), keine Geist-/Erkenntnismasse, weder bewußt noch unbewußt, nicht wahrgenommen, unbrauchbar, un(be)greifbar, bestimmungslos, undenkbar, nicht bezeichenbar, als das, dessen Wesen/Essenz (*sāraṃ*) in der Gewißheit/Evidenz (*pratyaya*) der Einheit/Identität (*eka*) des Ātman besteht, als Beruhigung der (begrifflich-vorstellungshaften)

Zerstreuung/Vielheit (*prapañca-upaśamaṃ*), friedlich, selig/ruhig, nicht-zweiheitlich (*advaitaṃ*), denken (*manyante*) sie das Vierte (*caturthaṃ*). Er ist das Geist-Selbst (*ātmā*), Er
⟨Y5⟩ zu gewahren (*vijñeyaḥ*).“[170]

Sowohl indische Pandits als auch moderne Gelehrte dürften anläßlich meiner re-flexionsstrukturellen Deutung der vier Zustände (*sthāna*) des BewußtSeins den Kopf schütteln, wären sie doch von jeher empirisch-psychologisch bzw. kontemplativ-erfahrungshaft und nicht anders verstanden worden. Während das erste Viertel ob seiner Normalität oder Alltäglichkeit bei der Interpretation kaum Probleme aufwirft, gehen die Schwierigkeiten beim zweiten Fuß des Ātman aber schon los. Dieser versinnbildliche den Schlaf- oder Traumzustand, aber doch nicht das Denken, das Mentale oder Begriffswissen. Ist denn im Text nicht vom inneren Erkennen (*antaḥ-prajñaḥ*) die Rede, und gehört die kognitive Tätigkeit mit ihren affektiven und voluntativen Begleitern nicht dazu? Im Kontext der Vierfüßigkeit des Brahman in der ›Chāndogya-Upaniṣad‹ erläuterte ich seinen zweiten, den vom Feuer (*agni*) verkündeten Fuß, schon in diese Richtung.

Die ›Maitrī-Upaniṣad‹ leistet mir da insofern Schützenhilfe,

---

[170] Māṇḍūkya-Upaniṣad 2-7, ⟨ed.⟩ J. L. Shastri, Upaniṣatsaṅgrahaḥ, pp. 20-21: *sarvaṃ hy-etad-brahma-ayam-ātmā-brahma so-'yam-ātmā catuṣ-pāt* ‖2‖ *jāgarita-sthāno bahiḥ-prajñaḥ ... sthūla-bhug-vaiśvānaraḥ prathamaḥ pādaḥ* ‖3‖ *svapna-sthāno-'ntaḥ-prajñaḥ ... pravivikta-bhuk taijaso dvitīyaḥ pādaḥ* ‖4‖ *... suṣupta-sthāna ekībhūtaḥ prajñāna-ghana eva-ānanda-mayo hy-ānanda-bhuk ceto-mukhaḥ prājñas-tṛtīyaḥ pādaḥ* ‖5‖ *eṣa sarva-īśvara eṣa sarvajña eṣo-'ntar-yāmy-eṣa yoniḥ sarvasya prabhava-apyayau hi bhūtānām* ‖6‖ *na-antaḥ-prajñaṃ na bahiḥ-prajñaṃ na-ubhayataḥ-prajñaṃ na prajñāna-ghanaṃ na prajñaṃ na-aprajñam* ‖ *adṛṣṭam-avyavahāryam-agrāhyam-alakṣaṇam-acintyam-avyapadeśyam-eka-ātma-pratyaya-sāraṃ prapañca-upaśamaṃ shāntaṃ śivam-advaitaṃ caturthaṃ manyante sa ātmā sa vijñeyaḥ* ‖7‖.

als sie in ihrer Benennung dieses Viertels die Verbindung zur ›Māṇḍūkya-Upaniṣad‹ herstellt, sie nennt ihn nämlich Glut/ Feuer (*tejas*). Aber das sagt doch immer noch nichts über dessen mentale Qualität, wird man einwenden. Die Antwort darauf könnte lauten, sich den zehnten Spruch der ›Māṇḍūkya-Upaniṣad‹ zu vergegenwärtigen, in dem der Fuß des Stechenden, Hellen, Leuchtenden, Hitzigen (*taijasa*) nicht nur als Zwischenbereich zwischen der sensuellen Außen- und der intellectualen Einswerdungsorientierung des ersten und dritten Fußes und U-Laut des AUM-Lautes ausgewiesen ist, sondern zudem festgestellt wird, daß wer das weiß (*ya evaṃ veda*), „wahrlich die Ausdehnung seiner Erkenntnis erweitert und ein Vermittelnder/Angeglichener wird" (*utkarṣati ha vai jñānasaṃtatiṃ samānaś-ca bhavati*)[171]. Die Zuordnung, die Sadānanda (15. Jh.) vornahm und ich im Kapitel 4 in interkulturell-komparatistischer Hinsicht anläßlich eines in der Fachliteratur vorfindlichen Vergleichs zwischen metaphysischen Prinzipien indischer und griechischer Philosophien ansprechen und im Kapitel 7 wiedergeben werde, wird mein Forschungsergebnis weiter erhärten.

Es gibt jedoch auch einen modernen Interpreten, einen

---

[171] Māṇḍūkya-Upaniṣad 10, ⟨ed.⟩ J. L. Shastri, Upaniṣatsaṅgrahaḥ, p. 20; es ist mir bekannt, daß die Übersetzungen dieser Stelle voneinander beträchtlich abweichen, daß man folglich nicht genau weiß, was damit gemeint ist; warum sollte man zur Klärung des Problems, das bisher als solches nicht erkannt wurde, also nicht einen strukturtheoretischen Ansatz wählen, der berücksichtigt, daß der Vijñānavāda-Buddhismus mit seiner Kategorie des Denkbewußtseins (*mano-vijñāna*) hier Pate gestanden haben könnte; dazu weiter hinten mehr. Cf. R. Guénon, L'Homme et son devenir selon le Vêdânta, pp. 166-167, ⟨engl.⟩ p. 109: „Wer dies kennt, kommt auf dem Bewußtseinsweg voran (durch seine Identifikation mit *Hiranyagarbha*) und (auf diese Weise erleuchtet) ist er in Harmonie (*samâna*, mit allen Dingen, denn er betrachtet das manifeste Universum als Erzeugnis seines eigenen Bewußtseins, das von ihm selbst nicht getrennt sein kann), …"

namhaften spekulativen Metaphysiker, der die kategoriale Rangfolge zumindest dem Ergebnis nach annähernd so bestimmt, wie das gemäß der mehrstufigen Metatheorie der Kognition expliziert wird. Meine Argumentation bestätigend, heißt es bei ihm zum Schlaf/Traum (*svapna*), der Nach-innen-Gekehrtheit des Erkennens (*antaḥ-prajñaḥ*), indem er sowohl den yogapraktischen als auch den geisttheoretischen Aspekt thematisiert: „In diesem Zustand sinken die äußeren Vermögen, während sie potentiell fortbestehen, in den inneren Sinn (*manas*) (Υ2) zurück, der ihre gemeinsame Quelle, ihr Träger und ihr unmittelbares Ende ist, und der den leuchtenden Adern (*nâdîs*) der feinen Form innewohnt, wo er in ungeteilter Façon in der Art einer diffusen Hitze ausgegossen wird. … Der feine Zustand ist eigentlich der Bereich der ψυχή (Υ2) und nicht der des νοῦς; letzterer entspricht in Wirklichkeit *Buddhi*, d.h. dem überindividuellen Intellect (Υ3).“[172]

Beim dritten Zustand des Ātman, dem Tiefschlaf, Wohlschlaf oder der Tiefenruhe (*su-ṣupti*), zeigt sich die nämliche Auslegungsproblematik. Doch auch hier halten wir nicht nur strukturtheoretisch, sondern mit demselben Metaphysiker prinzipienspekulativ dagegen. „Das hier ist ein wesensmäßig formloser und überindividueller Zustand (Υ3); es kann sich folglich keinesfalls um einen «psychischen» oder «psychologischen» Zustand handeln, wie es einige Orientalisten glaubten. Was eigentlich «psychisch» ist, das ist nämlich der feine Zustand (Υ2); … aber in Wirklichkeit ist er *Purusha* [Urwesen] und *Prakriti* [Natur] auf einmal (Υ3), indem er den einen und die andere in seiner ureigenen Indifferenzierung enthält, denn er ist Ursache

[172] R. Guénon, L'Homme et son devenir selon le Vêdânta, pp. 137 … 142[2], ⟨engl.⟩ pp. 88 … 92[3]; zum zweiten Fuß cf. o.c., pp. 137–145, 166–167, ⟨engl.⟩ pp. 88 –94, 109; das Mentale allgemein, doch mit Bezug auf die Thematik im Sinne hier, wird in idem, Les états multiples de l'être, pp. 59–79, ⟨dt.⟩ pp. 35–45, behandelt.

im Vollsinne des Wortes, d.h. «Wirkursache» und «Materialursache» auf einmal, um uns üblicher Terminologie zu bedienen, wofür wir übrigens die Bezeichnungen «Essentialursache» und «Substantialursache» bei weitem bevorzugten, ...“[173]

Insgesamt rekonstruiert der zitierte Autor die GeistWelt-Struktur des Vedānta und der orthodoxen indischen Philosophie, ja die BewußtSeins-Hierarchie generell, in vier Ebenen (betreffs der chinesischen Überlieferung Entsprechendes im Faszikel II/7).[174]

Manifestationszustände (nach R. Guénon)

universell ··· { Nicht-Manifestation (ϒ4)
formlose Manifestation (ϒ3) }

individuell ······ formhafte Manifestation { feiner Zustand (ϒ2)
grober Zustand (ϒ1) }

„Was die Effekte betrifft, die mittels Meditation (*upâsanâ*) auf das einsilbige Wort *Om* erlangt werden, zunächst bei jedem seiner drei *mâtrâs* und dann an sich, unabhängig von diesen *mâtrâs,* wollen wir nur noch hinzufügen, daß diese Effekte der Verwirklichung verschiedener spiritueller Grade, die auf folgende Weise charakterisiert werden können, korrespondieren: der erste ist die volle Entfaltung der körperlichen Individualität (ϒ1); der zweite ist die integrale Ausdehnung der menschlichen

[173] R. Guénon, L'Homme et son devenir selon le Vêdânta, pp. 148 ... 149, ⟨engl.⟩ pp. 96 ... 97, meine Übersetzungen in eckigen Klammern; zum dritten Fuß cf. o.c., pp. 167-168, ⟨engl.⟩ pp. 95-101, 109-110.

[174] Cf. H. P. Sturm, Dao einfach, Dao vierfach, pp. 76-77; nachfolgende tabellarische Darstellung aus R. Guénon, L'Homme et son devenir selon le Vêdânta, p. 42, ⟨engl.⟩ p. 27.

Individualität in seinen außerkörperlichen Modalitäten (Υ2); der dritte ist die Erlangung überindividueller Seinszustände (Υ3); der vierte ist schließlich die Verwirklichung der «Höchsten Identität» (Υ4).“[175]

Um hier ein wenig zum Nachdenken anzuregen, projiziere ich die Moren-Anordnung der ›Māṇḍūkya-Upaniṣad‹ auf die Tetraktys, wie sie Aristoteles und Theon Smyrnaios am Beispiel geometrischer Figuren überlieferten,[176] und stelle das dabei entstehende Gebilde als tetraktysche Rechenstein-Figur dar. Man vergleiche dazu das thematische Cover-Emblem dieses Faszikels, das von der Grundform einer traditionellen indischen Darstellung der Viergliedrigkeit des Alls (*catuṣṭayaṃ vā idaṃ sarvam*) ausgeht.[177]

---

[175] R. Guénon, L'Homme et son devenir selon le Vêdânta, p. 169, ⟨engl.⟩ p. 111.

[176] Cf. Aristoteles, De anima 404^{b}18–27, siehe H. P. Sturm, Alt-Akademische Erledigung der okzidentalen Metaphysik, pp. 198–199; Theon Smyrnaios, Expositio rerum mathematicarum ad legendum Platonem utilium, ⟨ed./tr.⟩ J. Dupuis, Kap. 37, pp. 158.25/160.2, Tabelle siehe H. P. Sturm, Die vier Wissenskonstituenzien (in) der spätantiken westlichen (?) Spekulation, p. 73.

[177] Cf. V. S. Agrawala, The Thousand-Syllabled Speech, p. 170b, zu Ṛg-Veda 1.164.45: die Sprache wurde in vier Füßen vermessen (*catvāri vāk parimitā padāni*).

OM-Moren-Tetraktys

ॐ

म् ओं

उ म् ओं

अ उ म् ओं

Eine Nennung der vier psychomentalen Zustände findet sich auch in der vermutlich früheren ›Maitrī-Upaniṣad‹. „Der Augenlicht hat (ϒ1), im Schlaf wandelt (ϒ2), sowohl ein Tiefschlafender (ϒ3) als auch einer jenseits des Tiefschlafs (ϒ4) ist: das sind dessen vier Unterteilungen. Von diesen ist die vierte die größere. In diesen dreien geht ein Brahman-Fuß/Viertel; und drei Füße/Viertel gehen in letzterer.“[178]

---

[178] Maitrī-Upaniṣad 7.11, ⟨ed.⟩ J. L. Shastri, Upaniṣatsaṅgrahaḥ, p. 194: *cākṣuṣaḥ svapna-cārī ca suptaḥ suptāt-paraś-ca yaḥ* | *bhedāś-ca-ete'sya catvāras-tebhyas-turyaṃ mahattaram* ‖ *triṣv-eka-pac-cared-brahma tripāc-carati ca-uttare* |. D. Bhattacharya, The Doctrine of Four in the Early Upaniṣads and Some Connected Problems, pp. 16–18, sieht aufgrund des Satzes zu den Füßen/Vierteln in dieser Upanischade das Bindeglied

Spätere Upaniṣad-s schließen sich nicht nur an die eindeutige Vierfach-Graduierung des BewußtSeins der ›Māṇḍūkya-Upaniṣad‹ an, nur gewisse schulspezifische Veränderungen an den ansonsten wörtlich übernommenen Beschreibungen der Füße Ātman-Brahman's vornehmend,[179] sie übernehmen

zwischen der alten Prinzipien-Zählweise der Saṃhitā-s von oben nach unten, das Vierte (*turīya*) an unterster Stelle und der neuen des späteren Vedānta von unten nach oben, das Vierte (*turīya*) zuoberst; hier sein Argument, cf. o.c., p. 17: „'In den Dreien bewegt sich ein Viertel-Brahman' bedeutet, daß das materielle Viertel Brahman's des alten Schemas in den niedrigeren drei Stadien des neuen Schemas existiert oder in anderen Worten, das eine materielle Viertel des alten Schemas wurde zu den niedrigeren drei Stadien des neuen Schemas ausgedehnt. 'Ein Dreiviertel in letzterem' bedeutet auf der anderen Seite, daß die drei himmlischen Viertel des alten Schemas nun das Turīya des neuen Schemas sind, soll sagen, die drei Viertel im Himmel wurden zu einem Viertel zusammengezogen."

179 Cf. Kaivalya-Upaniṣad (12-)14, ⟨ed.⟩ J. L. Shastri, Upaniṣatsaṅgrahaḥ, p. 143; dort ist die Rede von der Drei-Stadt oder Drei-Burg (*puratraya*) für die ersten drei Zustände, die gar sehr an die platonistische Polis in uns (*pólis en autó*) erinnern, wobei zu beachten ist, daß gr. *pólis* und skr. *pura* etymologisch betrachtet identisch sind: Stadt, Burg; Schutzwall (Meister Eckharts Bürglein in der Seele kann da nur als Weiterentwicklung eines uralten Gedankes bezeichnet werden); Maitrī-Upaniṣad 7.11.7–8, ⟨ed.⟩ J. L. Shastri, Upaniṣatsaṅgrahaḥ, pp. 192-193; Sadānanda, Vedāntasāra 2.32-121, ⟨ed./tr.⟩ S. Nikhilananda. Weitere Upaniṣad- und Gītā-Stellen schlage man bei G. A. Jacob, Upaniṣadvākyakośaḥ, unter den jeweiligen Termini nach. Kurzer Überblick bei A. K. Coomaraswamy, Buddha and the Gospel of Buddhism, pp. 189-194. Die (indologische) Interpretationsliteratur dazu ist zahlreich, aufgrund ihrer Verhaftung in traditionellen Rastern der Ausdeutung aber leider nicht sehr erhellend. Eine Ausnahme bildet P. J. Chaudhury, Reflections on Science, Philosophy and Art, pp. 81-95 (Vedanta as Transcendental Phenomenology), der die Bewußtseinsebenen im Vedānta mit Hilfe einer durch Edmund Husserl (1859-1938) inspirierten transzendental-phänomenologischen Methode in vier Graden der Subjektivität darstellt, ohne zu bemerken, daß Husserl durch seine Methode selbst vier in etwa analoge Schichten des Bewußtseinslebens herausarbeitet, was expressis verbis außer von mir, und das aus unveröffentlichten Manuskripten und einigen Literaturen, die sich auf diese berufen, bisher von niemandem

vereinzelt auch die Vierfachuntergliederung der einzelnen Viertel, wie sie z.B. schon in der ›Chāndogya-Upaniṣad‹ in sehr bildhafter Weise vorkommen, darüber wurde bereits gehandelt, passen diese aber weitgehend der Abstraktheit der ersteren, späteren Schrift an. Infolgedessen spiegelt sich die Grundstruktur des Ganzen in jedem Einzelteil nahezu unverzerrt. Das Gesamtgefüge nimmt dadurch sozusagen den Charakter eines fraktalen Gebildes aus vier Grundformen an, das den Eindruck eines sprachlichen Yantras erweckt. Bei einem Yantra, wörtlich: Stütze, Gerät, Vorrichtung, handelt es sich um eine zu einem ‚mystisch-magischen' Diagramm gefügten Verschachtelung linear-geometrischer Urfiguren, das zur Unterstützung der meditativen Visualisation und Realisation kosmisch-überkosmischer All-Ein-Ein-Allheit dient.

Ein einschlägiges literarisches Beispiel dafür ist die der hinduistischen Vaiṣṇava-Sekte zuzurechnende ›Nṛsiṃha-Uttara-Tāpanīya-Upaniṣad‹. Nicht nur werden darin, wie in ihrer Hauptvorlage, der ›Māṇḍūkya-Upaniṣad‹, die vier Viertel des Absolut-Selbst in zwei parallelen Reihen expliziert, den pneumatischen Erfahrungszuständen (*avasthā/sthāna/pāda*) und den Moren oder Lauteinheiten (*matrā*), aus denen die heilige, das Universum spielende und Melodie wie Rhythmus der Erleuchtung singende Silbe OM (*adhy-akṣara*) in ihrer ‚Laut-Losigkeit' (*amātra*) besteht, sondern auch den drei unteren Füßen jeweils wiederum die vier Füße der Gesamtstruktur zugeteilt, woraus sich insgesamt folgende Gruppierung ergibt, bei der man sich also jedes Element in jedem Element der Phasen (ϒ1) bis (ϒ3) vorkommend vorzustellen hat.[180]

---

thematisiert wurde, cf. H. P. Sturm, Urteilsenthaltung oder Weisheitsliebe zwischen Welterklärung und Lebenskunst, pp. 349–356.

[180] Cf. Nṛsiṃha-Uttara-Tāpanīya-Upaniṣad, ⟨ed.⟩ J. L. Shastri, Upaniṣatsaṅgrahaḥ, pp. 227–236.

VIERFACHHEIT DER UNTEREN DREI ĀTMAN-ZUSTÄNDE (*AVASTHĀḤ*)
NACH DER NṚSIMḤA-UTTARA-TĀPANĪYA-UPANIṢAD

	(ϒ1)	(ϒ2)	(ϒ3)	(ϒ4)
ZUSTAND	**Wachen** *jāgarita*	**Traumschlaf** *svapna*	**Tiefschlaf** *suṣupta*	**Viertes** *turīya*
PRINZIP (A)	**Grobes** *sthūla*	**Feines** *sūkṣma*	**Same/Keim** *bīja*	**Zeuge** *sākṣin*
PRINZIP (B)	**Täuschung** *māyā*	**Goldembryo** *hiraṇya-garbha*	**Herrgott** *Īśvara*	**Herrgott-Verschlinger** *īśvara-grāsas*
MORA/LAUT	**A-*kāra* अ**	**U-*kāra* उ**	**Ma-*kāra* ॱ**	**AUM = OM-*kāra* ॐ *amātra***
SPHÄRE	**Erde** *pṛthivī*	**Luft-/Zwischenraum** *antarikṣa*	**Himmel** *dyauḥ*	**Seligkeitswelt** *soma-loka*
VEDA	**Ṛg**	**Yajur**	**Sāma**	**Atharva**
GOTT	**Brahmā**	**Viṣṇu**	**Rudra**	**Sarveśvara**

Doch auch der oberste Grad ist vierfach gestuft. Den ersten drei Vierteln haftet dabei immer noch die grundlegende Dreistufung der unteren drei Geistzustände an. „Von späteren Stellen über den *Turîya* (vgl. Brahma-Up. 2. Sarvopanishats. 8. Haṅsa-Up. 8) wollen wir nur an die Ausführungen Nṛsiṅhottaratâp. Up. 2 und 8 erinnern, wo mit weiterer Zuspitzung des Begriffs auch an dem *Turîya* noch vier Grade als *ota, anujñātṛi, anujñā* und *avikalpa* (weltdurchwaltend, geistdurchleuchtend, Geistigkeit, Indifferenz) unterschieden werden, von denen die drei ersten immer noch mit »Tiefschlaf, Traum und bloßer Täuschung« behaftet sind, und nur *avikalpa*, die völlige Auslöschung aller Unterschiede, von jedem Weltgeschmack gereinigt, als *turîya-turîya*, »der Vierte des Vierten«, absolut reines Denken ist.“[181] Hier die Zusammenfassung der relevanten Textstellen in wörtlicher Übertragung: „Denn dieser Ātman ist überdies von einem einzigen Geschmack, dem des [gegenstandslosen/reinen] Bewußtseins. Der vierte ist vierwesentlich wegen der Voll-Endung jedes einzelnen im Vierten vermöge

(ϒ1(4)) des Hineingewirkten/Verwobenen,
(ϒ2(4)) des Anerkennenden/Jasagers [als Person],
(ϒ3(4)) des Einverständnisses/Jasagens [als universales Prinzip],
(ϒ4(4)) der Alternativlosigkeit/Freiheit von der Diversität von Geistinhalten (*avikalpais*).

Drei davon sind auch hier nur Tiefschlaf, Traum und bloße Täuschung/Māyā, denn Er ist von einem einzigen Geschmack,

---

[181] P. Deussen, Allgemeine Geschichte der Philosophie, 1.2.280–281; cf. idem, Sechzig Upanishad's des Veda, pp. 777–779, 781 (Kommentar); zum authentischen Verständnis ist das „Denken“ am Schluß des Zitats in Geist, Bewußtsein oder Gewahrsein umzuändern.

dem des [gegenstandslosen/reinen] Bewußtseins. …

⟨Y5⟩ Der Īśvara-Verschlinger ist der Vierte des Vierten. …

Der Vierte, der Īśvara-Verschlinger, Autokrat, selbst Īśvara/Gott-Herr, der Selbstleuchtende/Selbstevidente, ist der Vierwesentliche als der Verwobene, der Anerkennende/Jasager, das Einverständnis/Jasagen, Ununterschiedenheit (*avikalpair*).

(ϒ1(4)) Denn verwoben ist dieser Ātman wie dieses All am Zeitenende mit der Helligkeit des Weltenbrands am Ende der Zeit und der Sonne.

(ϒ2(4)) Denn Anerkennender/Jasager dieses Alls ist dieser Ātman, indem er sich selbst zum Geschenk und das All auch zu (s)einem Selbst macht, wie die Sonne die Dunkelheit.

(ϒ3(4)) Denn einen einzigen Geschmack hat dieser Ātman, den der Bewußtheit/Geistigkeit allein, wie das Feuer, das das Brennbare verzehrt hat.

(ϒ4(4)) Denn Ununterschiedener/Unterschiedsloser/Vorstellungsfreier (*avikalpo*) ist dieser Ātman, weil er im Bereich von A-verbalem/Sprach-losigkeit und A-rationalem/Vernunft-losigkeit liegt. …

Die Götter, bestrebt, das Licht zu überschreiten, sogar vor dem Zweiten Bedenken tragend und nach jenem an der Spitze der OM-Silbe blitzenden Ātman, dem Vierten des Vierten, mit Hilfe der Nṛsiṃha-Anuṣṭubh suchend, fanden eben mit Hilfe des OM-Lauts (*praṇava*) in Ihm ihren Stand/Halt. Da wurde ihnen das vor diesem All herrlich aufscheinende Licht zum unsichtbaren/lichtlosen, nicht-zweiheitlichen, undenkbaren, merkmallosen, selbsttransparenten/selbstevidenten, aus einer

Seligkeitsmasse bestehenden Leeren (*śūnyam*).“[182]

Es ist nur konsequent, daß die hinduistische Weisheitsliteratur auch die vier Lebensstadien (*āśrama*) jeweils vierfächert, wobei die Mitglieder des letzten Abschnitts, die brahmanischen Entsagenden (*brāhmaṇa saṃnyāsin*), gemäß ihrem spirituellen Fortschritt auf vier Ränge verteilt sind, die in den Hütten des Sohnes Bettelnden, die „Hüttenbesucher“ (*kuṭīcara*) (ϒ1(4)), die bei Brahmanen (oder an Badeplätzen?) Bettelnden, die „Wasserfreunde“ (*bahūdaka*) (ϒ2(4)), die sogenannten (Wild-) Gänse/Schwäne, die „Wandervögel“ (*haṃsa*) (ϒ3(4)), wobei die in diese drei unteren Gruppen Eingereihten noch Sucher des Selbst sind, und letztlich die obersten oder transzendenten (Wild-)Gänse/Schwäne, die „höchsten Wandervögel“ (*paramahaṃsa*), die Selbstverwirklicher und Selbstverwirklichten,

[182] Nṛsiṃha-Uttara-Tāpanīya-Upaniṣad 1 … 2 … 6, ⟨ed.⟩ J. L. Shastri, Upaniṣatsaṅgrahaḥ, pp. 228–229 … 232: *cid-ekaraso hy-ayam-ātmā-'tha caturthaś-catur-ātmā turīya-avasitatvād-eka-ekasya-ota-anujñātr-anujñā-avikalpais-trayam-atra-api suṣuptaṃ svapnaṃ māyā-mātraṃ cid-eka-raso hy-atha-ayam … īśvara-grāsas-turīya-turīya* ‖1‖ … *turīya īśvara-grāsaḥ svarāṭ svayam-īśvara svaprakāśaṣ-catur-ātmā-ota-anujñātr-anujñā-avikalpair-oto hy-ayam-ātmā yatha-idaṃ sarvam-anta-kāle kāla-agni-sūrya usrair-anujñātā hy-ayam-ātmā-'sya sarvasya svātmānaṃ dadāti-idaṃ sarvam svātmānam-eva karoti yathā tamaḥ savitā-'nujñā-ekaraso hy-ayam-ātmā cid-rūpa eva yathā dāhyaṃ dagdhvā-'gnir-avikal-po hy-ayam-ātmā-'vāṅ-amano-gocaratvād-* … ‖2‖ *te devā jyotiṣa ut-titīrṣavo dvitīyād-bhayam-eva paśyantaṃ imam-eva-oṃ-kāra-agra-vidyotaṃ turīya-turīyam-ātmānaṃ nṛsiṃha-anuṣṭubh-ānviṣya praṇavena-eva tasminn-avasthitās-taj-jyotir-asya sarvasya purataḥ suvibhātaṃ-avibhātam-advaitam-acintyam-aliṅgaṃ svaprakāśam-ānanda-ghanaṃ śūnyam-abhavat* | … ‖6‖. Die Bedeutungsbandbreite des Wortes *a-vikal-pa* wird von mir durch alternierende Übertragungen angezeigt, was hinsichtlich des Bedeutungsspektrums der Termini *vikalpa* und *kalpita* im Vijñānavāda-Buddhismus im folgenden noch relevant werden wird; innerhalb eckiger Klammern meine erläuternden Anmerkungen nach dem Kommentar von P. Deussen an den gerade genannten Stellen der letzten Fußnote. Zum Vierten des Vierten auch Tripād-Vibhūti-Mahānārāyaṇa-Upaniṣad 1, ⟨ed.⟩ J. L. Shastri, Upaniṣatsaṅgrahaḥ, p. 358.

Absolut-Gewordenen (♈4(4)).[183]

Wie aber die Viertelung jedes der vier BewußtSeins-Viertel der hinduistischen Spekulation nach späteren indischen weisheitsliterarischen Zeugnissen in der Viertelung jedes der vier Lebensviertel (*āśrama*) ihr Gegenstück hat, so fand auch die Transzendierung der Kategorientetrade hinüber zur fünften Kategorie, zur Nicht-Kategorie als Bedingung der Möglichkeit von Kategorienbildung und Hinter- wie Untergrund des Aufrisses von Kategoriengebilden, ihren Ausdruck sowohl in der Theorie als auch bezogen auf die philosophisch-spirituelle Praxis. Vom soeben vorgestellten Vierten des Vierten (*turīya-turīya*), Leeren (*śūnyam*), ist nur noch ein kleiner Schritt in den bloß fünften Bereich (*pañcama-koṭi-mātra*),[184] zum Jenseits des Vierten (*turīya-atīta*),[185] wie analog die vierte und letzte Phase des vierten Lebensstadiums der durch die Lüfte streifenden und in ungeahnte Höhen auffliegenden transzendenten Ganter/Schwäne (*paramahaṃsa*) in den quasi-fünften Lebensabschnitt (*pañcama-āśrama*), die extreme oder transzendente (Nicht-)Daseinsphase (*aty-āśrama*) desjenigen übergeht, der sich jenseits der vier Gesellschaftsklassen und Lebensstadien aufhält (*ati-varṇa-āśramin*).[186]

---

[183] Cf. P. Olivelle, The *Āśrama* System, pp. 165–170; zu den Entsagenden (*saṃnyāsin*) auch idem, The Origin and the Early Development of Buddhist Monachism, p. 28; die verniedlichenden oder wenigstens spöttelnden, doch sehr anschaulichen Bezeichnungen zwischen Anführungszeichen stammen von P. Deussen, Sechzig Upanishad's des Veda, pp. 712–715: Āśrama-Upaniṣad mit Kurzkommentar.

[184] Zum Nur-Fünften-Bereich (*pañcama-koṭi-mātra*) Śrīharṣa's (12. Jh.) cf. H. P. Sturm, Die vier Stadien des Ent–Setzens, pp. 411–414.

[185] Cf. Tripād-Vibhūti-Mahānārāyaṇa-Upaniṣad 1, ⟨ed.⟩ J. L. Shastri, Upaniṣatsaṅgrahaḥ, p. 358.

[186] Cf. P. Olivelle, The *Āśrama* System, pp. 222–234, mit Nachweisen in frühneuzeitlichen Quellenschriften für die Originalbegriffe, die ich hier ohne Stellenangabe wiedergebe.

1.4 Vierstufigkeit der Erkenntnisvermögen als solche im Hinduismus, speziell im Vedānta

Parallel zu eher psychologischen und erfahrungshaften Modellen der Geist-Wirklichkeit, die mit der Symbolik der Wachheitsgrade des Bewußtseins im Tageslauf, den farblichen Trübungen des Geistorgans und kognitiven Klarheitszuständen operieren, entwickelte die Hindu-Tradition aber auch eine Staffelung der Erkenntisfunktionen, die re-flexionstheoretische Züge in Reinform aufweist, aus deren Bedeutungsfeld das Erlebnishafte aber keinesfalls ausgeschlossen zu sein braucht. Sie trägt zum rechten Verständnis der Lehre von den BewußtSeins-Stadien (*avasthā/sthāna*) oder BewußtSeins-Füßen/Vierteln (*pāda*) et vice versa insofern bei, als beide Skalen eineindeutig ineinander überführbar bzw. aufeinander abbildbar sind und sich auf diese Weise gegenseitig erklären.

Die Erforschung des Zusammenhangs zwischen der Seelen‚teilung' auf der Basis der psychischen Trifunktionalität von Empfinden (Affektion), Wollen (Volition) und Erkennen (Kognition), wie sie von Platon und übertragen im Sāṃkhya-Vedānta vertreten wurde und von den Wachheitsgraden des Bewußtseins, inhaltlicher Bestimmungen psychischer Vorgänge und Zustände also, und einer ausschließlich kognitionsspezifischen, die die Sinneswahrnehmung, das Denken und die Intellecteinsicht rein formal als Funktionsphasen des Kognitiv- oder Mental-Psychischen betrachtet, ist aufgrund der unterschiedlichen Erschließungsmethoden, hier der logisch-reflektorischen, dort der deskriptiv-phänomenologischen, allerdings eine sehr komplizierte, vielleicht sogar eine undurchführbare Sache. Augenscheinlich stellt die individualseelische Gliederung von Verstand, Wille und Gefühl die gespreizte und skalierte Form des in sich zirkulierenden Geistgeschehens von Erkennendem, Erkennen und Erkennbarem/Erkanntem dar, wobei das Wollen, ähnlich der chaldäisch-porphyrianischen Kategorie von

Leben und Kraft (gr. *zōḗ/dúnamis*) beim transkosmischen Geist die Vermittlung zwischen den beiden Polen von Form oder Selbstand (Erkennen) und Inhalt oder Gegenstand (Empfinden) bewerkstelligt. Ähnliches wäre für die drei Grundzustände des Ātman-Brahman zu veranschlagen, für deren Mittenbereich von Schlaf oder Traum, wie wir noch sehen werden, schon in der ›Bṛhadāraṇyaka-Upaniṣad‹ eine Vermittlungsfunktion angenommen wurde. Auf diesem Feld hat die transzendental-phänomenologische Forschung noch viel und tief zu ackern. Durch solche Schwierigkeiten bedingt, dürfte es auch schwerlich möglich sein, die »Logik«, die hinter den in den abendländischen und indischen Traditionsbeständen nachweisbaren tatsächlich durchgeführten Kombinationen steht,[187] bruchlos nachzuvollziehen und in einem Vergleich gegeneinander abzuwägen. Insofern maße ich mir nicht an, die Äquivalenz beider Sphären argumentativ zu begründen, sondern stelle sie beschreibend fest, was anschließend denn für den Vedānta auch durchgeführt wird. Ich beginne mit einem Vers, der aus der sogenannten Bibel der Hindus, der ›Bhagavad-Gītā‹ des ›Mahābhārata‹, stammt:

(Ƴ1) „Die Sinne (*indriyāṇi*) sind hoch, sagt man,
(Ƴ2) höher als die Sinne die Ratio (*manas*);
(Ƴ3) höher aber als die Ratio der Intellect (*buddhi*),
(Ƴ4) was aber jenseits des Intellects ist: Er/Dieser (*saḥ*).“[188]

---

[187] Für die indische Tradition wie für die sogenannte westliche kann ich nur mehr oder minder indirekte Andeutungen vorweisen. Eine einschlägige Stelle aus dem Mittelalter, die diesen Zusammenhang einigermaßen ausdrücklich herstellt, ist mir bekannt: Pseud-Augustinus, De spiritu et anima 37, Patrologia Latina, 40.807–808 = 〈ed./tr.〉 J. M. Péronne, 22.448–449.

[188] Bhagavad-Gītā 3.42, 〈ed./tr.〉 S. Gambhīrānanda, pp. 172–173: *indriyāṇi parāṇy-āhur-indriyebhyaḥ paraṃ manaḥ* | *manasas-tu parā buddhir-yo buddheḥ paratas-tu saḥ* ‖. Cf. o.c. 3.40; 5.11; 5.28. Weitere Passus zu

Sein Wortlaut ist ganz ähnlich in der ›Kaṭha-Upaniṣad‹ vorfindlich, doch ist die Hierarchie tiefer untergliedert.

(ϒ’1) „Denn höher als die Sinne (*indriyebhyaḥ*) sind

(ϒ1) die Dinge (*arthā*) und höher als die Dinge ist

(ϒ’2) die Ratio (*manaḥ*); höher aber als die Ratio ist

(ϒ’3$_1$) der Intellect (*buddhir*), höher als der Intellect

(ϒ’3$_2$) der Große Ātman (*ātmā mahān*); höher als das Große (*mahataḥ*) ist

(ϒ3) das Unentfaltete (*avyaktam*); höher als das Unentfaltete ist

(ϒ4) der Urmensch (*puruṣaḥ*); höher als der Urmensch ist nichts; er ist das Ziel, er der höchste Grad. Dieser ist

(ϒ’4) als Ātman verborgen in allen Wesen, ohne zu erscheinen,

(ϒ’3) erschaubar aber den feinsinnigen Sehern mit schärfstem und feinstem Intellect (*agryayā buddhyā sūkṣmayā*). Der Wissende zügle

⟨ϒ’1⟩ die Sprache (*vāk*)

(ϒ’2) in der Vernunft (*manasī*), diese zügle er

(ϒ’3$_1$) im Erkenntnis-Ātman (*jñāna ātmani*); die Erkenntnis zügle er

(ϒ’3$_2$) im Großen Ātman (*ātmani mahati*); diesen zügle er

---

den vier Erkenntisebenen: Uddhava-Gītā 8.27–34; 9.42–45; Avadhūta-Gītā 6.8; Patañjali, Yoga-Sūtra 2.19; einige zusätzliche Textstellen in H. P. Sturm, Urteilsenthaltung oder Weisheitsliebe zwischen Welterklärung und Lebenskunst, pp. 43, 395[5], 418–419. Die inhaltlichen Vergleiche zwischen den mittleren Erkenntnisinstanzen bei Plotin und in der Gītā, wie sie A. H. Armstrong / R. R. Ravindra, *Buddhi* in the *Bhagavadgītā* and *Psyché* in Plotinus, anstellen, sind in ihren Resultaten mit Zurückhaltung zu betrachten und müßten erst auf ihre strukturtheoretische Relevanz hin überprüft werden.

(ϒ'4) im Ruhe-Ātman (*śānta ātmani*)."[189]

(ϒ1) „Wenn die fünf Sinne (*jñānāni*) zusammen mit
(ϒ2) der Ratio/dem Denken (*manasā*) stillstehen und sich
(ϒ3) der Intellect (*buddhiḥ*)
(ϒ4) nicht bewegt: das nennen sie den höchsten Zustand/ Grad (*paramāṃ gatim*). Das betrachten sie als Yoga ..."[190]

Ähnlich wie in der Prinzipienlehre des Sāṃkhya sind in das Viererschema zwischen die menschlichen Geistfunktionen und das Reingeistige Zwischeninstanzen eingeschoben, die darin strukturtheoretisch nicht so recht hineinpassen wollen und folglich nur mutmaßend zu graduieren sind. Insgesamt ergibt sich in der Zusammenschau beider Stellen in etwa folgendes Bild:

---

[189] Kaṭha-Upaniṣad 1.3.10–13 = 3.10–13, ⟨ed.⟩ J. L. Shastri, Upaniṣatsaṅgrahaḥ, p. 7: *indriyebhyaḥ parā hy-arthā arthebhyaś-ca paraṃ manaḥ* | *manasas-tu parā buddhir-buddher-ātmā mahān-paraḥ* ‖10‖ *mahataḥ param-avyaktam-avyaktāt-puruṣaḥ paraḥ* ‖ *puruṣān-na paraṃ kiñcit-sā kāṣṭhā sā parā gatiḥ* ‖11‖ *eṣa sarveṣu bhūteṣu gūḍhotmā na prakāśate* ‖ *dṛśyate tv-agryayā buddhyā sūkṣmayā sūkṣma-darśibhiḥ* ‖12‖ *yacched-vāṅ-manasī prajñas-tad-yacchej-jñāna ātmani* ‖ *jñānam-ātmani mahati niyachhet-tad-yacchec-chānta ātmani* ‖13‖; cf. die Parallelstelle Kaṭha-Upaniṣad 2.3.7–8 = 6.7–8, ⟨ed.⟩ J. L. Shastri, Upaniṣatsaṅgrahaḥ, p. 10. Zum Problem des in diesem Kontext relevanten *mahān*/*mahat* (Mächtigen/Großen) cf. J. A. B. van Buitenen, Studies in Indian Literature and Philosophy, pp. 209–221 (The Large Ātman). Das Sprechen steht nach dem Kommentar von Śaṅkara stellvertretend für den Tatsinn des Sprechens und dieser wiederum für die Sinne im allgemeinen, Tat- und Erkenntnissinne (*karmendriyāṇi* und *jñānendriyāṇi*) insgesamt.

[190] Kaṭha-Upaniṣad 2.3.10–11 = 6.10–11, ⟨ed.⟩ J. L. Shastri, Upaniṣatsaṅgrahaḥ, p. 10: *yadā pañca-avatiṣṭhante jñānāni manasā saha* | *buddhiś-ca na viceṣṭati tām-āhuḥ paramāṃ gatim* ‖10‖ *tām yogam-iti manyante* ... ‖11‖.

(ϒ4)	*„purushaḥ* (= [*mukhya*] *âtmâ*)
(ϒ3) =(ϒ'3₃)	*avyaktam* (= *çānta' âtmâ*)
(ϒ'3₂)[(ϒ2½)]	*mahân âtmâ*
(ϒ'3₁)	*buddhiḥ* (=*jñâna' âtmâ* = *sattvam*)
(ϒ'2)	*manas*
(ϒ1)	*arthâḥ* und
(ϒ'1)	*indriyâṇi*".[191]

Nach Śaṅkara besteht die Natur des Ruhe-Ātman (*śānta-ātman*), darin, daß in ihm alle Unterschiede verschwunden sind (*sarva-viśeṣa-pratyastam-ita-rūpe*) und er unveränderlich (*avikriye*) ist. Er entspricht dem Haupt-Ātman (*mukhye ātmani*) in allen (*sarva-antare*), Zeuge aller Intellectvorgänge (*sarva-buddhi-pratyaya-sākṣiṇi*), während der Große Ātman (*ātmā mahān*) dem Erstgeborenen (*prathama-ja*) gleichzusetzen wäre.[192] Mit diesem dürfte der Goldembryo (*hiraṇyagarbha*) gemeint sein. Betrachtete man die gesamte Reihe als zwei übereinanderliegende Ordnungen, eine überindividuelle und eine individuelle, so ergäbe sich ein Gleichlauf zwischen *puruṣa, avyakta, mahat* auf ersterer und *buddhi, manas, indriya/artha* auf letzterer Seite.

Eine künftige Forschung wird zu erweisen haben, ob es sich bei den genannten Arten des Ātman nicht um eine Binnengliederung des Geistigen handelt, die im Sinne der mittel- oder neuplatonischen Noûs-Phasen explizierbar sind. „Auf anderen Gebieten entspricht dem kosmischen Intellekte als Träger der Welt (*Hiraṇyagarbha, Mahân*) der aus dem ἕν emanierende

[191] P. Deussen, Sechzig Upanishad's des Veda, p. 265, mit Bezug auf Kaṭha-Upaniṣad 2.3.7–8 = 6.7–8, ⟨ed.⟩ J. L. Shastri, Upaniṣatsaṅgrahaḥ, p. 7; meine Einfügung in eckigen Klammern nach Śaṅkara, Kaṭha-Upaniṣad-Bhāṣya 1.3.13, Samata Edition, 8.182.

[192] Cf. Śaṅkara, Kaṭha-Upaniṣad-Bhāṣya 1.3.13, Samata Edition, 8.182.

νοῦς der Neuplatoniker ...“[193] Wenn ’s nur so einfach wäre! Śaṅkarācārya verwendet die Stufenfolge der Kognitionsvermögen wie selbstverständlich. So teilt er sie zum Beispiel der Brahman-Stadt zu. „In dieser Brahman-Stadt, der Stadt des Hyperbrahman: wie die Stadt des Königs mit nicht nur einer (*’n-eka*) Dienststelle ausgestattet ist, so ist diese Brahman-Stadt

(Υ1) mit nicht nur einem (*an-eka*) Sinn(esorgan) (*indriya*),
(Υ2) Vernunft/Denken (*mano*),
(Υ3) und Verstand/Intellect (*buddhibhiḥ*) ausgestattet, zu dem Zweck,
(Υ4) dem Herrscher (*svāmy-*) zu Diensten zu sein.“[194]

Ebenso verwendet er die Vierstadienfolge von Geistzuständen für seine Demonstration des vierfachen Reflexes oder Widerscheins des Selbst im Individualbewußtsein.

(Υ4) „Aufgrund des Beweises der äußersten Makellosigkeit, völligen Transparenz und totalen Feinheit des Ātman (*ātmanaḥ*)
(Υ3) und des Beweises der ātmanhaften Makellosigkeit usw.

---

[193] P. Deussen, Allgemeine Geschichte der Philosophie, 1.2.181; R. Guénon, L’Homme et son devenir selon le Vêdânta, pp. 143-144, 166-167, 191¹, 192-193, 219-220, 232-233, ⟨engl.⟩ pp. 92-93, 109, 126³, 128, 148-149, 158-159, identifiziert den Goldembryo (*hiraṇyagarbha*) mit dem Mentalen (*manas*), jedoch derart, daß es den Prototypen des Individuellen darstellt; von mir wird das mit dem Skalenwert (Υ2½) versehen. Es wäre höchst spannend zu untersuchen, ob und wie die drei näher bestimmten Ātman-s der ›Kaṭha-Upaniṣad‹ mit den immanenten Aspekten des platonistischen Noûs zusammenzubringen sind.

[194] Śaṅkara, Chāndogya-Upaniṣad-Bhāṣya 8.1, Samata Edition, 9.472: *asmin brahma-pure brahmaṇaḥ parasya puram – rājño-’neka-prakṛti-mad-yathā puram, tathā-idam-aneka-indriya-mano-buddhibhiḥ svāmy-artha-kāribhir-yuktim-iti brahma-puram* |.

des Intellects (*buddheḥ*) gilt, daß er [sc. der Intellect] Gestalt und Widerspiegelung/Ausstrahlung des Ātman-Bewußtseins [oder: Widerspiegelung/Ausstrahlung der Gestalt des Ātman als Bewußtsein] ist;

(ϒ2) die Widerspiegelung/Ausstrahlung des Intellects ist die Ratio/das Denken (*manas*);

(ϒ1$_2$) die Widerspiegelungen/Ausstrahlungen von dieser/m sind die Sinne (*indriyāṇi*)

(ϒ1$_1$) und die Widerspiegelung/Ausstrahlung der Sinne ist der Körper (*dehaḥ*).“[195]

Ins Griechische übersetzt, könnte die soeben zitierte Kommentar-Stelle zur Gītā als vom Neuplatonismus herrührend ausgegeben werden, als Zusammenfassung der Hypostasenlehre nämlich. Nicht zu Unrecht wurde sie von einem Kenner westlicher und östlicher Metaphysik denn auch in einen Zusammenhang mit der Lehre von der Immanenz des ungeschaffenen Intellects bei Plotin und Meister Eckhart gebracht: „Hat er sein Zentrum über dem

(ϒ2) «Mentalen» und dem Einzel-Ich, dann ist der Mensch mehr als die substantielle Einheit

(ϒ1) von Leib

(ϒ2) und Seele,

(ϒ3$_1$) weil er der Möglichkeit nach mehr als die Seele,

(ϒ3$_2$) mehr als Gott in seiner Macht/Herrschaft,

---

[195] Śaṅkara, Bhagavad-Gītā-Bhāṣya 18.50, Samata Edition, 6.534: *atyanta-nirmalatva-ati-svacchatva-ati-sūkṣmatva-upapatteḥ ātmanaḥ* | *buddheś-ca ātmavat nairmalya-ādy-upapatteḥ ātma-caitanya-ākāra-ābhāsatva-upapattiḥ* | *buddhyā-ābhāsaṃ manaḥ tad-ābhāsāni indriyāṇi indriya-ābhāsaś-ca dehaḥ* |.

(ϒ4) und sogar mehr als Gott ist.“[196]

Was unsere Berechtigung verstärkt, in dieser und gewissen parallelen Hierarchien die Sinne (*indriyāṇi*) und Gegenstände (*artha*), d.h. Sinnesobjekte, zusammen mit dem Körperlichen zu einer Klasse zusammenzufassen, ist Śaṅkara's Feststellung, daß beide zur selben Gattung (*samāna-jātī*) gehören.[197] Der Tatbestand, daß solch schlagende Äquivalenzen platonistischer und vedāntischer Geisttheorie bisher durchweg nicht erkannt, nicht erforscht und schlechtweg ignoriert wurden, spricht deutlicher über den Zustand der interkulturellen und komparativen Philosophie als die derzeitige Massenproduktion von Büchern und Aufsätzen über sie.

Rein formal, wenn man berücksichtigt, was unter der letzt- und höchstmöglichen Erkenntnis jeweils gefaßt ist, wirklich nur formal, und dabei bleibt 's, zeigt sich eine beachtliche Ähnlichkeit mit Immanuel Kants transzendentalem Wissensaufstieg:

(ϒ'1) „Alle unsere Erkenntniß hebt von den Sinnen an,
(ϒ2) geht von da zum Verstande,
(ϒ3) und endigt bei der Vernunft, über welche nichts Höheres in uns angetroffen wird,
(ϒ1) den Stoff der Anschauung zu bearbeiten
⟨ϒ4⟩ und unter die höchste Einheit des Denkens zu bringen.“[198]

---

196 G. Vallin, Voie de gnose et voie d'amour, p. 152; die l.c. angegebene Versangabe zu dieser Stelle des ›Gītā-Kommentars‹ Śaṅkara's ist falsch, die Seitenzahl der benutzten Übersetzung von A. M. Sastry aber richtig.

197 Cf. Śaṅkara, Kaṭha-Upaniṣad-Bhāṣya 2.3.7 = 6.7, Samata Edition, 8.221.

198 I. Kant, Kritik der reinen Vernunft, Akademieausgabe, 3.237.21-24 ≈ ⟨ed.⟩ W. Weischedel, 4.311-312, B355/A298-299. Zu den Differenzen zwischen der Kantschen und indischen Aufgabe des Denkens cf. H. P.

Warum ich die Entsprechung zwischen der Kantschen Steigerung der Erkenntnisvermögen und der ‚indischen' als rein formal bezeichne, wird überdeutlich, wenn ersterer der vedāntische bzw. hinduistische Erkenntnisaufstieg zusammen mit seiner Zielbeschreibung gegenübergestellt wird. Müßte sich der berühmte Königsberger anhören, daß seine transzendentale Methode mit der von ihm wohl so bewerteten Flucht ins Irrationale und Irreale der Asiaten verglichen wird, wäre er sicherlich zutiefst erbost und stellte mich den Asiaten gleich.

(ϒ3) „Die Einheit
(ϒ1½) des Atems,
(ϒ2) der Vernunft und
(ϒ1) der Sinne gleichermaßen,
(ϒ4) die Aufgabe alles Seienden wird als ›Yoga‹ bezeichnet."[199]

(ϒ2) „Man sollte den Denkprozeß (*mano-gatiṃ*) nicht zulassen;
(ϒ1½) mit angehaltenem/beherrschtem Lebenshauch (*jita-prāṇo*),
(ϒ1) mit gezügelten/bezwungenen Sinnen (*jita-indriyaḥ*) sollte man
(ϒ3) durch einen mit Gutheit/Klarheit/Heiterkeit (*sattva*) ausgestatteten Intellect (*buddhyā*)
(ϒ2) die Ratio (*mana*) unter seine Kontrolle bringen. Diese Sammlung der Ratio,
(ϒ4) als höchster Yoga überliefert, ist gleich der Bändigung/Bezähmung eines Pferdes, wenn du [es] auf

Sturm, Weder Sein noch Nichtsein, pp. 64–79.

199 Maitrī-Upaniṣad 6.25, ⟨ed.⟩ J. L. Shastri, Upaniṣatsaṅgrahaḥ, p. 187: *ekatvaṃ prāṇa-manasor-indriyāṇāṃ tatha-eva ca | sarva-bhāva-parityāgo yoga ity-abhidhīyate ||*.

Schritt und Tritt mit deiner Absicht bekannt-/vertrautzumachen suchst."[200]

(-Υ1) „Für mich existieren weder Körper noch Nicht-Körper,
(-Υ3) weder Intellect
(-Υ2) noch Ratio,
(-Υ'1) noch auch in der Tat die Sinne;
(-Υ4) wie soll ich von Leidenschaft und Leidenschaftslosigkeit sprechen,
⟨Y5⟩ der ich des Eigenwesens/Selbstseins Windstille/Nirvāṇa/Ausgeblasensein, der Leidlose bin?"[201]

Ich will diese kleine Sammlung des vierstufigen yogischen Aufstiegs durch Inaktivierung der geistfunktionalen Prinzipien mit einem Beispiel aus dem indischen Nationalepos ›Mahābhārata‹, genauer gesagt, einem philosophischen Gesang daraus, der ›Anu-Gītā‹, komplettieren:

(Υ1) „Die Sinne (*indriyāṇy*) wie eine Schildkröte ihre Glieder von überallher eingezogen habend, dürfte, nachdem ihm Sinne (*indriya*),
(Υ2) Denken/Ratio (*mano*) und
(Υ3) Geist(einsicht)/Intellect (*buddhir*) dahingeschwunden sind,

---

[200] Uddhava-Gītā 15.20–21: *mano-gatiṃ na visṛjej-jita-prāṇo jita-indriyaḥ* | *sattva-saṃpannayā buddhyā mana ātmavaśaṃ nayet* ‖ *eṣa vai paramo yogo manasaḥ saṃgrahaḥ smṛtaḥ* | *hṛdaya-jña-tvam-anvicchan damyasya-iva-arvato muhuḥ* ‖.

[201] Avadhūta-Gītā 4.12: *na ca-asti deho na ca me videho buddhir-mano me na hi ca-indriyāṇi* | *rāgaṃ virāgaṃ ca kathaṃ vadāmi svarūpa-nirvāṇam-anāmayo 'ham* ‖.

(ϒ4) der seiner Sinne Beraubte sehend sein (*nirīkṣeta*).“[202]

Zum Abschluß des Kapitels soll ergänzend und veranschaulichend ein hinduistisches Weltbild erwähnt werden, das die Faktoren der Welterzeugung entsprechend ihrer aktiven und passiven Qualität kombiniert und auf diese Weise zu vier Urprinzipien gelangt, die sich in 25 Prinzipien manifestieren, den 25 Seins- und Werdeprinzipien (*tattva*) der ›Sāṃkhya-Kārikā‹ von Īśvarakṛṣṇa (zwischen 2. und 5. Jh.). Sie sind in einer Hierarchie von vier Geist-, Natur- bzw. Seelenvermögen und Erkenntnisarten gruppiert, die in anderer Ordnung oder Benennung die diesem Kapitel schon dargestellte Leiter der Erkenntnisvermögen in der ›Kaṭha-Upaniṣad‹ bilden. Da auf ihre tetradische Gliederung und das analoge Muster von Naturprinzipien innerhalb der westlichen Philosophie in der interpretierenden Literatur bereits hingewiesen wurde, kann ich mich hierbei auf die Zitation der einschlägigen Stelle beschränken:

(ϒ3) „»Die Urerzeugerin ist unerzeugt;
(ϒ2) Erzeugend und erzeugt vom Großen an / Sind sieben,
(ϒ1) sechzehn sind die bloß erzeugten;
(ϒ4) Der Purusha ist nicht erzeugt noch zeugend.«

Wörtlich: die Wurzelnatur ist keine Hervorbringung; vom Großen anfangend sind Hervorbringende und [zugleich] Hervorbringungen sieben; sechzehnfach hinwiederum ist das [bloß] Hervorgebrachte; weder hervorbringend noch Hervorbringung ist der Purusha. So wie Scotus Erigena in seinem Werke ›De divisione naturae‹ vier Klassen von Wesen unterscheidet,

[202] Mahābhārata (Anu-Gītā) 14.46.42, ⟨edd.⟩ V. S. Sukthankar / S. K. Belvalkar / P. L. Vaidya, ⟨tr.⟩ P. Deussen, Vier philosophische Texte des Mahâbhâratam, p. 979: XIV.46.44 (1302): *indriyāṇy-upasaṃhṛtya kūrmo ’ṅgāni-iva sarvaśaḥ* | *kṣīṇa-indriya-mano-buddhir-nirīkṣeta nirindriyaḥ* ‖.

je nachdem sie

(ϒ3) *creant non creantur* {schaffend, nicht erschaffen} oder
(ϒ2) *creantur et creant* {erschaffen und schaffend} oder
(ϒ1) *creantur non creant* {erschaffen, nicht schaffend} oder
(ϒ4) *neque creant neque creantur* {weder schaffend noch erschaffen},

ganz ebenso, jedoch ohne historischen Zusammenhang beider, verfällt unser Autor auf eine Vierteilung der Wesenheiten, welche hier wie bei Erigena die Vollständigkeit des Verfahrens verbürgt. Er unterscheidet

(ϒ3) 1. solche Wesenheiten, welche erschaffend aber unerschaffen sind: die Prakṛti;
(ϒ2) 2. solche, welche erschaffen und erschaffend sind: Mahân (d.h. Buddhi), Ahañkāra und die fünf Tanmâtra's, zusammen sieben;
(ϒ1) 3. solche, welche erschaffen, nicht erschaffend sind: die fünf Bhûta's, das Manas und die ⟨zehn⟩ Indriya's, zusammen sechzehn;
(ϒ4) 4. solche, welche weder erschaffen noch erschaffend sind: der Purusha."[203]

Die Darstellung verschiedener Wirklichkeitsaspekte mit Hilfe

[203] P. Deussen, Allgemeine Geschichte der Philosophie, 1.3.415–416, mit Zitat von Īśvarakṛṣṇa, Sāṃkhya-Kārikā 3 (Ergänzungen Deussens in eckigen Klammern; Textverbesserung von irrtümlich „elf" zu ⟨zehn⟩ in spitzen Klammern wie Übersetzungen aus dem Lateinischen in geschweiften Klammern von mir): *mūla-prakṛtir avikṛtir mahad-ādyāḥ prakṛti-vikṛtayaḥ sapta | ṣoḍaśakas tu vikāro na prakṛtir na vikṛtiḥ puruṣaḥ ||*. Cf. P. Deussen, Allgemeine Geschichte der Philosophie, 2.2.373–378; F. Mauthner, Wörterbuch der Philosophie, 2.373; ein Kategorienschema von Īśvarakṛṣṇa findet sich bei J. Pereira. Hindu Theology, pp. 452–453.

von viergliedrigen Disiuncta, deren Form, Funktion und Sinn nicht notwendig mit dem in allen Philosophietraditionen vorfindlichen Aussagemuster des Thesenvierkants (*catuṣkoṭi(kā)*) identisch ist und bei anzustellenden Vergleichen exakt analysiert werden muß, ist sowohl in der indischen wie chinesischen als auch in der europäischen Denktradition von den frühesten Zeiten an gängig. Da ich in meine bisherigen Schriften zur Thematik des Tetralemmas immer wieder auch Bemerkungen zu den Disiuncta unterschiedlicher Herkunft einstreute, darf ich mir hier eine Dokumentation sparen. Nicht sparen sollte man sich eine eingehende Analyse der Eriugenaschen Vierfach-Strukturierung der Natur/Physis, die vom Göttlichen als Prinzip (*principii*) in der Art eines Weltschöpfers ausgeht, über zwei natürliche Faktoren, die Ursachen (*causarum*) und Wirkungen (*effectuum*), weitergeht und in teleologischem Sinne im Göttlichen als Ziel und Zweck (*finis*) untergeht (*occasus*), sowie deren Beziehungen zur Trinität und ihrer dreifachen Spiegelung in der Seele,[204] den drei Bewegungen der Seele[205] und zur dreisprossigen Rückkehr (*reditus/recursio*) der Wirkungen (*effectuum*) in die Ursachen oder Gründe (*causas/rationes*), deren letzter Schritt, der des Übergangs zu bzw. in Gott selbst, der Einung, wiederum in sieben Schritten (*gradus septem*) geschieht, wodurch ein achtgliedriger Erkenntnisaufstieg (*per octonariam ascensionem*) beschrieben ist, der an einen ähnlichen, siebenstufigen bei Augustinus, der bereits im Faszikel II/5 präsentiert wurde,[206] erinnert, ein fünffacher innerhalb der Grenzen der Natur (*quinariam quidem intra naturae terminos*):

---

[204] Cf. Iohannes Scottus Eriugena, Periphyseon, ⟨ed.⟩ E. A. Jeauneau, 2.57.1329-100.2410 ≈ Patrologia Latina, 122.568A-598B.

[205] Cf. Iohannes Scottus Eriugena, Periphyseon, ⟨ed.⟩ E. A. Jeauneau, 2.63.1459-73.1714 ≈ Patrologia Latina, 122.572B-580A.

[206] Cf. H. P. Sturm, Die vier Wissenskonstituenzien (in) der spätantiken westlichen (?) Spekulation, p. 240.

(ϒ1) die Umwandlung des irdischen Körpers in
(ϒ$\overset{\rightleftarrows}{1}$) Lebensbewegung (*mutatio terreni corporis in motum uitalem*), der Lebensbewegung in
(ϒ'1) Sinnesvermögen (*in sensum*), der Sinnesvermögen
(ϒ2) in Vernunft (*in rationem*), der Vernunft in
(ϒ3_1) Geist/Intellect (*in animum/intellectusque*),

und anschließend daran ein dreifacher, nämlich übernatürlicher und überseiender, in Gott selbst (*ternariam uero supernaturaliter et superessentialiter intra ipsum deum*), der Übergang des Geistes

(ϒ3_2) zum Wissen von allem, was nach Gott ist (*transitus animi in scientiam omnium quae post deum sunt*),
(ϒ3_3) der Übergang vom Wissen zur Weisheit (*in sapientiam*), d.h. zur innigsten Kontemplation der Wahrheit, sofern sie Kreaturen gewährt ist (*hoc est contemplationem intimam ueritatis quantum creaturae conceditur*), und endlich
(ϒ4) die Vollendung der Achtzahl (*perficietur octonarii numeri*) im übernatürlichen Untergang der am meisten gereinigten Geister in Gott selbst (*purgatissimorum animorum in ipsum deum subernaturaliter occasus*).[207]

Die Analyse dieser Erkenntnisleiter erforderte aufgrund der Verschachtelung unterschiedlicher Ordnungsschemata platonisch-aristotelischer Provenienz und der Mischung mit christlichen Philosophemen einen gehörigen Forschungsaufwand, der sich, wie im Falle Maximus Confessor's, von welchem Eriugena vieles übernahm, in der Abfassung einer eigenen Studie niederschlagen müßte. Auf die Ähnlichkeit der Prinzipien-

[207] Cf. Iohannes Scottus Eriugena, Periphyseon, ⟨ed.⟩ E. A. Jeauneau, 5.224.7270-225.7333 ≈ Patrologia Latina, 122.1020A-1021B.

Hierarchie von Īśvarakṛṣṇa und Plotinos, bei dem wesentliche Anleihen zur Ausgestaltung der christlichen Spekulation genommen wurden, so auch von Iohannes Scottus Eriugena, ist in der Forschung bereits hingewiesen worden. Ob man sich dieser Tabellierung anschließen sollte oder nicht, hängt davon ab, welche Art von Materie (*'úlē*) des neuplatonischen Systems gemeint ist, die geistige oder die stoffliche, wird diese doch an zweiter Stelle (Υ3) und äquivalent zur Natur (*prakṛti*) verortet.

	SĀṂKHYA	PLOTINOS
1	Geist (transzendente Seele) *puruṣa*	Das Eine Τὸ ἕν
2	Materie *prakṛti*	Materie ὕλη
3	Instinkt („Geist“) *buddhi*	Geist Νοῦς/Λόγος
4	Egoismus (phänomenale Seele) *ahaṅkāra*	Seele Ψυχή
5	(Evolution) (*sarga*)	Sichtbare Welt Κόσμος αἰσθητός[208]

[208] Cf. J. Pereira. Hindu Theology, p. 53; meine Umstellung der Tabellierungsrichtung (von Zeilen in Spalten) zur besseren Darstellbarkeit der Tabelle und stillschweigende Druckfehlerkorrektur. Ob die Vierstufigkeit in der hier und von mir suggerierten Klarheit und Deutlichkeit auf das Sāṃkhya anwendbar ist, wäre insbesondere mit Blick auf Hierarchien anderer indischer Spekulationen zu klären; ein Verweis auf eine von Eriugena's Viernaturenlehre inspirierte Spekulation Meister Eckharts wurde bereits gegeben, cf. H. P. Sturm, Die vier Wissenskonstituenzien (in) der spätantiken westlichen (?) Spekulation, p. 167.

Wie schwierig eine exakte Skalierung der Sāṃkhya-Yoga-Lehre ist, möchte ich mit einem weiteren Diagramm aus der Interpretationsliteratur dokumentieren. Danach sind die Ur-Wesen in die Sphäre des hyperabsoluten Nichtmanifesten und die Urnatur in den Status des Absoluten erhoben; eine Rangerhöhung, die man sich für aspektuell realistische Lehren wie diesen nicht so recht vorstellen kann.[209]

[209] Im folgend wiedergegebenen Diagramm der ontologischen Elemente des Pātañjala-Yoga von G. Feuerstein / J. Miller, The Essence of Yoga, p. 170, werden unter Einbeziehung der Schichtung des kosmogonischen Liedes von ›Ṛg-Veda 10.129‹, sowie der platonistischen Hypostasenlehre und im Stile, doch im einzelnen nicht völlig übereinstimmend mit der Strukturierung nach der Re-flexionstheorie, vier Weltebenen unterschieden, die von der fünften außerweltlichen der Yoga-Sāṅkhya-Philosophie, den Puruṣa-s und Īśvara, überstiegen werden; YS = Yoga-Sūtra; YBh = Yoga-Bhāṣya.

ONTOLOGISCHE ELEMENTE DES PĀTAÑJALA-YOGA (nach G. Feuerstein / J. Miller)

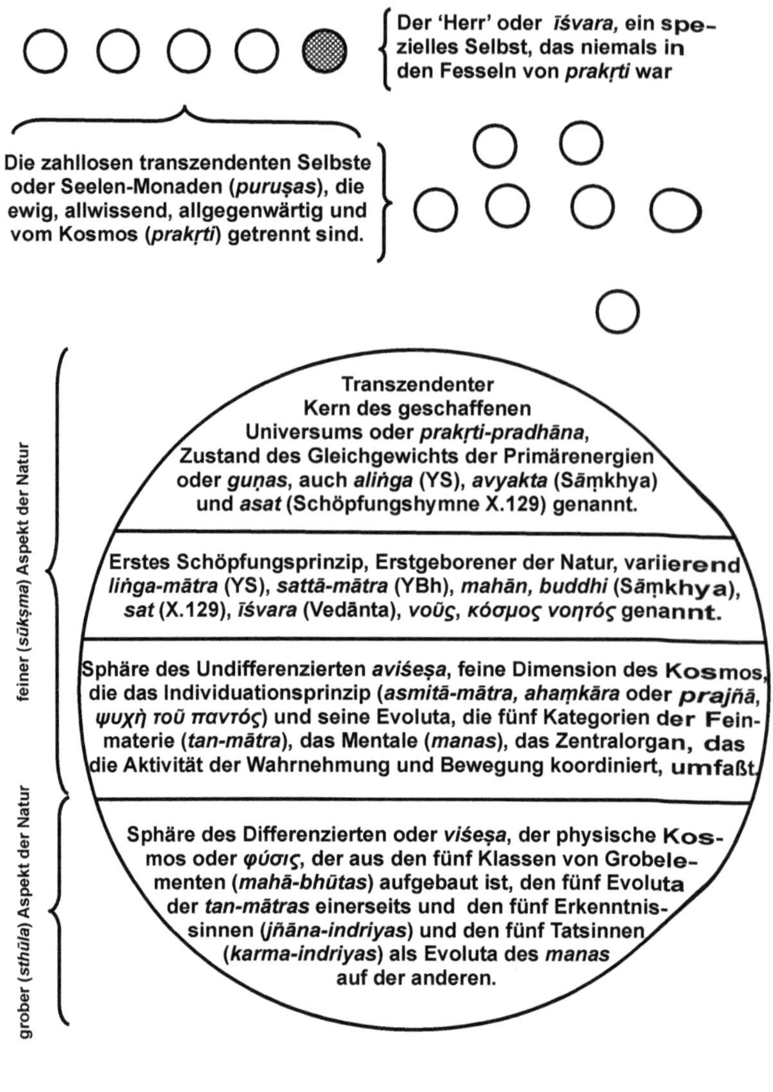

1.5 Fünf Hüllen, fünffacher Ātman, Lebenshauch

Als systematisches Bindeglied zwischen den vorgestellten hinduistischen Modellen der Bewußtseinszustände und der Erkenntnisinstanzen ist die Lehre von den fünf Hüllen, Schalen oder Scheiden (*pañca-kośa*) anzusehen, die die Stufen des Erkennens mit den Dichte-Schichten korreliert, welche den Menschen als leib-geistiges (psycho-physisches) Wesen aufbauen, wobei entweder das grobstofflich und das feinstofflich Körperliche zum Stofflichen und Körperlichen insgesamt oder das Feinstoffliche qua Animalisches mit dem Seelischen, der Anima, zusammengefaßt werden muß, um die Vierstufigkeit sichtbar werden zu lassen. Ob der Lebenshauch im Hinduismus funktional den Sinnen und somit indirekt dem Körperlichen zuzurechnen ist, wie in der westlichen Tradition Meister Eckhart in Vereinfachung der peripatetischen Lehre von der Phantasia die Vorstellung, die Ein-Bildung als eine von den Sinnen ausgehende Bewegung in die Nähe des Sensualen rückt, das auf die Sinnesgegenstände bezogen ist,[210] möchte ich trotz der Hinweise in den Upanischaden, die darauf schließen lassen, nicht definitiv entscheiden.

Während in der Metaphorik der ›Chāndogya-Upaniṣad‹ der Lebensgeist, der Lebenshauch, die Lebensenergie (*prāṇa*) an den Körper (*śarīra*) angespannt (*yuktaḥ*) ist wie ein Zugtier (*prayogya*) an den Karren (*ācaraṇe*),[211] überliefert in Abwandlung dazu die ›Kaṭha-Upaniṣad‹, daß den Kutschenwagen

---

[210] Cf. Meister Eckhart, Die lateinischen Werke, 1.604.3-605.2 (Liber parabolarum Genesis 3), ausgehend von Aristoteles, De anima 427ᵃ17-429ᵃ9. Die Lehre vom körperlichen und unkörperlichen Aspekt der Seele bei Porphyrios (und Augustinus) fassen P. Agaësse / A. Solignac, A. Augustinus, De genesi ad litteram libri duodecim (La Genèse au sens littéral en douze livres VIII-XII), Œuvres de Saint Augustin, 49.564-565, notes complémentaires 49.5a-b, zusammen.

[211] Cf. Chāndogya-Upaniṣad 8.12.3, ⟨ed.⟩ J. L. Shastri, Upaniṣatsaṅgrahaḥ, p. 83.

(*ratha*) des Leibes (*śarīra*) die Sinne (*indriyāṇi*) als Pferde (*hayāḥ*) zu ziehen haben.[212] Dies erscheint aber nur dem als Widerspruch, der die Überschneidung der Sinnesvermögen mit den energetischen Lebensvorgängen nicht kennt. Sie liegt der Vorstellung der ›Maitrī-Upaniṣad‹ zugrunde, daß die Tatsinne (*karma-indriyāṇi*), darunter sind die Greif-, Fortbewegungs-, Sprech-, Zeugungs- und Ausscheidungsorgane gefaßt, die Rosse sind,[213] und diese folglich Wirkende in ihrer verkörperten Weise repräsentieren. Analoge Uneindeutigkeiten, Undeutlichkeiten und/oder Schwankungen prägen die Mehrzahl der von mir bearbeiteten Quellenschriften und schlagen infolgedessen auf meine schematischen Rekonstruktionen durch, die deswegen variieren und oszillieren müssen.

Die Problematik dürfte in den differierenden Manifestations- bzw. Abstraktionsniveaus verankert sein, die in den jeweiligen Passus der Originalschriften gemeint sind. „Auf seinen gestaltlosen Aspekt von *prāṇa* [Lebenshauch] reduziert, ist *rūpa* [Form] nicht länger aktuell verschieden vom unsichtbaren *nāma* [Name], da ihre Trennung nur von der sinnlichen Manifestation von *rūpa* abhängt. So ist der Kontrast zwischen den beiden Kategorien auf die sinnliche Realität beschränkt und es gibt immer eine potentielle Kontinuität zwischen den beiden Kategorien, die im Yogavollzug der Entkörperlichung als Einheit beider aktualisiert werden kann."[214]

---

[212] Cf. Kaṭha-Upaniṣad 1.3.3-4 = 3.3-4, ⟨ed.⟩ J. L. Shastri, Upaniṣatsaṅgrahaḥ, p. 7.

[213] Cf. Maitrī-Upaniṣad 2.6, ⟨ed.⟩ J. L. Shastri, Upaniṣatsaṅgrahaḥ, p. 178.

[214] M. Falk, Nāma-Rūpa and Dharma-Rūpa, p. 20; die offensichtlich durch Ungenauigkeit beim Schriftsatz bedingte inkonsequente Versehung der Sanskrit-Ausdrücke mit Schriftstyles (normal/kursiv) wurde von mir aus Gründen der Übersichtlichkeit korrigiert; Übersetzungen in eckigen Klammern wurden von mir hinzugefügt.

Nicht einmal Śaṅkara ist in seinen Zuordnungen der einzelnen Hüllen zu Geistebenen, wohl durch die Ambiguität in den von ihm interpretierten Vorlagen beeinflußt, konsistent. Bei ihm sind es aber vor allem die feinen Hüllen und hohen Geistzustände, nicht die groben und niederen, die davon betroffen sind.[215] Hier nun die Liste der fünf Ātman- oder Puruṣa-Hüllen (*pañca-kośa*).

(ϒ1) Der aus Speise gebildete Ātman oder die aus Nahrung bestehende vegetative Schicht (*anna-maya-kośa*);

(ϒ1½) der aus Lebensodem gebildete Ātman oder die aus Atemenergie bestehende animalische Schicht (*prāṇa-maya-kośa*);

(ϒ2) der aus Denken und Ratio gebildete Ātman oder die aus Gemüt bestehende mentale Schicht (*mano-maya-kośa*);

(ϒ3)[ϒ3₁] der aus Geist gebildete Ātman oder die aus Einsicht bestehende intellectuale Schicht (*vijñāna-maya-kośa*);

(ϒ4)[ϒ3₂] der aus Glückseligkeit gebildete Ātman oder die aus Freude bestehende divine Schicht (*ānanda-maya-kośa*).[216]

---

[215] Cf. Śaṅkara, Taittirīya-Upaniṣad-Bhāṣya 2.1–6; idem, Māṇḍūkya-Upaniṣat-Kārikā-Bhāṣya 3.11; idem, Brahmasūtra-Bhāṣya 1.1.12–19; idem, Vivekacūḍāmaṇi 153–212.

[216] Cf. Taittirīya-Upaniṣad 2.1–8, ⟨ed.⟩ J. L. Shastri, Upaniṣatsaṅgrahaḥ, pp. 25–27; Sadānanda, Vedāntasāra 2.61–3.136, ⟨ed./tr.⟩ S. Nikhilananda; Sarvasāra-Upaniṣad, ⟨ed.⟩ J. L. Shastri, Upaniṣatsaṅgrahaḥ, pp. 253–254 = Sarva-Upaniṣad 1–2, ⟨ed./tr.⟩ S. Mādhavānanda, Minor Upanishads, pp. 36–38 (zu *avasthāḥ* und *kośāḥ*). S. Radhakrishnan, Indian Philosophy, 1.172; P. T. Raju, The Concept of Man in Indian Thought, p. 244; idem, Introduction to Comparative Philosophy, pp. 243–244, rekonstruieren einige der entsprechenden Hierarchien aus

den Upaniṣad-s. H. v. Glasenapp, Die Philosophie der Inder, p. 394, gibt das folgend abgebildete, von mir mit Sanskrit-Begriffen der Zustände und Körper ergänzte und an die Standardtransliteration angepaßte Diagramm nach von ihm so genannten Systematikern der Lehre Śaṅkara's (ausnahmsweise keine Zufügung meiner Ordnungszahlen). Daran anschließend ein synoptisches Diagramm zu den Bereichen des Bewußtseins, des Erd-Sonnensystems und des Kosmos, das B. Shankar, The Doctrine of the Bhagavad Gita, p. 49, nach diesbezüglichen Lehrgehalten der ›Bhagavad-Gītā‹ zusammenstellte.

GEISTZUSTÄNDE, KÖRPER UND HÜLLEN LAUT SYSTEMATIKERN DER LEHRE ŚAṄKARA'S (nach H. v. Glasenapp)

Zustand (*avasthā*)	**Leib (*śarīra*)**	**Gehäuse (*kośa*)**
Wachen (*jāgarita*)	grober Leib (*sthūla śarīra*)	nahrungsartig (*anna-maya*)
Schlaftraum (*svapna*)	feiner Leib (*sūkṣma śarīra*)	lebenshauchartig (*prāṇa-maya*)
		denksubstanzartig (*mano-maya*)
		erkenntnisartig (*vijñāna-maya*)
Tiefschlaf (*suṣupti*)	Ursacheleib (*kāraṇa śarīra*)	wonneartig (*ānanda-maya*)
Versenkung (*turīya*)	—	—

BHAGAVAD-GĪTĀ — PRINZIPIEN DES MENSCHEN, SONNENSYSTEMS UND KOSMOS (nach B. Shankar)

(ϒ4) *Maheśvara Parabrahma* (*Śabdabrahman, Sat-Cit-Ānanda*) (*Paramātmā*)

(ϒ30) *Daivīprakṛti* (*Gāyatrī, Mahā Caitanya*) (*Citśakti*) — *Mūlaprakṛti* (*Avyakta, Māyā*)

(ϒ3)	*Kāraṇa Śarīra* (Halle der Weisheit)	*Prājña* (Ekstase-Bewußtsein)	*Svarloka*	*Sūtrātmā*
(ϒ2)	*Sūkṣma Śarīra* (Halle des Lernens)	*Taijasa* (Hellseh-Bewußtsein)	*Bhuvarloka*	*Hiraṇygarbha*
(ϒ1)	*Sthūla Śarīra* (Halle der Unwissenheit)	*Viśva* (Objekt-Bewußtsein)	*Bhūloka*	*Vaiśvānara*

Ein moderner indischer Interpret sieht in Vers 1.4.7 der ›Bṛhadāraṇyaka-Upaniṣad‹, der von mir im Kapitel 2 des Faszikels II/2 übersetzt und skaliert wurde,[217] schon die Nennung von fünf Hüllen, die er wie folgt beschreibt: „B. U. I. I. 2 [richtig: 1.4.7] nennt fünf Hüllen unter den Namen

(♈1) *anna* oder Materie,
(♈1½) *prāṇa* oder Leben,
(♈2) *manas* oder Bewußtsein,
(♈3) *vāc* oder Sprache (entsprechend *vijñāna* oder Intelligenz) und
(♈4) *avyākṛta*, das Undifferenzierte. Letztgenanntes ist das *kāraṇa* oder die ultimative Ursache von allem."[218]

Träfe dieses Forschungsresultat zu, und ich wüßte jetzt keinen gravierenden Einwand vorzugringen, warum dies nicht der Fall sein sollte, so wäre das ein weiterer Hinweis darauf, daß auch diese Einteilung der GeistWelt bis in die Anfangszeit der indischen Philosophie zurückzuverfolgen ist. Hier noch ein Beleg aus einem etwa gleichaltrigen Text, der ›Chāndogya-Upaniṣad‹:

(♈2) „Ein aus Vernunft Bestehender,
(♈1½) der einen Atemenergiekörper hat,
(♈1) eine Erscheinungsgestalt,
(♈3) der die Wahrheit als Begreifen/Idee hat,
(♈3/4) ein Raum-/Äther-Ātman: allwirkend, allbegehrend, allriechend, allschmeckend, allumfassend,
(♈4) sprachlos, gleichgültig. Das ist mein Ātman

[217] Cf. H. P. Sturm, Prinzipien-Triadik oder Prinzipien-Tetradik?, pp. 30-32.

[218] S. Radhakrishnan, The Principal Upaniṣads, p. 542, Note; meine Korrektur der Stellenangabe in eckigen Klammern.

(Ƴ3) im Innern des Herzens:
(-Ƴ1) kleiner als ein Reiskorn, oder Gerstenkorn oder Senfkorn oder Hirsekorn oder der Kern eines Hirsekorns;
(Ƴ4) das ist mein Ātman
(Ƴ3) im Innern des Herzens:
(-Ƴ1) größer als die Erde,
(-Ƴ1½) größer als der Zwischenraum,
(-Ƴ2) größer als der Himmel,
(-Ƴ1/2) größer als diese Welten."[219]

Für diejenigen, denen nur Genauestes zählt, sei noch angemerkt, daß diese fünffache BewußtSeins-Leiter die pentamere Hypostatik Plotins mit der zwischen Materie/Dinge und Kosmos/Seele gefügten Physis, diese wurde im Faszikel II/5 bereits dargestellt,[220] wenigstens um ein Jahrtausend, höchstmöglicherweise um viel mehr, vorwegnimmt.

Ein dem *prāṇa* – im Altindischen auch *vāyu, vāta,* Wind, Wehen, von √*vā,* wehen, blasen, genannt, wovon die Erweiterungs- wie Negativform *nir-vāṇa* ist, Wehen/Nicht-Wehen, Wind/Windstille, Ausblasen/Ausgeblasensein – ein dem *prāṇa* entsprechendes hauchzart-hylisches Energie-Fluid oder ätherhaftes Plasma, das den fleischlich-organischen Körper (Ƴ1) mit der vernunftbegabten Seele (Ƴ2) verbindet, wurde auch in der Anthropo-Kosmologie des Neoplatonismus und, abgewandelt, einiger der mit diesem konkurrierenden Weltanschauungen der

---

219 Chāndogya-Upaniṣad 3.14.2–3, ⟨ed.⟩ J. L. Shastri, Upaniṣatsaṅgrahaḥ, p. 50: *mano-mayaḥ prāṇa-śarīro bhā-rūpaḥ satya-saṃkalpa ākāśa-ātmā sarva-karmā sarva-kāmaḥ sarva-gandhaḥ sarva-rasaḥ sarvam-idam-abhyātto'vāky-anādaraḥ* ‖2‖ *eṣa ma ātmā'ntar-hṛdaye'ṇīyān-vrīher-vā yavād-vā sarṣapād-vā śyāmākād-vā śyāmāka-taṇḍulād-vā eṣa ma ātmā 'ntar-hṛdaye jyāyān-pṛthivyā jyāyān-antarikṣāj-jāyān-divo jyāyān-ebhyo lokebhyaḥ* ‖3‖.

220 Cf. speziell H. P. Sturm, Die vier Wissenskonstituenzien (in) der spätantiken westlichen (?) Spekulation, p. 149[+69].

Epoche, postuliert und von christlichen Schriftstellern kopiert. Nach gewissen platonistisch-pythagoreischen und orientalisch-mysterienartigen Lehren umgibt die Atem- und Lebenskraft: das Pneuma (Hauch, Wind, Atem, Animalseele), dessen kognitive Funktion die Phantasia, die Ein-bildung und/oder Vorstellung ist, die ‚Geistsubstanz' der Seele mit einer Hülle (Υ1½), um dadurch ein lückenloses Kontinuum von Aggregatszuständen des BewußtSeins von der Spitze des Einen (Υ4) über den Noũs (Υ3) und die angrenzende Seele (Υ2) bis zur Materie (Υ1) zu garantieren. Paradigmatisch steht dafür, wie gezeigt, das Porphyrianische Fünfstadienmodell des Geistig-Seelischen, innerhalb dessen das Pneuma als Gipfel des Materiellen (*summitates* τῆς ὕλης), das als sechstes Konstituens hinzukommt, verortet ist.[221]

„Denn die einen lassen die Seele direkt mit dem organischen Körper in Verbingung treten, wie die meisten Platoniker. Die andern ⟨behaupten⟩, daß zwischen die unkörperliche Seele und das als Schale/Gefäß/Hülle Dienende [sc. Körperliche] (*tẽs te asōmátou psuchẽs kaì toũ aggeiṓdous*) ätherhafte, himmlische und pneumatische/geistartige Umhüllungen (*aithéria kaì ouránia kaì pneumatikà periblḗmata*), die das intellective Leben umgeben/einhüllen (*periampéchonta tḕn noeràn zōḕn*), als Hüter der Seele eingeschoben seien, und daß sie der Seele gleichsam als Fahrzeuge (*ochḗmata*) dienten und sie angemessen/im rechten Verhältnis mit dem festen Körper in Verbindung brächten,

[221] Zum Pneuma als höchste Erhebung der Materie bei Porphyrios und Marius Victorinus cf. P. Hadot, Porphyre et Victorinus, 1.187–189. Allgemeine Informationen zu übersinnlichen Körpern innerhalb sogenannt okzidentaler Heilslehren bei G. R. S. Mead, Die Lehre vom feinstofflichen Körper in der westlichen Tradition. Geistkörper [*sõma pneumatikón*], Strahlenkörper [*augoeidẽs/asteroeidẽs*] und Auferstehungskörper in der Erfahrungswelt der Pythagoräer, Neuplatoniker, Gnostiker und Hermetischen Philosophen (griechische Termini in eckigen Klammern von mir zu Informationszwecken in den Untertitel des Werks eingefügt).

indem sie sie durch gemeinsame mittlere Bindeglieder mit jener verknüpften."[222]

[222] Iamblichos, De anima 38, ⟨edd./trr.⟩ J. F. Finamore / J. M. Dillon, p. 66.10-17: *'Oì mèn gàr euthùs autḕn tḕn psuchḕn autō̃j tō̃j sṓmati tō̃j organikō̃j sunoikízousin, 'ṓsper 'oi pleĩstoi tō̃n Platōnikō̃n· 'oì dè metaxù tē̃s te asōmátou psuchē̃s kaì toũ aggeiṓdous aithéria kaì ouránia kaì pneumatikà periblḗmata periampéchonta tḕn noeràn zōḕn ⟨títhentai⟩ probeblē̃sthai mèn autē̃s phrourãs 'éneken, 'upēreteĩn dè autē̃j katháper ochḗmata, summétrōs d' aũ kaì pròs tò stereòn sō̃ma sumbibázein mésois tisì koinoĩs sundésmois autḕn sunáptonta.* Deutsch nach der von mir abgeänderten Übersetzung von W. Lang, Das Traumbuch des Synesius von Kyrene, Analyse, p. 59, die die Konjektur verschiedener Editoren bereits berücksichtigt, welche auch in der von mir verwendeten kritischen Ausgabe als Text anerkannt ist; statt des sinnwidrigen *aggeliṓdous* (engelhaft) hat *aggeiṓdous* zu stehen: gefäß-, käfig-, hüllen-, schalenartig, hohl. Im Kapitel 6.4 des Faszikels II/5, H. P. Sturm, Die vier Wissenskonstituenzien (in) der spätantiken westlichen (?) Spekulation, p. 191, zu Porphyrios erfuhren wir bereits, daß dessen Geiststruktur ein pneumatisches Verbindungsglied dieser Art beinhaltet. Cf. W. Lang, Das Traumbuch des Synesius von Kyrene, Analyse, pp. 45-80 (mit Abbildung, o.c., p. 46, die anschließend wiedergegeben ist).

WESENSGLIEDER DES MENSCHEN BEI SYNESIOS (nach W. Lang)

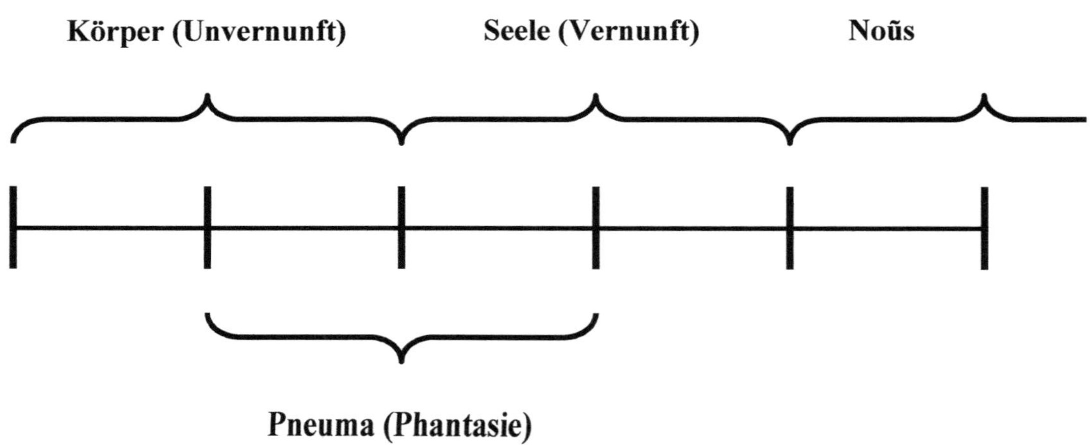

Die Verortung dieses Konzepts im System der GeistWelt-Elemente kann, darauf muß abschließend aufmerksam gemacht werden, vom vorletzten Rang am unteren stofflichen Ende (über der Materie an sich) bis zur obersten, absolutgeistigen und absoluten Erhebung reichen. Nahezu jede spekulative Tradition hat hierzu ihre eigene Lehrmeinung. Ja sogar schulinterne Abweichungen sind nicht ausgeschlossen, weshalb in den Texten einzeln geprüft und von Fall zu Fall entschieden werden muß, welcher Stufe der Hierarchie die jeweilige Vorstellung zuzuordnen ist. In den bisherigen Forschermeinungen finden sich Verortungen, die, den Originalvorlagen entsprechend, in beide Richtungen tendieren.

Darin bildet auch die daoistische Philosophie Chinas keine Ausnahme. Die (naturalistische) Grundvorstellung des chinesischen Wortes 氣 *qì* erstreckt sich über fast alle Bereiche, die auch entsprechende Worte anderer Sprachen oder Sprachfamilien abdecken. „Das Wort Ch'i, das in der Alltagssprache Luft und Ausdünstungen der Natur sowie Atem, Körperkraft, Emotion und Fluidum eines Menschen bedeutet, wurde als Terminus zur Bezeichnung des Grundstoffes aller Dinge gewählt, offenbar weil die Luft die Qualität der Feinheit, Beweglichkeit und Wandelbarkeit besitzt und auch weil der Atem für das Leben und die Leistungskraft des Menschen eine entscheidende Bedeutung hat."[223] Es hat Äquivalente in den wichtigsten Traditionen der Philosophie. „*Ch'i* bezieht sich auf die metaphysische Vorstellung der materiellen Energie, die durch den Körper und das Universum jagt. Dieselbe Vorstellung gibt es in der indischen Tradition mit *prāṇa*, in der griechischen mit

---

[223] Chang Tsung-tung, Metaphysik, Erkenntnis und Praktische Philosophie im Chuang-Tzu, p. 33; Diskussion des Begriffs, auch in Zusammenhang mit der griechischen Philosophie, unter Berücksichtigung ‚phänomenologisch-historischer Untersuchungen' bei G. Rappe, Archaische Leiberfahrung, pp. 416-421, 424-443.

pneuma, in der lateinischen mit *spiritus* und in der hebräischen mit *ruaḥ.*"[224] Qì hat jedoch nicht nur eine naturalistische Dimension. „Prâṇa, Spiritus, Pneuma, Leben (daoistisch *ch'i,* islamisch *rūḥ*) ist ein wichtiger Name des Selbst als Vater oder Sohn: nicht wie in der christlichen Theologie eine eigene/unterschiedene Person, trotzdem in jeder anderen Hinsicht dem »Heiligen Geist« äquivalent."[225]

Etymologisch entspricht skr. *prāṇa* = *pra-√an* / lat. *animus/ anima* / gr. *ánemos*: atmen, Atem. Atmen ist aber auch die Grundbedeutung von *psuchḗ*[226] wie *ātman.*[227] Damit bewegen wir uns im Bedeutungsfeld von Seelenhaftem, Geistigem, von Geist. Dieser steht auch im Deutschen bedeutungsmäßig mit dem Atem, Hauch, dem Wind in Verbindung: „den ursprung zu suchen weist die sinnliche bed.[eutung] hauch, atem (...) den weg, nd. bei schiffern auch *geist* ein gewisser wind (...), wie in schwed. mundarten *gajst* m. scharfer wind, ... es musz ein stamm für hauchen, wehen, blasen dahinter stehen (wie lat. *spirare* hinter *spiritus*), und er liegt wol vor, nur mit gesteigerter bed.[eutung], in altn. *geisa* rauschend, brausend ausbrechen, s.u. *gären* sp.[alte] *1352,* wovon eine deutsche spur in nd. md. *geist, geest* hefe, schaum das[elbst]., d.h. was das im kessel gärende bier ausstöszt und diesz gärende, brausende, sprudelnde

---

[224] V. H. Mair, Lao Tzu: Tao Te Ching, Afterword, p. 137, cf. o.c., pp. 137–138.

[225] A. K. Coomaraswamy, The Vedas, p. 14.

[226] Cf. J. M. Bremmer, The Early Greek Concept of the Soul, pp. 21–22.

[227] Zur Eymologie, Bedeutung und Geschichte von *ātman* und zu Kategorien ähnlicher/gleicher Bedeutung: *puruṣa, prāṇa, ucchiṣṭa, skambha,* cf. P. Deussen, Allgemeine Geschichte der Philosophie, 1.1.282–336. Das Verhältnis zwischen *prāṇa* und *ātman* in den Upaniṣad-s erklärt K. Bhattacharya, L'*ātman-brahman* dans le Bouddhisme ancien, pp. 7[9]–8; ⟨engl.⟩ pp. 41–42, Note 29.

auf- und ausstoszen wol selbst, ein brausen und wehen zugleich.“[228] Die heutige Sprachforschung bestätigt diese Herleitung nicht, sondern geht von der indogermanischen √*ĝheis* und ihrer Erweiterung *ĝheiz-d* mit der Grundbedeutung Entsetzen, Schauder aus, wobei vermutet wird, daß damit die Gebärde einhergeht, den Mund aufzureißen, das Maul aufzusperren; mit Hilfe dieser Assoziationsbrücke wird von Experten der wortgeschichtliche Anschluß an √*ĝhēi,* Gähnen, Klaffen und weiter Chaos, i. e. grundloser, leerer Raum, wie Wind und Hauch ein Begriff der Bestimmungslosigkeit des Anfangs, d. h. Urzustands ältester Kosmogonien, erklärt.[229]

Attribute und Funktionen, die der hebräischen Ruah und dem Gottpneuma (רוּחַ אֱלֹהִים *ruah elohim/pneũma theoũ*) als Geist, Seele, Lebensodem, Respiration und Sprachhauch eigen sind, werden auch dem ägyptischen Luft-, Atemwind- und Lichtgott Amun bzw. dem hermopolitanischen Urgötterpaar Niau/Niaut ≈ Amun/Amaunet qua Göttersyzygie der Luft, des Windes oder Sturmes, sowie Schu (trockener, leerer Luftraum), dem Kind des androgynen Urgottes und Fürsten der Götterneunheit von Heliopolis, Atum, zugesprochen.[230] Die

---

[228] J. / W. Grimm, Deutsches Wörterbuch, 4.1.2.2623–2624 (meine Ergänzungen der nicht-philologischen Abkürzungen; im Original ist der Text in umgekehrten Schriftauszeichnungen gesetzt, Haupttext kursiv, Hervorhebungen Standard; die rund eingeklammerten Auslassungspunkte ersetzen Verweise auf Abschnitte und Unterabschnitte des Wörterbucheintrags); cf. o. c., 4.1.2.2623–2627, s. v. Geist; M. Negele, Leben des Geistes, pp. 161–162.

[229] Cf. A. Walde, Vergleichendes Wörterbuch der indogermanischen Sprachen, 1.548–554.

[230] Cf. K. Sethe, Amun und die acht Urgötter von Hermopolis, pp. 77–78, 87–116, 119–122, 126; eine kulturübergreifende Übersicht zu Luft(hauch)-, Wind- und Wettervorstellungen unter theo-, kosmo- und anthropologischer Betrachtung findet sich bei G. Rappe, Archaische Leiberfahrung, pp. 304–320.

Behauptung: „… obwohl viel zugunsten der Identität von *prāṇa* = *pneuma* = *ch'i* gesagt werden kann, ist dies nur für die archaische Anfangszeit gültig. In den klassischen Perioden der drei philosophischen Traditionen nahmen diese Konzepte ihre eigenen paradigmatischen Bedeutungen an und wurden nahezu unvergleichbar."[231] ist jedenfalls derart zu modifizieren, daß für die Frühphase der Entwicklung weitgehende Gleichheit zugestanden wird, gleichzeitig aber auch die Vergleichbarkeit in späteren Epochen, beide Male allerdings nach einzelnen Lehrsträngen unterschieden. Um hier exakte Vergleichswerte eruieren und Zuordnungen treffen zu können, wäre sowohl ein detailliertes Spezialwissen als auch ein umfassendes Übersichtswissen nötig, von der Voraussetzung eines methodisch-systematischen Theorierahmens ganz zu schweigen.

[231] U. Libbrecht, Prāṇa = Pneuma = Ch'i?, p. 62.

2 Elementarskalierungen des BewußtSeienden im buddhistischen Kontext

2.1 Buddha contra Yājñavalkya?

Die Überschneidung urbuddhistischer mit den Geistlehren der hinduistischen Orthodoxie, zu der auch die Sāṃkhya-Lehre von den Drei Elementareigenschaften oder Grundkonstituenzien (*tri-guṇa*) gehört, wird offensichtlich, wenn man einer Feststellung Buddha's zu den drei Zustandsformen und Stadien des Geistigen den Ausspruch eines vorbuddhistischen Vedānta-Weisen gegenüberstellt, der ziemlich exakt von derselben Einteilung kündet. Daß die im ›Dīgha-Nikāya‹ vorkommende Stufung eher in polemischer und pädagogischer Absicht eingeführt ist und als drei (*tayo*) zu lassende, loszulassende oder aufzugebende (*pahānāya*) Erkenntnisränge beschrieben wird, die im Text bezeichnenderweise Ich-/Selbst-Besitz oder das Ergreifen des Ich, Selbst oder Ātman (*atta-paṭilābhā*) benannt sind, ändert nichts an der Tatsache der Übereinstimmung in formaler Hinsicht, wird doch der vierte und letzte Zustand, der nicht einmal mehr Zustand genannt werden dürfte, in der Orthodoxie ebenfalls nur noch mit Negationen bedacht, über deren Bedeutung sich ein jeder seinen Teil denken, deren Bedeutetes jedoch nicht mehr affirmativ gefaßt werden kann. Folgendermaßen ihre Charakterisierung:

(ϒ1) das Grobe, Ausgedehnte oder Materielle (*oḷāriko*), das Gestalthafte (*rūpī*), aus den vier stofflichen Elementen Bestehende (*cātum-mahā-bhūtiko*), sich von materieller Speise Ernährende (*kabaliṅkārâhara-bhakkho*);

(ϒ2) das Mentale, aus Denken Bestehende oder Vernunfthafte (*mano-mayo*), das Form-, Gestalthafte, alle Glieder/Organe und Nebenglieder/Nebenorgane Besitzende, Perfekt-Sinnige (*rūpī .. sabbaṅga-paccaṅgī ahīnindriyo*);

(ϒ3) das Formlose, Gestaltlose oder Unkörperliche (*arūpo*), das Geist- oder Bewußtseinshafte bzw. aus Wissen/Erkenntnis, Unterscheidung oder Wahr-nehmung Bestehende (*saññā-mayo*).[1]

„Der wesentliche Inhalt dieser Textstellen kann in dem Satz zusammengefaßt werden: das Selbst ⟨ϒ4⟩ ist dreifältig, (1) materiell, (2) geistartig, (3) ohne Form."[2] Nach ved(ānt)ischen Vorlagen könnte diese Reihe *rūpa – nāma – arūpa* lauten. Sachlich ähnlich die Bestandteile in der ›Mittleren Sammlung‹, bei welchen nur die in der Lehrrede angesprochene Klasse der Haushälter, irdischer, leiblicher und sinnlicher Wesen also, mitgezählt werden muß, um eine analoge Stufung zu erhalten:

(ϒ1) Haushälter (*gahapati*);

(ϒ2) formhafte, aus Denken/Vernunft bestehende Götter (*devā rūpino mano-mayā*);

(ϒ3) formlose, aus Bewußtsein/Geist bzw. Wahr-nehmung

---

[1] Cf. Dīgha-Nikāya 9.20–23; 9.39–53, ⟨edd.⟩ T. W. Rhys Davids / J. E. Carpenter, 1.185–187; 1.195–202; entspricht ⟨tr.⟩ O. Franke, pp. 151; 156–160; meine Übersetzung der relevanten Termini, von denen insbesondere der Begriff *ahīnindriyo* nicht ganz geklärt ist, cf. T. W. Rhys Davids / W. Stede, The Pali Text Society's Pali-English Dictionary, p. 65, s.v. *abhinindriya*, basiert u.a. auf der Logik der Reihenbildung, nach der mit *saññā* nicht der gleichbenannte *skandha* (Persönlichkeitsfaktor) gemeint sein kann; Franke übersetzt folgerichtig mit „Bewußtsein".

[2] O. Stein, Notes on the Trikāya-Doctrine, p. 391, Ordinalzahlen-Numerierung des Originals; meine Einfügung von ⟨ϒ4⟩.

bestehende Götter (*devā arūpino saññā-mayā*).[3]

Vor längerem schon wurde erkannt, daß die soteriologische Psychologie und Onto- wie Kosmologie des Buddhismus nach der beschriebenen Schichtung und eventuell nach vor- oder außerbuddhistischen Tiefengraden des Geistigen aufgebaut ist. So scheinen die vier Kontemplationszustände (*jhāna*), die zweimal vier Erlösungsstufen (*vimokkha*) bzw. die Kombination der Kontemplationszustände mit den Abschnitten vier bis sieben/acht der Erlösungsstufen in den acht/neun Erlangungen (*samāpatti*) mit den Drei Weltsphären (*tri-loka/trai-lokya*) und vier Wesensbereichen (*dhātu*) in der Weise verknüpft zu sein,[4] daß die in den jeweiligen Seinsschichten weilenden Wesenheiten auf verschiedenen Tiefenschichten des Kontemplationsbewußtseins erfahren werden können.[5] Parallel dazu gibt es wiederum vier Gruppen von Buddhajüngern, die nach ihrem Forschritt auf dem Heiligen Pfad (*ārya-mārga*) eingeteilt sind: diejenigen, die in den Strom eingetreten sind (*sotāpanna*) (ϒ1), diejenigen, die nur noch einmal zurückkommen, d.h. wiedergeboren werden (*sakadāgāmin*) (ϒ2), diejenigen, die nie mehr zurückkehren (*anāgamin*) (ϒ3) und schließlich die Vollendeten und Heiligen (*arahan*) (ϒ4).[6]

---

3 Cf. Majjhima-Nikāya 2.1.10, ⟨edd.⟩ V. Trenckner / R. Chalmers, 1.410 (60 Apaṇṇaka-Sutta).

4 Aufgezeigt von J. Przyluski / É. Lamotte, Buddhisme et Upaniṣad, pp. 185-191.

5 Cf. H. v. Glasenapp, Buddhismus und Gottesidee, pp. 416-417, unter Heranziehung des ›Abhidharmakośa‹.

6 Cf. J. Przyluski / É. Lamotte, Buddhisme et Upaniṣad, pp. 187-189; dort auch die Information, daß in der zugrundeliegenden buddhistischen Schrift, einer ins Chinesische übersetzten Redaktion des ›Aśokāvadāna/ Ruhmestaten des Aśoka‹ mit dem Titel ›Ā-yù-wáng-zhuàn‹ (Taishō, Nr. 2042), die Vierteiligkeit der Yoga-Karriere und der Versenkungsstufen

Die Einteilung und Beschreibung der Drei Reiche, Zonen oder Welten (*tri-loka/trai-lokya/avacāra*), Schichten, Lagen, Zustände, Bereiche oder Wesenssphären (*tri-dhātu*) gibt es, wenigstens unter letzterem Namen, in mehreren voneinander abweichenden Überlieferungsvarianten, so wie es in der indischen Orthodoxie verschiedene Ausgestaltungen der Dreiwelt (*loka-traya*) innerhalb der sieben höheren Welten gibt, die der buddhistischen Dreiwelt nicht gänzlich unähnlich sind. Standardgemäß umfaßt die Staffelung der Welt, der Bereiche und Beschaffenheiten im Pāli-Buddhismus drei Grade.

(ϒ1) Die sinnliche Welt der Leidenschaft (*kāma-loka/kāma-avacāra/kāma-dhātu/kāma-bhava*),

(ϒ2) die engelhaft-mentale Welt der reinen Formen oder begierdefreien Wesen (*rūpa-loka/rupa-avacāra/rūpa-dhātu/rūpa-bhava*), die sich weitgehend mit der Brahmawelt (*brahma-loka*) überlappt,

(ϒ3) und die Intellectual- oder Geistwelt der Form- und Körperlosigkeit (*arūpa-loka/arūpa-avacāra/arūpa-dhātu/arūpa-bhava*).

---

gewisser Häretiker (Nicht-Buddhistien) eingeräumt wird, was die Verfasser des Essays mit Textbelegen auf die Vorlagen der Upanischaden zurückführen, die m.E. allerdings erst historisch näher bestimmt werden müßten. Hierbei ist auch die mehrmals vierfächrige Viersprossigkeit gewisser jinistischer Meditationsformen in Betracht zu ziehen, cf. J. Bronkhorst, The two Traditions of Meditation in Ancient India, pp. 29–41; aufgrund eines ziemlich restringierten und weltanschaulich bedingt vorgefaßten Meditations-Begriffes wie offensichtlich mangelhafter Kenntnisse von der geisttheoretischen Klassifikationsproblematik im allgemeinen und deren Ausprägung in den Rangordnungen von Seelenfunktionen, Gesellschaftsklassen etc., wie sie z.B. der Hinduismus und Platonismus vertritt, kann der letztgenannte Indologe mit den vier Meditationen in Zusammenhang mit Gefühlszuständen nicht viel anfangen, obwohl er eigentlich ein genaues Wissen über das Thema, Buddhismus inclusive, hat.

Solche Dreifachgebilde (mitunter erweitert zu anderen Mehrfachgebilden) finden sich über das ganze Theravāda-Schrifttum verstreut und mit Hilfe von Wörterbüchern und Indices auffindbar. Sie sind ergänzend häufig mit einer Komponente abzuschließen, die aus der Summe, Vollendung oder Überwindung der drei gebildet wird,[7] was dazu führen kann, daß in den Prinzipienstufungen Verschiebungen auftreten.

(ϒ1/2) Eigenschaftsbereich des Körperlich-Formhaften (*rūpa-dhātu*)

(ϒ3) Eigenschaftsbereich des Unkörperlich-Formlosen (*arūpa-dhātu*)

(ϒ4) Eigenschaftsbereich der Unterbindung/Ruhigstellung (*nirodha-dhātu*) und Unsterblichkeit (*amataṃ*) wie Erlösung (*vimuccanti*).[8]

Dies erfordert eine Klarstellung, ob wir nämlich berechtigt sind, die Parallelisierung zur vorherigen Normalhierarchie entsprechend vorzunehmen, um auf diese Weise eine elliptische Vierstufung zu erhalten.[9] In der buddhologischen Forschung wurde dazu folgende Lösung vorgeschlagen. „Mehrere alte Pāli-Texte (*Itiv.* 52, 73; *Suttanip.* 755-6; *DN, Saṅgīti-Suttanta* 10.XIV) bestätigen die Existenz eines primitiven Schemas, in dem *zwei* zusammenhängende *dhātus, rūpadhātu* und *arūpadhātu* einem dritten, transzendenten, entgegengesetzt waren, dem *nirodha-dhātu. Rūpadhātu* war die Sphäre sinnlichen

[7] M. Falk, Kośas, Kāyas and Skandhas, p. 311[2]: „Eine Idee, die altindischen Berechnungsmethoden vertraut ist, das Ganze zusätzlich zu seinen Teilen aufzuzählen." Cf. o.c., p. 314.

[8] Cf. Iti-Vuttaka 3.1.2 (51), ⟨ed.⟩ E. Windisch, pp. 45-46; Dīgha-Nikāya 32.1.10 (14), ⟨edd.⟩ T. W. Rhys Davids / J. E. Carpenter, 4.215.

[9] Die Abhidharma-Schrift ›Gespräch über die Prinzipien/Dhātu Kathā Pakaraṇa‹ trägt nichts zur Beantwortung dieser Fragestellung bei.

Lebens, die materielle Sphäre von *kāma* (…), wohingegen der *arūpadhātu,* der die beiden oberen Schichten der *ṣaḍdhātu-Liste* [Sechs-Dhātu-Liste], die Bereiche von *ākāśa* [Raum] und *vijñāna* [Bewußtsein/Geist] – die feinen und »unbegrenzten« Elemente umfaßt, die im verbundenen *nāmarūpa* [Name-Form], die Komponente *nāma* [Name] konstituieren, die die Sphäre des Lebens rein psychischer Wesen war.“[10] Danach müßte der Bereich der Formlosigkeit in der obigen Tabelle mit dem Skalenwert (ϒ3) versehen werden. Ob dies zutrifft, muß durch Vergleich mit anderen Textstellen, die bisweilen eine etwas andere Progression suggerieren, entschieden werden. In einem Passus aus der ›Langen Sammlung‹, deren Einheiten gegeneinander zu verschieben sind, um ein Quadrupel zu ergeben, lesen wir folgendes.

„Noch drei Bestandteile:

(ϒ1) Leidenschafts- (*kāma-dhātu*),
(ϒ2) Form- (*rūpa-dhātu*),
(ϒ3) Formlosigkeits- (*arūpa-dhātu*).

Noch drei Bestandteile:

(ϒ2) Form- (*rūpa-dhātu*),
(ϒ3) Formlosigkeits- (*arūpa-dhātu*),
(ϒ4) Ausschaltungs-Bestandteil (*nirodha-dhātu*).“[11]

Die Komponente der Unterbindung/Ruhigstellung wäre demgemäß dem »Nirvāṇa« gleich, was auch die Übersetzer der

[10] M. Falk, Kośas, Kāyas and Skandhas, p. 314, meine Übersetzungen in eckigen Klammern, stillschweigende Vereinheitlichung der Kursivierung von sanskritischen Begriffen und Druckfehlerkorrektur; DN = Dīgha-Nikāya.

[11] Dīgha-Nikāya 32.1.10 (13–14), ⟨edd.⟩ T. W. Rhys Davids / J. E. Carpenter, 4.215: *Aparā pi tisso dhātuyo. Kāma-dhātu, rūpa-dhātu, arūpa-dhātu. Aparā pi tisso dhātuyo. Rūpa-dhātu, arūpa-dhātu, nirodha-dhātu.* Das Zitat ist spaltenweise (Zeitungsstil) zu lesen. Cf. o.c. 32.1.10 (17–18), wobei man mit der Anmerkung der Übersetzer zu letzterer Stelle, cf. ⟨trr.⟩ T. W. Rhys Davids / C. A. F. Rhys Davids, Dialogues of the Buddha, 3.209[1], nicht unbedingt einverstanden sein muß.

Schrift ins Englische feststellen.[12] Doch im Buch ›So-Gesagtes/Iti-Vuttaka‹ aus der ›Kleinen Anthologie‹ selbst findet sich eine Gradation von Elementarfaktoren, die unzweideutig eine Vierheit ergibt, auch wenn diese nicht explizit gemacht ist und als Dreiheit vorgestellt wird, sondern Konsequenz aus einer dreifachen Schrittfolge ist, die vier Stationen verbindet und mit der gerade ausführlich zitierten Forschermeinung verglichen werden sollte. „Diese drei Arten des Ablassens/Entkommens [gibt es], Mönche. Welche drei?

(ϒ1/2) Das Ablassen/Entkommen (*nissaraṇaṃ*) von/aus
(ϒ1) den Leidenschaften (*kāmānam*),
(ϒ2) was Entsagung (*nekkhammaṃ*) ist;
(ϒ2/3) das Ablassen/Entkommen von/aus
(ϒ2) den Formen (*rūpānam*),
(ϒ3) was Formlosigkeit (*āruppaṃ*) ist.
(ϒ1-3) Was nun irgend geworden, bedingt/zusammengesetzt, in Abhängigkeit entstanden ist,
(ϒ3/4) das Ablassen/Entkommen davon/daraus
(ϒ4) ist Unterbindung/Ruhigstellung (*nirodho*).

Das, Mönche, sind die drei Arten des Ablassens/Entkommens."[13] Dieser aufsteigenden Reihe läuft wiederum eine GeistWelt-Leiter aus dem abhidharma-buddhistischen ›Anleitungsbuch‹ gleich, die da lautet: „Nun, welche ist die Welt der differenten Elementarprinzipien? Eins ist das

[12] Cf. Dīgha-Nikāya, ⟨trr.⟩ T. W. Rhys Davids / C. A. F. Rhys Davids, Dialogues of the Buddha, 3.208[5].

[13] Iti-Vuttaka 3.3.3 (72), ⟨ed.⟩ E. Windisch, p. 61: *Tisso imā bhikkhave nissaraṇiyā dhātuyo. Katamā tisso? Kāmānam-etaṃ nissaraṇaṃ yad-idaṃ nekkhammaṃ, rūpānam-etaṃ nissaraṇaṃ yad-idaṃ āruppaṃ, yaṃ kho pana kiñci bhūtaṃ saṅkhataṃ paṭiccasamuppannaṃ nirodho tassa nissaraṇaṃ. Imā kho bhikkhave tisso nissaraṇiyā dhātuyo ti.*

(Υ1) Augelement (*cakkhu-dhātu*),
(Υ2) ein anderes ist das Formelement (*rūpa-dhātu*),
(Υ3) nochmals ein anderes ist das Sehbewußtseinselement (*cakkhu-viññāṇa-dhātu*). Das sind alle.
(Υ4) Das andere ist das Nirvāṇa-Element (*nibbāna-dhātu*).“[14]

Und eine weitere Bestätigung für die Plausibilität unserer Auslegung erhalten wir in der zur selben Gruppe von Schriften gehörigen ›Analytik‹, welche das Gebiet des Nicht-Eingeschlossenen oder Unumschlossenen, über der Welt Befindlichen und Jenseitigen (*apariyāpanna-dhātu*), einbezieht:

(Υ1) Leidenschaftsprinzip (*kāma-dhātu*),
(Υ2) Formprinzip (*rūpa-dhātu*),
(Υ3) Formlosigkeitsprinzip (*arūpa-dhātu*),
(Υ4) Unumschlossenheitsprinzip (*apariyāpanna-dhātu*).[15]

In einem längeren Verzeichnis von vierfältigen Erkenntnisweisen der ›Analytik‹ des ›Abhidharma-Piṭaka‹ findet sich ein Quadrupel von Weisheiten, die mit den genannten Weltschichten in Einklang stehen.

(Υ1) „Weisheit im Bereich der Leidenschaft (*kāma-avacarā paññā*),
(Υ2) Weisheit im Bereich der Form (*rūpa-avacarā paññā*),

---

[14] Netti-Pakaraṇa 3B.2.3, ⟨ed.⟩ E. Hardy, p. 97: *Tattha katamo nānā-dhātu-loko? Aññā cakkhu-dhātu aññā rūpa-dhātu aññā cakkhu-viññā-ṇa-dhātu. Evaṃ sabbā. Aññā nibbāna-dhātu.* Das Schema ist nicht eindeutig, da die ersten drei Komponenten auch am Anfang der langen, wenig Systematik aufweisenden Reihe der Mehr-Elemente-Welt (*aneka-dhātu-loko*) stehen, in der auch die Aufzählung des Form-, Formlosigkeits- und Ausschaltungsprinzips integriert ist.

[15] Cf. Vibhaṅga, ⟨ed.⟩ C. A. F. Rhys Davids, pp. 404–420, ⟨tr.⟩ P. A. Thiṭṭila, pp. 516–538, Nrn. 991–1019.

(ϒ3) Weisheit im Bereich der Formlosigkeit (*arūpa-avacarā paññā*),
(ϒ4) nicht-eingeschlossene/unumschlossene [grenzenlose/unendliche] Weisheit (*apariyāpannā paññā*), …“[16]

„Die Entwicklung kosmologischer Ideen mußte notwendigerweise im Gleichschritt mit der der Methoden von *dhyāna* [Kontemplation] gehen. Wie angesichts von vier Graden des *dhyāna* ein Universum aufrechterhalten, das nur drei *dhātu* [Wesenssphären] umfaßt? An die alte Triade:

(ϒ2) *rūpa-dhātu,*
(ϒ3) *arūpa-dhātu,*
(ϒ4) *nirodha-dhātu,* deren letztes Element die Sphäre der Unsterblichkeit ist,
(ϒ1) fügt der kanonische Buddhismus eine ergänzende *dhātu*: *kāmadhātu,* die dieserart die erste der Serie wird,

so daß man drei *dhātu* erhält, an die sich das Nirvāṇa als letztes Glied der Tetrade anschließt.“[17] Die Entstehungsgeschichte

---

[16] Vibhaṅga, ⟨ed.⟩ C. A. F. Rhys Davids, p. 315, ⟨tr.⟩ P. A. Thiṭṭila, p. 413, Nr. 754; der erläuternde Einschub in eckigen Klammern stammt von mir.

[17] J. Przyluski / É. Lamotte, Buddhisme et Upaniṣad, p. 191, cf. o.c., p. 185; T. W. Rhys Davids / W. Stede, The Pali Text Society's Pali-English Dictionary, p. 574, s.v. *rūpa*: „Kāmabhava ist eine Unterteilung von rūpabhava, das zu einer dritten Hauptunterteilung erhoben wurde.“ Wenn die Darstellung der zitierten Gelehrten von der Erweiterung des Schemas richtig ist, dann handelt es sich hier, verglichen mit den üblichen Erweiterungen von triadischen zu tetradischen Schemata, z. B. der vedischen drei Gewalten (*sahas*) zu den vier Kasten (*varṇa*), worauf später noch eingegangen werden wird, nur dann um einen ähnlichen Fall, wenn man das Nirvāṇa in der früheren Spekulation auf dem dritten Grad (ϒ3) verortet, ansonsten um einen Sonderfall, da von einer tatsächlich angenommenen Absolutgröße ausgegangen und ein eigenständiges

mag in der beschriebenen Richtung verlaufen oder nicht, unter einem formalen Gesichtspunkt spielt das allerdings keine Rolle. Entscheidend sind die Struktureigenschaften der einzelnen Konstituenzien und ihr Verhältnis zueinander.[18] Und danach gilt das Standardmodell: „Um speziell diesen Begriff *Dhātu* richtig zu verstehen, muß man sich erinnern, daß der Buddha ... vier *Dhātus* unterscheidet:

(ϒ1) die *kāma-dhātu,* das ist die Sphäre des sinnlichen Begehrens, in der wir leben,
(ϒ2) die *rūpa-dhātu,* die Sphäre der reinen Formen (die höheren Himmel),
(ϒ3) die *arūpa-dhātu,* die formlose Sphäre, wie den Bereich des grenzenlosen Raumes,
(ϒ4) und die *nibbāna-dhātu,* die über den bisher genannten drei Sphären hinausliegende Nirvāṇa-Sphäre und eben deshalb die Sphäre der höchsten Transzendenz.“[19]

Element am unteren Ende der Skala hinzufügt würde; man vergleiche all die von mir in einem späteren Kapitel dieser Studie präsentierten Modellamplifikationen in der indischen (parallel zur griechischen) Metaphysik und die Ausführungen dazu.

[18] Ausführliche buddhismusinterne Ableitungen der im folgenden Titel aufscheinenden drei Hauptkategorien und eine Herleitung des Grundmusters aus den Upaniṣad-s gibt M. Falk, Nāma-Rūpa and Dharma-Rūpa, pp. 109–138; eadem, Kośas, Kāyas and Skandhas; da die Expertin jedoch ausschließlich doxo-historiographisch und psycho-phänomenologisch verfährt, müßten diese unter Berücksichtigung re-flexionsstruktureller Überlegungen eingehend überdacht werden.

[19] K. Seidenstücker, Nirvāṇa, des Riesen Riesenwahrheit, p. 171, mit meiner stillschweigenden Druckfehlerkorrektur, Ergänzung diakritischer Zeichen und Kursivierung der Pāli-Begriffe.

Angesichts solch eindeutiger Zuordnungsverhältnisse ist es nur schwer nachvollziehbar, wenn in der neuesten Forschung der Bereich der Formen (*rūpa-dhātu*) mit dem Plotinschen Geist (*noũs*) und der der Formlosigkeit (*arūpa-dhātu*) mit dem Einen (*'én*) in Verbindung gebracht wird.[20]

Einen buddhistischen Gesamtbauplan der GeistWelt gebe ich mit der folgenden Tabelle aus der Forschung wieder, die die Schichten der Einwelttheorie (*cakravāla*) des sich auf die Lehren (*vāda*) der Ehrwürdigen/Alten (*thera*) stützenden Buddhismus, eingeteilt in Seins-, Kontemplations-, Götter-, Wesens- und Elemantarbereiche, darstellt.[21]

---

[20] Cf. W. R. Kloetzli, Nous and Nirvāṇa, pp. 145–161; die genannte Studie stellt eine Menge an Parallelen zwischen dem ›Abhidharmakośa‹ und den ›Enneaden‹ zusammen; deren Zutreffen ist aber erst einer akribischen doxographischen und reflexionsstrukturellen Überprüfung zu unterziehen.

[21] Von mir nachgestaltet aus W. R. Kloetzli, Buddhist Cosmology, p. 33; idem, Cosmology: Buddhist Cosmology, p. 115; ganz wenige Übersetzungen der englischen Fassung in der zweiten Studie wurden nicht wörtlich, sondern nach mir vorliegenden Wörterbüchern ins Deutsche übertragen; detaillierte Ausführungen zur Hīnayāna-Kosmologie bei L. de la Vallée Poussin, Cosmogony and Cosmology (Buddhist).

EINWELTLEHRE (*CAKRAVĀLA*) DES ›ABHIDHARMA-KOŚA‹ (nach W. R. Kloetzli)

- **(3) Ārūpyadhātu** — **Caturārūpya Brahmaloka**
  - 4. Naivasañjñānāsañjñā
  - 3. Ākiñcanya
  - 2. Vijñānānantya
  - 1. Ākāśānantya
- **(2) Rūpadhātu** — **Brahmaloka**
  - Viertes Dhyāna
    - 8. Akaniṣṭha (Śuddhāvāsika)
    - 7. Sudarśana (Śuddhāvāsika)
    - 6. Sudṛśa (Śuddhāvāsika)
    - 5. Atapa (Śuddhāvāsika)
    - 4. Avṛha (Śuddhāvāsika)
    - 3. Bṛhatphala
    - 2. Puṇyapraveśa
    - 1. Anabhraka
  - Drittes Dhyāna
    - 3. Śubhakṛtsna
    - 2. Apramāṇaśubha
    - 1. Parīttaśubha
  - Zweites Dhyāna
    - 3. Ābhāsvara
    - 2. Apramāṇābha
    - 1. Parīttābha
  - Erstes Dhyāna
    - 3. Mahābrahma
    - 2. Brahmapurohita
    - 1. Brahmakāyika
- **(1) Kāmadhātu**
  - 5. Kāmadeva
    - 6. Paranirmitavaśavartin (**Devaloka**)
    - 5. Nirmāṇarati (**Devaloka**)
    - 4. Tuṣita (**Devaloka**)
    - 3. Yāma (**Devaloka**)
    - 2. Trāyastriṃśa (Meru) (**Devaloka**)
    - 1. Caturmahārājakāya (Meru)
      - –Sadāmattas (Meru)
      - –Mālādharas (Meru)
      - –Karoṭapāṇis (Meru)
  - 4. Manuṣya
  - 3. Preta
  - 2. Tiryagyoni
  - 1. Naraka

Kāñcanamayībhūmi
Ābmaṇḍala
Vāyumaṇḍala
Ākāśa

EINWELTLEHRE (*CAKRAVĀLA*) DES ›ABHIDHARMA-KOŚA‹ (nach W. R. Kloetzli)

- (3) Bereich des Formlosen — Vierfachformlose Brahmawelt
  - 4. Weder Bewußtheit noch Nicht-Bewußtheit
  - 3. Nicht-Irgendetwasheit
  - 2. Bewußtheitsunendlichkeit
  - 1. Raumunendlichkeit
- (2) Bereich der Form — Brahmawelt
  - Vierte Kontemplation
    - 8. Nicht-Jüngste (Wohnort d. Reinen)
    - 7. Wohlblick (Wohnort d. Reinen)
    - 6. Schönheit (Wohnort d. Reinen)
    - 5. Hitzelos (Wohnort d. Reinen)
    - 4. Nicht-Groß (Wohnort d. Reinen)
    - 3. Reiche Frucht
    - 2. Verdienst-Geboren/Zeugend
    - 1. Wolkenlos
  - Dritte Kontemplation
    - 3. Vollkommene Schönheit
    - 2. Unermeßliche Schönheit
    - 1. Begrenzte Schönheit
  - Zweite Kontemplation
    - 3. Scheinende
    - 2. Unermeßlicher Schein
    - 1. Begrenzter Schein
  - Erste Kontemplation
    - 3. Groß-Brahmā
    - 2. Brahmāpriester
    - 1. Brahmāgefolgschaft
- (1) Bereich der Leidenschaft
  - 5. Leidenschaftsgott
    - 6. Herrscher über von anderen Hergestelltes (Götterwelt)
    - 5. Manifestationserfreute (Götterwelt)
    - 4. Selige (Götterwelt)
    - 3. Yāma (Götterwelt)
    - 2. Die die 33 an der Spitze haben (Götterwelt)
    - 1. Vier goße Könige
      - –Immertrunkene
      - –Girlandenträger
      - –Schale in Händen
  - 4. Menschheit
  - 3. Geister (unter Meru bei Yama)
  - 2. Tiere (äußerer Ozean)
  - 1. Verdammte (Höllen)

Golderde
Wasserkreis
Windkreis
Raum

Ist es außerdem nicht möglich, in den drei Auffassungen vom Selbst, wie sie in der ›Langen Sammlung‹, und den drei Wesensgattungen, die in der ›Mittellangen Sammlung‹ mitgeteilt werden, sowie in den gerade geschilderten Berichten von den Weltsphären einige Bestandteile der Fünf-Hüllen-Lehre (*pañca-kośa*) der Hindu-Orthodoxie, die bereits Gegenstand unserer Betrachtung war, zu entdecken? Auch wenn die folgende Feststellung von Abhängigkeitsverhältnissen zwischen verschiedenen indischen Weltanschauungen historiographisch heute keine Zustimmung mehr erhält, ist sie für meine Forschungsintention insofern von Bedeutung, als ihr Inhalt strukturell gewendet und systematisch verstanden werden kann. Faßt man ihre Zuordnungen einzelner Lehrgehalte zu bestimmten Upaniṣad-s nämlich typenspezifisch, d.h. als doxische Gehalte auf, die sich im Mit- und Gegeneinander gewisser Schulrichtungen und Gruppen von Denkern und Religionsvertretern über längere Zeit hinweg ausbildeten und sich später in Schriften niederschlugen, die dadurch gattungsmäßig gekennzeichnet sind, dann offenbaren sich in der indischen Philosophie Musterbildungen, die nicht nur in ihrer Bezogenheit aufeinander an analoge Entwicklungen und Verwicklungen in der griechischen und griechisch beeinflußten Geisttheorie erinnern, sondern in ihrem globalen Auftreten einen Hinweis auf ein grundlegendes, all diesen zugrundeliegendes noetisches Gestaltungsgeschehen geben. „… die ›Māṇḍūkya‹-Definition von vier Ebenen war eine fruchtbare Synthese von Yājñavalkya's psychologischer Lehre dreier Zustände und von Varuṇa's *Pañcakoṣa*-Lehre:

(*i*) Annamaya- [aus Speise gebildete] und Prāṇamaya [Lebenshauch]-Seelen fallen unter die Wachebene der ›Māṇḍūkya‹.

(*ii*) Manomaya [Rationales] unter das Träumen.

(*iii*) Vijñānamaya [Intellecthaftes] unter das Schlafen.

(*iv*) Ānandamaya [aus Seligkeit Bestehendes] unter das Vierte.

Buddha's Darstellung der ›Taittirīya‹-Lehre im ›Brahmajāla Sutta‹ folgt exakt der ›Māṇḍūkya‹-Linie. Des weiteren brauchen wir kaum zu erwähnen, daß die ›Māṇḍūkya‹-Vorstellung von vier Bewußtseinsebenen eng mit der buddhistischen Unterscheidung von vier Ebenen,

(ϒ1) *kāmāvacara* [Reich der Lust/Leidenschaft],
(ϒ2) *rūpāvacara* [Reich der Formen],
(ϒ3) *arūpāvacara* [Reich des Formlosen] und
(ϒ4) *lokottara* [Überweltliches/Transmundanes/Hyperkosmisches],

verknüpft ist. Von der ›Māṇḍūkya‹-Vorstellung kann ebenso gesagt werden, eine Basis für die viergliedrigen Meditationsmethoden geliefert zu haben, die von den Jainas, Buddhisten und Pātañjala-s unterschiedlich aufgeteilt und erweitert wurden."[22] Stellt sich nur die Frage, ob die Verhältnisse der Beeinflussung nicht gerade umzudrehen wären.

Auf den Gleichlauf der vorgestellten (früh)buddhistischen GeistWelt-Schichtungen mit einer weiteren Idee der Buddhalehre, dem Konzept der Drei Körper (*tri-kāya*),[23] muß abschließend noch kurz aufmerksam gemacht werden. Zwar ist

[22] B. Barua, A History of Pre-Buddhistic Indian Philosophy, pp. 183-184, meine Übersetzung der Sanskrit-Begriffe in eckigen Klammern und Druckfehlerkorrektur; die erste Skalierung samt römischen Ordnungszahlen in Minuskeln ist die des Originals, die zweite der Reiche-Hierarchie stammt von mir.

[23] Zur Entwicklung der stark voneinander abweichenden Lehren von den Buddha-Körpern cf. M. Falk, Nāma-Rūpa and Dharma-Rūpa, pp. 107-168; eadem, Kośas, Kāyas and Skandhas; N. Dutt, Aspects of Mahāyāna Buddhism and its Relation to Hīnayāna, pp. 96-128; L. de la Vallée Poussin, The three Bodies of a Buddha (trikāya); den Dreifachkörper und die Buddha-Trinität im Vijñānavāda behandelt D. T. Suzuki, Studies in the Lankavatara Sutra, pp. 308-338, siehe besonders Tabelle, o.c., p. 313.

der Nachweis mühevoll, doch wurde er bereits mit einigem Aufwand an Exegese und der Fähigkeit, doktrinale Muster und Spekulationsfiguren zu erkennen und einander zuzuordnen, durchgeführt. Allerdings gilt die Parallelität nur annähernd und für verschiedene Entwicklungsstadien wie Schriften unterschiedlich zwingend.

(ϒ1)	materielles Selbst/Ich (*oḷārika-atta-bhāva*)	(Verwandlungs-)Körper (*nirmāṇa-*)*kāya*
(ϒ2)	mentales Selbst/Ich (*manomaya-atta-bhāva*)	Wonnekörper (*saṃbhoga-kāya*)
(ϒ3)	formloses Selbst/Ich (*arūpa-atta-bhāva*)	Ordnungskörper [f.] (*dharma-kāya*)
(ϒ4)	Nirvāṇa (*nirvāṇa*)	Ordnungskörper [s.] (*dharma-kāya*)[24]

„... das *arūpa-Stadium* ist nur *vijñāna* [Geist/Bewußtsein] (...). Wenn das Nirvāṇa darüber war, mußte es ohne irgendwelche geistige Aktivität sein, es war das Absolute. Dic Identität von *nirvāṇa* und *dharma* muß durch alte Spekulationen über die Absolutheit von *brahman* und seiner Gleichsetzung mit *dhamma* die Quelle der späteren Spekulationen über das Absolute gewesen sein. *Dharmakāya* in jungen Hīnayāna-Texten zeigt noch die immanente Korrelation zwischen der *rūpa-* und *arūpa-*Welt, wobei die letztere das Substitut für das

24 Tabellarische Anordung von mir (re)konstruiert aus O. Stein, Notes on the Trikāya-Doctrine, pp. 392–398; meine Zufügungen in eckigen Klammern: [f.] = frühere Epoche der Lehrentwicklung, [s.] = spätere Epoche der Lehrentwicklung, entsprechend dem Zitat zum doppelten Auftreten des Gesetzes- oder Ordnungskörpers.

Absolute ist, später der *dharmakāya.*“[25]

Daß die Universen der zahlreichen Elemente und Relationen in Indien entstandener Geisttheorieen in den Maṇḍala-s, Yantra-s und tibetischen Thaṅgka-s, der hinduistischen und buddhistischen Architektur und Kunst allgemein verbildlicht sind, sei nur nebenbei angemerkt. Grandios ist der mahāyānistische Stūpa Borobudur auf Java aus dem 9. Jh., der den zehnstufigen Bodhisattva-Weg durch die drei Welten (*tri-loka/ trai-lokya*), die mahāyānistische Entwicklungsformen der bereits genannten drei Geist- und Geistwesenwelten des Hīnayāna repräsentieren, in einem Tempelbauwerk verkörpert.[26]

Um die vermeintliche hinduistische Gegenposition zu den drei Ich-Ergreifungen und den drei Daseinswelten ergänzend zu den Ausführungen zum Vedānta zu demonstrieren, gebe ich nun die Dreiteilung des Geistes wieder, die dem upaniṣadischen Seher Yājñavalkya in den Mund gelegt wurden, ohne mich zum Problem der Datierung und der umstrittenen Abhängigkeitsverhältnisse zwischen Orthodoxie und buddhistischer Heterodoxie zu äußern:

(ϒ4) „Eben für diese Urperson (*puruṣasya*) gibt es nun genau zwei Zustände (*dve eva sthāne*):
(ϒ1) den diesseitigen (*idaṃ*) und auch
(ϒ3) den Zustand der jenseitigen Welt (*para-loka-sthānaṃ*);
(ϒ2) der eine Verbindung [einen Übergang] bildende dritte ist der Zustand des Schlafes/Traums (*svapna-sthānam*).“[27]

---

[25] Cf. O. Stein, Notes on the Trikāya-Doctrine, p. 397.

[26] Cf. P. Mus, Barabudur. Esquisse d'une histoire du Bouddhisme fondée sur la critique archéologique des textes.

[27] Bṛhadāraṇyaka-Upaniṣad 4.3.9, ⟨ed.⟩ J. L. Shastri, Upaniṣatsaṅgrahaḥ, p. 114: *tasya vā etasya puruṣasya dve eva sthāne bhavata idaṃ ca para-loka-sthānaṃ ca sandhyaṃ tṛtīyaṃ svapna-sthānam.*

Logischerweise ist der Nicht-Status, der eintritt, wenn von den drei Ergreifungsarten abgelassen wird oder der als Bedingung allen Erkennens jeder Gegenstandserkenntnis zugrundeliegt, der ultramanifeste vierte Status (*turīya*) auf der einen, das Nirvāṇa oder Nirodha auf der anderen Seite. Er dürfte innerhalb des Modells nicht mehr eigentlich positional (onto-logisch) fixiert und folglich nicht in der kategorialen Terminologie dieses genannt und benannt sein (Ɣ4), muß von beiden Weisen, Buddha wie Yājñavalkya, zu Demonstrationszwecken aber durch Privationen (*a-/nir-*) und Negationsformeln, deren berühmteste das Weder–Noch, Weder-So–Noch-So oder „Nein, nein" (*na na; neti neti*, gebildet aus *na*[*-iti*] *na*[*-iti*]) ist, wieder in die Dimension des Ausgesprochenen und Aussprechbaren hereingenommen werden. „Er, Dieser Ātman ist weder (so) noch (so), unbegreiflich, denn Er wird nicht be-/ergriffen, unzerstörbar, denn Er wird nicht zerstört, unverhaftet, denn Er haftet nicht, ungebunden, unerschütterlich, unverletzlich; Ihn überwältigt beides nicht, darum: hat Er Böses getan, darum: hat Er Gutes getan, Er überwältigt beides; was Er auch getan oder nicht getan hat, das brennt/beeinträchtigt Ihn nicht."[28] Das liest sich auf buddhistischer Seite dann so: „Da ist, Mönche, dieser Ort, wo weder Erde noch Wasser, noch Feuer, noch Luft ist, weder der Bereich der Raumunendlichkeit noch der Bewußtheitsunendlichkeit, noch der Nichtirgendetwasheit, noch der von Weder-Wahrnehmung–Noch-Nicht-Wahrnehmung, nicht diese Welt noch jene Welt, beide, Mond und Sonne [nicht], ich nenne ihn daher, Mönche, weder Kommen

[28] Bṛhadāraṇyaka-Upaniṣad 4.4.22, ⟨ed.⟩ J. L. Shastri, Upaniṣatsaṅgrahaḥ, p. 119: *sa eṣa neti nety-ātmā'gṛhyo na hi gṛhyte'śīryo na hi śīryate'saṅgo na hi sajyate'sito na vyathate na riṣyaty-etam-u ha-eva-ete na tarata ity-ataḥ pāpam-akaravam-ity-ataḥ kalyāṇam-akaravam-ity-ubhe u ha-eva-eṣa ete tarati nainaṃ kṛta-akṛte tapataḥ* ‖; cf. o.c. 3.9.26; 4.2.4; 4.5.15; 2.3.6 (& 3.8.8.), ⟨ed.⟩ J. L. Shastri, Upaniṣatsaṅgrahaḥ, pp. 110; 113; 121; 96 (107).

noch Gehen, noch Bleiben, weder Vergehen noch Entstehen, er ist grund-/bodenlos, kontinuitätslos, haltlos; dies genau ist das Ende des Leidens."[29] Dieses Procedere zeigt die Problematik des »Unaussprechlichen« zwar denkerisch korrekt an, muß ihre (Auf-)Lösung jedoch um eine Reflexionsschleife verschieben.

Zur Betonung der Ähnlichkeit zwischen den Lehren der frühen Vedānta-Seher und Buddha's wurde auch in der neuesten Forschungsliteratur auf die Analogie in der Schichtung von Wissensformen des Ṛṣi Yājñavalkya und Meister Gautama's hingewiesen. „Das Bemerkenswerte ist, daß Yājñavalkya wie Buddha/Gautama darin übereinstimmten, daß der *ātman* [Selbst] wenigstens drei Welten angehört. Sie stimmten sogar in mindestens einem der charakteristischen Begriffe überein –

---

[29] Udāna 8.1, ⟨ed.⟩ P. Steinthal, p. 80: *atthi bhikkhave tad âyatanaṃ, yattha n' eva paṭhavî na âpo na tejo na vâyo na âkâsânañcâyatanaṃ na viññâṇânañcâyatanaṃ na âkiñcaññâyatanaṃ na nevasaññânâsaññâyatanaṃ n' âyaṃ loko na paraloko ubho candimasûriyâ, tad amhaṃ bhikkhave n' eva âgatiṃ vadâmi na gatiṃ na ṭhitiṃ na cutiṃ na upapattiṃ, appatiṭṭhaṃ appavattaṃ anârammaṇam eva taṃ, es' ev' anto dukkhassâ 'ti.* Text: „*tad amhaṃ*" verderbt; übersetzt nach Emendation F. L. Woodward, The Minor Anthologies of the Pali Canon Part 2. Udāna: Verses of Uplift and Itivuttaka: As it was said, p. 97 (mit Fn. 4). Cf. Iti-Vuttaka 2.2.6 (43), ⟨ed.⟩ E. Windisch, p. 37; K. Bhattacharya, *L'ātman-brahman* dans le Bouddhisme ancien, pp. 10–12, 66–68, 101, ⟨engl.⟩ pp. 6, 33–34, 135 (jeweils mit Anmerkungen); an letzterer Stelle der zusätzliche Verweis auf Netti-Pakaraṇa 3A.11, ⟨ed.⟩ E. Hardy, pp. 62–63; Dīgha-Nikāya, 1.223. Daß Buddha seine Negationsformeln betreffend das Nirvāṇa aus dem Munde des Yājñavalkya übernommen hat, gilt mittlerweile als indologische Selbstverständlichkeit; hier nur einige Nachweise: P. T. Raju, Idealistic Thought of India, p. 254; E. J. Thomas, The History of Buddhist Thought, p. 225; A. Wayman, The Buddhist „Not this, Not this", pp. 101–102; T. R. V. Murti, The Central Philosophy of Buddhism, p. 48; Y. Sōgen, Systems of Buddhistic Thought, p. 199; A. K. Coomaraswamy, Selected Papers, 2.202 (The Vedic Doctrine of "Silence"), 2.411 (Does "Socrates Is Old" Imply That "Socrates Is"?); idem, Buddha and the Gospel of Buddhism, pp. 199–200; C. Sharma, The Advaita Tradition in Indian Philosophy, p. 29.

manomaya [aus Denken/Vernunft bestehend] – und offensichtlich auch in den meisten anderen Ideen. Yājñavalkya beendet sein Gespräch (...) mit der Frage: *vijñātāram are kena vijānīyāt?* Wodurch (durch welche Erkenntnis) sollte man den erkennen, der erkennt? Er ist weise genug, die Antwort dir und mir zu überlassen! Dies ist nach Yājñavalkya ein *anuśāsana* [eine Lehre] über *amṛtatvam* [Unsterblichkeit]. Entsprechend verwenden buddhistische Quellen *deśanā, śāsana, anuśāsana,* um Buddha's Lehre von *dharma, tattva, nirvāṇa* [Gesetz/Richtlinie, Wahrheit/Wirklichkeit, Nirvāṇa/Kalme/Ausblasen], daß man selbst hinkommen und sehen muß, zu beschreiben: *ehipaśyika* [von der Art, daß jeder einzelne selbst hinkommt und sieht] ist 's.“[30]

Abgesehen davon, daß sich der Tatbestand der Isomorphie beider Grundlehren durch die Hypothese der bei allen Menschen identischen Grundstruktur des Geistigen geradewegs von selbst erklärt, will ich hier zu dessen Stützung zudem auf das Faktum weisen, daß Buddha ein Kind des Vedentums bzw. des frühen Vedānta war, seine Bildung aus brahmanischem Wissen bestand und er selbst, wenigstens in heilspragmatischer Hinsicht, nicht als dessen Bekämpfer und Zerstörer, sondern als dessen Verlebendiger verstanden werden kann, was sich in einer äußerst fruchtbaren Rückwirkung der theoretischen wie praktischen Errungenschaften von ihm und seinen Nachfolgern auf das Hindutum während der folgenden eineinhalb Jahrtausende denn auch niederschlug.

Gläubige Buddhisten mögen diese Feststellung, auch ob der bestürzenden historischen Entwicklung ihrer Religion in deren

---

[30] C. Lindtner, From Brahmanism to Buddhism, p. 30, meine Übersetzungen der im Text nicht übersetzten Sanskrit-Passagen in eckigen Klammern; cf. o.c., p. 29, mit der von mir oben skizzierten Stelle aus der ›Langen Sammlung‹ und Bṛhadāraṇyaka-Upaniṣad 4.3.7; 4.3.9; 4.4.5; 4.5.15.

Mutterland, der Ausrottung nämlich, als Beleidigung auffassen, zieht man die abenteuerlichen Deutungen der Buddhalehre innerhalb hīnayānistischer Bewegungen bis auf unsere Tage und die zeremoniellen, sozialen wie politischen, die orthopraktischen Belange jedoch ab, so kann man gar nicht umhin, den metaphysischen und soteriologischen Zusammenhang zwischen der spirituellen Grundlehre der Upaniṣad-s und den Urlehren Buddha's als derart eng zu betrachten, daß man, abgesehen von den Betonungen bzw. der Nicht-Akzentuierung einzelner Lehrgegenstände, geradezu von orthodoxer Gleichheit sprechen muß, zumal in struktureller Hinsicht, was nicht nur ich in meinen Büchern mit zahllosen Bemerkungen, Nachweisen und Literaturangaben demonstriere.[31]

[31] Beispielhaft: A. K. Coomaraswamy, Hinduism and Buddhism; cf. H. P. Sturm, Die vier Stadien des Ent–Setzens, pp. 233-254.

2.2 Drei Modifikationen des Bloß-Geistigen wie Drei Stadien des Ansich und janusgesichtiger Geist im Vijñānavāda

Insofern ist der spekulative Bogen, der von Buddha bis zur Ausgestaltung der Bewußtseinslehre des buddhistischen ‚Idealismus' zu spannen ist, nicht so exorbitant, wie es zunächst erscheinen mag. Unter buddhistischem ‚Idealismus' ist die Lehre von der Tripelessenz, von den Drei Perseitäten, Aseitäten oder Urzuständen (*tri-svabhāva*) und den drei Transformationen oder Umformungsweisen (*pariṇāma*) des Nur-Bewußtseins (*vijñapti-mātratā*) zu verstehen, die in der angeblichen Nachfolgeschule des Madhyamaka, dem Vijñānavāda, wörtlich übersetzt: Kognitivismus, vertreten wurde. Diese mahāyānistische Schulrichtung wird nach dem Titel einer ihrer Gründerschriften auch Yogācāra, Ausüben des Yoga, genannt. „Es gibt zwei verschiedene Berichte vom Ursprung des Namens der Yogācāra-Schule. Nach einem Bericht wird der Yogācāra so genannt, weil die Anhänger der Schule kritische Untersuchung (*yoga*) zusammen mit beispielhaftem Benehmen (*ācāra*) betonten; entsprechend dem anderen praktizierten die Anhänger der Schule Yoga zur Verwirklichung der Wahrheit, daß die Wirklichkeit vom Wesen des Bewußtseins ist."[32]

Aus dieser Schule des Bewußtseins- oder Geistbuddhismus wiederum wollen wir die Systementwürfe des bedeutendsten ihrer Vertreter, Vasubandhu's, unter die Lupe nehmen. Er war, wenn ich einmal so sagen darf, der Strukturtheoretiker der Bloß-Wissens-Schule. Die wohl wichtigste seiner Erkenntnisleistungen bestand in der Präzisierung der nicht überall deutlichen und nicht immer konsistenten Lehren vom Geistorganismus, wie sie in anderen Hauptschriften des buddhistischen Nootismus (Geistlehre) aufscheinen. Dabei sind zwei seiner

---

[32] R. Puligandla, Fundamentals of Indian Philosophy, p. 80.

Werke maßgebend: 1) die ›Dreißig Verse zur Demonstration/ Verwirklichung des Bloß-Wissens/Vijñaptimātratāsiddhi-Triṃśikā‹ und 2) der ›Traktat von den Drei Ansich-Seienden/ Trisvabhāva-Kārikā‹.[33] Grundpunkt ist die Ansicht, daß alles Seiende eine Umwandlung (*pariṇāma*) bloßen Bewußtseins (*citta-mātratā, vijñāna, vijñāna-mātratā, vijñapti-mātratā*), somit nur Bewußtseinsinhalt (*caitta*) ist, was impliziert, daß nichts im eigentlichen Sinne (materiale) Realität besitzt. Das ist allgemeine Schulmeinung des Yogācāra.

Diese Umwandlung besteht aus drei Momenten. Das erste wird *vipāka* oder *ālaya* genannt (Υ3).[34] *Vipāka* heißt Entwicklung, Reifung, Werden, aber auch Wirkung; *ālaya* Lager, Speicher, Stätte, Ort, Aufenthalt, Asyl, weil in ihm die Samen (*bīja*)[35], aus denen alles Weitere bis hin zur Sinnenwelt hervorgeht, aufbewahrt sind. Als Gesamtheit ist es allsamig (*sarva-bījaka*)[36], Wurzelgeist (*mūla-vijñāna*)[37] ist es als Grund. Von seiner unmanifestierten Form ist es nur schwer zu unterscheiden, was zu einer Reihe von unterschiedlichen Darstellungsweisen dieses Faktors in der Vijñānavāda-Literatur führte.[38]

---

33 Cf. Vasubandhu, Vijñaptimātratāsiddhi, ⟨ed./tr.⟩ K. N. Chatterjee; ⟨ed./tr.⟩ S. Anacker, Seven Works of Vasubandhu. Vasubandhu, Trisvabhāvakārikā, ⟨edd./trr.⟩ F. Tola / C. Dragonetti; ⟨ed./tr.⟩ S. Anacker, Seven Works of Vasubandhu. Mein Übersetzungsversuch mit Text am Schluß des Kapitels.

34 Cf. Vasubandhu, Vijñaptimātratāsiddhi-Triṃśikā 2; 19; idem, Trisvabhāva-Kārikā 9.

35 Cf. Vasubandhu, Trisvabhāva-Kārikā 7.

36 Cf. Vasubandhu, Vijñaptimātratāsiddhi-Triṃśikā 2; 18.

37 Cf. Vasubandhu, Vijñaptimātratāsiddhi-Triṃśikā 15; idem, Trisvabhāva-Kārikā 9; 29–30.

38 Dieses Schillern bedingt gewissermaßen die uneindeutige Darstellung von T. McEvilley, The Shape of Ancient Thought, pp. 573–575, auf die ich unten noch eingehen werde.

Seine Eigenschaft ist, wie ein Strom (kontinuierlich oder gleichmäßig) zu fließen (*srotas-augha-vat*)[39]. Die Empfindung bei diesem Speichergeist (*ālaya-vijñāna*) ist Gleichmut (*upekṣā*).[40] Er ist sowohl nicht-manifest/unentfaltet (*avyākṛtaṃ*) als auch nicht-zurückgehalten/ungehemmt (*anivṛta*). Wenn die Heiligkeit erreicht ist, tritt dessen Rückfluß (*vyāvṛtti*) ein.[41]

„Der Terminus *abhūtaparikalpa* wird gewöhnlich für Ālaya-vijñāna (konstruktives Bewußtsein [Speichergeist]) verwendet, auch als *āśraya* oder immanenter tragender Grund aller Phänomene bekannt. Es ist der dynamische Strom kreativen Bewußtseins, der sich durch seine eigene Kraft anfangloser und transzendentaler Unwissenheit als die phänomenale Welt der Subjekt-Objekt-Dualität manifestiert. Es wird ebenso *vikalpa* (gedanken-konstruierende Energie) und *paratantra* (durch Kausalität bedingt; relativ) genannt. Mit seinen Inhalten identifiziert ist es relativ; seinem eigenen Wesen nach betrachtet ist es das Absolute."[42]

Mit ihm verbunden (*anvitam*),[43] auf es ausgerichtet (*tad-ālambaṃ*) und auf ihm basierend (*tad-āśritya*),[44] entsteht/funktioniert (*pravartate*) die zweite Transformation, das »Mental-Geist/Denken/Vernunft« genannte Bewußtsein (*mano-nāma*

[39] Cf. Vasubandhu, Vijñaptimātratāsiddhi-Triṃśikā 4.

[40] Cf. Vasubandhu, Vijñaptimātratāsiddhi-Triṃśikā 4. Das neuplatonische Gegenstück bei Proklos wird in meinem Buch: H. P. Sturm, Urteilsenthaltung oder Weisheitsliebe zwischen Welterklärung und Lebenskunst, p. 246[110], aufgeführt.

[41] Cf. Vasubandhu, Vijñaptimātratāsiddhi-Triṃśikā 4-6.

[42] C. Sharma, A Critical Survey of Indian Philosophy, p. 120, meine Angleichung an die Sanskrit-Normtransliteration, Kursivierungen, Erläuterung in eckigen Klammern; Darstellung o.c., pp. 119-121.

[43] Cf. Vasubandhu, Vijñaptimātratāsiddhi-Triṃśikā 3.

[44] Cf. Vasubandhu, Vijñaptimātratāsiddhi-Triṃśikā 5.

vijñānaṃ), dessen Wesen/Eigenheit die Denktätigkeit ist (*manana-ātmakam*) (Ƴ2).[45] Es, das Mental-Bewußtsein (*manas*) nämlich, geht einher mit den verschiedenen Anhaftungen an oder Verderbtheiten (*kleśa*)[46] durch ein Ich oder personales Selbst (*ātman*)[47], wobei Selbst hier streng in der anti-hinduistischen theravādischen Bedeutungsverengung von Individual-Selbst (Ego) zu verstehen ist, das im Sanskrit gängigerweise *ahaṃkāra, mamatā, mamakāra, asmitā* genannt wird. Insofern dürfte es das ‚Selbst'-Bewußtsein in seiner begriffsverhafteten Form, d.h. den Ich-Dünkel,[48] darstellen, der sich bei genauer Analyse, so ein ausgewiesener Vijñānavāda-Spezialist, vom gegenstandsbezogenen Denkbewußtsein (*mano-vijñāna*) unterschiede.[49] Dieses entwickelt sich aus jenem heraus zusammen mit dem fünffachen Sinnesbewußtsein als dritte Transformation, die mit den polar entgegengesetzten Kategorien gut und schlecht und gewissen Empfindungsarten verbundene Objektvorstellung oder Gegenstands-Wahrnehmung (*vijñaptir-viṣaya*) bzw. Gegenstands-Erfassung (*viṣayasya-upalabdhiḥ*) (Ƴ1).[50]

Was die Vergleichung von Vijñānavāda und Neuplatonismus besonders interessant erscheinen läßt, ist die Tatsache, daß abgesehen von den drei Modifikationsphasen Drei Stadien des Selbstseins, Drei Eigenzustände oder Geistwesenheiten

---

45 Cf. Vasubandhu, Vijñaptimātratāsiddhi-Triṃśikā 1; 5; 2; 16.

46 Cf. Vasubandhu, Vijñaptimātratāsiddhi-Triṃśikā 6; 9; 11; 14; idem, Trisvabhāva-Kārikā 7; 17.

47 Cf. Vasubandhu, Vijñaptimātratāsiddhi-Triṃśikā 6.

48 Dünkel leitet sich etymologisch von denken und danken ab, cf. A. Walde, Vergleichendes Wörterbuch der indogermanischen Sprachen, 1. 744, *tong-*; G. Köbler, Indogermanisches Wörterbuch, s.v. *tong-* (1).

49 Cf. T. A. Kochumuttom, A Buddhist Doctrine of Experience, pp. 96, 137, 144.

50 Cf. Vasubandhu, Vijñaptimātratāsiddhi-Triṃśikā 2; 8.

(*tri-svabhāva*) analog zu den drei Hypostasen wie Konturen stehender Wellen als Geiststruktur in das ständige Fließen des Speichergeistes gemäß der von der Empirie (*vyavahāra*) ausgehenden Form reflexiver Durchdringung (*praveśa*)[51] und des vorgestellt-vorstellenden Denkens (*mano-vijñāna*), d.h. der Zweiheit/Dualität (*dvaya*), eingeschrieben sind. Ich werde darauf mit Belegen aus den Originalen noch zu sprechen kommen.

Man sollte nun allerdings nicht der gleichen Ungenauigkeit anheimfallen wie der Forscher, der den ersten, als Pionierleistung zu würdigenden Vergleich zwischen der Hypostatik des Neoplatonismus und des Vijñānavāda durchführte und, wichtigen Schriften des buddhistischen ‚Idealismus' folgend, den prinzipiellen Elementarzustand des Bewußtseins der ersten Transformationsebene Vasubandhu's bzw. die drei Geiststrata den drei Modifikationsstadien weitgehend gleichrangig gegenüberstellen, ohne exakt zu unterscheiden zwischen dem, w a s letztlich transformiert wird, das Absolute (*pariniṣpanna*), und dem, z u w a s es transformiert wird, den drei Stadien der Umgestaltung (*pariṇāma*). Hier zunächst diese bedenkliche, doch bedenkenswerte Forschermeinung:

„Die Entsprechung der Konzeptionen von der höchsten Ebene kam teilweise nach Vasubandhu auf. Er wies das *pariniṣpanna* oder höchste Niveau als Speichergeist (*ālaya-vijñāna*) aus. Als solches ist es zum einen Teil wie Plotins Eines and zum anderen Teil wie Plotins Mittelbereich des Geistes."[52] Eine Behebung dieser Unschärfe – die in der Mehrfachfunktion

---

[51] Cf. Vasubandhu, Trisvabhāva-Kārikā 22.

[52] T. McEvilley, The Shape of Ancient Thought, pp. 573–574, hier zitiert p. 573; die jeweilige Zuordnung der Ebenen (ϒ3) im Verhältnis zu (ϒ4) (reiner Akt im Verhältnis zum Absolutem) im Vergleich von Vedānta und Vijñānavāda bei T. R. V. Murti, The Central Philosophy of Buddhism, pp. 319–320, halte ich für verwirrend, wenn nicht gar für unzutreffend.

des Speichergeistes zu sehen ist, wie sie im Fortgang meiner Studie noch mehrmals thematisiert werden wird, liegt zusammen mit einer vergleichenden Skizze der Modelle von Vasubandhu, Plotin, Porphyrios und Marius Victorinus, der auf die in meiner Lehrtätigkeit bekanntgemachte Forschung zurückgeht, in der Literatur vor.[53] Sie ergibt sich allein schon aus dem Verhältnis der Drei Eigenwesenheiten und den Drei Modifikationen zueinander. „In ihrem fünften Vers faßt die *Triṃśikā* einen Zustand jenseits dessen der ersten Transformation von *vipāka* und *ālayavijñāna* ins Auge. Von unten wird dies das vierte Stadium."[54]

Die nähere Komparation der beiden Lehrtraditionen wird zusätzlich zu sprachlichen Unwegsamkeiten, die Lehrinhalte und Darstellungsweise betreffenden Besonderheiten und einer aus welchem Grund auch immer eingeschränkten Verfügbarkeit von Quellenschriften dadurch erschwert, daß aus dem Kognitionsbuddhismus, dem Platonismus nicht unähnlich, kein gänzlich konsistentes System zu rekonstruieren ist. Dazu kommt die oft lakonische, aber auch dialektisch verspielte Redeweise seiner Vertreter. Auf Probleme der Wiederherstellung, Herausgabe und Übersetzung der Texte kann hier nur aufmerksam gemacht werden.

Deshalb kann es sich bei meinen transkultural-komparativen Bemerkungen, zumindest was konkrete doxographische Inhalte betrifft, nur um Forschungsvorschläge, plausible Konjekturen, nachvollziehbare Hypothesen und Gedankenexperimente handeln, zu deren endgültigen Bewertung noch eine

---

[53] Cf. den Strukturvergleich zwischen der christlichen Trinitätslehre und den *tri-svabhāvāḥ* bei K. Ceming, Einheit im Nichts, pp. 336-343 (mit Diagramm, p. 343); die Zuordnungen darin sind gemäß den in der Gesamtstudie hier aufgerissenen Rangfolgen zu präzisieren; Rangfolge richtig parallelisiert bei T. Sabo, Plotinus and Buddhism, pp. 495-496.

[54] D. Bhattacharya, The Origin of the Catuṣkāya Doctrine, p. 45.

Unmenge an Detailarbeit geleistet werden müßte. Übersichten zu und Zusammenfassungen von Prinzipienschemata aus dem Schrifttum des Yogācāra, die sowohl die allgemeine Gestalt der Lehre als auch ihre schul- und autorenspezifischen Besonderheiten wie Varianzen dokumentieren, sind verfügbar.[55] Allein das gewaltige Interpretationswerk ›Vijñaptimātratāsiddhi-Śāstra/Traktat zum Erweis des Nur-Geistes‹ Dharmapāla's (530–561) und anderer Autoren, von Xuánzàng (602/3–664) zusammengetragen, ins Chinesische übersetzt und nur noch in dieser Fassung verfügbar,[56] ist ein riesiges Reservoir an Materialien zur Geistlehre des buddhistischen ‚Idealismus'.

Die erste Wesensform ist nun der zugrundeliegende Urzustand *(pari-)niṣpanna,*[57] wörtlich, das Perfekte, Vollkommene, Entwickelte, Aufgegangene (Ϋ4) und entspricht dem Einen *(tò 'én)* Plotins, das bei diesem zwar übergeistig genannt wird und völlig unbestimmt, ja unbestimmbar ist, als Selbst, das Selbe, Vater des Geistes, das Gedachte in der reinen Selbsterkenntnis des Einen,[58] Geisterzeugendes und durch Geist Erzeugtes in

---

[55] Cf. Å. Boquist, Trisvabhāva. A Study of the Development of the Three-nature-theory in Yogācāra Buddhism, pp. 30–35, 39–49 (›Saṃdhinirmocana-Sūtra‹); pp. 52–66 (›Laṅkāvatāra-Sūtra‹); pp. 70–77 (Maitreya(nātha), Madhyāntavibhāga); pp. 81–95 (idem, Mahāyānsūtrālaṃkāra); pp. 98–113 (Asaṅga, Mahāyānasaṃgraha); pp. 117–128 (Vasubandhu, Trisvabhāvanirdeśa); pp. 140–144 (idem, Triṃśikā). Eine Zusammenstellung einschlägiger Passus in der Original- und Sekundärliteratur zum Thema der Drei Gattungen des Ansichseins geben auch F. Tola / C. Dragonetti, Being as Consciousness, pp. 194–218.

[56] Cf. Xuánzàng, Chéng-wéi-shì-lùn, Taishō, Nr. 1585, 31.1–60, ⟨tr.⟩ L. de la Vallée Poussin, La Siddhi de Hiuan-Tsang; weitere Übersetzungen von Yogācāra-Texten bei Xuánzàng in F. H. Cook, Three Texts on Consciousness Only.

[57] Cf. Vasubandhu, Vijñaptimātratāsiddhi-Triṃśikā 21; idem, Trisvabhāva-Kārikā 1; 3; 17; 28; 33 (argumentativ entscheidende Stellen).

[58] Cf. Plotinos, Enneaden 5.4.2.12-42 §§ 11–16; W. Beierwaltes, Das wahre Selbst, pp. 84–122.

einem[59] und „immerwährendes Erwachen und Über-Geistigkeit (*'upernóēsis*)“,[60] jedoch auch die Funktion der Bedingung allen Bewußtseins und Geistes innehat und somit der Kennzeichnung innerhalb der Skala der Modifikationen bei Vasubandhu einigermaßen entspricht: nichts als Bewußtsein oder Bloß-Wissen zu sein, ähnlich dem absoluten Bewußtsein (*cit*) oder der auf dem Gipfel stehenden (*kūṭastha*) Zeugen-Bewußtheit (*sākṣin*)[61] und äquivalenter Konzepte im hinduistischen Vedānta. Das legen sowohl die vorplotinische Geistmetaphysik des Neopythagoreismus und/oder Mittelplatonismus mit ihrer Besetzung der obersten Stelle der Realitätshierarchie durch eine Geistkategorie als auch die nachplotinische Geistmetaphysik des Plotin-Schülers Porphyrios durch die direkte Verknüpfung der obersten Kategorie mit dem Geist, also die Stellung Plotins innerhalb der Tradition des Platonismus, nahe. Nicht zu Unrecht meint ein renommierter Interpret, daß Plotin, indem er durch die Exegese von Platon und Aristoteles die Lehre vom Sein-Leben-Intellect als den drei Phasen des geistig Seienden auf seine wahren Quellen zurückgeführt habe, dazu gebracht worden sei, die Sorge wiederzuentdecken, den ganzen Reichtum des Sinnlichen in der Reinheit des Geistigen zu (be-)

---

59 Cf. Plotinos, Enneaden 6.8.16.12-21 §§ 146-148.

60 Cf. Plotinos, Enneaden 6.8.16.30-39 § 151-152; zu ähnlichen Stellen in den ›Enneaden‹ cf. H. Crouzel, Origène et Plotin, pp. 90-91.

61 Cf. Śaṅkara, Upadeśasāhasrī 7.2-3; (Pseudo-)Śaṅkara, Aparokṣānubhūti 16; Sarvasāra-Upaniṣad 2-3, ⟨ed.⟩ J. L. Shastri, Upaniṣatsaṅgrahaḥ, pp. 253-254; Kaivalya-Upaniṣad 18; 2.24 (23), ⟨ed.⟩ J. L. Shastri, Upaniṣatsaṅgrahaḥ, pp. 143-144; G. A. Jacob, Upaniṣadvākyakośaḥ, s.v. Einen (hier nicht zu diskutierenden) Vergleich zwischen dem Zeugenbewußtsein (*sākṣin*) im Vedānta und dem Speicherbewußtsein (*ālaya-vijñāna*) im Yogācāra stellt A. K. Chatterjee, The Yogācāra Idealism, pp. 96-101, an.

wahren.[62]

Die zweite Essentialform der Geistmetaphysik Vasubandhu's bzw. des Yogācāra ist die Bezügliche, Relative, Interdependente, Bedingungsartige (*paratantra*)[63] und es ist diese Ordnungseinheit, die entsprechend der buddhistischen Vorstellung vom Wachsen, Werden und Entstehen in vollständiger, ‚absoluter' gegenseitiger Abhängigkeit (*pratītya-samutpāda*) dem Speicher- oder Reifungsgeist (*ālaya-vijñāna*), anderwärts einfach Geist oder Bewußtsein (*citta*) benannt (ϒ3),[64] beizuordnen ist. »Bedingtes« (*paratantra*) wird es genannt, entweder weil es von anderem beherrscht wird oder weil es Herrschaft (*adhipatya*) über das Entstehen von anderem ausübt, oder weil es der Grund (*āśraya*) ist, von dem aus sich die Transformation (*pariṇāma*) zum Vorgestellten (*parikalpita*) und zum Absoluten hin (*pariniṣpanna*) vollzieht.[65] „So ist parikalpisches paratantra dem Wahn hingegebenes oder verunreinigtes paratantra, während pariniṣpannisches paratantra ein geläutertes paratantra ist, von welchem alles parikalpita weggespült, gereinigt wurde."[66]

Weitgehend unbekannt dürfte – auch in Spezialistenkreisen – der Sachverhalt sein, daß der vijñānavādische Speichergeist (*ālaya-vijñāna*) dem upaniṣadischen Herzraum (*hṛdaya-ākāśa*)

---

62 Cf. P. Hadot, Être, vie, pensée chez Plotin et avant Plotin, pp. 140–141; idem, Die Metaphysik des Porphyrios.

63 Cf. Vasubandhu, Vijñaptimātratāsiddhi-Triṃśikā 21; 22; idem, Trisvabhāva-Kārikā 1; 2; 17; 28 (argumentativ entscheidende Stellen).

64 Cf. Vasubandhu, Trisvabhāva-Kārikā 5–7; 29; 36; N. Aramaki, Paratantrasvabhāva (I), Teil 1, p. 954 (41), listet neun Bedeutungen von *paratantra-svabhāva* in Asaṅga, Mahāyānasaṃgraha, auf.

65 Cf. Bhavya, Madhyamakahṛdayavṛtti-Tarkajvālā 5.505, 〈ed./tr.〉 M. D. Eckel, Bhāvaviveka and His Buddhist Opponents, pp. 222/392.

66 D. Lusthaus, Buddhist Phenomenology, p. 337, Kommentar zu Vasubandhu, Vijñaptimātratāsiddhi-Triṃśikā 21.

entspricht,[67] was dann nicht mehr verwundert, wenn man bedacht hat, daß sowohl mit den vijñānavādischen Samen als auch der äquivalenten Bezeichnung für den Herzraum im Vedānta, nämlich Verborgenes, Kryptisches, Geheimes, Höhle (*guha*), Unentfaltetes, Implizites, noch nicht in Erscheinung Getretenes und nur in der Anlage Vorhandenes verbunden ist. Da die Samen (des Karma) als informationsgeladene Krafteinheiten im Boden des Speichergeistes liegend, durch ein Ursache-Wirkungs-Geflecht von gegenseitiger Bedingung und Bedingtheit zur Reifung gelangen, wird dieses Wesensmoment, indem es Fungieren unter Bedingungen ist (*pratyayād-hīna*),[68] eben Bezügliches oder Interdependentes (*paratantra*) genannt.

Als Grund und Ursache (*hetu*)[69] ist es Stätte und Ort, das Was (Wesen/Substanz) der Wissens-Erscheinung (*yat khyāti*).[70] Da es Einheitsbedingung für die Manifestation des zwei-/vielheitlichen Bedingens und Bedingten ist, wäre diese Selbstwesenheit eher »Bedingnis«, »Bedingtheit« bzw. »Bezüglichkeit«, denn »Bedingtes« oder »Bezügliches« zu nennen. Sie ist erster Geist (*cittam ādyaṃ*)[71], Geist (*citta*), weil sie nach einer esoterischen Etymologie (Etymogelei) Vasubandhu's voll/angehäuft (*cita*) ist mit den Samen und Spuren der Verdorbenheit.[72] Als Wirkung, Folge, Resultat (*phala*) ist sie Nach-außen-Treten/

---

[67] Cf. M. Falk, Nāma-Rūpa and Dharma-Rūpa, pp. 83-84, eadem, The Five Jinas and the Five Colours of Consciousness, pp. 437-438, mit Nennung weiterer Vergleichsgrößen in frühbuddhistischen und hinduistischen Schriften.

[68] Cf. Vasubandhu, Trisvabhāva-Kārikā 2.

[69] Cf. Vasubandhu, Trisvabhāva-Kārikā 6.

[70] Cf. Vasubandhu, Trisvabhāva-Kārikā 2.

[71] Cf. Vasubandhu, Trisvabhāva-Kārikā 7.

[72] Cf. Vasubandhu, Trisvabhāva-Kārikā 7.

Entfaltung (*pravṛtti*)[73], das Wie (Qualität/Modus) der Wissens-Erscheinung (*yathā khyāti*), das Vor-gestellte oder Vor-stellbare (*kalpitaḥ*)[74]. Dieserart ist sie der zweite Geist (*cittam* .. *dvitīyaṃ*), Geist (*citta*) wiederum, weil sie (nach einer ebenso esoterischen Etymologie Vasubandhu's) in verschiedenen/vielfachen (*citra*) Formen/Gestalten, d.h. im Rahmen von Pluralität bzw. Dualität (*dvaya*) funktioniert.[75]

„Vasubandhu's 'Nur-Erkennen'-Lehre (*vijñaptimātratā*) bedeutet Ungeschiedenheit von Objekt und Erkennen. Jedes Erkennen hat zwei untrennbare, doch unterschiedene Teile, *citta* und *caitta*, den noetischen und den objekthaften Teil. Während der Buddhist diese Korrelationsstruktur anerkennt, beruft er sich gleichzeitig, wie alle indischen Philosophen, auf eine kausale Geltung."[76] Das ist aber auch sein Problem. Ist *paratantra* nun »Bedingtes« oder »Bedingnis« oder beides? Handelt es sich um ein kausales oder korrelatives Bedingungsverhältnis? Diese Frage sollte sich auch der materialistische, in die gegensätzliche Bedingungsrichtung argumentierende moderne Hirnforscher stellen, der glaubt, daß das von ihm beforschte Körperteil, das Gehirn, Unkörperliches, Gedanken, Willensregungen und Gefühle, kurz, Gespenster erzeuge.[77]

Wie der neuplatonische Noũs hat der Geist (*citta*) der Geistbuddhisten also eine Binnengliederung, zunächst, wie es scheint, eine zweifache. Bei genauem Hinsehen aber wird man

---

[73] Cf. Vasubandhu, Trisvabhāva-Kārikā 6; 7; 9.

[74] Cf. Vasubandhu, Trisvabhāva-Kārikā 2.

[75] Cf. Vasubandhu, Trisvabhāva-Kārikā 7.

[76] J. N. Mohanty, Explorations in Philosophy, 1.166 (Buddhism and Phenomenology).

[77] Cf. H. P. Sturm, Einleitung in die Strukturphilosophie der Re-flexion in transkulturaler Anwendung (Transkultural-Philosophie), pp. 19-21, mit Verweisen auf einschlägige Literaturstellen.

einer dreifachen gewahr: des Geistes als Hypostaseneinheit (*citta*), die das Intellect-, Wissens- oder Bewußtseinshafte in seiner gattungsmäßigen Allgemeinheit (Instanz), entsprechend dem Noũs selbst repräsentiert (ϒ3_2); seines grundhaften und wurzelhaften (*mūla*) Aspekts, von dessen Sein und samenhaften Bilde- und Formkräften (*bīja*) das Geistgeschehen seinen Ausgang nimmt (*hetu*), entsprechend dem Aspekt der Noũs-Gegenstände (*eídē*) und ihrer Gesamtheit (*noētón*), des Seienden (*ón*) und Bleibens (*mónē*) (ϒ3_1) und seines dynamischen, funktionalen, modalen Nach-außen-Tretens (*pravṛtti*), entsprechend dem Noũs-Aspekt des Hervortretens (*próodos*), der Denkbewegung (*nóēsis, kínēsis*), des Lebens (*zōḗ*) und Vermögens (*dúnamis*) des Geistes (ϒ$\overset{\rightleftarrows}{3}$) in der Neuplatonik.

Es ist nicht leicht zu entscheiden, ob die drei Phasen des „nichtseienden Vor-stellens“ oder „Vor-stellens des Nichtseienden“ (*abhūta-kalpaḥ*) von »Trisvabhāva-Kārikā 8«: a) entwicklungs-/reifungsartig (*vaipākika*), b) verursacht (*naimittika*) und c) (er)schein(ungs)haft (*prātibhāsika*), mit der (impliziten oder expliziten) Dreiphasigkeit des Geistkomplexes à la Neoplatonismus, und damit auch mit der hier gegebenen Strukturierung des Bewußtseins im Vijñānavāda zur Deckung zu bringen sind. Sollten die drei Stadien mit denen im Vers 2 der ›Triṃśikā‹: Reifung/Entwicklung (*vipāka*) (ϒ3), Denken (*manana*) (ϒ2) und Objekterfassung (*vijñaptir-viṣaya*) (ϒ1) identisch sein,[78] dann läßt sich der Vergleich freilich ohne weiteres ziehen.

Hinsichtlich der Zahl der Konstituenzien (*bhāga*) des Geistes (*vijñāna/citta*) und deren Funktionen war man sich selbst in der Gründerzeit des Yogācāra, als dessen Umrisse gezeichnet wurden, nicht einig. Überblickshaft erfahren wir davon in der bereits erwähnten Kompilation von Vijñānavāda-Lehren,

---

[78] Cf. Vasubandhu, Vijñaptimātratāsiddhi-Triṃśikā 2; T. A. Kochumuttom, A Buddhist Doctrine of Experience, pp. 95–96.

der ›Chéng-wéi-shì-lùn / Vijñaptimātratāsiddhi‹ von Xuánzàng. Am wenigsten umstritten war, daß Geist grundsätzlich in zwei Aspekten aufscheint, als Geist selbst (*citta*) und als dessen Inhalte oder Quasi-Objekte (*caitta*), er wie die platonistische unbestimmte Zweiheit (*aóristos duás*) somit ein- und mehrheitlich gleichermaßen ist.[79]

Der Geist wie auch das geistig Einsehbare, beide, haben wir es doch mit einer Es-gibt-nur-Geist-Lehre zu tun (Sein = Bewußtsein), sind verunreinigt (*akuśala*) von Beeinträchtigungen bzw. Lastern, Verhaftungen und Leidenschaften (*kleṣa*) verschiedener Art, sprich der Verschleierung des Erleuchtungsbewußtseins, wiederum in zwei Aspekte aufgefächert, einen objektartigen (*ālambana*) oder Bildartig-Noematischen (*nimitta*), Erkennbares (*prameya*) ($\Upsilon 3_1$), und einen subjektartigen (*sālambana*) oder intellectualen (*darśana*), erfassenden (*grāhaka*), Erkenntnismedium (*pramāṇa*) ($\Upsilon 3_2$). Das Resultat (*phala*) des Bezugs von letzterem auf ersteres, deren spontane Vermittlung, wenn man so will, ist das bewußte Erkennen selbst ((*sva-*)*saṃvitti-bhāga*) ($\Upsilon \overset{\rightleftarrows}{3}$). Es stellt den Aspekt der Ansich- bzw. Wesenhaftigheit (*svabhāvika-bhāga*) des Geistes, das, was ihn ausmacht, dar. Bei der Zuordnung der letzten beiden Momente bin ich mir allerdings nicht sicher. Das Erkenntnismedium (*pramāṇa*) könnte auch ($\Upsilon \overset{\rightleftarrows}{3}$), die Wesenhaftigkeit ($\Upsilon 3_2$) sein.[80]

Jeder dieser drei Geistfaktoren übt, wie aus der obigen Darstellung bereits herauszulesen ist, eine spezifische Funktion aus: das Erkennbare (skr. *prameya* / gr. *nóēma*) als Referent zieht den Blick des Erkennenden (skr. *pramāṇa* / gr. *noũs*) auf sich, empfängt ihn sozusagen, wodurch als Ergebnis oder

---

[79] Cf. Xuánzàng, Chéng-wéi-shì-lùn, Taishō, Nr. 1585, 31.10a29 – b1, ⟨tr.⟩ L. de la Vallée Poussin, La Siddhi de Hiuan-Tsang, 1.127.

[80] Bei letzterer Einteilung wären wir dem Platonismus ganz nahe; zu letzterer cf. H. P. Sturm, Die vier Stadien des Ent–Setzens, p. 49.

Effekt und Vollendung die Erkenntnis selbst (skr. *(sva-)saṃvitti-bhāga* / gr. *nóēsis*) eintritt. Porphyrios und seine Mitstreiter wie Nachfolger prägten dafür, wie im Faszikel II/5 tabellarisch dargestellt,[81] eine Begrifflichkeit, die ins Sanskrit übertragen mit gewissen Einschränkungen den buddhistischen Kognitivisten zugeschrieben werden könnte:

(ϒ32) Erkennbares (*noētón*): *ón*/ *'úparxis* (Sein/Existenz) = *mónē* (Bleiben)
(ϒ3⃗) Erkennen (*nóēsis*): *dúnamis*/ *zōḗ*/ (Kraft/Leben) = *próodos* (Hervorgehen)
(ϒ31) Erkennendes (*noũs*): *noũs* (Geist) = *epistrophḗ* (Rückkehr).

Betrachtet man die Geistaspekte jedoch nicht ihrer eingefalteten (impliziten), reingeistigen, sondern ihrer ausgefalteten (expliziten), beeinträchtigten oder leidenschaftlich getrübten (*akuśala*) weltlichen Form nach, wie sie unsere normalmenschliche Kognition in Erkennbares/Sensuales (ϒ1), Erkennen/ Mentales (ϒ2) und Erkennendes/Intellectuales (ϒ3) gliedern, so kommt zu den dreien ein weiterer hinzu, der sie aus dem individuellen Bereich, meine (Selbst-)Bewußtheit zu sein, in die Universalität der sich selbst bewußten Bewußtheit, der Bewußtheit an sich, des absoluten Bewußtseins, erhebt, wofür im Yogācāra zunächst *ālaya-viñāna* steht, schließlich aber, sollte meine Interpretation zutreffen, *vijñaptimātratā*, bloße Bewußtheit, Nur-Geist stehen müßte. Entsprechend kennen gewisse Geist-Buddhisten als vierten Aspekt des Kognitionsgeschehens das sich selbst bewußte Erkennen (*svasaṃvitti-saṃvitti-bhāga*) ⟨ϒ3/4⟩, das sich nicht mehr auf das Denken, sondern auf die unmittelbare Wahr-nehmung bzw. Bewußtheit

81 Cf. H. P. Sturm, Die vier Wissenskonstituenzien (in) der spätantiken westlichen (?) Spekulation, pp. 189-190 (mit tabellarischer Abbildung).

vom Denken und den ihm durch innere und äußere Wahrnehmung präsentierten Gegenstand bezieht. Nachfolgend erstelle ich eine Liste der Zugehörigkeit einzelner Kognitionskategorien zu den vier konstitutiven Faktoren des Geistes. Dabei handelt es sich um Durchschnitts- oder Näherungswerte, die aus dem ›Chéng-wéi-shì-lùn‹ und dessen französischer Übersetzung mit Erläuterungen zusammengestellt sind und eine Sammlung verschiedener Lehrmeinungen des Vijñānavāda darstellen. Die platonistischen Entsprechungen wurden von mir hinzugefügt. Man beachte bitte die alternative Zuordnungsmöglichkeit in eckigen Klammern.

(ϒ1)[ϒ1] Objektperspektive = *ālambana* (所緣 *suǒ yuán*) = *nimitta-bhāga* (相分 *xiàng fēn*) (Phänomen) = *prameya* (能量 *néng liáng*) = *grāhya* (所取 *suǒ qǔ*) = *artha* (境*jìng*) = gr. *mónē* = *noētón* = *ón* = *idéa/ eĩdos;*

(ϒ2)[ϒ3] Resultatperspektive = [*pramāṇa-*]*phala* ([量*liáng*] 果*guō*) = *svabhāvika-bhāga* (自體分 *zì tǐ fēn*) = (*sva*)*saṃvitti-bhāga* (自證分 *zì zhèng fēn*) (bewußtes Erkennen) = gr. *próodos* = *nóēsis;*

(ϒ3)[ϒ2] Subjektperspektive = *sālambana* (能緣 *néng yuán*) = *pramāṇa* (量*liáng*) = *darśana-bhāga* (Vermögen des Gewahrens) (見分 *jiàn fēn*) = *vijñapti* (了別 *liǎo bié*) = *grāhaka* (Erfassender) (能取 *néng qǔ*) = *citta-caitta* (心心所 *xīn xīn suǒ*) = gr. *epistrophḗ* = *noũs;*

⟨ϒ3/4⟩ *svasaṃvitti-saṃvitti-bhāga* (證自證分 *zhèng zì zhèng fēn*) (sich selbst bewußtes Erkennen) = *'upernóēsis.*[82]

---

[82] Cf. Xuánzàng, Chéng-wéi-shì-lùn, Taishō, Nr. 1585, 31.10a17-10c12, ⟨tr.⟩ L. de la Vallée Poussin, La Siddhi de Hiuan-Tsang, 1.125-135.

Es dürfte mit Blick auf entsprechende westliche Philosopheme nicht uninteressant sein zu erwähnen, daß die Aspekte (*bhāga*), Phasen oder Anteile (*aṃśa*) des Geistes im buddhistischen Kognitivismus als weder vereinigt noch verschieden (非卽非離 *fēi jí fēi lí*)[83]; weder so noch anders (*tattva-anyatva*)[84] angenommen werden. Insofern jegliches Objekt in Wahrheit nur Bewußt-Sein (有覺 *yǒu jué*) ‚Subjektives' also ist, die Objekte (所覺 *suǒ jué*) qua materiell-reale Dinge oder Sinnesgegenstände (義 *yì*, 境 *jìng*, *artha;* 事 *shì*, *dravya*, *vastu*) an sich überhaupt nicht existieren, kann die Erklärung für die Spaltung des Erkennenden in Erkennendes und Erkennbares nur in einer Unerfindlichkeit bestehen: einem un-wirklichen – d.h. nicht der Ursache-Wirkungs-Gesetzmäßigkeit der Kausalität unterworfenen unmittelbaren –, im wahrsten Sinne des Wortes von selbst (自然 *zì rán*) stattfindenden Ereignis (Autopoíēsis).[85]

Die hierarchische Gliederung der drei Prinzipien oder Wesenheiten (*tri-svabhāva*) reinen Bewußtseins wird von Vasubandhu bildlich dadurch verdeutlicht, daß er an oberster Stelle, im Absoluten, die Vernichtung des Praktischen (*vyavahāra-samucchedaḥ*) verortet (ϒ4), an der nächsttieferen den Praktizierenden als Leiter und Aufpasser bzw. den Macher als Kopf der Ausführung (*vyavahartṛ*) (ϒ3) und zuunterst das,

---

83 Cf. Xuánzàng, Chéng-wéi-shì-lùn, Taishō, Nr. 1585, 10b27, ⟨tr.⟩ L. de la Vallée Poussin, La Siddhi de Hiuan-Tsang, 1.134.

84 Cf. Xuánzàng, Chéng-wéi-shì-lùn, ⟨tr.⟩ L. de la Vallée Poussin, La Siddhi de Hiuan-Tsang, 1.131, Zitat aus ›Pramāṇasamuccaya‹.

85 Cf. Xuánzàng, Chéng-wéi-shì-lùn, Taishō, Nr. 1585, 31.10-b1, ⟨tr.⟩ L. de la Vallée Poussin, La Siddhi de Hiuan-Tsang, 1.126–127, mit Zitat aus dem ›Ghanavyūha-Sūtra‹. Die Problematik des Von-Selbst behandle ich in den Büchern der ›Widerspiegelung des Geistes‹ je nach der ihm zugeschriebenen oder zuzuschreibenden Funktion entweder kritisch oder für die eigene Argumentation in Anspruch nehmend, wobei deren Bandbreite von der Ebene der Koinzidenz (ϒ3) bis zu der der Meta-Koinzidenz (Y6) reicht.

was zu tun ist und getan wird, die Praxis selbst (*vyavahāra*), die im Alltagsbereich des »Vorgestellten/Gemeinten« (*kalpito*) vollzogen wird (ϒ2/1).[86]

Die dritte Entität der Dreierstruktur wird nun das (unterscheidend oder unterschieden) »Vorgestellte/Gemeinte« ([*pari-*] *kalpita*) genannt (ϒ2/1),[87] da sein Sein eine bloße Vorstellung (*kalpanā-mātra*) ist (ϒ2).[88] Analog zählt Plotinos die Grundbestandteile des BewußtSeins.[89] Das erinnert nicht minder an die bereits im letzten Faszikel behandelte Dreigott- oder Dreigeist-Hierarchie von Noumenios.[90] Und es kann angenommen werden, daß es die Noumenianische Klassifizierung ist, die sich abgewandelt auch in den ›Enneaden‹ findet, wo

(ϒ3) vom Geist (*noũs*) als dem zweiten Gott (*theòs deúteros*) nach
(ϒ4) Jenem (*ekeĩnon*)[91] (Ersten),
(ϒ3) und dem zweiten Anblick (*deútera theámata*),[92]
(ϒ2) sowie von der Seele als der dritten Gestalt oder Idee[93]

---

86 Cf. Vasubandhu, Trisvabhāva-Kārikā 23.

87 Cf. Vasubandhu, Vijñaptimātratāsiddhi-Triṃśikā 20; idem, Trisvabhāva-Kārikā 1-2; 4-5; 17; 23; 28-30 (argumentativ entscheidende Stellen).

88 Cf. Vasubandhu, Trisvabhāva-Kārikā 2.

89 Cf. Plotinos, Enneaden 6.7.9.18-22 §§ 73-74; 5.3.4.20-23 § 31; 4.4.16.18-20 § 71.

90 Cf. R. T. Wallis, Neoplatonism, pp. 33-35; J. Przyluski, Les trois hypostases dans l'Inde et à Alexandrie, pp. 929-930.

91 Cf. Plotinos, Enneaden 5.5.3.3-4 § 21; J. H. Sleeman / G. Pollet, Lexicon Plotinianum, coll. 230-231, s.v. Δεύτερος b.

92 Cf. Plotinos, Enneaden 6.9.11.21-22 § 76.

93 Cf. J. H. Sleeman / G. Pollet, Lexicon Plotinianum, coll. 1035-1036, s.v. τρίτος.

> und vom Kosmos ‚mit Hinweis auf die übliche Sprechweise der Überlieferung' als dem dritten Gott (*'o kósmos theós, 'ósper súnēthes légein, trítos*)[94] die Rede ist.

Plotins Hinweis auf die Tradition dürfte sich direkt auf Noumenios beziehen. Im ›Timaios-Kommentar‹ von Proklos findet sich nämlich die Mitteilung, daß das Geschaffene (*poíēma*) und der Kosmos dem Noumenios der dritte Gott gewesen sei.[95] Diese Verteilung von Göttlich-Geistigem und Weltlichem gehört viel ferneren Zeiten und Gegenden zu; daran möchte ich mit einem Hinweis auf die Vierteiligkeit des vedischen Urwesens (*puruṣa*), von dem drei Viertel droben im Himmel bleiben, ein Viertel nur hier, im Diesseits, seiend wird, an dieser Stelle erinnern. Daß es sich auch bei der Erkenntnisstruktur Vasubandhu's insgesamt tatsächlich um eine Tetrade handelt, und dieses der quaternären Hypostatik Plotins analog ist, wird schlußendlich in der Zusammenschau bekräftigt, die der erstere selbst gibt.

(Υ3) „Der Wurzelgeist (*mūla-vijñāna*) ist dem Zauberspruch (*mantra*) gleich [*noũs*] {*NĀMA/bráhman/vāk*};

(Υ4) die Soigkeit (*tathatā*) wird dem Klotz (*kāṣṭha*) gleich aufgefaßt [*'én*] {*RŪPA*}

(Υ2) das Vorstellen/Meinen (*vikalpa*) ist der Form/Gestalt (*ākāra*) [*psuchḗ-énnoia-logismós*] {*nāma*} des Elefanten gleich anzunehmen,

(Υ1) die Zweiheit (*dvaya*) dem Elefanten (*hasti*) [*prãgma/*

[94] Cf. Plotinos, Enneaden 3.5.6.16-24 §§ 52-53.

[95] Cf. Noumenios 21 (& 16.16-17), ⟨ed./tr.⟩ É. des Places, p(p). 60 (57). Zum Verhältnis von Noumenios und Plotinos in historischer wie systematischer Hinsicht cf. K. S. Guthrie, Numenius of Apamea. The Father of Neo-Platonism, pp. 163-172, 189-190.

sõma–'úlē] {*rūpa*} gleich."[96]

Eine Vasubandhu's Vierteilung ähnliche Geist-Taxonomie wurde in der Fachliteratur auch auf das ›Laṅkāvatāra-Sūtra‹ angewandt:

(ϒ4)	*citta* (Geist, Bewußtsein)
(ϒ3)	*ālaya* (Speicher)
(ϒ2½)	*manas* (Mentalgeist)
⟨ϒ2-1⟩	*cittakalāpa* (Geistaggregat des Subjekts, das dem Objekt entgegensteht und so Dualität wahrnimmt),[97]

wiewohl eine trennscharfe Unterscheidung zwischen den Quadranten, besonders zwischen dem ersten und zweiten, dem Absoluten und Speichergeist, in dieser Grundschrift des Mahāyāna nur schwer auszumachen ist.

Eine indirekte Bestätigung meiner Interpretation ist in der Forschungsliteratur unter einer ganz anderen Fragestellung,

---

[96] Cf. Vasubandhu, Trisvabhāva-Kārikā 30: *mantra-van mūla-vijñānaṃ kāṣṭha-vat tathatā matā* | *hasty-ākāra-vad eṣṭavyo vikalpo hasti-vad dvayam* ‖30‖; cf. o.c. 27-28, 34. Man beachte, daß im Vers 28 die Erscheinung (*ākṛtiḥ*) des Elefanten dem »Bezüglichen« (*paratantra*) gleichgesetzt ist. Die Äquivalente des Plotinismus in eckigen Klammern und die Vedānta-Kategorien, die im Faszikel II/2, Kapitel 2, cf. H. P. Sturm, Prinzipien-Triadik oder Prinzipien-Tetradik?, pp. 27-77, und im Faszikel hier Anwendung fanden, in geschweiften, wurden von mir eingefügt; *vikalpa* muß hier im Sinne von (*pari*)*kalpita* gemeint sein, was durch den Kontext meiner Darstellung und das folgende Zitat M. Falk, Nāma-Rūpa and Dharma-Rūpa, pp. 174-176, erhärtet wird. Cf. Å. Boquist, Trisvabhāva, pp. 126-128, mit Angabe weiterer Interpretationsstellen; T. A. Kochumuttom, A Buddhist Doctrine of Experience, pp. 115-116.

[97] Cf. E. Graf, Einführung in: Laṅkāvatārasūtra, pp. 20-25; zum Terminus »Geistapparat« (*citta-kalāpa*) cf. D. T. Suzuki, Studies in the Lankavatara Sutra, pp. 394, 400.

doch in einer Weise vorfindlich, als wäre sie für die Zwecke hier verfaßt worden. Ich zitiere aus dieser Studie, die ich erst vor einiger Zeit, als meine Rekonstruktionen schon weitgehend abgeschlossen waren, entdeckte, aus zwei Gründen ziemlich ausführlich, erstens, weil sie außerhalb wie innerhalb der Indologie weitgehend unbekannt sein dürfte und zweitens, weil sie, wie das bei Philologen und Historio-Doxographen nicht unüblich ist, viele originalsprachliche Passus und Begriffe nicht übersetzt, insofern nur Spezialisten verständlich ist und somit leider Experten-Esoterik verkörpert, die hier wenigstens in Form einer Textstelle, welche von einem außergewöhnlichen Strukturverständnis zeugt und sich durch eine ungemeine Informationsdichte auszeichnet, in wissenschaftliche Exoterik übergeführt werden soll:

(ϒ1/2) „... der *parikalpita-svabhāva* [das Ansich-Seiende »Vorgestelltes/Vermeintes«] oder das *nāmarūpa* [Name (ϒ2) und Form (ϒ1)], der/das im gemeinen Bewußtsein erfahren wird, ist letzter Effekt und falsche Objektivierung

(ϒ3) des *vikalpa* [Vor-stellens/Vermeinens] oder der kausalen Entfaltung des *citta* (*vijñānapariṇāma*) [Geistes (Modifikation des Bewußtseins)] des *pratītyasamutpāda* oder *paratantra-svabhāva* [Entstehens in Abhängigkeit oder Ansich-Seienden »Bezügliches«];

(ϒ4) der *pariniṣpanna-svabhāva* [das Ansich-Seiende »Perfektes/Aufgegangenes«] wird durch das »reine« *paratantra* [Bezügliches] realisiert, wenn es aufhört, (sich etwas) vorzustellen, i.e. durch die Unterdrückung von *pariṇāma* [Modifikation], wobei das *vijñāna* [Bewußtsein] in seinem transzendenten Wesen »hervorkommt« (*niṣ-pad*).

Auf diese Weise hat *paratantra* [Bezügliches] durch sein doppeltes Wirkvermögen (als *sāsrava* und *anāsrava,* i.e. als *pravṛtti* und *nivṛtti* [als mit Intention/Beeinträchtigung und ohne Intention/Beeinträchtigung, d.h. als Funktion/Entfaltung und Funktionslosigkeit/Unentfaltetheit]) an beiden teil, am *parikalpita* und am *pariniṣpanna* [Vorgestellten/Vermeinten und Perfekten/Aufgegangenen]. Es ist *saṃkleṣa-vyavadāna-nibandha* [mit Verdorbenheit/Trübung und Läuterung/Reinigung verknüpft]: dieser Mahāyāna-Begriff (...) ist das Gegenstück zum upaniṣadischen *sat-ti-ya – ubhe yacchati* [Unsterblich-Sterblich-Keit – sie {sc. die Wahrheit} enthält beide].

(Υ4) Im Yogācāra-Kontext, in dem das ekstatische Erkennen des *paramārtha* [Summum bonum] wieder in eine Reihe mit bedingten Erkenntnisweisen gestellt wird, ist das *paramārthasatya* [die Wahrheit vom Summum bonum] auf der einen Seite *paramārthasya satya* [Wahrheit des Summum bonums] (Ziel, Verwirklichung der Tathatā [Soigkeit]),

(Υ3) auf der anderen *paramārthādhigama satya* [Wahrheit von der Annäherung an das Summum bonum] (Weg, fortschreitende Verwirklichung der *vijñāptimātratā* [Bloß-Bewußtheit]).

(Υ2) Zählt man die heilbringende Śravaka-Wahrheit [Hörer-Wahrheit] unabhängig von der letzteren als *yogasaṃvṛti* [yogisch-verhüllte], die

(Υ1) die *lokasaṃvṛti* [weltlich-verhüllte] wirkungsvoll kompensiert,

so sind die *satyas* [Wahrheiten] in der Yogācāra-Synthese implizit vier. Wenn die zwei alternativen Aspekte von *paratantra* [Bezügliches] getrennt gezählt werden, offenbart die daraus resultierende Tetrade ihre strukturelle Analogie zum altbuddhistischen Schema der vier *satyas* [Wahrheiten]:

(Υ1) das *parikalpita* [Vorgestellte] korrespondiert dem *duḥkha-satya* [Wahrheit vom Leiden],

(Υ2) das *paratantra* der *pravṛtti* [Bezügliche der Entfaltung/Funktion] dem *samudayasatya* [Wahrheit von der Ursache] (oder *pratītyasamutpāda anulomam* [normal verlaufenden Entstehen in Abhängigkeit]),

(Υ3) das *paratantra* [Bezügliche] des *nivṛtti* [Unentfaltetheit/Funktionslosigkeit] dem *mārgasatya* [Wahrheit vom Weg] (oder *pratītyasamutpāda pratilomam* [gegenläufigen Entstehen in Abhängigkeit]),

(Υ4) das *pariniṣpanna* [Perfekte/Aufgegangene] dem *nirodhasatya* [Wahrheit von der Unterbindung/Stillstellung/Ruhigstellung].“[98]

Mit ihrer Einteilung der Vijñānavāda-Epistemologie in vier Ebenen unter Verwendung von Madhyamaka-Terminologie zeichnet die zitierte Forscherin die Wahrheitslehre von Bhavya/Bhā(va)viveka (ca. 490–570), dem Hauptvertreter des Svatantra-Madhyamaka, in den Yogācāra hinein, ohne sich auf diesen zu berufen. Ein Diagramm zu Bhāvaviveka's epistemischer Schichtung mit Erläuterungen erstellte ich in der ersten Abteilung des vorliegenden Werkes.[99] Was bei Bhavya die weltlose (*aloka-saṃvṛti*) Wahrheit im Bereich der Verbergung genannt

[98] M. Falk, Nāma-Rūpa and Dharma-Rūpa, pp. 174–176; die falsche Etymologie (‚Etymogelei‘) von *satya* (Wahrheit, Seinsheit) als *sat-ti-ya* stammt aus der ›Bṛhadāraṇyaka-Upaniṣad‹; genaue Angaben dazu und Belegstellen in mahāyānistischen Texten finden sich in den Fußnoten zum zitierten Passus; die offensichtlich durch Ungenauigkeit beim Schriftsatz bedingte inkonsequente Versehung der Sanskrit-Ausdrücke mit Schriftstyles (Wechsel von normal und kursiv) wurde von mir aus Gründen der Übersichtlichkeit vereinheitlicht; Ordinalen in runden, Übersetzungen in eckigen und eine Ergänzung dazu in geschweiften Klammern stammen von mir.

[99] Cf. H. P. Sturm, Die vier Stadien des Ent-Setzens, pp. 386–387.

wird, wäre nach der Argumentation der polnischen Indologin dann wohl die weltliche (*loka-saṃvṛti*) des Yogācāra, während die von ihr yogaspezifische (*yogasaṃvṛti*) genannte bei Bhavya die weltliche (*loka*) mit ihren drei Stufen, beginnend mit den Hörern (*śravaka*), wäre.

Dieser Gleichlauf ergibt re-flexionsstrukturell betrachtet Sinn. Ganz anders steht es mit dem neuerlichen Versuch, die Drei Ansichseienden (*tri-svabhāva*) des Vijñānavāda mit Candrakīrti's Schichtung der Lehre von den Zwei Wahrheiten (*satya-dvaya*) zu korrelieren. „Candrakīrti's dreifache Unterscheidung zeigt eine auffallende Affinität zur *trisvabhāva*-Lehre des Yogācāra, die zu ihr beigetragen haben mag."[100] Das ist gerade nicht der Fall, weil bei ihm die sprachlich ausgedrückte theoretisch letztgültige Wahrheit fehlt und somit die Instanz, durch die diese gewährt und sichergestellt wird, der Geist (in Vijñānavāda-Terminologie: *ālaya-vijñāna/paratantra-svabhāva/vipāka*), in die Bedeutungslosigkeit gedrängt ist, was von dem zitierten Autor selbst eingeräumt wird.[101]

Fast genauso schwer nachvollziehbar, doch in der Erwartung, einige neue Aspekte in den Blick zu bekommen, ist der Ansatz desselben Experten re-flexionsstrukturell zu bedenken und weiterzudenken, mit dem er versucht, die vierfältige Setzungskonfiguration (*catuṣkoṭi*), drei Widerlegungsstrategeme des Madhyamaka: 1) Aufweis gegenseitigen Ausschlusses und Widerstrebens (*pratighā*), 2) Tautologie und 3) unendlicher Regreß und eine Vierfach-Lesart der Lehre von den Drei

---

[100] D. Lusthaus, Buddhist Phenomenology, p. 452.

[101] D. Lusthaus, Buddhist Phenomenology, pp. 449-452, argumentiert überzeugend, daß die höchste Wahrheit bei Candrakīrti ausschließlich in einer übersprachlichen Erfahrung besteht, als Wahrheitsdemonstration somit eine Chimäre, nur ein Versprechen ist und auf Glauben, nicht jedoch auf Vernunft beruht. Genaues und Ausführliches zu Candrakīrti's Auslassen der sprachlichen Wahrheitsdemonstration in H. P. Sturm, Die vier Stadien des Ent-Setzens, pp. 283-286, 318-337.

Ansichseienden (*tri-svabhāva*) des Yogācāra mit der Theravāda-Doktrin von den Drei Elementarwelten (*tri-dhātu/trailokya*) und deren kontemplativen Charakteristiken zu korrelieren und schlechthin zu behaupten: „es ist ersichtlich, daß Nāgārjuna's drei Strategien aus dem tri-dhātu-Modell abgeleitet sind."[102]

Die Eigenschaft sowohl des Verstandes als auch der Vernunft, amphibisch zwei Zustandsformen annehmen zu können, garantiert die Durchlässigkeit des Kognitionsgeschehens in beide Richtungen, zur Erleuchtung/Geistesklarheit (*bodhi*) und zur geistigen Verblendung/Verwirrung (*moha*). „*Manas* ist jenes Element unseres Bewußtseins, das zwischen dem Empirisch-Individuellen und dem Universell-Geistigen die Waage hält. Es ist das, was uns an die Welt der Sinne bindet oder uns von ihr erlöst. ... *Manas* ist das, wodurch das universelle Bewußtsein sich selbst erlebt und wodurch es hinabsteigt in die Vielheit der Objekte, in die Differenzierung der Sinne und des Sinnlichen, aus dem die Erfahrung der materiellen Welt entsteht. Was wir «Werden» nennen, ist daher, wie die Pythagoräer sagten, «fortschreitende Begrenzung des Unbegrenzten». Erlösung ist daher der umgekehrte Vorgang, nämlich die fortschreitende Aufhebung der Begrenzung."[103]

---

[102] D. Lusthaus, Buddhist Phenomenology, p. 237, meine Erläuterung in eckigen Klammern; cf. o.c., pp. 232–238, mit ‚verunglückter' Tabelle o.c., p. 236.

[103] A. Govinda, Grundlagen tibetischer Mystik, pp. 80–81; zur fortschreitenden Begrenzung des Unbegrenzten bei den Pythagoreern cf. Anonymus, Philosophie (Rezension), besonders coll. 76–78; die dortige Darlegung der Schwierigkeit der Ableitungsschritte des Begrenzten aus dem Unbegrenzten (oder umgekehrt) liefert einige Hintergrundinformationen zur arithmo-kosmogonischen Prinzipienableitung, die mit Originalstellen in H. P. Sturm, »Im Anfang war ... ?«, pp. 59–61; idem, Dao einfach, Dao vierfach, p. 196 (Referenzstelle: Hippolytos, Refutatio omnium haeresium 1.2.6.20–1.2.10.37), belegt ist; außerdem wird durch diese der weite Deutungshorizont der auf Pythagoreischem Gedankengut

Da der Bezugs- und Schwerpunkt des gerade zitierten, aus Deutschland stammenden Lamas das im Buddhismus hochgeschätzte ›Laṅkāvatāra-Sūtra‹ ist, thematisiert er das eigentlich über der von ihm so genannten Bewußtseins-Schatzkammer (*ālaya-vijñāna*) zu verortende Absolute als viertes Konstituens dem Ausgangstext gemäß, der das *pariniṣpanna* mit Ausnahmen nur in gleichbedeutenden Bezeichnungen anspricht,[104] nicht (eigens), sondern setzt es qua Speicher-Geist (*ālaya-vijñāna*) mit dem „universellen Bewußtsein" gleich. Mit empirischem Bewußtsein sind nach Yogācāra die sechs intentionalen oder entfalteten Erkenntnisvermögen (*ṣaḍ-pravṛtti-vijñānāni*) gemeint, das Denk-Bewußtsein und die fünf Wahrnehmungs-Sinne.[105]

---

basierenden Prinzipienlehre Platon's sichtbar, die ich in H. P. Sturm, Alt-Akademische Erledigung der okzidentalen Metaphysik, pp. 41–68, re-flexionsstrukturell diskutierte und zu klären suchte.

[104] Cf. Å. Boquist, Trisvabhāva, pp. 63–67.

[105] Die folgend in der Darstellungsrichtung verändert reproduzierte Graphik stammt aus A. Govinda, Grundlagen tibetischer Mystik, p. 80; die Übersetzungen der Sanskrit-Begriffe unterhalb von diesen habe ich hinzugefügt; die Skalierung folgt re-flexionsstrukturellen Überlegungen; cf. o.c., pp. 78–82. Eine westliche Analogie zu östlichen Theoremen der Ent-faltung der Seele (je nach ihrer Ausrichtung auf das Sinnliche oder Göttliche) ist in der ›Dreifaltigkeitsschrift‹ von Augustinus (cf. Faszikel II/5, Kapitel 7.3, H. P. Sturm, Die vier Wissenskonstituenzien (in) der spätantiken westlichen (?) Spekulation, pp. 232–235) nachzuweisen, wobei artverwandte Kognitionslehren, von denen Augustinus sein Wissen u.a. bezog, Erwähnung finden sollten.

DOPPELROLLE DES GEISTES IM VIJÑĀNAVĀDA (nach A. Govinda)

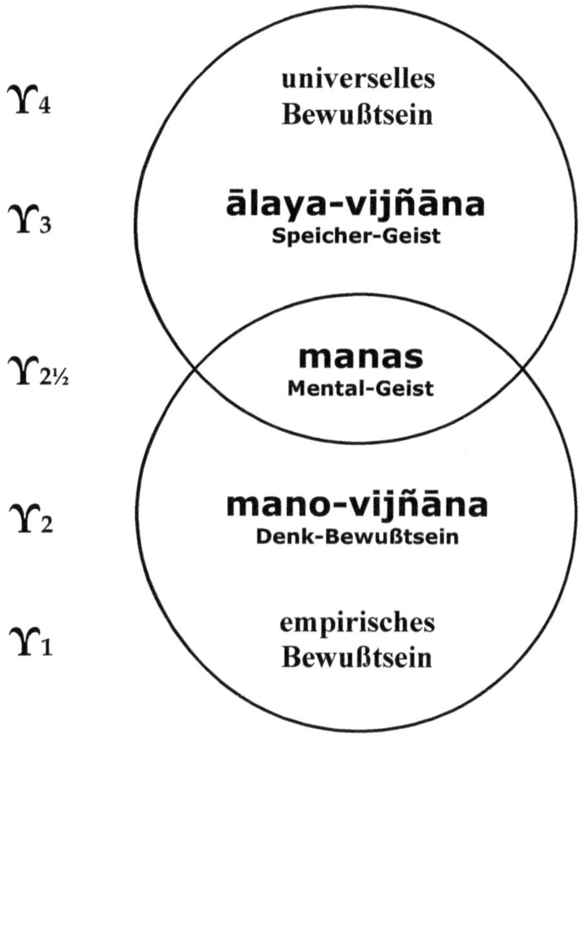

Die Modifikationslehre des Bewußtseins im Yogācāra und die Unterteilung des Geistes (*citta*) in einen ersten, kausal-essentiellen (*hetu*/*yat khyāti*), und einen zweiten, effiziert-modalen (*phala*/*yathā khyāti*), bei Vasubandhu zeigt nicht zu übersehende Entsprechungen zur Stadienlehre des Geistes in der ›Maitrāyaṇa-/Maitrī-Upaniṣad‹. Wie dort alles aus dem Speichergeist (*ālaya-vijñāna*) ausfließt (*pravartate*/*pariṇāma*) und dorthin wieder zurückfließt (*vyāvṛtti*/*vigacchati*) in der Weise, daß der Speichergeist dadurch schließlich selbst im Absoluten aufgeht (*niṣpanna*), so verhält es sich hier, im Vedānta, mit dem in zwei Zustandsformen oder Funktionsphasen (*dvividham*) existierenden Geist oder der Verstandes-Vernunft (*manas*). Philosophiehistoriker und Doxographen mögen sich darüber den Kopf zerbrechen, welche Seite nun was von welcher Seite übernommen hat, für den Systematiker kommt hier zum Tragen, daß der Schwerpunkt der Geistmetaphysik eben der Geist in seiner eigentlichen, seiner impersonal-transmundanen und seiner enkosmiert-psychischen oder inkarniert-personalen Form ist. In der antiken westlichen Tradition findet dies im Mittelplatonismus seinen deutlichsten Ausdruck. Während dieser Bereich der für meine Studie entscheidende ist, erweist er sich zugleich als der am schwersten zu verstehende und schillerndste – und leider schon in den Quellenschriften des Westens wie Ostens oft undeutlichste, uneindeutigste.

„Der Geist selbst ist Ursache von beidem, Bindung/Verhaftung und (Er-)Lösung des Menschen" (*mana eva manuṣyāṇāṃ kāraṇaṃ bandha-mokṣayoḥ*). Von Bindung/Verhaftung in seiner unreinen (*aśuddham*), von (Er-)Lösung in seiner reinen (*śuddhaṃ*) Zustandsform. In seiner Funktionalität (*vṛtti*) und Intentionalität und/oder Leidenschaftlichkeit (*viṣayā-saṅgi*/*viṣayā-saktaṃ*/*kāma-samparkāt*) „ist der Geist/Verstand selbst der Werdekreislauf ... welche Geisteshaltung/Einstellung man hat, dem gleich wird man" (*cittam-eva hi saṃsāras ... yac-cittas tan-mayo bhavati*).[106] Durch Trägheit/Anhaften, Zerstreuung (*laya-vikṣepa*) und Orientierung in Richtung Gegenstandsbereich (*samāsaktam ... viṣaya-gocare*), d.h. Intentionalität, entsteht Bindung. Wenn der Geist des Wahrheitsliebenden aber in seinem Ausgangspunkt zur Ruhe gekommen ist und nicht von den Sinnendingen verwirrt wird, werden sie (die Sinnendinge), die dem Tun/Karma unterworfen sind, unwahr (*sva-yonāv upaśāntasya manasaḥ satya-kāminaḥ indriya-artha-avimūḍhasya anṛtāḥ karma-vaśānugāḥ*). Durch Heiterkeit/Transparenz des Gemüts vernichtet man sowohl gutes wie schlechtes Karma [Werk, Tun, Tatfolgen] (*cittasya hi prasādena hanti karma śubha-aśubham*). Durch Still(stell)ung seiner Funktionen (*vṛtti-kṣayāt*), Intentions- oder Wunschlosigkeit (*kāma-vivarjitam*), zu praktizierendes An(-sich)-Halten (*niroddhaviaṃ*) und perfekte Regungslosigkeit/Inaktivität (*suniścalam*) kommt der Geist, dem Brahman verbunden/hingegeben (*samāsaktaṃ ... brahmaṇi*), selbst heiter/durchsichtig, im Ātman/Selbst feststehend (*prasanna-ātmā-ātmani sthitvā*), im Grunde seiner selbst zur Ruhe (*sva-yonāv upaśāmyate*). Er erreicht den Zustand der Geistesruhe oder den Ruhezustand des Geistes (*manaḥ-śānti-padam*), den höchsten Zustand (*paramaṃ padam*), im Geist-los-Werden/Geist-los-Sein (*amano-bhāvaṃ*), wie ein Feuer ohne Brennholz an seinem Ursprung/Ausgangspunkt ausgeht/verlischt (*yathā nirindhano vahniḥ sva-yonāv-upaśāmyati*).[107] Tabellarisch läßt sich das wie folgt darstellen. Wen

---

[106] Zu dieser Sentenz der ›Maitrī-Upaniṣad‹ (Nachweis nächste Fußnote) vergleiche man die viel frühere im Śatapatha-Brāhmaṇa 10.5.2.20, ⟨ed.⟩ A. Weber, p. 795: „Was man auch immer intendiert [anerkennt/verehrt/schätzt; worauf man auch immer seine Aufmerksamkeit lenkt], das genau wird man“ (*taṃ yathā yathā-upāsate tad-eva bhavati*).

[107] Cf. Maitrī-Upaniṣad 6.34, nach rekonstruiertem Text von J. A. B. van Buitenen, Maitrāyaṇīya Upaniṣad, Vulgata, V – (6.34) (SM 4.3), Verse 1–11, p. 105, englische Übersetzung, o.c. 4.0/3, pp. 132–133; traditioneller Text in ⟨ed.⟩ J. L. Shastri, Upaniṣatsaṅgrahaḥ, p. 190. Cf.

wundert es noch, daß unsere Tabelle aus vier Zeilen besteht?

Brahmabindu-Upaniṣad 1-10, ⟨ed.⟩ J. L. Shastri, Upaniṣatsaṅgrahaḥ, pp. 141-142. Interpretation unter Heranziehung analoger Passus aus indischem Schrifttum bei A. K. Coomaraswamy, Selected Papers, 2.209-216 (*Manas*).

DIE VIER GEISTMODI VON MAITRĪ-UPANIṢAD 6.34

(Υ_4)	Geist–los-Sein (*amano-bhāva*) = Geistesruhe (*manaḥ-śānti-padam*) = Ātman/Brahman = Erlösung (*mokṣa*)	
(Υ_3)	Geist (*manas*)	rein (*śuddham*) = intentionslos + inaktiv (introvertiert)
(Υ_2)		unrein (*aśuddham*) = intentional + aktiv (extravertiert)
(Υ_1)	Sphäre des Wahrnehmbaren (*viṣaya-gocara*) = Tat/Werk (*karma*) = Fesselung/Bindung (*bandha*)	

Da der Nicht-Zustand oder Stillstand des Geistes aufgrund seines absentischen Charakters in so manchen Lehren, Ost wie West, häufig nicht eigens thematisiert wird, ergibt sich auch diesbezüglich eine Schwankung der Zahl bestimmender Bestandteile.

Bringt man die ‚Hypostatik' Vasubandhu's mit der des Neuplatonismus in Verbindung, so ist zu berücksichtigen, daß die vier entsprechenden Strata und Funktionskreise der verschiedenen Lehren in ihren Feinbestimmungen nicht völlig deckungsgleich sind und daß in die Architektonik beider Zwischenstufen eingefügt sind. Dennoch reicht die formale und funktionale Äquivalenz an eine hochgradige Übereinstimmung heran, nicht zuletzt auch deshalb, weil im Entwurf Plotins wie im Entwurf Vasubandhu's nur drei eigentliche Wesensglieder explizit als solche gelten: die Hypostasen und die *svabhāvāḥ*. Dinglich-Materielles existiert danach nämlich gar nicht, sondern ist eine Fiktion.

Zu fragen wäre präzisierend nach der Richtung, in der das Modell konstruiert wird, wie sie sich auf die Zahl der onto-gnoseologischen Systemelemente auswirkt und wie sie mit der Methode der Erkenntnisgewinnung zusammenhängt, d. h. ob es Zeichen einer eher ontologischen Vorgehensweise ist, vom höchsten Prinzip auszugehen und nach unten herabzuschreiten, während der umgekehrte Weg vom niedersten nach oben eher ein phänomenologisches Herangehen verriete. Das und mehr ist in einer künftigen kulturübergreifenden inhaltlich orientierten Philosophieforschung von Relevanz. Welche historisch nachweisbaren Einflüsse und Rückflüsse wirksam waren und wie sich diese in der Einschätzung von ‚kulturellen' Gegensätzen, Unterschieden oder Gemeinsamkeiten niederschlagen, auch das kann in meiner Abhandlung nicht zum Thema gemacht werden.

Beide Systementwürfe, der neuplatonische Plotins und der vijñānavādische Vasubandhu's, gipfeln im Absoluten, das im buddhistischen Sanskrit des letzteren u. a. *niṣpanna* oder akzentuiert *pariniṣpanna,* wörtlich das Perfekte, Vollkommene, Entwickelte, Verwandelte, Aufgegangene, Hervorgekommene genannt wird und das Charakteristikum trägt, leer aller Charakteristika (*nirvikalpa* etc.) und abgesondert von Zweiheit (*dvaya-varjita*) zu sein. Im Griechisch von Plotin heißt es u. a. *tò chōristón*: das (Ab-)Gesonderte, (Ab-)Getrennte, Ab-solute, mit der etymologischen Wurzelbedeutung „das Entleerte, leerer Raum". Abgesehen von einigen Erhabenheitsattributen werden ihm nur Negationen und Privationen zugesprochen.

Die nachfolgenden Glieder des Geistkörpers sind emanatistisch im Ursprung aller Ursprünge impliziert und verlieren mit jedem Schritt der Entfernung von ihm an ontisch-noetischer Kohärenz und Konsistenz bis hin zum Geformt-Körperlichen und weiter zur differente Formen aufnehmenden, selbst jedoch formlosen, undifferenzierten stofflichen Vereinheitlichungs-Grundlage, der Materie (*'úlē*). Deren Funktion haben im Buddhismus ganz allgemein die sub-sistierenden, atomaren und pluralen, quasi-absoluten Trägerpartikel der mental-materiellen Phänomenwirklichkeit (*dharmāḥ*) inne, und man muß sich fragen, ob der Klotz (*kāṣṭha*) im vorgestellten Zaubergleichnis Vasubandhu's nicht die Doppelfunktion des neuplatonischen Einen ausübt, einerseits als Absolut-Eines Unifikationsbasis des Geistigen (*dharma-kāya/dharma-dhātu/dharmatā*), andrerseits als Gegen-Gattung, sprich material-mental-substantes, stroboskopisches Nacheinander von Ereignis-Partikeln (*dharmāḥ*) Einheitsbasis der Erscheinungs- und Sinnenwelt zu sein, indem die vielheitlichen, diskret aufscheinenden wie verschwindenden psycho-physischen Blitze (*kṣaṇa*), in der Einheitlichkeit ihrer Unwahrnehmbarkeit und Stetigkeit des Entstehens wie Vergehens die Wirklichkeitsgrundlage bildend, gerade Identität, Zusammenhalt und Kontinuität stiften. Nach indischem Verständnis diente der Klotz als stoffliche Unterlage für ein Zauberkunststück, auf die die Gestalt des Zu-Erzaubernden projiziert und so der sichtbare, physische Gegenstand in und anstelle der Unterlage (als Sinnestäuschung) in Erscheinung trat. Auch darin kommen beide Anschauungen überein, daß die sinnliche, auf Kausalität basierende Wirklichkeit praktischer Vollzüge nichts als Irre, Täuschung und Trug (skr. *māyā; avidyā; moha; marīci, pratibimba* – gr. *apátē; goēteía; pseudós; plánē*) ist.[108]

[108] Cf. Plotinos, Enneaden 4.4.44.1-37 §§ 233-238; 4.3.13.11 § 75.

2.3 Struktur als Konstrukt: Rekonstruktion und De(kon)struktion des Konstrukteurs (Geistes)

Abschließend möchte ich meine Überlegungen zur Thematik des Geistes als solchem auf den strukturellen Aspekt des Teilbands I, seiner ›Widerspiegelung‹ nämlich, zurückwenden, um auf diese Weise an die Verankerung der inhaltlich-doxographischen Forschungsergebnisse hier in der Formproblematik des Kognitionsgeschehens zu erinnern. Da dessen Archetypik mit dem Noûs gegeben ist, will ich noch einmal von einer anderen Warte aus diskutieren, wie die zweite Einheit, die nach oder unter dem Höchsten und Absoluten, den Dreh- und Angelpunkt der vorliegenden Überlegungen bildet und warum ich diese gerne Noologie oder Geistmetaphysik nenne. Dies kann am besten entlang der ausgefeiltesten Verstandeslehren geleistet werden.

Für den Westen bietet sich, was aufgrund der bisherigen Darlegungen nicht überraschen dürfte, der Plotinismus, für den Osten der Yogācāra-Buddhismus an. In ersterem übt diese Funktion der Noûs, Intellect oder Geist aus, in zweiterem der Geist (*citta*), der Speichergeist (*ālaya-vijñāna*) oder »Bezügliches« (*paratantra*). Hier wie dort wird mit dieser Instanz die reingeistige unmittelbare Intuition in Verbindung gebracht. Sie bildet die Lagerstätte der BewußtSeins-Samen (skr. *bīja* / gr. *spérma*). Gemäß fortschreitender Konkretion des Urprinzips versinnbildlichen diese im Neuplatonismus sowohl die Ideen, indem der Geist sie qua Lógoi als einzelne (intrapsychische) ding-schaffende und natur-ordnende Manifestationsformen und -kräfte umfaßt (*periéchōn*) und immer schon durchlaufen hat (*aeì epexelthṓn*), als auch die einzelnen Lógoi, Formen und Kräfte, deren Einheitsform oder gleichsam Einheitslógos (*éstin 'eĩs 'oĩon lógos)*,[109] Ganzsamen und Samenzentrum (*'ai tõn spermátōn dè dunámeis ... en gàr tõj 'ólōj adiákrita pánta kaì 'oi lógoi 'ősper en 'enì kéntrōj*) wiederum der Noũs ist.[110] Dies kann mit Sanskritbegriffen versehen fast bruchlos auf den buddhistischen ‚Idealismus' übertragen werden. „Die Einheiten im *paratantra*-Bereich existieren wie jene im Geist [bei Plotin] nicht nur in Abhängigkeit vom Absoluten, sondern auch in gegenseitiger Abhängigkeit voneinander; die *paratantrischen* Einheiten sind die metaphysisch wirklichen Tatsachen, von welchen die *parikalpita*-Phantasien subjektive Mißverständnisse oder Verzerrungen sind, wie die Platonischen Formen/ Ideen den wirklichen Tatsachengehalt darstellen, von dem der Bereich der Phänomene sozusagen ein verzerrter Reflex ist. Die Funktionen sind sehr ähnlich, obwohl die metaphysischen Definitionen der korrelativen Einheiten einen leichten Unterschied aufweisen."[111]

---

[109] Cf. Plotinos, Enneaden 6.2.21.24-43 §§ 157-160.

[110] Cf. Plotinos, Enneaden 5.9.6.1-28 §§ 26-27. P. Hadot, Être, vie, pensée chez Plotin et avant Plotin, p. 138, weist zusätzlich auf die samenartigen Vernunftgründe in Plotinos, Enneaden 5.8.5.8-15; 6.2.21.34-41; cf. J. H. Sleeman / G. Pollet, Lexicon Plotinianum, coll. 601-614, s.v. λόγος; col. 942, s.v. σπέρμα. Der Sohn/Lógos oder Noũs wird bei Marius Victorinus „Samen des Seins für alles" (*Cunctis qui* ὄντος *semen est.*) genannt, cf. Marius Victorinus, Hymnus 1, Opera, 1.286.13-16. Synesios, Calviti encomium 7.4, ⟨ed.⟩ J. Lamoureux, Opuscula, 1.61, preist den Geist als den göttlichsten der Samen, die von oben kamen; und idem, Hymni 2.136-144, ⟨edd./trr.⟩ J. Gruber / H. Strohm, p. 84, heißt es vom Lógos, daß er, der ersten Wurzel entsprungen, Wurzel von allem und daß er, vom Allsamen ausgesät, Allsamen sei; die Beispiele zum Urgeist, den Ideen und informationsgeladenen psychischen Krafteinheiten als Samen im (stoisierenden) heidnischen und christlichen Platonismus könnten beliebig vermehrt werden, wobei das Bild durchaus Unterschiedliches darstellt, cf. H. Meyer, Geschichte der Lehre von den Keimkräften von der Stoa bis zum Ausgang der Patristik.

[111] T. McEvilley, The Shape of Ancient Thought, p. 575; cf. o.c., p. 574. Wenn nun o.c., p. 575, behauptet wird: „Es gibt nichts in den

Der Geist ist Fundament und Fungieren des absoluten Wissens, das sich in der unterschiedenen und trotzdem ungeschiedenen, sprich impliziten Tri-Aspektualität des reinen Wissensaktes als ‚unmittelbarer Vermittlung' von Gewußtem, Wissen und Wissendem oder Sein, BewußtSein und Bewußtheit, der dreieinheitlichen Form (*tri-puṭī/trika-sannipāta*)[112] der (rückbezüglichen) Schleife des Selbstbewußtseins oder Sich-Wissens darstellt. „Eins wird also allesamt sein: Erkenner/ Geist, Erkennen, Erkennbares/Erkanntes."[113] Damit ist die Urgestalt der Ein-Vielheit des Idealen von Geist, Ideen und deren Vermitteltheit charakterisiert. Später wurde das auch Koinzidenz des Gegensätzlichen genannt (ϒ3), doch muß diese, qua Gedachte, streng von der bloß-erfahrenen (da wir uns immer noch im Denken befinden: der als bloß-erfahren gedachten) unterschieden werden, was ich in der ersten Abteilung unter Zuhilfenahme der Formulierungen Koinzidenz (ϒ3), Meta-Koinzidenz (sowohl (ϒ1-4) als auch (Y5)) = (Y6) und Meta-Kollaps (weder (ϒ1-4) noch (Y5)) = (Y7) ausdrückte.

Die Geistkomponenten kennt selbstverständlich auch der

Trisvabhāva-Texten, das den Platonischen Ideen (*eide*), die Plotin die Einheiten im Bereich des Geistes sind, ganz genau entspricht", so kommt es natürlich darauf an, was der Verfasser unter „ganz genau" versteht. Jedenfalls scheint er die Samen-Metapher und damit einen entscheidenden Vergleichspunkt dabei übersehen zu haben.

112 In der indischen Philosophie oft als Dreiheit, bestehend aus einem irgendwie bestimmten Subjekt, einem aus dem gleichen Bedeutungsfeld stammenden Objekt und der dazugehörigen Vermittlung dargestellt, cf. Vasubandhu, Trisvabhāva-Kārikā 9: *dṛśya-dṛg-vitti*; Kaivalya-Upaniṣad 1.18 (18), ⟨ed.⟩ J. L. Shastri, Upaniṣatsaṅgrahaḥ, p. 143: *bhogya – bhoktṛ – bhoga* (Zu-Genießendes – Genießer – Genuß), in unserem Kontext jedoch in kontrahierter Form zu denken.

113 Plotinos, Enneaden 5.3.5.43-44 § 42: *'èn* ⟨*ára*⟩ *'áma pánta éstai, noũs, nóēsis, tò noētón*. Weitere Stellen dazu aus dem Vedānta und Vijñānavāda in H. P. Sturm, Urteilsenthaltung oder Weisheitsliebe zwischen Welterklärung und Lebenskunst, pp. 350[6]-351.

Yogācārin. Wenn er sie als überwundene beschreibt, liest sich das wie folgt: „Das Begreifen, das abgesondert ist von der Zwiefalt: wegen der Absonderung vom Begreifen des Zu-Begreifenden und vom Begreifen des Begreifenden."[114] Śaṅkara spricht die Idee impliziter Dreiphasigkeit des Geistigen einige Zeit später wieder aus, als er *buddhiḥ*, den vedāntischen Noũs/Intellectus, entsprechend in drei potentielle, unmanifestierte Phasen des manifesten, gegenstandsorientierten (normalen) Erkennens untergliedert. Da an der von ihm interpretierten Upaniṣad-Stelle, an der davon die Rede ist, daß Brahman im Verborgenen (mit der übertragenen Bedeutung »im Herzen«) und im höchsten Himmel feststehe (*nihitaṃ guhāyāṃ parame vyoman*)[115] – gemeint ist die Höhle (*guha*) oder der Raum (*ākāśa*) innerhalb des Herzens (*antar-hṛdaya*), versinnbildlichend, wie bereits aufgewiesen, Gemüt, Geist oder Verstand – und der Ausdruck „im Verborgenen/Geheimen" in Wahrheit „im Geist/Intellect" meine, gelte: „»Im Verborgenen/Kryptischen«, wegen der Wortwurzel *guh* mit der Bedeutung »das Verhüllen/Verdecken«; verborgen/kryptisch heißt der Geist, weil in ihm die Kategorie Erkenntnis-Erkennbares-Erkennender latent/versteckt ist."[116] Bei Proklos und Damaskios scheint sich die mono-trimere Gliederung des Geistgeschehens als ganzes bis in die Gliederung einer seiner Phasen, das primär Erkennbare, die erste intelligible Triade hinein, auszuwirken, indem sie verborgen oder latent (*krúphios*) genannt wird, weil

[114] Asaṅga, Mahāyānasūtrālaṃkāra 14.28: *dvaya-grāha-visaṃyuktaṃ grāhya-grāha-grāhaka-grāha-visaṃyogāt.* Von mir zu Demonstrationszwecken in Richtung Vermitteltheit (*paratantra*) interpretiert.

[115] Taittirīya-Upaniṣad 2.1, ⟨ed.⟩ J. L. Shastri, Upaniṣatsaṅgrahaḥ, p. 25.

[116] Śaṅkara, Taittirīya-Upaniṣad-Bhāṣya 2.1, Samata Edition, 8.671: *guhāyām, gūhateḥ saṃvaraṇa-arthasya nigūḍhā asyāṃ jñāna-jñeya-jñātṛ-padārtha iti guhā buddhiḥ.*

sie noch nicht vollständig aus dem Einen herausgetreten ist.[117]

Die Ideen oder Samen auf der Stufe der totalen Bezüglichkeit, und nur das kann mit dem intentionslosen (*nivṛtti*) *paratantra*-Stadium der Drei Ansichseienden (*svabhāva*) gemeint sein: absolute Relation, ein hölzernes Eisen für die sich mißverstehende objektfixierte Logik und Denkungsart, doch eine Notwendigkeit für die Geisttheorie, gerade aller antiken Stiftertraditionen philosophischer Spekulation, sind nur als wechselweise ungehinderte Durchdringung von allem mit allem und dem Ganzen zu denken. Indem der Geist nicht Struktur hat, sondern gewissermaßen Struktur ist, ist die Gesamtstruktur des BewußtSeins selbstverständlich entsprechend aufgebaut.[118]

Im indisch-chinesischen Geist-Buddhismus ist die Idee der Totalinterpenetration (skr. (*paraspara-*) *anupraveśa* / chin. 攝 *shè* / 入 *rù* etc.) vornehmlich mit der vom ›Buddhāvataṃsaka-mahāvaipulya-Sūtra/Lehrschrift von der Buddha-Girlande‹ (kompiliert zwischen dem 2. und 4. Jh.) ausgehenden chinesischen Huáyán-Schule verknüpft, die zur Bestimmung der Wesenssphären des Wahren und Wirklichen, des Dharmadhātu (法界/性 *fǎ jiè/xìng*), der grundlegenden Realität und Totalität alles Realen, eine Prinzipienspekulation in Vierfachstrukturierung zur Anwendung bringt, deren Schema schon vom ersten Patriarchen der genannten Schulrichtung, Dùshùn (557-640), formuliert wurde. In diesem werden die beiden Ausgangsprinzipien, die Wesenssphäre (*dharmadhātu*) des Universalen oder

117 Cf. J. Combès, Damascius: Traité des Premiers Principes, 1.155, notes complémentaires, zu p. 60³.

118 Für Platon und den Platonismus dazu qua Noũs J. Halfwassen, Der Demiurg, pp. 58-61, mit Verweisen auf weitere Studien desselben Autors; im Daoismus steht für die völlige Durchdringung in erster Linie 混沌 Hùn-dùn, das Chaos oder Durch-einander vor der Manifestation von Himmel-und-Erde (天地 *tiān dì*), also vor der platoni(sti)schen Entsprechung von Kosmos-Psyché.

Prinzips (理法界 *lǐ fǎ jiè*) und die Wesenssphäre der Phänomene, Ereignisse oder Dinge (事法界 *shì fǎ jiè*), kombinatorisch verbunden.

1. Der *dharmadhātu* von *shih* [事 *shì*] – der Bereich der Sachverhalte oder Ereignisse; die Welt des sich gegenseitig ausschließenden Partikularen.
2. Der *dharmadhātu* von *li* [理 *lǐ*] – der Bereich der Noumena oder Prinzipien; die allumfassende universale Realität.
3. Der *dharmadhātu* der Ungehindertheit von *li* gegenüber *shih* [理事無碍 *lǐ shì wú ài*] – der Bereich des Prinzips gegenüber den Ereignissen in totaler Freiheit und totalem Ineinanderfließen; das ungehinderte Ineinanderfließen von Universalem und Partikularem.
4. Der *dharmadhātu* der Ungehindertheit von *shih* gegenüber *shih* [事事無碍 *shì shì wú ài*] – der Bereich der Ereignisse/Dinge gegenüber den Ereignissen/Dingen in totaler Freiheit und totalem Ineinanderfließen; das ungehinderte Ineinanderfließen von Partikularem und Partikularem.[119]

Davon gibt es im Girlanden-Buddhismus einige Variationen und Weiterentwicklungen. Die Erläuterungen dazu werden bisweilen mit einer kunstvollen Metaphorik versehen. Ich gebe folgend als Paraphrase aus dem Original die Darstellung von

[119] Meine Übersetzung nach S. Odin, Process Metaphysics and Hua-Yen Buddhism, p. 19, kombiniert mit G. C. C. Chang, The Buddhist Teaching of Totality, p. 141, Anordnung und Skalierung der englischen Originale, die ein Stenogramm von Taishō, Nr. 1884, 45.684a01-692b08 (die Angabe Taishō 1883 von G. C. C. Chang ist zu korrigieren), darstellt; meine Hinzufügung der chinesischen Begriffe in eckigen Klammern; cf. o.c., pp. 141-171, 208-223, englische Übersetzung des Originaltexts mit Kommentaren; Oh Kang Nam, A Study of Chinese Hua-Yen Buddhism, pp. 110-113, Kommentar mit übersetzten Paraphrasen.

Făzàng (643–712), dem dritten Patriarchen der Schule.

(Ƴ1) Dingliches (事 *shì*): z. B. Staub (塵 *chén*), mit der Eigenschaft (相 *xiàng*) der Rundheit (圓 *yuán*) und Winzigkeit (小 *xiǎo*);

(Ƴ2) Prinzip (理 *lǐ*): da Staub vom Wesen (性 *xìng*) der Leere (空 *kōng*) und des Nichts (無 *wú*) ist;

(Ƴ3) Ineinander-Aufgehen/gegenseitige Durchdringung (融通 *róng tōng*) beider gemäß (隨 *suí*) dem Prinzip (理 *lǐ*), da Dingliches/Ereignishaftes (事 *shì*) substanzlos (無體 *wú tǐ*) ist;

(Ƴ4) unmittelbare universale Durchdringung von allem (即遍通於一切 *jí biàn tōng yú yī jiè*) aufgrund von Substanzlosigkeit (由無體 *yóu wú tǐ*), denn alles und jedes ist vom Prinzip ununterschieden (由一切事事不異理 *yóu yī jiè shì shì bù yì lǐ*).[120]

Dabei stehen die Dinge oder Ereignisse (事*shì*) für die Form (skr. *rūpa*) und das Prinzip (理*lǐ*) für die Leerheit (skr. *sūnyatā*) der Ausgangsschrift, des ›Prajñāpāramitā-Hṛdaya-Sūtra‹, das unter dem Namen ›Herz-Sūtra‹ bekannt ist.[121] Diese Prinzipienlehre wird dann von beiden Grundkonstituenzien aus auch tetralemmatisch artikuliert. Ich gebe folgend die Argumentation des Leerheitsaspekts wieder, der im Original anschließende Aspekt der Form ist strukturell gleich und kann

---

120 Cf. Făzàng, Huá-yán-jīng-yì-hǎi-bǎi-mén (Ozean der Hundert Tore, Kommentar zur Girlandenschrift), Taishō, Nr. 1875, 45.630b3–5; Chan Wing-tsit, A Source Book in Chinese Philosophy, pp. 407 (Kommentar), 420 (Übersetzung); Fung Yu-lan, A History of Chinese Philosophy, 2. 359, zur Thematik beim vierten Huáyán-Patriarchen Céngguān (8./9. Jh.).

121 Cf. S. Odin, Process Metaphysics and Hua-Yen Buddhism, pp. 23–25.

deshalb unberücksichtigt bleiben. „Wahre Leere sollte wie folgt verstanden werden: [Mit der vorhergehenden Gedankenführung] können wir nun vier Bedeutungen oder Standpunkte wahrer Leere ableiten. 1. Den Standpunkt, selbes [Leerheit] zu verneinen (廢 *fèi*) und anderes [Form] zu bejahen (成 *chéng*) (ϒ1). Dies ist bezeugt in der Feststellung »Leerheit ist Form (空即是色 *kōng jí shì sè*)« ... 2. Den Standpunkt, anderes [Form] zu verneinen und selbes [Leerheit] zu bejahen. Dies ist bezeugt in der Feststellung »Form ist Leerheit (色即空 *sè jí kōng*)« (ϒ2) ... 3. Den Standpunkt der Koexistenz von selbem und anderem (自他俱存 *zì tā jù cún*) (ϒ3). Wahre Leerheit ist die Nondualität (無二 *wú èr*) von Verborgenem und Offenbarem (ϒ4). ... 4. Den Standpunkt völliger gegenseitiger Vernichtung von selbem und anderem (自他俱泯 *zì tā jù mǐn*). Das bedeutet, da Formen und Leerheit *vollständig* identisch sind, daß beide (兩 *liǎng*) völlig ausgelöscht (奪 *duó*) sind – ein Zustand, in dem alle Dichotomien (二邊 *èr biān*) verschwunden und transzendiert sind (亡絶 *wáng jué*). (ϒ5)“[122]

Dùshùn konzipierte auch für die Stufe der übergeistigen Totaldurchdringung eine viergliedrige Prinzipienspekulation, erinnernd an die Ideenzahlenkombinatorik der Platonischen Akademie. Diese Absolut-Interpenetration von einzelnem ist nach buddhistischer Vorstellung nicht abstrakt, durch begriffliches Denken und Vernunft, sondern ausschließlich durch unmittelbares konkretes Erfahren zu verwirklichen. „Hier sehen wir in der Tat den Höhepunkt der mystischen Einsicht in den

[122] Cf. Fǎzàng, Bō-rě-bō-luó-mì-duō-xīn-jīng-lüè-shū (Kommentar zum Herz-Sūtra), Taishō, Nr. 1712, 33.553b6–13, von mir leicht geänderte Übersetzung nach G. C. C. Chang, The Buddhist Teaching of Totality, p. 203, Ordinalen und Einfügungen in eckigen Klammern sind die des Texts, meine Hinzufügung chinesischer Begriffe in runden Klammern; man achte bitte auf meine (nur unter der Annahme einer Differenzierung zwischen Negation und Elimination gültige) von der Originaleinteilung in Punkte 3. und 4. abweichende Feinskalierung.

dharmadhātu, in welcher man die Verwirklichung der Wahrheit erfahren kann, daß jedes phänomenale Ding das ganze Universum umfaßt ...“[123]

> „Eins: eines in einem (一一中一 *yī yī zhōng yī*);
> zwei: alles in einem (二一切中一 *èr yī qiè zhōng yī*);
> drei: eines in allem (三一中一切 *sān yī zhōng yī qiè*);
> vier: alles in allem (四一切中一切 *sì yī qiè zhōng yī qiè*).“[124]

Angesichts dessen möchte ich ohne auf Einzelheiten eingehen zu können, an die platoni(sti)sche Vierprinzipien-Metaphysik von Einheit und Vielheit erinnern, anläßlich welcher im Faszikel II/5 ein längeres Zitat aus der Forschungsliteratur zur tropologischen Methode wiedergegeben wurde. Darin wird erwiesen, daß die Viererordnung (1, 2, 3/ 4) als vollständige Form eines Organisationsprinzips aufgefaßt werden kann, ja aufgefaßt werden muß.[125] Man denke hierbei einmal, das nur als Denkanstoß, an das direkt damit assoziierbare chinesische Yīnyáng-Symbol (Yīnyáng-Tàijítú), bestehend aus dem Vollkommenheits- und Nullkreis ≙ chin. 無極 (*wú jí*) = Einheit als

[123] Oh Kang Nam, A Study of Chinese Hua-Yen Buddhism, p. 127; cf. G. C. C. Chang, The Buddhist Teaching of Totality, p. 220.

[124] Dùshùn, Fǎ-jiè-guān-mén, Taishō, Nr. 1884, 45.690b20-23, zitiert nach Fǎzàng, Fā-pútí-xīn-zhāng, Taishō, Nr. 1878, 45.654c29-654a1; cf. Oh Kang Nam, A Study of Chinese Hua-Yen Buddhism, pp. 128-130; G. C. C. Chang, The Buddhist Teaching of Totality, p. 219; eine Auslegung dieses Passus nach phänomenologischen Gesichtspunkten von Edmund Husserl versucht S. W. Laycock, Harmony as Transcendence: A Phenomenological View, pp. 181-201.

[125] Überblick bei S. Volk, System und Kritik, pp. 118-185; das besondere Verdienst dieser Studie besteht darin, bei jeglicher Bestimmung des Wirklichen gegen die Triadik die Denknotwendigkeit der Tetradik herauszuarbeiten; ein zur hier angesprochenen Thematik entscheidendes Zitat daraus gebe ich in H. P. Sturm, Die vier Wissenskonstituenzien (in) der spätantiken westlichen (?) Spekulation, pp. 70-71, wieder.

Einheit (Ƴ4); der Ganzheit und Unität der Urdualität von Plus/ Yáng (陽) (weiße Hälfte) und Minus/Yīn (陰) (schwarze Hälfte) ≙ chin. 太極 (*tài jí*) = Einheit als Vielheit (Ƴ3); der Plus-Hälfte (weiß) mit Minusgröße (schwarzem Punkt) ≙ chin. 天地 (*tiān dì*) = Vielheit als Einheit (Ƴ2); und der Minus-Hälfte (schwarz) mit Plusgröße (weißem Punkt) ≙ chin. 萬物 (*wàn wù*) = Vielheit als Vielheit (Ƴ1).[126] Ob chinesische Denker bei der Gestaltung dieses Symbols so etwas wie die Re-flexionsstruktur zum Ausgangspunkt genommen oder nur daran gedacht haben könnten, mögen die geneigten Leser nach der Lektüre des nächsten Faszikels zum Daoismus entscheiden. Für historisch Interessierte hier noch der Hinweis, daß dieses oder ein ähnliches Zeichen schon im Spätrömischen Reich bekannt gewesen ist.[127] Um hier noch eine Assoziation anzufügen: zumindest der Form nach kannten eine solche Figur wohl auch die Kelten.[128]

---

126 Die Bezeichnungen »Vielheit als Vielheit«, »Vielheit als Einheit«, »Einheit als Vielheit« und »Einheit als Einheit« stammen aus S. Volk, System und Kritik, pp. 8–9, 160–161, 244. Der Archetyp dieses Gebildes, so alt wie die Philosophie, ist unter der Bezeichnung Tetraktys bekannt und geht nach heutigem Stand der Forschung auf Pythagoras bzw. die Pythagoreer zurück. Chinesische Prinzipienlehren in Tripel- bis Quintupelform sind Thema des Faszikels II/7.

127 Cf. G. Monastra, The "Yin-Yang" among the Insignia of the Roman Empire?, pp. 46–57.

128 Siehe die Abbildung in C. Peyre, Y a-t-il un contexte italique au Style de Waldalgesheim?, p. 82. Beim oberen Symbol der folgenden beiden Abbildungen handelt es sich um eine moderne Fassung. Das untere ist das »Diagramm des Von-selbst-Fließens von Himmel-und-Erde« (*tiān-dì-zì-rán-hé-tú*); Abbildung nach F. Louis, The Genesis of an Icon, p. 171; das gleiche Motiv aus einer anderen Ausgabe o.c., p. 170, jeweils mit Quellenangabe; wieder aus einer anderen Ausgabe bei F. Baldrian-Hussein, Yin and Yang 陰陽, p. 1165, mit Quellenangabe; cf. J. A. Adler, Reconstructing the Confucian Dao, p. 158. Eine spezielle Ausprägung des Tàijí-Kreises wird auf dem Cover des Faszikels II/7 zur chinesischen Philosophie vorfindlich sein.

Yīn-Yáng-Symbol (Yīnyáng-Tàijítú)

Die Darstellung der Totaldurchdringung von ‚Sein' und ‚Nichts' gestaltet sich beim Stifter des Huáyán-Buddhismus Dùshùn (557–640) nach den gleichen Reflexionsschritten, die schon die Mādhyamika-s Indiens wie Chinas (Sān-lùn-zōng) und Vertreter des Daoismus wie Guō Xiàng (ca. 252–312) vollzogen hatten: „Wahre Leerheit kann weder identisch mit noch different von Form genannt werden. Noch kann diese identisch mit oder different von Leerheit genannt werden. Alle Dharma-s/Phänomene (ϒ1) sind ungültig (一切法不可 *yī qiè fǎ bù kě*) (ϒ2); die Ungültigkeit ist ebenso ungültig (不可亦不可 *bù kě yì bù kě*) (ϒ3); diese Aussage ist ebenso nicht haltbar (此語亦不受 *cǐ yǔ yì bù shòu*) (ϒ4). Rundum Absolutheit, Unbedingtheit (迴絶無寄 *huí jué wú jì*). Worte erreichen das nicht (非言所及 *fēi yán suǒ jí*); Erkennen reicht nicht heran (非解所到 *fēi jiě suǒ dào*). Man nennt das den Bereich der Praxis (是謂行境 *shì wèi xíng jìng*) (ϒ5).“[129] Zur Demonstration der Durchdringung und Abhängigkeit von allem mit allem benutzte Fǎzàng das Gleichnis vom goldenen Löwen, von Indra's Juwelennetz sowie vom Spiegelsaal, einem mit zehn Spiegeln (an den vier Wänden, an Boden und Decke, wie in den Ecken) versehenen Raum, in dessen Mitte eine Buddhastatue angebracht wurde, vor der eine brennende Fackel placiert war, so daß in jedem Spiegel die Spiegelungen aller anderen Spiegel widergespiegelt wurden.[130]

---

[129] Dùshùn, Fǎ-jiè-xuán-jìng, Taishō, Nr. 1883, 45.675a24–27, zitiert nach Fǎzàng, Fā-pútí-xīn-zhāng, Taishō, Nr. 1878, 45.652c18–22; mit Änderungen übersetzt nach Oh Kang Nam, A Study of Chinese Hua-Yen Buddhism, p. 113; G. C. C. Chang, The Buddhist Teaching of Totality, pp. 211–212.

[130] Cf. G. C. C. Chang, The Buddhist Teaching of Totality, pp. 22–24; Fung Yu-lan, A History of Chinese Philosophy, 2.353; als Vergleichslehre dazu diente in der Comparative Philosophy bereits die von Gottfried Wilhelm Leibniz (1646–1716), cf. Liu Ming-wood, The Harmonious Universe of Fa-tsang and Leibniz; idem, The Teaching of Fa-tsang, pp.

In kaum überbietbarer Prägnanz wird der Sachverhalt der unmittelbaren ungetrübten und ungehinderten Totaldurchdringung, des vollkommenen Durch-einanders (gr. *di-állēlon*), von Meister Eckhart ausgesprochen. „Das Auge, worin ich Gott sehe, das ist dasselbe Auge, worin mich Gott sieht, mein Auge und Gottes Auge, das ist e i n Auge und e i n Sehen und e i n Erkennen und e i n Lieben."[131] Dazu ein Kommentar aus der schon etwas älteren europäischen, genauer gesagt deutschen Indologie, aus einer Zeit also der wissenschaftlichen Auseinandersetzung mit fremden Weisheitstraditionen, zu der man bisweilen noch wagte, einen weiten Bogen des Vergleichs zu spannen, ohne gleich befürchten zu müssen, mit der Keule des Vorwurfs unerwünschten Kulturimperialismus niedergestreckt zu werden. „Jener Satz des christlichen Mystikers, daß mein Auge Gottes Auge und Gesicht ist, oder daß die Seele und Gott nur e i n e Seligkeit, nur e i n Reich ist, könnte einer Upanishad angehören."[132]

Dazu klingt aus der mittelalterlich-neokonfuzianischen Philosophie eine Sentenz herüber, die von einer ganz ähnlichen Geisteshaltung zeugt: „Der Himmel (天 *tiān*) hat wahrlich kein Wissen (非真有知 *fēi zhēn yǒu zhī*), das wißbar ist (識能知 *shí néng zhī*). Hat der Weise aber diese Einsicht/Verfaßtheit (但聖人有此理 *dàn shèng rén yǒu cǐ lǐ*), dann hat auch der Himmel diese Einsicht/Verfaßtheit (天亦有此理 *tiān yì yǒu cǐ lǐ*). Deshalb ist das Wunderbare an ihm [dem Weisen] (故其妙 *gù*

415-423, 427-428; wie auch Alfred North Whitehead, cf. S. Odin, Process Metaphysics and Hua-Yen Buddhism, pp. 67-155.

131 Meister Eckhart, Die deutschen Werke 1.201.5-8 (Predigt 12: Qui audit me): *Daz ouge, dâ inne ich got sihe, daz ist daz selbe ouge, dâ inne mich got sihet; mîn ouge und gotes ouge daz ist éin ouge und éin gesiht und éin bekennen und éin minnen.* Cf. o.c., 1.201[4].

132 H. Oldenberg, Die Lehre der Upanishaden und die Anfänge des Buddhismus, p. 198.

qí miào), daß er allein in Einklang mit ihm [sc. dem Himmel] ist (處獨與之契合 *chǔ dú yǔ zhī qì hé*). Auch die Buddhisten sagen (釋氏亦云 *shì shì yì yún*): »Nur ein Buddha kann einen Buddha erkennen (『惟佛與佛，乃能知之』*wéi fó yǔ fó, nǎi néng zhī zhī*).« Dies genau ist der Sinn (正此意也 *zhèng cǐ yì yě*).“[133]

Daß es sich bei den von den thetisch selbstverständlich nur mit den Mitteln des Geistigen darstellbaren und demzufolge durch ihre Artikulation von dessen Struktur geprägten Geistgegebenheiten also nicht um Abbilder und Repräsentanten der Dinge im Sinne von nachträglich vermittelnden Begriffen des intentional-diskursiven Denkens, das die Dreiheit von Gedachtem, Denkendem und Denken in entfalteter (differenter) Weise repräsentiert, sondern um informationsgeladene Energieträger,

---

[133] Zhū Xī, Zhūzi-yǔ-lèi (Lún-yǔ 16), 〈edd.〉 Zhū Jié-rén et al., Zhū-zhi-quán-shū, 15.34.1245.3-4: 天非真有知識能知，但聖人有此理，天亦有此理，故其妙處獨與之契合。釋氏亦云：『惟佛與佛，乃能知之。』正此意也。Meine Erläuterungen in eckigen Klammern. Cf. Dèng Xī, Zhuàn cí, 〈edd./comm.〉 Xú Zhōng-liáng / Liú Fú-zēng, pp. 104–105: „Das Auge wird der Scharfsichtigkeit wegen geschätzt (目貴明 *mù guì míng*); das Ohr wird der Feinhörigkeit wegen geschätzt (耳貴聰 *ěr guì cōng*); der Geist wird der Offenheit/Universalität/Unparteilichkeit wegen geschätzt (心貴公 *xīn guì gōng*). Sieht man jedoch mit dem Welt-/Kosmosauge (以天下之目視 *yǐ tiān xià zhī mù shì*), dann gibt es nichts, was nicht gesehen wird (則無不見 *zé wú bù jiàn*); hört man jedoch mit dem Weltenohr (以天下之耳聽 *yǐ tiān xià zhī ěr tīng*), dann gibt es nichts, was nicht vernommen wird (則無不聞 *zé wú bù wén*); sinnt man jedoch mit dem Welt-Intellect (以天下之智慮 *yǐ tiān xià zhī zhì lǜ*), dann gibt es nichts, was nicht erkannt wird (則無不知 *zé wú bù zhī*). Hat man diese drei Fähigkeiten erlangt (得此三術 *dé cǐ sān shù*), dann bleibt man untätig/nicht-handelnd (則存於不為也 *zé cún yú bù wéi yě*).“ Übersetzung und Hinweis auf die folgende Parallelstelle bei A. Forke, The Chinese Sophists, p. 56[71]; Gǔigǔzǐ, 〈ed.〉 Zhōng-huá-dào-zàng 24/013.12, 744a.17-b2 ≈ Zhèng-tǒng-dào-zàng 671/1025.2,34r.3-8; fast textgleicher Passus ausschließlich des letztzitierten Satzes: Guǎnzǐ, 〈ed.〉 Liù Jí, Kap. 15–19 [= Bd. 5], 18.3b.4-5; erwähnenswert ist, daß in der dritten Sinnsequenz dieser beiden Stellen 智 (*zhì*), Weisheit, für 公 (*gōng*), Allgemeinheit, Universalität, Rechtschaffenheit, Gerechtigkeit, Redlichkeit, Öffentlichkeit, steht.

lógosbegabte Kraftzentren handelt, die in der Art von Wurzeln und Samen, Einzeleiern des kosmogonischen Einheitseies der Urzeit sowie den stoischen Samen-Begriffen (*lógoi spermatikoí*) des diese vereinheitlichenden Keim-Verstandes (*lógos spermatikós*) vergleichbar, die darin eingefalteten Einzeldinge gemäß geistig-kosmischer Allheit und Ganzheit in einem reinen Akt (*actus purus*) zur Reife bringen,[134] d.h. bewußt machen, bewußt ins Sein, ins bewußte Sein oder BewußtSein setzen, ist auch in beiden Lehrzweigen, dem mahāyānistischen wie dem platonistischen, offensichtlich. Was für den Yogācāra-Buddhismus selbstverständlich ist, daß nämlich der Speicher (*ālaya*) der Ideensamen (*bīja*) den Träger der feinstofflichen oder grobseelischen Kräftevektoren, der ätherischen Energiebahnen oder Formungsspuren und logosartigen Gestaltungstendenzen (*saṃskāra/vāsana*) bildet, durch den die Kontinuität des ichlichen Wiedergeburtsgeschehens gewährleistet ist, müßte für den Platonismus in ähnlicher Weise gelten. Seine Reinkarnationslehre, ja die gibt es, verehrte Traditores der Philosophie, wäre dahingehend allerdings erst genauer zu untersuchen.

Geisttheorie als Morphologie der Re-flexion spielt sich jedoch im Bereich des in einem Individuum, einem Subjekt, einem Einzelich manifestierten begrifflich(-vorstellungshaft)en Denkens und der (abstrakten) Diskursivität (*diánoia/dóxa/vikalpita/manovijñāna/manas*) ab. Diese sollte sich der logischen, reflektorisch-rationalen Begründung (*logismós/lógos/manana/*

[134] Cf. Olympiodoros, In Platonis Phaedonem 4.4.11-14, ⟨ed./tr.⟩ G. L. Westerink, pp. 80–81 (mit einem Verweis auf Orphica, Fragment 60 und Nachweisen in der dazugehörigen Fußnote), berichtet, das Intelligible (*noētón*) sei mit einem Ei (*ōjō̃j*) verglichen worden, weil darin alle Teile ununterschieden seien, weder hier Kopf noch da Fuß, wie eben im geistig Einsehbaren alle Ideen ununterschieden miteinander vereint sind (*'oútō kaì en tō̃j noētō̃j adiákritá esti pánta tà eídē 'ēnōména allḗlois*); H. P. Sturm, Die vier Wissenskonstituenzien (in) der spätantiken westlichen (?) Spekulation, p. 92+7.

vicāra) verpflichtet wissen. In der Abfolge der Hypostasen ist das das Ordnungselement der (verkörperten) Individualseele (*psuchḗ*), deren Erkenntnisart das abstrakte Denken (*diánoia*), Meinen (*dóxa*) und Glauben/Vermuten (*pístis*) ist, bei Vasubandhu der Elementarzustand des Vorgestellten/Gemeinten (*parikalpita*) und der Modifikationsgrad des durch das Übel des Ich-Dünkels getrübten vernünftigen Denkens (*kliṣṭa manovijñāna*) bzw. Vorstellens oder Meinens (*vikalpa*), das aus sich heraus die Trennung in diskrete Entitäten vornimmt, Zweiheit setzt und damit die Unterscheidung der Geistbereiche im einen Urgeist, nein, im Absoluten, erst ‚erzeugt'. „Wir dürfen natürlich nicht glauben, daß das Bewußtsein wirklich in zwei »Teile« … geteilt ist. Das Bewußtsein ist, wiewohl es eine komplexe Einheit ist, nur *eines*. Wenn wir von seinen »Teilen« oder »Unterteilungen« sprechen, dann ist das einzige, worauf wir hinweisen wollen, daß es in der empirischen Realität verschiedene Aktivitäten, verschiedene Manifestationsformen hat – einer empirischen Realität, die durch dasselbe Bewußtsein erzeugt wird, wenn es sich manifestiert. Es ist keine wirklich konkrete Unterteilung; es ist nur eine theoretische Unterteilung, ein Produkt der begrifflichen Analyse."[135]

Etwas schwerer verständlich, doch ebenso dezidiert, spricht das schon Vasubandhu selbst aus. „Die Unterscheidung in der Schrittfolge/Abstufung der Ansich-Seienden kommt aus der Perspektive der Praktik und der Perspektive der [geistigen] Durchdringung dieser [Ansich-Seienden] zum Zwecke der Hervorbringung/Herbeiführung von diesem [geistigen Durchdringen]."[136] Nicht Evolution, sondern *descriptio* im Sinne von *discriptio*. „Der Verlauf der Bewußtseinsentwicklung darf nur

[135] F. Tola / C. Dragonetti, Being as Consciousness, p. 201.

[136] Vasubandhu, Trisvabhāva-Kārikā 22: *krama-bhedaḥ svabhāvānāṃ vyavahāra-adhikārataḥ* | *tat-praveśa-adhikārāc ca vyutpatty-arthaṃ vidhīyate* ||; meine Erläuterungen in eckigen Klammern.

im logischen Sinne und nicht als historischer Vorgang verstanden werden. Weil gesagt wird, daß das Objektbewußtsein aus dem Ālaya [Speicher], vermittelt durch das manas [Vernunft-Geist], entsteht, darf man sich nicht vorstellen, daß es zu Anfang nur das Ālaya gab, und daß im Laufe der Zeit die anderen vijñānas [Kognitionsphasen] entstehen."[137]

In den Worten von Plotinos: „Und durch das Begreifen/Verstehen, das Er–fassen/Auswählen wird die Seele von sich selbst verschieden und erblickt das andere im Durchdenken [diskursiven Denken] als Verschiedenes/anderes".[138] „Denn der Lógos [das Reflektieren/Urteilen] erzeugt auseinandersetzend die Abfolge [den Verlauf, Vorgang, das Nacheinander] …"[139] Konstruktivismus pur, nur konsequenter als der moderne, weil sich jener auch selbst nur als konstruiert, d.h. fingiert, erkennt und im Gegensatz zu diesem nicht im Objektivismus hängenbleibt, sondern am Ende selbst de(kon)struiert:

„Indes heißt, Es [sc. das Eine] Grund/Ur-Sache zu nennen, auch nicht, irgendein Akzidens/Attribut von Ihm auszusagen, sondern von uns, indem wir irgend etwas von Jenem in/an sich Seienden selbst [Kommendes] erfassen/haben. Genau genommen darf man weder »von Jenem« noch »Seiendes« sagen, sondern das vermag [nur] die Empfindungen von uns selbst, die wir gewissermaßen außen (rund)herumlaufen, auszulegen/

---

[137] A. K. Chatterjee, The Yogācāra Idealism, p. 107, meine Übersetzungen in eckigen Klammern; cf. H. P. Sturm, Die vier Stadien des Ent-Setzens, pp. 167–170.

[138] Plotinos, Enneaden 3.8.6.23–25 § 40: *kaì katamanthánei, tẽj procheirísei ʻoĩon ʻetéra ʻautẽs gínetai, kaì dianooumén̄ē blépei ʻōs állo òn állo;* cf. den gesamten Passus 3.8.6.1–40 §§ 36–43; H. P. Sturm, Urteilsenthaltung oder Weisheitsliebe zwischen Welterklärung und Lebenskunst, pp. 127–128.

[139] Plotinos, Enneaden 6.7.35.28–29 § 274: *ʻo gàr lógos didáskōn ginómena poieĩ …* Cf. ; 5.9.8.19–22 § 34; 4.8.4.38–43; weniger deutlich auch 5.3.13.9–16 §§ 120–122; 5.3.13.32–36 §§ 127–128, et passim.

auseinanderzusetzen, bald [indem wir] nahe, bald [indem wir] abgefallen [sind], aufgrund der Aporien hinsichtlich Desselben. Die Aporie besteht aber hauptsächlich darin, daß ein Innewerden Jenes weder durch Wissen noch durch Geisteinsicht wie sonstiges/verschiedenes geistig Einsehbares [möglich ist], sondern durch ein Gegenwärtigsein, das das Wissen übersteigt. Denn die Seele erleidet einen Abfall vom Einssein und ist nicht gänzlich Eins, wenn sie das Wissen von irgend etwas erlangt. Denn Wissen ist Logos/Urteil/Begriff, Logos/Urteil/Begriff aber ist vielheitlich. So entgeht ihm das Eine, während es in Zahl und Mannigfaltigkeit stürzt. Also ist es erforderlich, über das Wissen hinauszueilen und keinesfalls aus dem Einssein herauszutreten, sondern sowohl von Wissen als auch Wißbarem, als auch jedem anderen und schönen Schauungsgegenstand abzulassen/abzugehen. Alles Schöne ist nämlich später als Jenes und von Jenem, wie alles Tageslicht von der Sonne ist. Deshalb, sagt man, ist Es weder (aus)sagbar noch beschreibbar, sondern wir reden und schreiben, damit wir zu Ihm hinführen und aus den Urteilen/Begriffen/Logoi zur Schau/Visio erwecken, gleichsam dem etwas zu sehen Begehrenden den Weg weisend. Denn bis zum Weg und zur Wanderung reicht die Unterweisung, die Schau/Visio ist freilich/schon das Werk des zu sehen Begehrenden selbst.«[140]

---

140 Plotinos, Enneaden 6.9.3.49–6.9.4.16 §§ 23–26, Text ⟨edd.⟩ H. Henry / H.-R. Schwyzer: *epeì kaì tò aítion légein ou katēgoreĩn esti sumbebēkós ti autō̃j, all' 'ēmĩn, 'óti échomén ti par' autoũ ekeínou óntos en 'autō̃j· deĩ dè mēdè tò »ekeínou« mēdè »óntos« légein akribō̃s légonta, all' 'ēmãs 'oĩon éxōthen perithéontas tà 'autō̃n 'ermēneúein ethélein páthē 'otè mèn eggús, 'otè dè apopíptontas taĩs perì autò aporíais. Gínetai dè 'ē aporía málista, 'óti mēdè kat' epistḗmēn 'ē súnesis ekeínou mēdè katà nóēsin, 'ō̃sper tà álla noētá, allà katà parousían epistḗmēs kreíttona. páschei dè 'ē psuchḕ toũ 'èn eĩnai tḕn apóstasin kaì ou pántē estìn 'én, 'ótan epistḗmēn tou lambánēj· lógos gàr 'ē epistḗmē, pollà dè 'o lógos. parérchetai oũn tò 'èn eis arithmòn kaì plē̃thos pesoũsa. 'upèr epistḗmēn toínun deĩ drameĩn kaì mēdamē̃j ekbaínein toũ 'èn eĩnai, all' apostē̃nai deĩ kaì epistḗmēs kaì epistētō̃n kaì*

Dem steht die Quintessenz des Kognitivismus Vasubandhu's, und ich sage bewußt Quintessenz, um damit auf die hintergründige fünfte Dimension des Schemas zu verweisen, nicht nach. Es selbst ist nur Projektion (im Mahāyāna oft *samāropa* genannt) auf die Folie des absolut Absoluten, um einmal so zu sagen, Bedingung der Möglichkeit von Vordergrund überhaupt, woran man zudem sieht, daß das „Eine" (*eka*) bzw. „Nichtzweiheitliche" (*advaya*) von der Modellperspektive aus sowohl auf sich wie auch über sich hinaus auf das leere Blatt Papier, die Ebene (Y5) der Nicht-Manifestation, deutet, auf dem das Modell skizziert ist.[141] Wenn Vasubandhu hinsichtlich des Fließens des Reifungsbewußtseins, das ja an die Empfindung des Gleichmuts gekoppelt ist, feststellt: „Bei Würdigkeit/Heiligkeit [tritt] dessen Rückfluß [ein]"[142], dann kann man nicht umhin, an den Entbildungs- oder Indeterminationsvorgang des neuplatonistischen Entfaltungs-, sprich Emanationsmodells zu denken, der die drei Phasen des Geistes in ihren an sich (kurz)geschlossenen Zirkel und somit ihre – von der Ratio aus betrachtet — Potentialität zurücknimmt, die als solche dann

pantòs állou kaì kaloũ theámatos. pãn gàr kalòn 'ústeron ekeínou kaì par' ekeínou, 'ósper pãn phõs methēmerinòn par' 'ēlíou. diò oudè 'rētòn oudè graptón, phēsin, allà légomen kaì gráphomen pémpontes eis autò kaì anegeírontes ek tõn lógōn epì tēn théan 'ósper 'odòn deiknúntes tõj ti theásasthai bouloménōj. méchri gàr tẽs 'odoũ kaì tẽs poreías 'ē dídaxis, 'ē dè théa autoũ érgon ḗdē toũ ideĩn beboulēménou.

141 Zu diesem Argument vergleiche man hinsichtlich des Platonismus den Artikel: H. M. Baumgartner, Von der Möglichkeit, das Agathon als Prinzip zu denken, insbesondere pp. 98-101, wo hinsichtlich Platon's Prinzipienlehre in Nachahmung der (neo)pythagoreischen bzw. (neo)platonischen Tetraktys-Terminologie zwischen dem Wissen als unbestimmter Zweiheit (*aóristos duás*), dem Einen (*'én*) und dem Guten als Einheit der Einheit (des Einen) und Zweiheit (Vielheit), das sich im Soll als materiales Letztprinzip anzeigt, unterschieden wird.

142 Cf. Vasubandhu, Vijñaptimātratāsiddhi-Triṃśikā 5a: *tasya vyāvṛttir-arhatve.*

Aktualität ist. Mit der Zitation des Passus, der nicht nur das transzendentale Bewußtsein von der Problematizität des Reflektierens dokumentiert, sondern auch ihren Ort, die Methode ihrer Überwindung und das zu erwartende Ziel umreißt, darf ich diesen Gedankengang schließen.

„Solange das Wissen nicht im Bloß-Geist feststeht, so lange verschwindet das Haften an der Wahrnehmungszweiheit [von Wahrnehmendem und Wahrgenommenem] nicht. Ja sogar durch die Auffassung »dies hier ist Bloß-Geist« steht man bloß in diesem [Bloß-Geist] nicht fest, da man etwas vor(sich hin)-stellt. Wenn aber das Erkennen Erfaßbares gar nicht erfaßt, dann ist man ein im Bloß-Geist Feststehender, wo ein Zu-Ergreifendes nicht existiert aufgrund des Nichtergreifens von diesem. Jener ist ein Entgeisteter/Geist-loser, Nichterfassender. Und das ist die überweltliche Weisheit, die Wiederherstellung der Grundfeste durch Ablassen von der zweifachen Verdorbenheit [durch Übel generell und Verstellung/Verdeckung des Erkennbaren]. Das genau ist der Urgrund, leidlos, undenkbar, heilvoll, dauerhaft, glückselig. Das ist der Erlösungsleib, das der »Dharma« [Gesetz, Lehre, Ordnung] genannte [Leib] des großen Schweigers.“[143]

[143] Cf. Vasubandhu, Vijñaptimātratāsiddhi-Triṃśikā 26–30: *yāvad vijñapti-mātratve vijñānaṃ na-avatiṣṭhati | grāha-dvayasya-anuśayas-tāvan-na vinivartate* ‖26‖, p. 126. *vijñapti-mātram-eva-idam-ity-api hy-upalambhataḥ | sthāpayann-agrataḥ kiṃcit tan-mātre na-avatiṣṭhate* ‖27‖, p. 128. *yadā tv-ālambanaṃ jñānaṃ na-eva-upalabhate tadā | sthito vijñā-na-mātratve grāhya-abhāve tad-agrahāt* ‖28‖, p. 129. *acitto-'nupalambho-'sau jñānaṃ loka-uttaraṃ ca tat | āśrayasya parāvṛttir-dvidhā dauṣṭhulya-hānitaḥ* ‖29‖, p. 130. *sa eva-anāsrāvo dhātur-acintyaḥ kuśalo dhruvaḥ | sukho vimukti-kāyo-'sau dharma-ākhyo-'yaṃ mahā-muneḥ* ‖30‖, p. 131.

2.4 Addendum
Zwei Werke von Vasubandhu
Text und Übersetzungsexperiment

Vasubandhu
Dreißig Verse zur Demonstration/Verwirklichung des Bloß-Wissens (Vijñaptimātratāsiddhi-Triṃśikā)

1) Die Annahme von „Selbst“ und „Dharma“ nun, die auf mehrfache Weise erfolgt – eine Modifikation des Geistes ist sie; und diese Modifikation ist dreifach.

ātma-dharma-upacāro hi vividho yaḥ pravartate | vijñāna-pariṇāmo-'sau | pariṇāmaḥ sa ca tridhā ‖1‖ pp. 27/29 (33/39).

2) »Reifung/Entwicklung« wird sowohl das »Denken« genannt als auch das »Gegenstands-Bewußtsein«; dabei ist die »Entwicklung/Reifung« der »Speicher/Lager« genannte Geist, der All-Same.

vipāko manana-ākhyaś-ca vijñaptir-viṣayasya ca | tatra-ālaya-ākhyaṃ vijñānaṃ vipākaḥ sarva-bījakam ‖2‖ p. 30 (40).

3) Und dieses ist un(ter)bewußt hinsichtlich der Annahmen, des Zustandes und des Wissens; immer folgt aus ihm Kontakt/Berührung, Vernunfttätigkeit, Empfindung, Wahrnehmung und Absicht.

asaṃviditaka-upādi-sthāna-vijñaptikaṃ ca tat | sadā sparśa-manaskāra-vit-saṃjñā-cetanā-anvitam ‖3‖ pp. 31/32 (41–42/43–44).

4) Die Empfindung bei diesem ist Gleichmut und es ist ungehemmt und unentfaltet; so der Kontakt etc. Und es bewegt sich (fort) wie das Fließen eines Stromes.

upekṣā vedanā tatra-anivṛta-avyākṛtaṃ ca tat | tathā sparśa-ādayas tac-ca vartate srotas-aughavat ‖4‖ pp. 46/47/49 (47/48/49).

5) Bei Würdigkeit/Heiligkeit [tritt] dessen Rückfluß [ein]; auf diesem basierend, dieses zum (erfaßbaren) Objekt habend, entsteht das »Denken« genannte Bewußtsein, dessen Wesen/Eigenheit die Denktätigkeit ist.

tasya vyāvṛttir-arhatve tad-āśritya pravartate | tad-ālambaṃ mano-nāma vijñānaṃ manana-ātmakam ‖5‖ pp. 49/50 (49/51).

6) Immer ist es mit den vier eingeschlossenen, nicht-manifesten Anhaftungen/Übeln verquickt, nämlich der Anschauung von einem Selbst/Ich, der Verwirrung durch ein Selbst/Ich, dem Stolz auf ein Selbst/Ich und der Liebe zu einem Selbst/Ich.

kleśaiś-caturbhiḥ sahitaṃ nivṛta-avyākṛtaiḥ sadā | ātma-dṛṣṭy-ātma-moha-ātma-māna-ātma-sneha-saṃjñitaiḥ ‖6‖ pp. 53/54.

7) [Je nachdem,] Wo man geboren ist, daraus besteht es [sc. das »Denken«], und aus anderem, wie dem Kontakt usw. Bei einem Heiligen existiert es nicht, nicht beim Eintreten der Ruhigstellung/ἐποχή, auch nicht auf dem überweltlichen Weg.

yatra-jas-tan-mayair-anyaiḥ sparśa-ādyaiś-ca-arhato na tat | na nirodha-samāpattau mārge loka-uttare na ca ‖7‖ pp. 55/56/57 (56/57).

8) Dies ist die zweite Modifikation. Die dritte ist das »Erfassen des Gegenstands«, welches sechsfach ist; es ist gut, übel und keines von beiden.
dvitīyaḥ pariṇāmo-'yaṃ tṛtīyaḥ ṣaḍ-vidhasya yā | viṣayasya-upalabdhiḥ sā kuśala-akuśala-advayā ||8|| p. 59 (59/60).

9) Jenes ist verbunden mit den universellen, speziellen und den guten Geistkonstituenzien wie den Übeln und Nebenübeln; sie ist ein Dreifach-Empfinden.
sarvatragair-viniyataiḥ kuśalaiś-caitasair-asau | saṃprayuktā tathā kleśair-upakleśais-tri-vedanā ||9|| p. 60.

10) Ersterer ist Kontakt etc. Die speziellen sind Begehren, Strebsamkeit, Gewahrsein zusammen mit Sammlung und Einsicht. Vertieftsein, zudem Glaube, Bescheidenheit/Demut, Scheu/Zurückhaltung,
ādyāḥ sparśa-ādayaś-chanda-adhimokṣa-smṛtayaḥ saha | samādhi-dhībhyāṃ niyatāḥ śraddhā-atha hrīr-apatrapā ||10|| pp. 61/68.

11) die Dreiheit von Begierdelosigkeit usw., Mut/Kraft, Gelassenheit/Heiterkeit/Gemütsruhe mit Nicht-Achtlosigkeit/Aufmerksamkeit und Nicht-Verletzen sind die guten; die Übel/Anhaftungen sind Leidenschaft, Haß/Zorn/Aversion und Dummheit/Verwirrung,
alobha-ādi-trayaṃ vīryaṃ praśrabdhiḥ sāpramādikā | ahiṃsā kuśalāḥ kleśā rāga-pratigha-mūḍhayaḥ ||11|| pp. 65/72.

12) Hochmut, Vermeinen und Zweifel. Zorn/Haß und wiederum Boshaftigkeit, Herabsetzung, Streitsucht, Neid, Mißgunst samt Falschheit,
māna-dṛg-vicikitsāś-ca krodha-upanahane punaḥ | mrakṣaḥ pradāśa īrṣyātha mātsaryaṃ saha māyayā ||12|| pp. 73/80.

13) List, Lust(-rausch), Verletzen, Schamlosigkeit, Unverschämtheit, Stumpfheit/Trägheit, Betörung, Ungläubigkeit, zudem Faulheit, Nachlässigkeit, Vergeßlichkeit,
śāṭhyaṃ mado vihiṃsā ahrīr-atrapā styāna-muddhavaḥ | *āśraddhyam-atha kauśīdyaṃ pramādo muṣitā smṛtiḥ* ‖13‖ p. 80.

14) Zerstreutheit/Konfusion, Gedankenlosigkeit, sowohl Gewissensbisse/Bedauern als auch Schläfrigkeit, sowohl Dialektik/Sophisterei als auch [abgehobene] Spekulation, beide zweifach, das sind die Nebenlaster.
vikṣepo-'saṃprajanyaṃ ca kaukṛtyaṃ middham-eva ca | *vitarkaś-ca vicāraś-ca-ity-upakleśā dvaye dvidhā* ‖14‖ p. 80.

15) Wie aus dem Wasser das Anheben von Wellen, so im Wurzelgeist das Anheben der fünf Wahrnehmungsarten durch Bedingungen – gemeinsam oder nicht.
pañcānāṃ mūla-vijñāne yathā-pratyayam-udbhavaḥ | *vijñānānāṃ saha na vā taraṅgāṇāṃ yathā jale* ‖15‖ p. 96.

16) Es ist/gibt ein andauerndes Entstehen von Denkbewußtsein, ausgenommen bei Unbewußtheit, bei den zwei Sammlungszuständen, Torpor, auch bei Ohnmacht, aufgrund von Geistesschwund.
mano-vijñāna-saṃbhūtiḥ sarvadā-āsaṃjñika-ādṛte | *samāpattir-dvayān-middhān-mūrcchanād-apy-acittakāt* ‖16‖ p. 99.

17) Diese Modifikation des Bewußtseins ist Vor-stellen/Vermeinen. Was vor-gestellt wird, das ist/existiert daher nicht. Deshalb ist dies alles Bloß-Geist.
vijñāna-pariṇāmo-'yaṃ vikalpo yad-vikalpyate | *tena tan-na-asti tena-idaṃ sarvaṃ vijñapti-mātrakam* ‖17‖ p. 102.

18) Der Geist aber ist der All-Same; die Modifikation findet einmal so, einmal so kraft Gegenseitigkeit statt, wodurch die entsprechende Vor-stellung/Doxa entsteht.

sarva-bījaṃ hi vijñānaṃ pariṇāmas-tathā tathā | yāty-anyonya-vaśād yena vikalpaḥ sa sa jāyate ‖18‖ p. 105.

19) Die Spur des Handelns/Karma, zusammen mit der Spur der Wahrnehmungszweiheit [von Wahrnehmendem und Wahrgenommenem], lassen, wenn die frühere Entwicklung/Reifung beendet ist, diesen [Geist] eine weitere Entwicklung/Reifung hervorbringen.

karmaṇo vāsanā grāha-dvaya-vāsanayā saha | kṣīṇe pūrva-vipāke-'nyad-vipākaṃ janayanti tat ‖19‖ p. 107.

20) Welcher Gegegenstand auch immer durch welches Vorstellen auch immer vor-gestellt/vermeint wird: ebendies ist das Ansich-Seiende »Vorgestelltes/Gemeintes«. Es ist nicht evident/echt.

yena yena vikalpena yad-yad vastu vikalpyate | parikalpita eva-asau svabhāvo na sa vidyate ‖20‖ p. 116.

21) Das Ansich-Seiende »Bezügliches« aber ist ein bedingt entstandenes Vorstellen. Was aber die beständige Losgelöstheit/Abgeschiedenheit vom Vorhergehenden [dem Bezüglichen] ist, das ist dessen »Transzendentes/Hyperbolisches«.

paratantra-svabhāvas-tu vikalpaḥ pratyaya-udbhavaḥ | niṣpannas-tasya purveṇa sadā rahitatā tu yā ‖21‖ pp. 117/118.

22) Ebendeshalb ist es von dem »Bezüglichen« weder verschieden noch nicht-verschieden zu nennen, wie die Unbeständigkeit etc. Wenn dieses nicht gesehen wird, wird jenes [Konjektur in einigen Fachliteraturen: nicht] gesehen.

ata eva sa na-eva-anyo na-ananyaḥ paratantrataḥ | anityatā-ādi-vad vācyo na-adṛṣṭe-'smin sa dṛśyate ‖22‖ pp. 119/120/121.

23) In Übereinstimmung mit dem dreifachen Nichtansichsein des dreifachen Ansich-Seins wurde das Nichtansichsein aller Trägerpartikel (der Realität) aufgezeigt.

tri-vidhasya svabhāvasya tri-vidhāṃ niḥsvabhāvatām | saṃdhāya sarva-dharmāṇāṃ deśitā niḥsvabhāvatā ‖23‖ pp. 122/123.

24) Das erste ist allein schon wegen seiner Kennzeichnung nicht an sich seiend; das folgende wiederum hat kein Sein an sich selbst; das nächste ist das Nichtansichsein dieses (vorhergehend) Genannten.

prathamo lakṣaṇena-eva niḥsvabhāvo-'paraḥ punaḥ | na svayaṃbhāva etasya-ity-aparā niḥsvabhāvatā ‖24‖ p. 123.

25) Es ist der ultimative Zustand aller Bewußtseinsgegenstände und wegen seines allzeit So-Seins nun auch die Soigkeit. Es ist bloß Bloß-Geist.

dharmāṇāṃ paramārthaś-ca sa yatas-tathatā-api | sarva-kālaṃ tathā-bhāvāt sa-eva vijñapti-mātratā ‖25‖ pp. 123/125.

26) Solange das Wissen nicht im Bloß-Geist feststeht, so lange verschwindet das Haften an der Wahrnehmungszweiheit [von Wahrnehmendem und Wahrgenommenem] nicht.

yāvad vijñapti-mātratve vijñānaṃ na-avatiṣṭhati | grāha-dvayasya-anuśayas-tāvan-na vinivartate ‖26‖ p. 126.

27) Ja sogar durch die Auffassung „dies hier ist Bloß-Geist“ steht man bloß in diesem [Bloß-Geist] nicht fest, da man etwas vor(sich hin)stellt.
vijñapti-mātram-eva-idam-ity-api hy-upalambhataḥ | *sthāpa-yann-agrataḥ kiṃcit tan-mātre na-avatiṣṭhate* ‖27‖ p. 128.

28) Wenn aber das Erkennen Erfaßbares gar nicht erfaßt, dann ist man ein im Bloß-Geist Feststehender, wo ein Zu-Ergreifendes nicht existiert aufgrund des Nichtergreifens von diesem.
yadā tv-ālambanaṃ jñānaṃ na-eva-upalabhate tadā | *sthito vijñāna-mātratve grāhya-abhāve tad-agrahāt* ‖28‖ p. 129.

29) Jener ist ein Entgeisteter/Geist-loser, Nichterfassender. Und das ist die überweltliche Weisheit, die Wiederherstellung der Grundfeste durch Ablassen von der zweifachen Verdorbenheit [durch Übel/Schlechtes generell und Verstellung/Verdeckung des Erkennbaren].
acitto-'nupalambho-'sau jñānaṃ loka-uttaraṃ ca tat | *āśrayasya parāvṛttir-dvidhā dauṣṭhulya-hānitaḥ* ‖29‖ p. 130.

30) Das genau ist der Urgrund, leidlos, undenkbar, heilvoll, dauerhaft, glückselig. Das ist der Erlösungsleib, das der „Dharma“ genannte [Leib] des großen Schweigers.
sa eva-anāsrāvo dhātur-acintyaḥ kuśalo dhruvaḥ | *sukho vimuk-ti-kāyo-'sau dharma-ākhyo-'yaṃ mahā-muneḥ* ‖30‖ p. 131.[144]

[144] Text (verbessert) nach: Vasubandhu, Vijñaptimātratāsiddhi [Viṃśatikā-Kārikā & Vṛtti; Triṃśikā & Bhāṣya], ⟨ed./tr.⟩ K. N. Chatterjee; S. Anacker, Seven Works of Vasubandhu, pp. 422–423.

Vasubandhu
Traktat von den Drei Ansich-Seienden (Trisvabhāva-Kārikā)

1) Es ist anerkannt, daß die drei Ansich-Seienden/Selbstseienden »Vorgestelltes/Gemeintes« und »Bezügliches« wie auch »Perfektes/Vollkommenes« als das Tief(sinnig)e/Abgründige von den Weisen zu erkennen sind.

kalpitaḥ paratantraś ca pariniṣpanna eva ca | trayaḥ svabhāvā dhīrāṇāṃ gaṃbhīraṃ jñeyam iṣyate ‖1‖

2) Was erscheint, das ist das »Bezügliche«; wie es erscheint, das ist das »Vorgestellte/Gemeinte«; [ersteres,] wegen des Bedingungen unterworfenen Funktionierens; [letzteres,] wegen des Daseins als einer bloßen Vorstellung/Meinung.

yat khyāti paratantro-'sau yathā khyāti sa kalpitaḥ | pratyayādhīna-vṛttitvāt kalpanā-mātra-bhāvataḥ ‖2‖

3) Was die immerwährende Inexistenz/Absenz dieses als/im Wie-Erscheinen Erscheinenden ist, das ist wegen seiner Nicht-Andersheit/Ununterschiedenheit als das Ansich-Seiende »Perfektes« zu erkennen.

tasya khyātur yathā-khyānaṃ yā sadā-vidyamānatā | jñeyaḥ sa pariniṣpannaḥ svabhāvo-'nanyathātvataḥ ‖3‖

4) Was erscheint da? Ein nichtseiendes Vor-stellen/Vermeinen. Wie erscheint es? Durch das Wesen der Zweiheit. Was ist die Nicht-Istheit von dem [Vor-stellen/Vermeinen], durch das sie[, die Zweiheit,] erscheint? Die dortige Träger-/Substrathaftigkeit der Nichtzweiheit.

tatra kiṃ khyāty asat-kalpaḥ kathaṃ khyāti dvaya-ātmanā |
tasya kā na-astitā tena yā tatra-advaya-dharmatā ‖4‖

5) Was ist dabei das nichtseiende Vor-stellen/Vermeinen? Der Geist. Denn wie dieser vor-gestellt/vermeint wird und wie auch immer er den Gegenstand vor-stellt/vermeint: so ist es überhaupt nicht evident/echt.

asat-kalpo-'tra kaś cittaṃ yatas tat kalpyate yathā | *yathā ca kalpayaty arthaṃ tathā-atyantaṃ na vidyate* ‖5‖

6) Es wird angenommen, daß der Geist durch sein Ursache- und Wirkung-Sein zwiefältig ist: was »Speicher« genannt und »Funktion/Entfaltung« genannt Geist ist; diese [wiederum] ist siebenfach [Mental-Geist, Denkbewußtsein und die fünf Wahrnehmungssinne].

tadd-hetu-phala-bhāvena cittaṃ dvi-vidham iṣyate | *yad ālaya-ākhya-vijñānaṃ pravṛtty-ākhyaṃ ca saptadhā* ‖6‖

7) Der erste Geist wird *citta* genannt, weil er voll/angehäuft (*cita*) ist mit den Samen und Spuren der Verdorbenheit/Anhaftung; der zweite aber, weil er in verschiedenen/vielfachen (*citra*) Formen/Gestalten funktioniert/erscheint.

saṃkleśa-vāsanā-bījaiś citatvāc cittam ucyate | *cittam ādyaṃ dvitīyaṃ tu citra-ākāra-pravṛttitaḥ* ‖7‖

8) Kurz und bündig, das ist das nichtseiende Vor-stellen/Vermeinen und es wird in drei Arten und Weisen aufgefaßt: als entwicklungs-/reifungsartig, desgleichen als verursacht, andernteils als (er)schein(ungs)haft.
samāsato-'bhūta-kalpaḥ sa ca-eṣa tri-vidho mataḥ | vaipākikas tathā naimittiko-'nyaḥ prātibhāsikaḥ ‖8‖

9) Erstens ist es Wurzelgeist, denn sein Wesen ist Entwicklung/Reifung. Zweitens ist es Funktions-/Entfaltungsgeist, weil es als Gesehenes, Seher und Sehen existiert.
prathamo mūla-vijñānaṃ tad vipāka-ātmakaṃ yataḥ | anyaḥ pravṛtti-vijñānaṃ dṛśya-dṛg-vitti-vṛttitaḥ ‖9‖

10) Es ist anerkannt, daß die Tiefe/Abgründigkeit der Ansich-Seienden auf der Nicht-Verschiedenheit der Charakteristika Sein-Nichtsein, Zweiheit-Einheit und Verdorbenheit-Lauterkeit beruht.
sad-asattvād dvaya-ekatvāt saṃkleśa-vyavadānayoḥ | lakṣaṇa-abhedataś ca-iṣṭā svabhāvānāṃ gabhīratā ‖10‖

11) Da das Ansich-Seiende »Vorgestelltes/Gemeintes« durch Seiendheit erfaßt wird, aber nur grenzenloses Nichtsein ist, deshalb wird angenommen, daß seine Wesensbestimmung Sein–Nichtsein ist.
sattvena gṛhyate yasmād atyanta-abhāva eva ca | svabhāvaḥ kalpitas tena sad-asal-lakṣaṇo mataḥ ‖11‖

12) Da das »Bezügliche« durch (Er)Schein(ung)-Sein wahrgenommen wird, [doch] sein Wie-Erscheinen nicht evident/echt ist, deshalb wird angenommen, daß seine Wesensbestimmung Sein-Nichtsein ist.
vidyate bhrānti-bhāvena yathā-khyānaṃ na vidyate | paratantro yatas tena sad-asal-lakṣaṇo mataḥ ‖12‖

13) Da das Ansich-Seiende »Perfektes« durch Nichtzweiheit Sein hat, aber nur Nichtsein von Zweiheit ist, deshalb wird angenommen, daß seine Wesensbestimmung Sein-Nichtsein ist.

advayatvena yac ca-asti dvayasya-abhāva eva ca | savbhāvas tena niṣpannaḥ sad-asal-lakṣaṇo mataḥ ‖13‖

14) Das von den Dummköpfen »vorgestellte/gemeinte« Ansich-Seiende wird als aus einer Zwei-Einheit bestehend aufgefaßt: wegen der Zwiefalt des vorgestellten/gemeinten Gegenstands und des Einsseins aufgrund von deren Nichtseiendheit.

dvai-vidhyāt kalpita-arthasya tad-asattva-eka-bhāvataḥ | svabhāvaḥ kalpito bālair dvaya-ekatva-ātmako mataḥ ‖14‖

15) Das Ansich-Seiende, genannt »Bezügliches«, wird als aus einer Zwei-Einheit bestehend aufgefaßt: wegen seines Erscheinens durch Zweiheitlichsein und seines Einsseins aufgrund eines bloßen Scheins [der Zweiheit].

prakhyānād dvaya-bhāvena bhrānti-mātra-eka-bhāvataḥ | svabhāvaḥ paratantra-ākhyo dvaya-ekatva-ātmako mataḥ ‖15‖

16) Das Ansich-Seiende »Perfektes« wird als aus einer Zwei-Einheit bestehend aufgefaßt: weil es Ansichsein des Zweiheitlichseins und das eine Ansichsein der Nichtzweiheitlichkeit ist.

dvaya-bhāva-svabhāvatvād advaya-eka-svabhāvataḥ | svabhāvaḥ pariniṣpanno dvaya-ekatva-ātmako mataḥ ‖16‖

17) »Vorgestelltes/Gemeintes« und »Bezügliches« sind zu erkennen als von der Wesensbestimmung der Verdorbenheit/Schlechtigkeit. Es ist aber anerkannt, daß das »Perfekte« von der Wesensbestimmung der Lauterkeit ist.

kalpitaḥ paratantraś ca jñeyaṃ saṃkleśa-lakṣaṇam | *pariniṣpanna iṣṭas tu vyavadānasya lakṣaṇam* ‖17‖

18) Es ist zu erkennen, daß es keine das »Perfekte« vom An-sich-Sein »Vorgestelltes/Gemeintes« unterscheidende Eigentümlichkeit gibt: weil das Ansichsein [des letzteren] die Zweiheit als Nichtsein und das Ansichsein [des ersteren] das Nichtsein dieser ist.

asad-dvaya-svabhāvatvāt tad-abhāva-svabhāvataḥ | *svabhāvāt kalpitāj jñeyo niṣpanno-'bhinna-lakṣaṇaḥ* ‖18‖

19) Ebenfalls ist zu erkennen, daß es keine das »Vorgestellte/Gemeinte« vom »Perfekten« unterscheidende Eigentümlichkeit gibt: weil das Ansichsein [des letzteren] Nichtzweiheit und das Ansichsein [des ersteren] das Nichtsein von Zweiheit ist.

advayatva-svabhāvatvād dvaya-abhāva-svabhāvataḥ | *niṣpannāt kalpitaś ca-eva vijñeyo-'bhinna-lakṣaṇaḥ* ‖19‖

20) Es gibt keine das »Perfekte« vom Ansich-Sein des »Bezüglichen« Genannten unterscheidende Wesensbestimmung: wegen des Nichtseins des Wie-Erscheinens [von letzterem] und des Ansichseins des So-Nichtseins[, wie es erscheint, von ersterem].

yathā-khyānam asad-bhāvāt tathā-asattva-svabhāvataḥ | *svabhāvāt paratantra-ākhyān niṣpanno-'bhinna-lakṣaṇaḥ* ‖20‖

21) Es ist auch zu erkennen, daß es keine das »Bezügliche« vom »Perfekten« unterscheidende Wesensbestimmung gibt: aufgrund des Ansichseins der Zweiheit als Nichtsein [bei letzterem] und des Nichtansichseins des Wie-Erscheinens [des ersteren].

asad-dvaya-svabhāvatvād yathā-khyāna-asvabhāvataḥ | *niṣpannāt paratantro-'pi vijñeyo-'bhinna-lakṣaṇaḥ* ‖21‖

22) Die Unterscheidung in der Stufung der Ansich-Seienden ergibt sich aus dem Bezug zur Praktik und aus dem Bezug zur Durchdringung dieser [Ansich-Seienden] zum Zwecke der Perfektionierung (der Erkenntnis).

krama-bhedaḥ svabhāvānāṃ vyavahāra-adhikārataḥ | *tat-praveśa-adhikārāc ca vyutpatty-arthaṃ vidhīyate* ‖22‖

23) Es wird angenommen, daß das »Vorgestellte/Gemeinte« vom Wesen der Praktik/Empirie, das nächste wesenhaft der Praktiker/Leiter/Empiriker und das andere Ansich-Seiende die Vernichtung des Praktischen/Empirischen ist.

kalpito vyavahāra-ātmā vyavahartṛ-ātmako-'paraḥ | *vyavahāra-samucchedaḥ svabhāvaś ca-anya iṣyate* ‖23‖

24) Zunächst wird das »Bezügliche« als vom Wesen des Nichtseins von Zweiheit durchdrungen, dann wird das bloße Vor-stellen/Vermeinen dort als nichtseiende Zweiheit durchdrungen.

dvaya-abhāva-ātmakaḥ pūrvaṃ paratantraḥ praviśyate | *tataḥ praviśyate tatra kalpa-mātram asad-dvayam* ‖24‖

25) Das »Perfekte« dort wird dann als das Sein des Nichtseins von Zweiheit durchdrungen. Und so wird denn gesagt, daß dann jenes eben ist und nicht ist.

tato dvaya-abhāva-bhāvo niṣpanno-'tra praviśyate | tathā hy asāv eva tadā asti na-asti-iti ca-ucyate ‖25‖

26) Diese Ansich-Seienden aber, alle drei, haben die Wesensbestimmung, aufgrund von Nichtzweifachheit nicht faßbar zu sein: [das Vorgestellte] aufgrund seines Nichtseins, [das Bezügliche] aufgrund seines Nicht-so-Seins[, wie es erscheint], [das Transzendente] aufgrund seines Ansich-Seins des Nichtseins dieser [vorher Genannten].

trayo-'py ete svahāvā hi advaya-alabhya-lakṣaṇāḥ | abhāvād a-tathā-abhāvāt tad-abhāva-svabhāvataḥ ‖26‖

27) Wie sehr ein Erzaubertes kraft des Zauberspruchs auch als echter Elefant erscheinen mag: es handelt sich dabei um eine bloße Form/Gestalt, der Elefant aber ist/existiert überhaupt nicht.

māyā-kṛtaṃ mantra-vaśāt khyāti hasty-ātmanā yathā | ākāra-mātraṃ tatra-asti hastī na-asti tu sarvathā ‖27‖

28) Der Elefant ist das Ansich-Seiende »Vorgestelltes/Gemeintes«. Das »Bezügliche« ist seine Erscheinung. Was dabei das Nichtsein jenes Elefanten ist, wird als das »Perfekte« aufgefaßt.

svabhāvaḥ kalpito hastī paratantras tad-ākṛtiḥ | yas tatra hasty-abhāvo-'sau pariniṣpanna iṣyate ‖28‖

29) Auf diese Weise erscheint das nichtseiende Vor-stellen/Vermeinen aufgrund des Wurzelgeistes durch das Wesen der Zweiheit. Das Zweiheitliche ist/existiert ganz und gar nicht; es ist bloß das Form-/Gestalthafte da.

asat-kalpas tathā khyāti mūla-cittād dvaya-ātmanā | dvayam atyantato na-asti tatra-asty ākṛti-mātrakam ‖29‖

30) Der Wurzelgeist ist dem Zauberspruch gleich; die Soigkeit wird dem Klotz gleich aufgefaßt; das Vorstellen/Meinen ist der Form/Gestalt des Elefanten gleich anzunehmen, die Zweiheit dem Elefanten gleich.

mantra-van mūla-vijñānaṃ kāṣṭha-vat tathatā matā | hastyākāra-vad eṣṭavyo vikalpo hasti-vad dvayam ‖30‖

31) Bei der Einsicht in die Wahrheit/Wirklichkeit des Gegenstands [findet] zugestandenermaßen gleichzeitig ein Vorgang hinsichtlich der [drei] Wesensbestimmungen in einer derartigen Abfolge [statt]: Erkenntnis, Abscheidung/Befreiung und Erlangung.

artha-tattva-prativedhe yugapal lakṣaṇa-kriyā | parijñā ca prahāṇaṃ ca prāptiś ca-iṣṭā yathā-kramam ‖31‖

32) Dabei wird angenommen, daß die Erkenntnis Nichterfassen, die Absonderung/Loslösung Nichterscheinen, die Erlangung aber unmittelbares Erfassen ist; und das ist auch Kontemplation/Augenzeuge-Sein.

parijñā-anupalambho-'tra hānir akhyānam iṣyate | upalambho-'nimittas tu prāptiḥ sākṣāt-kriyā-api sā ‖32‖

33) Durch das Nichterfassen der Zweiheit verschwindet die Form/Gestalt der Zweiheit. Durch deren Verschwinden wird das perfekte/vollkommene Nichtsein der Zwiefalt erlangt,

dvayasya-anupalambhena dvaya-ākāro vigacchati | *vigamāt tasya niṣpanno dvaya-abhāvo-'dhigamyate* ‖33‖

34) wie beim Zauber gleichzeitig sowohl das Nichterfassen des Elefanten als auch das Verschwinden seiner Erscheinung und die Erfassung des Klotzes [stattfindet].

hastino-'nupalambhaś ca vigamaś ca tad-ākṛteḥ | *upalambhaś ca kāṣṭhasya māyāyāṃ yugapad yathā* ‖34‖

35) Da getrübtes/gegensatzbehaftetes Einsehen die Ursache hat, daß die Einsicht Gegenstandsloses/Nichtiges (ein-) sieht, dürfte in Übereinstimmung mit dem dreifachen Wissen und in der Erlangung der Erlösung ohne Mühe

viruddha-dhī-kāraṇatvād buddher vaiyarthya-darśanāt | *jñāna-traya-anuvṛtteś ca mokṣa-āpatter ayatnataḥ* ‖35‖

36) durch Erfassung des Bloß-Geistes das Nichterfassen des erkennbaren Gegenstands und durch das Nichterfassen des erkennbaren Gegenstands das Nichterfassen des Geistes eintreten,

citta-mātra-upalambhena jñeya-artha-anupalambhatā | *jñeya-artha-anupalambhena syāc citta-anupalambhatā* ‖36‖

37) durch das Nichterfassen beider [oder: der Zweiheit] die Erfassung der Dharma-Grundlage, durch das Erfassen der Dharma-Grundlage die Erlangung der Meisterschaft.

dvayor anupalambhena dharma-dhātu-upalambhatā | *dharma-dhātu-upalambhena syād vibhutva-upalambhatā* ‖37‖

38) Und die Meisterschaft in der Erfüllung der eigenen und der Zwecke der anderen erlangt habend, erreicht der Weise die unübertreffliche Erleuchtung, die die drei [Buddha-]Leiber umfaßt.

upalabdha-vibhutvaś ca sva-para-artha-prasiddhitaḥ | prāpnoty anuttarāṃ bodhiṃ dhīmān kāya-traya-ātmikām ‖38‖

Hier ist das Werk »Die Drei Ansich-Seienden« des verehrten geistlichen Lehrers Vasubandhu zu Ende.

iti tri-svabhāvaḥ samāptaḥ kṛtir ācārya-vasubandhu-pādānām iti ‖[145]

[145] Text, nach nächstgenannter Ausgabe korrigiert und mit Divisen versehenen: ⟨edd./trr.⟩ F. Tola / C. Dragonetti, Being as Consciousness, pp. 219–221; S. Anacker, Seven Works of Vasubandhu, pp. 464–466.

3 Einige Bemerkungen zum buddhistischen und hinduistischen Tantra

Der heterodoxe Tantrismus, die Tantra-Theorie und Tantra-Praxis des Buddhismus also, welcher die synkretistische und nur an einigen Besonderheiten, inhaltlich allerdings wichtigen, und der Terminologie von seiner hinduistischen Konkurrenzbewegung zu unterscheidende Spätphase der innerindischen Entwicklung der Buddhalehre verkörpert, baut in gewissen seiner Schulrichtungen auf tetradischen Hierarchien des Vijñānavāda und Vedānta auf. Nicht nur integriert das Tantra in die Lehre von den Drei Körpern Buddha's einen vierten, den Mahāsukha-Kāya, den Körper der Großen Wonne, der in der ›Abhisamayālaṅkārakārikā‹ und im ›Mahāyānasūtrālaṅkāra‹, beide Werke womöglich von Maitreya(nātha) (ca. 270-350) mit dem Körper des Ansichseins (*svābhāvika-/svabhāva-kāya*) schon vorgedacht ist,[1] neben zahlreichen analogen Viergliederungen verwertet es auch eine Schichtung von vier Bewußtseinszuständen, die den Vierteln des Ātman entspricht. „Jetzt

---

[1] Cf. D. Bhattacharya, The Origin of the Catuṣkāya Doctrine, pp. 45-49, 51-56; idem, The Doctrine of Four in the Early Upaniṣads and Some Connected Problems, pp. 18-20, 27-28, nimmt eine enge ontologische und schematische Verwandtschaft zwischen der Catuṣpāt-Lehre der Māṇḍūkya-Upaniṣad und der Catuṣkāya-Lehre von Maitreyanātha an und konstatiert, daß erstere unter dem Einfluß letzterer und in Reaktion darauf entstanden sei, was zutreffen mag, angesichts der hier vorgelegten Prinzipienstrukturen und ihrer in der ersten Abteilung erbrachten theoretischen Grundlegung jedoch philosophisch von geringerem Belang sein dürfte; cf. E. Conze, The Large Sutra on Perfect Wisdom. With the Divisions of the Abhisamayālaṅkāra, pp. 573-576, 653-654; A. K. Coomaraswamy, Elements of Buddhist Iconography, p. 85[116] (mit Literaturverweisen).

wurde noch eine vierte Seinsweise eines Buddha hinzugefügt, der »Mahâsukha-kâya«, der »Körper der großen Lust«, in dem er von der Shakti umschlungen das Bewußtsein seiner transzendenten allumfassenden Persönlichkeit aufgegeben hat. Die vier Kâyas werden dann in Anlehnung an die bekannte Vedânta-Theorie von den vier Zuständen des Geistes mit dem Wachen, dem Traum, dem Tiefschlaf und dem für Worte und Begriffe unerreichbaren »vierten (turîya) Zustande« absoluter Geistigkeit verglichen."[2] Zudem läuft dieser Einteilung in gewissen Schulzweigen eine Skala von vier Kognitionselementen gleich: Körper (*kāya*), Rede (*vāk*), Geist (*citta*) und Gnosis/Weisheit (*jñāna*). Tabellarisch liest sich das wie folgt:[3]

[2] H. v. Glasenapp, Buddhistische Mysterien, p. 161.

[3] Detaillierte Darstellungen dieses Lehrgegenstands aus der Literatur um das ›Hevajra-Tantra‹ (8./9. Jh.) gibt S. B. Dasgupta, An Introduction to Tāntric Buddhism, pp. 11[1], 151–153, 175–177. Aus diesen und den in der letzten Fußnote belegten Ausführungen ist die folgende tabellarische Darstellung zusammengestellt.

VIERGLIEDERUNG DES GEISTIGEN IM BUDDHA-TANTRISMUS UM DAS ›HEVAJRA-TANTRA‹
(nach S. B. Dasgupta und H. v. Glasenapp)

	Buddhaleib	Wissensort/-art	Bewußtseinszustand
(Υ_4)	Megawonneleib (*mahāsukha-kāya*)	Gnosis/Weisheit (*jñāna*)	Vierter Zustand (*turīya*)
(Υ_3)	Ordnungsleib (*dharma-kāya*)	Geist (*citta*)	Tiefschlafzustand (*suṣupti*)
(Υ_2)	Entzückensleib (*sambhoga-kāya*)	Rede/Begriff (*vāk*)	Traumschlafzustand (*svapna*)
(Υ_1)	Wandlungsleib (*nirmāṇa-kāya*)	Körper (*kāya*)	Wachzustand (*jāgrat*)

Ohne nun auf Einzelheiten des komplexen und symbolisch aufgeladenen, deshalb oft mißverstandenen, ja mißbrauchten und diffamierten, nur schwer in einem Reflexionssystem darstellbaren Tantrismus insgesamt eingehen zu können, möchte ich wenigstens auf ein Spezifikum seines buddhistischen Zweiges aufmerksam machen, indem ich eine Minimalform von dessen BewußtSeins-Entfaltung anhand eines Zitates aus einer beliebten (vermutlich) spätantiken Anthologie von Lehrgegenständen, dem buddhistischen ›Subhāṣita-Saṃgraha‹, präsentiere.

Dabei handelt es sich um die Beschreibung der bewußtseins-wirkenden Qualitäten der Mantrasilbe *EVAṂ*. Vorinformation: Das weibliche Prinzip steht als Weisheit (*prajñā*) an der Basis oder, je nach Betrachtungsart, am Gipfelpunkt still als die oder in der Leerheit (*śūnyatā*), während das männliche als tätiger Beistand, (Hilfs-)Mittel, Methode oder Strategie (*upāya*) in Person des liebenden Gatten und des Mitleids/Erbarmens (*karuṇā*) dazukommt. Hierarchisch gestaffelt ergibt sich die mittlerweile bekannte Struktur, wobei dazugesagt werden muß, daß meine Einteilung hoch-spekulativ ist und nur als Forschungsvorschlag genommen werden sollte. Vergleicht man sie mit der nachfolgenden Prinzipienliste des Hindu-Tantra, so müßte man gewahren, daß es sich dabei entweder um eine geistimmanente Entwicklung bzw. Phasengliederung und/oder um ein Werden bis zum manifesten Kosmos handeln kann. Gewisse Tantra-Esoteriker behaupten nun, daß im Hintergrund des *EVAṂ*-Schemas der A-Laut anzunehmen sei, der als erster Buchstabe im Sanskrit-Alphabet für das Level 1 der Leerheit und Offenheit stehe. Seine Flexionsform sei nach Sanskrit-Grammatikern der E-Laut, welcher den Lokativ andeute. In der symbolischen Übertragung heißt das, daß sich das Urprinzip E der mütterlichen Weisheit (*Prajñā*) im Raum des A, wie durch die Lokativform angedeutet, ungehindert bewegen könne.[4] Danach ergibt sich folgende Staffelung:

[(ϒ4)[⟨Y5⟩] *A-Laut als Leerheit und Offenheit des ungeteilten Raumes*]
(ϒ3$_2$)[ϒ4$_2$] „Der E-Laut nämlich möge die Mutter sein;
(ϒ3$_1$)[ϒ4$_1$] der V(A)-Laut aber gilt als Vater;
(ϒ$\overset{\rightrightarrows}{3}$)[ϒ3] der Nasal(-Punkt) dabei möge die Vereinigung sein; diese Vereinigung ist der Urlaut.
(ϒ3$_2$)[ϒ4$_2$] Der E-Laut nämlich möge die Weisheit sein;
(ϒ3$_1$)[ϒ4$_1$] der V(A)-Laut ist der liebende Herrscher;
(ϒ$\overset{\rightrightarrows}{3}$)[ϒ3] und der Nasal(-Punkt) die unversehrte/nicht-vervielfältigte Wirklichkeit/Wahrheit [das ungespaltene/unzerschlagene Prinzip];
(ϒ2/1) daraus [kommen] die entstandenen Laute.“[5]

Ich will meine Bemerkungen zum Tantra nicht abschließen, ohne auch auf eine Lehrentwicklung innerhalb seines hinduistischen Zweiges verwiesen zu haben. Sie erscheint von

---

4 Cf. H. V. Guenther, The Tantric View of Life, p. 16; man kann den kreativen Umgang des Autors mit den Originaltexten ohne die von ihm und der Forschergruppe um ihn eingeführten interpretativen und terminologischen Modernismen anerkennen; berechtigte Kritik an diesen unnützen, ja irreführenden konnotativen Updates ursprünglicher tantrischer Begriffe übt zu Recht E. Conze, Buddhist Prajñā and Greek Sophia, p. 160. Zu den Vokalen und ihren Funktionen/Bedeutungen in Zusammenhang mit dem Herz-Dreieck (*trika-hṛdaya*) und der Vulva (*yoni*) im kaschmirischen Śivaismus cf. P. E. Muller-Ortega, The Triadic Heart of Śiva, pp. 113–117. Interessante metaphysische Spekulationen zum »*a*« im Shingon-Buddhismus und »*'aleph*« in der Kabbala finden sich bei T. Izutsu, Bewusstsein und Wesen, pp. 207–215.

5 Subhāṣita-Saṃgraha, fol. 76, aus dem ›Devendraparipṛcchā-Tantra‹, ⟨ed.⟩ C. Bendall, 2.33.1-4 (die Zufügung der Erststufencharakteristik (ϒ4)[⟨Y5⟩] in Oblique-Schrift und eckigen Klammern stammt von mir): *e-kāras tu bhaven mātā va-kāras tu pitā smṛtaḥ* | *bindus tatra bhaved yogaḥ sa yogaḥ parama-akṣaraḥ* | *e-kāras tu bhaved prajñā va-kāraḥ surata-adhipaḥ* | *binduś-ca-anāhataṃ tattvaṃ taj-jātāny akṣarāṇi ca* ‖.

außen, oberflächlich und von einem akademisch-konventionellen Standpunkt der Philosophie aus betrachtet selbst für einen indischen Gelehrten als „ein seltsames Durcheinander gewisser Mythen, zusammen mit gewissen Lehren indischer Philosophie“[6]. Hierbei handelt es sich um eine Schulrichtung, deren Wurzeln bis in den Schlußabschnitt der von uns so genannten Antike zurückreichen, deren Blüte jedoch im Mittelalter um das Jahr 1000 begann, den Śivaismus oder genauer gesagt Śaiva-Śāktismus. Wie seine Benennung bereits kundtut, liegt die Betonung, entsprechend dem Tantra allgemein, auf einer Ursyzygie, dem Idealpaar als Archetyp aller bipolaren Gegensatzvereinigungen (*samanvaya/samavāya/maithuna/yuganaddha/sahaja*).

Gegenüber dem Buddha-Tantra ist das Verhältnis des Urpaares jedoch vertauscht. Nicht das weibliche Prinzip, Prajñā, ist hier der ruhende Pol, sondern Śiva, das männliche, und was für das heterodoxe Tantra das Aktivierende, das Männliche, Upāya, ist, das ist für das orthodoxe Śakti, Śiva's Gattin, die Schaffenskraft ihm gegenüber, mit ihm vereinigt, prinzipientheoretisch (nach orientalischer und gängiger Bewertung des Weiblichen) streng genommen aber gewissermaßen unter ihm.[7] Der Śaiva-Śāktismus breitete sich sowohl in Südindien als auch im nordindischen Kaschmir aus, hat dementsprechend jeweils gewisse Eigenarten, ist in dem Aspekt, der unsere Aufmerksamkeit erheischt, der Prinzipienlehre, in beiden Schulsträngen aber einigermaßen kompatibel. Diese ist alles andere denn ein ‚seltsames Durcheinander‘, sondern zeigt Züge von Systematik, die sich mit den Ausgestaltungen des spätantiken Neuplatonismus ab Porphyrios vergleichen lassen, von welchen

---

6 S. Dasgupta, A History of Indian Philosophy, 5.166.

7 Eine schematische Gegenüberstellung der Prinzipien beider Traditionen gibt A. Bharati, The Tantric Tradition, p. 208.

letzteren gegen Schluß dieses Faszikels ein weiteres Beispiel gegeben werden wird.

Die Lehre von den Prinzipien der śivaitischen Āgama-s, der Traditionsschriften, die aufgrund ihrer erotischen Symbolik und den damit einhergehenden Geistschulungspraktiken so traditionell, d. h. von den brahmanischen Traditionalisten anerkannt nicht waren, wie es ihr Name suggeriert, besitzt für meine Studie hier in mehrfacher Weise Relevanz. Zunächst, weil die Prinzipienhierarchie, die darin entwickelt wurde, ein weiteres Beispiel für das raum- und zeitübergreifende Vorkommen ähnlich gestaffelter Entwicklungsmuster des BewußtSeins darstellt und damit meine Strukturhypothese bestätigt, die besagt, daß sich Geist mitsamt seinen Gehalten in Variationen immer und überall gemäß der ihm eigenen konstitutiven Eigenschaften ausdrückt. Dann, weil im Śaiva-Śāktismus Kombinationen verschiedener, auch konkurrierender und aufgrund ihrer weltanschaulichen Einbindung scheinbar unvereinbarer Lehrgehalte vorliegen, inclusive verschiedener 3/4er-Klassifikationen, die ich in dem Buch hier vorstelle. Der Bereich der 11 reinen (*śuddha*) plus halbreinen (*śuddha-aśuddha*) Geistmomente, der in seinen groben Umrissen der Geistlehre des Vedānta entstammt, erhebt sich nämlich über dem materia-l(istisch)en Fundament der 25 Seins- und Werdeprinzipien des realistischen Sāṃkhya, die, wie wir bereits sahen, darin gemäß ihrer Eigenschaft, zu erzeugen und/oder erzeugt zu sein, nach kombinatorischen Gegebenheiten in vier Klassen gruppiert sind.

Das ergibt 36 Urfaktoren, die ich vorschlage, nach den (hierin nicht ausdrücklichen) Vorlagen der Originallehre und meinem Generalschema insgesamt wiederum in vier Hauptentwicklungsstadien einzuteilen. Und schließlich beruht die Bedeutung dieser BewußtSeins-Genealogie, das kann gar nicht stark genug betont werden, darauf, daß mit der Skala der 36 Dasheiten, so die wörtliche Übersetzung von *tattva*, zum besseren Verständnis für den in westlicher Philosophie Versierten mit »Prinzip« wiederzugeben, ein unzweideutiger Nachweis für die Binnenstrukturierung des Geistgeschehens vorliegt, die mit der postplotinisch-neuplatonischen derart offensichtliche Gemeinsamkeiten aufweist, daß man unbedingt einmal Nachforschungen über mögliche Einflüsse und/oder Abhängigkeitsverhältnisse anstellen sollte. Nicht nur ist der obere, reine Bewußtseinsbereich über dem Geist als solchem ähnlich unterteilt wie der überintellectuale Bereich im späten Neuplatonismus mit seiner Dazwischenschiebung von intermediären Einheiten zwischen das ungegenständliche Supraprinzip, das absolut Unerkennbare und Unaussprechliche und den Noũs, sondern es finden sich auch drei vergleichbare Geiststadien, die in beiden Modellen emanatistisch gestuft sind und im Lichte mittelplatonischer Emanationsmodelle betrachtet werden sollten. Doch auch hier ist ob der vor uns liegenden Terra incognita die Forderung zu erheben, daß sie hinsichtlich ihrer einzelnen Bestimmungen, Zu- und Einordnungen erst näher untersucht werden müßten.[8] Ich darf anschließend einen diesbezüglichen Vorschlag unterbreiten, der vielleicht gerade dann zu der Unwahrscheinlichkeit führen könnte, die dazu erwünschte Forschung in Gang zu bringen, wenn er bzw. einiges an ihm falsch wäre:

a) *sad-ākhyā* (Seinsidee, Seinsbegriff, Seinsname, Seinserscheinung, erstes Auftauchen von Seins-, i. e. Gegenstandsbewußtheit) = *sadā-śiva* (immerseiender/ewiger Śiva) = *nāda* (Ton, Laut) – entsprechend *ón/ousía* (Sein/Seiendes)

[8] Zu den variierenden Zuordnungen der drei neuplatonischen Geistaspekte untereinander in ihren unterschiedlichen Darstellungsweisen zusammenfassend G. Heil, Pseudo-Dionysius Areopagita: Über die himmlische Hierarchie. Über die kirchliche Hierarchie, p. 89[3], Anmerkung zur ›Kirchlichen Hierarchie‹, mit Hinweisen auf einschlägige Stellen in der Sekundärliteratur.

= *'úparxis* (Existenz) = *mónē* (Bleiben) = *noētón* (geistig Einsehbares);

c) *sad-vidyā* (Seinswissen) = *śuddha-vidyā* (reines Wissen) = *bheda-buddhi-śakti* (Śakti/Potenz des Differenzbewußtseins) – entsprechend *zōḗ* (Leben) = *dúnamis* (Kraft, Macht, Potenz) = *próodos* (Hervorgang, Heraustreten) = *nóēsis* (Geisteinsicht/Gewahrsein);

b) *īśvara* (Gott-Herr und Schöpfer) = *bindu* (Punkt, Tropfen) = *cid-ghana* (Bewußtseinsmasse) = *ghana-avasthā*/*ghanī-bhūtā* (Festigkeits-, Verdichtungszustand) = *noũs* (Geist, Intellect, Verstand) = *noerón* (das geistig Einsehende) = *epistrophḗ* (Rückwendung, Umkehr).

Natürlich könnte man den Vergleich schon an der höheren Polarität von Matra-Maheśvara und Sad-Ākhyā ansetzten usw. usf. Da meine Studie nicht Detailvergleiche zwischen Hindu-Tantra und Spätneuplatonismus zum Gegenstand hat,[9] muß ich das anschließend wiedergegebene Schema für sich sprechen lassen. Es liegt mir fern, dies zu tun, ohne in der folgenden Fußnote auf die Literatur zu verweisen, aus der es und die kompetenteste Darstellung wie Erläuterung dieser Lehre stammt, die in ihren inhaltlichen Einzelheiten noch viel subtiler ist, als es das auf den ersten Blick sowieso schon schwindelerregend komplexe Diagramm suggeriert. Zu seinem Verständnis in unserem Kontext sollte ich noch erwähnen, daß *aham*, »ich«, den Subjektpol (*prakāśa*) verkörpert, daß *idam*, »dies(es)«, den Objektpol (*vimarśa*) verkörpert, daß die Pfeile die jeweilige Richtung der diesbezüglichen Schwerpunktverschiebung bei

[9] Cf. den Vergleich zwischen dem Śivaismus in Kaschmir und drei christlich-mystischen Lehren, der von Johannes vom Hl. Thomas (1589-1644), der von Pierre de Bérulle (1575-1629) und der von Juan de la Cruz (1542-1591), bei P. E. Murphy, Triadic Mysticism, pp. 109-182, der auf westlicher Seite selbstverständlich von der frühen, stark vom Platonismus geprägten christlichen Tradition, ausgehen müßte.

der Emanation anzeigen, daß die Manifestation insgesamt als Prozeß sich intensivierender Subjekt-Objekt-Polarisierung eines Einheitsgeschehens aufzufassen ist und daß das Eine aller Einheiten, das Prinzip aller Prinzipien, das jenseits der Prinzipien angesiedelt ist, das Überprinzip also (*tattva-atīta*), die höchste Bewußtheit oder Überbewußtheit (*parā-saṃvid*), nicht zu den Prinzipien (*tattva*) gezählt wird und in der von mir hinzugefügten Skala dessenthalben den (Y5)-Wert zugewiesen bekommt.[10]

[10] Diagramm aus J. Woodroffe, Śakti and Śākta, p. 183 (mit meinen Druckfehlerkorrekturen). Darstellung der Prinzipienlehre: o.c., pp. 164-185; idem, The Garland of Letters, pp. 93-213; Schema der 36 Prinzipien des Triadismus (*trika*) von Abhinavagupta (10./11. Jh.) in J. Pereira. Hindu Theology, pp. 496-497; cf. P. T. Raju, Introduction to Comparative Philosophy, pp. 241-242, zum Stammbaum des Alls nach der Vaiṣṇava- bzw. Pañcarātra-Literatur und nach Śaiva- oder Pāśupata-Schriften. Exakte Diagramme zu verschiedenen Systemen und Aspekten innerhalb dieser in A. Padoux, Vāc, pp. 120-121, 139[145], 318-319, 335, 355, 358-359.

DIE 36 BEWUSSTSEINS-PRINZIPIEN (*tattva*) DES ŚAIVA-ŚĀKTISMUS (nach J. Woodroffe)

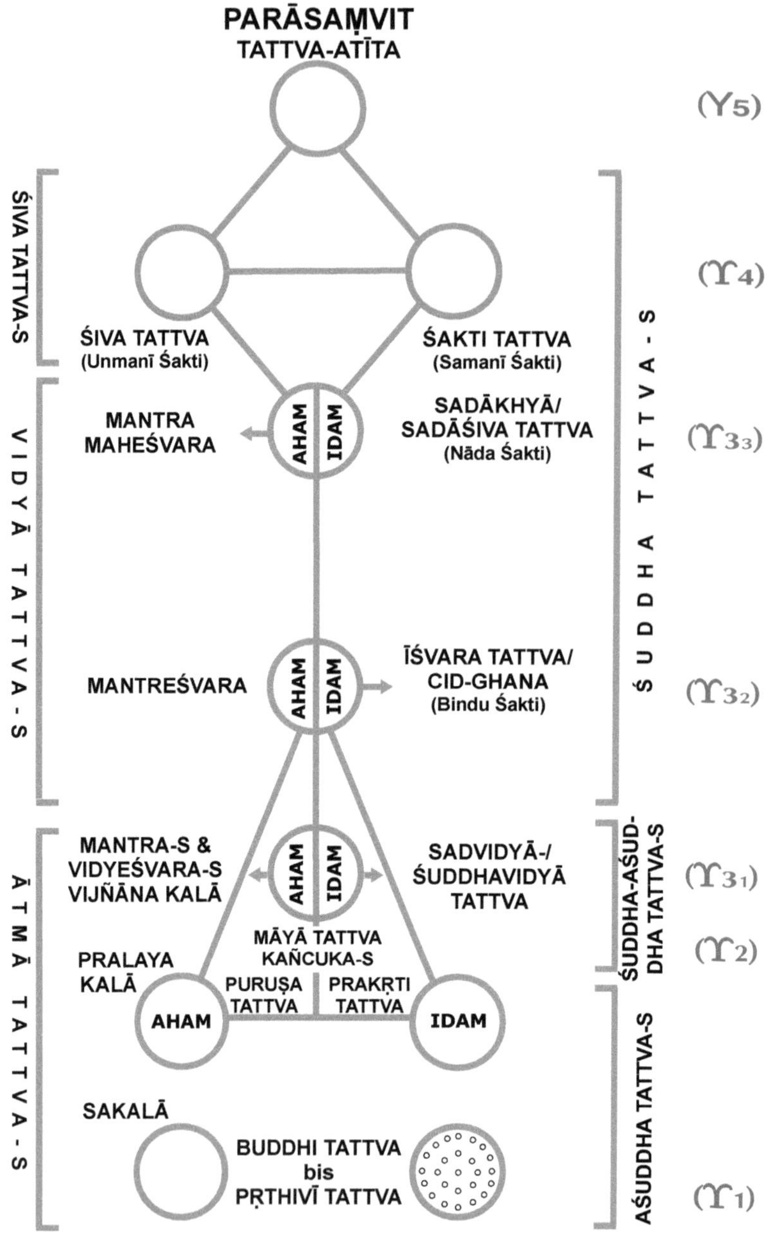

DIE 36 BEWUSSTSEINS-PRINZIPIEN (*tattva*) DES ŚAIVA-ŚĀKTISMUS (nach J. Woodroffe)

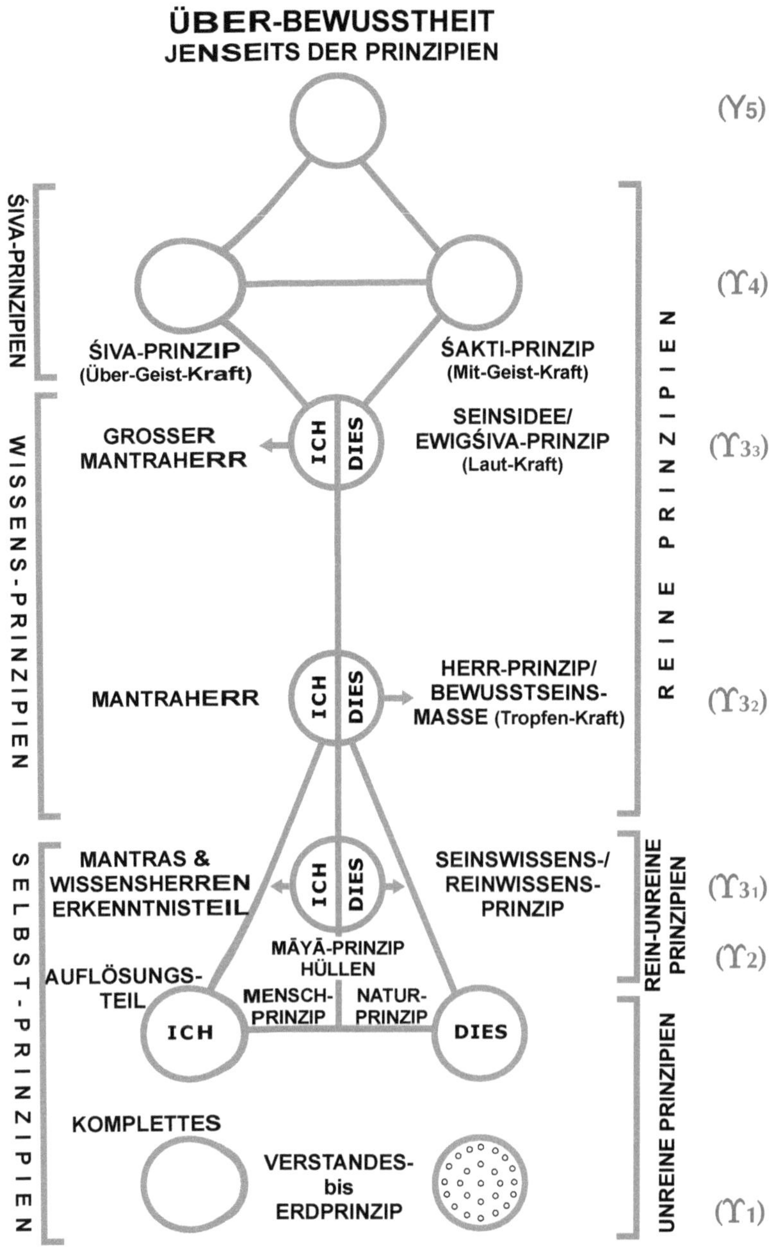

Ausgehend von der monistischen Lógos-Philosophie Bhartṛhari's (5./6. Jh.), die drei Manifestationsebenen der Sprache (*trayī vāc*) annahm, die kontemplative (*paśyantī*), die mittlere (*madhyamā*) und die geäußerte (*vaikharī*), entwickelte der tantrische Triadismus (*trika*) eine vierfältige Entwicklungslehre des Wortes, wobei die einzelnen Niveaus zugleich die Hauptprinzipien des Seins wie des Geistes bilden und an die vier Zustände des Ātman-Brahman gekoppelt sind.

(Υ4) Den Anfangspunkt der Entfaltung bzw. die Noch-nicht-Entfaltung stellt die Übersprache, das Ultraverbum, der Hyperlógos (*parā-vāk*) dar. Dieses ungeschaffene, noch undifferenzierte, transzendente Urwort ist Wirklichkeit par excellence, leuchtend-reines Bewußtsein, Gefäß und Quelle aller Phänomene.

(Υ3) Das zählbar erste Stadium der Sprach-Äußerung wird die kontemplative, visionäre (*paśyantī*) genannt, weil sich in ihm der erste Impuls zur Manifestation bemerkbar macht und erste Spuren davon sichtbar werden, während der auf der Subjektseite zu lokalisierende Aspekt des Bewußtseins oder Reingeistigen gegenüber dem späteren Objektiven vorherrscht.

(Υ2) Das nächste Stadium heißt mittleres (*madhyamā*), da es sich zwischen dem feinen, noch undifferenzierten und dem groben, ausgesprochenen Wort befindet. In ihm ist die Sprache mit ihren Komponenten bereits vorhanden, Gegenständlichkeit und das All werden geschaffen, jedoch sind die Zeichen und das Bezeichnete noch nicht verkörpert, sondern liegen noch verhüllt im Bewußtsein.

(Υ1) In der letzten Entwicklungsphase liegt die Differentiation des ‚Vor-Worts' in voller Handgreiflichkeit vor. Objektivität und die kosmische Illusion (*māyā*) bestimmen diese. Das Wort ist hörbar geworden, äußerbar mit Hilfe des körperlichen Sprechapparats mit all dem, was es ausdrückt und bezeichnet (*vaikharī*).

Da der ganze Prozeß nur Entfaltung des einen Pro-Lógos, d.h. Suprabewußtseins ist, kann der Yogi durch diese Momente und durch sie hindurch wieder zu dem allem zugrunde liegenden Ursprungswort zurückkehren.[11] Unter Berücksichtigung solcher Graduierung kann das Tantra geradezu Hypostatik genannt und neben den Neuplatonismus gestellt werden, dies allerdings mit gewissen Umstellungen in der Hierarchie der Prinzipien bzw. ihrer hauptsächlichen Funktionen. Um dies in seiner ganzen Tragweite einsichtig zu machen, gebe ich anschließend eine Tabelle aus der Fachliteratur wieder, in der acht Aspekte des tantrischen Lehrgebäudes in seiner Vierstöckigkeit nebeneinandergestellt sind, von denen wir eine Spalte, die der BewußtSeins-Zustände, bereits kennen und somit quasi als Vergleichsmaßstab für die Ordnung der anderen Kategorien verwenden können.[12]

---

[11] Meine Skizze ist eine auf das Allerwesentlichste reduzierte Zusammenfassung der Ausführungen von A. Padoux, Vāc, pp. 166–222.

[12] Cf. A. Padoux, Vāc, p. 146; die Graduierung ist von oben (ϒ4) nach unten (ϒ1) fallend; Übersetzungen der Sanskrit-Begriffe in runden Klammern und Linien der Tabellenzellen stammen von mir; inhaltlich bemerkenswert ist die Verortung der Kräfte oder Mächte »Willen«, »Erkenntnis« und »Handlung« auf der Skala, wobei ersterer die Stelle des Geistes einnimmt.

VIERSTUFUNGEN IM KASCHMIR-TANTRISMUS (nach A. Padoux)

	cakra (spinale Zentren)	Wort-Ebenen	Stadien von Wort und Energie	Kräfte	vergöttlichte Energien	*spanda* (Schwingung)	Bewußtseins-zustände	Stadien phonematischer Emanation
(Υ_4)	***mūla-ādhāra*** (Wurzelträger/ Steißbein)	***parā*** (transzendent)	***parā*** (transzendent)	***cid-ānanda/ śāntā*** (Seligkeitsbe-wußtheit/Stille)	**Ambikā/ Śāntā** (Mutter/ Ruhige)	***niḥ-spanda*** (Schwingungs-losigkeit)	***turyātīta/ turya*** (übervierter/ vierter)	***śabdarāśi*** (Lautmasse)
(Υ_3)	***nābhi*** (Nabel)	***paśyantī*** (kontemplativ)	***parāparā*** (transzendent-immanent)	***icchā*** (Wille)	**Vāmā** (Manifestie-rende)	***sāmānya-*** (allgemeine)	***suṣupti*** (traumloser)	***mātṛkā*** (Mütterlein)
(Υ_2)	***hṛdaya*** (Herz)	***madhyamā*** (mittel)		***jñāna*** (Erkenntnis)	**Jyeṣṭhā** (Beste)	***viśeṣa-*** (unterschiedene)	***svapna*** (Schlaftraum)	***mālinī*** (Girlandenflechterin)
(Υ_1)	***kaṇṭha*** (Hals/Nacken)	***vaikarī*** (geäußert)	***aparā*** (immanent)	***kriyā*** (Handlung)	**Raudrī** (Wilde)	***spaṣṭatara-*** (sichtbarere)	***jāgrat*** (welthafter)	***bhūtalipi/ sthūlavarṇa*** (Dämonenschreiben/ grobes Phonem)

Daran anschließend möchte ich noch kurz bemerken, daß die Emanation der Sprache innerhalb des Kaschmir-Tantrismus auch pentamer vertreten wird. Das halte ich deshalb für erwähnenswert, weil ich darin nicht nur eine strukturelle Nähe zum Weltentstehungslied von ›Ṛg-Veda 10.129‹ zu erkennen meine, sondern zudem an die Feingliederung platonistischer Prinzipienhierarchien erinnert werde. Es war Maheśvarānanda (12. Jh.), der zusätzlich zu den genannten vier Logos-Prinzipien ein fünftes Prinzip einfügte.

(ϒ1) Die normale Sprache sei (die Kraft zum) Handeln (*kriyā*) und entspreche »*vaikharī*«, dem geäußerten Wort;

(ϒ2) die innere Sprache sei (die Kraft zum) Wissen (*jñāna*) auf der Ebene der Vernunft (*buddhi*) und entspreche »*madhyama*«, dem mittleren Stadium;

(ϒ2½) die Bewegung zur Manifestation der Sprache sei der Wille(nsimpuls) oder die Intentionalenergie (*icchā*) und dies »*paśyantī*«, die kontemplative Sprache;

(ϒ3) die vorhergehenden drei Stadien als ununterschiedene Einheit, das ist die Feine (*śūkṣmā*), die Seligkeitsmacht (*ānanda-śakti*), Stimulation, Veranlassung, der Antrieb (*udyoga*) des Höchsten, die in ihm noch konfuse/indistinkte Wirklichkeit (*śabalī-bhāva-svabhāvā*), vergleichbar dem Pfauenschwanz im Keim des [Pfauen-]Eis (*śikhaṇḍy-aṇḍa-rasa-nyāyād-*) hinzuschauen/auszusprechen (*ākhyāyate*);

(ϒ4) der Gipfel, die Transzendenz oder Jenseitigkeit der Sprache an sich (*parā-vāk*) nun ist von der Wesenheit des höchsten Herrn (*parameśvarasya svarūpam*).[13]

---

[13] Cf. Maheṣvarānanda, Mahārthamañjarī 50, mit Autokommentar Parimala dazu, ⟨ed.⟩ V. Dviveda, pp. 123–125, ⟨ed./tr.⟩ L. Silburn, pp. 156–157; A. Padoux, Vāc, pp. 171⁹–172.

Und weil in der Forschungsliteratur auch zur meist fünfsprossig verfahrenden Krama-Schule des Śaiva-Tantra eine, wie soll ich 's nennen?, Maṇḍala-Tabelle der wichtigsten Fünferstufungen der Schule vorliegt – die Erweiterung besteht meistensteils in der Auffächerung der obersten Kategorie –, will ich diese den an Systematik und gleichzeitig an Symbolik Interessierten nicht vorenthalten und folgend unter Hinzufügung der in der vorliegenden mehrbändigen Studie üblichen Kolorierung samt einer Fassung mit deutscher Übersetzung abbilden.[14]

[14] L. Silburn, La Mahārthamañjarī de Maheṣvarānanda avec des Extraits du Parimala, p. 126.

PAÑCĀRTHAKRAMA
(nach L. Silburn)

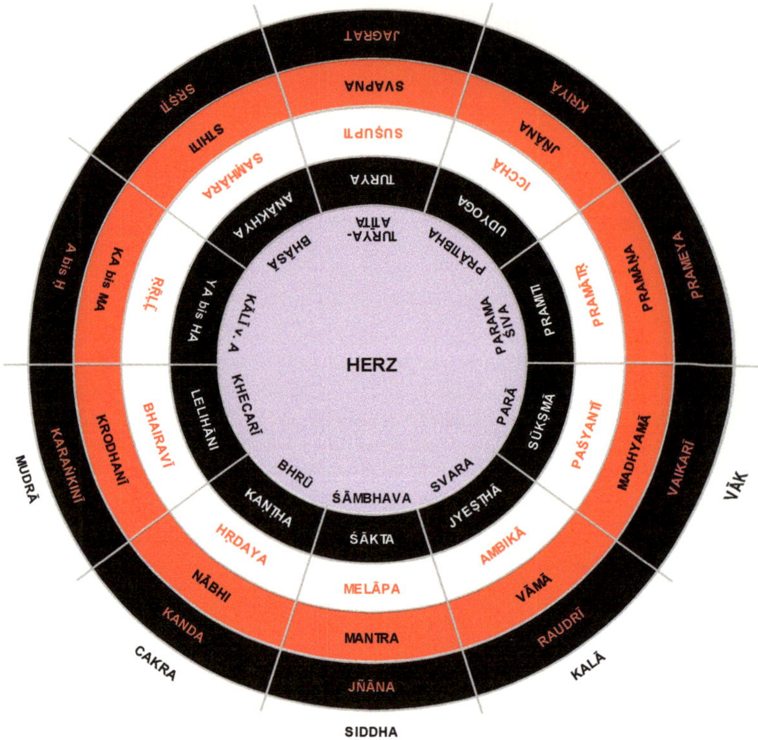

PAÑCĀRTHAKRAMA
(nach L. Silburn)

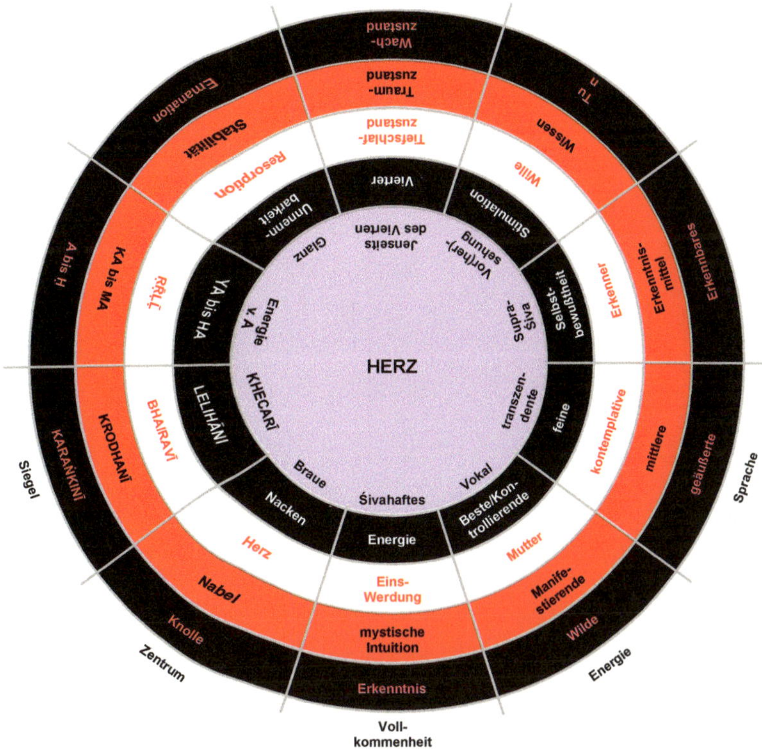

Daß eine dem Hindu-Tantra entsprechende Vierstufung auch das parallel verlaufende Buddha-Tantra strukturiert, darf ich abschließend mit einer aus der Fachliteratur nachgestalteten Tabelle dokumentieren.[15]

[15] A. Padoux, Le Tantrisme, p. 294; weitere Tabellen von Vierstufigkeit im Vajrayāna bei D. Bhattacharya, The Catuṣkāya Doctrine in the Mantranaya, pp. 96 (Kālacakra), 106 (Sekoddeśaṭīkā), 108–109, 111–112 (verschiedene mündliche Überlieferungen).

VIERSTUFUNGEN IM BUDDHISTISCHEN TANTRA (nach A. Padoux)

	cakra (Zentren)	*kāya* (Buddha-Körper)	*mudrā* (Siegel)	Yoginī (Göttin)	*mahābhūta* (Element) *apramāṇa* (Stimmung)	*avasthā* (Bewußtseins-zustand)	*bīja* (Keim-silbe)	*ānanda* (Seligkeit)	*kṣaṇa* (Moment) *dīkṣā* (Initiation)
(Υ_4)	*ūṣṇīṣaka-mala mahāsukha* Kopf	*svabhā-vika* (Wesens-)	*samaya* (Beach-tungs-)	Tārā Retterin	*vāyu* (Luft) *upekṣā* (Gleichmut)	*turīya* (4. Zustand) Bewußtseinsebene Bewußtsein	*yā haṃ*	*sahaja* (Spontan-)	*vilakṣaṇa* (kennzeichenlos) 4. Initiation
(Υ_3)	*saṃbhoga* Hals	*saṃbhoga* (Seligkeits-)	*mahā* (Groß-)	Pāṇḍarā Weiße	*tejas* (Feuer) *maitrī* (Freude)	*suṣupti* (Tiefschlaf) Götterebene Gedanke	*ma oṃ*	*virama* (Stillstands-)	*vimarda* (Zerschmetterung) Initiation des Weisheitsbewußtseins
(Υ_2)	*dharma* Herz	*dharma* (Ordnungs-)	*dharma* (Ordnungs-)	Māmakī Meinheit	*āpas* (Wasser) *muditā* (Güte)	*svapna* (Schlaftraum) Mantraebene Sprache	*vaṃ hūṃ*	*parama* (Ultra-)	*vipāka* (Reifung) geheime Initiation
(Υ_1)	*nirmāṇa* Nabel	*nirmāṇa* (Erscheinungs-)	*karma* (Tat-)	Locanā Sehende	*pṛthivī* (Erde) *karuṇā* (Erbarmen)	*jāgrat* (Wachen) Selbst-Ebene Körper	*e a*	*ānanda* (Seligkeit)	*vicitra* (verschiedenartig) Initiation des Meisters

Allerdings handelt es sich bei solchen Forschungsergebnissen nur um einen verschwindend kleinen Ausschnitt aus der Menge von Texten, die zum Teil in ihrer Existenz noch gar nicht wahr- und in ihren Inhalten noch gar nicht zur Kenntnis genommen wurden. Wenn sich ein indischer Gelehrter anläßlich der Schichtung gewisser ontologischer oder gnoseologischer Lehrgegenstände in buddhistisch-tantrischen Traktaten (Mantranaya) mokiert: „Das Anstellen jeglichen Vergleichs zwischen den Perfektionsgraden in den beiden Schemata [der vedāntischen Māṇḍūkya-Upaniṣad/Gauḍapādīya-Kārikā und des mahāyānistischen Kālacakrayāna, besonders der Sekoddeśaṭīkā] ist absurd."[16], dann hängt das jedoch mehr mit seiner einseitig doxographischen Ausrichtung zusammen, die ihn dazu veranlaßt, Texte allzu wörtlich zu verstehen, deren Spezifika überzugewichten, ihre metaphysische Weite unberücksichtigt zu lassen und ihre unumgänglichen Schwankungsbreiten ob der Beschreibung (kontemplations-)praktischer Vorgänge und Zustände zu starr auf einen Exaktwert festlegen zu wollen, was im gemeinten Falle heißt, die Doppelseitigkeit beschriebener Bewußt- oder Seins-Ebenen hochspekulativer BewußtSeins-Lehren sowie den Übergangscharakter und die Zwischenwertigkeit einzelner Schritte in dynamischen Modellen zu verkennen.[17]

---

16 D. Bhattacharya, The Catuṣkāya Doctrine in the Mantranaya, p. 123, meine Erläuterung in eckigen Klammern.

17 Die hier formulierte Kritik richtet sich speziell gegen D. Bhattacharya, The Catuṣkāya Doctrine in the Mantranaya, pp. 118-123.

4 Synopse zur Prinzipienstruktur: Vedānta, Vijñānavāda, Platonismus, nebst Kabbala. Referat des Forschungsstands

Die Nähe der Strukturtheorie des Geistes bei den Vijñānavādin-s zur Lehre von den vier Zuständen, Füßen oder Vierteln (*avasthā*/*sthāna*/*pāda*) der (geistigen) Urperson (*puruṣa*) oder des Geistselbst (*ātman*) der ›Māṇḍūkya-Upaniṣad‹ kommt nicht von ungefähr, sie hat, wie ich in einem ersten tastenden Versuch, den relevanten Kapiteln dieses Buches hier, zu veranschaulichen suchte, eine lange Geschichte in Spruch und Widerspruch aufeinander bezogener geistiger Auseinandersetzung zwischen orthodoxen Systemen untereinander wie diesen und der Heterodoxie, innerhalb der wiederum unterschiedliche Modelle konkurrierten. Eine umfassende Dokumentation dazu steht noch aus. Forschungsleitende Hinweise zur Isomorphie der vier vedāntischen Geistebenen, der Schichteneinteilung im Werk von Śaṅkara und der vijñānavādischen Wesensstadien bzw. Modifikationen liegen jedoch bereits vor: „Vasubandhu's System ist .. Absoluter Idealismus. Wir können tatsächlich sagen, daß im Advaita-Vedānta

(ϒ4) Vijñaptimātra [Nur-Bewußtsein] Brahman oder Ātman [dem Absoluten],
(ϒ3) Ālayavijñāna [Speichergeist] Īśvara [dem Gott-Herrn],
(ϒ2) Kliṣṭa Manovijñāna [getrübtes Denkbewußtsein] Jīva [dem Lebewesen/Lebensprinzip],
(ϒ1) Viṣayavijñapti [Gegenstandswissen] Jagat [der Welt]

und Pariṇāma [Umwandlung] Vivarta [der Verkehrung] Platz macht."[1] Da man sich sowohl auf östlicher als auch auf westlicher Seite der Indiengelehrsamkeit ein interessenspezifisches, erschreckend einseitiges Urteil vom Verhältnis zwischen Hinduismus und Buddhismus im allgemeinen und zwischen Vedānta, Advaita-Vedānta und Mahāyāna im besonderen bildete, ein Vorurteil, wird von allen Parteien versucht, Feststellungen solcher und ähnlicher Äquivalenzen als unwissenschaftlich zu desavouieren und aus den Veranstaltungen des akademischen Exhibitionismus auszuschließen. Ich darf zur Demonstration dieser Behauptung auf eine erheiternde und zugleich erschütternde Begebenheit aus der Gelehrtenwelt verweisen, die ein universalistisch orientierter hinduistischer Fachmann, der es wagte, diese ideologische Umzingelung zu durchbrechen, im Vorwort seines Buches erzählt und die trotz ihres Alters aktueller denn je ist, obzwar man heute wohl subtiler agieren dürfte. „Ein deutscher Orientalist, Dr. von Glasenapp, stellte sich während der Buddha Jayanti Zeremonien in Neu Delhi 1956 körperlich zwischen mich und das Mikrophon, um mich davon abzuhalten, diese Idee, von der er dachte, sie würde seine Interpretationen in Verruf bringen, darzulegen."[2]

Auf die direkten buddhistischen Einflüsse bei der Entstehung, sowohl des Texts der ›Māṇḍūkya-Upaniṣad‹ als auch ihrer Begleiterin, der ›Gauḍapadīya-Kārikā‹, sei, damit ich der Pflicht des wissenschaftlichen Berichterstatters genüge tue,

---

[1] C. Sharma, A Critical Survey of Indian Philosophy, p. 123, meine Übersetzungen der sanskritischen Fachbegriffe in eckigen Klammern; cf. o.c., pp. 272, 322–327; P. T. Raju, Idealistic Thought of India, pp. 411–412. Die Betonung bei der Bezeichnung „absoluter Idealismus" ist selbstverständlich auf „absolut" zu legen, wodurch „Idealismus" obsolet wird; T. A. Kochumuttom, A Buddhist Doctrine of Experience, pp. 197–234, wehrt sich dagegen, den Yogācāra Idealismus zu nennen.

[2] P. T. Raju, Idealistic Thought of India, p. III[1].

eigens noch verwiesen.[3] Aus der Ähnlichkeit der Geistkonzeption von Vedānta und Yogācāra muß meinen Darstellungen gemäß selbstverständlich der Schluß gezogen werden, daß in formaler Hinsicht zwischen ersterer und der teleskopartigen Entfaltungslehre des (Neu-)Platonismus ebenso weitgehende Übereinstimmung besteht. Anläßlich der Vierfachspekulationen mehrerer parallellaufender Gegenstandsbereiche von Sadānanda wurde das schon vor fast einem Jahrhundert bemerkt und blieb, weil die interkulturell vergleichende Philosophie vor lauter Fortschrittlichkeit diesem alten metaphysischen Zeug und kritiklosen Identifizieren verschiedenster Weltentwürfe um Gottes Willen keine Beachtung schenken durfte und konnte, mit verschwindend wenigen Ausnahmen, dennoch unbekannt. „Hierdurch entstehen vier Zustände der Seele, welche eine bemerkenswerte Ähnlichkeit mit den vier Stadien der neuplatonischen Emanation

(Υ4) (ἕν [Eines],
(Υ3) νοῦς-ἰδέαι [Geist-Ideen],
(Υ2) ψυχή [Seele],
(Υ1) ὕλη [Materie])

besitzen, ohne daß übrigens zwischen beiden ein anderer Zusammenhang als der in der Natur der Dinge selbst begründete anzunehmen wäre, da die vier Prinzipien des Plotinos … ganz naturgemäß aus den Grundanschauungen des Platon

(Υ4) (der Idee des Guten,
(Υ3) der Ideenwelt,
(Υ2) dem gemischten Gebiete des Psychischen und

3 Cf. C. Lindtner, Foreword to: Gauḍapāda: Āgama-Śāstra, ⟨ed./tr.⟩ V. Bhattacharya, pp. VIa-d, und die Anmerkungen wie Textvergleiche des Herausgebers; S. Dasgupta, A History of Indian Philosophy, 1.422-429.

(ϒ1) der platonischen Materie)

hervorgegangen sind, während der indische Philosoph, geleitet durch die unvergleichlich schönen Ausführungen der Bṛhad-âraṇyaka-Upanishad 4,3-4 über die vier Zustände der Seele in

(ϒ1) Wachen,
(ϒ2) Traumschlaf,
(ϒ3) Tiefschlaf und
(ϒ4) Erlösung

diese in die ›Mâṇḍûkya-Upanishad‹ übergegangenen und von dort durch unsern Autor übernommenen vier Zustände zur Grundlage seiner ganzen Konstruktion gemacht hat."[4]

---

4 P. Deussen, Allgemeine Geschichte der Philosophie, 1.3.616-617, meine Übersetzungen in eckigen Klammern; die folgende Schautafel zum Gedankensystem Sadānanda's wurde von mir nach der tabellarischen Darstellung von o.c., 1.3.618, angefertigt. Zur Analogie zwischen den Plotinschen Hypostasen und den vedāntischen Vierteln des Selbst auch die kurzen Bemerkungen (Nebenbemerkungen) von S. Radhakrishnan, The Principal Upaniṣads, pp. 65[2]-66, 704-705; C. L. Tripathi, The Influence of Indian Philosophy on Neoplatonism, pp. 274-275; B.-A. Scharfstein, 'Cogito Ergo Sum': Descartes, Augustine, and Śankara, pp. 213-216; G. Vallin, Voie de gnose et voie d'amour, pp. 137-138, 152.

AVASTHĀḤ und Hypostasen bei Sadānanda
Universelle/individuelle Perspektive (nach P. Deussen)

		samaṣṭi Gesamtheit	*vyaṣṭi* Einzelheit
(Υ4)	Erlösung	*turīyam* (Viertes)	
(Υ3)	*suṣupti* Tiefschlaf	Īśvara Weltgeist/Herrgott	*prājña* Einzelgeist
(Υ2)	*svapna* Traum	Sūtrātman Welt-/‚Faden-'seele	*taijasa* Einzelseele
(Υ1)	*jāgrat* Wachen	Vaiśvānara Weltleib	*viśva* Einzelleib

Es zeugt somit von einer unverzeihlichen interkulturell-philosophiekomparatistischen Erkenntnislücke, unter Mißachtung der Äquivalenz der neuplatonischen Hypostasen und der vier Ebenen von Wahrheit und erfahrener Wirklichkeit im Vedānta (*avasthā/sthāna/catuṣ-pāda*) zu bemerken: „Die Parallelen zwischen dem Neoplatonismus und der upaniṣadisch-vedāntischen Tradition sind grundlegend, umfassend und tiefgreifend, indem sie für strukturelle Muster, Details innerhalb dieser und oft sogar für den Ausdrucksstil gelten. Die upaniṣadisch-vedāntische Tradition unterscheidet sich jedoch radikal vom Neoplatonismus, indem sie nur zwei Aspekte oder Ebenen des Seins anerkennt."[5] Ein indischer Forscher nennt neben der

[5] T. McEvilley, The Shape of Ancient Thought, p. 568; cf. o.c., p. 566[20]; diese Fehleinschätzung hätte der zitierte Autor vermeiden können, hätte er sich nur in den hier genannten Literaturen kundig gemacht oder meinen Vergleich zwischen der onto-gnoseologischen Schichtung des spätantiken Advaita und dem spätmittelalterlichen christlichen Neuplatonismus (Nicolaus Cusanus) zur Kenntnis genommen. Einige gravierende

Gleichartigkeit der Vierstufung von Plotinscher Hypostasenlehre und upaniṣadischen Bewußtseinszuständen (*avasthā*) wie fünf Hüllen (*pañca-kośa*) folgende Korrespondenzen:

„(ϒ4) *Avyaya* [unvergängliches] Brahman (der ewige, unendliche Allgrund), entsprechend Plotins Einem,
(ϒ5) das Eine sogar transzendierend;
(ϒ3) *Akṣara* [unveränderliches] Brahman (die unzerstörbare Ursache), entsprechend Plotins Noũs;
(ϒ2½) *Ātmākṣara* Brahman [Brahman des unveränderlichen Selbst/Geistes] (das höchste Selbst), das mit dem Wirkungsvermögen des Schaffens, Erhaltens und Zerstörens ausgestattet ist, und von daher ein Schöpfer, der noch nicht als Subjekt und Objekt unterschieden ist, entsprechend der Weltseele von Plotin; und
(ϒ2/1) *Viśvavṛt* [allheitliches] Brahman (die kosmische Manifestation), die ausgedehnte materielle Welt von Universen, Supergalaxien und Individualitäten als Emanation und Ausstrahlung von nur einem Funken des höchsten Selbst, entsprechend der beseelten Materie oder Natur Plotins."[6]

Irrtümer bei der Auslegung des Denkens Nāgārjuna's, die u.a. dadurch zustandekamen, daß Fehler aus der Übersetzungs- und Interpretationsliteratur übernommen wurden, teilte ich dem von mir hoch geschätzten Verfasser des genannten historiodoxographisch bahnbrechenden Werkes einige Zeit nach dessen Erscheinen mit, ohne darauf eine Antwort oder Rechtfertigung zu erhalten. Mit Bedauern muß ich hier vermerken, daß er seit dem Jahre 2013 nicht mehr unter uns weilt.

[6] Cf. I. C. Sharma, The Four Dimensional Philosophy of Indian Thought and Plotinus, pp. 190–193, Zitat aus o.c., p. 190 (wörtliche Übersetzung des jeweiligen Sanskritterminus in eckigen Klammern von mir eingefügt). Allgemeine Vergleiche zwischen der indischen und Plotinschen Philosophie wurden immer wieder angestellt, m.E. nur selten glücklich; T. McEvilley, The Shape of Ancient Thought, pp. 549–551, weist auf die Schwierigkeit von Gelehrten, Plotins Lehre im Kontext

indischer Philosophie zu thematisieren; sein Beitrag: o.c., pp. 549-567; 585-594; Literatur in H. P. Sturm, Weder Sein noch Nichtsein, p. 381[39]; zudem: ⟨ed.⟩ P. M. Gregorios (P. Verghese), Neoplatonism and Indian Philosophy (Vergleiche großteils ziemlich dürftig). Beachtenswert, bisher aber nahezu unbeachtet geblieben sind die Darstellungen von G. Vallin, La perspective métaphysique, pp. 91-111, 147-150, 183; idem, Voie de gnose et voie d'amour, pp. 123-175; idem, Lumière du Non-dualisme, pp. 13-31, 42-45, 79-122.

HYPOSTASENKEGEL

VEDĀNTA	NEUPLATONIK	VIJÑĀNAVĀDA
avasthā *mātra*	Hypostasen	svabhāva *pariṇāma*
turīya *oṃ-kāra*		vijñaptimātratā *parinispanna*
suṣupti/prājña *m-kāra*		ālayavijñāna *paratantra*
svapna/taijasa *u-kāra*		manovijñāna *parikalpita*
jāgrat/ vaiśvānara *a-kāra*		vijñaptir-viṣaya/ viṣayasya- upalabdhi

Computergraphik: Heiko Helbig

Unter Berücksichtigung der verblüffenden Ähnlichkeit zwischen dem hinduistischen und platonisch beeinflußten Lagenmodell der Seele kann auch die Übereinstimmung, die zwischen der hinduistischen und der jüdisch-kabbalistischen Seelenlehre konstatiert wurde, nicht mehr als bloße Esoterik (im modern-abschätzigen Verständnis) und theosophische Phantasterei abgetan werden, ist die Kabbala durch mehrere Ströme der Beeinflussung doch von der griechischen, insbesondere platonistisch-aristotelisch ausgerichteten Spekulation geprägt, zum Teil direkt, zum Teil indirekt via Gnosis und islamischer Sufismus, über welche letzteren beiden auch einiges Indische in sie eingedrungen sein könnte. „Einige gelehrte Autoren gaben zu verstehen, daß diese kabalistischen Ideen denen der Alexandrinischen Philosophie und der Gnostiker ähnelten, dabei Begriffe vereinigend, die von den Pythagoreern, den Platonisten und vom indischen Brahmanismus und Buddhismus stammen.“[7] Um Interessierten unter dem massiven Eindruck der Explikationen hier einen Einblick in die Strukturierung der kabbalistischen Spekulation zu geben, darf ich von der Beschränkung des Gegenstandsbereichs meiner Betrachtung für diesen Band, die Epoche der Antike, abweichen und anschließend, in das Mittelalter und die beginnende Neuzeit ausgreifend, ein paar sekundärwissenschaftliche Forschungsresultate präsentieren, die die Universalität des hypostatischen Schemas aufs schlagendste erweisen.

„Die menschlichen Prinzipien können als drei in einem vierten – dem Körper; oder als Fünf, wenn man die Astralform und den stofflichen Körper berücksichtigt; oder als sieben, wenn man das göttliche Prinzip unterteilt; oder als zehn, vergleichbar den Sefiroth, dargelegt werden. … zwei Systeme sollen zur Illustration genügen.

---

[7] W. W. Westcott, An Introduction to the Study of the Kabalah, p. 33.

(ϒ4) Vom Yod, dem *Je* von Jehovah, kommt das höchste Überstrahlen des Göttlichen, vergleichbar dem Âtmâ indischer Philosophien.

(ϒ3) Vom Hé, dem *ho* von Jehovah, kommt Neshamah, die Buddhi der Hindus, die Spiritualseele.

(ϒ2) Vom Vau, dem *v* von Jehovah, kommt Ruah, das Manas der Hindus, Denken und Vernunft.

(ϒ1) Vom Schluß-Hé, dem *ah* von Jehovah, ist Nephesh abgeleitet, das Kâma der Hindus, die Triebe und Leidenschaften.

(ϒ1½) All diese sind in die Astralhülle eingeprägt, die
(ϒ1$_2$) den physischen Körper formt, das Werkzeug, das
(ϒ1$_1$) auf die materiellen Objekte einwirkt.

Die menschliche Seele wird wiederum als über mehrere unterschiedliche Formen bewußter Manifestation verteilt vorgestellt, die mit den »Zehn Sefiroth« in Verbindung stehen: die verschiedenen kabbalistischen Abhandlungen geben verschiedene Gruppierungen, die alle füreinander Bedeutung besitzen; die gebräuchlichste ist eine dreifache Unterteilung

(ϒ1) in Nephesh, die Leidenschaften, die Malkuth [»Reich«, der 10. Sefira] zugeordnet ist;

(ϒ2) Ruah, die Vernunft, die Ratio und das Denken, die der Gruppe von sechs Sefiroth zugeordnet ist, die um die Tiphereth-Sonne [»Schönheit«, die 6. Sefira] herum liegen;

(ϒ3) und Neshamah, die spirituellen Aspirationen, die mit dem göttlich-erhabenen Dreieck der Königin, des Königs und der Krone [»Einsicht«, »Weisheit« und »Krone«, der Sefirot 1-3] verbunden sind."[8]

---

[8] W. W. Westcott, An Introduction to the Study of the Kabalah, pp. 56-57 (Erläuterungen in eckigen Klammern von mir eingefügt); die

Um die Ähnlichkeit der Rangordnungen hinduistischer, griechischer und jüdischer Gedankengebäude auch in kosmogonischer Hinsicht zu demonstrieren, darf ich anschließend ausführlich aus einer Studie zitieren, die zwar in ganz anderer Forschungsabsicht zu einem kabbalistischen Schöpfungs-Kommentar Stellung nimmt, deren Ausführungen sich abschnittsweise aber lesen, als wären sie zum Zwecke kosmologischer Spekulation mit Hilfe emanatistischer Stadienmodelle verfaßt worden: „Zum Verständnis des anzuführenden anonymen frühkabbalistischen Textes [›Ma'arekhet ha-Elohut‹, Kap. VII] sei hier noch hinzugefügt, daß in der kabbalistischen Symbolsprache die erste *sefira* (*keter*) auch *ayin* (»Nichts«) genannt wird; die zweite *sefira* (*ḥokhma*) auch *reshit* (Anfang, *principium*); und daß der dritten *sefira* (*bina*) (auch die »obere Mutter«, im Gegensatz zur *shekhina,* der »unteren« Mutter) der Gottesname *elohim* zugeordnet ist. Im kabbalistischen System ist jeder der Gottesnamen einer bestimmten *sefira* zugeordnet. Die Partikel *b^e* kann, je nach dem Kontext, nicht nur als »am« oder »in« (zum Beispiel *Gen* 1,1 »*Am* Anfang«), sondern auch als »mit« oder »mittels« gedeutet werden. Unser Text kommentiert *Gen* 1,1 wie folgt:

Wisse, daß

⟨Y5⟩ das erwähnte *En-Sof* weder in den Büchern Mose, noch in den Propheten, noch in den Hagiographen auch nur angedeutet ist. Dennoch haben die Esoteriker einen Hinweis darauf erhalten ... Und weil dieser Gegenstand so verborgen, geheim und höchst subtil ist, hat auch unser Lehrer Moses ihn nicht einmal angedeutet. Er hat uns damit lehren wollen, daß menschliches Denken sich ihm überhaupt nicht nähern darf ... Von der ... Verborgenheit des *En-Sof* können wir nun

---

Transkription des Hebräischen ist, außer bei meinen Erläuterungen, die des Originals.

(ϒ4) den hohen Rang der ersten Emanation [*keter*] betrachten, welche [dem *En-Sof*] so nahe ist wie die Flamme der [glühenden] Kohle ... Und ob ihrer erhabenen und subtilen Natur wird sie [die erste Emanation] mit dem Wort »nichts« angedeutet ... Selbst Moses hat dieses Thema auf keinerlei klare Weise angedeutet. Doch die Esoteriker besitzen eine Tradition, nach welcher Moses mit dem [ersten] Wort [der Bibel], *bereshit,* darauf hingewiesen hat. Dies will besagen, daß ... [d.h. das ungenannte, weil nicht nennbare, da nicht »wesende« Subjekt des Satzes[x]]

(ϒ31) den *elohim* [die dritte *sefira bina,* auch *elohim* benannt] schuf

(ϒ32) mittels [*b*[e]] des »Anfangs« [*reshit*]. Dies bedeutet, daß

(ϒ4) ein [nichtgenanntes] etwas [nämlich das *nihil*],

(ϒ32) mittels des Anfangs [d.h. des urpunkthaften Beginns und Prinzipiums des »Seins«]

(ϒ31) den *elohim* schuf. *Elohim* bedeutet hier die dritte Emanation [d.h. *sefira*], und »schuf« muß im Sinne von »emaniert« verstanden werden.

Die oberste Triade,

(ϒ32/1) deren zweite und dritte Konstituanten (die *sefirot ḥokhma* und *bina* bzw. »Anfang« und *elohim*) auch als (Ur)Vater und (Ur)Mutter bezeichnet werden, entläßt dann aus sich

(ϒ2/1) sieben weitere Emanationen, nämlich

(ϒ2) den »Himmel« (Sammelsymbol für die nächsten sechs *sefirot*)

(ϒ1) und die »Erde« (Symbol für die siebte – im Gesamtsystem die zehnte – *sefira*), d.h. die *shekhina.*

Creatio ex nihilo im Sinne von *emanatio entis ex Nihilo,* wird hier von den Kabbalisten sehr präzis interpretiert, wobei das *Nihilo* sehr bestimmt mit einem großen N geschrieben werden muß!“[9]

[9] R. J. Z. Werblowsky, Magie, Mystik, Messianismus, p. 123 (Die verbotene Meditation); der Titel der Originalschrift wurde von mir aus

Wenn ich abschließend darauf aufmerksam mache, daß die Kabbalisten auch noch das 5. Prinzip reiner Unendlichkeit (*En Sof*), das noch über dem manifesten Nichts (אַיִן), dem *ayin* der Kron-Sefira gedacht wurde, in drei Dichtestufen auffächern, dann kommt man nicht umhin, ihnen gewissermaßen spätneuplatonische Akribie zu attestieren bei dem Versuch, auch noch das Undenkbare (denkerisch) aufzuschlüsseln, um dadurch zu ihm vor- und in es eindringen zu können. „Eigentlich bedeutet *Ain* (אַיִן) »ohne« und *sof* (סוֹף) »Ende«. *Ain Sof* wird deshalb gewöhnlich mit »das Unendliche«, »das unendliche Wesen« übersetzt. Der Ausdruck »*Ain Sof*« hat jedoch auch die Bedeutung des »das Nicht-Endende« oder »das Äußerste Nichts«. In diesem Zusammenhang bezieht es sich auf die äußerste[n] Eben[e] des Nichts, bis zu der man aufsteigen kann.“[10]

---

der Fußnote [eckig eingeklammert] in den Haupttext gezogen; alle anderen Bemerkungen in Klammern und die mit Punkten angezeigten Auslassungen sind die des Verfassers des Artikels; seine längere Kursivierung im Quellentext wurde von mir mit Ausnahme des hebräischen Fachterminus weggelassen, weil sie im Zusammenhang meiner Thematik irrelevant ist; das hochgestellte [x] ist anstelle der Zahl von Fußnote [7] eingefügt, deren Text ich hier wiedergebe: „In der kabbalistischen Lesung hat der erste Satz der Bibel kein Subjekt, weil er eben subjektlos ist. Das in der exoterischen Lesung als Subjekt aufgefaßte Wort »Gott« (*elohim*) ist für den Kabbalisten das Objekt des Satzes.“ Die strukturellen Ausführungen zur Kabbala mit Verweisen auf vergleichbare Lehrgegenstände chinesischer, japanischer und indischer Weisheitslehren von T. Izutsu, Bewusstsein und Wesen, pp. 250–254, sind annähernd analog zu den von mir vorgenommenen, unterscheiden sich davon aber dennoch beträchtlich durch die Weise ihrer Erschließung, nämlich eine tiefenpsychologische, meleteo-phänomenologische des japanischen Gelehrten, welcher seine Exegese allerdings, und das ist m.E. entscheidend, auf ein, seinem Ansatz entsprechenden, der Hypostatik ähnliches, Schichtenmodell, das des Vijñānavāda nämlich, aufbaut, cf. o.c., pp. 22–23, 191.

[10] A. Kaplan, Meditation und Kabbala, p. 305; meine Druckfehlerberichtigung in eckigen Klammern und Ergänzung einer Kursivierung aus Gründen der ‚Logik‘ des Original-Schriftsatzes.

⟨Y53⟩ *en,* das Ohne, Nicht oder Un in völliger Passivität;
⟨Y52⟩ *En Sof,* das göttliche In–finite, Unterschiedslose, Unbegrenzbare (*ápeiron/ápeiros*);
⟨Y51⟩ *en sof or,* das unendliche, grenzenlose, all–gemeine Licht.[11]

Aufgrund dieser Sachverhalte, die von einem anerkannten japanischen Orientalisten und Universalmetaphysiker, den man ganz sicher nicht der Träumerei bezichtigen können wird, unter dem Aspekt ihrer Darstellung als Diagramm mit der Formel „Sefiroth-Mandalas der Kabbala“[12] auf den Begriff gebracht wurden, dürfte es ohne weiteres einleuchten, warum die platonistisch-aristotelische Hypostasen- oder Prinzipienmodelle verwendende jüdische Spekulation der Kabbala zum Gegenstand geisttheoretischer Betrachtung gemacht werden sollte, gemacht werden muß.[13]

---

[11] Cf. W. W. Westcott, An Introduction to the Study of the Kabalah, pp. 32–43; T. Izutsu, Bewusstsein und Wesen, pp. 241–245; meine Skalierung ist natürlich hoch-spekulativ. Hinsichtlich dieser Lehrgehalte darf ich auf die Tiefenstufen des Absoluten oder Einen der Spätneuplatoniker zurückverweisen. Kabbalistische Schöpfungen aus dem Nichts (der Gottheit), die dahingehend zu prüfen wären, wie sich in ihnen die betrachteten Stratifikationen niederschlagen, werden diskutiert in den zwei Studien von G. Scholem, Das Ringen zwischen dem biblischen Gott und dem Gott Plotins in der alten Kabbala und idem, Schöpfung aus Nichts und Selbstverschränkung Gottes, beide auch in idem, Über einige Grundbegriffe des Judentums, pp. 9–52; 53–89; zudem idem, Die jüdische Mystik in ihren Hauptströmungen, pp. 236–241; idem, Zur Kabbala und ihrer Symbolik, pp. 136–139. An Scholem lehnt sich J. v. Kempski, Zimzum: Die Schöpfung aus dem Nichts, an; für die Thematik einer dreiphasigen Kosmosentwicklung (nach der Zimzum-Theorie) interessant der Hinweis auf die Kategorienlehre von Charles Sanders Pierce am Schluß des Essays, o.c., p. 1126.

[12] Cf. T. Izutsu, Bewusstsein und Wesen, pp. 227, 237, 246, 248, 256.

[13] Eine Liste relevanter Literaturen dafür darf ich schon einmal bereitstellen: A. Kaplan, Meditation und Kabbala, pp. 218, 220, 244, 307

(tabellarische Darstellungen); W. W. Westcott, An Introduction to the Study of the Kabalah, (mehrere Vier- und Mehrfachschemata der GeistWelt); K. E. Grözinger, Jüdisches Denken, 1.412-414, 470, 475-476, 493-495, 504-506, 512-516, 522, 525, 542-545, 554, 556-557, 560, 574-576, 691-692; idem, Neoplatonisches Denken in Ḥasidismus und Kabbala, pp. 58, 62-63, 65, 67, 75, 80, 83-84, 87-88. M. Idel, Studies in Ecstatic Kabbalah, pp. 6-10, 12-14, 73-80 (zu Abraham Abulafia, Lebenszeit 1240-1291/2, u. a.); idem, Abraham Abulafia und die mystische Erfahrung, pp. 158-172. G. Scholem, Reste neuplatonischer Spekulation in der Mystik der deutschen Chassidim und ihre Vermittlung durch Abraham bar Chija; idem, Die jüdische Mystik in ihren Hauptströmungen, pp. 298-299 (zu den vier Welten, entsprechend den drei plotinschen Hypostasen plus dem Bereich der Physis). M. Wittmann, Die Stellung des Hl. Thomas von Aquin zu Avencebrol (Ibn Gebirol), pp. 10-13; S. Munk, Mélanges de philosophie juive et arabe, pp. 233-261; Y. Schwartz, Salomon Ibn Gabirol: Zwischen Schöpfungsmythologie und Geheimnis der Einheit, pp. 145-157 (alle drei Studien zu Salomon ibn Gebirol, Lebenszeit ca. 1020-1069); wegen seines Einflusses auf letzteren und die gesamte Kabbala ist auch die Spekulation des frühesten jüdischen Neuplatonikers, Isaak ben Solomon Israeli (ca. 832-932), geisttheoretisch zu erschließen, wozu als Grundlage A. Altmann / S. N. Stern, Isaac Israeli. A Neoplatonic Philosopher of the Early tenth Century, dient. L. Weinsberg, Der Mikrokosmos, ein angeblich im 12. Jahrhundert von dem Cordubenser Josef ibn Zaddik verfasstes philosophisches System, pp. 23-44; einige Bemerkungen in J. Guttmann, Die Philosophie des Judentums, pp. 123-175. Die Erforschung der expliziten Synthese von Kabbala und (Neu-)Platonismus durch den jüdisch-portugiesischen Metaphysiker Abraham Cohen Herrera (gest. 1535), verspräche in Kooperation mit Judaisten eventuell einige interessante Ergebnisse betreffs der Metaphysik, muß ob der individualistischen Verfaßtheit der Geisteswissenschaften und der daraus resultierenden Konkurrenz und Abkassierermentalität derzeit aber als undurchführbar eingeschätzt werden; cf. A. C. Herrera, Das Buch שער השמיים [Sha'ar ha-shamayim] oder Pforte des Himmels. Diese und neuere Forschungsarbeiten dazu mögen an der Thematik interessierte Sachkundige sammeln, bedenken und im Kontext der Re-flexionsstruktur erörtern.

5 Ein Feld vergleichender Geisttheorie: Indische und christliche Drei(ein)heit

In der konfessionell (einigermaßen) ungebundenen Forschung gilt es als Selbstverständlichkeit, daß die Ausformung des Dreifaltigkeitsdogmas unter heidnischen Impulsen vonstatten ging, wobei allgemein orientalische, ägyptische, ost- und nordsemitische Triasspekulationen in Betracht gezogen werden.[1] In späteren Stadien der antiken Lehrentwicklung dürften durchaus einige Rückflüsse stattgefunden haben.[2] Daneben gibt es Versuche, einen Konnex zwischen der christlichen Trinität und der hinduistischen Götterdreigestalt herauszuarbeiten,[3] was einigermaßen nachzuvollziehen wäre, wenn man, was bisher, so weit mir bekannt ist, unterblieb, die historischen wie auch systematischen Berührungspunkte zwischen der Intellect- und Emanationstriade des Mittel- bzw. Neuplatonismus und der christlichen Trinität betrachtete und beachtete, daß die hinduistische dreigestaltige Gottheit (*tri-mūrti*) mit ihrer spezifischen Aufgabenteilung: 1. des Erhaltens (*sthithi* – Viṣṇu), 2. des

---

1 Cf. P. Gerlitz, Ausserchristliche Einflüsse auf die Entwicklung des christlichen Trinitätsdogmas. Zugleich ein religions- und dogmengeschichtlicher Versuch zur Erklärung der Herkunft der Homousie, pp. 9–47.

2 Eine schillernde Gestalt diesbezüglich ist Hierokles (4./5. Jh.), cf. I. Hadot, Le problème du Néoplatonisme Alexandrin. Hiéroclès et Simplicius, pp. 92–98; N. Aujoulat, Le Néo-Platonisme Alexandrin. Hiéroclès d'Alexandrie, pp. 23–65.

3 Einige der bisherigen Studien dazu wurden von P. Gerlitz, Ausserchristliche Einflüsse auf die Entwicklung des christlichen Trinitätsdogmas, pp. 35–39, kurz aufgerissen und als rein formal verworfen.

Hervorbringens (*sarga* – Brahmā) und 3. des Zerstörens (*pralaya* – Śiva) den neuplatonischen Emanationsstadien: 1. des Bleibens (*mónē*), 2. des Hervorgehens (*próodos*) und 3. der Rückkehr (*epistrophḗ*) ziemlich genau entspricht, stellt sie doch nichts anderes als die drei Aufgaben des Herrgottes, Welthervorbringers und Weltenlenkers Īśvara dar,[4] der in seiner Funktion, wie im Faszikel II/2 bereits erwähnt, in etwa der Noũs-Hypostase Plotins gleichzusetzen ist.[5] „Brahma-Vishnu-Shiva verkörpert den dreieinigen Ausdruck Gottes unter dem Aspekt von *Tat* oder Sohn, dem Christusbewußtsein, das der schwingenden Schöpfung immanent ist."[6]

Da die hinduistische Götterdreiheit – metaphysisch, nicht (volks)religiös betrachtet – neben ihrer hierarchischen, den Elementareigenschaften (*guṇa*) gleichlaufenden, ordnungsfunktional der Binnengliederung des Noũs gleichgesetzt und somit insgesamt auf diesem Rang verortet werden kann, muß man bei ihrer Vergleichung mit der christlichen Trinität sowohl die Stellenverschiebung zwischen den einzelnen Momenten der Gesamtheit als auch die schillernden, teils widersprüchlichen Auslegungsweisen der Dreifaltigkeitslehre selbst, die uni-substantielle und die genetisch wie funktional quasi-subordinatianistische, in ihren gegenseitigen Bezügen berücksichtigen.

---

4 Cf. H. Zimmer, Philosophie und Religion Indiens, p. 379. Skr. √*īś* = Herr sein, Meister sein, Kraft haben, regieren, kontrollieren, besitzen, verfügen.

5 Cf. H. P. Sturm, Prinzipien-Triadik oder Prinzipien-Tetradik?, p. 52.

6 Yogananda Paramahansa, Autobiography of a Yogi, p. 494°°. Cf. P. Deussen, Allgemeine Geschichte der Philosophie, 1.3.616, 1.3.622–624, 1.3.628; H. Zimmer, Philosophie und Religion Indiens, pp. 381–384 (jeweils Erläuterungen zu Sadānanda, Vedāntasāra, in welchem Werk insbesondere auf die Verse 2.37–39, 2.46–49, zu weisen ist). Man erinnere sich bitte an die vier Viertel des Geistselbst der ›Māṇḍūkya-Upaniṣad‹, und hier wiederum an das zweite Viertel nach der Zählung in meiner obigen Explikation.

Das läßt die Komparation zu einer Vergewaltigung einer oder beider Seiten, zu einem Glücksspiel oder zur Phantastik werden. Beschaut man die diesbezügliche hinduistische Spekulation jedoch im Lichte der platonistischen Hypostasenstruktur generell ($\Upsilon 4-1$) und der Binnengliederung des Noũs speziell ($\Upsilon 3_1-\Upsilon \overrightleftarrows{3}-\Upsilon 3_2$), so springt die Ähnlichkeit beider Modelle in die Augen. Insofern der Leser nun ihre Gradeinteilung bis zum Überdruß vorgeführt bekam, gebe ich das nachfolgende Zitat aus der komparativen Philosophieforschung in der Gewißheit, daß sie mühelos von jedem selbst vorgenommen werden kann, ohne Skalierung wieder.

„Was dem höchsten Seienden unserer klassischen Theologen, dem persönlichen Gott des kreationistischen Monotheismus entspricht: *Brahma* «mit Eigenschaften» (*Brahma saguna*) oder der Herr (*Ishvara*) ist hier [im Advaita] die erste Manifestation (oder Determination oder Negation) des Absoluten, die erste Form der Aktivität der Natur selbst. Unser Gott, Ursache seiner selbst und Schöpfer oder Erzeuger der Welt, erscheint wie ein Mittelding zwischen dem überpersönlichen Absoluten (*Brahma nirguna*, entsprechend dem Plotinschen Einen oder der Eckhartschen *Gottheit*) und der (geschaffenen oder «hervorgebrachten/naturata») Natur. Anders ausgedrückt: was wir Gott nennen, ist als das höchste Erzeugnis der *Mâyâ*, d.h. der Universalnatur oder des Manifestationsvermögens des Absoluten, gesetzt. Diese «hervorbringende/naturans» Natur – die dem entspricht, was Plotin «intelligible Materie» nennt –, ist wie das helle Aufleuchten des Seins, das sich in Form des Selbstbewußtseins offenbar wird. Der «reine Geist, der sich ewig selbst denkt,» – der Aristotelischen Theologie und unseres jüdisch-christlichen Monotheismus wird von dieser Warte aus als ein «Erzeugnis» der Natur verstanden. ... Die Non-Dualität des Absoluten und der Natur (naturans und naturata) drückt sich in der dreifachen Funktion {entsprechend den drei Gottheiten der hinduistischen Trinität (*Trimurti*): Brahma, Vishnu und Shiva} aus, die diese universelle (oder integrale) Natur kennzeichnet – die Funktion des Hervortretens, ... die Funktion der Erhaltung; die zerstörende Funktion ... Diese Kontinuität zwischen dem Prinzip und der hervorgebrachten/naturata Natur (durch den Zwischenbereich der universellen oder «göttlichen» Natur) ist eng verbunden mit der Integration des «weiblichen» Aspekts in die Einrichtung/Ökonomie des Seins: die Universalnatur, *Mâyâ*, ist der weibliche oder «mütterliche» Aspekt des Göttlichen.“[7] Das Belegen dieser Feststellungen anhand einschlägiger Stellen aus den Quellenschriften ist, wo das direkt oder indirekt nicht schon in meiner Monographie geleistet ist, der künftigen komparatistischen Detailforschung aufgetragen. Hier nur noch aus der Fachliteratur eine kurze Zusammenfassung der späteren Advaita-Position zu den Manifestationsstadien Brahman's:

(ϒ4) „Brahman, in
(ϒ3) Māyā gespiegelt, ist Īśvara [Gott-Herr],
(ϒ4) und Brahman,
(ϒ2) in Avidyā [Unwissenheit] gespiegelt, ist der Jīva [Lebensseele]. ...
(ϒ3) Māyā besteht hauptsächlich aus *sattva* [Seiendheit/Gutheit/Heiterkeit],
(ϒ3-1) während Avidyā aus allen dreien besteht –
(ϒ3) *sattva,*

[7] G. Vallin, Lumière du Non-dualisme, pp. 66–67 (Nature intégral et Nature mutilée); die Transkription der Sanskrit-Begriffe ist unverändert wiedergegeben; meine Erläuterung zwischen eckigen Klammern; die Fußnote o.c., p. 67[2], wurde aus Gründen besserer Nachvollziehbarkeit des Gedankengangs innerhalb geschweifter Klammern in den Haupttext integriert. Diese äußerst wichtige Feststellung konstatiert eindeutig die in allen Philosophietraditionen vorfindliche Diskrepanz zwischen einer dreistufigen und vierstufigen Onto-Gnoseologie, die die Skalierung zu einem ständigen Problem meiner Auslegungen machte.

(Ϋ2) *rajas* [Antrieb/Dynamik/Erregung] und
(Ϋ1) *tamas* [Dumpfheit/Trägheit]."[8]

Das Zusammentragen von Ähnlichkeiten zwischen der christlichen und indischen Dreiheitsspekulation erbrachte aber auch noch andere Resultate. So wurden schon zu Beginn der akademischen Buddhologie die Drei Juwelen (*tri-ratna*) des Buddhismus mit Hilfe einer ziemlich unspezifischen Terminologie, die dem trinitarischen Paradigma entlehnt war, erläutert:[9]

[8] C. Sharma, A Critical Survey of Indian Philosophy, p. 274, meine Kursivierungen und Übersetzungen in eckigen Klammern.

[9] J.-P. Abel-Rémusat, Observations sur quelques points de la doctrine Samanéenne et en particulier sur les noms de la Triade Suprême chez les différens peuples Bouddhistes, pp. 27, 32, 49, diskutiert die buddhistischen Drei Juwelen (*tri-ratna*) und Zufluchten (*tri-śaraṇa*) vor dem Hintergrund der christlichen Trinität.

BUDDHISMUS UND THEOLOGIE
(nach J.-P. Abel-Rémusat)

	Drei Juwelen	**innere/theolog. Lehre**	**äußere Lehre oder Kult**
(Υ_4)	Buddha/Fo	Wissender	Buddha
(Υ_3)	Dharma/Fa	Logos	Offenbarung
($\Upsilon_{2/1}$)	saṅgha/seng	Vereinigung	Kirche

Die Analogie zwischen den Drei Körpern (*tri-kāya*) Buddhas und der Trinität erweckte das Interesse moderner Forscher in besonderem Maße. Die buddhistische Triasspekulation in Form der Dreikörperlehre wurde sogar als ernstzunehmende Einflußgröße bei der Ausbildung des christlichen Trinitätsdogmas ins Spiel gebracht. Die Trikāya-Theologie, wie die Lehre von den Drei Körpern des Buddha in der wichtigsten dieser Studien genannt wird, zeige wenigstens in formaler Hinsicht eine ähnliche soteriologische Entwicklung (über die Binität zur Trinität) wie die dogmatische Formulierung der christlichen Trinitätslehre und weise auch im Ergebnis eine erstaunliche Ähnlichkeit zum fertigen Bekenntnis von Nicäa auf.[10]

Neben diesem gibt es einen anderen Versuch der Synkrisis von den Drei Körpern Buddha's und den Drei göttlichen Personen: Dem *dharma-kāya* wurde hierbei Gottvater, dem *saṃbhoga-kāya* Gottsohn und dem *nirmāṇa-kāya* der Hl. Geist

---

[10] Cf. P. Gerlitz, Ausserchristliche Einflüsse auf die Entwicklung des christlichen Trinitätsdogmas, pp. 39–45, 174 (unter vornehmlicher Benutzung von K. Quecke, Die Lehre von der drei Körpern Buddhas (Trikâya), welcher o. c., pp. 109–111, indem er Thesen von Hilko Wiardo Schomerus und Paul Masson-Oursel diskutiert, Einflüsse des christlichen Trinitätsdogmas auf die Entstehung der Trikāya-Lehre zurückweist). Da diese Studie Tendenzen ideologischer Voreingenommenheit aufweist und indologisch nicht fachmännisch ist, wird eine künftige Forschung erst zu erweisen haben, ob diese These erhärtet werden kann. Ganz allgemein hält A. Anwander, Die Alexandrinische Katechetenschule und Indien, den Einfluß indischer Weltanschauungen auf die Alexandriner im Gegensatz zu E. Benz, Indische Einflüsse auf die frühchristliche Theologie, für bedeutungslos; aufgrund der Textlage kann ich mich nur der Meinung des ersteren anschließen. H. de Lubac, Textes alexandrins et bouddhiques; idem, Aspects du bouddhisme, pp. 93–141, 172–191, vergleicht einige aus dem Zusammenhang gerissene Formulierungen und Bilder Origenes' zur Trinität mit einzelnen buddhistischen Textstücken zum Ideenkreis der Dreikörperlehre und wundert sich, daß die Ähnlichkeiten nur oberflächlich sind, streitet aber nicht ab, daß sie Indizien für wirkliche Kontakte und Austausch sein könnten.

gegenübergestellt.[11] Dieser Vorschlag wurde mittlerweile kritisiert, in seinem Grundsinn durch einen Gegenvorschlag jedoch auch bestätigt, wobei die Autorin die Zuordnung aufgrund der Funktionen der einzelnen Bestandteile der Dreiheit in der Weise abänderte, als nun der Hl. Geist dem *saṃbhoga-kāya* und Christus dem *nirmāṇa-kāya* beigeordnet wurde;[12] ein dementsprechender Vorschlag wurde einige Jahre früher schon einmal gemacht, im neueren jedoch nicht berücksichtigt.[13] Daneben wurde die These von der Parallelität der Valentinianischen Christologie zur Trikāya-Lehre, wenigstens, wie der Verfasser einschränkend bemerkt und was das auch immer heißen mag, auf der Ausdrucksebene, vertreten.[14]

Ohne jetzt auf dieses Thema näher eingehen zu wollen, schlage ich vor, die Drei Buddhakörper nicht nur parallel zu den Ich-/Selbstzuständen des Pāli-Buddhismus und gemäß gewissen tantrischen Ausgestaltungen, sondern einmal rein ved(ānt)isch, nämlich parallel zur *varṇā*-Gliederung bzw. einer ihrer Nebenformen, den Lebenszielen (*puruṣa-artha*), zu lesen,[15]

---

[11] Cf. J. P. Keenan, The Meaning of Christ. A Mahāyāna Theology, pp. 240–259; die seiner These vorhergehenden, von mir bereits angeführten doxographischen Arbeiten, wurden von diesem Verfasser nicht einmal erwähnt.

[12] Cf. K. Ceming, Einheit im Nichts, pp. 317–323, mit Literaturhinweisen auf frühere Versuche dazu. Auf eine gewisse Ähnlichkeit zwischen der Dreikörperlehre des Buddhismus und der Hypostasenlehre des Neuplatonismus wie Christentums (Trinitätsdogma) weist sehr unspezifisch und kaum dokumentiert J. Przyluski, Les trois hypostases dans l'Inde et à Alexandrie, pp. 925–928, 932–933.

[13] Cf. K.-H. Brodbeck, Der Spiel-Raum der Leerheit, pp. 19–22.

[14] Cf. C. Colpe, Heidnischer und christlicher Hellenismus in ihren Beziehungen zum Buddhismus, p. 77.

[15] Siehe Kapitel 6, unter Beachtung des Gelehrtenstreits um die Bestimmung des Rangs der unteren beiden Lebensziele und ihre Zuordnung zu

(ϒ3) Ordnungskörper (*dharma-kāya*) – *brahman* (Priester-, Gebetskraft) – *dharma* (Gesetz, Ordnung)

(ϒ2) Wonnekörper (*saṃbhoga-kāya*) – *kṣatra* (Herrscher-, Kriegerkraft) – *kāma* (Lust, Liebe, Leidenschaft, Ungestüm)

(ϒ1) Körper magischer/māyā-artiger Ausdehnung/Ausmessung/Verwandlung (*nirmāṇa-kāya*) – *viś* (Gemeinkraft) – *artha* (Zweck, Nutzen, Reichtum),

und schon lösten sich, wenigstens strukturspezifisch, einige Zuordnungsprobleme, auch interreligiös. Schließlich glaubte man eine Äquivalenz zwischen den Vedānta-‚Transzendentalien' Sein–Bewußtsein–Seligkeit (*sat–cit–ānanda*), ich erlaube mir, die drei Total-Charakterisierungen des Ātman/Brahman einmal so zu nennen, obwohl die Idee von den Transzendentalien oder Transzendentien schon bei ihren christlichen Erfindern im Mittelalter nicht eindeutig war, und den drei Personen der Dreifaltigkeit des Christentums erkennen zu können. „Die Erfahrung des Saccidânanda führt die Seele zu den Quellen ihres Seins und damit des Seins selbst, nicht zu irgendeiner äußerlichen Verstandeserkenntnis. Dort vernimmt sie jetzt das Wort, das das Sein in seinem Schoße öffnet und ihr in der Ungeteiltheit und dem wesentlichen Advaita des Saccidânanda das Geheimnis der drei göttlichen Personen enthüllt:

(ϒ4) im *Sat* den Vater, die Quelle und das Prinzip des Seins,

(ϒ3) im *Cit* den Sohn, den göttlichen Logos, das ewige Wort und die Weisheit des Vaters,

(ϒ2) im *Ananda* den Geist der Liebe, die höchste Fülle und

den Kasten(tugenden).

Glückseligkeit.“[16]

Daß für die vorgeschlagenen Analogien irgendwelche Filiationen bewiesen werden können, ist nicht zu erwarten. Sie sind höchstenfalls dazu geeignet, zu weiterer und vertiefter denkerischer Auseinandersetzung mit der Sache Anlaß zu geben, falls eine solche erwünscht ist, was von religiösen und akademischen Institutionen derzeit nicht gerade behauptet werden kann. Ob zudem die zur Diskussion gestellte Beziehung des Trinitäs- und Saccidānanda-Modells zu der von gewissen Sufis gelehrten Gebets-Einheit von Angerufenem, Anrufendem und Anrufung besteht oder hier noch andere Vergleichsgrößen herangezogen werden müßten, heidnisch-platonistische im Sinne der geistimmanenten Phasentrias z.B., müßte ebenso die künftige Forschung erweisen: „So sind von *dha-ka-ra,* anrufen, sich erinnern, *Madhkūr* (der Angerufene), *Dhākir* (der Anrufer) und *Dhikr* (Anrufung) abgeleitet. Im Grunde ist es nach Sufi-Lehre Gott selbst, der anruft, Gott selbst, der angerufen

[16] H. (Dom) Le Saux (Abhishiktananda), Indische Weisheit – Christliche Mystik, p. 204. Cf. idem, Wege der Glückseligkeit, pp. 145–162, 181–198 (Eine christliche Hymne an Saccidānanda von Swami Brahmabandhab Upādhyāya (1861–1907) mit Anmerkungen von H. Le Saux); eine Übersicht zur diesbezüglichen Lehre Abhishiktananda's gibt C. Manohar, Spirit Christology, pp. 202–217; zur Gleichsetzung von Dreifaltigkeit und *sat-cit-ānanda* durch den Verfasser der Sanskrit-Hymne cf. F. Heiler, Christlicher Glaube und Indisches Geistesleben, pp. 74–75; R. H. S. Boyd, Theologie im Kontext indischen Denkens, pp. 80–85, 103; eine Übersicht über den diesbezüglichen interreligiösen Dialog unter Einbeziehung des Lógos-Begriffs gibt B. Robinson, Christians Meeting Hindus, pp. 302–307; R. Guénon, La Grande Triade, p. 18[1], ⟨engl.⟩ pp. 11[1]–12. Analogien zwischen *sat-cit-ānanda* und Lehrinhalten aus dem Werken des Hl. Augustinus weist M. von Brück, Advaita and Trinity, pp. 134–140, unter Einbeziehung einiger Tabellen auf. Die Essays idem, Buddhist Shūnyatā and the Christian Trinity; idem, Einheit in Differenzierung. Trinitarische Denkstrukturen im Vergleich der Religionen, beziehen sich auf die hier behandelte Thematik aufgrund ihrer unspezifischen Ausrichtung auf triadische Spekulationen nur am Rande.

wird und Gott selbst, der die Anrufung ist. ... Metaphysisch gesprochen entspricht *Madhkūr-Dhākir-Dhikr* dem Hindu-Ternar *Sat-Chit-Ananda*. *Sat* ist das göttliche Objekt, *Chit* ist das göttliche Subjekt und *Ananda* ist die göttliche Vereinigung. *Sat-Chit-Ananda*, das oft als »Sein-Bewußtsein-Seligkeit« übersetzt wird (daher »Objekt-Subjekt-Vereinigung«), entspricht auch der christlichen Trinität »Vater – Sohn – Heiliger Geist«. Dies ist um so offensichtlicher, wenn man sich an die Benennung der Trinität des Hl. Augustinus: »Sein-Weisheit-Leben« erinnert."[17]

Welche Willkür hier bei der Zuordnung der verschiedenen Kategorien herrscht, erfährt man, wenn man sich eine wesentlich frühere Bemerkung zu dieser Problematik anschaut. Nicht nur, daß darin ganz andere Ideen aus dem Islamischen zum Vergleich herangezogen werden, man ist sich schon über die Bestimmungen der einzelnen Komponenten des Aggregats von *sat-cit-ānanda* in der Hindu-Tradition selbst nicht einig. Der Ternar ist im folgend zitierten Falle der Seinsebene bzw. der Ebene des Tiefschlafs (*suṣupti/prājña*) der ›Māṇḍūkya-Upaniṣad‹ gleichgestellt (ϒ3) und wird dort als wesenseins mit dem Ātman unabhängig von seinen Zuständen betrachtet. „Im Arabischen hat man als Äquivalente dieser drei Terme Intelligenz (*El-Aqlu*), Intelligierender (*El-Âqil*) und Intelligibles (*El-Maqûl*): der erste ist das Universelle Bewußtsein (*Chit*), der zweite ist sein Subjekt (*Sat*) und der dritte ist sein Objekt (*Ânanda*), während die drei im Sein nur eins sind, «das sich selbst durch sich selbst erkennt»."[18] Damit befinden wir uns wenigstens wieder in der Geistmetaphysik.

---

17 W. Stoddart, Sufism, pp. 67–68; natürlich hätte der Verfasser hier auch den heidnisch-neuplatonischen Geistternar aufführen können (und müssen).

18 R. Guénon, L'homme et son devenir selon le Vêdânta, p. 152[2], ⟨engl.⟩ p. 99[7].

Ebenso nur schwer zu untermauern ist die Entsprechung, die ein moderner indischer Yoga-Meister zwischen der Trias *om-tat-sat* in der Bhagavad-Gītā und der Trinität der christlichen Tradition herstellt, wie er sie ebenso im Johannes-Prolog manifestiert sieht, wobei die drei nur als Geistspektrum, das durch Brechung im kosmischen Prisma des messenden, Dimensionen setzenden, schwingungshaften Denkens (*māyā*) entsteht, als Manifestationsformen

⟨Y5⟩ des unmanifestierten, unendlichen, unveränderlichen Para-Brahman, des Einen-Absoluten zu verstehen wären:

(ϒ31)[ϒ2] *Aum* (das »Wort« der Bibel) als Hl. Geist, unsichtbare Schwingungskraft, direkter Urheber und Aktivierer

(ϒ2/1)[ϒ1] der Schöpfung;

(ϒ32)[ϒ3] *Tat* (Das) als der Sohn, Christus oder Kūṭastha – kosmische Intelligenz, die in

(ϒ2/1)[ϒ1] der gesamten Schöpfung wirkend präsent ist;

(ϒ4) *Sat* (Sein, Wahrheit) als Gottvater jenseits der Schöpfung, der in schwingungsloser Unveränderlichkeit verweilt.[19]

Auch die Darstellung des sachlichen Zusammenhangs zwischen der Lehre von den Körpern Buddhas (*kāya*), den Bewußtseinszuständen (*avasthā/sthāna*) wie Hüllen (*kośa*) in der indischen Orthodoxie und den Lógosmanifestationen bei Plotinos und Meister Eckhart blieb trotzdem oder vielleicht gerade weil sie eine Zusammenschau von Vergleichspunkten mehrerer

[19] Cf. Yogananda Paramahansa, God Talks With Arjuna. The Bhagavad Gita, 2.1006-1009 (und Register, 2.1140, s.v. *Aum-Tat-Sat*, zu Bhagavad-Gītā 17.23-28); idem, The Second Coming of Christ, 1.9-21.

Lehrsysteme vorschlug, bisher für die Brunnenfroschmentalität etablierter Philosophiewissenschaft und Theologie – man denke an Zhuāngzǐ's Parabel vom Brunnenlochfrosch (埳井之鼃 *kǎn jǐng zhī wā*)[20] – eine kuriose und nicht beachtenswerte Randbemerkung. Nachdem er die indischen Vergleichsgrößen vorstellte, leitet der Vertreter dieser These die Zitation der westlichen Parallelstellen mit den Worten: „Das folgende dürfte dazu dienen, die Bedeutung der Vorstellung von der Buddhaschaft auf drei verschiedenen Seinsebenen zu klären:"[21] ein. Ich gebe anschließend die beiden Passus in meiner Übersetzung aus den Originalen wieder, muß jedoch darauf hinweisen, daß sie sich nicht vollständig mit den Textwiedergaben des zitierten Autors in englischer Sprache decken. Zunächst der Passus aus den ›Enneaden‹, dann gleich anschließend die frei christianisierte Version von Meister Eckhart.

(ϒ2) „Die Seele sieht irgendwie schlechter/anders ein; vom dortigen [sieht]
(ϒ3) dieses [der Geist] aber besser/anders [ein],
(ϒ4) Jenes [das Eine] hingegen überhaupt nicht. …
(ϒ1) Wie nämlich der Logos in der Sprache/Stimme eine Nachahmung
(ϒ2) von dem in der Seele ist, so ist der in der Seele wiederum Nachahmung
(ϒ3) von dem in einem anderen."[22]

[20] Cf. Zhuāngzǐ, Nán-huá-zhēn-jīng 17.4, ⟨tr.⟩ V. H. Mair, pp. 161-163, ⟨ed.⟩ Harvard-Yenching Institute, A Concordance to Chuang Tzu, p. 45.69-77.

[21] Cf. A. K. Coomaraswamy, Elements of Buddhist Iconography, p. 85[116].

[22] Plotinos, Enneaden 1.2.3.24-25, 27-28 §§ 15-16: *noeĩ te ʻē psuchḕ állōs· tõn dè ekeĩ tò mèn ʻetérōs, tò dè oudè ʻólōs. … ʻōs gàr ʻo en phōnẽj lógos mímēma toũ en psuchẽj, ʻoútō kaì ʻo en psuchẽj mímēma toũ en ʻetérōj.*

(ϒ1) „Es gibt ein hervorgebrachtes Wort, das ist der Engel, der Mensch und alle Kreaturen.

(ϒ2) Es gibt ein anderes Wort, gedacht und hervorgebracht, durch das möglich wird, daß ich mir etwas vorstelle.

(ϒ3) Es gibt nun noch ein anderes Wort, das unhervorgebracht und ungedacht ist, das niemals herauskommt, vielmehr ist es ewig in

(ϒ4) Dem, Der

(ϒ3) es spricht; es ist fortwährend im Anfangen/Empfangen [begriffen] und darinnenbleibend

(ϒ4) im Vater, der es

(ϒ3) spricht."[23]

[23] Meister Eckhart, Die deutschen Werke, 1.157.3-8 (Predigt 9: Quasi stella matutina): *Ez ist ein vürbrâht wort, daz ist der engel und der mensche und alle crêatûren. Ez ist ein ander wort, bedâht und vürbrâht, dâ bî mac ez komen, daz ich in mich bilde. Noch ist ein ander wort, daz dâ ist unvürbrâht und unbedâht, daz niemer ûzkumet, mêr ez ist êwiclich in dem, der ez sprichet; ez ist iemermê in einem enpfâhenne in dem vater, der ez sprichet, und inneblîbende.*) Cf. o.c., 1.16.3-11 (Predigt 1: Intravit Iesus in templum), jeweils mit Anmerkungen und Verweisen des Herausgebers. Bei der Übersetzung von *enpfâhenne* bevorzuge ich die in Wörterbüchern des Mittelhochdeutschen angeführte Bedeutung „Anfangen" gegenüber „Empfangen". Die passivische Übersetzung von J. Quint in der kritischen Gesamtausgabe, o.c., 1.465, „im Empfangenwerden" ist philologisch nicht zu rechtfertigen und ergibt darüber hinaus keinen rechten Sinn; allenfalls könnte die Rolle des Lógos, wie im Werk Eckharts vorfindlich, als passiv gedacht werden, was hieße, daß sich die Hypostasierung des Lógos vollzöge, indem er simultan den Lógos des Vaters vernähme, aufnähme, empfinge, das Aussprechen und Vernehmen nur zwei Aspekte ein und desselben Vorgangs der Konstituierung wären. Zieht man in dem Passus eine Anspielung auf den Johannes-Prolog in Betracht und Eckharts Lehre vom andauernden Anfang(en) (*creatio continua*), dann ist „Anfangen" die passendste Übersetzung. Analog dazu die drei Wege (zu Gott) und dreierlei Willen mit Aufgabe des Willens in Meister Eckhart, Die deutschen Werke, 3.486.10-488.3; 3.489.17-490.6 (Predigt 86: Intravit Iesus in quoddam castellum etc.).

Um diese Artikulation im wahren Wortsinne noch mit der Eckhartschen, aus der (christlich-)platonistischen Tradition übernommenen Skala von Erkenntnisvermögen zu untermauern, darf ich gleich noch ein Zitat des Meisters wiedergeben. „... drei Arten von Erkenntnissen.

(ϒ1) Die eine ist sinnlich. Das Auge sieht gar weithin die Dinge, die außerhalb seiner sind.
(ϒ2) Die andere ist vernünftig und viel höher.
(ϒ3) Die dritte meint eine edle Kraft der Seele, die ist so hoch und so edel, daß sie
(ϒ4) Gott in seinem bloßen, eigenen Sein
⟨Y5⟩ erfaßt."[24]

Schließlich dürfte hier noch erwähnenswert sein, daß einer der in den letzten Jahrzehnten namhaftesten Forscher auf dem Gebiet christlicher Mystik „Strukturanalogien" zwischen der Erkenntnisabfolge von Meister Eckhart und dem Zen-Buddhismus sieht.[25] Wie bei jenem würde auch in diesem ein „Dreischritt" vollzogen: von der Artikulation/Differenziertheit über die Nicht-Artikulation/Nicht-Differenzierung zurück zur

---

[24] Meister Eckhart, Die deutschen Werke, 1.182.7-10 (Predigt 11: Impletum est tempus Elizabeth): ... *drîer hande bekanntnisse. Daz eine ist sinnelich. Dazu ouge sihet gar verre diu dinc, diu ûz im sint. Daz ander ist vernünftic und ist vil hœher. Daz dritte meinet eine edele kraft der sêle, diu ist sô hôch und sô edel, daz si got nimet in sînem blôzen eigenen wesene.* Cf. o.c., 3.37.1-38.5; 3.242.4-243.2, mit jeweiligen Anmerkungen des Herausgebers und Herkunftsnachweisen bei christlichen Lehrern, besonders Augustinus; zum Vergleich dazu auch Faszikel II/5, Kapitel 7.3, zu Augustinus, cf. H. P. Sturm, Die vier Wissenskonstituenzien (in) der spätantiken westlichen (?) Spekulation, pp. 227-243.

[25] Cf. A. M. Haas, Gottleiden – Gottlieben, p. 192 (Meister Eckhart als Gesprächspartner östlicher Religionen).

Artikulation/Differenzierung.[26] Auf seiten Eckharts wird dazu eine Predigt herangezogen, deren Authentizität noch umstritten ist und von gemeintem Verfasser „wohl die buddhistischste Predigt Meister Eckharts"[27] genannt wird. In diesem Sermo wird die Selbsterkenntnis als Tod des Geistes,[28] als ein Allem-und-jedem-Entwerden[29] durch drei Ausgänge oder Austritte

---

26 Cf. A. M. Haas, Gottleiden – Gottlieben, pp. 194–196 (Meister Eckhart als Gesprächspartner östlicher Religionen), o.c., p. 220 (Das Ereignis des Wortes. Sprachliche Verfahren bei Meister Eckhart und im Zen-Buddhismus), idem, Apophatik bei Meister Eckhart und im Zen-Buddhismus, p. 156, jeweils mit Verweis auf die Ausführungen zum Zen bei T. Izutsu, Toward a Philosophy of Zen Buddhism, pp. 125–128 (tatsächlich wird auf die deutsche Ausgabe, pp. 85sqq. verwiesen); die Bewußtwerdung durch Zen wird ebenso in idem, Die Entdinglichung und Wiederverdinglichung der „Dinge" im Zen-Buddhismus, dem Titel des Essays entsprechend, dreiphasig entfaltet.

27 A. M. Haas, Apophatik bei Meister Eckhart und im Zen-Buddhismus, p. 151; idem, Gottleiden – Gottlieben, p. 216 (Das Ereignis des Wortes. Sprachliche Verfahren bei Meister Eckhart und im Zen-Buddhismus) mit Bezug auf (Pseudo-)Meister Eckhart, Sermo von dem reich gotes, ⟨ed.⟩ F. Jostes, Meister Eckhart und seine Jünger, Predigt 82, pp. 84.28–98.8; Teilübersetzung ab o.c., pp. 92.36–98.8, bei F. Schulze-Maizier, Meister Eckharts deutsche Predigten und Traktate, pp. 332–347; detaillierte Rekonstruktion des Gedankengangs der Predigt in A. M. Haas, Apophatik bei Meister Eckhart und im Zen-Buddhismus, pp. 151–156; cf. idem, Gottleiden – Gottlieben, pp. 194–196 (Meister Eckhart als Gesprächspartner östlicher Religionen), o.c., pp. 215–221 (Das Ereignis des Wortes. Sprachliche Verfahren bei Meister Eckhart und im Zen-Buddhismus); idem, Mystik als Aussage, pp. 172–212 (Dichtung in christlicher Mystik und Zen-Buddhismus); idem, Geistliches Mittelalter, 61–67 (Christliche Aspekte des 'Gnothi Seauton'). Die von genanntem Autor mitthematisierten christlichen Inhalte und ihre Unterschiede zu zen-buddhistischen Lehrspezifika sind bei mir aus methodischen Gründen nicht berücksichtigt.

28 Cf. (Pseudo-)Meister Eckhart, Sermo von dem reich gotes, ⟨ed.⟩ F. Jostes, p. 92.39: *tot dez geistes.*

29 Cf. (Pseudo-)Meister Eckhart, Sermo von dem reich gotes, ⟨ed.⟩ F. Jostes, p. 93.12: *entwerdung alles ydes.*

(*auzgang*), drei mystische Tode der Seele beschrieben: den aus ihrer Geschaffenheit,[30] d.h. aus ihr selbst (ϒ2) zusammen mit den Dingen, inclusive Gott als Objekt (ϒ1),[31] den aus ihrem Sein im ewigen Bilde, dem göttlichen Verstand oder Sohn (ϒ32),[32] um in einem freien Nichts zu stehen[33] und aus der Unterschiedlichkeit implizierenden Gottgleichheit[34] durch die ausbrechende, sprich nach außen gerichtete, wirkende göttliche Natur hindurch[35] (ϒ31) in die Einheit der Gottheit,[36] die in sich selbst schwebt und (sich) selbst alle Dinge ist,[37] und die die

[30] Cf. (Pseudo-)Meister Eckhart, Sermo von dem reich gotes, ⟨ed.⟩ F. Jostes, p. 93.24: *geschaffenheit.*

[31] Cf. (Pseudo-)Meister Eckhart, Sermo von dem reich gotes, ⟨ed.⟩ F. Jostes, p. 93.8-9: *der mensch tot allen dingen, got und den creaturen.* Cf. o.c., p. 93.3-13.

[32] Cf. (Pseudo-)Meister Eckhart, Sermo von dem reich gotes, ⟨ed.⟩ F. Jostes, p. 93.37-39: *auzgen auz dem wesen, daz si hat in dem ewigen bild. Di meister sprechen, daz der sele bild sei ein gotlich verstentnuzze. Daz gotlich verstentnűzz ist der sun personlich.*

[33] Cf. (Pseudo-)Meister Eckhart, Sermo von dem reich gotes, ⟨ed.⟩ F. Jostes, p. 93.19: *Der sele besten daz műz sein in eim freyen niht.*

[34] Cf. (Pseudo-)Meister Eckhart, Sermo von dem reich gotes, ⟨ed.⟩ F. Jostes, p. 94.33-34: *wann geleicheit stet in underscheid.*

[35] Cf. (Pseudo-)Meister Eckhart, Sermo von dem reich gotes, ⟨ed.⟩ F. Jostes, p. 95.5-6: *Daz dritt wesen, da di sele auzgen sol, daz ist di auzuchberik gotlich natur. di stet wurklich im vater.*

[36] Cf. (Pseudo-)Meister Eckhart, Sermo von dem reich gotes, ⟨ed.⟩ F. Jostes, p. 94.34-35: *die gotlichen einikeit.*

[37] Cf. (Pseudo-)Meister Eckhart, Sermo von dem reich gotes, ⟨ed.⟩ F. Jostes, p. 95.21-22: *di gotheit die swebt in ir selber und ist ir selber alle dink.*

Seele selbst ist,[38] durchzubrechen,[39] und beim namenlosen,[40] nicht-wirkenden, nicht-einsehbaren Sein/Wesen der Gottheit,[41] deren Nichts alle Dinge erfüllt und deren Etwas nirgends ist,[42] anzukommen, und darin begraben zu werden[43] bzw. um sich in diesem grundlosen Meer zu ertränken (ϒ4),[44] in dem alles Wirken und Nichtwirken dem Menschen seinen Frieden erhält und wie die Dinge nach der Schöpfung als gut bezeichnet wurden, auch sein Handeln Ausdruck seiner Vollkommenheit ist,[45]

---

38 Cf. (Pseudo-)Meister Eckhart, Sermo von dem reich gotes, ⟨ed.⟩ F. Jostes, p. 96.27-28: *Allhie ist die sele got, und da smakt si aller dink und gebraucht alle dink als got.* Cf. o.c., p. 97.35.

39 Cf. (Pseudo-)Meister Eckhart, Sermo von dem reich gotes, ⟨ed.⟩ F. Jostes, p. 94.18: *durchbrechen.*

40 Cf. (Pseudo-)Meister Eckhart, Sermo von dem reich gotes, ⟨ed.⟩ F. Jostes, pp. 96.39-97.1: *di gotheit ist ungenament und sůnder namen, also ist auch di sele ungenament als got, wann si ist daz selb, daz er ist.*

41 Cf. (Pseudo-)Meister Eckhart, Sermo von dem reich gotes, ⟨ed.⟩ F. Jostes, p. 95.15-19: *Ditz verstet mit ernst, daz di sele můz sterben aller gotlicher wurkung di man verstet in gotlicher natur, sol si kůmen in die gotlichen wesenlikeit, da got ist muzzik aller werk: wann dizz oberst bild der sele daz schawet sunder mittel die wesung der gotheit, als si ist frey und ledik von allen werken.*

42 Cf. (Pseudo-)Meister Eckhart, Sermo von dem reich gotes, ⟨ed.⟩ F. Jostes, p. 94.37-38: *Got ist, dez niht erfullet alleu dink, und sein iht ist niendert.*

43 Cf. (Pseudo-)Meister Eckhart, Sermo von dem reich gotes, ⟨ed.⟩ F. Jostes, p. 95.35: *diser geist ist tot und ist begraben in der gotheit.*

44 Cf. (Pseudo-)Meister Eckhart, Sermo von dem reich gotes, ⟨ed.⟩ F. Jostes, p. 95.38-39: *und dich selber ertrenkest in disem grůndlosen mere der gotheit.*

45 Cf. (Pseudo-)Meister Eckhart, Sermo von dem reich gotes, ⟨ed.⟩ F. Jostes, p. 97.22-24: *mer als der mensch wurket sein werk in dem gotlichen reich, so beleibt der mensch zu frid in allen seinen werken. Also spricht di Schrift: Do got gemacht hat all dink. do sah er si an. und si woren gůt. Also sprich ich auch von der sele: wenn daz si alleu ir werk an siht in dem gotlichen*

der Mensch darin immer gleich bleibt, handelnd oder nicht-handelnd ihm die Werke weder etwas geben noch nehmen (Y5) und ihm die Dinge einfach zufallen bzw. die Geschehnisse sich eben ereignen (Y6).[46]

Wie nicht zu übersehen ist, schrieb ich in die als Dreischritt dargestellte Hierarchie die 4/5/6-gradige re-flexionsstrukturelle Skalierung ein. Eine entsprechende müßte für das Chán in Anschlag gebracht werden, da dessen Bewußtseinsschichtung, wie der japanische Gelehrte, auf den sich unser abendländischer Mystik-Forscher beruft, selbst konstatiert, auf der des Vijñānavāda basiert.[47] Tatsächlich erweitert wie jener auch dieser die Tiefenbereiche des dahinscheidenden Geistes um eine Übereinheit, einen „vierten Schritt im Sinne der *via eminentiae,* der das ohne Suchen gefundene Gottesreich und das Ertrunkensein im grundlosen Meer der Gottheit auch und gerade durch Negation hindurch in eminenter Weise gegenwärtig sein läßt."[48] Es handelt sich dabei um das Wirken aller Werke als e i n Werk in dem göttlichen Reich, in dem der Mensch Gott i s t. Anläßlich Ārya Nāgārjuna's Indifferenz von Saṃsāra und Nirvāṇa im ersten Band der ›Widerspiegelung des Geistes‹ nenne ich eine solche Konstellation Meta-Koinzidenz (von Artikulierbarkeit/Aussagevierkant und Nicht-Artikulierbarkeit/

---

reich, so sein alle ireu werk volkůmen, wann alle werk sein da geleich: mein minstes ist da mein meistes, und mein meistes ist da mein minstes.

46 Cf. (Pseudo-)Meister Eckhart, Sermo von dem reich gotes, ⟨ed.⟩ F. Jostes, p. 98.2-5: *Dor um dis menschen, si wurken oder wurken niht, da inne sten si allzeit geleich, wann dis werk si engeben in noch ennement in. Also sol man versten: Alle dink werden eu zu geworfen.* Zum Zufallen der Dinge oder Sich-Ereignen cf. auch o.c., p. 97.13-14.

47 Cf. T. Izutsu, Toward a Philosophy of Zen Buddhism, pp. 71-77.

48 A. M. Haas, Gottleiden – Gottlieben, p. 221 (Das Ereignis des Wortes. Sprachliche Verfahren bei Meister Eckhart und im Zen-Buddhismus).

Stilleschweigen) (Y6).

Diese Versuche verdeutlichen nicht nur die Schwierigkeit, verschiedene Schemata von Geistwirklichkeit intra- wie interkulturell zur Deckung zu bringen, sondern auch, daß sie große Geister ihrer Intention gemäß immer schon aufeinander projizierten, wenn sie die einen Modelle mit den unterschiedlichsten Modellen entferntester Herkunft überlagerten, wozu es sicherlich keiner Eingebungen aus höheren Sphären bedurfte. Eine inhaltliche, historisch-doxographische, nicht nur formale Rekonstruktion, zu deren Durchführung die Strukturtheorie der Re-flexion beste Dienste leisten kann, muß angesichts der Heterogenität der benutzten Materialien aufgrund der eklektischen und synkretistischen Tendenzen gewisser (antiker) Denker und der Ausdehnung und Vielschichtigkeit der Thematik als kaum realisierbares Unterfangen angesehen werden. Einzelvergleiche ohne Berücksichtigung des Gesamtphänomens greifen hierbei viel zu kurz und wirken insgesamt naiv. Geht man davon aus, daß die Dreikörperlehre des Buddhismus wirklich Analogien zum Trinitätsdogma des Christentums, die Dreiwesen- und Manifestationsstadienlehre des Vijñānavāda wie die Geistzuständelehre des Vedānta Parallelen zur Hypostatik des heidnischen Meso- und Neoplatonismus und des christlichen Dreifaltigkeitsdogmas und die Quasi-Transzendentalien (*sac-cid-ānanda*) des Vedānta oder die Konkretionsränge des Brahman (*om-tat-sat*) in der Gītā eine gewisse Verwandtschaft zu den drei christengöttlichen Personen aufweisen, eine zugegebenermaßen gewagte Annahme, dann haben wir wenigstens Hinweise auf eine kulturübergreifende Typik bei der Bildung von philosophisch-theologischen Basalparadigmen, die, indem sie die These von der Wirksamkeit universaler Gestaltungsprinzipien des Geistigen bestätigten, auch zur Präzisierung komparatistischer Rahmenbedingungen für weitere Untersuchungen beitragen könnten. Wenn ich jetzt noch auf den China-Faszikel II/7 vorgreifend darauf hinweise, daß es auch im Daoismus genuin chinesische Trinitäts- und Triasspekulationen gibt, müßte deutlich werden, wie weit nicht nur der interreligiöse Dialog davon entfernt ist, die Bezeichnung Dialog, viel weniger noch die des Polylogs zu verdienen, sondern auch die sogenannte inter- oder transkulturelle Philosophie und die über die Kulturen hinweg wie durch diese hindurch vergleichende Metaphysik.

Wissenschaftliche Metaphysik- und Religionsvergleiche von dieser Art weisen allerdings in vielen Fällen und von allen Standpunkten aus einen erheblichen Mangel an Unvoreingenommenheit und Neutralität auf. Da die Apologeten des Christianismus bisher den Großteil der dabei relevanten Forschung zu entsprechenden Themengebieten leiste(te)n, darunter auch indische Christen, diktieren sie die Interpretationsrichtung mitsamt den Resultaten. Nicht wenige arbeiten dabei die Reinheit und Einzigartigkeit, den inspirierten Charakter der christlichen Trinitätslehre (z. B. bei den Kirchenvätern) derart heraus, als hätten diese ihre unfehlbaren Eingebungen unabhängig von und vor den heidnischen Vordenkern sowie über diese hinaus erhalten und wären nicht gezwungen gewesen, im Nizäno-Konstantinopolitanum (325/381) und den ideologisch-politischen Bemühungen, die darum kreisen, mit Diplomatie oder aller Macht unverträgliche inner- und außerkirchliche Positionen in Einklang zu bringen. Dabei belegen sie die bereits in christlichen Dienst genommene und dadurch beeinträchtigte transzendentallogische Folgerichtigkeit der neuplatonischen Stufentheorie mit dem Schimpfnamen des Subordinatianismus bzw. Arianismus und opfern sie der ausschließlichen Gleichmachung des Ungleichen, der Wesensgleichheit/Homoousie: eine Substanz, drei Hypostasen (gr. *mía ousía, treĩs ʻupostáseis* / lat. *una substantia, tres personae*).[49]

---

[49] Zu den Begriffen *ousía* und *ʻupóstasis* in der frühen christlichen Tradition cf. R. M. Clark, A Study of Christological Categories in the Indian

Hier gilt, was ein Kirchenhistoriker hinsichtlich der Kappadokier überdeutlich festhielt, daß ihre Lösung für das aus einer Verquickung sich widersprechender Paradigmen entstehende Problem des Verhältnisses der göttlichen Personen zu ihrem Wesen und der Unterscheidung zwischen den Eigenschaften des Einen und der Drei eine denkerische Unmöglichkeit, ein philosophischer Widersinn ist. „Diese verwirrende, in der Tat vergebliche Kombination philosophischer Terminologie für das Verhältnis des Einen und der Drei zusammen mit der Weigerung, den ganzen Weg zu einer genuin spekulativen Lösung zurückzulegen, war gleichzeitig typisch für die Theologie der Kappadokier und maßgebend für die nachfolgende Geschichte des Trinitätsdogmas. Formeln wie homoousios [gleichwesentlich], drei Hypostasen in einer ousia [Wesen] und Entstehensweise [sc. Sohn = gezeugt, nicht geschaffen (*gennētheís ou poiētheís*), Hl. Geist = hervorgegangen (*ekporeuómenon*)] waren metaphysisch verlockend; aber die Entscheidung über ihre Bedeutungen sprach in vielerlei Hinsicht nicht nur der logischen Konsistenz, sondern auch der metaphysischen Kohärenz Hohn. Wie konnte z.B. der Vater die Quelle von Sohn und Geist innerhalb der Trinität und die Vaterschaft dennoch nicht nur eine Eigenschaft seiner Hypostase, sondern der göttlichen ousia [Wesenhaftigkeit] als solcher sein?“[50]

Das Beharren auf der Konsubstantialität der einzelnen Glieder des Über-Natürlichen, das darf als Gegengewicht dazu nicht verschwiegen werden, entspringt jedoch durchaus einer

---

Church, as Compared with those of the Early Church, pp. 120–143.

[50] J. Pelikan, The Christian Tradition, 1.223 (meine Übersetzungen und Erläuterung innerhalb eckiger Klammern); cf. o.c., 1.172–225, insbesondere 1.222–225; problematisierend, doch wegen apologetischer Tendenzen auch problematisch, P. Gerlitz, Ausserchristliche Einflüsse auf die Entwicklung des christlichen Trinitätsdogmas, pp. 174–273; dort auch die Zusammenfassung der Kritik F. Schleiermachers am Trinitätskonzept, cf. o.c., pp. 5–7.

denkerischen Einsicht, die auch und gerade im heidnischen Neoplatonismus streng beachtet wurde, nämlich der, daß in letzter Hinsicht alle zusammen mit den natürlichen nur das Eine sind und als dieses gleichwesentlich,[51] bzw. gleichunwesentlich, was sich im Spätneuplatonismus mit dem Nahen seines Endes zwar in einer prinzipientheoretisch begründeten Terminologie immer signifikanter in Bezeichnungen aus dem Bedeutungsfeld des Unaussprechlichen (gr. *apórrētonlárrēton*) niederschlägt, letztlich jedoch nichts Neues ist, sondern nur noch deutlicher ausspricht, worauf echte Re-flexion hinausläuft: die Aufforderung, alles Sprechen zum Schweigen und alle Mentalfunktionen zu ihrem Stillstand hin zu transzendieren und auf diese Weise jeglichen Diorismus sein zu lassen oder völlig unmißverständlich ausgedrückt, sich mit ihm nicht zu identifizieren.[52]

Der Forschermeinung, daß in Plotins Werk die beiden Aspekte des Einen, der der absoluten Hyperbolie und der der Schöpferfunktion, verschmolzen sind, ist zwar zuzustimmen, der Grund liegt in der Sache selbst, daß dies aber unvermeidliche Spannungen impliziere und ob jene Spannungen durch Iamblichs Postulierung zweier Urprinzipien, die sich in einer sonderbaren Prinzipienstruktur niederschlug,[53] aufgelöst wurden, wage ich aber zu bezweifeln. Wohlverstanden auch die gegenläufige Annahme, durch die Porphyrianische Integration

---

[51] Cf. P. Hadot, Christlicher Platonismus, p. 7.

[52] Cf. H. P. Sturm, Widerspiegelung des Geistes III. Re-flexion – das (in sich) verschlungene Denken (noch unveröffentlicht).

[53] Soweit sie aus den Fragmenten überhaupt rekonstruiert werden kann, ist sie nach- und abgebildet in J. M. Dillon, Iamblichus of Chalcis (c. 240–325 A.D.), p. 883 = idem, Iamblichi Chalcidensis In Platonis dialogos commentariorum fragmenta, Introduction, p. 32; zur Unterscheidung der Prinzipientheorie von Proklos und Iamblichos cf. J. Halfwassen, Das Eine als Einheit und Dreiheit, besonders pp. 67–83.

des Einen in die Geisttriade und Setzung an deren erste Stelle wären sie vergrößert worden.[54] Mit Hilfe der von mir angewandten strukturellen und funktionalen Betrachtungsweise lassen sie sich weitgehend abbauen, weil dadurch einsichtig wird, daß es sich nur um Ausdrucksformen und verschiedene Betonungen derselben Denkstruktur handelt, die dem nur auf Denkinhalte fixierten Interpreten auf ewig unvereinbare Gegenpositionen bleiben müssen. Da es mir hier wie auch sonst vor allem um Geisttheorie (Noologie) und um reflektorische Folgerichtigkeit, metatheoretische Stimmigkeit also geht, muß das Kriterium der Beurteilung natürlich aus dem Geltungsbereich der Transzendentalphilosophie stammen. Denkerisch unbegründbare und kaum oder überhaupt nicht nachvollziehbare (Sub-)Prinzipien (des Platonismus, Hinduismus usf.) können, so sie nicht irgendwie unter die hypostatischen Hauptprinzipien subsumierbar sind, nicht eigentlicher Gegenstand re-flexionstheoretischer Erwägungen sein. Sie gehören in den Bereich geistdisziplinärer Praxis, der zur und nun auch aus Spachverwirrung gegen die traditionelle Einteilung und damit verbundenden Terminologie Meditation genannt wird (davon am Schluß dieses Faszikels Genaueres und mehr).

Solche Sachverhalte dürfen innerhalb des christlichen Trinitarianismus nicht übergangen werden. Dieser selbst ist ohne die zahlreichen Übernahmen von Philosophemen aus den Weisheitstraditionen des sogenannten Heidentums (inclusive Judentums) als metaphysisch ernstzunehmende Lehre gar nicht denkbar, was seine frühen Verfechter sehr wohl merkten, wenn sie im ideologischen Kampf der damaligen Zeit bestehen und erfolgreich sein wollten. „Man könnte die Zahl der Zitate, die das Übergehen Plotinischer Lehren über die Hypostasen in

[54] Meine Repliken beziehen sich auf Aussagen von J. M. Dillon, Iamblichus of Chalcis (c. 240–325 A.D.), p. 881 = idem, Iamblichi Chalcidensis In Platonis dialogos commentariorum fragmenta, Introduction, p. 30.

christliche Feststellungen bezüglich der Trinität ohne Widerspruch bewiesen, außerordentlich vermehren. Sicherlich lieferten uns davon der Hl. Augustinus und Pseudo-Dionysios Areopagita im Überfluß, und um so bedeutendere, als der Einfluß des einen wie des anderen bei den Theologen des Orients und Okzidents beachtlichst war."[55]

Was den metaphysischen Gehalt betrifft, so sind weder das ›Alte Testament‹ noch das ›Neue Testament‹ philosophische Texte, auch wenn die Weisheitsbücher des ersteren zu einem nicht unterheblichen Teil aus griechischer Popularphilosophie bestehen und in letzterem zahlreiche helleni(sti)sche Philosopheme, Begriffe und Phrasen zu finden sind. Diese Tatsache

---

[55] F. Picavet, Hypostases Plotiniennes et trinité chrétienne, p. 50; cf. o.c., pp. 30-52; idem, Essais sur l'histoire générale et comparée des théologies et des philosophies médiévales, pp. 189-208, jeweils mit ausführlichen Allegationen aus der Literatur der Kirchenlehrer Athanasios (ca. 297-373), Eusebius, Basilius (329/30-379), Gregor von Nyssa (ca. 331-395), Gregor von Nazianz (ca. 330-390), Synesios, Kyrill, Theodoret und Nemesios (4./5. Jh.), in der das Plotinsche Hypostasenmodell oder um dieses gruppierte Lehrgehalte als Vorbild für die christliche Hypostasentrinität genommen wird. Die Ausführungen dieses Forschers sind – zumindest in systematischer Hinsicht – gegen die bis heute andauernde Kritik, insbesondere von christlicher Seite, zu verteidigen. Wenn sie auch plakativ sind, so fehlt es darin nicht an metaphysischem Verständnis, das sich in einer einfühlsamen Bestimmung der gedanklichen Äquivalenzen von heidnisch-hypostatischer und christlich-trinitarischer Spekulation, wie sie auch in meinem Beitrag hier angedeutet werden, niederschlägt. J. M. Dillon, The Great Tradition, VIII: Logos and Trinity: Patterns of Platonist Influence on Early Christianity; J. Pelikan, The Christian Tradition, 1.222, wo die Abhängigkeit der Kappadokier vom Mittelplatonismus herausgestellt wird. P. Aubin, Plotin et le christianisme. Triade Plotinienne et trinité Chrétienne, insb. pp. 11-42; R. Arnou, Platonisme des pères, coll. 2322-2338. P. Henry, Les états du texte de Plotin, pp. 420-421, listet fast 50 Textstellen bei den frühen Kirchenschriftstellern auf, die sich auf Plotins Enneade 5.1 von den drei Hypostasen beziehen. Zur Trinitätsforschung ganz allgemein und in Zusammenhang mit der gesamten abendländischen Philosophie cf. die Bibliographie: E. Schadel, Bibliotheca Trinitariorum.

konnten auch diejenigen Kirchenlehrer nicht wegdiskutieren, die im Anschluß an die jüdischen Apologeten Aristoboulos (2. Jh. v. Chr.), Artapanos (2. Jh. v. Chr.), Philo Alexandrinus und Josephus Flavius ben Mathijahu[56] (ca. 37/8-100) oder den judaisierenden Mittelplatoniker bzw. Neopythagoreer Noumenios[57] weismachen wollten, die Gründungsväter der griechischen Philosophie hätten ihre Weisheiten von Moses oder von Salomon geklaut: Iustinus, Klemens, Origenes, Eusebeios von Kaisareia und so gut wie alle Kirchenschriftsteller. „Platon ist in den Augen der Väter, wie alle Vertreter der griechischen Philosophie, des Plagiats schuldig; Eusebius gründet die Argumentation der ›Vorbereitung auf das Evangelium‹ auf diesen Glauben".[58]

---

[56] Cf. D. Winston, Moses. In Hellenistic Literature (allgemein); N. Walter, Fragmente jüdisch-hellenistischer Historiker, pp. 121-136 (zu Artapanos). Idem, Der Thoraausleger Aristobulos, pp. 26-29, 43-51 (zu Aristoboulos). U. Früchtel, Die Kosmologischen Vorstellungen bei Philo von Alexandrien, pp. 135-138; H. Chadwick, Philo and the Beginnings of Christian Thought, p. 139 (beide zu Philon); W. A. Baehrens, Origenes, Commentarium in Canticum Canticorum,Origenes Werke, 8.75, Note zu Zeile 24 (zu Josephus mit verschiedenen Stellen bei frühchristlichen Schriftstellern).

[57] Cf. Noumenios 8-10, ⟨ed./tr.⟩ É. des Places, pp. 50-52.

[58] G. Favrelle, Eusèbe de Césarée: La Préparation évangélique (Praeparatio evangelica). Livre XI, Commentaire, p. 246 (der Buchtitel im Zitat wurde nicht, wie im Original, kursiviert, sondern innerhalb einfacher Chevrons geschreiben). Die vielen unrühmlichen Stellen zu diesem Topos in den Werken der genannten antiken Schriftsteller können nicht einzeln aufgeführt werden. Leider kenne ich keine Studie, die eine zusammenfassende Übersicht dazu liefert. Zu den christlichen Apologeten siehe ⟨ed.⟩ B. Geyer, Friedrich Ueberwegs Grundriß der Geschichte der Philosophie, 2. Tl.: Die Patristische und Scholastische Philosophie, s. v. Moses; H. A. Wolfson, The Philosophy of the Church Fathers, 1.1-23; Clemens Alexandrinus, Stromata 2.5.20.1; 5.14.89.1; 6.2.4.3; 6.2.27.5; 6.3.28.1-3; Origenes, Commentarium in Canticum Canticorum, ⟨ed.⟩ W. A. Baehrens, Origenes Werke, 8.75.23-76.4, 8.76.16-18, 8.77.30-31, behauptet, daß die griechischen Weisen ihre Philosophie samt ihrer

Ähnlich wird im Mittelalter „das Deszendenz-Verhältnis der christlichen geistlichen Rhetorik von der antiken Rhetorik von einer Urbildlehre her auf den Kopf gestellt: die Propheten erscheinen als das geisterfüllte und geistgewirkte Urbild der späteren klassischen Philosophen, die ihrerseits einen Abstieg – *descendisse*! – der prophetischen Urform der *rhetorica spiritualis* darstellen. Als letzten Trumpf fügt MAUBURNUS noch aus den *Ethymologiae* des ISIDOROS VON SEVILLA lib. II c. II ein Zitat hinzu, das diese Abhängigkeit sogar für die klassischen Versmaße postuliert: ...“[59]

Dementgegen waren die jüdischen und christlichen Apologeten selbst die geistigen Diebe, indem sie sich des von den Griechen Vorgedachten und Vorgemachten eifrigst bedienten, deren Philosophie als ihre ureigene Weisheit und Leistung ausgaben und mehr oder minder direkten göttlichen Eingebungen ihrer Glaubensgründer und -verkünder zuschrieben. Es zeugt schon von einer besonderen Dreistigkeit und einer rücksichtslosen Perfidie, wenn die, die sich des Plagiats schuldig machen, diejenigen, denen sie ihr geistiges Eigentum stehlen, auch selbst noch des Plagiats und des geistigen Verfalls bezichtigen. „Haltet den Dieb!“ rief der Dieb.

Insofern dürfte die Forschermeinung: „Versteht man diese Behauptungen wörtlich, kann man sie sogleich vergessen. Man kann sie aber auch als ein Symptom deuten für das Unbehagen, daß die Helenen die syrisch-phönikisch-palästinensische und ägyptische Vorgeschichte ihrer kulturellen Leistungen nicht genügend erforschten und reflektierten.“[60] nicht nur

Einteilung in drei Disziplinen von Salomon, ihrem Erfinder und Lehrer, übernommen und vorgegeben hätten, daß dies ihre Erfindung gewesen wäre; weitere Stellen zu Origenes und anderen Kirchenschriftstellern bei R. P. Lawson, Origen: The Song of Songs, Notes, p. 319[67].

59 E. Benz, Meditation, Musik und Tanz, p. 15.

60 E. Holenstein, Komplexe Kulturen, p. 192.

Ausdruck einer gelehrten kulturellen Überkorrektheit sein, die ihre interkulturelle Hypersensibilität in die von ihnen Beforschten, engstirnige ideologische Fanatiker und Sektierer, die sich anschickten, der Welt ein neues Dogma zu oktroyieren, hineinprojiziert, sondern sie ist, wie ich in den vorhergehenden Faszikeln der ›Widerspiegelung des Geistes‹ ein ums andre Mal dokumentierte, sachlich schlechtweg falsch und somit nicht nur sogleich zu vergessen, sondern entschieden zurückzuweisen.

Darüber hinaus erhebt sich die Frage, die schon beantwortet ist, bevor man sie stellt, ob in einem verbalen Glaubenskrieg kämpfende Zeloten mit derart hoch-reflektierten Gedankenwaffen zu Felde ziehen. Daß sich die besagten Eiferer mit dem Griff in die Dogmentaschen Anders-, Un- oder Widergläubiger auch Kram einfingen, mit dem man nichts anfangen kann, der dem eigenen Dogma sogar schadet, insofern sie sich nicht nur auf die Diskussion wohlerwogener Argumente, sondern auch, die Gründe sollen dahingestellt bleiben, auf bodenlose und abstruse Spekulationen einließen, die niemals zu einem stimmigen Ganzen zusammenzudenken waren, am Ende aber doch die eigene Position (unbemerkt) beeinflußten, gar bestimmten, steht ebenso unzweifelhaft fest.

Man muß soziokulturell, historisch und doxographisch betrachtet sogar so weit gehen, die Dreifaltigkeitslehre als Produkt einer metaphysischen Mode zu bezeichnen, die dem Seins- und Gottesverständnis einer ganzen Epoche und Weltgegend ihre Façon diktierte. Je nachdem, welchen logisch-reflektorischen Status man dieser zubilligt, kann man das positiv oder negativ bewerten. Auf jeden Fall ist damit aber der Anspruch auf einen gültigkeitsbezogenen Sonderstatus des christlichen Trinitätsdogmas, wie er nicht zu selten auch von den Theologen erhoben wird, die ihn durch doxographische Aufweise unzähliger Übernahmen aus und Abhängigkeiten von den heidnischen Traditionen ungewollt unterminieren, dahin.

Daß die faktische Durchsetzung des Christentums vor allem durch profane Faktoren bestimmt wurde, steht dabei auf einem ganz anderen Blatt.

Beispielhaft für die Kluft zwischen der altertümlichen und neuzeitlichen Einstellung betreffs der Dreiteilung des Geistigen will ich Immanuel Kant mit seinem kritisch-aufgeklärten Urteil zur Trinitätslehre zu Wort kommen lassen. Nicht, daß ich mich gegen Kant und die Moderne an einem fideistischen Absurdismus festklammern würde, vielmehr will ich damit die Verkürzung und Vereinseitigung des Philosophierens in den letzten 500 Jahren demaskieren, das sich im großen und ganzen selbst groteskerweise für das Gesamt und den Gipfel der Philosophie hält, ohne im mindesten über seinen Horizont hinaus in Geistkategorien und mit mehr denn herrschaftstraditionell entleerten Worthülsen denken zu können: „Aus der Dreieinigkeitslehre, nach den Buchstaben genommen, läßt sich schlechterdings nichts fürs Praktische machen, wenn man sie gleich zu verstehen glaubte, noch weniger aber wenn man inne wird, daß sie gar alle unsere Begriffe übersteigt. – Ob wir in der Gottheit drei oder zehn Personen zu verehren haben, wird der Lehrling mit gleicher Leichtigkeit aufs Wort annehmen, weil er von einem Gott in mehreren Personen (Hypostasen) gar keinen Begriff hat, noch mehr aber weil er aus dieser Verschiedenheit für seinen Lebenswandel gar keine verschiedene Regeln ziehen kann.“[61] Während sich die trinitarische Auf-, besser Ausgeklärtheit bei dem deutschen Denker in prosaischer Schwerfälligkeit ausspricht, kommt sie bei dem deutschen Dichter in lyrischer Frische und Unbedarftheit daher: „Es war die Art zu allen Zeiten, / Durch Drei und Eins

[61] I. Kant, Der Streit der Fakultäten, Akademieausgabe, 7.38.33–39.6 ≈ ⟨ed.⟩ W. Weischedel, 9.303–304, A50.

und Eins und Drei / Irrtum statt Wahrheit zu verbreiten."[62]

Zwar hat die Ex-post-Zurechtdeutung des Trinitätsdogmas, das bei den in Frage kommenden antiken Vertretern in der nizäno-konstantinopolitanisch beschlossenen Form noch gar nicht existieren konnte,[63] mittlerweile an Subtilität gewonnen,[64] doch bestimmt sie in verkleideter Form nach wie vor die Seminarräume und Fachliteratur. Beliebt ist neben der Umdeutung dabei das Verfahren, unbequeme Lehrgehalte antiker christlicher Autoren zu unterschlagen, indem man z. B. gewisse Passagen in Teilübersetzungen nicht berücksichtigt, in Auswahlen gar nicht erst aufnimmt oder in forscherisch gediegen scheinenden Darstellungen und Interpretationen nicht erwähnt. Nicht zu vergessen die indirekte Einflußnahme auf Lehrgehalte durch Gestaltung des Anmerkungsapparats, der zuweilen einseitig mit unwichtigen und marginalen Materialien aufgebläht wird, während andere, zentrale und erhellende Informationen fehlen.[65]

---

62 J. W. v. Goethe, Werke, 1.14.125, Faust 1, Verszeilen 2560-2562.

63 J. Schaberg, The Father, the Son and the Holy Spirit, pp. 143 – 190, führt den triadischen Satz in Mt 28.19: „im Namen des Vaters und des Sohnes und des heiligen Geistes" vornehmlich auf Dan 7.13-14 zurück und nennt zusätzlich verwandte Textstellen aus der jüdischen Literatur der entsprechenden Zeit.

64 Ein besonders markantes Beispiel für die ‚alte' Art der Rechtfertigung stellt die Arbeit: A. Stöckl, Die Lehre der vornicänischen Kirchenväter von der göttlichen Trinität, dar. Nicht frei davon, doch sehr materialreich die zwei voluminösen Bände von J. Lebreton, Histoire du dogme de la Trinité des origines au concile de Nicée.

65 Zu den Teilargumenten hier hatte ich ursprünglich exakt belegte Nachweise aus der Origenes-Forschung stehen, nach reiflicher Überlegung kam ich jedoch zu dem Schluß, sie trotz des möglichen Vorwurfs, unbegründete Behauptungen in die Welt zu setzen, wegzulassen, da mir die Sache nicht so bedeutend erschien, mich diesbezüglich durch Namensnennungen mit aller Gewalt (vermeidbaren) Anfeindungen aussetzen zu müssen oder den falschen Applaudeuren das Wort zu reden.

Die Fundamentaltheologie als „Nachweis der Rationalität des christlichen Glaubens, verbunden mit einer Klärung seiner Grundlagen"[66], als Versuch also einer vernünftigen Erweisung, Begründung und Rechtfertigung des Unvernünftigen, darf, abgesehen davon, daß christliche, besonders katholische Theologen, zu dogmatischer und kerygmatischer Linientreue verpflichtet sind, die Rationalität freilich erst in zweiter Linie in Anspruch nehmen, zunächst muß per definitionem (in unserem Falle an die Trinität) geglaubt werden, was dazu führt, daß die wissenschaftliche Bemühung ausschließlich (oder größtenteils) darin besteht und bestehen muß, Argumente zu (er-)finden, die das von den kirchlichen Autoritäten vorgegebene, von vornherein feststehende Urteil, das Vor-Urteil im eigentlichen Wortsinne, bestätigen. So lange dieser Zustand währt, haftet dem interreligiösen Dialog der Charakter der Missionierung, nicht der einer offenen, vernunftgeleiteten Argumentation an. Der Andersdenkende ist immer schon im Irrtum.

[66] P. Schmidt-Leukel, Grundkurs Fundamentaltheologie, p. 11.

6 Anwendung des geisttheoretischen Grundschemas auf konkrete Wirklichkeitsbereiche

Die Aufdeckung der Kongruenzen von Klassifikationsmodellen verschiedener Metaphysik-Traditionen ist insbesondere dort schwierig, wo die konkreten Ausgestaltungen der geisttheoretischen Grundstruktur in verschiedenen Wirklichkeits- und Lebensbereichen mitberücksichtigt werden. Da die Anwendungsmöglichkeiten des Grundschemas sozusagen unbegrenzt sind, ist deren Erforschung auch mengenmäßig eine schwer zu bewältigende Aufgabe. Dies gilt nicht nur innerhalb der Entwicklung des Subkontinents Indien, sondern verstärkt, wenn entsprechende Formationen aus dem Kulturgut anderer Weltgegenden hinzugezogen werden. Allein wenn man zu Platon's WahrSeins-Lehre an sich deren anschauliche Anwendungsformen in seiner Staats-, Seelen-, Lebens- und Tugendlehre hinzuzieht, ergeben sich ungeahnte Vergleichsmöglichkeiten zwischen antik indischem und griechischem Weltverständnis: beginnend mit der Seinstaxonomie über die Sozialordnung (*varṇa*) zu den psychischen, kognitiven und sozialen Funktionen, den Lebensformen, -abschnitten (*āśrama*)[1] wie -zielen

[1] Zu den Lebensstadien (*āśrama*) cf. P. Olivelle, The *Āśrama* System; o.c., pp. 24–34, 106–111, diskutiert der Autor die von verschiedenen Gelehrten formulierte Frage (besonders von L. Skurzak, Étude sur l'origine de l'ascétisme indien, pp. 36, 43), ob sich das Klassifikationssystem der *āśrama*-s von einer Drei- zur Viergliedrigkeit entwickelte, und weist sie unter Nachweis methodischer Fehler zurück, indem er zwischen dem System als einem theologischen Konstrukt und den (vorfindlichen) sozialen Institutionen, die damit klassifiziert werden sollten, unterscheidet; die

(*puruṣa-artha*/*tri-*/*catur-varga*),[2] und Tugenden, den drei/vier Yogawegen, triadischen Göttergruppierungen, der Dreiwelt (*tri-loka*/*tri-dhātu*), den Drei Körpern des Buddha (*tri-kāya*), Drei Grundbestandteilen und Qualitätsmerkmalen des Natürlichen (*tri-guṇa*), Drei Säften (*tri-dhātu*) und deren Ungleichgewicht (*tri-doṣa*) im Āyur-Veda und Zahlreichem mehr.[3]

Eines der für das alte Indien wichtigsten Klassifikationsmodelle, das vielen Realitätsbereichen zugrundeliegt, stammt schon aus der vedischen Zeit, die Skalierung anhand dreier

---

zeitgleich erschienene Studie von J. Bronkhorst, The Two Sources of Indian Asceticism, pp. 11-44, die sich anerkennend auf die Darstellung in einer früheren Schrift von Olivelle bezieht, spricht o.c., p. 29 (mit Nachweisen), ausdrücklich von der „Hinzufügung von *saṃnyāsa* zu den *āśramas* in späteren Zeiten".

[2] P. Olivelle, The *Āśrama* System, pp. 216-219, behauptet, daß in antiken und mittelalterlichen indischen Schriften keine einzige Korrelation zwischen dem *āśrama*- und dem *artha*-/*varga*-System auffindbar sei.

[3] Die Verwendungsvielfalt triadischer Ordnungsmuster der Arier auf alle Wirklichkeitsbereiche wurde deutlich durch die Forschung von G. Dumézil, L'idéologie tripartie des Indo-Européens, pp. 7-33 (gesellschaftliche und kosmische Trifunktionalität arischer Völker); o.c., pp. 34-61 (dreigliedrige Theologien der Arier); o.c., pp. 62-89 (diverse triadische Funktionen in der indeuropäischen Theologie, Mythologie und im Epos); weitere Schriften von Dumézil zum Thema sind verzeichnet in idem, Mythe et épopée I-II-III, pp. 1439-1444, und in der Literaturliste von B. Lang, Jahwe, der biblische Gott, p. 299; Studien von Dumézil und Reviews von verschiedenen Forschern dazu auch in B. K. Smith, Classifying the Universe, p. 21[Fnn.]. Dreiteilungsschemata im frühen Indien erforscht J. Gonda, Triads in the Veda (eine kritische Auseinandersetzung mit den Forschungsergebnissen Dumézil's findet sich o.c., pp. 178-205, cf. idem, Selected Studies, 6.1.214-224 (Dumézil's Tripartite Ideology: Some Critical Observations); o.c., 6.1.225-243 (Triads in Vedic Ritual)); N. Kazanas, The Three Functions and Unity in the *Ṛgveda;* ved(ānt)ische Schemata mit unterschiedlichen Bestandteilen werden insbesondere im genannten Werk von B. K. Smith präsentiert. Frühgriechische Dreigliederungsmodelle von Mykene bis zu den Tragikern erforscht auf 453 Seiten B. Sergent, Les trois fonctions indo-européennes en Grèce ancienne.

Färbungen oder ‚Farbcharakteristika' (*varṇa*). Bei diesen handelt es sich um Kategorien, die die Bereiche des Seienden gemäß drei göttlich-metaphysischen Mächt(igkeit)en, Wirk(lichkeits)mächten, Gewalten, Fähigkeiten, Elementar- oder (gemäß etymologischen Verwandtschaftsbeziehungen ausgedrückt) Siegkräften (*sahas*) rubrizieren:

(ϒ3) die priesterliche, mit Gebet und Zauberformeln verbundene oder geistliche Potenz (*brahman*),
(ϒ2) die Herrschermacht oder Fähigkeit zur Kriegsführung (*kṣatra*) und
(ϒ1) die Allgemeinkraft, Allerweltskraft oder Kraft des gemeinen Volkes (*viś*).

Obwohl sie gemeinhin nur in Zusammenhang mit der sozialen Hierarchie, dem Kasten-System der Hindus, wahrgenommen wird, ist die *varṇa*-Gliederung „ein taxonomisches System von universeller Reichweite"[4]. Wichtig zu erwähnen ist, daß die Vier-Kasten-Ordnung aus einer Differenzierung oder Erweiterung der untersten Schicht (*viś*) der Drei-Klassen-Einteilung hervorging,[5] und daß sie strukturell weiterhin als Dreifachgebilde zu betrachten ist. Im ›Puruṣa-Sūkta‹, das in der Indologie zu den spätesten Hymnen des ›Ṛg-Veda‹ gezählt wird, ist sie bereits vollzogen, weshalb schon vermutet wurde, daß es sich hierbei um einen nachträglichen Einschub,[6] oder genauer, daß es sich um eine Interpolation in den ›Ṛg-Veda‹ zur Zeit seiner Reformulierung zwischen 150–400 n. Chr. im Zuge der

---

4 B. K. Smith, Classifying the Universe, p. 18; meine diesbezügliche Darstellung basiert vornehmlich auf Informationen von o.c., pp. 3–30, 67, 101 (mit Literaturverweisen und Abwehr falscher Gegenmeinungen).

5 Cf. B. K. Smith, Classifying the Universe, pp. 15, 27, 307[6].

6 Cf. P. Deussen, Allgemeine Geschichte der Philosophie, 1.1.150.

Sanskritisierung handelt.[7]

‚Theologisches' Vorbild für diese Akolouthie könnte die in Vers 4 geäußerte Enkosmierungsstufung des Primärwesens, ich nenne es einmal »Puruṣa I«, in drei überweltliche, entsprechend den drei oberen Kasten der Zweimalgeborenen (*dvija*), und ein mundanes Viertel, der untersten Kaste der nur Einmalgeborenen (*ekajāti*), sein. Die ‚Sozialisierung' des indischen ‚Urmenschen' und seine Eingliederung in ein streng hierarchisches Ständesystem geht jedoch von seiner gewordenen, kosmisch-korporalen Existenz, dem »Puruṣa II«, aus, indem sein Mund zum Brahmanen (*brāhmaṇa*) (ϒ3), seine Arme zum Herrscher (*rājanya*, was dem *kṣatriya* entspricht) (ϒ2), seine Schenkel zur gewerbetreibenden Bevölkerung einschließlich der Bauern (*vaiśya*) (ϒ12) und seine Füße zum Arbeiter- und Dienerstand (*śūdra*) (ϒ11) wurden.[8] Wann sie realiter stattfand, ist allerdings umstritten. Einige Forscher sind geneigt, den Mythos vom indischen ‚Adam Kadmon' oder ‚Pángǔ' (盤古) metaphorisch zu verstehen; insofern sage er nichts über die realen Verhältnisse der Zeit seiner Entstehung aus, die heute meist in die spätvedische Epoche, wann man diese auch immer ansetzen will, verlegt wird.[9]

„Daneben dürfen wir nicht vergessen, daß von der Endredaktion des Ṛgveda angenommen werden muß, durch mehrere hundert Jahre (wenn nicht mehr) von der Abfassung der einzelnen Hymnen getrennt gewesen zu sein, und daß selbst wenn zugestanden wird, daß zur Zeit als das Puruṣasūkta verfaßt wurde, die vier varṇas konstituiert und Kasten geworden

---

[7] Cf. S. Sangeetha Rao, Caste System in India: Myth and Reality, pp. 13–20, 24.

[8] Cf. Ṛg-Veda 10.90.12.

[9] Cf. J. Muir, Original Sanskrit Texts on the Origin and History of the People of India, their Religion and Institutions, 1.12–15, 159–160.

waren, dasselbe jedoch nicht für die Zeit der Originalabfassung oder der anderen Hymnen behauptet werden kann."[10] Universalistisch orientierte Hindu-Gelehrte versuchen das Kastenwesen des frühen Indertums dem Westen gemäß der Platon'schen Staats- und Ständeutopie der ›Politeia‹ als funktional und insofern durchlässig näherzubringen, wofür einige Indizien vorgetragen werden,[11] während in hindu-ferneren Forscherkreisen, ebenso natürlich unter Berufung auf die Texte, eher von der Existenz eines hereditären und starren Sozialklassensystems schon in der frühen vedischen Zeit ausgegangen wird.[12]

---

10 P. V. Kane, History of Dharmaśāstra, 2.1.27–28.

11 Cf. S. Radhakrishnan, Indian Philosophy, 1.132–133; S. L. Sagar, Hindu Culture and Caste System in India, pp. 1–35.

12 Cf. B. K. Smith, Classifying the Universe, p. 28; Allegation zu den Kasten aus den früh(est)en Veda-Schriften in J. Muir, Original Sanskrit Texts on the Origin and History of the People of India, their Religion and Institutions, 1.7–160; P. V. Kane, History of Dharmaśāstra, 2.1.19–49; 2.1.100–102; A. Weber, Collectanea über die Kastenverhältnisse in den Brâhmaṇa und Sûtra, pp. 4–35.

DIE 3 VEDISCHEN SIEGKRÄFTE (*sahas*)
UND DIE HINDUISTISCHEN KASTEN (*varṇa*)
IN *4ER*- UND 3ER-ANALOGIE

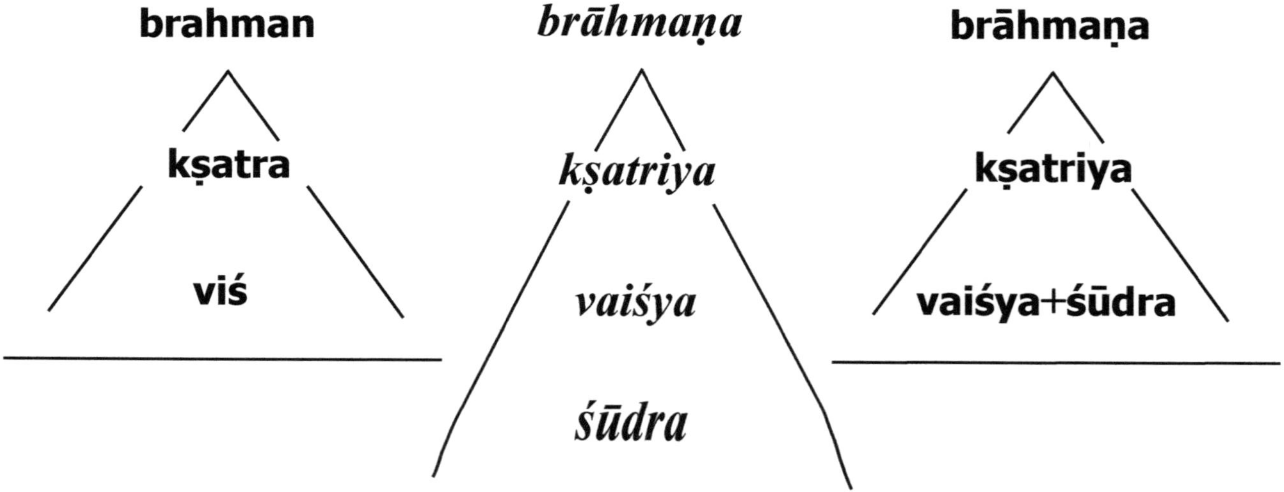

Wie die drei Kasten von der untersten aus zu einem Geviert erweitert wurden, so auch wurde die Zahl der Abteilungen des Veda von zunächst drei auf vier erhöht. „Zu den drei grundlegenden Vedas – dem Ṛg (♈3), Yajur (♈2) und Sāma (♈12) – wird manchmal ein vierter Veda hinzugefügt, der Atharva (♈11). Letzterer erlangte seinen Status im Sachschema verhältnismäßig spät und wurde ein Beispiel für die Hinzufügung eines niedrigeren Vierten zu einer vorherigen Triade. Das andere hauptsächliche Auftreten dieses Phänomens ist übereinstimmenderweise die Hinzufügung der Shūdra- oder Dienerklasse zum Untergeschoß der ehedem dreiteiligen *varṇa*-Struktur."[13]

[13] B. K. Smith, Classifying the Universe, p. 307[6], meine Skalierung ohne Paragraphierung in runden Klammern; zu den Veda-s und ihren Analoga cf. o. c., pp. 287-313; die anschließend wiedergegebene Tabelle dazu findet sich zusammen mit einer zu den drei vedischen Versmaßen und ihren Entsprechungen, die ich nicht abbilde, o. c., p. 304; hierbei dürften einige Zuordnungen einigermaßen verwundern, doch werden sie vom zitierten Verfasser in den dazugehörigen Passus erläutert.

DIE DREI VEDEN UND IHRE ANALOGA (nach B. K. Smith)

	ṚG-VEDA (Υ_3)	**YAJUR-VEDA (Υ_2)**	**SĀMA-VEDA (Υ_1)**
GESELLSCHAFTSKLASSE	**Brāhmaṇa**	**Kṣatriya**	**Vaiśya**
ELEMENTARKRAFT	***brahman***	***kṣatra***	***viś***
EIGENSCHAFT	**Licht**	**Macht**	**Ruhm**
KOSMOSPHÄRE	**Erde**	**Atmosphäre**	**Himmel**
JAHRESZEIT	**Frühling**	**Sommer**	**Regenzeit**
TAGESABSCHNITT	**Morgen**	**Mittag**	**Abend**
HIMMELSRICHTUNG	**Osten**	**Süden**	**Westen**
NATURELEMENT	**Feuer**	**Wind**	**Sonne**
GOTTHEIT	**Agni, Vasus**	**Vāyu, Indra, Rudras**	**Sūrya/Āditya, Varuṇa, Ādityas**
WESENHEIT	**Selbst**	**Menschen**	**Tiere**
KÖRPERTEIL	**Auge**	**Ohr**	**Geist/Sinn**
LEIBFUNKTION	**Sprache**	**Atmung**	**Sehvermögen**
ATMUNG	**Einatmung**	**Ausatmung**	**umlaufend**
OPFERFEUER	***gārhapatya***	***agnīdhrīya/dakṣiṇa***	***āhavanīya***
PRIESTER	***hotṛ***	***adhvaryu***	***udgātṛ***
SPRACHKOMPONENTE	**Konsonanten**	**Sibilanten**	**Vokale**

„Die Erweiterung vedischer Einteilungssysteme von drei auf vier ist ein altertümlicher Fall eines wiederkehrenden Phänomens in der Geistesgeschichte Indiens. In späteren Hindu-Texten wird zu den drei *puruṣārthas* oder »menschlichen Lebenszielen« (Lust, Macht und Gesetz – *kāma, artha* und *dharma*) Befreiung (*mokṣa*) als ein »transzendentes Viertes« hinzugefügt. Die drei *āśramas* oder Lebensstadien – Schüler, Haushälter und Waldbewohner – werden auf ähnliche Weise erweitert, um das Leben des Entsagenden (*samnyāsa*) einzuschließen. Ein weiteres Beispiel der Erweiterung einer Triade in eine Vierergruppe, aber ein mehr der Hinzufügung der Shūdra-Klasse an der Unterseite der sozialen Hierarchie vergleichbares, ist die Hinzusetzung des Atharva Veda zur »dreifachen Weisheit« der urpsrünglichen drei Vedas.“[14]

---

[14] B. K. Smith, Classifying the Universe, p. 24[46]; die Übersetzung von *artha* mit *power* (Macht, Kraft) ist philologisch nur schwer zu rechtfertigen, da sich die √*arth* über das Bedeutungsfeld „zu erlangen suchen, ersuchen, erflehen, erbitten, erläutern, kommentieren“, das daraus gebildete Substantiv über „Zweck, Nutzen, Wohlstand, Reichtum, Besitz, (Hab und) Gut, Gegenstand, Sinn und Bedeutung“ erstreckt und damit die Hauptbedeutung eindeutig dem Bereich des Erwerbs, des Habens, der Versorgung, der Güter und Sachen zuzurechnen ist, worauf jede Herrschaft gründet, cf. die Stellenlese zu den besagten Attributen und Funktionen aus vedischem Schrifttum, die Smith, o. c., pp. 31–32, selbst gibt; die Übersetzung wurde höchstwahrscheinlich gewählt, um die angegebene Rangfolge der Lebensziele, für die der zitierte Forscher keine Belege vorlegt, plausibel zu machen; nach Quellenzeugnissen und den Forschungsergebnissen von G. Dumézil sind die ersten beiden Glieder, wie in einer noch in diesem Kapitel folgenden Fußnote zur Auflistung der drei Elementareigenschaften (*tri-guṇa*) angegeben, umzukehren; dies weist J. Gonda, Triads in the Veda, p. 211[35], ohne (Gegen-)Beleg mit dem Hinweis zurück, daß jener seine Behauptung nicht belege, was in einer anderen Studie Dumézil's, wie ich in der angekündigten Fußnote dokumentieren werde, jedoch geschieht, und zwar zur Abwehr des erstaunten, doch nicht gegen-dokumentierten Einwurfs von J. Brough, Collected Papers (The Tripartite Ideology of the Indo-Europeans), p. 188[1]. A. Sharma, The *Puruṣārthas*, pp. 16–17, stellt die Lebensziele (*varga/artha*), die Lebensstadien (*āśrama*) und die Kasten (*varṇa*) frei

In der Interpretationsliteratur wurde nicht grundlos darauf aufmerksam gemacht, daß die vierte Kategorie unterschiedlich gedeutet werden und ihr Verhältnis zu den drei ursprünglichen mit dem Kontext variieren könne, zudem die Sache noch komplizierter werde, wenn sich standardmäßig oder ursprünglich dreiteilige Klassifikationsmuster zu fünf- oder sechsteiligen erweitern.[15] Grundsätzlich kann die Vermehrung oder Verminderung der Komponenten jedes solcher Syntagmata von jeder Komponente ausgehen. Dabei ist es nicht ausgeschlossen, daß sich die Wertigkeit der Elemente verschiebt und das Gesamtgefüge eine neue Ordnungslogik annimmt. Das macht den Forschungsgegenstand äußerst komplex und kompliziert. Zur

---

fabulierend und ohne Textbelege tabellarisch nebeneinander und kann weder in seinem Kapitel zur Rangfolge der *puruṣārtha*-s, o.c., pp. 1–4, noch in seiner gesamten Studie die Über- und Unterordnung von Eigentum/Gütern (*artha*) und Lust/Leidenschaft (*kāma*) bestimmen, doch geht aus dieser m.E. wenigstens so viel hervor, daß die traditionellen Schriften hier unzureichend deutlich und ausführlich sind, obwohl die bevorzugte Aufzählung der vier Ziele in den Quellenschriften dem Muster: *dharma, artha, kāma, mokṣa* zu folgen scheint, deren Sinn o.c., pp. 20–26, einsichtig zu machen versucht; die pupulärwissenschaftliche, hindu-apologetische Monographie: A. Daniélou, Virtue, Success, Pleasure, and Liberation, folgt zwar, wie schon aus dem Titel zu schließen ist, der anscheinend klassischen Rangordnung der *artha*-s, liefert aber keinen einzigen Nachweis dafür und für ihre Zuordnung zu den Kasten aus den Originalschriften; M. Monier-Williams, A Dictionary English and Sanskrit, p. 784s, s.v. *success,* listet als sanskritistische Übersetzung von »Erfolg« nicht *artha* als einzelnes Wort, sondern neben ganz anderen Wörtern nur abstraktnominelle Zusammensetzungen damit auf, von denen ich hier jeweils eine Bildeform durch Suffixe wiedergebe: *siddhārthatā, kṛtārthatā, caritārthatā.*

15 Cf. B. K. Smith, Classifying the Universe, pp. 14–16, mit Verweis auf J. Gonda, Triads in the Veda, p. 119; Materialien zu Gruppierungen verschiedener Konzepte und einigen Erweiterungsformen innerhalb der indischen Tradition finden sich in M. Falk, Nāma-Rūpa and Dharma-Rūpa, Index, s.vv. *kāyas (trikāya), pentad, heptad, hexad, tetrads, trailokya, triads.*

Erklärung dieser Veränderungen wurden vier Modi vorgeschlagen: „Diese vier Theorien, die die Bewegung von drei zu vier im Hinduismus erklären – Ausdehnung, Transzendierung, Integration und Polarisierung – stehen in dem seltsam amorphen hinduistischen Verhältnis, das oft »Toleranz« genannt wird, aber eines anschaulicheren Etiketts bedarf – vielleicht »harmonische Opposition«, in Beziehung zueinander."[16]

Daß die Konkretisierungen der geistigen Vierfältigkeit bei der Darstellung bevorzugt berücksichtigt wurden und das Schema insofern meist nur drei Komponenten enthielt, würde sich ganz leicht dadurch erklären, daß die Spitze der Hierarchie schon von Alters her als etwas Besonderes, Umfassendes, Übergreifendes, als das Hyperbolische angenommen und insofern nicht immanentisiert, d. h. vergegenständlicht, somit auch nicht ausgesprochen und kategorial festgeschrieben worden sei. Das heute übliche Argument demgegenüber lautet, daß in der ferneren Vergangenheit der Transzendenzgedanke noch nicht vollständig ausgebildet war.[17] Vom Historisieren hält sich die Strukturtheorie jedoch so weit wie möglich fern.

Nach ihrem emotionalen Gehalt bestimmt und ihrer symbolischen Wertigkeit gefärbt findet sich die viergliedrige ordnungsschematische Grundidee im ›Yoga-Sūtra‹ und in der ›Bhagavad-Gītā‹ auf die vier Reifegrade des Adepten bzw. auf

---

16 T. Organ, Three into Four in Hinduism, p. 13, cf. o.c., pp. 10–13.

17 Wenn N. Allen, Varnas, colours, and functions. p. 174, schreibt: „Aber wie steht es mit dem pentadischen Framework? Musterbeispiele von F4+ neigen dazu, gerade wegen ihrer Transzendenz übergangen zu werden. Auf diese Weise übersieht man, während man an vier varnas denkt, leicht beide, den König, der die varna-basierte Gesellschaft, über die er herrscht, transzendiert, und den Puruṣa, aus dessen Körperteilen die varnas entstehen und der ihre Totalität verkörpert." dann ist das nach meiner Argumentation in der Terminologie der zitierten Studie F1 und nach meiner Terminologie (Υ4), aber (noch) nicht (Y5), was von zitiertem Autor aber gemeint sein könnte.

die Qualitäten seiner Handlungsfolgen angewandt. Nachfolgend beide Stellen zur gegenseitigen Erhellung ihrer jeweiligen Gedankenführung:

(Υ1)	„Unerwünscht/unangenehm,
(Υ3) [Υ2]	erwünscht/angenehm
(Υ2) [Υ3]	und gemischt wird die dreifache Frucht/Wirkung des Handelns für die Nicht-Entsagenden nach dem Hinscheiden,
(Υ4)	niemals aber für den Verzichtenden.“[18]

(Υ4)	„Das Karma eines Yogi ist nicht-weiß, nicht-schwarz;
(Υ3-1)	[das] der anderen ist dreifach.

In der Tat ist die Gattung des Karma vierfältig:

(Υ1)	»schwarz,
(Υ2) [Υ3]	schwarzweiß,
(Υ3) [Υ2]	weiß
(Υ4)	und nicht-weiß–nicht-schwarz«.“[19]

[18] Bhagavad-Gītā 18.12, ⟨ed./tr.⟩ S. Gambhīrānanda, pp. 673-674: *an-iṣṭam-iṣṭam miśraṃ ca trividhaṃ karmaṇaḥ phalam* | *bhavaty-atyāgināṃ pretya na tu saṃnyāsināṃ kvacit* ‖.

[19] Patañjali, Yoga-Sūtra 4.7, mit Vyāsa-Bhāṣya, ⟨ed.⟩ Hariharānanda Āraṇya, p. 354: *karma-aśukla-akṛṣṇaṃ yoginas-trividham-itareṣām* ‖ *catuṣpāt-kahlv-iyaṃ karma-jātiḥ kṛṣṇā śukla-kṛṣṇā śuklā aśuklā-akṛṣṇā ca-iti* |. In H. P. Sturm, Alt-Akademische Erledigung der okzidentalen Metaphysik, p. 78, entschied ich mich bei der Skalierung der gemischten Kategorie bei Patañjali und in der ›Bhagavad-Gītā‹ für (Υ2), was mir durchaus hinterfragungswürdig erscheint (siehe meine Skalenwerte in eckigen Kammern); vor der gleichen Schwierigkeit der Skalierung stand ich in Zusammenhang mit Platon's Prinzipienlehre o. c., pp. 41-81.

Damit steht die Zuordnung von tatsächlichen Farben an die Elemtarbereiche der Natur in Einklang;[20] ebenso an die Götter und Kasten in vedisch-hinduistischen (und anderen arischen) Schriften,[21] wie auch an Seelenfunktionen und die damit verknüpften Erkenntnisvermögen.[22] Wenn die Handlungsfolgen des Asketen und Yogis nicht mehr nach Empfindungsqualität oder Karmakolorit charakterisiert werden können, also neutral und farblos sind, muß das heißen, daß er eigentlich keinem der bunten Naturreiche, keinen Gesellschaftsklassen mit ihren spezifischen Eigenheiten, ja überhaupt keiner Ordnung mehr zugehört, was für den (nach gängiger Kastenhierarchie gezählt) nullten Stand, der nicht, wie die Kastenlosen (*mleccha/caṇḍāla*), nach unten aus der Gesellschaft herausfällt, sondern jenseits aller Gesellschaftlichkeit und Klassifizierbarkeit steht (*ati-varṇa-āśramin*), die Parivrāja(ka)-s, Śramaṇa-s, Bhikṣu-s, Saṃnyāsin-s oder Sādhu-s nämlich und Heiligen in Vollendung denn auch gilt und gegen Ende meines Kapitels 1.3 zum »Vierfußgeist der Upaniṣad-s« thematisiert wurde.

Mitunter wird behauptet, daß die Lehre von den geistigen Qualitätsmerkmalen, die karmisch aus den Handlungen folgen, dem Realismus der Elementenlehre der ›Chāndogya-Upaniṣad‹ 6.1sqq. entsprungen sei. Dem steht die These gegenüber, daß die Eigenschaften der Grundstoffe vom Seelischen aus auf die Natur übertragen worden wären. „Die Namen der drei Guṇa's, welche unseres Wissens zuerst Maitr. Up. 4,3 und 5,2, sowie bei Manu und im Mahâbhâratam vorkommen, weisen darauf

[20] Cf. Śvetāśvatara-Upaniṣad 4.5; zum Verständnis dazu erforderlich: Chāndogya-Upaniṣad 6.1sqq.

[21] Cf. G. Dumézil, L'idéologie tripartie des Indo-Européens, pp. 25–27; A. Weber, Collectanea über die Kastenverhältnisse in den Brâhmaṇa und Sûtra, pp. 10–11.

[22] M. Falk, The Five Jinas and the Five Colours of Consciousness, insbesondere pp. 438–442.

hin, daß die Guṇa's ursprünglich als psychische Phänomene gefaßt und erst sekundär auf die diese hervorrufenden Naturverhältnisse übertragen worden sind."[23] Ganz gewiß sind die stofflichen Grundelemente auch Darstellungsformen geistiger Eigenschaften, unabhängig von der Verursachungsrichtung und den Bewertungen, die diesen im jeweiligen Dogmenmilieu beigelegt werden. Als solche handelt es sich bei ihnen um kategoriale, raum-zeitlicher Verortbarkeit enthobene Ordnungsmuster im Sinne einer wohlverstandenen Archetypentheorie, die eben zwei Seiten hat, eine subjektiv-personale (Anthropos) und eine objektiv-mundane (Kosmos).[24]

Dieser metaphysische Zusammenhang drängt sich insbesondere angesichts der symbolischen Zuordnung von Elementarzuständen, der vier oder fünf stofflichen Grundelemente (*mahā-bhūtani*), die man heute eher als Aggregatszustände auffassen würde, Erde, Feuer, Luft, Wasser, (Licht-)Raum, zu den Quadranten, der Struktur des Geistes/Selbst in einigen Upaniṣad-s auf. Analoges wäre für die pythagoreisch-platonische Tetraktys und 5-Elemente-Lehre (*stoicheĩa*) und deren Weiterentwicklungen zu erforschen,[25] die in der Doxographie

---

[23] P. Deussen, Allgemeine Geschichte der Philosophie, 1.3.48; cf. o.c., 1.3.57-51; 1.2.226-228; dort wird die Herkunft dieses Theorems auf Chāndogya-Upaniṣad 6.4, zurückgeführt und sein Sinn erklärt.

[24] Cf. dazu überzeugend M. Falk, Nāma-Rūpa and Dharma-Rūpa; eadem, Il mito psicologico nell' India antica.

[25] W. Kirfel, Die fünf Elemente insbesondere Wasser und Feuer, pp. 7-9, stellt beträchtliche Unterschiede zwischen den fünf indischen und den fünf griechischen Elementen fest und hält eine Gleichsetzung für falsch. Abgesehen davon, daß das Hauptargument des Autors, es gebe in Indien keinen außerweltlichen göttlichen Äther, durch den Einwand entkräftet werden kann, daß der symbolische Gebrauch von *ākāśa/kha* (Raum, Leere) im Hinduismus und Buddhismus zur Charakterisierung des eigenschaftslosen Absoluten, des höchsten Göttlichen (Brahman) und der universalen Leerheit (*śūnyatā*) also, Verwendung findet, bleibt seine Behauptung pauschal und der naturalistischen Betrachtungsweise verhaftet.

sowohl mit der indischen und iranischen als auch mit der babylonischen wie sumerischen Spekulation in Verbindung gebracht wurden.[26] Daß die chinesische Elemente-Lehre mitzuberücksichtigen ist, scheint trotz gegenteiliger Forschermeinung nicht sehr wahrscheinlich zu sein. „In seltenen indischen Aufzählungen tauchen dieselben fünf (groben) Elemente wie in der chinesischen Standardliste auf (Metall, Holz, Wasser, Feuer, Erde). Eine ähnliche Vorstellung gab es in der antiken griechischen und iranischen Philosophie und sie spiegelt vielleicht ein zugrundeliegendes pan-eurasisches Gedankensystem wider."[27] Jedenfalls gibt es in der chinesischen Tradition im Stile der Ideen des ›Yì-jīng‹ Paar-Anordnungen bis zu Vielfach-Gruppierungen von Naturkräften, Wandlungsphasen, Jahreszeiten, Himmelsrichtungen, Geschmacksempfindungen, Farben etc., auf die hier wenigstens hingewiesen werden soll.[28]

In der Vajrayāna-Tradition sind Fünfergruppierungen von spirituellen Wirklichkeitsaspekten, auch in Zusammenhang mit

---

Näheres in den folgenden Fußnoten.

[26] Dokumentation des Forschungsstands bei F. Lämmli, Vom Chaos zum Kosmos, 2.96[347]-97; dort auch der Hinweis auf B. L. van der Waerden, Das Große Jahr und die ewige Wiederkehr, p. 150, wo nachgewiesen ist, daß die Dauer der vier indischen Weltperioden in tetraktyschem Verhältnis bestimmt ist. Eine Erhärtung oder Unterminierung der Behauptung von griechischem Einfluß auf indische Vorstellungen von den Elementen bei A. Sadakata, Buddhist Cosmology, pp. 20-25, muß eine extensive Forschung erst noch erbringen.

[27] V. H. Mair, Lao Tzu: Tao Te Ching, Afterword, p. 114, Notes and Commentary, zu 56.1. Da der Autor keine Nachweise gibt und ich nicht imstande bin, solche zu liefern, bat ich ihn, mir seine Stellen zu nennen. In einem E-Mail vom 13. Februar 2004 teilte mir Prof. Mair mit, daß er die Notizen dazu nicht mehr finde.

[28] Verschiedene Anordnungen stellt A. C. Graham, Yin-Yang and the Nature of Correlative Thinking, vor.

den fünf Grobelementen, üblich.[29] Wieviele davon in Analogie zu den stofflichen Elementen konstruiert sind, müßte erst erforscht werden. Sie gehen von Vorlagen aus, deren bekannte Anfänge bis in den Atharva-Veda zurückreichen.[30] Allgemein könnte sich herausstellen, daß die materiellen Bausteine des Realen häufig auch anschauliche Darstellungen, handgreifliche Konkretionen der vier grundsätzlichen Geistelemente sind. Die unterschiedlichen Enkosmierungs- oder Manifestationsniveaus wären dabei akribisch auseinanderzuhalten.

Aristoteles berichtet von Lehren der alten Zeit, über die er sich weit erhaben weiß, welche die Seele als aus den Elementen bestehend annahmen, u. a. weil die Dinge aus den Urprinzipien bestünden und Gleiches durch Gleiches erkannt würde.[31] Das fünfte, das Null-, Ununterschiedenheits-, Licht-, Helligkeits- oder Durchsichtigkeitselement Raum (skr. *ākāśa* / gr. *aithḗr*), stünde dabei, sofern nicht ausschließlich sinnlich gemeint (sowohl skr. √*kāś* als auch gr. *aíthō* bedeuten u. a. leuchten, glänzen, scheinen), wenigstens nach transzendentaler Denknotwendigkeit, für den Hinter- bzw. Bedingungsgrund, auf dem das Schema aufgerissen, die Weite und Offenheit, die mit Engem und Beschränktem angefüllt ist oder den Übergang dazu.[32]

---

[29] Abbildungen und Tabellen bei A. Govinda, Creative Meditation and Multi-Dimensional Consciousness, pp. 57, 83, 97; idem, Grundlagen tibetischer Mystik, pp. 137, 172, 205, 217, 223, 245, 307.

[30] M. Falk, The Five Jinas and the Five Colours of Consciousness, insbesondere pp. 438–442.

[31] Cf. Aristoteles, De anima 404^b11–405^b10.

[32] Cf. A. K. Coomaraswamy, Selected Papers, 2.220–230 (*Kha* and Other Words Denoting "Zero," in Connection with the Indian Metaphysics of Space), wo eine derartige These vom Gestalthintergrund hinsichtlich des Raum- oder Nullelements in der indischen Philosophie, mit ontologisierender Tendenz allerdings, aufgestellt und dokumentiert wird;

Eine mit den Geistaspekten vergleichbare Korrelation ist für die Biosphäre oder Bereiche des Erd-Sonnensystems (Erde, Zwischenbereich, Himmel und mitunter die vierte Sphäre),[33] die nicht selten mit den Grundstoffen verbunden sind, zu konstatieren. Das Gleiche gilt wiederum für die Verkoppelung sozialer Schichtung, der Kastenordnung, mit Seelenqualitäten und Natursubstanzen, die in der Sāṃkhya-Vedānta-Lehre vom Urmenschen (*puruṣa*), vom Unmanifestierten (*avyakta*) und seinen drei Manifestationsaspekten, den Drei Elementareigenschaften oder Grundkonstituenzien, wörtlich: den Drei Fäden oder Drei Fasern (*tri-guṇa*), aus denen das Gewebe der Natur (*prakṛti/pradhāna*) gewirkt ist und die der altindischen Medizin bzw. Kunst gesunder Lebensführung (Āyurveda) als Einteilungsraster dienen, ihren deutlichsten Ausdruck findet. Daß als

---

wichtig zur Unterscheidung zwischen dem mundanen, elementaren Raum als erster Realisationsform (kosmischer Körper Brahman's) und dem unentstandenen Urraum des Absoluten, der Brahman ist, cf. A. K. Coomaraswamy, Ṛgveda 10.90.1 *áty atiṣṭhad daśāṅgulám,* p. 147[5]; Schwankungen bei der Einstufung des *ākāśa* zwischen dem obersten und zweiten Rang sind aus M. Falk, Nāma-Rūpa and Dharma-Rūpa, pp. 29–36, zu lesen; im Buddhismus sind drei Dichtegrade des Raumes bekannt: a) den zum Physischen (*rūpa*) gehörigen, b) den grenzen-, eigenschaftslosen und unbestimmten, nicht etwas seienden als fünftes der sechs Urelemente (*dhātu*) und c) den in dieser Eigenschaft der Eigenschaftslosigkeit symbolisch für Leerheit (*śūnyatā*) stehenden. In einer eigenwilligen, metaphysisch durchaus konsequenten Rekonstruktion wird nämliches zum Urraum für die Lehre der Pythagoreer (und Ägypter) postuliert bei E. Röth, Geschichte unserer Abendländischen Philosophie, 2.636–669 (zum Aether als Absolutum insbesondere 2.643; zum Raum, Chaos, Chasma als allumfassender Ausdehnung, Vierheit und Hervorbringer des Alls bzw. der Weltkugel, d.h. Zehnheit, insbesondere 2.648–654). Die genauen Beziehungen der Elemente in dem 4/5er-Syntagma untereinander sind, falls möglich, von Fall zu Fall zu klären. Zur »Quintessenz« in der abendländischen Tradition cf. P. Moraux, quinta essentia; kritische Diskussion dazu bei J. Pépin, Idées grecques sur l'homme et sur dieu, pp. 341–363.

33 Cf. M. Falk, Nāma-Rūpa and Dharma-Rūpa, pp. 22–24.

mit-strukturierender empirischer Vorläufer dieses Modells das Leistungsgefälle und die Leuchtkraftstufung der drei Siegkräfte (*sahas*) und Färbungen (*varṇa*) gelte, ist in der neueren Forschung umstritten.[34] Die damit einhergehende Einteilung in drei Seelenqualitäten, Menschentypen und die hinduistische Götterdreigestalt (*tri-mūrti*) liest sich wie folgt:

(ϒ1) der Rudra [Śiva] zugeordnete Bereich von Dumpfheit, Trägheit, Dummheit, Verblendung und Verwirrung (*tamas*);
(ϒ2) der Brahmā zugeordnete Bereich von Aktivität, Kreativität, Antrieb, Dynamik, Erregung und Individuierung (*rajas/taijasa*);
(ϒ3) und der Viṣṇu zugeordnete Bereich von Wahrheit, Seiendheit, Gutheit, Geistesklarheit und Heiterkeit (*sattva*).[35]

[34] Cf. B. K. Smith, Classifying the Universe, p. 30[&10], contra J. Gonda, Triads in the Veda, pp. 206-211.

[35] Diese Lehre von den Drei Urqualitäten findet sich in Īśvarakṛṣṇa, Sāṃkhya-Kārikā avec le commentaire de Gauḍapāda, ⟨ed./tr.⟩ A.-M. Esnoul, Index, s.v. *guṇa*. Zuordnung zur Götterdreiform in der Maitrī-Upaniṣad 5.2, ⟨ed.⟩ J. L. Shastri, Upaniṣatsaṅgrahaḥ, p. 181; andere indische Lehrtraditionen kennen davon abweichende Zuordnungen. Zu den Gütestufungungen in Zusammenhang mit den Urqualitäten (*guṇa*) ist die Gītā und allgemein das ›Mahābhārata‹ sehr ausführlich, cf. Bhagavad-Gītā 4.13; 14.1-27; 15.14-18; 17.1-22, 18.7-12; 18.20-44, dazu Yogananda Paramahansa, God Talks With Arjuna. The Bhagavad Gita, 2.903-923; 2.947-951; 2.987-1006; 2.1021-1026; 2.1032-1062; eine umfangreiche Sammlung von Dreieinheiten aus der orthodox-indischen Literatur mit kurzen Erläuterungen und Dokumentation aus sehr alten Traditionsschichten gibt J. Gonda, Selected Studies, 4.27-41 (The Hindu Trinity). Zur Anordnung dreier Kasten (*varṇa*), Lebenszwecke (*artha*), Urqualitäten (*guṇa*) und Vergleichbarem bei Platon cf. G. Dumézil, L'idéologie tripartie des Indo-Européens, p. 24, plus Note zu § 18, p. 97; idem, L'idéologie tripartie des Indo-Européens et la Bible, p. 117[2], mit Nachweisen aus dem Mahābhārata; l.c. finden sich auch vier Belegstellen daraus zur Entsprechung von Krieger (*kṣatriya*) und Leidenschaft

(*kāma*) bzw. Leidenschaft und Zorn (*kāma-krodha*), die unterschiedlich überzeugend sind. In der folgenden Tabelle und allgemein orientiere ich mich an dieser Ordnung, da sie als einzige mir bekannte belegt ist und auch am folgerichtigsten in Zusammenhang mit den *guṇa*-s ist.

3/4ER-HIERARCHIEN IM HINDUISMUS

	ZUSTAND Erkennen MORA	DREI QUALITÄTEN *Drei Komponenten*	DREI-GESTALT	FÜNF HÜLLLEN	KASTE	LEBENS-ZIEL	LEBENS-PHASE
(Υ_4)	**Vierter** weder innerlich noch nach außen noch beidseitig OM	**Urmensch**	**gestaltlos Ātman-Brahman**	**aus Seligkeit**	**Asket**	**Erlösung**	**Ent-sagender**
(Υ_3)	**Tiefschlaf** Erkenntnis-masse M	Unmanifestes (Υ_{30}) Natur (Υ_{30}) **Seiendheit** *Wind*	**Viṣṇu**	**aus Geist**	**Priester (Weiser als König)**	**Ordnung**	**Wald-einsiedler**
(Υ_2)	**Traum** innerlich U	**Dynamik** *Galle*	**Brahmā**	**aus Vernunft**	**Krieger**	**Lust**	**Haushälter**
(Υ_1)	**Wachheit** nach außen A	**Trägheit** *Schleim* Unmanifestes (Υ_0) Natur (Υ_0)	**Śiva/ Rudra**	**aus Atem aus Speise (Körper)**	**Erwerbsvolk Diener**	**Besitz**	**Schüler**

3/4ER-HIERARCHIEN IM HINDUISMUS

	STHĀNA prajña MĀTRĀ	TRI-GUṆA *tri-dhātu*	TRI-MŪRTI	PAÑCA-KOŚA	VARṆA	ARTHA	ĀŚRAMA
(Υ_4)	turīya na-antaḥ na-bahiḥ na-ubhayata ॐ OM	puruṣa	amūrta Ātman- Brahman	ānanda- maya	parivrāja(ka) śramaṇa/bhikṣu yati/tapasvin	mokṣa	saṃ- nyāsin
(Υ_3)	suṣupti prajñāna- ghana म् M	avyakta (Υ_{30}) prakṛti (Υ_{30}) sattva *vāyu/vāta*	Viṣṇu	vijñāna- maya	brāhmaṇa (rājarṣi)	dharma	vāna- prastha
(Υ_2)	svapna antaḥ उ U	rajas *pitta*	Brahmā	mano- maya	kṣatriya	kāma	gṛhastha
(Υ_1)	jāgrat bahiḥ अ A	tamas *kapha/śleṣman* avyakta (Υ_0) prakṛti (Υ_0)	Śiva/ Rudra	prāṇamaya annamaya (śarīra)	vaiśya śūdra	artha	brahma- carya

Die idealtypische Gliederung Platon's ist formal analog zum Sāṃkhya. Inwieweit sie inhaltlich verschieden ist, wäre jedoch zu klären. Das ist bei genauer Betrachtung gar nicht so einfach, wie es auf den ersten Blick erscheint, da im Hindu-System das Manifest-Seelische, wie in der vorsokratischen Philosophie der sogenannten Physiologen, gewissermaßen stofflich gedacht wird, die Seeleneigenschaften also zugleich Natureigenschaften verkörpern. Sollten diesbezügliche antike Berichte einigermaßen zuverlässig sein, so müßte man den Vorläufer der Platonischen Gliederung der Psyche in der Pythagoras zugeschriebenen dreifachen Unterteilung der menschlichen Seele in ‚Geist' (*noũn*) (ϒ2), Verstand (*phrénas*) (ϒ3) und Gemüt/Empfinden/Gefühl/Wille (*thumón*), deren Ausfluß die Sinne (*aisthḗseis*) sind (ϒ1),[36] suchen. Spätestens jetzt und im Rückblick auf entsprechende Lehrgegenstände antiker Spekulationen müßte klar werden, daß bei der Stufung gewisser Wirklichkeits- oder Geistbereiche die Gruppierung einzelner Sub-Faktoren zu Haupteinheiten und die Entscheidung darüber, mit welcher Basisgröße die Ordnung beginnt, den inhaltlichen Sinn des Gesamtgebildes, unabhängig von der strukturellen Gliederung, in erheblichem Maße mitbestimmt. Eine völlig einleuchtende und verbindliche Rekonstruktion solcher Gedankengänge ist insofern, ich wiederhole mein Lamento, nicht nur mir nicht möglich, sondern unter den gegebenen Umständen grundsätzlich unmöglich.

Beginnt man die Skalierung mit den Sinnesorganen des Körpers als eigener Größe (ϒ2$_{(0)}$) und integriert in diesen hinein die Funktionskreise der Seele (ϒ2$_{(1-3)}$), dann muß dem

36 Cf. Diogenes Laërtios, De vitis dogmatis … 8.30. Dabei kommen, wie aus dem (Kon-)Text ersichtlich ist und was auf eine sehr alte Begriffsverwendung hindeutet, (ϒ2) und (ϒ1) auch anderen Lebewesen, (ϒ3) nur den Menschen zu, weshalb eine stetige Skalierung hier nicht angebracht ist.

ersten, dem *epithumētikón,* dem lust- und triebhaften, der Wert (Υ2(1)) zugewiesen werden, *thumoeidés,* dem eifrigen, willensbestimmten oder aggresiven der Wert (Υ2(2)) und dem *logistikón,* dem verständigen (und Göttlichen, Unsterblichen im Menschen), der Wert (Υ2(3)). Relevant sind hier die sekundären Indizes, die, nimmt man die Seele für sich, die uns mittlerweile wohlvertraute Skala bilden: Gefühl/Gelüst (Υ1); Wille/Wunsch/Entschluß (Υ2); Verstand/Urteilsvermögen (Υ3). Meine synoptische Rekonstruktion wurde aus Passus verschiedener Werke zusammengestellt. Da der Sinn jeweiliger Erzählungen kontextuell gefärbt ist, kann ich hierbei nur Durchschnittswerte liefern.

(Υ2(0)) Sinneswahrnehmung (*aísthēsis*) aufgrund gewaltsamer Eindrücke (*pathḗmata*) auf den Körper;

(Υ2(1)) Seelenbestandteil aus teilbarem (*meristón*), werdendem Seienden im Bereich der Körper mit der Funktion von Trieb, Begierde, Leidenschaft, Empfinden und Gefühl (*epithumētikón*), mit Lust und Schmerz gemischtes Lieben (*'ēdonẽj kaì lúpẽj memeignémon érōta*), lokalisiert im Bauch (Leber/Milz), symbolisch verknüpft mit vielgestaltigen, verunstalteten Ungeheuern, Monstern der altgriechischen Fabelwelt, meist schlangenartigen (*opheõdes*), der Frau, dem Metall Eisen und charakteristisch für die Diener, Handarbeiter/Banausen, Versorger (Bauern/Händler), den Nährstand;

(Υ2(2)) Seelenbestandteil in der Mitte, aus beidem, dem Teil- und dem Unteilbaren gemischte (*sugkekraménon*) dritte Form des Seins, mit der Funktion von Mut, Reizbarkeit, Ungestüm und Aufbrausen, Eifer, Ehrgeiz, Willen, Absicht und Entschluß (*thumoeidés*), gepaart mit Furcht (*phóbos*) und Zorn (*thumós*), in der Brust (Herz/Lunge) verortet, symbolisch dem

Löwen (*léōn*), dem Mann und dem Metall Silber zugeordnet und charakteristisch für die Verwalter und Krieger, den Wächter- und Wehrstand;

(Υ2(3)) Seelenbestandteil aus unteilbarem (*amériston*) und ewig sich selbst gleich verhaltendem Seiendem/Sein mit der Funktion von Urteilsfähigkeit, Verstand, Überblick, Einsicht und Weisheitsliebe (*logistikón*), im Kopf gelegen, symbolisch mit dem Metall Gold, charakteristisch für die Archonten/Gebieter, Wissenden und Philosophen, den Herrscher- und Lehrstand, dem Menschen (*ánthrōpos*), dem inneren Menschen (*éntos ánthrōpos*),

(Υ2(4)) ja Göttlichen (... *'upò tõj theíōj* ...) verbunden.

Die Seele ist jedoch nur Aspekt des Lebewesens Mensch als ganzem.[37] Dessen körperliche Konstitution, wäre, wie schon in der obigen Skala enthalten, folgendermaßen zu gliedern:

[37] Cf. Platon, Politeia, 435a-441c; ca. 413d-444a; 580d-583a; 588b-589b (592b); idem, Timaios 34b-35a; 42a3-b2; 69a-72d; 89d-90d; L. Brisson, La tri-fonctionnalité indo-européenne chez Platon, pp. 123-126; M. Canto-Sperber / L. Brisson, Zur sozialen Gliederung der Polis (Buch II 372d-IV 427), pp. 83-84; Diogenes Laërtios, De vitis dogmatis ... 3.90, und die Aufzählung von weiteren Einteilungen, o.c., 3.81-106; O. Höffe, Zur Analogie von Individuum und Polis (Buch II 367a-374d). Bemerkungen zur sāṃkhya-vedāntischen Lehre von den Drei Urqualitäten und der Platonischen Seelenstruktur wie weiteren schematischen Übereinstimmungen bei A. N. Marlow, Hinduism and Buddhism in Greek Philosophy, pp. 41-42; V. G. Vitsaxis, Plato and the Upanisads, pp. 81-83; E. J. Urwick, The Platonic Quest, pp. 45-49; T. McEvilley, The Shape of Ancient Thought, pp. 167, 182, 186; A. R. Sawant, Manu-Smriti and Republic of Plato, pp. 180-181. Die Unterschiede, die W. Halbfass, Zur Theorie der Kastenordnung in der indischen Philosophie, p. 289, berechtigterweise kritisiert von P. T. Raju, The Philosophical Traditions of India, p. 209, zwischen der Platonischen Seeleneinteilung und der hinduistischen *guṇa*-Einteilung aufgrund ihrer unterschiedlichen Entstehensweise feststellt, sind systematisch betrachtet irrelevant.

[(ϒ1(0)) Gliedmaßen? Im Original nicht erwähnt]
(ϒ1(1)) Bauch (Leber/Milz)
(ϒ1(2)) Brust (Herz/Lunge)
(ϒ1(3)) Kopf
(ϒ1(4)) menschlicher Körper insgesamt (äußerer Mensch)

Die drei seelischen Grundfunktionen sind, wie schon aus der Auflistung ersichtlich, bei Platon auf noch Lautereres und Leuchtenderes als das Beste in unserer Seele (*toũ en tẽj 'ēmetéraj psuchẽj beltístou katarõterón te kaì lampróteron*), das (Sonnen-)Licht des Einen, Guten, Höchsten, Göttlichen (*theĩon*), Gottes (*theós*) und Geistes (*noũs*) gerichtet (ϒ4). In Ihm, der Pupille seines Auges (*ópsis*), spiegelt sich der menschliche Geist (*noũs/lógos*), das Auge der Seele (*ómma tẽs psuchẽs*), wie eine Pupp(ill)e (*kórē*), oder, um hier der Deutungsrichtung von Olympiodoros (und Damaskios) zu folgen, erkennt der Mensch das Selbst selbst (*autò tò autó*), indem dieses über das Selbst (*autó*) als Gesamtseele oder Verstandesvermögen (*logistikón*) noch hinausragt, unmittelbar (ϒ4).[38]

[38] Zum Selbst selbst (*autò tò autó*) und den hyperpsychischen Entitäten cf. (Pseudo-)Platon, Alkibiades (I) maior 129b1, 130d4, 133c5–17 (und den Text im Umkreis dieser Stellen); es wird hier mit Olympiodoros und Damaskios als das Höchste und Intellectivste der Seele, das ohne Körperwerkzeug funktioniert, verstanden, das über dem Logistikón liegt oder über dieses hinausreicht, welches letztere in dieser Konstellation das (normale) Selbst (*autó*) repräsentiert; die davon abweichende Interpretation bei Proklos und an einer anderen Stelle bei Olympiodoros, die das Selbst selbst (*autò tò autó*) mit dem Logistikón als zusammen mit einem Körperwerkzeug funktionierend und die Trimerie der Psyche, also die Seele schlechthin, mit dem (normalen) Selbst (*autó*) gleichsetzt (zu beidem cf. ⟨ed./tr.⟩ G. L. Westerink, Fußnote zu: Olympiodoros, In Platonis Phaedonem 8.6.10–12, p. 123[Fn.], die das Argument von Olympiodoros, In Platonis Alcibiadem, 4.6–14, 222.3–14, wiedergibt, wobei vom Editor auf Proklos, Fragment 11, gewiesen, doch kein Nachweis für Damaskios gegeben wird), kann, weil das Original nicht eindeutig spricht, was sich eben schon in den voneinander abweichenden Ausdeutungen genannter

Dabei wird das farblose Licht (*phõs*) der einfachen (*monoeidés*), überseiend-überwesenhaft-absoluten (*epékeina tẽs ousías*) Lichtquelle (*'ẽlios*) des göttlichen (*theĩon*) Urgrundes, Anlasses (*aítion*) und zugleich Sollwerts (*tò déon*) im Prisma der einen, doch dreifältigen Seele in drei wesensgleiche Spektralfarben des einen Erstrebten, Gesollten, drei der bis zu sechs im Lateinischen so genannten austauschbaren (*convertuntur*) Transzendent(al)ien, zerlegt: das Schöne (gr. *kalón* / lat. *pulchrum*) und Liebe (gr. *prõton phílon, erastón* / lat. *carum*)[39] als Erfüllung des Sinnlich-Empfindungshaften (ϒ1(4)), das Gute (gr. *agathón* / lat. *bonum*) als Erfüllung des Intentional-Handlungsspezifischen (ϒ2(4)), das Wahre (gr. *alēthés* / lat. *verum*) oder Weise (gr. *sophón* / lat. *sapiens*) als Erfüllung des Verständigen (ϒ3(4)) der Psyche, welche sanskritisch in einem einzigen Terminus, dem Wort *sat* mit der Wurzelbedeutung »Sein/Seiendes«, ausgedrückt werden können. Terminologisch differenziert findet man die drei, den Sparten Epistemik, Ethik und Ästhetik zugeordneten Kategorien in der Hindu-Philosophie unter den Bezeichnungen *satyam*, das Wahre (ϒ3), *śivam*, das Gute (ϒ2)

antiker Neuplatoniker niederschlug, für sich die gleiche Plausibilität beanspruchen. Ich nehme die sprachliche Hervorhebung des Originals, die man als akzentuierendes Stilmittel bzw. Wortspiel auffassen kann, zum Anlaß, dieser psychischen Funktionseinheit eine Eminenzstellung oder mindestens die Tendenz zu einer solchen zuzumessen, weshalb ich mich hier, ganz ohne dogmatischen Anspruch allerdings und als Diskussionsvorschlag, auch für diese Auslegung entscheide; ein analoges Problem, ob nämlich der Steuermann/Führer der Seele (*psuchẽs kubernḗtēj*) von Platon, Phaidros 247c6-7, mit dem Noũs oder dem Einen der Seele gleichzusetzen ist, wurde ebenfalls im Neuplatonismus diskutiert, worauf J. M. Dillon, The Golden Chain, V: Tampering with the *Timeaus*: Ideological Emendations in Plato, with Special Reference to the *Timaeus*, pp. 53-54, anläßlich ideologisch bedingter Textemendationen im Werk Platon's weist. Grundsätzlich gilt hinsichtlich der Gipfelregion der Psyche bei Platon dieselbe Ambiguität wie hinsichtlich des Kulminationsbereichs seiner das Seinsganze betreffenden Konstruktion.

39 Cf. Platon, Lysis 219c4-219d4, 220a1-b7, 220d7-e3.

und *sundaram*, das Schöne (Ƴ1). Die Einteilung des Yoga in drei Hauptwege kann mit passender Skalierung direkt danebengestellt werden:

(Ƴ1) der Frömmigkeits-Weg (*bhakti-mārga*),
(Ƴ2) der Taten-Weg (*karma-mārga*) und
(Ƴ3) der Erkenntnis-Weg (*jñāna-mārga*);
(Ƴ4) alle drei umspannt vom Königs-Yoga (*rāja-yoga*).[40]

[40] Cf. R. Puligandla, Jñāna-Yoga – The Way of Knowledge, pp. 1–8.

3/4ER-HIERARCHIEN BEI PLATON

	SEELEN-TEIL	TUGEND	TUGEND-FUNKTION	STAND	STÄNDE-FUNKTION	LEBEN
(Υ_4)	gott-schauender Geist Auge der Seele	Gerechtigkeit Ordnung Harmonie	harmoni-sieren	jenseits Gott Weiser/Sophos	Ø Ursache d. Guten (Er-)Lösung	Glück-seligkeit
(Υ_3)	Verstand *Unteilbares*	(Lebens-) Weisheit Geist	herrschen beraten	Herrscher perfekt. Wächter Philosoph Lehrstand	Legislative Bildung	Weisheitsliebe Verstandesliebe Erkenntnisliebe
(Υ_2)	Wille/Eifer *Gemischtes*	Tapferkeit Mut	wehren helfen gehorchen	Richter Wächter Soldat Wehrstand	Judikative Exekutive Verteidigung	Herrschaft Kampf Sieg Ehre
(Υ_1)	Trieb/Lust *Teilbares*	Besonnenheit (Selbst-) Beherrschung	kultivieren mäßigen bezähmen	Arbeiter Diener Bauer Handwerker Krämer Händler Gewerbsmann Nährstand	Versorgung	Genuß Eigennutz Geld

3/4ER-HIERARCHIEN BEI PLATON

	ΜΕΡΟΣ ΤΗΣ ΨΥΧΗΣ	ΑΡΕΤΗ	ΕΡΓΟΝ ΤΗΣ ΑΡΕΤΗΣ	ΕΙΔΟΣ	ΕΡΓΟΝ ΤΟΥ ΕΙΔΟΥΣ	ΒΙΟΣ
(Υ_4)	νοῦς θεωμένος ὄμμα τῆς ψυχῆς	δικαιοσύνη ἁρμονία	ξυναρμόζειν	ἐπέκεινα θεός σοφός	∅ αἴτιον τῶν ἀγατῶν λύσις	εὐδαιμονία
(Υ_3)	λογιστικόν ἀμέριστον	σοφία φρόνησις νοῦς	ἄρχειν βουλεύειν	ἄρχων τέλεος φύλαξ φιλόσοφος	νομοθεσία διδασκαλία παιδεία	φιλοσοφία φιλολογία φιλομαθία
(Υ_2)	θυμοειδές συγκεκραμένον	ἀνδρεία	ξυμμαχεῖν προπολεμεῖν ὑπακούειν ἐπικουρεῖν βοηθεῖν	κριτής δικαστής φύλαξ πολεμικός	κρίσις φυλακή ἐπικουρία βοήθεια	κράτος πόλεμος νίκη τιμή
(Υ_1)	ἐπιθυμητικόν μεριστόν	σωφροσύνη ἐγκράτεια	ἡμερόειν παραμυθέομαι ἀνίημι	μισθωτός διάκονος γεωργός δημιουργός κάπηλος ἔμπορος χρηματιστής	παρασκευὴ τοῦ εἶναί τε καὶ ζῆν	ἡδονή κέρδος χρῆμα

Vergleicht man die tabellarischen Darstellungen hinduistischer und platonischer BewußtSeins-Gliederungen, so stellt man fest, daß sie sich nicht nur auf den einzelnen, sondern auch auf den Menschen in Gemeinschaft beziehen. „Man wird bemerken, daß die Sozialstruktur [des Hinduismus] fast identisch mit der ist, die Plato im *Staat* übernahm, wo die Sklaven implizit, doch unerwähnt, den Platz der Sudras einnehmen. Die Ähnlichkeit ist zu groß, um zufällig zu sein. Sie wird am vernünftigsten mit Überlieferungen durch die Pythagoreer, deren Denken weitere Beziehungen zu Indien aufweist, erklärt."[41] Bei einem Vergleich zwischen Platon's Ständeschichtung und der indischen Klassenhierarchie sind auf seiten letzterer selbstverständlich die erwähnten Erweiterungen der Klassifikationsmodelle zu berücksichtigen.

Die Verwunderung über die ungleiche und schwankende Anzahl der Bestandteile der Schemata – wie z.B. die vier hinduistischen Kasten und die drei Platonischen Stände – kann damit vollkommen beseitigt werden.[42] Zwar geschah dies in gedrängter Form schon vor ca. einhundert Jahren, weil es die Forscherwelt vorzog, diese Einsicht zu ignorieren oder totzuschweigen, sind wir heute indes weiter von einem diesbezüglichen interkulturellen Verständnis entfernt als zu einer Zeit, da man Fakten von den Kulturen auf unserem Globus fast ausschließlich zur Kenntnis nahm, um andere Ethnien und Staaten besser unterdrücken und ausbeuten zu können (was heute

[41] J. Ferguson, War and Peace in the World's Religions, p. 28, mit meiner erläuternden Ergänzung in eckigen Klammern.

[42] Hätte W. Halbfass, Zur Theorie der Kastenordnung in der indischen Philosophie, pp. 282–290, die frühe Dreigliederung nicht ignoriert und strukturell, nicht nur genealogisch, gedacht, so wäre seine o.c., p. 288, geäußerte Verwunderung über die „Schwierigkeit oder zumindest Unbequemlichkeit .., daß ein Dreierschema zur Erklärung und Rationalisierung einer Vierergruppe dienen soll", nicht so groß gewesen, wie sie anscheinend war.

im Gefolge der Globalisierung gesteigert zutrifft, sich hinter der Maske des Interkulturalismus jedoch zu verbergen weiß). Hier nun die angekündigte Feststellung: „Man hat treffend daran erinnert, daß Platon bei Aufstellung seines Staatsideals viele Bestimmungen aus der spartanischen Staatsverfassung übernommen habe; andere sind der Meinung, daß der platonische Gedanke in der Hierarchie des Mittelalters annähernd verwirklicht worden sei. Näher dürfte es noch liegen, an die (...) brahmanische Lebensordnung zu erinnern:

(Υ3) die ἄρχοντες [Herrscher] entsprechen den *Brâhmaṇa*'s, welche durch rein geistige Mittel eine in der Geschichte ohne Vergleich dastehende Herrschaft über Fürsten und Völker zu erringen und auszuüben wußten,

(Υ2) die φύλακες [Wächter] des Platon sind der Kriegerkaste der *Kshatriya*'s analog, während

(Υ1) die δημιουργοί [Handwerker/Hersteller] der dritten und vierten Kaste der Inder, den *Vaiçya*'s und *Çūdra*'s entsprechen,

(Υ12) erstern, sofern die δημιουργοί, ganz ebenso wie in Indien die Vaiçya's, für den Unterhalt der beiden obern Stände zu sorgen haben,

(Υ11) letztern, sofern sie, ähnlich wie die Çūdra's, wenn auch nicht so vollständig wie diese, von der Gemeinschaft mit den ἄρχοντες und φύλακες ausgeschlossen bleiben."[43]

Schon Herodotos von Halikarnassos (ca. 485-425), der als Vater unserer Geschichtsschreibung gilt, erzählt, daß mit Kambyses II., dem Sohn von Kyros II., viele Griechen nach Ägypten kamen,

[43] P. Deussen, Allgemeine Geschichte der Philosophie, 2.1.297.

(Υ1) die einen, um dort Handel zu treiben,
(Υ2) die andern, um dort das Kriegshandwerk auszuüben,
(Υ3) und wieder andere, um das Land anzuschauen.[44]

Der athenische Rhetor Isokrates (436–338) berichtet mit Hinweis darauf, daß die berühmtesten Philosophen das ägyptische Politiksystem bevorzugten, von drei Ständen in Ägypten: „Danach teilte er [sc. Busiris, ein der Sage nach ägyptischer König] sie [seine Untertanen] aber in verschiedene Klassen ein;

(Υ3) die einen setzte er ins Priesteramt ein,
(Υ1) die anderen bildete er im Handwerk/Technischen aus,
(Υ2) wieder andere zwang er, den Kriegsdienst auszuüben,
(Υ1) in der Meinung, das Nötige und Überschüssige müsse aus dem Land und der Werktätigkeit fließen,
(Υ2) der zuverlässigste Schutz dafür sei aber die Ausübung des Kriegsdiensts
(Υ3) und die Verehrung
(Υ4) der Götter."[45]

---

[44] Cf. Herodotos, Historiae 3.139.11–13, ⟨ed.⟩ H. Stein: *'oi mén, 'ōs oikós, kat' emporíēn strateuómenoi, 'oi dé tines kaì autē̃s tē̃s chṓrēs theē̃tai·* Cf. W. Burkert, Kleine Schriften, 3.223 (Platon oder Pythagoras? Zum Ursprung des Wortes 'Philosophie').

[45] Cf. Isokrates, Busiris 15–17, ⟨edd./trr.⟩ G. Norlin / L. Van Hook, 3.110/112, Text, o.c. 15, 3.110: *metà dè taũta dielómenos chōrìs 'ekástous toùs mèn epì tàs 'ierōsúnas katéstēse, toùs d' epì tàs téchnas étrepse, toùs dè tà perì tòn pólemon meletãn ēnágkasen, 'ēgoúmenos tà mèn anagkaĩa kaì tàs periousías ék te tē̃s chṓras kaì tō̃n technō̃n deĩn 'upárchein, toútōn d' eĩnai phulakḕn asphalestátēn tḗn te perì tòn pólemon epiméleian kaì tḕn pròs toùs theoùs eusébeian.* Die Information zur Entstehung der Ständegesellschaft in Ägypten wird dadurch nicht beeinträchtigt, daß sie, wie in der Literaturgeschichte heute allgemein angenommen, aus einem Werk stammt, das der Autor als rhetorische Übung mit leisem Augenzwinkern verfaßt haben soll.

Platon ist damit vollkommen auf einer Linie, nur wird in der Wiedergabe der Solon (ca. 640-561) in den Mund gelegten Erzählung eines ägyptischen Priesters über Ur-Athen der untere Gesellschaftsbereich zudem in Handwerker/Hersteller einesteils und Hirten, Jäger und Ackerbauern andernteils untergliedert.[46] Zwar ist aus dem Bericht die typische Dreiklassenteilung, Priester, Krieger, Banausen, zu lesen,[47] doch kann nicht eindeutig bestimmt werden, ob die Spezifizierung der Werktätigen eine Bei- oder eine Unterordnung darstellt und somit eine versteckte Drei- oder Vierfächerung meint.[48] Bei Platon finden sich neben den genannten politischen, ethischen, psychischen und anatomischen auch medizinische, anthropologische, ethnologische und pädagogische Trifunktionalitätsschemata.[49]

Die kognitionsverankerte Dreistufung der Menschen mit ihren innerweltlichen Begleitphänomenen hat sowohl im Westen als auch im Osten ihren festen Platz. Anläßlich der (indeuropäischen) Trifunktionlität bei Platon wagte ein Forscher vor

---

46 Cf. Platon, Timaios 24a2-d6.

47 Cf. K. Nawratil, Platon in Ägypten, pp. 601-602; L. Brisson, La tri-fonctionnalité indo-européenne chez Platon, pp. 138-140.

48 Informationen hinsichtlich isomorpher westlicher Gesellschaftsordnungen und Vorstellungen von ihnen geben G. Dohrn-van Rossum, Organ, Organismus, Organisation, politischer Körper I.-VI.; O. G. Oexle, Stand, Klasse I.-VI.; daß die Idee der Trifunktionalität der Gesellschaft weder ein überholtes Herrschaftssystem noch einen utopischen Sozialromantizismus darstellt, wird an den Ausführungen von Rudolf Steiner (1861-1925) zur „Dreigliederung des sozialen Organismus" sichtbar, cf. R. Steiner, Gesamtausgabe, Bd. 24, ^{2}1982: ›Aufsätze über die Dreigliederung des sozialen Organismus und zur Zeitlage‹. Eine Entsprechung zwischen der indischen Kastenordnung und dem Status irischer Eindringlinge im keltischen Schrifttum leiten aus deren Vorleben A. Rees / B. Rees, Celtic Heritage, pp. 115-117, ab; cf. Tabelle o.c., p. 132.

49 Cf. L. Brisson, La tri-fonctionnalité indo-européenne chez Platon.

kürzerem sogar folgende kühne These: „Durch seine Vermittlung spielen die großen Strukturen der indischen Weltanschauung eine wichtige Rolle in der Geschichte der okzidentalen Philosophie."[50] Ist Platon's Anspielung auf die Ägypter dann nur einer Laune entsprungen?[51] Über die Reichweite und (End-)Gültigkeit der Hypothese, daß die gesellschaftliche und andere Formen der Dreigliedrigkeit in der nicht-arischen Lebenswelt nur unter dem Einfluß des Kontakts mit den Indeuropäern entstanden sei,[52] lasse ich einen Theologen zu Wort kommen, der den Versuch unternahm, Jahwe, den Gott Israels, nach der erwähnten Kulturtheorie der Trifunktionalität und den darin bereits vorliegenden Diskussionen zu Dreigliederungsmustern in der hebräischen Bibel zu interpretieren,[53]

---

[50] L. Brisson, La tri-fonctionnalité indo-européenne chez Platon, p. 142; zur medizinischen Dreiteilung auch M. Canto-Sperber / L. Brisson, Zur sozialen Gliederung der Polis (Buch II 372d-IV 427), pp. 80-81.

[51] Cf. K. Nawratil, Platon in Ägypten; zu Isokrates und Platon: M. Bernal, Black Athena, 1.103-108; Bekenntnisse griechischer Philosophen zur orientalischen Herkunft der klassischen griechischen Kultur in o.c., 1.75-120; C. C. Evangeliou, Hellenic Philosophy, p. 216, Index, s.v. Egypt, Egyptians; T. Obenga, L'Égypte, la Grèce et l'école d'Alexandrie.

[52] Cf. G. Dumézil, L'idéologie tripartie des Indo-Européens, pp. 16-17, 22-23, 32; idem, L'idéologie tripartie des Indo-Européens et la Bible, pp. 97-98 ≈ idem, Mythe et épopée I-II-III, p. 1415 = 3.343. In beiden Textabschnitten wird die These anhand eines Beispiels aus Ägypten erhärtet, das dokumentieren soll, daß die Dreigliederung, die in der Regierungszeit des Pharaos Tuthmosis IV (ca. 1425-1408) nachzuweisen ist, auf indeuropäischen Einfluß zurückgeht; wer sich allerdings auf derart alte Daten berufen kann, wird mit exakten Gegenbeweisen auf doxographischem Wege allein nicht leicht zu widerlegen sein, auch wenn die Strukturtheorie anderes verspricht; von einem späteren indeuorpäischen Einfluß auf das von Platon gemeinte Ägypten geht L. Brisson, La tri-fonctionnalité indo-européenne chez Platon, p. 139, aus.

[53] Spezieller Anknüpfungspunkt ist G. Dumézil, L'idéologie tripartie des Indo-Européens et la Bible; diese Studie stellt eine persiflierende Replik auf das polemisch gegen Dumézil geschriebene Essay von J. Brough,

ohne ihre Restriktionen anzuerkennen: „Dumézil hat, wie wir meinen, den archetypischen, allgemein menschlichen Charakter der von ihm virtuos beschriebenen Funktionen zu wenig berücksichtigt und zu großen Wert auf spezielle kulturelle Ausformungen gelegt.“[54] Ein Dumézil's Thesen gegenüber sehr kritischer Fachwissenschaftler spricht gar vom „... verzerrenden Einfluß von Dumézil's Theorien über die indeuropäische Sozialstruktur“[55] auf gewisse Forscher.

Der davor zitierte Alttestamentler untermauert sein Argument mit der Beschreibung sozialer und funktionaler Differenzierung einer fiktiven archaischen Gesellschaft. Obschon er dabei idealtypisch verfährt, bleibt seine Erklärung, kulturwissenschaftlicher Methode verpflichtet, naturalistisch bzw. positivistisch, auf Erkenntnisstrukturen als Grundlage rekurriert er nicht. Nach einer Hinführung zum Thema, in welcher der babylonische Sintflut-Mythos trifunktional ausgelegt wird, legt er den Dreiteilungsmaßstab auch an das ›Alte Testament‹ an und weist auf, daß darin göttliche, herrschaftliche und

---

Collected Papers (The Tripartite Ideology of the Indo-Europeans), pp. 186-202, dar, in dem letzterer die Dreigliederungstheorie, die ersterer nur für den indeuropäischen Raum gelten läßt, auf Außerarisches, besonders das ›Alte Testament‹, anwendet, um dort analoge Strukturen nachzuweisen. Der Neudruck in G. Dumézil, Mythe et épopée I-II-III, pp. 1410-1433, tome 3.338-361, Appendice III (mit vorangestellter Einführung), ist laut Verfasser selbst verbessert, sowie von Heftigkeit und Ironien gereinigt. Der in der Diskussion zwischen Brough und Dumézil erreichte Erkenntnisstand betreffs der Bibel findet bei B. Lang, Jahwe, der biblische Gott, allerdings keine Erwähnung.

54 B. Lang, Jahwe, der biblische Gott, p. 18

55 M. L. West, Early Greek Philosophy and the Orient, p. 169; cf. J. Brough, Collected Papers (The Tripartite Ideology of the Indo-Europeans), pp. 200-202; die Begründung, die letzterer gegen Dumézil aufführt, ist metaphysisch allerdings fragwürdig, ja dürftig; da es weder Dumézil noch Brough um Metaphysik geht, sondern um Doxographie, kann und will ich mich mit deren Geltungsansprüchen nicht aufhalten.

allgemeinmenschliche Attribute nach einem dreigliedrigen Schema eingeteilt sind, deren Anordnung gemäß den drei göttlichen Gaben an König Salomon:

(ϒ3) Weisheit,
(ϒ2) Sieg und
(ϒ1) Reichtum,

erfolgt. Die zusammenfassende Tabelle des Autors gebe ich nachfolgend wieder.[56]

[56] Cf. B. Lang, Jahwe, der biblische Gott, pp. 11–29; Tabelle, o.c., p. 26.

DIE DREI GÖTTLICHEN GABEN UND DIE ALTJÜDISCHE TRIPLIZITÄT (nach B. Lang)

	Gabe	Königliche Amtseinführung (Dan 7)	Königliche Amtseinführung (Jes 9)	Salomons Traum (1 Kön 3)
(Υ_3)	*1.* **Weisheit**	**Herrschaft**	**Wunderbarer Ratgeber**	**«weises und verständiges Herz»**
(Υ_2)	*2.* **Sieg**	**Königtum**	**Starker Gott**	**Tod der Feinde (auch Ps 2.8)**
(Υ_1)	*3.* **Reichtum**	**Herrlichkeit**	**«Vater in Ewigkeit, Fürst des Friedens»**	**langes Leben und Reichtum (auch Ps 21.5)**

In der Lehre des direkten Platon-Schülers Herakleides von Pontus (exakte Lebensdaten unbekannt) wird eine solche Pythagoras zugeschriebene Schichtung von Menschengruppen und Erkenntnistypen am Beispiel derer vorgeführt, die zu einem Markt kommen, der vor dem Hintergrund der Pracht der Spiele und begleitet vom Besuch ganz Griechenlands abgehalten wird,

(Υ3) der Schaulustigen, die des Schauens wegen kämen und aufmerksam betrachteten, was veranstaltet wird (*visendi causa venirent studioseque perspicerent quid ageretur*),

(Υ2) der Wetteifernden, die mit trainierten Körpern den Ruhm und die Ehre des (Sieger-)Kranzes zu erringen suchten (*corporibus exercitatis gloriam et nobilitatem coronae peterent*) und

(Υ1) der Gewerbetreibenden, die vom Profit und Gewinn durch Kauf und Verkauf angelockt würden (*emendi aut vendendi quaestu et lucro ducerentur*).

Der Sachverhalt wird bei Cicero (106–43) erzählt[57] und in der Pythagoras-Biographie von Iamblichos nacherzählt[58]. Platon schon hatte, wie gezeigt, eine solche Ordnung mit drei expliziten Rängen in seiner Lehre von den Lebensformen (*bíoi*)

---

57 Cf. M. T. Cicero, Tusculanae disputationes 5.III.9.

58 Iamblichos, Vita Pythagorica 12.58–59. Aus der unterschiedlichen Reihenfolge bei der Aufzählung der einzelnen Lebensvollzüge in den beiden letztgenannten Schriften kann m.E. nicht, wie von J. M. Dillon, The Golden Chain, XX: The Theory of Three Classes of Men in Plotinus and in Philo, pp. 72, 76[7], auf eine differente Gradation geschlossen werden, wobei auch die Begründung dafür nicht überzeugend ist, da sie teilweise ohne textliche Grundlage vorgenommen wurde und überzogen scheint.

angenommen.[59] Nach ihm Aristoteles, der eine entsprechende Rangliste unter Verfolgung spezifischer Lehrzwecke der Akademischen Doktrin entnahm und weiterentwickelte. Dabei unterteilte er die untere Lebensform nochmals; die Lebensweise, die dabei zur untersten wird, die der groben mechanischen Tätigkeiten (*tō̃n perì tàs téchnas tàs phortikàs*), des Geschäftemachens (*kaì* ⟨*tàs*⟩ *tō̃n perì chrēmatismòn*) und der Hand- wie Hilfsarbeit (*kaì banaúsous*) erkennt er als eigene und eigentliche Lebensform gar nicht an, weil sie nicht auf Glückseligkeit (*eudaimonía/euēmería*) ausgerichtet,[60] also nur *Über*lebensform sei. Durch diese Klassen-Erweiterung des Platonischen Modells lieferte er eine Schichtung, die als eine hellenisierte Kastenordnung der Hindus bezeichnet werden könnte, denen er übrigens zubilligte, schon vor den Griechen Philosophie besessen zu haben,[61] was immer das heißen mag, und von welcher er wenigstens ob des extremen Rangunterschieds zwischen Herrscher und Beherrschten Kunde hatte.[62]

(Υ3) Auf die Theorie ausgerichtetes Leben, Streben nach Weisheit und die Schau des Wahren durch den Philosophen (*bíos theōrētikós/philósophos boúletai perì phrónēsin eĩnai kaì tḕn theōrían tḕn perì tḕn alḗtheian*);

(Υ2) politisches Leben der edlen Praxis/Taten (*bíos praktikós/politikòs perì tàs práxeis tàs kalás*);

(Υ12) Genußleben (*bíos apolaustikós*);

(Υ11) Leben um des Notwendigen/Grundbedarfs willen (*bíos*

[59] Cf. Platon, Politeia 580c11–583a11.

[60] Cf. Aristoteles, Ethica Eudemia 1215ᵃ25–33.

[61] Cf. Diogenes Laërtios, De vitis dogmatis … 1.1.

[62] Cf. Aristoteles, Politica 1332ᵇ23–25.

... tõn anagkaiõn chárin).[63]

Es dürfte nicht unerheblich sein zu erwähnen, daß Aristoteles nicht nur die Theorie an die höchste Stelle menschlicher Errungenschaften stellt, sondern diese gewissermaßen zur höchsten Form der Praxis erhebt.[64] Philon aus Alexandreia webt die Dreistufenhierarchie in seine allegorisch-philosophischen Bibelexegesen.[65] Sie kommt in den philosophiegeschichtlichen Zusammenstellungen von Diogenes Laërtios (3. Jh.) vor.[66] Offensichtlich ist die Skalierung nach Menschentypen bei den Gnostikern (speziell den Valentinianern) demgemäß aufgebaut. Die oberste Stelle nehmen dabei

(Υ3) die Geistmenschen (Pneumatiker) ein, die die Keime/Saat des göttlichen in sich tragen (Spermatiker) [der Gedanke an die »Ideen« ist m. E. nicht abwegig], in die Mysterien eingeweiht sind und durch dieses Wissen

⟨Υ4⟩ zu Vollendeten und Erkennern Gottes (Gnostikern) umgestaltet werden;

(Υ2) an nächster Position stehen die Seelenmenschen (Psychiker), die zwar nicht die vollkommene Gnosis (Erkenntnis) besitzen, aber durch ihre Taten und bloßen Glauben

---

63 Cf. Aristoteles, Ethica Eudemia 1215^{a}33–1215^{b}14; weitere Stellen in H. Bonitz, Index Aristotelicus, p. 137, s. v. βίος; P. Merlan, Kleine philosophische Schriften, pp. 279–280 (Zum Problem der drei Lebensarten); formal betrachtet, verkennt dieser Autor leider die spezifische Problematik der Drei- versus Viergliedrigkeit der Lebensarten, wie sie bei Platon, Herakleides und Aristoteles aufscheint, da er die Drei-/Viergliederungsproblematik, die ja in Asien ebenso virulent war wie in Europa, nicht zu kennen scheint bzw. nicht berücksichtigt.

64 Cf. Aristoteles, Politica 1325^{b}16–21.

65 Cf. Philon, De gigantibus 60–61; idem, De somniis 2.237.

66 Cf. Diogenes Laërtios, De vitis dogmatis ... 8.8.

gerettet werden können, dennoch dem Bereich des Stofflichen näherstehen und zugerechnet werden;

(Υ1) und ganz unten die mit ihrem Seelenleben im Staub des Irdischen Befangenen (Choiker), die Sinnen- oder Fleischesmenschen (Sarkiker), die der Materie verfallen sind (Hyliker) und nicht erlöst werden können.[67]

„In römischer Zeit waren vier Haupttypen von Bioi geläufig, die beispielsweise das Schema für die programmatische Ode I 1 des Quintus Horatius Flaccus bilden, ... Es handelt sich um die βίοι [Lebensformen] des φιλότιμος [Ehrgeizigen] (Υ2), des φιλοχρήματος [Geldgierigen] (Υ1$_1$), des φιλήδονος [Lüstlings] (Υ1$_2$) und des φιλόσοφος [Weisheitsliebenden] (Υ3). – (1.) Seinen *Ehrgeiz* fand der Grieche nach der horazischen Darstellung als Olympiasieger befriedigt, der Römer als erfolgreicher Politiker. (2.) *Reichtum* gewinnt der Landmann durch

---

[67] Cf. J. M. Dillon, The Golden Chain, XX: The Theory of Three Classes of Men in Plotinus and in Philo, pp. 72–73; idem, The Great Tradition, IX: *Pleroma* and Noetic Cosmos. A Comparative Study, p. 106. Im Gegensatz zu genanntem Autor halte ich die Nähe des gnostischen Modells „zum traditionellen platonistischen System“ für beträchtlich und weise zur Stützung dieser Aussage einerseits auf Platon's Seeleneinteilung und andererseits auf die in H. P. Sturm, Alt-Akademische Erledigung der okzidentalen Metaphysik, pp. 88–112, aufgerissenen Schemata in den Gleichnisreden der ›Politeia‹. Zu den drei Gruppen von Menschen gemäß ihrer Vergeistigung bei den Gnostikern (insbesondere Valentinos) cf. zudem Eirenaios, Contra haereses 1.6.1–4; 1.7.5; 1.8.3, griechisches Fragment 1.587–674; 753–769; 833–872, ⟨edd.⟩ A. Rousseau / L. Doutreleau, 2.90–100; 2.110–112; 2.120–125; Clemens Alexandrinus, Paedagogus 1.6.31.2; Pseudo-Clemens, Excerpta ex Theodoto 50.1–55.3, ⟨ed.⟩ R. P. Casey, pp. 72/76 (472–524); B. Aland, Erwählungstheologie und Menschenklassenlehre; Tractatus tripartitus (NH I.5), Kap. 14 (118–120), J. M. Robinson, The Nag Hammadi Library in English, pp. 94–95; Über den Weltanfang (NH II.5 & NH XIII.2), J. M. Robinson, The Nag Hammadi Library in English, pp. 183, 186 (117–118, 122). Die unterste Gattung ist nach den Aussagen verschiedener gnostischer Autoren nochmals unterteilt.

seine Felder, der Händler wagt sein Leben auf hoher See, um exotische Güter zu importieren. (3.) Der *Genußmensch* freut sich des Weines unter einem grünenden Meerkirschenbaum. (4.) Horaz selber fühlt sich als Günstling der Musen den himmlischen Göttern nah."[68]

Plotinos legt eine analoge Einteilung zugrunde, um seine Hierarchie von Menschentypen und Seelenverfassungen einzuführen:

(Υ3) Der sich im Geist/Intellect aufhaltende, vom Körper abgesonderte Mensch vor allen Menschen (*'o en nõj ánthrōpos õn prò pántōn tõn anthrṓpōn ánthrōpos*), der die Urbilder, d.h. die Ideen schaut; dieser erleuchtet (*ellámpei*)

(Υ2) den folgenden, zweiten Menschen, der die Nachahmung (*tò mímēma*) des ersten ist, seine Vernunftgründe bzw. Begriffe in abbildhafter Form besitzt (*eĩche toùs lógous en mimḗsei*) und dem Körperlichen zwar nachfolgt, sich dabei vom Höheren aber nicht absondert. Dieser wiederum erleuchtet

(Υ1) den dritten, untersten, einem tierischen Leib anhaftenden, sinnlichen Menschen, der zwar alle anderen Grade besitzt, sie aber nicht geworden, sondern ihnen nur beigeordnet ist (*échei dé pōs pántas 'o éschatos, ou ginómenos ekeĩnoi, allà parakeímenos ekeínois*),[69] d.h. sie zwar potentiell in sich trägt, aber nicht aktuell, in verwirklichter Weise über sie verfügt.

---

[68] A. Pletsch, Der Schein des Guten und das wahrhaft Gute bei Boethius, p. 64; Numerierung des Originals mit Punkt und in Klammern, die nicht mit der von mir zur Skalierung verwendeten übereinstimmt; meine stillschweigende Korrektur eines Schreibfehlers in einem griechischen Wort und Übersetzungen in eckigen Klammern.

[69] Cf. Plotinos, Enneaden 6.7.6 §§ 49–55.

Eine parallele Skala mit verhältnismäßig unspezifischen Beschreibungen der einzelnen Grade findet sich an einer weiteren Stelle der ›Enneaden‹. Auch dort wird von drei Gruppen von Menschen gehandelt:

(Υ1) Den Sinnenverhafteten, die sich wie zu schwere Vögel trotz ihrer Flügel nicht erheben können;
(Υ2) denen, die ihr besserer Seelenteil vom Angenehmen zum Schönen hinbewegt und die in der Lage sind, sich ein wenig über das Niedere emporzuschwingen, jedoch wieder herabsinken zum (irdischen) Handeln, weil sie das Obere nicht zu schauen vermögen;
(Υ3) letztlich den göttlichen Menschen, die auffliegen zum Glanz dort oben, wie über die Wolken und die diesseitige Düsternis hinweg,
⟨Υ4⟩ und an dem wahren und vertrauten Ort, wie nach der Rückkehr in die Heimat, müßig sind.[70]

Am Kontext wird deutlich, daß beide Passagen derselben Intention entspringen, ist doch letztere Darstellung in die Thematik von Geist, Ideen und Seiendem im Gegensatz zu Sinnlichkeit, Begriffen und Vergänglichem eingelassen. Das läßt die Absicht des antiken Autors erkennen, dadurch Höhenunterschiede und die Korrelation zwischen Erkenntnisprinzipien, Seinsebenen, Seelengliederung und Menschenarten sichtbar machen zu können und berechtigt dazu, die sachliche Gemeinsamkeit solcher Figurierungen in der Struktur aller Strukturen, der Erkenntnisstruktur, zu verorten, an deren Gestalt alle Erscheinungen partizipieren.

Dementsprechend verwendet Plotinos, daran darf ich erinnern, auch ausdrücklich eine tetradische Anordnung von

---

[70] Cf. Plotinos, Enneaden 5.9.1 §§ 1–3.

menschlichen Güteklassen und politischen Verfassungen, die komplette Palette sozusagen,[71] um eben je nach Bedarf das eine oder andere Schema zum Zwecke der Demonstration einzusetzen. Die Dreisprossenleitern sind, so möchte ich es einmal ausdrücken, Beschreibungen von der Immanenzperspektive aus. Sie stellen Ellipsen dar, die nach strenger Hypostatik jeweils um die Transzendenzsprosse zu ergänzen sind. Die hier vorgenommene Über- und Unterordnung gemäß geistiger Funktionen und ihrer Ausbildung und Schulung läßt sich auf das dreigliedrige Seelenmodell Platon's mit den ihm entsprechenden Klassifikationen, verbildlicht durch das befiederte Himmelfahrtsgespann (*'upoptérou zeúgous*) der Seele, geleitet vom (verständigen) Wagenlenker = *logistikón* (ϒ3), das schöne und gute und aus diesen Qualitäten abstammende (ungestüme) = *thumoeidés* (ϒ2), und das aus dem Gegensätzlichen stammende und den Gegensatz dazu bildende (begierliche) Roß = *epithumētikón* (ϒ1), zurückführen,[72] das anläßlich der Beschreibung von Seelentypen, die beim Aufstieg zum Höchstmöglichen unterschiedlich weit vorstoßen, zum Überseelischen hin um einen vierten Bereich erweitert wird, dem Leben der Götter (*Kaì 'oũtos mèn theõn bíos*), an deren Spitze Zeus, der große Herrscher im Himmel (*mégas 'ēgemõn en ouranõ Zeús*), steht (ϒ4). Darin heißt es, daß, diesen gleich,

(ϒ4) denn die unsterblich genannten Seelen freilich (*'Ai mèn gàr athánatoi kaloúmenai*) das beschauten, was außerhalb/jenseits des Himmels sei (*theōroũsi tà éxō toũ ouranoũ*), den überhimmlischen Ort (*'uperouránion tópon*), den weder irgendein Dichter (*poiētḗs*) hier je besungen

[71] Cf. die tabellarische Darstellung in H. P. Sturm, Die vier Wissenskonstituenzien (in) der spätantiken westlichen (?) Spekulation, p. 153.

[72] Cf. Platon, Phaidros 246b1–3.

habe (*'úmnēsé*) noch jemals gebührlich besingen werde (*'umnḗsei kat' axían*), eingenommen vom farblosen, gestaltlosen und unberührbaren (*achrṓmatós te kaì aschēmatistos kaì anaphḕs*) seinshaft seienden Sein (*ousía óntōs oũsa*) (Ƴ3/Ƴ4), das vom Lenker der Seele allein, dem Geist/Noũs (Ƴ3/Ƴ4), geschaut werde, und um welches herum sich die Gattung/Gesamtheit wahren Wissens (*tò tẽs alēthoũs epistḗmēs génos*) (Ƴ3/Ƴ4) aufhalte/befinde;

(Ƴ3) daß die anderen Seelen, die dem Gotte am besten folgten und ihn am besten nachahmten (*'ai dè állai psuchaí, 'ē mèn árista theõj 'epoménē kaì eikasménē*), den Kopf des Wagenlenkers zu dem jenseitigen/äußeren Ort hinaushöben (*'uperẽren eis tón éxō tópon*), den [(über-)himmlischen] Umlauf mit-vollendend (*sumperiēnéchthē*), das Seiende aber nur mit Mühe schauten (*mógis kathorõsa tà ónta*);

(Ƴ2) daß wieder andere sich bald erhöben, bald versänken (*'ē dè totè mèn ẽren, totè d' édu*) und dieses sähen, jenes aber nicht (*tà mèn eĩden, tà d' oú*);

(Ƴ1) daß die übrigen zwar allesamt auch nach dem Oberen verlangten und sich damit beschäftigten (*'Ai dè dḕ állai, glichómenai mèn 'ápasai toũ ánō, 'épontai*), indem sie aber unvermögend seien, unten mit-herumgetrieben würden (*adunatoũsai dè 'upobrúchiai sumperiphérontai*) und schließlich, ausgeschlossen von der Schau des Seienden, von dannen gingen (*ateleĩs tẽs toũ óntos théas apérchontai*).[73]

[73] Cf. Platon, Phaidros 247b5–248b4; die zusätzlichen Skalenwerte innerhalb von (Ƴ4) sollen, wie im Methodenhinweis des Faszikels II/1 erwähnt, die Uneindeutigkeit dieser Kategorien im Text andeuten, wobei diese nach dem Sonnengleichnis und der ersten Hypothese des ›Parmenides‹ in Richtung auf die niedereren Werte (Ƴ3) disambiguiert werden müßte.

Daß ähnliche Werteleitern, die uns im abschließenden Kapitel 7 zur Prinzipienvermehrung in Zusammenhang mit der Spiritualpraxis abermals begegnen werden, im Christentum erhalten blieben, nun allerdings mit anderen Inhalten gefüllt,[74] und auch noch im spätmittelalterlichen orthodoxen Christentum bekannt und anerkannt waren, kann als Zugabe sozusagen anhand eines Textes des 14./15. Jh. aus Kreisen des palamitischen Hesychasmus dokumentiert werden, in dem sich folgende Einteilung spiritueller Orientierungen findet:

(Υ1₁) Die fleischlich/begierlich und gegen die Natur Lebenden, die das Urteilsvermögen völlig eingebüßt haben;

(Υ1₂) die sich des Bösen enthaltenden Anfänger mit wenig Erkenntnis;

(Υ2) die seelen- und naturgemäß lebenden Mittleren, ganz nach dem Denken Handelnden und nach der Vernunft Lebenden;

(Υ3) die ihren Lebenswandel über der Natur und geistlich führen, die Begrenzungen der Leidenschaftsbehafteten, Anfänger und Mittleren überschritten haben und mit der Gnade Christi zur

⟨Υ4⟩ vollkommenen, und zwar zur (völlig) verwirklichten Erleuchtung und perfekten Unterscheidung Vorgedrungenen.[75]

---

[74] So spricht Johannes Tauler, Predigt 64, ⟨ed.⟩ F. Vetter, p. 348.21-26, mit Textemendation übersetzt bei ⟨ed./tr.⟩ G. Hofmann, Predigt 53, 2.409, von den drei Seelenteilen als den drei Menschen qua ein Mensch, ein jeglicher mit einer speziellen Farbe des Willens behaftet, der jedoch gelassen werden muß, was ein Viertes ergäbe.

[75] Cf. Centurie der Mönche Kallistos und Ignatios Xanthopulos 41-42, ⟨ed.⟩ Philokalia, 4.240-242, ⟨tr.⟩ Philokalie, 5.71-73, ⟨tr.⟩ A. M. Ammann, Die Gottesschau im palamitischen Hesychasmus, pp. 112-114; Text(stücke) gemäß der Reihenfolge meiner paraphrasierenden Übersetzung und der Edition der Philokalia, 4.240-241: *'O sarkikõs kaì parà*

Um auf den Zusammenhang zwischen den hinduistischen und buddhistischen Güteklassen des Spiritual-Seelischen auch in diesem Kontext aufmerksam zu machen, nun noch einige Nachweise für den Mahāyāna-Buddhismus, in welchem eine mit dem vedischen Grundschema vereinbare Gruppierung der Menschen nach Erkenntnisvermögen und Geistqualitäten ab der Zeitenwende nachweisbar ist. So sagt Ārya Nāgārjuna, sein denkerischer (Be-)Gründer:

(Υ1) „Die Dummköpfe haften am Formhaften/Sinnlichen;
(Υ2) die Mittleren erlangen Leidenschaftslosigkeit;
(Υ3) die von höchstem Intellect
(Υ4) werden erlöst, indem sie Erkenner des Ansichseins der Form sind.“[76]

Dieses besteht selbstverständlich in der Leerheit (*śūnyatā*). Insofern Leerheit Eigenschaftslosigkeit (*alakṣaṇatva*) bedeutet und Eigenschaftslosigkeit gewissermaßen auch Formlosigkeit (*arūpatva*), ergibt sich, daß diese Einteilung mit der buddhistischen Mentalhierarchie der Ich-Ergreifungen (*atta-paṭilābhā*), der Geistwesen (*devā*) und/oder Dreiwelt-Theorie (*tri-loka/ trai-lokya*) wenigstens in losem Zusammenhang steht. Die doxographisch gewagte Vermutung, daß diese Typisierung Begleiterscheinung eines kritischen Kommentars Nāgārjuna's zu

---

phúsin zȭn ... diakritikòn pantelȭs apȭlesen ... 'O dè tȭn kakȭn apochèn ... mikrón pȭs, pròs aísthēsín tina diakríseōs ... 'O dè katà phúsin kaì psuchikȭs, 'áte dienergȭn en dianoíaj kaì katà lógon bioús, 'òs kaì mésos kaleĩtai ... 'O dè 'upèr phúsin kaì pneumatikȭs politeuómenos, 'oũtos, 'ȭs tòn empathȇ kaì tòn eisagōgikòn kaì tòn tȇs mesótētos 'óron 'perbàs kaí, Christoũ chắriti, prokópsas eis tò téleion, ếgoun tòn enupóstaton phōtismòn kaì tȇn teleiotátēn diákrison, ...

[76] Nāgārjuna, Yuktiṣaṣṭikā-Kārikā 55, ⟨ed./tr.⟩ C. Lindtner, Nagarjuniana, pp. 116/117: *bālāḥ sajjanti rūpeṣu vairāgyaṃ yānti madhyamāḥ* | *svabhāva-jñā vimucyante rūpasya-uttama-buddhayaḥ* ‖. Cf. o.c., Vers 56.

einigen Versen der ›Bhagavad-Gītā‹ sei, in denen nach Sāṃkhya-Manier die vorherrschende Identifikation des Seelisch-Geistigen mit jeweils einer der Drei Naturqualitäten (*tri-guṇa*) drei grundsätzliche Menschentypen konstituiert, ist damit durchaus vereinbar.[77] Eine analoge Gattungszuordnung (*gotra/ rāśi*) findet sich in der ›Aṣṭādaśasāhasrikā Prjñāpāramitā‹:

(ϒ3) Die zum Heil Bestimmten (*samyaktva-niyata*);
(ϒ2) die, deren Schicksal unbestimmt (*aniyata*) ist;
(ϒ1) die zum Untergang Bestimmten (*mithyātva-niyata*).[78]

Der Mahāyāna-Dichter Mātṛceṭa (3/4. Jh.) preist die Worte Buddhas folgendermaßen: „Diese Rede ist universal.

(ϒ3) Sie erzeugt Freude bei den Wissenden,
(ϒ2) stärkt die Einsicht der Mittleren,
(ϒ1) und beseitigt die Verblendung der Begriffsstutzigen."[79]

---

[77] Cf. C. Lindtner, Magnanimity of Madhyamaka, p. 131, zu Bhagavad-Gītā 18.20–22; 18.29–32. Die daran anschließende Bemerkung, daß der Buddhismus im Gegensatz zur ›Bhagavad-Gītā‹ noch über die Leidenschaftslosigkeit (*vairāgya*) zu einem Zustand, der weder von Leidenschaft noch von Leidenschaftslosigkeit gekennzeichnet ist, hinausgehe, ist insofern zu ergänzen, als in der ›Avadhūta-Gītā‹, der ›Aṣṭāvakra-Gītā‹ und vermutlich in weiteren Schriften des Vedānta dieser Gedanke wieder in den Hinduismus zurückgekehrt ist, was doch wohl heißen muß, daß sich das letztlich Gemeinte in beiden Fällen nicht oder nur kaum voneinander unterscheidet, da die Qualifizierung eines (Nicht-)Zustands jenseits von Dualität auch mit noch so vielen Negationen nicht möglich ist, cf. H. P. Sturm, Urteilsenthaltung oder Weisheitsliebe zwischen Welterklärung und Lebenskunst, pp. 41–43.

[78] Cf. E. Conze, Buddhist Studies 1934–1972: Buddhism and Gnosis, 2.19–20, der diese Gruppierung direkt neben die Mencheneinteilung der Gnosis stellt.

[79] Mātṛceṭa, Śatapañcāśatka 78, ⟨ed./tr.⟩ D. R. S. Bailey, p. 93: *viduṣāṃ prīti-jananaṃ madhyānāṃ buddhi-vardhanam | timira-ghnaṃ ca mandānāṃ sārva-janyam idaṃ vacaḥ ‖*.

Candrakīrti (7./8. Jh.), ein theoretisch versierter, doch den Quellentexten nicht immer gerecht werdender Apologet der Lehre Nāgārjuna's und entschiedener Vertreter des sogenannten konsequentialistischen Mittelwegs (*prāsaṅgika-madhyamaka*), argumentiert entlang einer solchen Progression spiritueller Fähigkeit, wenn er Buddha zuspricht, drei Weisen angewandt zu haben, den Ātman, das Selbst, zu verkünden:

(ϒ1) Den Wesen von niederem (*hīna*) Niveau, den Materialisten, Leugnern des Selbst, Nihilisten und Immoralisten, daß es den Ātman gibt.[80]

(ϒ2) Denen von mittlerem (*madhya*) Niveau, den wie Vögel an einem langen und starken Faden von Ich, Mein und dem Ātman Haftenden, ethisch und religiös Fortgeschrittenen, zum Erreichen des Nirvāṇa jedoch noch Unfähigen, daß es keinen Ātman gibt.[81]

(ϒ3) Und denen von hohem (*utkṛṣṭa*) Niveau, den spirituell fast Perfekten, die durch eine vorausgehende besondere Disziplin die Samenreifung [≈ Vervollkommnung der geistigen Anlagen] erlangten, indem sie die abgrundtiefe Lehre ergriffen, die nicht weit vom

(ϒ4) Nirvāṇa entfernt und vom Haften am [Lieben des] Ātman Abstand genommen haben, daß weder Ātman noch

---

80 Cf. Candrakīrti, ⟨ed.⟩ L. de la Vallée Poussin, Mūlamadhyamakakārikās de Nāgārjuna avec la Prasannapadā Commentaire de Candrakīrti, pp. 356.1–357.6; da es sich hier und bei den folgenden beiden Feststellungen um meine Extrakte mehrzeiliger schwieriger sanskritischer Passus aus der ›Klaren Darlegung‹ handelt, muß auf eine wortgenaue Textdokumentation verzichtet werden.

81 Cf. Candrakīrti, ⟨ed.⟩ L. de la Vallée Poussin, Mūlamadhyamakakārikās de Nāgārjuna avec la Prasannapadā Commentaire de Candrakīrti, pp. 357.7–358.3.

Nicht-Ātman existieren.[82]

[(Y5) Man kann sich ausmalen, was Buddha denen lehrte, die alle Niveaus, d.h. sich bzw. das Ich, nicht das Selbst, hinter sich gelassen und Nirvāṇa erlangt haben – .[83]]

[82] Cf. Candrakīrti, ⟨ed.⟩ L. de la Vallée Poussin, Mūlamadhyamakakārikās de Nāgārjuna avec la Prasannapadā Commentaire de Candrakīrti, p. 358.4-9; d.h. das Selbst (*ātman*) ist Selbst-los (*an-ātmya*, *nir-ātmā*); Stellen dazu in der Hindutradition bei K. Bhattacharya, L'*ātman-brahman* dans le Bouddhisme ancien, pp. 69²-70; ⟨engl.⟩ pp. 112-113, Note 245. Einen interkulturellen Überblick zur Leerheit (des Ātman) gibt K. E. Neumann, Die Lehren Gotamo Buddhos, 2.921-923 (Dīghanikāyo), Anmerkung 965.

[83] Zur korrekt verstandenen Nicht-Ich- oder Selbst-Losigkeitslehre (*an-attā*) Buddha's unter dem Motto der vier Mantra-s: »dies bin ich nicht« (*n'eso 'ham asmi*), »dies ist nicht mein Selbst« (*attā na me ti / na me so attā*) wie »dies ist nicht mein« (*n'etaṃ mama*) als negative Formulierung des hinduistischen Mahāvākya der Chāndogya-Upaniṣad 6.8.7; 6.9.4; 6.10.3; 6.11.3; 6.12.3; 6.13.3; 6.14.3; 6.15.3; 6.16.3, ⟨ed.⟩ J. L. Shastri, Upaniṣatsaṅgrahaḥ, pp. 69-71: »Das bis du« (*tat-tvam-asi*) cf. H. P. Sturm, Die vier Stadien des Ent-Setzens, pp. 242-243; dort zitiert K. Bhattacharya, Some Thoughts on Early Buddhism with Special Reference to its Relation to the Upaniṣads, p. 18: „Die Pronomen *dies* und *das* sind einander entgegengesetzt und das *tat tvam asi* [Das bist du], richtig verstanden, impliziert in Wirklichkeit die Negation, die von Buddha geäußert wurde: *n' eso 'ham asmi*, »dies bin ich nicht« (i.e. das psycho-physische Individuum)." Cf. idem, L'*ātman-brahman* dans le Bouddhisme ancien, pp. 69-77, 4-5; ⟨engl.⟩ pp. 34-39, 2-3. Cf. Īśvarakṛṣṇa, Sāṃkhya-Kārikā 64, ⟨ed./tr.⟩ A.-M. Esnoul, p. 63: *evaṃ tattva-abhyāsān na-asmi na me na-aham ity apariśeṣam* | *aviparyayād viśuddhaṃ kevalam utpadyate jñānam* ‖ „Durch Nachsinnen über die Prinzipien also entsteht die vollständige, zweifelsfreie, reine, absolute Erkenntnis »Ich bin nicht«, »nichts gehört (zu) mir«, »es gibt kein Ich«." Cf. J. Davies, The Sankhya Karika of Iswara Krishna, p. 69: „Der endgültige und höchste Zustand der Seele ist also ein abstrakter, leidenschaftsloser, unbewußter Zustand, der die nächstmögliche Annäherung an die buddhistische Vorstellung von *Nirvana* ist, der in kompletter Vollständigkeit bloße Vernichtung ist. Der letztliche Zustand des Weisen nach dem Buddhismus ist, vor die absolute Auslöschung des Seins erreicht wird, nahezu schon der letztliche Zustand der Seele im System von Kapila. Die Sankhya-Lehre behauptet aber die fortwährende Existenz der Seele als ewige Entität, wenn

Und weil ich gerade dabei bin, in Sachen Erkenntnistypen einen weiten doxographischen Bogen zu spannen, hier noch eine vergleichbare Hierarchie aus dem Daoismus.

(ϒ3) „Hört ein höchst Gelehrter vom Dào, handelt er eifrig danach.
(ϒ2) Hört ein mittelmäßig Gelehrter vom Dào, folgt er ihm einerseits, andrerseits geht er ihm aus dem Weg.
(ϒ1) Hört ein niedrig Gelehrter vom Dào, lacht er laut; lacht er nicht, dann war 's nicht eigentlich Dào.“[84]

Als Zugabe zu diesem Sonderkapitel möchte ich noch erwähnen, daß die Schablone des Geistmodells auch an geschichtliche Prozesse angelegt wurde und wird, wohl um das Zeitliche, indem man es in Abschnitte mit spezifischen Charakteristika einteilt, die natürlich wiederum ordinal-statisch verstanden werden können, rational und mental zu bewältigen. In weiten Gebieten des altertümlichen Eurasien gibt es Äonenspekulationen, die aus einem stufenförmigen, mitunter zyklisch gebundenen Ab- und/oder Aufstieg bestehen, wobei die Ordnung der Zeitalter oft nach einem angenommenen Idealzustand und der

---

auch in einem völlig unbedingten und passiven Zustand.“ Der Sprachstil und das nihilistisch-agnostizistische Bias bei der Charakterisierung des Buddhismus konnten mich ob der Bedeutung der vermittelten Grundeinsicht nicht davon abhalten, dieses Zitat hier wiederzugeben; mögen die Mitdenkenden die Information abwägen und die Verzerrungen zurechtlesen. Den Mitlesenden braucht ein solcher Hinweis gar nicht gegeben zu werden, weil sie ihn in der Vorbemerkung des Bandes I und in den »Konventionen« des Bandes II/1 der ›Widerspiegelung des Geistes‹ bereits zur Kenntnis genommen haben.

[84] Lǎozǐ, Dào-dé-jīng 41.1-3, ⟨ed./tr.⟩ T. Izutsu, pp. 105/107: 上士聞道，勤而行之;中士聞道，若存若亡;下士聞道，大笑之，不笑不足以爲道。Meine Einfügung von Satzzeichen in den zitierten graphisch gegliederten Text. Ausführliches zur Thematik geist-weltlicher 3/4er-Hierarchien in der chinesischen Philosophie im Faszikel II/7.

Nähe oder Ferne zu ihm vorgenommen ist, dem eine Phase des Niedergangs und Zerfalls gegenübergestellt wird, in der die Wesen dem Optimum derart weit entfremdet sind, daß sie es gar nicht mehr, nicht einmal mehr als Sage, kennen.

Diesen Weltaltern oder entsprechenden Werteskalen, Reichen und Rassen, sind häufig Farben oder Metalle eines ganz bestimmten Symbolwerts zugeordnet, wobei Abfolgen vom goldenen zum silbernen und über das bronzene/kupferne zum eisernen/irdenen bzw. vom weißen zum roten und über das schwarze zum gelben/grünen mit jeweils unterschiedlichen Unter-/Über- und Parallelordnungen dieser Reihen vorkommen und die Stufenzahl des Schemas meist zwischen drei, vier und fünf liegt.[85]

Das Metall-Schema von Platon und das Farben-Schema der Hindus müßte noch im Gedächtnis des Lesers sein und ihn darauf aufmerksam machen, daß solche Schemata nicht nur tief in die Vergangenheit zurück-, sondern bis in die Zeitlosigkeit der Ursprünge hinabreichen. Bei den Daoisten werden wir ihnen in Zusammenhang mit den sogenannten Zinnoberfeldern (丹田 *dān tián*) wieder begegnen. Die Inder kennen vierphasige Einteilungen der Weltalter (*yuga*) in zyklisch auf- und absteigendem Modus.[86] Bei uns ist die Idee einer Abfolge von vier Reichen besonders durch die alttestamentliche Überlieferung im ›Buch Daniel‹ bekannt, die wohl auf babylonische Vorlagen zurückgeht. Darin deutet der Prophet einen Traum des babylonischen Königs Nebukadnezar (605–561) von der Zerstörung eines Standbilds, dessen Kopf aus Gold, dessen Brust und Arme aus Silber, dessen Bauch und Lenden aus Bronze, dessen Schenkel aus Eisen und dessen Füße aus Eisen und

[85] Cf. P. Sauzeau / A. Sauzeau, Le symbolisme des métaux et le mythe des races métalliques; N. Allen, Varnas, colours, and functions.

[86] Cf. M. Eliade, The Myth of the Eternal Return, pp. 112–130.

Ton waren, als Heraufkommen von vier Reichen,[87] die durch den Kommentar des Hl. Hieronymus (347-419/20) mit real existierenden Weltreichen in Verbindung gebracht wurden.[88]

Solche Grundmuster von Phasen-Modellen werden nach wie vor angewandt. Ein besonders einflußreiches, weil von dem allerorts bekannten und geschätzten Künstler und Kunsttheoretiker Joseph Beuys (1921-1986) vertretenes, ist das Modell der Kulturentwicklung, das von der bewußtseinsgeschichtlichen Vorlage Jean Gebser's (1905-1973) inspiriert ist, in welcher auf die bisher abgelaufenen Phasen des Archaischen und Magischen, des mythischen und des mentalen eine neue Weltsicht folgt, die integrale.[89] Es baut implizit nicht nur auf ein geiststrukturelles Modell auf, sondern stellt es mit einer Art Lemmatik dar, was insgesamt einer Anwendung der reflexionstheoretischen Methode auf Empirisches gleichkommt:

(ϒ1) Offenbarungskultur von einigermaßen einheitlich mythisch-magischer Konzeption;

(ϒ2) Rechtskultur, die aufgrund des Zweierprinzips und der Polaritäten von Rechtsbeziehungen dualistisch organisiert ist, und in der sich das Denken nach dem Zahlbegriff der Zwei vollzieht;

(ϒ3) Wirtschaftskultur mitsamt der Wissenschaft, charakterisiert durch schöpferisches Gestalten, in dem das erstgenannte und das zweitgenannte Stadium enthalten sind;

(ϒ4) vierter Zustand: ein verwandelter erster Zustand, in dem wiederum das gesamte bisherige Geschehen durch eine

---

87 Cf. Dan 2.1-49.

88 Hieronymus, Commentariorum in Danielem 1.2.31-35, ⟨ed.⟩ F. Glorie, pp. 793.370 – 795.414.

89 Übersichtstabellen zu den verschiedenen Aspekten dieses Entwicklungsmodells in J. Gebser, Gesamtausgabe, 2.215, 2.219, 2.220, 2.222; Text: o.c., 2.83-182, 213-263, 365-374.

Metamorphose auf einer höheren Stufe enthalten ist.[90]

„Die vierte Dimension, die von Beuys mit dem Wort »Zustand« in einen psychophysikalischen Begriff auf den Menschen hin erweitert wird, wird in diesem Sinne von den Seelenkräften gebildet, die ein Ausdruck des Göttlichen im Menschen sind. Der vierte Zustand ist die unaufhebbare Bewegung auf dieses Absolute hin, das erst allen schöpferischen Kräften Sinn verleiht."[91]

Zum Schluß dieses Kapitels möchte ich rein bildlich, ohne jeglichen Kommentar noch auf eine Prinzipiengliederung der Wirklichkeit hinweisen, von welcher ich zu vermuten wage, daß sie kein ausschließliches Ergebnis theoretischer Folgerungen aus empirisch gewonnenen physikalischen Daten darstellt, sondern mir anzunehmen erlaube, daß ihre Formulierung durch Übertragung von Erkenntnissen indischer Philosophie über die (vier) Zustände, Stadien (*avasthā/sthāna*) oder Viertel (*catuṣ-pāt*) des BewußtSeins in die moderne Physik mitbedingt ist. Es handelt sich um das „Quantenmechanisch-ganzheitliche Weltbild", das der weit über die Naturwissenschaft hinaus bekannte und mit Indischem wohlvertraute Elementarteilchenphysiker Hans-Peter Dürr (1929–2014) entwarf.[92]

---

[90] J. Beuys, Interview vom 1. Dezember 1976, pp. 22–23.

[91] E. Blume, ich avisiere einen vierten Zustand, p. 310; cf. J. Gebser, Gesamtausgabe, 5.1.201–216, wo die vierte Di-mension A-mension genannt wird.

[92] Die folgende Darstellung stammt aus einer im Internet verfügbaren PDF-Datei des Global Challenges Network e. V., in dessen Namen der Referent den Vortrag hielt, aus dem das angegebene elektronische Skript von Schlagworten und Abbildungen besteht: H.-P. Dürr, Was ist Leben? Betrachtungen eines Quantenphysikers, p. 4; das Bild ist in verminderter Qualität ebenso sichtbar im Vortrag: idem, Wir erleben mehr als wir begreifen", von Minute 1:11:18–1:13:59 (genaue Daten der beiden Internet-Materialien in der Literaturliste). Man achte auf den an oberster

Stelle der Graphik verwendeten, im Vedānta äußerst wichtigen Terminus „Advaita", Nicht-Zweiheit, Non-Dualität. Zur Bekanntheit Dürrs mit indischem Gedankengut betrachte man seinen Lebensgang, seine (wissensvermittelnden) Aktivitäten und die Liste seiner Schriften.

Hans-Peter Dürr
(Global Challenges Network e.V.)

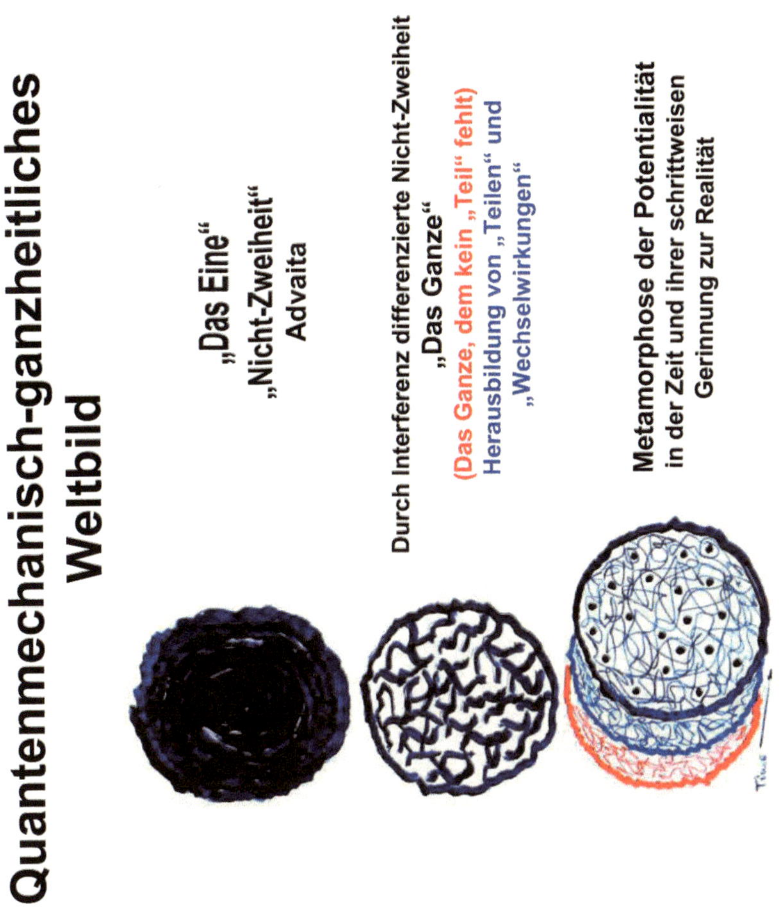

Woraus diese Taxonomien ihre dihairetische Potenz schöpfen, nämlich aus der Struktur des durch metatheoretisches Denken in mehreren Schritten erschlossenen Geistes, nicht (nur) aus der zufälligen Zusammenstellung phänomenal vorfindlicher Eigenschaften, Tätigkeitsfelder, Gemütshaltungen, Charakterqualitäten usw., blieb in der neueren Zeit jedoch unthematisiert und unerwähnt, da unerkannt. Alle vorliegenden Studien liefern nur Deskriptionen und Kollektionen empirisch anzutreffender Ideen-Entwicklungen, allenfalls, wie oben in diesem Kapitel bereits zitiert, Nennungen von Arten und Weisen, die die Veränderung der Zahl von Bestandteilen beschreiben, keine noologischen Erläuterungen. Ich spreche ausdrücklich von Erläuterungen, nicht von Erklärungen, da eine begründend-begründete Ableitung der Anwendungsformen in lebensweltlichen Gefilden aus der Re-flexionsstruktur nicht möglich ist, die Übertragung dieser ins Raum-Zeitliche wegen des Hiatus beider Bereiche bestenfalls mit dem Geltungsanspruch analogischer Plausibilität, pragmatischer Funktionalität und utilitaristischer Nützlichkeit – als Instrument und Orientierungshilfe weltlichen oder weisheitlichen Lebens (*upāya kauśalya*) – auftreten kann.

Selbst Erläuterungen im beschriebenen Verständnis können bei vielen der in Unzahl nachweisbaren Reihenbildungen und Schemata in den indischen und anderen Traditionsbeständen, gerade wenn es sich um Parallelisierungen und Mischungen unterschiedlicher Wirklichkeitsbereiche handelt, nicht gegeben werden, da die Ideen, die sich darin ausdrücken, häufig überhaupt keine systemische Stringenz und Ordnung erkennen lassen, sondern sich in Unkenntnis kognitiver Vorstrukturierungen ergaben und frei schwebende oder willkürliche Spekulationen darstellen, deren Elemente auch nicht annähernd in Kategorien des Geistes rückübersetzt und diesen nach den, wie erwähnt, sowieso schon gelockerten Vernunft-, Verstehens- oder Assoziationsregeln zugewiesen werden können. Der

Anspruch, das Besondere und das ‚Neue' (oder eher ‚Alte') meiner Studie besteht gerade darin, auf diesen in vorneuzeitlichen Weltanschauungen selbstverständlichen Zusammenhang von geistiger Landkarte und philosophischer Reise aufmerksam zu machen, ihn zu beschreiben, die Reichweite seiner Gültigkeit einigermaßen einzugrenzen und in praktischer Hinsicht wenigstens als hilfreich zu erweisen.

7 Prinzipien-Vermehrung – eine Folge spiritualpraktischer Orientierung?

Die ausführlich skizzierte, aus mehreren Entfaltungslinien der abendländischen Philosophieentwicklung entstandene, drei- bzw. viergliedrige Elementarhypostatik ist (nach dem Selbstverständnis ihrer Schöpfer nicht ausschließlich) als Rohentwurf und Minimalstruktur des BewußtSeins in der Weise zu verstehen, daß sie das Ordnungsprinzip des Erkennens bildet und sich durch die Taxonomien verschiedenster Wirklichkeitsbereiche zieht. Sie wird in der späteren Zeit zu einer atemberaubend komplexen, transrationalen Komposition ausgestaltet, die in ihrer heidnischen Form in Damaskios, dem letzten Scholarchen der Akademie,[1] ihre Vollendung und ihr Ende findet. Berücksichtigt man, daß gerade in den drei Bereichen (Phasen) des Intellecthaften jede Einheit wiederum – womöglich durch die Spekulationen von Porphyrios zu den ›Chaldäischen Orakeln‹ angestoßen – triadisch untergliedert und entsprechend der Triplizität der Emanationsphasen, wie anläßlich seines Schemas bereits dargestellt, enneadisch konstituiert ist,[2] was von Proklos noch überboten wird, indem er „nur die intelligible Triade in sich wieder triadisch gliedert, während er die intelligibel-intellektuelle Triade enneadisch gliedert und bei der

---

1 Überblick dazu bei J. Combès, Études néoplatoniciennes; Noten zu Damaskios: De principiis, ⟨ed.⟩ L. G. Westerink, ⟨tr.⟩ J. Combès, Traité des Premiers Principes.

2 Cf. W. Theiler, Forschungen zum Neuplatonismus (Die chaldäischen Orakel und die Hymnen des Synesios), p. 256; P. Hadot, Porphyre et Victorinus, 1.263.

intellektuellen Triade eine triadische mit einer hebdomadischen Gliederung verbindet; somit .. das Intelligible in sich neunfach, das Intelligibel-Intellektuelle aber in sich siebenundzwanzigfach und das Intellektuelle gar in sich zweiundsiebzigfach untergliedert“[3] ist, was insgesamt einhundertachtfach ergibt, eine in der Hindu-Weltanschauung überaus wichtige Zahl, dann bekommt man erst einen Eindruck von der dihairetischen Leistung, die von den Geistesriesen der zu Ende gehenden Antike vollbracht wurde.[4]

Hinsichtlich der Akribie der Feingliederung von Seinsebenen und -aspekten wie geistigen Funktionen und Zuständen (Graden) ist zu bemerken, daß sie spätestens seit der Verschriftlichung der zunächst memorierten Lehren auch und gerade den indischen Erkenntnistraditionen, Meistern der Memorierkunst, nicht abgeht, man denke z.B. an die bereits mehrfach erwähnte Reihe der 24 bzw. 25 Archaí (*tattva*) im hinduistischen Sāṃkhya, die bis zu einer Zahl von 36 im tantrischen Śaiva-Śāktismus vermehrt wurden, die Kategorien und Unterkategorien des Vaiśeṣika-Systems oder an die Elemente- bzw. Dharmatabellen des hīnayānistischen Abhidharma.[5] „Indem die Dogmatik der Theravâdins die Lehre des

---

3 J. Halfwassen, Geist und Selbstbewußtsein, p. 61[172], mit Verweis auf die Detailbeschreibung der einzelnen Einheiten bei L. J. Rosán, The Philosophy of Proclus, pp. 135–152. Der Art und Weise, wie Halfwassen l.c. Proklos gegen die Anschuldigung der schematischen Hypostasenvermehrung in Schutz nimmt, unter Berufung auf Hegel nämlich, kann ich auf keinen Fall zustimmen: ein Gedankengang wird nämlich nicht rationaler, wenn er auch von diesem entwickelt wurde. Meine generelle Einschätzung dazu folgend im Haupttext.

4 Zum Verständnis von System in der Metaphysik von Prokols cf. W. Beierwaltes, Procliana, pp. 65–84 (Das ‚Systematische‘ in der Philosophie des Proklos).

5 Als Beispiel wähle man das ›Gespräch über die Prinzipien/Dhātu Kathā Pakaraṇa‹.

Kanons über die Dharmas und die Heilsstufen ... bis ins einzelne ausbildet, bietet sie so eine trockene, aber in ihrer Art bewundernswürdige Analyse der gesamten inneren Erfahrung und treibt damit eine praktische Psychologie, die unter Verzicht auf die Seelenhypothese alle Phänomene des geistigen Lebens unter dem Gesichtspunkt von nach dem Gesetz von Ursache und Wirkung miteinander kooperierenden Gegebenheiten zu erklären sucht."[6] Nicht viel anders verhielt es sich bei chinesischen Weisheitslehren, den daoistischen, den sino-buddhistischen und den buddhistisch beeinflußten des frühmittelalterlichen Daoismus.[7]

Um einen Eindruck von der Vielschichtigkeit der emanatistisch-aitiologisch verstandenen spätneuplatonischen Geisthierarchie zu vermitteln, bilde ich anschließend eine Graphik der Henadenstufung von Proklos ab. Es handelt sich um den von mir nach Originalstellen und Hinweisen wie Vorlagen aus der Fachliteratur erstellten Versuch einer vereinheitlichenden schematischen Zusammenschau der Hauptprinzipien vom Absolut-Einen bis zur Ebene des stofflich-wahrnehmbaren Kosmos als ganzem, dem göttlichen (himmlischen) Körper, wie sie in den Werken von Proklos mit erheblichen Abweichungen und Inkonsistenzen zwischen seinen verschiedenen Darstellungen aufscheinen, in die zusätzlich die Grade des Werdenden und die Verursachungsverhältnisse der einzelnen Entfaltungsniveaus eingeschrieben sind.[8] Daran anschließend gebe ich zum

---

6 H. v. Glasenapp, Die Philosophie der Inder, p. 331.

7 Dazu Genaueres im Daoismus-Faszikel des vorliegenden Werkes.

8 Rekonstruiert nach Proklos, Elementa Theologiae §§ 20; 57-59; 123; 161-165, ⟨ed./tr.⟩ E. R. Dodds, mit Kommentar und Schemata des Editors, pp. 232; 282; idem, In Platonis theologiam 3.3-6, ⟨edd./trr.⟩ H. D. Saffrey / L. G. Westerink, 3.11-28, mit Tabellen der Übersetzer und Herausgeber, o.c. 3.XV-XVII, 3.XXVIII-XXIX, 3.XLIX-L; idem, In Platonis Parmenidem, ⟨ed.⟩ V. Coussin, coll. 806.22-807.23 = ⟨edd.⟩ C.

Vergleich die christlich vereinfachte Form einer solchen BewußtSeins-Ordnung, die triadische Einteilung der himmlischen und der kirchlichen Hierarchien von (Pseudo-)Dionysios Areopagita wieder,[9] wobei deren untere Einheiten mit der Läuterung/Reinigung (*kátharsis*), deren mittlere mit Erleuchtung (*phōtismós*) und deren obere mit Vervollkommnung (*teléiōsis*) verknüpft sind.[10]

Steel et al., 1.217.15–218.15 ≈ ⟨ed.⟩ C. Steel, 1.149.49–151.76; A. C. Lloyd, Procession and Division in Proclus, pp. 18–29; L. J. Rosán, The Philosophy of Proclus, pp. 95–188, wo sich eine ausführliche Darstellung der gesamten Systementfaltung mit Zuordnung der jeweiligen Götter zu den einzelnen Prinzipien findet; die Pfeile in der unteren Zeile der Tabelle zeigen, welche und wieviele Prinzipien bei der Verursachung der jeweiligen Ordnung des Werdebereichs (Lebewesen – Pflanzen – seelenlos-tote Körper – Materie) beteiligt sind bzw. wieviele Emanationsstufen dabei von den Prinzipien jeweils entfaltet werden. Cf. L. Brisson, Orphée et l'Orphisme dans l'Antiquité gréco-romaine, V: Proclus et l'Orphisme, p. 103; Tabelle mit Stellenangaben im Werk Proklos' und Platon's: o. c., p. 102; Tabelle zur Prinzipienhierarchie und Hierarchie der (aus der Orphik übernommenen) Götter: o. c., p. 103. Eine ähnliche Übersichtstafel zur göttlichen Hierarchie nach der ›Platonischen Theologie/In Platonis Theologiam libri VI‹ von Proklos findet sich bei R. M. van den Berg, Proclus' Hymns, p. 40.

9 Cf. R. Roques, Dionysius Areopagita, col. 1093; B. Brons, Gott und die Seienden, pp. 45, 49.

10 Cf. Pseudo-Dionysios Areopagita, De ecclesiastica hierarchia 6.5–6, ⟨edd.⟩ G. Heil / A. M. Ritter, (2.)119.8–120.12 (3.536D–537C); idem, De coelesti hierarchia 3.2., ⟨edd.⟩ G. Heil / A. M. Ritter, (2.)18.10–20.2 (3.165D–168B).

PROKLOS' PRINZIPIEN IN TAFEL-DARSTELLUNG

STUFEN DES (ÜBER-)SEIENDEN UND WERDENDEN MIT GENEALOGIE

EINES Ἕν total Unerkennbares παντελῶς ἄγνωστον	Sein (ὄν) des Einen Grenze an sich αὐτοπέρας Kraft/Leben (δύναμις/ζωή) des Einen Unbegrenztheit an sich αὐτοαπειρία	*Henade* überseiend ὑπερούσιος	*Grenze* πέρας *Unbegrenztes* ἄπειρον	*intelligible Henaden* (Sein/ὄν) νοηταί 9-gliedrig	*intelligibel-intellective Henaden* (Leben/ζωή) νοηταὶ καὶ νοεραί 27-gliedrig	*intellective Henaden* (Geist/νοῦς) νοεραί 72-gliedrig	abbildhafter Geist νοῦς ἀφομοιωτικός überkosmische Henaden ὑπερκόσμιοι	abgelöster Geist νοῦς ἀπόλυτος über- und innerkosmische Henaden ἅμα ὑπερ- καὶ ἐγ-	innerkosm. Geist νοῦς ἐγκόσμιος innerkosmische Henaden ἐγκόσμιοι	*Werdendes* γινόμενα
				unbeteiligtes Sein ἀμεθέκτως ὄν	beteiligtes Sein μεθέκτως ὄν	beteiligtes Sein μεθέκτως ὄν	beteiligtes Sein μεθέκτως ὄν		beteiligtes Sein μεθέκτως ὄν	
					unbeteiligtes göttliches Leben ἀμέθεκτος ζωή	beteiligtes göttlichesLeben μεθεκτὴ ζωή	beteiligtes göttliches Leben μεθεκτὴ ζωή		beteiligtes göttliches Leben μεθεκτὴ ζωή	
						unbeteiligter göttlicher Intellect ἀμέθεκτος νοῦς	beteiligter göttlicher Intellect μεθεκτὸς νοῦς		beteiligter göttlicher Intellect μεθεκτὸς νοῦς	
							unbeteiligte göttliche Seele ἀμέθεκτος ψυχή		beteiligte göttliche Seele μεθεκτὴ ψυχή	
									göttlicher Körper θεῖον σῶμα	
→ → → → → → → → → →	…… …… …… ……	…… …… …… ……	…… …… …… ……	→ → → … → → … → …… ……	→ → …… → …… …… ……	→ …… …… …… ……	…… …… …… ……	…… …… …… ……	…… …… …… ……	Tiere (ζῷα) Pflanzen (φυτά) Totes (νεκρὰ σώματα) Materie (ὕλη)

PSEUDO-DIONYSIOS AREOPAGITA
HIMMLISCHE UND KIRCHLICHE HIERARCHIE
(nach R. Roques)

Himmlische Hierarchie (CH)

1.	Seraphim	Σεραφίμ	erste Hierarchie oder Triade (CH 7)
2.	Cherubim	Χερουβίμ	
3.	Throne	Θρόνοι	
4.	Herrschaften	Κυριότητες	zweite Hierarchie oder Triade (CH 8)
5.	Mächte	Δυνάμεις	
6.	Gewalten	Ἐξουσίαι	
7.	Fürstentümer	Ἀρχαί	dritte Hierarchie oder Triade (CH 9)
8.	Erzengel	Ἀρχάγγελοι	
9.	Engel	Ἄγγελοι	

Kirchliche Hierarchie (EH)

1.	Bischöfe	ἱεράρχαι	Triade der Einweihenden (EH 5)
2.	Priester	ἱερεῖς	
3.	Liturgen	λειτουργοί	
4.	Mönche	μοναχοί	Triade der Einzuweihenden (EH 6)
5.	Gemeinde	ἱερὸς λαός	
6.	Stände der Reinigung	καθαιρόμεναι τάξεις	

Da wesentliche Grundzüge beider Hierarchien in der Interpretationsliteratur bereits zusammenfassend nebeneinandergestellt wurden, erspare ich dem Leser eine Erläuterung meinerseits und zitiere das komprimierte Resultat des in der Forschung Erarbeiteten kommentarlos. „Ein Wesensmerkmal der Ordnung bei D. [ionysios] ist das ternarische Schema, das schon dem Jamblich vertraut war. Auch Plotin faßte die Welt in drei Begriffen: das Eine, der Geist, die Seele ... Die ternarische Systematisierung wird bei Proklos noch strenger. Die intelligible Welt besteht aus dreifachen Serien von Triaden: es sind dies intelligible Triaden (νοητaί), intelligible u. zugleich erkennende Triaden (νοηταὶ ἅμα καὶ νοεραί) u. erkennende Triaden (νοεραί: in Parm. [enidem] 1070. 1246/55 Cousin). Diese Triadengruppen entsprechen jeweils dem Sein, dem Leben u. dem Geist. Mit dem Einen sind sie durch die Henade verbunden, aus der sie hervorgehen; untereinander hängen sie durch ihre äußeren Glieder zusammen ... Die Ordnung des D. [ionysios] zeigt ähnliche Merkmale. Drei Triaden auf drei Rangstufen bilden die Welt der himmlischen Geistwesen; ebenfalls nach triadischem Schema ist die Hierarchie der menschlichen Geister aufgegliedert. Ferner bewirkt, bei D. [ionysios] wie bei den Neuplatonikern, die göttliche πρόοδος [Heraustreten] das Zustandekommen der verschiedenen Ordnungen; ein weiterer gemeinsamer Zug ist, daß jedes Geistwesen sich durch seine ἐπιστροφή [Umkehr] in seinem hierarchischen Rang erhält. In jeder Triade besteht unmittelbare Verbindung von einem Rang zum anderen, wenn die Rangstufen benachbart sind; zwischen den äußersten Rangstufen wird die Verbindung durch die Mittelglieder hergestellt; im übrigen steht jede Triade durch ihre Außenglieder mit der ihr vorangehenden oder folgenden Triade in Beziehung. Allein die erste Triade der Engel hat unmittelbare Beziehung zu Gott (ἀμέσως), ganz wie bei Proklos, wo die erste Triade als einzige ohne Zwischenglied mit der Henade zusammenhängt ...“[11]

Die Erklärung für die Ausuferung der Zahl von Konstruktionselementen muß neben der (Rück-)Besinnung auf früheste mythologische Traditionsbestände unterschiedlicher Herkunft, man denke an die (hyper-)kosmischen Prinzipienhierarchien und/oder (über-)weltlichen Götterkreise des Orients, deren Wiedergewinnung, Neuausdeutung und Weiterentwicklung, freilich darin liegen, daß man sich in der Theorie zur Verknüpfung unverbundener Systemelemente und Überbrückung von Systemlücken genötigt sah,[12] und in der Praxis bestrebt war, durch genaues Zergliedern und Benennen nach dem alten Leitspruch: »Teile und herrsche!« (*divide et impera*) die Funktionen des Psychisch-Mentalen unter seine Kontrolle zu bringen, wissentlich und willentlich zu lenken. Das muß und darf in diesem Zusammenhang nicht negativ verstanden werden. Dem zugrunde liegt der überbordende Facettenreichtum menschlichen Erfahrens, die Unzahl möglicher Bewußtseinszustände, das Wirrwarr ihrer Gehalte und Sinnverknüpfungen wie das Spektrum ihrer Lebhaftigkeit und Transparenz, welche begriffen, ergriffen und gehandhabt werden sollen. Ein wichtiges

---

[11] R. Roques, Dionysius Areopagita, coll. 1090–1091, meine Übersetzungen und Ergänzungen in eckigen Klammern und stillschweigende Korrektur eines Druckfehlers; ausführliche Darstellung in idem, L'univers dionysien, pp. 68–91; zu den Triaden bei Proklos cf. W. Beierwaltes, Proklos, pp. 48–164.

[12] Es dürfte von der antiken Ideen-Paradoxie des *trítos ánthrōpos* (Dritten Menschen) her bekannt sein, cf. H. P. Sturm, Ethische Evokationen der Sophistik, pp. 142[96]–143, daß ein dialektischer Chōrismós zwischen (zwei) Entitäten im strengen und eigentlichen Sinne nicht geschlossen werden kann und das Ansinnen, dessenthalben ein Zwischenglied einzufügen, das Problem nur verdoppelt, weil zwischen diesem und den ursprünglich unverbundenen Elementen wieder Zwischenglieder eingefügt werden müssen usw. usf. ad infinitum ..., was selbstverständlich zu der Frage Anlaß gibt, wie und warum die späteren Neuplatoniker je zu einem Abschluß ihrer Aufgliederung gelangten.

Motiv, das die Anfertigung solch ausführlicher Auflistungen und Reihenbildungen erklärt, dürfte also die meditative Geistesschulung, Kontemplation oder die Magie mit verwandten Verfahren sein.

Vernünftige Begründungen und logisch stimmige Herleitungen für ihre Konstruktion verschiedener fiktiver Idealwelten und Geistprinzipien, die über die hypostatische Grundstrukturierung des menschlichen Erkenntnisvermögens und deren Verfeinerung durch Untergliederung ihrer Hauptelemente nach empirisch-phänomenologischen Anschaulichkeitskriterien hinausgeht, können die in anderer Hinsicht oft akribisch auf Rationalität und Metatheorie bedachten Philosophen des Altertums aller Himmelsrichtungen genauso wenig liefern wie die ersten Mythopoiēten zu Beginn dokumentierter Geschichte für ihre Urwelten und Götterreiche vor oder über dem sichtbaren Kosmos. Und verlangten sie für diesen Aspekt ihrer Philosophie keine denkerisch-(transzendental-)logische Nachvollziehbarkeit und Gültigkeit, so müßten sie es auch nicht. Auf dem philosophischen Wegabschnitt spiritueller Praxis oder Disziplin(ierung) – ich schlage dazu den aus dem Griechischen abgeleiteten Fachbegriff Meletik vor, der wenigstens in seiner Blickrichtung, wenn auch nicht in seiner Kompromißlosigkeit, der Bedeutung des sanskritischen Terminus *sādhana* entspricht – geht es nämlich nicht in erster Linie um denkerische Begründung, sondern um die Veränderung des Bewußtseins, welche im Idealfall am denkerisch Begründeten orientiert ist/bleibt. Versteht man die Reflexion und den Diskurs (Diskursivität) selbst als Teil der philosophischen Lebensweise, so kann man die antike, also die eigentliche Philosophie, wie in der Forschung bereits geschehen, als eine dreifache »geistige Übung« auffassen. „Ich bezeichne mit diesem Begriff Praktiken, die

(Υ1) körperlich sein können, wie die Ernährungsweise,
(Υ2) diskursiv, wie der Dialog und die Meditation, oder

(ϒ3) intuitiv, wie die Kontemplation,

die aber alle dazu bestimmt waren, eine Modifizierung und eine Transformation in dem Subjekt zu bewirken, das sie praktizierte."[13] Zum Verhältnis von weisheits-liebendem Denken, Theorie im rationalen Sinne, die vom deutschen Dichterfürsten in Verkennung ihrer existentiellen Tiefendimension intellektfeindlich „grau" genannt wurde,[14] i.e. Spekulation und

[13] P. Hadot, Wege zur Weisheit oder Was lehrt uns die antike Philosophie?, p. 20.

[14] Cf. J. W. v. Goethe, Werke, 1.14.95, Faust 1, Verszeile 2038. Goethe war auch antiphilosophisch in der Hinsicht, daß er sich in seinem Unverständnis gegenüber der Transzendentalphilosophie über das metatheoretische Denken fichtescher Provenienz im Faust 2, 2. Akt, Verszeilen 6689-6818, idem, Werke, 1.15.1.95-100, lächerlich macht. Verniedlichend sagt R. Otto, West-östliche Mystik, p. 376, dazu: „Goethe will den Überschwall der jungen Fichteaner hier necken." Beide Aspekte, die Wissenschaftskritik des Eingangsmonologs und Studierzimmers im ersten Teil des ›Faust‹, durch die Vorlage von Christopher Marlowe (1564-1593) inspiriert, wie der Spott gegen die apriorisch verfahrende ›Wissenschaftslehre‹, den der Baccalaureus des zweiten Teils über sich ergehen lassen muß, sind aufeinander zu beziehen, um daraus Goethes (Anti-)Haltung gegenüber der Transzendentalphilosophie zu bestimmen. Aus diesem Blickwinkel betrachtet, erlaube ich mir, Zurückhaltung gegenüber der Einschätzung von U. v. Wilamowitz-Moellendorff, Reden und Vorträge (Erkenne dich selbst.), 2.171, zum Verständnis der berühmten delphischen Aufforderung zur Selbsterkenntnis bei Goethe: „Es schien ihm darin das Gebot zu liegen, uns zu prüfen, um unsere Fehler zu erkennen und uns zu bessern. Vermutlich war ihm diese Auffassung aus kirchlichen Kreisen zugekommen ... Goethen war diese ganze Forderung von Reue und Buße zuwider; ..." anzumahnen. Cf. J. W. v. Goethe, Werke, 1.2.2.248, Sprichwörtlich, Zeilen 556-565: „Erkenne dich! – Was soll das heißen? / Es heißt: Sei nur! und sei auch nicht! / Es ist eben ein Spruch der lieben Weisen, / Der sich in der Kürze widerspricht. / Erkenne dich! – Was hab' ich da für Lohn? / Erkenn' ich mich, so muß ich gleich davon. / Als wenn ich auf den Maskenball käme / Und gleich die Larve vom Angesicht nähme. / Andre zu kennen, das mußt du probiren, / Ihnen zu schmeicheln oder sie zu vexiren." Dazu H. Tränkle, ΓΝΩΘΙ ΣΕΑΥΤΟΝ, p. 30: „Das fügt sich gut zu den Anschauungen, die Goethe

Reflexion, und weisheitlich-schauendem Erfahren, Theōría im Sinne der Mysterien und höherer Philosophie bzw. Sophía, Kontemplation/Vision von und Einung mit Göttlichem und der Gottheit,[15] gebe ich folgend aus der religionswissenschaftlichen Literatur eine Bemerkung wieder, die gegenüber derzeit vorherrschenden psychologistischen Meinungen, welche die versprachlichte Mystik einzig und allein als Ausfluß inneren Erlebens, Auswirkung von existentiellen Extrembedingungen, der Anwendung von Drogen, einer zu regen Phantasie oder einer gar krankhaften Hirnphysiologie hinstellen, einen notwendigen Ausgleich schafft.

„Ohne vorhergehende Dogmatik gäbe es keine gültige Mystik. Und Mystik, das muß betont werden, will »gültig«, nämlich mehr als Schwelgerei in Gefühlen sein. Der wahre Mystiker will in den Besitz der absoluten Wirklichkeit gelangen, die bereits besteht und von der ihm die wahre Lehre berichtet. So verhielt es sich wenigstens mit der Mystik der Spätantike, die noch in enger Verbindung mit der intellektuellen und ontologischen Spekulation der griechischen Vergangenheit stand. Im Besitz einer objektiven Theorie geht der Mystiker über die Theorie hinaus; er will die Erfahrung des Gegenstands und die Identität mit ihm; und er möchte in der Lage sein, eine solche Identität zu behaupten. Damit gewisse Erfahrungen möglich und überhaupt als gültige Vorwegnahmen einer eschatologischen Zukunft oder Verwirklichungen metaphysischer Seinsstufen vorstellbar werden, muß folglich

sonst vielfach vertreten hat, seiner Ablehnung alles Grüblerischen, alles allzu Spekulativen und Abstrakten, seiner Befürwortung eines tatkräftigen Wirkens und seiner Hinneigung zur sinnenhaften Realität, ...“

15 Zur ursprünglichen und klassisch-philosophischen Bedeutung von »Theorie« als Schauung der Gottheit (*visio dei*) cf. K. Albert, Über Platons Begriff der Philosophie, pp. 45–54, unter Berufung auf einschlägige philologisch-doxographische Studien.

die Spekulation den Rahmen, den Weg und das Ziel, lange bevor die Subjektivität den Weg zu gehen lernt, vorgegeben haben."[16] Dies gilt für die Philosophie, die diesen Namen (Philo-Sophie) verdient, überhaupt und selbstverständlich auch für chinesische und indische Weisheitstraditionen. Insofern ist die Feststellung, daß „die indische Philosophie des Einen stets nur als begriffliche Auslegung der Meditationserfahrung verständlich"[17] sei, eine fatale Verkennung der Metaphysik und ihres Leistungssinns.

Das heißt aber nicht, daß dementgegen die mystischen Erfahrungen, auf welches kategoriale Rahmenwerk sie sich auch beziehen, nicht von einem gemeinsamen Grundton durchstimmt würden. „Die Mystiker drücken im wesentlichen zu allen Zeiten dieselben Gedanken aus; tatsächlich besteht zwischen ihnen eine so weitgehende Übereinstimmung, daß sie oft dieselben Worte und Illustrationen verwenden. Man kann in Indiens lebendigen tausenden von Jahren vor unserer Zeitrechnung und beim europäischen Mönch des späteren Mittelalters fast identische Textstellen finden; sogar jetzt kreiert der moderne Dichter Äußerungen, die das Denken geradewegs zurück zu den alten Schriften führen. Der Grund für ihre Übereinstimmung ist, daß sie eine Erfahrung gemein haben, die in sich so klar und genau ist wie die Beobachtungen, die der Alltagsmensch in der materiellen Welt macht. Hier gibt es keinen Platz für Träume und Phantasien. Der Mystiker ist mit/von der Erfahrung befaßt/erfaßt, die für sein ganzes Leben maßgebend ist."[18]

---

[16] H. Jonas, Philosophical Essays (Myth and Mysticism: A Study of Objectification and Interiorization in Religious Thought), p. 304.

[17] C. F. v. Weizsäcker, Einleitung zum Buch von Gopi Krishna: Biologische Basis der Glaubens-Erfahrung, p. 43.

[18] N. Senzaki / R. Strout McCandless, The Iron Flute, p. 24; das Zitat gibt nach dem Nachweis der Verfasser eine Formulierung von Professor

Die Urbedeutung der Wortwurzel, aus der die Begriffe Mythos (der archaische Lógos) und Mystik entsprangen, scheint den unauflöslichen Zusammenhang zwischen Sprache und Stilleschweigen zu bestätigen, indem sie ein bipolar-ganzheitliches Grundverständnis des Phänomens anzeigt: „Das Verbum zu μῦθος ist μυθέομαι (mytheomai), das »reden, sprechen, sagen« bedeutet; seine Wurzel lautet »mu-«, was »laut werden, tönen« bedeutet. Aber ein anderes Verbum der gleichen Wurzel »mu-«, das jedoch das erstgenannte, das ein langes »u« hat, durch ein anscheinend kurz ausgesprochenes »u« ambivaliert, haben wir in dem Worte μυεῖν (myein) vor uns. Dieses μυεῖν bedeutet jedoch »sich schließen«, und zwar ein Sichschließen der Augen, des Mundes, der Wunden; im Sanskrit bildete sich aus dieser Wurzel das Wort »mukas« mit langem »u«, das »stumm« bedeutet; im Lateinischen ist es zu »mutus« geworden, dessen Bedeutung ebenfalls »stumm« ist; und im Griechischen kehrt es in den Wörtern μύστης, der Myste, und in μυστήριον, das Mysterium, wieder, um noch in der christlichen Zeit den Begriff »Mystik« zu prägen, der wortlosen Versenkung bei geschlossenen, also nach innen sehenden Augen. Wir dürfen nun nicht in den Fehler verfallen, uns für eine dieser beiden Wurzelbedeutungen entscheiden zu wollen. Ihre Widersprüchigkeit ist nur rational betrachtet eine solche; elementar betrachtet ist sie durchaus mehr als das. Beide Bedeutungen sind gültig.“[19]

Je genauer die Einzelaspekte geistig-seelischer Zustände, Erlebnisse und Inhalte analysiert und dadurch durchschaubar

---

Vilhelm Grønbech, Universität Kopenhagen, wieder; genauere Angaben fehlen; ich konnte in seinen Büchern zur Mystik in dänischer Sprache die Stelle nicht finden. Für die Strukturtheorie ist es jedoch unerheblich, von wem der Gedanke stammt, sondern daß dieser überhaupt gedacht und zudem noch in der Welt der Wissenschaft kundgetan wurde.

[19] J. Gebser, Gesamtausgabe, 2.112 (Ursprung und Gegenwart. Erster Teil: Die Fundamente der aperspektivischen Welt. Beitrag zu einer Geschichte der Bewußtwerdung).

werden, desto leichter kann man sie kontrollieren, wobei dies nicht selten mittels einer Vermeidungsstrategie geschieht, der Ausschaltung oder Nicht-Zulassung jeglicher Störfaktoren und Fremdeinwirkungen wie Ablenkungen der Aufmerksamkeit auf die in Betracht kommende Qualität oder Funktion. Die Beherrschung der psychischen und mentalen Vorgänge, die partiell vermittelst der damit verknüpften physischen Prozesse erlangt wird oder ihre Begleiterscheinung und Folge sein kann, ist das allgemeine Ziel jeglicher indischen Weisheitsbemühung, das im Definitionsvers des Yoga, im Vers 1.2 des von Patañjali (Lebensdaten unbekannt, von der Historiographie derzeit in den Jahrhunderten um die Zeitenwende verortet) verfaßten ›Yoga-Sūtra‹ exemplarisch festgeschrieben ist: „Yoga ist die Ruhigstellung/Ausschaltung der Funktionen des Geistes/Gemüts.“[20]

Was hier gefordert und beschrieben ist, überschreitet aber nicht nur den Bereich des Wollens, sondern auch den des Nicht-Wollens, und es bedarf einer ganz besonderen Aufmerksamkeit des Denkens,[21] hier nicht durch ein objektivistisches Verständnis in die Irre zu gehen, was nicht selten dazu beiträgt, Weisheitslehren groteske Unterstellungen von Bemächtigungsmanie und Spiritualegoismus zu unterschieben, wie heidnischen und speziell süd-, zentral- und ostasiatischen Soteriologien notorisch von christlicher Seite. Die theologischen Schlagwörter, mit denen der Andersdenkende oder Andersgläubige dabei erschlagen oder aus dem ideologischen

---

[20] Patañjali, Yoga-Sūtra 1.2: *yogaś-citta-vṛtti-nirodhaḥ* |.

[21] In meinem Buch: H. P. Sturm, Urteilsenthaltung oder Weisheitsliebe zwischen Welterklärung und Lebenskunst, wird auf einer beträchtlichen Zahl seiner 528 Seiten demonstriert, wie dieser Vollzug konsistent zu denken ist.

Felde geschlagen werden soll, sind „Selbsterlösung“[22], „Erlösungstechniken“[23] und „natürliche versus übernatürliche Kontemplation oder mystische Erfahrung“.[24]

Doch wie die Ironie des Schicksals so will, gerieten bei einigen sogenannten großen westlichen, also mehr oder weniger unmerklich ‚christlich‘ geprägten Denkern neuerer Zeit, die christlichen Spiritualen, die auf Erkenntnispfaden wandelten, welche man seit man Kunde davon hat, vornehmlich mit Indien verbindet, den mystischen nämlich, selbst in den Strudel der unbegründeten Unterstellung von Götterzwang und Heilserzwingung. So ist die von Martin Heidegger vorgetragene, völlig ungerechtfertigte und wider die offensichtlichen Fakten vorgebrachte Anschuldigung, einer der Zentralbegriffe der Deutschen Mystik, Meister Eckharts »Gelassenheit«, sei noch innerhalb des Bedeutungsfelds des Willens gedacht worden,

---

22 Cf. G. Mai, Buddha. Die Illusion der Selbsterlösung, pp. 55–61, 125. Hier ein wissenschaftlich fundiertes und rational begründetes Zitat aus dem genannten Werk des Dr. theol. Dr. phil. und langjährigen christlichen Pfarrers, o.c., pp. 60–61: „So blieb Buddha – nach seinem Scheitern, durch Askese die Erlösung zu erlangen – nur ein neuer Anlauf, um in die nächste Sackgasse einer Selbsterlösungslehre zu rennen, bei der er sich dann trotz aller sichtbaren Mängel in der Illusion wiegte, daß ihm der entscheidende Durchbruch gelungen sei. Die Selbstversuche der Erlösung mündeten im Selbstbetrug.“

23 Sekretariat der Deutschen Bischofskonferenz ⟨ed.⟩, Verlautbarungen des Apostolischen Stuhls 95. Kongregation für die Glaubenslehre. Schreiben an die Bischöfe der katholischen Kirche über einige Aspekte der christlichen Meditation, 15. Oktober 1989, pp. 6, 10–11.

24 So – inclusive Mißachtung des Unterschieds zwischen Philosophie und Sophia – bei J. Maritain, Die Stufen des Wissens oder durch Unterscheiden zur Einung, pp. 274–278; 312–318, 325–329, 335–337, 403; idem, Ransoming the Time, pp. 255–289; F.-M. Braun, Hermétisme et Johannisme, pp. 280–281 (mit kleiner Dokumentation).

„ein eklatantes Mißverstehen des Eckhartschen Denkens“.[25]

Und auch Friedrich Nietzsches Delirium (*deliro* war eine bäuerliche Redensart, ist gebildet aus *de lira ire* und bedeutet ursprünglich „von der geraden Linie abweichen“) oder Diffamierung, daß die Asketen und Heiligen eher noch das Nichts wollten, als nicht wollten,[26] das von Gelehrtengenerationen der Philosophie und Theologie in Unkenntnis der Fakten und denkerischem Unvermögen nachgeplappert wurde und wird, ist der echten Weisheitsbemühung nicht würdig, entweder weil es sich um eine unredliche Imputation wider besseren Wissens oder um eine Ausdrucksform des Nichtwissens handelt, das der Kluge eher beschweigen (si tacuisses ...), denn großspurig

[25] W. Beierwaltes, Heideggers Gelassenheit, p. 25; cf. o.c. pp. 14-15, 24-28, 31-33; J. Wagner, Meditationen über Gelassenheit, pp. 135-137, 172-179; A. M. Haas, Kunst rechter Gelassenheit, pp. 250-251 (Gelassenheit – Semantik eines mystischen Begriffs); Diskussion mit Zitation weiterer forscherischer Stellungnahmen dazu bei W. Steiner, Die Aufgabe des Denkens, pp. 83-85; leider wird in letzterer Schrift die frühe Eckhartsche Berufung auf den Willen Gottes ebenso nur den Worten nach gedeutet und nicht nach dem metaphysischen Gesamtsinn von Wollen und Lassen im Werk unseres Meisters aus Hochheim; dazu auch H. P. Sturm, Urteilsenthaltung oder Weisheitsliebe zwischen Welterklärung und Lebenskunst, pp. 443-444 (mit weiterführender Literatur). Vielleicht kann ich einmal die Zeit erübrigen, um aufzuweisen, daß Heideggers Mißverstehen der indischen Philosophie im Analogieverhältnis zu seiner Fehleinschätzung der sogenannten Mystik und Metaphysik (eines Meister Eckhart) steht. Nach J.-M. Narbonne, Hénologie, ontologie, et *Ereignis*, pp. 187-282 (Graphik, o.c., p. 280), lägen die Unterschiede zwischen Heideggers Philosophie des Ereignisses und der neoplatonischen Philosophie darin, daß diese vertikal, gestuft und vermittelt, jene horizontal, unvermittelt und augenblickshaft sei, was o.c., pp. 255-257, 281, auch am Heideggerschen Begriff der „Gelassenheit“ gezeigt wird.

[26] Cf. F. Nietzsche, Kritische Studienausgabe, 5.339.9, 21-27 (Zur Genealogie der Moral 3); ich bin es leid, diesen Unsinn hier nochmals abzuhandeln und verweise zu seiner Widerlegung auf meine Ausführungen in H. P. Sturm, Urteilsenthaltung oder Weisheitsliebe zwischen Welterklärung und Lebenskunst, pp. 446-447.

zur Schau stellen sollte. Allein aufgrund von Nietzsches völligem Verkennen des Sinnes von Mystik und ihrer Ausdrucksformen in den Weisheitstraditionen der Welt, das auch durch seine im Umkreis metaphysischer Mystik (Mystizismus) zu deutenden Spekulationen[27] kaum gemildert wird, ist es unnachvollziehbar, wie ein kroatischer Philosophiegelehrter (Čedomil Veljačić), der buddhistischer Mönch wurde, den Namen Bhikkhu Ñāṇajīvako annahm und sich einige Verdienste um die vergleichende Auslegung indischer und europäischer Philosophie erwarb, auf die Idee kommen konnte, dessen geistige Ergüsse zur Erläuterung der Lehren Buddha's (et vice versa) für geeignet zu halten und ihnen damit implizit geradezu denselben Rang wie diesen zuzuerkennen.[28]

Faßte man die vielschichtigen doktrinalen Gebilde des Neoplatonismus (und anderer Lehrtraditionen) ausschließlich als scholastische Pedanterie auf und erforschte sie nur als historische Information, so stellte dies (und meine Abhandlung) nichts als einen weiteren Beitrag zur ausgedehntesten aller Wissenschaften, der „Wissenschaft des Nichtwissenswerten" dar, gegen die sich auch der Herausgeber der ›Elemente der Theologie‹ von Proklos vorsorglich in dem Bewußtsein verwahrte, seine wissenschaftliche Anstrengung könnte, wie er wohl zu Recht befürchtet hatte, als unbedeutend abgetan werden.[29] Nicht daß das „zu Recht" meine Billigung der Irrelevanz solcher Forschung darstellte, das müßte aus meinen Ausführungen hervorgegangen sein, wobei es natürlich darauf ankommt,

---

27 Cf. A. M. Haas, Nietzsche zwischen Dionysos und Christus, pp. 15–30 («Als ‹Erlebter› reden». Nietzsches Begriff der Mystik; Die ewige Widerkehr des Gleichen. Vom Mythos zum «schwersten» Gedanken).

28 Cf. B. Ñāṇajīvako, The Philosophy of Disgust – Buddho and Nietzsche.

29 Cf. E. R. Dodds, Introduction into: Proclus. The Elements of Theology, p. IX.

was man unter dem Nichtwissenswerten versteht und wer die Macht hat, seine Definition davon durchzusetzen, sondern ich will damit meiner Befürchtung Ausdruck verleihen, daß sich die gegenwärtige Bewußtseinslage in der Verbelanglosung der Philosophie manifestiert, in deren Zuge diese von einer Erkenntnisbemühung ‚in Kontextur' des Weisheitsstrebens zu einer beamtenhaften Archivierungsroutine, die man Doxo- und Historiographie nennt, einer merkantilen Faktenklauberei, die mit der Datensammlung beginnt und dem Informations(aus)-tausch, am besten Informationsverkauf, endet und zur Routine des selbstbeweihräuchernden, wichtigtuerischen Professorendünkels verkommt, der die euphemistischen Namen Gelehrtheit, Wissenschaftlichkeit und Exaktheit trägt.

In Abstandnahme davon will ich einmal annehmen, daß die Systematiken des Neuplatonismus Resultat wahrhaften und wahrhaftigen Wahrheitsstrebens und als solche zu bedenken sind, unabhängig davon, ob sie aus reflektorischen (transzendentalen) Erwägungen oder direktem Einblick in transrationale Sphären, die sich über die mit normalmenschlichen Erkenntnisarten wahrnehmbaren und denkbaren hinaus ausdehnen, formuliert wurden, und sich in ihnen nicht minder massiv die scholastischen Auseinandersetzungen verschiedener antagonistischer Schulrichtungen niederschlugen. Die Mäßigung und Zurücknahme meiner denkerisch generell kritischen Einstellung gegenüber Lehren, die aus der Vernunft nicht ableitbar sind, ist damit zu begründen, daß im Platonismus und vergleichbaren Doktrinen außereuropäischer Kulturen eine Art Paradigmenmischung aus Transzendentalphilosophie im Sinne von Strukturtheorie der Kognition, ontologisierender und theologisierender Geistphänomenologie und magisch-kultisch-kontemplativer Theurgie[30] bzw. hieratischer Telesiurgie vorliegt,

[30] Zum Begriff Theurgie cf. H. J. Blumenthal, Soul and Intellect. Studies in Plotinus and Later Neoplatonism, XI: From Ku-Ru-So-Wo-Ko

indem sie Aufzählungen, Anordnungen und ‚Genealogien' von Komponenten (Einheiten und Klassen von Einheiten), Symbolen (gr. *súmbolon*) und Zeichen/Signaturen (gr. *súnthēma*) der GeistWelt liefern, aus deren gegenseitigen Konstellationen und Kombinationen, Analogien, Harmonien, Symmetrien, Reihen- und Stufenfolgen (gr. *akolouthía*), Übereinstimmungen (gr. *sumpátheia*) und Anziehungen (gr. *philía*) anwendbare Rezepturen oder Anweisungen zum verwirklichenden Einüben, ja Eindringen in dessen Existenzweisen, seine Weiten wie Tiefen, abgeleitet werden konnten.[31]

Darin und in der Tatsache, daß einige späte Neuplatoniker als mit Wunderkräften begabte Heiler, Heilige und Heilande verehrt wurden, so besonders Iamblichos und Proklos,[32] sehe ich den entscheidenden Unterschied zu den Katheder- und Schreibtischphilosophen unserer Zeit, über die man sich allenfalls wundern kann, daß ein jeder von ihnen davon überzeugt

---

to ΘΕΟΥΡΓΟΣ: Word to Ritual; zur Sache der Theurgie cf. H. Lewy, Chaldaean Oracles and Theurgy; É. des Places, La religion de Jamblique, pp. 78-90; A. Charles-Saget, La théurgie, nouvelle figure de l'*ergon* dans la vie philosophique; A. Sheppard, Proclus' Attitude to Theurgy; R. M. van den Berg, Proclus' Hymns, pp. 66-111; G. Shaw, The Geometry of Grace: A Pythagorean Approach to Theurgy; I. Tanaseanu-Döbler, Theurgy in Late Antiquity; A. Uždavinys, Philosophy and Theurgy in Late Antiquity; C. Van Liefferinge, La théurgie; jeweils mit Literaturverweisen und -listen.

31 Cf. H. P. Sturm, »Im Anfang war ...?«, p. 93, mit Zitat G. Heil, Pseudo-Dionysius Areopagita: Über die himmlische Hierarchie. Über die kirchliche Hierarchie, pp. 22-23.

32 Ausführliche und exakte Dokumentation, doch, wie bei den meisten modernen Doxographen griechischer Philosophie, durch zeitgeistliche Voreingenommenheit mißgünstige und somit unangemessene Evaluationen bei E. Zeller, Die Philosophie der Griechen in ihrer geschichtlichen Entwicklung, 3.2.736-745, zu Iamblichos; o.c., 3.2.834-847, 3.2.882-890, zu Proklos; zu letzterem objektiv: L. J. Rosán, The Philosophy of Proclus, pp. 9-32, mit Übersetzung der Proklos-Biographie seines Schülers Marinos aus Flavia Neapolis/Nablus (5. Jh.).

ist, die Philosophie in ihrer Gänze erfaßt zu haben und an Studenten oder interessierte Laien weitergeben zu können. „Die wachsende Bedeutung, die im späteren Neoplatonismus der Theurgie beigemessen wird, entspricht der stärkeren Betonung, die in späteren, tantrischen Formen der indischen Religion auf das Ritual gelegt wird, und in beiden Fällen weicht die Geringschätzung, mit der Gelehrte ehemals von den späteren Entwicklungen sprachen, einem respektvolleren Interesse."[33] Dies die anerkennenswerte Meinung eines angelsächsischen Neuplatonismus-Forschers, von der ich allerdings nur wünschen, ob der Abhängigkeit der Philosophiewissenschaft von kulturhistorischen Tendenzen, zu denken ist hier an die Vordergründigkeit des modernen Weltverständnisses, das sich, wie bereits erwähnt, in einem nicht immer deutlich artikulierten (Alltags-) Realismus mit all seinen Spielarten geltend macht, aber nicht glauben kann, daß sie zutrifft. Man studiere nur einmal die darstellende und auslegende Literatur zur Endphase des heidnischen Platonismus der letzten 150 Jahre. Ein Großteil davon, auch und gerade die einflußreichste – Namensnennungen sind ob der Allgemeinheit und Offensichtlichkeit der Sachlage nicht erforderlich –, ist an plumpen Projektionen christlicher Vorurteile, objektivistischer wissenschaftlicher und platter bürgerlicher Weltbilder dieser Zeit in die zu beforschenden Lehren, und das unter dem Anspruch eines Höchstmaßes an Unvoreingenommenheit und Wertfreiheit, nicht zu überbieten.

Der Schaden, der dadurch entstand und entsteht, ist nicht auf die Philosophie und Weisheit des Abendlands beschränkt.

[33] R. T. Wallis, Neoplatonism, p. 107. Die erste wissenschaftlich ernst zu nehmende, leider dennoch sehr plakativ bleibende Diskussion über den Zusammenhang zwischen Neuplatonismus und Tantrismus führt T. McEvilley, The Shape of Ancient Thought, pp. 585–594. Zahlreiche Gegenüberstellungen von altägyptischen, theurgischen und tantrischen Vergeistigungs- bzw. Vergöttlichungspraktiken finden sich in A. Uždavinys, Philosophy and Theurgy in Late Antiquity, passim.

Indem diese Gelehrtenabhandlungen als die vermeintlich besten und wichtigsten auch Vertretern von Traditionen anderer Erdteile Grundlage und Ausgangspunkt ihres Verständnisses der westlichen, und infolge davon, der inter- oder transkulturellen (komparativen) Philosophie sind, beeinflussen und beeinträchtigen sie, und dies halte ich für das längerfristig Verheerendste des ganzen, in Rückwirkung das Verständnis ihrer eigenen Überlieferungen, das im Zeitalter der Massenmedien, des globalen Warenverkehrs, zu dem selbstverständlich die Ware Information zu zählen ist, bis zu einem gewissen Grade ja durch das Verständnis des Fremden zustandekommt, und damit ihr Selbstverständnis im allgemeinen und verzerren damit den Diskurs, den es gälte, um Wahres und Wirkliches, und nicht um Wunschvorstellungen und Einbildungen zu führen.

Die Verkoppelung der seelisch-geistigen Funktionssphären mit den weisheitlich-religiösen Praktiken in der späteren Neuplatonik – für weite Kreise der modernen westlichen Philosophiewissenschaft blanker Unsinn oder purer Aberglauben, in der traditionellen indischen und chinesischen Philosophie allgemein anerkannter und geschätzter Garant für die Erfüllbarkeit des philo-sophischen Strebens – ist daran abzulesen, daß entsprechend der reflektorisch gewonnenen Erkenntnisleiter auch der Aufstieg auf dieser zur Aktivierung immer höherer Geistfunktionen in eine Stufenfolge aufgefächert ist, der Stufenfolge theurgischer Techniken. Deren Parallelität zur Prinzipienhierarchie ist zwar unbestreitbar, allerdings nicht immer eindeutig zu bestimmen. Bei Hermeias aus Alexandreia finden wir die Theurgie eingewoben in eine Lehre von vier Euphorien oder Verzückungen (*manía*), die er aus den vier Manien des Platonischen ›Phaidros‹[34] entwickelt und deren eigentlich

[34] Cf. Platon, Phaidros 244a4–245c4 (Reihenfolge des Originals, aus welcher ich, wie augenscheinlich auch die Platoniker der Antike, keine Gradation zu erschließen weiß): 1. mantisch-prophetische (seherisch-

theurgischen Abschnitt die rituelle, zeremonielle, kultische, Mysterien und Weihen betreffende Geisteingebung (*telestikè manía*) bildet. „An der Stelle 89. 1 ff. erklärt er, daß jede Manie die Seele auf einer speziellen Ebene eint: das Fortschreiten durch deren vier ist ein stufenweises Forschreiten zur mystischen Einung.

(ϒ1/2) Hier verortet er ποιητικὴ μανία, die poetische Inspiration, zuunterst, indem sie die uneinigen Teile der Seele auf ihrer eigenen Ebene zusammenzieht (89. 20–2);

(ϒ3) Theurgie, telestischer Wahn, kommt an zweiter Stelle und es wird von ihm behauptet, daß er die Seele auf der Ebene des Geistes vereinheitlicht, indem er sie intellektuell aktiviert (νοερῶς ἐνεργεῖν) (89. 22–31);

(ϒ'3) der prophetische Wahn bringt die Seele dann auf die Ebene des Einen in ihr selbst (89. 31–3);

(ϒ3/4) schließlich verbindet (συνάπτει) die ἐρωτικὴ μανία [erotische Manie] das 'Eine in der Seele' mit den Göttern und der intelligiblen Schönheit (90. 1–2).“[35]

Bei seinem Bruderschüler Proklos können wir nun eine vergleichbare Stufung der Theurgie an sich finden. Während die frühere Forschung meistens von zwei Stufen derselben ausging, wurde in der neueren Literatur dargelegt, daß es sich in Wahrheit um drei handelt, die nach meiner Methode dann wie folgt feinzuskalieren sind. „Proklos, der Syrianos folgt, verwandte

weissagende) Eingebung; 2. telestisch-kathartische (rituell-reinigende) Begeist(er)ung; 3. poetische (dichterisch-künstlerische) Inspiration; 4. erotisch-eutychische (liebesergriffen-glückspendende) Verzückung.

[35] A. Sheppard, Proclus' Attitude to Theurgy, p. 215, meine Übersetzung in eckigen Klammern; cf. o.c., pp. 214–218; die Stellenangaben zu Hermeias beziehen sich auf die Edition von ⟨ed.⟩ P. Couvreur.

eine Klassifizierung der Theurgie nach drei Typen,

(Υ1) rein ritueller ‘weiße Magie’,
(Υ2) Theurgie, die gewisse Arten von Ritualen anwendet und die Seele
(Υ31) auf die Ebene des Intellectuellen und zum untersten Punkt des Intelligiblen erhebt,
(Υ32) und schließlich Theurgie, die in Wirklichkeit überhaupt nicht rituell ist, sondern eine Einung des ‘Einen in der Seele’ mit den höheren intelligiblen Entitäten
(Υ4) und mit der Ersten Hypostase zustandebringt.“[36]

Im Einklang damit sind bei Proklos auch die Typen der Dichtung in drei bzw. vier Grade untergliedert.[37] Iamblichos, der wohl entschiedenste Verfechter theurgischer Techniken als philosophischer Methodik, teilt, so weist es zumindest die einschlägige Forschung neuester Zeit aus, die Seelenarten, ihre Verkörperungszwecke, die Arten ihrer Rituale und die ihnen zugeordneten Göttergattungen jeweils in eine Tripelhierarchie ein, die an die Wertehierarchien der Gnostiker (Menschentypen etc.) erinnert.[38]

[36] A. Sheppard, Proclus' Attitude to Theurgy, p. 224, cf. o.c., p. 217: „erstens, eine Theurgie, die sich mit den »Angelegenheiten des menschlichen Lebens« befaßt (Υ1); zweitens, eine Theurgie, die die Seele intellektuell aktiviert (Υ2); und schließlich eine Theurgie, die alle anderen *maniai* mitumfaßt (Υ3), welche die mystische Einung wirklich gewiß herbeiführt (Υ4).“ R. M. van den Berg, Proclus' Hymns, pp. 76-79.

[37] Cf. A. Sheppard, Studies on the 5th and 6th Essays of Proclus' Commentary on the Republic, pp. 162-202; tabellarische Darstellungen bei R. Lamberton, The Neoplatonists and the Spiritualization of Homer, p. 121; J. Bouffartigue, Représentations et évaluations du texte poétique dans le *Commentaire sur la République* de Proclos, p. 132.

[38] Tabelle nach G. Shaw, The Geometry of Grace: A Pythagorean Approach to Theurgy, p. 125; Skalenwerte nach meiner Systematik.

THEURGISCHES SYSTEM DES IAMBLICHOS (nach G. Shaw)

	3 Seelenarten	3 Verkörperungszwecke	3 Göttergattungen	3 Ritualarten	3 Grade der Theurgie
(Υ_3)	noetische	um erzeugtes Leben zu reinigen, zu vervollkommnen und zu retten	hyperkosmische/ immaterielle	völlig immaterielle und noetische	Arithmetik, Mathematik
(Υ_2)	mittlere	um moralische Gewohnheiten zu üben und zu verbessern	mittlere, Innerkosmisches mit Hyperkosmischem verbindende	immaterielle und materielle	hl. Symbole, Bilder, Hymnen, unaussprechl. Namen u. Laute der Götter
(Υ_1)	materielle	um zu (ver)urteilen und zu (be)strafen	innerkosmische/ materielle	materielle	Opfer, Riten mittels Dinglichem

Gemäß den ganzheitlichen Vorlagen geistig-geistlicher Traditionen integrierten die Neuplatoniker, wie früher schon kurz erwähnt, die ihnen bekannten vorphilosophischen Sagenwelten in ihre Systeme und stellten sie nahezu gleichrangig neben ihre höchstreflektierten BewußtSeins-Hierarchien.[39] Durch die Amalgamierung mythenartiger Archetypik und logosartiger Kategorik wird die Rationalität mit dem Numinosen, Religiösen verbunden, wodurch die heilsspezifische Zwecksetzung der Philo-Sophie in die Augen springt.

In diesem Punkt ist die Übereinstimmung zwischen Tantra und Spätplatonismus einfach überwältigend,[40] doch betrachtet man ihre jeweiligen metaphysischen und heilspragmatischen Vorlagen aus den Anfängen des eigentlichen Philosophierens, keinesfalls verwunderlich. „Dies ist die den Charakter wesentlich bestimmende Grundlage der Philosophie: die Opfermagie ist für Indien, was die Mysterien für Griechenland sind."[41] Der Konnex zwischen Theorie (*máthēma*, Doxik, Dianoetik), Praxis (*epitḗdeuma*, Ethik, Diaitik, von mir gebildet aus gr. *díaita* oder *diaítēma*, d. h. Lebensweise, Asketik, Meletik, aber auch Hieratik sowie Telestik) und Theōría (Epoptik) konnte nur durch exegetische Absicht unter Absehung von Einsicht seit mehr als eineinhalb Jahrtausenden ‚übersehen' werden.[42]

Wenn das Vorbild der Alten Akademie, der Stoa, antiken Skepsis und des Epikureismus nicht ausreichen sollte, für die multi-aspektuelle Ganzheitlichkeit der Philosophie eine Erklärung zu liefern, so tut dies spätestens die Gnosis und ihr Synkretismus orientalischer und okzidentaler, metaphysischer und

---

39 Cf. H. P. Sturm, »Im Anfang war ...?«, pp. 90-93.

40 Cf. T. McEvilley, The Shape of Ancient Thought, pp. 591-592.

41 W. Ruben, Indische und griechische Metaphysik, pp. 155-156.

42 Zum Unterschied Philo-Sophie, moderne Geschwätzphilosophie cf. A. Uždavinys, Philosophy and Theurgy in Late Antiquity, pp. 9-13

mysti(zisti)scher, rationaler und revelatorischer, kosmologischer und soteriologischer, astronomischer und astrologischer, mathematischer und numerologisch-zahlensymbolischer (incl. gematrischer), psychologischer und parapsychologischer, physikalischer und hyperphysikalischer etc. Lehren: „Von keinem dieser drei Aspekte, dem philosophischen, dem heilsgeschichtlichen und dem mysteriosophischen, sollte man annehmen, sich gegenseitig auszuschließen. Indem sie es vorzogen, sich in der multivalenten Sprache des Mythos auszudrücken, fanden die Valentinianer ein Ausdrucksmittel des Denkens, das auf mehreren Ebenen gleichzeitig Bedeutung haben konnte."[43] Diese Eigenschaft zeichnet nicht wenige heilige Bücher und weltanschauliche Urschriften aus, weshalb sie im Laufe von Jahrhunderten, ja Jahrtausenden, nicht nur eine große Zahl von Menschen ansprechen, sondern diese auch erreichen und Exegeten über Epochen hinweg Anlaß geben, ihr Wissen zu bewähren. „»Die *rishis* schrieben in einem Satz Tiefsinnigkeiten, mit denen sich kommentierende Gelehrte Generationen lang beschäftigen ... Endloser Streit um Buchstaben ist etwas für faule Geister.«"[44] Das Ringen um die Wahrheit im Begriff jedoch keinesfalls. Wenn mich die Ṛṣi-s daran erinnern wollten, daß das Höchste und Letzte jenseits jeglichen Begriffs und somit undenkbar sei, erlaube ich mir, sie daran zu erinnern, ob diese Erinnerung dem Denken entspringt und begrifflich fundiert ist oder ob sie nur aus leeren Worten, Schall und Rauch besteht, nichts als Lufterschütterung ist. Seit der Einführung der Strukturtheorie der Re-flexion mit dem zum ersten Mal

---

[43] E. Thomassen, The Philosophical Dimension in Gnosticism: the Valentinian System, p. 78. Zur modernen Entgegensetzung von Mythos und Logos kritisch A. Uždavinys, Philosophy and Theurgy in Late Antiquity, p. 298; dort auch die Gleichsetzung von Mythos und Māyā.

[44] Śrī Yukteśvar, in: Yogananda Paramahansa, Autobiography of a Yogi, p. 135.

explizit gemachten Unterschied von »Undenkbarem« (Υ4), Undenkbarem (Υ5), Meta-Koinzidenz (Υ6) und Meta-Kollaps (Υ7) müssen sich die Ṛṣi-s, Kavi-s, Dhīra-s oder Vipra-s und alle anderen Heilskünder diese ermahnende Erinnerung (skr. *smāraṇa*) gefallen lassen, wollen sie nicht als terribles simplificateurs und Leugner von Vernunft und Logik dastehen.

Der mehr-, d.h. drei-/vierschichtigen Beschaffenheit des ganzheitlich Philosophischen entsprechend, gestalteten die (Neu-)Platoniker ihre praktischen Aufstiegswege zur Weisheit, den Systemniveaus analog, in Anlehnung an die Mysterien aus. Es dürfte infolgedessen unmittelbar einleuchten, warum die Ersteigung der Erkenntnisgipfel durch christliche Mystiker in der Weise eines Dreischritts ganz ähnliche Züge trägt. Diesen verknüpft man heutzutage mit dem Pseud-Areopagiten Dionysios, der nach Proklos und zur Zeit von Damaskios gelebt haben dürfte, deren Spekulationen in vielem bruchlos übernahm, mit Judaismen und Christianismen durchtränkte und heute als Vater der christlichen Mystik gilt.[45] Seinen Namen wählte er nach dem Paulus-Anhänger Dionysios Areopagita der ›Apostelgeschichte 17.34‹, mit dem man ihn bis in die Neuzeit hinein identifizierte, was zu einer ungeheuren Autorität seiner Schriften führte. Der Wege-Dreiklang bildet seither den Grundakkord mystischer Etüde der christlich geprägten Welt. Man muß allerdings davon ausgehen, daß dieser Weg mit den drei Abschnitten

(Υ1) Reinigung/Läuterung (lat. *via purgativa/purgatio* / gr. *kátharsis*),

(Υ2) Erleuchtung/Erhellung (lat. *via illuminativa/illuminatio* / gr. *éllampsis/phōtismós*) und

[45] Man verschaffe sich dazu einen Überblick über das Literaturverzeichnis von ⟨tr./introd./adnot.⟩ A. M. Ritter, Pseudo-Dionysios Areopagita: Über die mystische Theologie und Briefe, pp. 150–188.

(ϒ3) Einung bzw. Vollendung (lat. *via unitiva/unio/perfectio* / gr. *'énōsis/teleíōsis*)[46]

von dem unechten Dionys nicht aus dem Jenseits herübergeschaut oder aus dem Nichts hervorgezaubert wurde. „Die Mystik kennt drei Wege, welche zu Gott führen: die via purgativa, illuminativa, unitiva. Dieselben stammen in ihrer bewussten Unterscheidung und strikten Durchführung von Pseudo-Dionysius, der allerdings den Ausdruck ὁδός [Weg] nicht hat. Die Grundgedanken dieser Lehre finden sich aber ... schon bei Plato; von Philo und Plotin wird sie weitergepflegt, sie klingt in den Tugendstufen Jamblichs durch ... und auch bei Proklos haben wir sie angetroffen (...).“[47]

Gesteht man zu, daß auch die gesamte Philosophie nicht aus dem Nichts entstand, dann muß man ebenso einräumen, daß wie die Theorie auf den Mythos zurückgeht, die Wurzeln des praktischen weisheitlichen oder mystischen Weges in tiefere, und das heißt auch weiter in die Vergangenheit zurückreichende Schichten menschlichen Vervollkommnungsstrebens hinabreichen, in die Zeit der vorphilosophischen Kulte und Mysterien. In letzteren gilt der Dreischritt der Weihen obligatorisch. „Die Vorstellung von Reinigung als Vorstufe weiterer Weihen stammt aus den Mysterienkulten, vgl. die Reihenfolge καθάρσια – μικρὰ μυστήρια – μεγάλα μυστήρια [Reinigung (ϒ1) – kleine Mysterien (ϒ2) – große Mysterien (ϒ3)]: Clem. Al., *Strom.* V 71,1 (II 373,24ff.), ...“[48] wobei die kleinen

---

[46] Cf. Pseudo-Dionysios Areopagita, ⟨edd.⟩ G. Heil / A. M. Ritter, Corpus Dionysiacum II, Begriffsregister.

[47] H. Koch, Pseudo-Dionysius Areopagita in seinen Beziehungen zum Neuplatonismus und Mysterienwesen, pp. 174–175; cf. o.c., pp. 175–178.

[48] G. Heil, Pseudo-Dionysius Areopagita: Über die himmlische Hierarchie. Über die kirchliche Hierarchie, p. 79[7], Anm. zur ›Himmlischen

Mysterien oder niederen Weihen die Lehre (*didaskalías*) zum Gegenstand haben und auf das Bevorstehende vorbereiten, die großen Mysterien oder höheren Weihen sich aber um das Gesamt drehen (*perì tõn sumpántōn*), wo nichts mehr zu lernen übrig ist, sondern die Natur und die Dinge zu überblicken und geistig zu überschauen sind (*epopteúein dè kaì perinoeĩn tḗn te phúsin kaì tà prágmata*).[49]

Es hat ganz den Anschein, als habe Platon seinen erosorgiastischen Met-hodos des ›Symposions‹ den Einweihungsriten altehrwürdiger Kultstätten entnommen. Ein verdienter Forscher in der Übergangszone zwischen Philosophie und Mystik/ Mystizismus bringt den ersten der drei Weiheschritte mit der Widerlegung des von Platons's Interlocutor Agathon Behaupteten und dem Eingeständnis von dessen Nichtwissen in Verbindung (Abwendung des Falschen = Reinigung); den zweiten mit der Diotima-Rede über den Liebesgott Eros (Aufklärung über Eros = Erleuchtung); und den dritten mit ihrer ausdrücklich davon abgesetzten Rede über die obersten Weihen und die höchste Schau (Ansichtigwerden der letzten Geheimnisse = Einung oder Vollendung): „Platon hält sich hier an die Sprache der Mysterienkulte, in denen diese Einteilung in die drei Phasen der Reinigung, Erleuchtung und Vollendung vorgebildet war."[50]

Hierarchie‹, Übersetzung und Ergänzung in eckigen Klammern von mir; Clem. Al., *Strom.* steht für Clemens Alexandrinus, Stromata.

49 Cf. Clemens Alexandrinus, Stromata 5.11.71.1; Hinweis auf Ploutarchos, Alexandros (Vitae) 7.3–5, in ⟨tr./adnot⟩ O. Stählin, Des Clemens von Alexandreia ausgewählte Schriften aus dem Griechischen übersetzt, 4.180³.

50 K. Albert, Philosophie der Philosophie (Mystik und Philosophie), p. 280, cf. o.c., pp. 279–280; C. Schefer, Platons unsagbare Erfahrung, pp. 93–118; die folgende Abbildung findet sich bei C. Riedweg, Mysterienterminologie bei Platon, Philon und Klemens von Alexandrien, p. 21, Text o.c., pp. 2–29.

Platon, Symposion und die Weihegrade der Mysterien (nach C. Riedweg)

		ἔλεγχος (*Widerlegung*)		διδαχή mit μῦθος (*Lehre* mit *Mythos*)	ἐποπτικά (*Geheimstes*)	
	198a1–199c2	**199c3–201c9**	**201d1–e7**	**201e8–209c4**	**209e5–212a7**	**212b1–c3**
Theon Smyrneus	**I**	**καθαρμός (*Reinigung*)**	**II**	**τῆς τελετῆς παράδοσις (*Übergabe der Weihe*)**	**ἐποπτεία (*Beschauung*)**	**III**
Clemens Alexandrinus		**καθάρσια (*Reinigung*)**		**„μικρὰ μυστήρια“ (*Kleine Mysterien*)**	**„μεγάλα μυστήρια“ (*Große Mysterien*)**	

Mysterienterminologie

I Überleitung von Agathon zu Sokrates (mit bestimmten Signalen für die Einzigartigkeit des Folgenden: Wahrheitsanspruch, Verzicht auf Rhetorik – 199b4/5)

II Wechsel durch Einführung der Diotima (wichtige Signale: Priesterin; angeblich nur ein ‚Tatsachenbericht'; ἔλεγχος wird vorgekoppelt)

III Schlußbemerkungen (haben die Funktion der entspannenden Rückführung und Wiedereingliederung der einzigartigen sokratischen „Erzählung“ in den gewöhnlichen Rahmen des Trinkgelages; → gerade das Gegenstück zur Überleitung 198a1–199c2)

Spricht es nicht in überzeugender Weise für den sakralen Charakter der Philosophie und ihre Nähe oder Verwandtschaft zum Kultwesen, ja vielleicht für die Forderung ihrer Vollendung in den Mysterien bzw. der Mystik, wenn wir im Ausspruch eines der Begründer westlicher Metaphysik, welchen man normalerweise am allerwenigsten mit diesen Dingen in Verbindung bringt, folgendes vernehmen? „... gleichwie es Aristoteles für angemessen erachtet, daß die, die eingeweiht werden, freilich würdig/fähig geworden, nicht etwas wissen, sondern erfahren/empfinden und in einen [bestimmten] (Gemüts-)Zustand versetzt sein sollen."[51] Angesichts dessen ist es geradezu selbstverständlich, wenn der neupythagoreische Denker und Weisheitsjünger Theon aus Smyrna (Izmir) den Mysteriencharakter wesentlicher Zweige antiken Philosophierens, einschließlich seines eigenen, bestätigt, indem er die Philosophie eine Einweihung in den wahren Geheimkult und das Seiende sowie die Übergabe der gänzlich wahren Mysterien (*tèn philosophían múēsin phaíē tis àn alēthoũs teletẽs kaì tõn óntōn 'ōs alēthõs mustēríōn parádosin*) nennt und zu verstehen gibt, daß er die Platonik eben für solches hält, wobei die Weihegrade entsprechend, und zwar tetradisch, gestaffelt sind: Reinigung/ Läuterung (Υ1) – Einweihung (Υ2) – Bekränzung (Υ3) – Vergöttlichung (Υ4), und

(Υ1) die Reinigung mit Hilfe der fünf mathematischen Wissenschaften: Arithmetik, Geometrie, Stereometrie, Musik und Astronomie durchzuführen sei,

(Υ2) die Tradition der philosophischen Disziplinen, [1.]

[51] Aristoteles, Fragment 15, Synesios, Dion 10(.48a), ⟨ed.⟩ V. Rose, p. 31.11-14: *katháper Aristotélēs axioĩ toùs telouménous ou matheĩn ti deĩn allà patheĩn kaì diatethẽnai, dēlonóti genoménous epitēdeíous.* ⟨tr.⟩ D. Ross, The Works of Aristotle, 12.87, Fragment 15a; meine erläuternde Ergänzung in eckigen Klammern.

der Logik, [2.] der Politik [= Ethik] und [3.] der Physik, der Initiation entspreche,

(Υ3) [4.] die Beschäftigung mit dem geistig Erkennbaren, dem seinsgemäß/wahrhaft Seienden und den Ideen Über-Schau/Epoptik genannt werde, wobei Umbinden und Bekränzen bedeuten müsse, daß man durch das, was man selbst lernte/erfuhr, fähig wird, auch andere zur selben Theoría zu bringen,

(Υ4) und daß das Fünfte die sich dadurch ergebende vollkommene Glückseligkeit und nach Kräften mögliche Angleichung an Gott sei.[52]

Entscheidend jedoch: in der Philosophie ist die Anerkennung der Rationalität im Gegensatz zur Religion unverzichtbar. „Der Mysterienvergleich wurde .. weder von Theon, noch von einem anderen Platoniker erfunden, sondern er geht auf den berühmten Abschnitt über die Reinigung im platonischen ›Phaidon‹ zurück. Platon war die Ähnlichkeit seiner sittlichen κάθαρσις mit dem religiösen καθαρμός von allem Anfang an bewusst und so spinnt er im ›Phaidon 69 CD‹ einen Vergleich an, den mittelplatonische Exegeten mühelos zu der Gegenüberstellung

[52] Cf. Theon Smyrnaios, Expositio rerum mathematicarum ad legendum Platonem utilium, Introductio, ⟨ed./tr.⟩ J. Dupuis, pp. 20.25–22.22, Text zu Platon: p. 22.13–22: *‘o dè Plátōn apò pénte mathēmátōn deĩn phēsi poieĩsthai tȇn kátharsin·taũta d’ estìn arithmētikḗ, geōmetría, stereometría, mousikḗ, astronomía. tẽj dè teletẽj éoiken ‘ē tõn katà philosophían theōrēmátōn parádosis, tõn te logikõn kaì politikõn kaì phusikõn. epopteían dè onomázei tȇn perì tà noētà kaì tà óntōs ónta kaì tà tõn ideõn pragmateían. anádesin dè kaì katástepsin ‘ēgētéon tò ex ‘õn autós tis katémathen ‘oĩón te genésthai kaì ‘etérous eis tȇn autȇn theōrían katastẽsai. pémpton d’ àn eíē kaì teleṓtaton ‘ē ek toútōn perigenoménē eudaimonía kaì kat’ autòn tòn Plátōna ‘omoíōsis theõj katà tò dunatón.* Die Numerierung der philosophischen Teildisziplinen in eckigen Klammern stammt aus Gründen der Verdeutlichung der Gedankenführung im Original mit Ausnahme der fünften von mir.

ausweiten konnten, die bei Theon vollendet vorliegt.“[53] Porphyrios scheint einen ähnlichen fünffachen Aufstieg (nach der von mir bis einschließlich des vierten Punkts in eckige Klammern gesetzten Zählung gemäß Theon),[54] den der Kirchenlehrer Ambrosius von Mailand (339–397), wie in der Forschung dokumentiert, übernahm,[55] anerkannt zu haben. Damaskios durchschreitet die Weihegrade der Heiligung (*ʽieroĩs*),

(Υ1₁) die vom Kopisten eines der überlieferten Manuskripte des Texts wohl als Opfer verstanden und in einer Marginalie zur (spätneuplatonischen) Ergänzung der Hierarchie um den physischen Aspekt den Lebewesen (*zōaí*) gegenübergestellt werden,

(Υ1₂) von den gewöhnlichen Reinigungen (*pándēmoi katharseis*), denen seine ethischen und politischen Tugenden entsprechen,

(Υ1₃) über die geheimeren Reinigungen (*aporrhētóterai*), die im Gleichklang mit seinen kathartischen Tugenden sind,

(Υ2) zu den Verbindungen (*sustáseis*), welche den das Dianoetische betreffende theoretischen Tätigkeiten (*perì tà dianoētà theōrētikaì enérgeiai*) korrespondieren,

(Υ3) und von diesen zu den Einweihungen (*muḗsesin*), die dem Zusammennehmen dieser ins Teillose/Unteilbare (*toútōn sunairéseis eis tò amériston*) beigeordnet sind,

⟨Υ4⟩ um schießlich bei den Schauungen (*epopteíais*) [≙ höheren Weihen in den eleusinischen Mysterien] zu enden, die einfache Augenzeugnisse/In-Augenschein-Nahmen

[53] O. Schissel v. Fleschenberg, Marinos von Neapolis und die neuplatonischen Tugendgrade, p. 43.

[54] Cf. O. Schissel v. Fleschenberg, Marinos von Neapolis und die neuplatonischen Tugendgrade, pp. 42–44, 65–72, jeweils mit Tabellen oder Graphiken.

[55] Cf. H. Dörrie, Das fünffach gestufte Mysterium, pp. 88–90.

der einfachen Ideen (*'aplaĩ tõn 'aplõn eidõn autopsíai*) darstellen.[56]

Eine in unserem Kontext wichtige Einsicht besteht nun gerade darin, daß der Dreiweg zwar aus drei Schritten besteht, diese aber nur Übergang sind zwischen vier Positionen. Zu erwarten wäre die Zwischenlage der Schritte zwischen je zwei Stellen, der einen Weg als Weg, in diesem Falle als dreigliedrigen, auszeichnet. So wird traditionell in Reinform jedoch nicht verfahren. Dadurch entsteht die Schwierigkeit der Zuordnung der Schritte zu den Standpunkten durch etwaige Überschneidungen oder Lücken. Oftmals sind die Standpunkte mit den von dort aus zu vollziehenden Schritten gleichgesetzt, so daß die Wegstrecken selbst zu den GeistWirklichkeits-Einheiten werden, die sie durchlaufen sollen und der Zielpunkt nicht in den Blick kommt oder thematisiert wird, vielmehr eine offene Stelle bleibt, als vierter und oberster Grad der als möglich oder nur als virtuell angenommenen Ankunft dem Aufstieg mit seinen Abschnitten aber seinen Abschluß verliehe und die Skala erst komplettierte. „Die göttliche Seligkeit ist, wie man unter den Menschen sagt, mit aller Ungleichartigkeit unvermischt, erfüllt

[56] Cf. Damaskios, In Platonis Phaedonem, ⟨ed./tr.⟩ G. L. Westerink, p. 101.1-7, mit Marginalie zu § 167 (sup.), o.c., p. 376; zum Begriff *sústasis* in diesem Zusammenhang cf. I. Tanaseanu-Döbler, Theurgy in Late Antiquity, pp. 40[120]-41. O. Schissel v. Fleschenberg, Marinos von Neapolis und die neuplatonischen Tugendgrade, pp. 47-48, spricht dieses Traktat, und insofern auch die zitierte Stelle, nach dem Stand der damaligen Forschung Olympiodoros zu; daraus ist ersichtlich, wie schwierig die exakte Rekonstruktion, Bestimmung/Unterscheidung ihrer Feinheiten und Zuordnung dieser Spekulationen zu einzelnen Denkern selbst für einen Spezialisten ist, insbesondere weil jene selbst nicht immer konstant argumentieren. Einige Besonderheiten in Damaskios' Tugend-Stufung in Zusammenhang mit der Kontemplations-Theorie im ›Phaidon-Kommentar‹ stellt G. Van Riel, Damascius on the Contemplative Life, dar; zu den Stufen der Tugend bei Olympiodoros findet sich einiges in S. R. P. Gertz, Death and Immortality in Late Platonism, pp. 66-70.

von immerwährendem Licht, perfekt und aller Perfektionierung unbedürftig,

(ϒ1½) = (ϒ1/2) = (ϒ1 → ϒ2)	reinigend,
(ϒ2½) = (ϒ2/3) = (ϒ2 → ϒ3)	erleuchtend und
(ϒ3½) = (ϒ3/4) = (ϒ3 → ϒ4)	Perfektion bewirkend,
(ϒ1½) = (ϒ1/2) = (ϒ1 → ϒ2)	mehr noch, sie ist selbst Reinigung,
(ϒ2½) = (ϒ2/3) = (ϒ2 → ϒ3)	Erleuchtung und
(ϒ3½) = (ϒ3/4) = (ϒ3 → ϒ4)	Perfektion,
(ϒ4)	ist über der Reinigung, über der Erleuchtung, selbst prä-perfektes Prinzip der Perfektion und einerseits zwar Ursache jeder heiligen Stufenordnung/Hierarchie, andrerseits aber allem Heiligen aufgrund ihrer Erhabenheit enthoben."[57]

Die Einfügung meiner Skalenwerte in die zitierte Stelle der ›Himmlischen Hierarchie‹ von Pseudo-Dionysios, dem christlichen Erzmystiker und Scheinareopagiten dürfte meine Argumentation mehr denn plausibel erscheinen lassen. Anläßlich der drei pāli-buddhistischen Arten und Weisen (*dhātu*) des Ablassens/Entkommens (*nissaraṇaṃ*) begegnete uns ein analoges Argumentationsmuster, nur wurde dort das unterste Stadium implizit gelassen. Aus der neuplatonischen Traditionslinie heraus dürfte auch Hugo von St. Viktors (1096–1141) spiritueller Aufstieg zur Gottesschau mit Hilfe des Bildes vom Rauch und

[57] Pseudo-Dionysios Areopagita, De coelesti hierarchia 3.2, ⟨edd.⟩ G. Heil / A. M. Ritter, (2.)19.3–8 (3.165C): *'ē theía makariótēs 'ōs en anthrṓpois eipeĩn amigḕs mén estin 'apásēs anomoiótētos, plḗrēs dè phōtòs aïdíou, teleía kaì anendeḕs 'apásēs teleiótētos, kathaírousa kaì phōtízousa kaì telesiourgoũsa, mãllon dè kátharsis autḕ kaì phōtismòs kaì teleíōsis, 'upèr kátharsin 'upèr phõs protéleios autoteletarchía kaì pásēs mèn 'ierarchías aitía, pantòs dè 'ieroũ katà tò 'uperéchon exējrēménē.*

Feuer erwachsen sein. In seiner Auslegung des alttestamentlichen Buches ‹Kohelet› heißt es:

(♈1) [♈21] „Das erste ist die Meditation;
(♈2) [♈22] das zweite die Spekulation;
(♈3) das dritte die Kontemplation.

Während der Meditation umwölkt die lästig auftretende Verwirrung/Beunruhigung fleischlicher Leidenschaften den von frommer Hingabe entflammten Geist."[58] Deshalb wird die Eingangsphase versinnbildlicht durch das Feuer mit Flamme und Rauch (*ignis cum flamma, et fumo*), während für die fortgeschrittenere Phase der Spekulation (*speculatio*) oder Anfängerstufe der Kontemplation das Feuer mit Flamme ohne Rauch (*cum flamma sive* [lies *sine*] *fumo*) und für die oberste der Kontemplation (*contemplatio*) oder Vollendungsstufe der Kontemplation die reine Glut ohne Flamme und Rauch (*ignis purus sine flamma, et fumo*) steht.[59]

(♈1) „So ist freilich das fleischliche Herz sozusagen ein grünes Holz und die Feuchtigkeit fleischlichen Verlangens noch nicht ausgetrocknet; fängt es einmal irgendein Fünklein von Gottesfurcht und Gottesliebe auf, so steigt als erstes sicherlich, während sich die verkehrten Verlangen widersetzen, der Rauch der Leidenschaften und Verwirrungen auf.

(♈2) Alsdann wird es, ist die Vernunft mit der Flamme der

---

[58] Hugo de Saint Victor, In Salomonis Ecclesiasten homiliae, Patrologia Latina, 175.118B: *Prima est meditatio; secunda, speculatio; tertia, contemplatio. In meditatione, mentem pia devotione succensam perturbatio passionum carnalium importune exsurgens obnubilat.*

[59] Cf. Hugo de Saint Victor, In Salomonis Ecclesiasten homiliae, Patrologia Latina, 175.117D (meine Textkonjektur in eckigen Klammern).

Liebe gestärkt, sowohl stärker zu brennen als auch heller zu strahlen beginnen;

(Υ3) bald verschwindet der ganze Rauch der Leidenschaften/Verwirrungen: und ist die Vernunft gereinigt, zerfließt der Geist sogleich in der Kontemplation der Wahrheit.

(Υ4) Endlich aber, nachdem das Herz von der beständigen Kontemplation der Wahrheit durchdrungen und in die Quelle der höchsten Wahrheit mit dem ganzen Ergriffensein/Affekt der Seele bis ins Mark eingedrungen sein wird, dann kommt es in diesem selbst, sozusagen gänzlich von Lieblichkeit glühend und in Liebesglut umgewandelt, in völligem Frieden vor allem Lärm und aller Beunruhigung/Leidenschaft, zur Ruhe."[60]

Solche und analoge bzw. dazu parallele Stufenmodelle, deren exemplarische Abfolge von der

(Υ11) Lektüre (*lectio*)

(Υ12) samt apperzipierender, konzentrierender und stabilisierender Wahr-nehmung und bewußter Erfassung (*cogitatio*) des Aufgenommenen über

(Υ2) das Nachsinnen sowie Überlegen (*speculatio*) oder das Erwägen und Bedenken (*meditatio*) zur

---

[60] Hugo de Saint Victor, In Salomonis Ecclesiasten homiliae, Patrologia Latina, 175.117D – 118A: *Sic nimirum carnale cor quasi lignum viride, et necdum ab humore carnalis concupiscentiæ exsiccatum, si quando aliquam divini timoris seu dilectionis scintillam conceperit, primum quidem pravis desideriis reluctantibus passionum et perturbationum fumus exoritur; deinde roborata mente cum flamma amoris, et validius ardere et clarius splendere cœperit, mox omnis perturbationum caligo evanescit: et jam pura mente animus ad contemplationem veritatis se diffundit. Novissime autem postquam assidua veritatis contemplatione cor penetratum fuerit, et ad ipsum summæ veritatis fontem medullitus toto animæ affectu intraverit, tunc in idipsum dulcedinis quasi totum ignitum, et in ignem amoris conversum, ab omni strepitu et perturbatione pacatissimum requiescit.*

(Υ3) geistigen Betrachtung (*contemplatio*)

reicht, sind z.B. auch bei dem Schüler Hugo's, Richard von St. Viktor (gest. 1173),[61] bei Honorius Augustodunensis (ca. 1080-1156),[62] den beiden Kartäusern Guigo I (1083-1137) und Guigo II (gest. 1188),[63] Bonaventura (1221-1274),[64] Walter Hilton (ca. 1330-1396)[65] und anderen christlichen Seelenführern vorfindlich.[66] Ähnlich finden wir sie schon in der antiken Philosophie, so z.B. bei Ploutarchos von Chaironeia, der die Therapie der Seele in die Abschnitte der Belehrung durch den Psychagogen (Υ1), der Erwägungen (*epilogismós*) zur

[61] Cf. K. Ruh, Geschichte der abendländischen Mystik, 1.222-225, 332, 358-406; J.-A. Robilliard, Les six genres de contemplation chez Richard de Saint-Victor et leur origine platonicienne; M.-A. Aris, Contemplatio. Philosophische Studien zum Traktat Benjamin Maior des Richard von St. Victor, pp. 48-55. A. M. Haas, Geistliches Mittelalter, pp. 10-12 (*ET DESCENDIT DE CAELO* γνῶθι σεαυτόν (Juvenal, Satir. XI, 27), Dauer und Wandel eines mystologischen Motivs), informiert darüber, daß gewisse Stufenfolgen des Erkennens bei den Viktorinern unter dem Motto der Selbsterkenntnis stehen.

[62] Cf. Honorius Augustodunensis, Scala coeli major seu de ordine cognoscendi Deum in creaturis.

[63] Cf. S. Tugwell, Ways of Imperfection, pp. 93-124; K. Ruh, Geschichte der abendländischen Mystik, 1.208-225.

[64] Cf. F. Andres, Die Stufen der Contemplatio in Bonaventuras Itinerarium mentis in Deum und im Benjamin maior des Richard von St. Viktor; M. Schlosser, Einleitung in Bonaventura: De triplici via, pp. 23-34.

[65] Cf. W. Hilton, The Scale of Perfection 1.3-9, ⟨ed.⟩ E. Underhill, pp. 5-18; ⟨tr.⟩ E. Strakosch, pp. 23-30.

[66] Zu den vier Liebesstufen bei Bernard de Clairvaux (1090-1153) cf. K. Ruh, Geschichte der abendländischen Mystik, 1.230-234; 2.26; siehe auch Honorius Augustodunensis, Scala coeli minor seu de gradibus charitatis opusculum. Zu den drei Sündenstufen im St. Trudperter Hohelied (12. Jh.) cf. K. Ruh, Geschichte der abendländischen Mystik, 2.26 (mit Angabe von Sekundärliteratur).

existentiellen Durchdringung und Aneignung des Gelernten (Υ31), der Erkenntnis (*krísis*) des Wesens des zu Überwindenden/Vermeidenden (Υ32) und der tätigen Übung (*áskēsis*) (Υ2) unterteilt. „... die Linien der Heilungsfaktoren: Erkenntnis, ἐπιλογισμοί, ἄσκησις verschwimmen infolge der eigentlichen Komposition dieser Schrift [›Über die Zornlosigkeit‹] ineinander ... In Plutarchs System gehören die ἐπιλογισμοί zur κρίσις ...; ihrem Wesen nach stehen sie in der Mitte zwischen der κρίσις und seiner ἄσκησις."[67]

Eine weitere Ausdrucksform der Hierarchie des Geistigen und geistlichen Fortschritts ist in der christlichen Spiritualtradition mit der Vorstellung vom dreifachen Wahrnehmungsorgan, dem dreifachen Auge (*oculus triplex*),

(Υ1) dem fleischlich-leiblichen Auge (*oculus carnalis*),
(Υ2) dem Vernunftauge (*oculus rationis/mentis*) und
(Υ3) dem Kontemplationsauge (*oculus contemplationis*),

gegeben.[68] Solche und vergleichbare Skalen sah man innerhalb kontemplativer Kreise des Christentums in der Spirituallehre von Augustinus vorgeprägt, speziell in dem Werk ›Über Geist

[67] P. Rabbow, Seelenführung, p. 342; cf. o. c., pp. 340–342.

[68] Zu den verschiedenen ‚Augen' cf. A. Solignac, Oculus. E. Wolz-Gottwald, Transformation der Phänomenologie, pp. 31–56, Schaubilder o. c., pp. 35, 38; idem, Die Transzendentale Phänomenologie und die philosophische Mystik, pp. 103–106; der heidnisch-platonistische Hintergrund bleibt bei letztgenanntem Autor leider unthematisiert, wodurch das Zerrbild entsteht, daß die Konstruktion dieser Geistlehre als ganze christlichen Ursprungs ist und nicht nur einige Formulierungen; F. Mauthner, Wörterbuch der Philosophie, 2.374; E. v. Ivánka, Der ›Apex mentis‹, pp. 138–146; idem, Zur Überwindung des neuplatonischen Intellektualismus in der Deutung der Mystik; zu den fünf Spiritualsinnen (auch Augen) cf. K. Rahner, Le début d'une doctrine des cinq sens spirituels chez Origène; idem, La doctrine des "sens spirituels" au moyen-age en particulier chez Saint Bonaventure.

und Seele‹, das lange Zeit als authentisch Augustinisch galt. Dieses Mißverständnis ist zwar spätestens seit der Gesamtausgabe der Werke lateinisch schreibender Kirchenväter, der ›Patrologia Latina‹, aufgeklärt, die historische Wirkung, die dieses erzeugte, kann im Nachhinein aber nicht rückgängig gemacht werden. Diese mittelalterliche pseudaugustinische Schrift wird heute einem gewissen Mönch von Clairvaux namens Alcherus zugeschrieben, dem einerseits mit modernen Doxographen zwar der Vorwurf gemacht werden kann, sein Schriftchen aus verschiedenen Quellen zusammengeklaubt zu haben, dem andererseits gegen diese aber zugute gehalten werden muß, dies nicht wahllos, sondern mit einem klaren Blick für geiststrukturelle Musterbildung getan zu haben. „Der Beitrag von Alcherus von Clairvaux ist wichtiger [als der seines Lehrers Bernhard von Clairvaux]. In seinem kleinen Werk ›De spiritu et anima‹, das für das Mittelalter, oft unter dem Namen von Augustinus, eine ausgezeichnete Zusammenfassung der gesamten psychologischen Tradition der Vergangenheit lieferte, spricht Alcherus zweimal von Spiritualsinnen.“[69] Die Bestätigung für seine Fruchtbarkeit liefert das kurze Traktat insofern selbst, als darin verschiedene Erkenntnisarten und -vermögen in variierender Zahl und Hinsicht aufscheinen (folgend eine Auswahl der am klarsten ausgeprägten Stufungen): in Andeutung und verstreut die schon erwähnten Augen der Seele;[70] dreierlei Schauungen der Seele,

(ϒ1) die körperliche,
(ϒ2) die spirituelle und

[69] K. Rahner, La doctrine des “sens spirituels” au moyen-age en particulier chez Saint Bonaventure, p. 264.

[70] Cf. Pseud-Augustinus, De spiritu et anima 10-11, Patrologia Latina, 40.785-787 = ⟨ed./tr.⟩ J. M. Péronne, 22.419-420.

(Υ3) die intellektuelle;[71]

drei menschliche Wahrnehmungsvermögen und -vollzüge:

(Υ1) das Wahrnehmen der fünf Sinne des Körpers (*corpus quinque sensus*);
(Υ2₁) das Überlegen (*consideratio/cogitatio*)
(Υ2₂) und Selbsterkennen (*intelligit se et cognoscit*)
(Υ2) der Vernunft bzw. des Mentalen (*mens*);
(Υ3) ihr bzw. sein Aufstieg zu Gott in der Kontemplation, um Diesen geistig einzusehen und zu schätzen (*quando contemplatione ad Deum ascendit ut eum intelligat et diligat*), wobei dann vom Mentalen (*mens*) als Bild Gottes (*imago Dei*) gesprochen wird, dessen Natur jedoch nicht
(Υ4) die Natur Gottes selbst ist (*mens humana non sit ejus naturæ, cujus est Deus*);[72]

die Vorstellung von der Seele als Gottesstaat, bewohnt von den drei Platonischen Ständen und im Gleichklang mit den drei Seelenfunktionen in

(Υ3) Höheres (*alii superiores,*),
(Υ1) Niedereres (*alii inferiores,*) und
(Υ2) Mittleres (*alii medii*) gestuft;

die Parallelisierung mit drei Erkenntnissinnen:

(Υ1) dem tierischen (*animalis*), sinnlichen (*sensualis*),
(Υ2) dem vernünftigen (*rationalis*),

---

71 Cf. Pseud-Augustinus, De spiritu et anima 24, Patrologia Latina, 40. 796-798 = ⟨ed./tr.⟩ J. M. Péronne, 22.434-436.

72 Cf. Pseud-Augustinus, De spiritu et anima 34, Patrologia Latina, 40. 803-805 = ⟨ed./tr.⟩ J. M. Péronne, 22.442-445.

(Υ3) dem intellectualen (*intellectualis*);

schließlich die Auffächerung in elf spirituelle Vollzüge und deren Definitionen, welche letztere von mir nicht wiedergegeben werden: I. (Wahrnehmungs-)Sinn (*sensus*) – II. Vorstellung/Einbildung (*imaginatio*) – III. Nachdenken (*cogitatio*) – IV. Erwägung (*consideratio*) – V. Er-mittlung (*meditatio*) – VI. Genie/Geistesgabe (*ingenium*) – VII. Vernunft (*ratio*) – VIII. Intellect (*intellectus*) – IX. Intellelcteinsehen (*intelligentia*) als Erkennen der vier Prinzipien

(Υ4) Gott (*deus*),
(Υ3) Ideen (*ideae*),
(Υ1) Hyle/Materie (*hyle*),
(Υ2) unkörperliche Wesen/Substanzen (*incorporeae substantiae*) –

X. Betrachtung (*contemplatio*) – XI. Liebe (*charitas*);[73] und schließlich drei Grade des Rückstiegs und Aufstiegs in uns (*redeamus .. ad nos, ut possimus ascendere ad nos*),

(Υ1/2) die Zurückziehung vom Äußeren und Niederen (*ascendimus ab istis exterioribus et inferioribus*) im Abwägen und Verachten der Welt (*fit consideratione mundi, et contemptu*),
(Υ2/3) der Aufstieg zum hohen Herzen/Verstand (*ascendimus ad cor altum*) im Erkennen und Verachten von uns selbst (*fit cognitione et contemptu nostri*),
(Υ3/4) der Aufstieg zu Gott (*ascendimus ad Deum*) im Erkennen Gottes und der Liebe zu Gott (*fit cognitione et amore Dei*) mit der Folge der Ausdehnung, Erhebung

[73] Cf. Pseud-Augustinus, De spiritu et anima 37–38, Patrologia Latina, 40.807–809 = ⟨ed./tr.⟩ J. M. Péronne, 22.448–450.

und Entfremdung bzw. des Hinausgerissenseins des Geistes über sich selbst (*fit mentis dilatatione, et mentis sublevatione et mentis alienatione ... quando mens super se rapitur*).[74]

In diesem Zusammenhang ist auch auf „die von Origenes her datierende Einteilung des geistlichen Wegs in die drei Stufen der

(ϒ1) *incipientes,*
(ϒ2) *proficientes* und
(ϒ3/4) *perfecti*

(Anfangende, Fortschreitende, Vollkommene)“[75] aufmerksam zu machen.

In dieselbe Gattung von Beschreibungen spirituellen Emporstrebens auf der Seins- und Bewußtseinstreppe gehören auch die Spekulationen von den Himmeln, den Bäumen/Ästen und den Stadien der Selbstvernichtung bei Iacopone da Todi (ca. 1230-1306).[76] Es würde mich gehörig wundern, wenn die vier Grade und Formen christlichen Lebens (*foure degrees & fourmes of Cristen mens leuying*), mit denen die aus dem England des 14. Jahrhunderts stammende berühmte mystagogische anonyme Schrift ›Die Wolke des Nichtwissens‹ anhebt:

(ϒ1) die gewöhnliche (*Comoun*) in Gemeinschaft weltlicher Freunde (*in companie of.. wordely freendes*) und gottferne

[74] Cf. Pseud-Augustinus, De spiritu et anima 52, Patrologia Latina, 40.817-818 = ⟨ed./tr.⟩ J. M. Péronne, 22.461-462.

[75] A. M. Haas, Meister Eckhart als normative Gestalt geistlichen Lebens, p. 23, mit einer Vielzahl bibliographischer Hinweise auf Primärschriften und Sekundärliteratur in o.c., p. 23[17].

[76] Cf. Iacopone da Todi, Laude, Nrn. 36; 77; 84; 90.86-137; 92.270sqq.

(*fer fro him*);

(ϒ2) die spezielle (*Special*) und geistlichere (*more goostly*);

(ϒ3) die alleinige (*Singuler*), einsame/zurückgezogene (*solitari forme*) und

(ϒ4) die perfekte (*Parfite*), die hier durch Gnade beginnt, aber in der Seligkeit des Himmels ohne Ende immer währen wird (*may bi grace be bigonnen here, bot it schal euer laste wiþ-outen eende in þe blis of heuen*),[77]

nicht durch die genannten mystischen Aufstiegswege inspiriert worden und in etwa folgendermaßen zu beschreiben wären: *vita communis* (ϒ1), *vita activa* (ϒ2), *vita contemplativa* (ϒ3), *vita beata* (ϒ4), zumal die genannte Schrift aus dem Umfeld der gerade im Haupttext aufgezählten geistlichen Lehrer und diese Einteilung in Ansätzen womöglich von den Viktorinern stammt.[78]

Mit solchen Hierarchien entwarfen die mystisch orientierten Seelenführer des christlichen Mittelalters im Anschluß an platonische und platonistische Hierarchien der Erkenntnis und des Erkennbaren, ohne es zu wissen oder auch nur zu ahnen, Stufenwege spirituellen Höherstrebens, die, sieht man von ganz konkreten Gehalten einzelner Disziplinbereiche und dem Kolorit gewisser Ausdrucksweisen einmal ab, in den Vollzügen ihrer jeweiligen Abschnitte dem klassischen jahrtausendealten indischen Schulungsweg von Hören, Vernehmen, Aufnehmen (*śravaṇa*/*adhyayana*), Denken, Reflektieren, Dialektik (*manana*/*cintā*/*cintanā*) und Kontemplieren, geistigem (In-sich-)

---

[77] Cf. Anonymus, The Cloud of Unknowing, Chapter 1, ⟨ed.⟩ P. Hodgson (1973), pp. 13.8–14.15, Schriftschnitte nach diesem Text; cf. ⟨ed.⟩ eadem (1982), pp. 7.29–8.17.

[78] Cf. J. P. H. Clark, The Cloud of Unknowing: An Introduction, pp. 20–21, wo m. E. unnötigerweise davor gewarnt wird, „die Bedeutung des Autors zu sehr zu 'spiritualisieren'“.

Vertieftsein (*nididhyāsana/bhāvanā*) nicht nur beachtlich nahekommen, sondern ihnen geradezu entsprechen.

(ϒ4) „Ātman ist fürwahr (ein)zu(-)sehen/zu (er-)schauen (*draṣṭavyaḥ*):
(ϒ1) zu hören/vernehmen (*śrotavyo*),
(ϒ2) zu bedenken/meditieren (*mantavyo*),
(ϒ3) zu kontemplieren [in Versenkung zu betrachten] (*nididhyāsitavyo*), o Maitreyi;
(ϒ4) durch die Schau [das Erblicken] des Ātman (*ātmano ... darśanena*),
(ϒ1) durch Hören/Vernehmen (*śravaṇena*),
(ϒ2) Denken/Meditieren (*matyā*),
(ϒ3) Erkennen (*vijñānena*),
⟨Y5⟩ wird all das [das nach Bṛh.-Up. 4.5.7 Ātman ist] gewußt (*idaṃ sarvaṃ viditam*).“[79]

Śaṅkara fordert in seinem Kommentar im Anschluß an die zitierte Upaniṣad-Stelle, daß

(ϒ1) zuerst (*pūrvam*) vom Lehrer (*ācāryata*) und den Traditionsschriften (*āgamataś-ca*) zu lernen (*śrotavyaḥ*),
(ϒ2) dann (*paścāt-*) unter Anwendung von logischem Denken (*tarkataḥ*) zu erwägen/meditieren (*mantavyaḥ*) sei bzw. mittels Logik und Beweisführung/Argumentation der Vernunft reflektiert/auseinandergesetzt (*tarkeṇa-upapattyā mate vicārite*)
(ϒ3) und danach standhaft/entschlossen (*niścayena*) kontempliert [in Versenkung betrachtet] werde (*dhyātavyaḥ*).

---

[79] Bṛhadāraṇyaka-Upaniṣad 2.4.5 ≈ 4.5.6, ⟨ed.⟩ J. L. Shastri, Upaniṣat-saṅgrahaḥ, p. 97 ≈ p. 120: *ātmā vā are draṣṭavyaḥ śrotavyo mantavyo nididhyāsitavyo maitreyy-ātmano vā are darśanena śravaṇena matyā vijñānena-idaṃ sarvaṃ viditam* ‖.

(Υ1) Nur wenn diese Disziplinen (*sādhanair*), Hören/Aufnehmen,

(Υ2) Denken,

(Υ3) Kontemplieren,

(Υ4) perfektioniert/vollendet seien (*nirvartitaiḥ*), werde Er geschaut/eingesehen (*dṛṣṭo bhavati*), nur dann, wenn diese vereint/kombiniert seien (*yadā ekatvam-etāni-upagatāni*), werde die vollkommene Einsicht/Schauung (*tadā samyag-darśanaṃ*) in die Sphäre der Einheit Brahman's verwirklicht (*brahma-ekatva-viṣayaṃ-prasīdati*), nicht anders, z. B. durch Hören/Vernehmen/Lernen allein (*na anyathā śravaṇa-mātreṇa*).[80]

Der Versuch, den einer meiner Studenten und philosophischen Gesprächspartner unternahm, nämlich die Schulungsphasen des tantrischen Rituals am Beispiel der Kultbildverehrung und Yantra-Zeremonie in eben dieser traditionellen Dreiphasigkeit, einleitendes Aufnehmen, fortführende Analyse und abschließende Synthese, zu interpretieren, eröffnet weitere Perspektiven hinsichtlich des Zusammenhangs von Theorie und Praxis in den weisheitlichen Schulungsdisziplinen – nicht nur Indiens.[81]

Daß das Dreischrittmodell tatsächlich vierteilig interpretiert werden muß, möge man zusätzlich an dem Schema ablesen, das Sadānanda aus den klassischen Vorlagen und deren Interpretationen entwickelte, wobei der vedāntischen Vierstaffelung

---

[80] Cf. Śaṅkara, Bṛhadāraṇyaka-Upaniṣad-Bhāṣya 2.4.5; 4.5.6, Samata Edition, 10.304; 10.664; idem, Brahmasūtra-Bhāṣya 3.4.51, Samata Edition, 7.757-759.

[81] Dipl. Soz.-Päd. Heiko Helbig in Referaten im Rahmen meiner Lehrveranstaltungen, mit Verweisen auf H. Zimmer, Kunstform und Yoga im indischen Kultbild; idem, Yoga und Buddhismus; H. Johari, Wege zum Tantra.

der Geistwirklichkeit eine Vierstaffelung der Versenkungsübungen (*anuṣṭhāna*), welche konsequent in der Totalsynthese der gänzlichen Einung enden, gleichläuft.

(ϒ1) Hören/Aufnehmen (*śravaṇa*) = die allen offensichtliche Sinnenebene (*viśva*);
(ϒ2) Denken (*manana*) = Rational-, Denk- und Willensebene (*taijasa*);
(ϒ3) Kontemplation (*nididhyāsana*) = Geist-, Weisheitsebene (*prājña*);
(ϒ4) Sammlung/Vereinigung (*samādhi*) = Einheitsebene des [bloßen] Bewußtseins (*caitanya*).[82]

Eingelassen in sechzig dreigliedrige Lehrgegenstände (*tayo dhammā*), von welchen einige analog dem folgend zitierten strukturiert sind und als dessen Äquivalente in verschiedenen Bereichen der Buddhadoktrin angesehen werden müssen, findet sich in der ›Langen Sammlung‹ genau die Hierarchie geistiger Durchdringungsgrade, die wir von der ›Bṛhadāraṇyaka-Upaniṣad‹ her kennen: „Weitere drei Arten des Wissens:

(ϒ2) das aus Denken bestehende Wissen (*cintā-mayā paññā*),
(ϒ1) das aus Lernen/Aufnehmen bestehende Wissen (*suta-mayā paññā*) und
(ϒ3) das aus kontemplativer Verwirklichung bestehende

[82] Cf. Sadānanda, Vedāntasāra 5.181-199, ⟨ed./tr.⟩ S. Nikhilananda (die Verszählung des Vedāntasāra in der Übersetzung P. Deussen, Allgemeine Geschichte der Philosophie, 1.3.639-670, weicht von der Ausgabe, die ich verwandte, ab; nach der Zählung der Übersetzung von Deussen sind die hier entscheidenden die Verse 196-212).

Wissen (*bhāvanā-mayā paññā*).“[83]

„... Weisheit aus Lehren zu ziehen, ist nicht genug, sie muß durch Reflexion und Kontemplation gefestigt werden. Demgemäß spricht der Buddha von drei Typen von Weisheit,

(ϒ1) auf Lektion (*śruta*),
(ϒ2) Reflexion (*cintā*) und
(ϒ3) Kontemplation (*bhāvanā*)

beruhender, und das war auf einer Linie mit der vorgeschriebenen dreifachen Übung der Bṛhadāraṇyaka-Upaniṣad:

(ϒ1) ‘zu hören,
(ϒ2) zu bedenken und
(ϒ3) zu meditieren’ –

späteren hindu-religiösen Vorschriften gemein.“[84] Vom frühen Buddhismus (Theravāda/Hīnayāna) ging die dreistufige Weisheitsschulung in das Große Fahrzeug (Mahāyāna) über.[85] Der

---

[83] Dīgha-Nikāya 33.1.10 (43), ⟨edd.⟩ T. W. Rhys Davids / J. E. Carpenter, 3.219: *Aparā pi tisso paññā. Cintā-mayā paññā, suta-mayā paññā, bhāvanā-mayā paññā.* Cf. Vibhaṅga, ⟨ed.⟩ C. A. F. Rhys Davids, p. 310, ⟨tr.⟩ P. A. Thiṭṭila, p. 410, Nr. 753; Visuddhi-Magga, ⟨ed.⟩ C. A. F. Rhys Davids, p. 439, ⟨tr.⟩ Nyanaponika Mahathera, p. 497; eine weitere kanonische Teststelle ist bei C. Lindtner, Nagarjuniana, p. 252[201], genannt.

[84] B. K. Matilal, Philosophy, Culture and Religion (17. What is Buddhism?), 1.285.

[85] Cf. Mātṛceṭa, Śatapañcāśatka 90, ⟨ed./tr.⟩ D. R. S. Bailey, p. 101; weitere Nachweise für mahāyānistisches Schrifttum bei C. Lindtner, Nagarjuniana, p. 269[235]; Erläuterung der dreigliedrigen Weisheit im Haupttext der angegebenen Stelle; zu Dharmakīrti (7. Jh.) cf. idem, Yoga in Mahāyāna and Mahāvajrayāna, p. 13; die Einfügung dieser Lehre in die Zweiwahrheitendoktrin (*satya dvaya*/*dve satye*) durch Bhāvaviveka/Bhavya stellt, wie in der ersten Abteilung der ›Widerspiegelung des

augenscheinlich dreistufige Erkenntnisaufstieg (*trividhā prajñā*) des Buddhismus kann, ja muß ebenso viersprossig gelesen werden. Vierte Ebene ist selbstverständlich das Ziel der Exerzitien, das Nirvāṇa(-Erlebnis), der ungetrübte und ungehinderte, absolute und unendliche Klar-, Durch- und Allblick der Erleuchtung (*bodhi*), das perfekte An- und Niederhalten (*nirodha*) der diesen hemmenden Daseinsfaktoren. Doch ist zu berücksichtigen, daß in die Schulungswege beider Meditationssysteme, des orthodoxen wie heterodoxen, mitunter Zwischenschritte eingefügt sind, die die Klärung der Ordnungsrelationen wesentlich erschweren.

Einige zag- und leider auch laienhafte Versuche von Gegenüberstellungen der Zustandsformen und Tiefengrade meditativen Bewußtseins und deren Erlangung in der griechischen wie indischen Weisheitstradition sind in der Forschung bereits nachweisbar.[86] Weil der Stand der Kenntnisse über die jeweils fremden Lehren diesbezüglich wie allgemein sowohl im Osten als auch im Westen niedrig bis niedrigst, ja unterirdisch zu nennen ist, tappen insbesondere die meisten okzidentalen

---

Geistes‹ wiedergegeben, idem, Bhavya's Critique of Yogācāra in the *Madhyamakaratnapradīpa*, Chapter IV, pp. 245–246, dar.

[86] Cf. R. T. Wallis, ΝΟΥΣ as Experience (zu Plotinus, Platon, Philon; wenige unspezifische Vergleiche mit hinduistischen und buddhistischen Lehrgehalten); die Bemerkung von idem, Neoplatonism, p. 89, die von N. Kazanas, Advaita and Gnosticism, pp. 251–252, ungeprüft iteriert wird, daß sich nämlich Plotins Interpretation der mystischen Erfahrung von der der monistischen Mystik des non-dualistischen Advaita unterscheide, beruht auf einer Mißachtung der Gesamtlehre und einem Mißverständnis des Zusammenhangs von Geist und Einem bei diesem; D. F. T. Rodier, Meditative States in the Abhidharma and in Pseudo-Dionys; F.-M. Braun, Hermétisme et Johannisme, pp. 280–285 (Analogien zwischen Yoga und Hermetik, insbsondere dem Traktat ›Von Hermes Trismegistos an seinen Sohn Tat: Geheime Unterredung auf einem Berg, betreffend die Wiedergeburt und Aufforderung zum Stilleschweigen‹, ⟨ed.⟩ A. D. Nock, ⟨tr.⟩ A.-J. Festugière, Hermes Trismegistos, Corpus Hermeticum 13, 1.197–219).

Exegeten und Interpreten bei der Ausdeutung ihrer eigenen Tradition der Einübung in die Weisheit im Dunkeln, da ihnen, im Gegensatz zu ihren orientalischen Kollegen, der ganzheitliche Schulungscharakter (*paideusis*) der Philosophie, ihrer eigenen, und, was nicht weniger schwerer wiegt, der asiatischen, unbekannt ist oder als unbedeutend erscheint. Dadurch begeben sie sich des Wissens, das gerade in Indien über gewaltige Zeiträume hinweg durch Erfahrung erworben wurde und immer noch erworben wird. Wenigstens eine grobgliedrige Beschreibung der trigraden Wissensmethode im frühen Buddhismus und Abhidharma mit Hilfe der Zusammenschau des Erkenntnisaufstiegs bei Plotin existiert schon, gegeben allerdings von einem abendländischen Intellektuellen, der lamaistischer Mönch wurde:

(Υ1/2) Meinung und Ansichten (*dhiṭṭhi*) – »subjektiv« – Sinneswahrnehmung

(Υ2/3) Überlegung und Erwägung (*vitakka-vicāra*) – »objektiv« – Dialektik

(Υ3/4) Erleuchtung (*bodhi*) – »Subjekt-Objekt-Vereinigung« – Intuition.[87]

Hierher gehört auch die Lehre von drei bis fünf Augen unterschiedlicher Sehfähigkeit und Sichtbarkeitsbereiche im

[87] Cf. A. Govinda, Die psychologische Haltung der frühbuddhistischen Philosophie und ihre systematische Darstellung nach der Tradition des Abhidharma, pp. 47–52; cf. idem, Creative Meditation and Multi-Dimensional Consciousness, p. 233; in beiden Werken zitiert der Autor einen angeblichen Passus von Plotinos, an letzterer Stelle mit dem Hinweis „Brief an Flaccus", ansonsten unbelegt. Dabei handelt es sich um ein inauthentisches Dokument, eine englischsprachige synoptische Nachahmung aus den ›Enneaden‹ mit einigen Verweisen, doch ohne Herkunftsnachweis des vermeintlichen Briefes, von R. A. Vaughan, Hours with the Mystics, 1.61–63, aus der Mitte des 19. Jahrhunderts, cf. R. T. Wallis, Neoplatonism, p. 44[3].

Buddhismus, insbesondere im Mahāyāna. Entsprechend den drei gerade behandelten Phasen des Wissenserwerbs findet sich im ›Kanon‹ folgende ansteigende Ordnung von Sehorganen: „Drei (Arten von) Augen:

(ϒ1) das fleischliche Auge,
(ϒ2) das göttliche/himmlische Auge,
(ϒ3) das Weisheitsauge.“[88]

„Anderswo haben wir auch *dhamma-, buddha-, samanta-cakkhu.* [Gesetzes-, Buddha-, Allsichtigkeitsauge] *Cf. Dial.* [ogues of the Buddha] i, 95 n. Die Ordnung der Vortrefflichkeit ist

(ϒ1) *maṃsa-,* [fleischliches]
(ϒ2) *dibba-,* [göttliches/himmlisches]
(ϒ3) *dhamma-,* [Gesetzes-/Ordnungs-]
(ϒ4) *paññā-cakkhu* [Weisheitsauge].“[89]

Das ›Mahā-Prajñāpāramitā-Śāstra‹ stuft nun fünf dieser Sehorgane zu folgendem Modell aufeinander:

(ϒ1) das fleischliche Auge (*māṃsa-cakṣus* / 肉眼 *ròu yǎn*),
(ϒ2) das himmlische, übernatürliche, magische, engelhafte oder wunderbare Auge (*divya-cakṣus* / 天眼 *tiān yǎn*),
(ϒ3₁) das Weisheitsauge (*prajñā-cakṣus* / 慧眼 *huì yǎn*)

---

88 Dīgha-Nikāya 33.1.10 (46), ⟨edd.⟩ T. W. Rhys Davids / J. E. Carpenter, 3.219: *Tīṇi cakkhūni. Maṃsa-cakkhu, dibba-cakhu, paññā cakkhu.* Cf. Iti-Vuttaka 3.2.2 (60), ⟨ed.⟩ E. Windisch, p. 52.

89 F. L. Woodward, The Minor Anthologies of the Pali Canon Part 2, p. 155[1], meine Übersetzung und erläuternde Ergänzung in eckigen Klammern; Stellenangaben zu den verschiedenen Augen in T. W. Rhys Davids / W. Stede, The Pali Text Society's Pali-English Dictionary, pp. 259–260, s. v. *cakkhu.*

(♈3₂) das Dharma-Auge (*dharma-cakṣus* / 法眼 *fǎ yǎn*),
(♈4) und das Buddhaauge (*buddha-cakṣus* / 佛眼 *fó yǎn*).[90]

Da die strukturellen Analogien zwischen diesen geistig-geistlichen Hierarchien des Abend- und Morgenlandes derart frappierend sind, daß sie weder von gläubigen Parteigängern der angesprochenen Weltanschauungen noch von szientistischen Kulturdifferentisten bestritten werden können, dürfte sowohl den einen wie den anderen nur der Einwand übrig bleiben, daß entweder die Unterschiede in den inhaltlichen Bestimmungen unberücksichtigt blieben oder meine Forschungsergebnisse unwichtig seien. Das läßt sich ob der Verblendung weltanschaulich Befangener, welcher Ideologie sie auch immer anhangen, nicht vermeiden. Während betreffs dialektischen und logisch-reflektorischen Denkens mit einer gewissen Plausibilität das Argument vorgebracht werden könnte, daß hier der Westen schon einige Zeit früher als der Osten bis in feinste Feinheiten vorgedrungen ist und somit der Hauch einer Wahrscheinlichkeit der Beeinflussung bestünde, scheint es mir bei diesem praxiologischen und praktischen Aspekt gerade umgekehrt zu sein und es müßte sich der Okzidentalist fragen lassen, ob die diesbezüglichen Spekulationen nicht vom Orient übernommen wurden.

Abschließend noch eine von mir zusammengestellte Tabelle 3/4-gradiger philosophisch-spiritueller Schulung. Die Dokumentation dazu und Übersetzung der Fremdsprachenbegriffe liegt entweder in den bereits verfügbaren Faszikeln vor oder wird im Faszikel II/7 zum Daoismus vorgelegt werden.

[90] Cf. K. Venkata Ramanan, Nāgārjuna's Philosophy, pp. 119–126, 242–245, wo die zweimalige Reihe der fünf Augen in (Pseudo-)Nāgārjuna, Mahāprajñāpāramitā-Śāstra (Dà-zhì-dù-lùn), Taishō, Nr. 1509, 25.348b18–26, übersetzt ist; Skalierung tentativ; cf. É. Lamotte, Le traité de la grande vertu de sagesse de Nāgārjuna, 5.2260–2263.

SCHULUNGSDREISCHRITTE VON PHILO–SOPHIEN

	PLATON ›Menon‹/ ›Phaidros‹	PLATON nach THEON SMYRNAIOS	MYSTERIEN nach CLEMENS ALEXANDRINUS	EPIKTETOS	DAMASKIOS	DIONYSIOS AREOPAGITA	KARTÄUSER VICTORINER BONAVENTURA	BṚHADĀRAṆYAKA-UPANIṢAD (*ŚAṄKARA*)	MAHĀ-YĀNA	DAOISMUS 2 Beispiele aus ›Zhuāngzǐ‹	
(Υ_4)	**θεία μοῖρα** (*theía moira*) **göttliche Schickung** Gott Wohlefälliges reden und tun	**Eudaimonie,** (***Vergöttlichung***)		**[Weisheit/ Wissen]**	**ἐποπτεία αὐτοψία Epoptik** (***Autopsie***)	**Prinzip der Perfektion**	[***visio dei***]	**draṣṭavya viditam Ātman-Brahman** (***ekatva, nirvartita, prasīdati***)	[***bodhi***] [Erleuch-tung]	**Leere sammelt Dào** 道集虚 *dào jí xū*	**Rückkehr zum Ursprung** 各復其根 *gè fù qí gēn* **geist-/seelenlos sein** 無魂 *wú hún*
(Υ_3)	**μάθησις** (*máthēsis*) **Erkenntnis ἐπιστήμη** (*epistḗmē*) **Wissen**	**Epoptik** (***Bekränzung***)	**große Mysterien = Epoptik des Gesamten**	**Logik**	**μύησις Einweihung** (***Zusammen-nehmen ins Teillose***)	**vereinigend/ vervoll-kommnend** ***via unitiva/ perfectiva***	***contemplatio***	**nididhyāsitavya vijñānena** (***dhyātavya***)	***bhāvanā*** Kontempla-tion	**mit (leerem) Geist vernehmen** 聽之以氣(虚) *tīng zhī yǐ qì (xū)*	**Geist (ent)lassen** 釋神 *shì shén*
(Υ_2)	**ἄσκησις** (*áskēsis*) **Übung μελέτη** (*melétē*) **Bemühung**	**3 philosoph. Disziplinen: Physik, Politik [= Ethik], Logik** (***Einweihung***)	**kleine Mysterien = Lehre (Vorbereitung)**	**Ethik**	**σύστασις Systembildung** (***Dianoetik***)	**erleuchtend** ***via illuminativa***	***meditatio/ speculatio***	**mantavya matyā** (***tarkeṇa-upapatyā mate vicārite***)	***cintā*** Denken	**mit Vernunft Vernehmen** 聽之以心 *tīng zhī yǐ xīn*	**Intelligenz ausspucken** 吐爾聰明 *tǔ ěr cōng míng* **Vernunft (er)lösen** 解心 *jiě xīn*
(Υ_1)	**φύσις** (*phúsis*) **Naturanlage**	**5 mathemat. Wissenschaften** (***Läuterung***)	**Läuterung**	**Physik**	**κάθαρσις Läuterung** 1_2**) geheime** 1_1**) gewöhnliche**	**läuternd** ***via purgativa***	***cogitatio/ lectio***	**śrotavya śraveṇa** (***ācāryata, āgamataḥ***)	***śruta*** Vernehmen	**mit Ohr Vernehmen** 聽之以耳 *tīng zhī yǐ ěr*	**Körperform fallen lassen** 墮爾形體 *duò ěr xíng tǐ*

Literatur

Abel-Rémusat, Jean-Pierre: Observations sur quelques points de la doctrine Samanéenne et en particulier sur les noms de la Triade Suprême chez les différens peuples Bouddhistes, Paris 1831

Adler, Joseph A.: Reconstructing the Confucian Dao. ZhuXi's Appropriation of Zhou Dunyi, Albany/NY 2014

Agrawala, Vasudeva S.: Hymn of Creation (Nāsadīya Sūkta, Ṛigveda, X.129), Varanasi [2]1983 ([1]1963)

Agrawala, Vasudeva S.: The Thousand-Syllabled Speech [sahasrākṣara vāk], [Being a Study in Cosmic Symbolism in its Vedic Version], I. Vision in Long Darkness. Introduction and Analysis, Text and Translation of the Asya-Vāmīya Sūkta of Ṛishi Dīrghatamas (Ṛigveda 1.164. 1-52), Varanasi 1963

Albert, Karl: Philosophie der Philosophie, Sankt Augustin [1]1988 (Die ontologische Erfahrung, pp. 7-208; Mystik und Philosophie, pp. 209-428; Studien zur Philosophie der Philosophie, pp. 429-620)

Albert, Karl: Über Platons Begriff der Philosophie, Sankt Augustin [1]1989

Aland, Barbara: Erwählungstheologie und Menschenklassenlehre. Die Theologie des Herakleon als Schlüssel zum Verständnis der christlichen Gnosis?, in: ⟨ed.⟩ Krause, Martin: Gnosis and Gnosticism. Papers read at the Seventh International Conference on Patristic Studies (Oxford, September 8th–13th 1975), Leiden 1977, 148-181

Allen, Nick: Varnas, colours, and functions. Expanding Dumézil's schema, in: Zeitschrift für Religionswissenschaft 6 (1998), Marburg, 163-177

Altes und Neues Testament: ⟨tr.⟩ Luther, Martin: Die gantze Heilige Schrifft Deudsch, Wittenberg 1545. Letzte zu Luthers Lebzeiten erschienene Ausgabe, ⟨ed.⟩ Volz, Hans mit Blank, Heinz, 2 Bde. mit 1 Anhang- und Dokumenteband, Herrsching s.a.

Altmann, Alexander / Stern, Samuel Niklos: Isaac Israeli. A Neoplatonic Philosopher of the Early tenth Century, Westport/CT 1979

(reprint of the ed. Oxford 1958)

Ammann, A. M.: Die Gottesschau im palamitischen Hesychasmus. Ein Handbuch der spätbyzantinischen Mystik, Würzburg [3]1986 ([1]1938)

Andres, Friedrich: Die Stufen der Contemplatio in Bonaventuras Itinerarium mentis in Deum und im Benjamin maior des Richard von St. Viktor, in: Franziskanische Studien 8 (1921), Münster/ Westf., 189-200

Anonymus: Philosophie (Rezension: Heinrich Ritter, Geschichte der Pythagorischen Philosophie; Ernst Reinhold, Beytrag zur Erläuterung der Pythagorischen Metaphysik; Amadeus Wendt, De rerum principiis secundum Pythagoreos), in: Allgemeine Literatur-Zeitung 44-9/10 (1828), Halle–Leipzig, 66-80

Anonymus: A Book of Contemplation the which is Called The Cloud of Unknowing, in the which a Soul is Oned with God, ⟨tr.⟩ Underhill, Evelyn, London [2]1922 ([1]1912)

Anonymus: The Cloud of Unknowing and Related Treatises on Contemplative Prayer, ⟨ed.⟩ Hodgson, Phyllis, Salzburg–Exeter 1982

Anonymus: The Cloud of Unknowing and The Book of Private Counselling, ⟨ed.⟩ Hodgson, Phyllis, London–New York–Toronto 1973 (2nd repr. of [1]1944)

Anonymus: The Cloud of Unknowing, ⟨tr.⟩ Riehle, Wolfgang: Das Buch von der mystischen Kontemplation, genannt Die Wolke des Nichtwissens, Einsiedeln [2]1983 ([1]1980)

Anwander, Anton: Die Alexandrinische Katechetenschule und Indien, in: Theologische Quartalschrift 108 (1927), 317-331 & 109 (1929), 257-284, Tübingen

Aramaki, Noritoshi: Paratantrasvabhāva (I) – A Diagrammatic Account –, in: Journal of Indian and Buddhist Studies (Indogaku Bukkyōgaku Kenkyū) 15 (1967-68), 955-941 (40-54) & 16 (1968-69), 968-956 (29-41), Tokyo

Aris, Marc-Aeilko: Contemplatio. Philosophische Studien zum Traktat Benjamin Maior des Richard von St. Victor. Mit einer verbesserten Edition des Textes, Frankfurt/M. 1996

Aristoteles: Aristotelis Opera edidit Academia Regia Borussica, Aristoteles graece ex recognitione Immanuelis Bekkeri, vol. 1-2, Darmstadt 1960 (repr. d. Ausg. Berlin [1]1831)

Aristoteles: De anima (gr./dt.), ⟨edd.⟩ Biehl, Wilhelm / Apelt, Otto, ⟨tr.⟩ Seidl, Horst: Über die Seele, Hamburg 1995

Aristoteles: Ethica Eudemia, ⟨tr.⟩ Gohlke, Paul: Aristoteles: Eudemische Ethik, Paderborn 1954

Aristoteles: Ethica Eudemia (gr./engl.), ⟨tr.⟩ Rackham, Harris (Loeb Classical Library: Aristotle, Vol. 20), Cambridge/MA–London 1971 (Repr. d. revidierten Ausg. 1952; ^{1}1935), 189-481

Aristoteles: Ethica Eudemia, (edd.) Walzer, Richard R. / Mingay, Jean M., Oxford et al. 1991

Aristoteles: Fragmenta, ⟨ed.⟩ Rose, Valentinus: Aristotelis qvi ferebantvr librorvm fragmenta, Stuttgart 1967 (Nachdr. d. Ausg. ^{1}1886)

Aristoteles: Fragmente, ⟨tr.⟩ Gohlke, Paul, Paderborn 1960

Aristoteles: Fragmenta, ⟨tr.⟩ Ross, David: The Works of Aristotle, Vol. 12: Select Fragments, Oxford 1952

Aristoteles: Politica, ⟨ed.⟩ Immisch, Otto, Leipzig 1929

Aristoteles: Politica, (gr./engl.), ⟨tr.⟩ Rackham, Harris (Loeb Classical Library: Aristotle, Vol. 21), Cambridge/MA–London 1990 (Repr. d. revidierten Ausg. 1944; ^{1}1932)

Armstrong, A. H. / Ravindra, R. R.: *Buddhi* in the *Bhagavadgītā* and *Psyché* in Plotinus, in: ⟨ed.⟩ Harris, R. Baine: Neoplatonism and Indian Thought, Delhi 1992 (reprint of ed. ^{1}1982), 63-86

Arnou, R.: Platonisme des pères, in: ⟨edd.⟩ Vacant, A. / Mengenot, E. / Amann, É.: Dictionnaire de théologie catholique, tome 12.2, Paris 1935, 2258-2392

Asaṅga: Mahāyānasūtrālaṃkāra (skr./frz.), ⟨ed./tr.⟩ Lévi, Sylvain: Exposé de la doctrine du Grand Véhicule selon le système Yogācāra, 2 tomes, Paris 1907-1911

Asaṅga: Mahāyānasūtrālaṃkāra (skr./engl.), ⟨ed./tr.⟩ Limaye, Surekha Vijay, Delhi 1992

Atharva-Veda Saṃhitā and Bhāṣya of Sāyaṇācārya [Including 20th Kāṇḍa]: 3 Vols. (skr./engl.), ⟨ed./rev.⟩ Joshi, K. L., ⟨tr.⟩ Whitney, W. D., Delhi 2000

Aubin, Paul: Plotin et le christianisme. Triade Plotinienne et trinité Chrétienne, Paris 1992

Augustinus, Aurelius: De genesi ad litteram libri duodecim (lat./frz.), ⟨ed.⟩ Zycha, J., ⟨trr.⟩ Agaësse, P. / Solignac, A.: La Genèse au sens littéral en douze livres (VIII-XII), Œuvres de Saint Augustin, tome 49, Paris 1972

Pseud-Augustinus: De spiritu et anima, in: ⟨ed.⟩ Migne, J.-P.: Patrologia Latina, tomus 40, Paris 1887

Augustinus, Aurelius: Œuvres complètes de Saint Augustin évêque d'Hippone (lat./frz.), 33 tomes, ⟨edd./trr.⟩ Péronne, Joseph Maxence et al., Paris 1869-1878

Aujoulat, Noël: Le Néo-Platonisme Alexandrin. Hiéroclès d'Alexandrie. Filiations intellectuelles et spirituelles d'un néo-platonicien du Ve siècle, Leiden 1986

Avadhūta-Gītā: ⟨ed./tr.⟩ Thomi, Peter: Avadhūtagītā (skr./dt.), Wichtrach/Schweiz 1996

Baldrian-Hussein, Yin and Yang 陰陽, in: ⟨ed.⟩ Pregadio, Fabrizio: The Encyclopedia of Taoism, 2 Vols, London–New York 2008, 1164-1166

Barua, Benimadhab: A History of Pre-Buddhistic Indian Philosophy, New Delhi et al. 1981 (3rd repr.; [1]1921)

Basham, Arthur Llewellyn: The Wonder that was India. *A survey of the history and culture of the Indian sub-continent before the coming of the Muslims*, Calcutta et al. 1986 ([1]1954)

Baumgartner, Hans Michael: Von der Möglichkeit, das Agathon als Prinzip zu denken. Versuch einer transzendentalen Interpretation zu Politeia 509b, in: ⟨ed.⟩ Flasch, Kurt: Parusia (Festgabe für Joh. Hirschberger), Frankfurt/M. 1965, 89-101

Beierwaltes, Werner: Das wahre Selbst. Studien zu Plotins Begriff des Geistes und des Einen, Frankfurt/M. 2001

Beierwaltes, Werner: Heideggers Gelassenheit, in: ⟨ed.⟩ Enskat, Rainer: Amicus Plato magis amica veritas. Festschrift für Wolfgang Wieland zum 65. Geburtstag, Berlin–New York 1998, 1-35

Beierwaltes, Werner: Procliana. Spätantikes Denken und seine Spuren, Frankfurt/M. 2007

Beierwaltes, Werner: Proklos. Grundzüge seiner Metaphysik, Frankfurt/M. 1965

Benz, Ernst: Meditation, Musik und Tanz. Über den „Handpsalter", eine spätmittelalterliche Meditationsform aus dem Rosetum des Mauburnus, Abhandlung der Geistes- und Sozialwissenschaftlichen Klasse der Akademie der Wissenschaften und der Literatur,

Mainz 1976, Nr. 3, Wiesbaden

Benz, Ernst: Indische Einflüsse auf die frühchristliche Theologie, in: Abhandlungen der Geistes- und Sozialwissenschaftlichen Klasse der Akademie der Wissenschaften und der Literatur, Mainz, Jg. 1955, Nr. 3, Wiesbaden, 169-202

van den Berg, Robbert M.: Proclus' Hymns. Essays, Translations, Commentary, Leiden–Boston–Köln 2001

Bernabé, Alberto / Mendoza, Julia: Pythagorean Cosmogony and Vedic Cosmogony (RV 10.129). Analogies and Differences, in: Phronesis 58 (2013), Leiden–Boston, 32-51

Bernal, Martin: Black Athena, 3 Vols., London 1987-2006

Beuys, Joseph: Interview vom 1. Dezember 1976, in: ⟨edd.⟩ Idem / Tisdall, Caroline / Koeppelin, Dieter: Joseph Beuys: The secret block for a secret person in Ireland, Basel 1977, 19-27

Bhagavad-Gītā: With the Commentary of Śaṅkarācārya (Gītā-Text: skr./engl.; Commentary Text: engl.): ⟨ed./tr.⟩ Gambhīrānanda, Swāmī, Calcutta [1]1984

Bharati, Agehananda: The Tantric Tradition, London et al. 1975 (4th impression of [1]1965)

Bhattacharya, Dipak: The Catuṣkāya Doctrine in the Mantranaya, in: Viśva-Bhārati Journal of Research 2 (1977/78), Santiniketan/ India, 92-130

Bhattacharya, Dipak: The Doctrine of Four in the Early Upaniṣads and Some Connected Problems, in: Journal of Indian Philosophy 6 (1978), Dordrecht, 1-34

Bhattacharya, Dipak: The Origin of the Catuṣkāya Doctrine, in: Viśva-Bhārati Journal of Research 1 (1976/77), Santiniketan/India, 41-58

Bhattacharya, Kamaleswar: L'*ātman-brahman* dans le Bouddhisme ancien, Paris 1973

Bhattacharya, Kamaleswar: Some Thoughts on Early Buddhism with Special Reference to its Relation to the Upaniṣads, Pune/India 1998

Bhattacharya, Kamaleswar: The *Ātman-Brahman* in Ancient Buddhism, Cotopaxi/CO 2015

Blume, Eugen: ich avisiere einen vierten Zustand, in: ⟨edd.⟩ Idem / Nichols, Catherine: Beuys. Die Revolution sind wir, Göttingen

2008, 309-310

Blumenthal, Henry J.: Soul and Intellect. Studies in Plotinus and Later Neoplatonism, Aldershot–Brookfield/VT 1993

Bonaventura: De triplici via (Über den dreifachen Weg) (lat./dt.), ⟨ed./tr.⟩ Schlosser, Marianne, Freiburg/Br. et al. 1993

Bonitz, Hermannus: Index Aristotelicus, Aristotelis opera volumen quintum, Berolini 1961

Boquist, Åke: Trisvabhāva. A Study of the Development of the Three-nature-theory in Yogācāra Buddhism, Lund 1993

Bouffartigue, Jean: Représentations et évaluations du texte poétique dans le *Commentaire sur la République* de Proclos, in: ⟨ed.⟩ Costantini, Michel: Le texte et ses représentations, Paris 1987, 129-143

Boyd, Robert H. S.: Theologie im Kontext indischen Denkens, in: ⟨ed.⟩ Bürkle, Horst: Indische Beiträge zur Theologie der Gegenwart, Stuttgart 1966, 77-103

Braun, F.-M.: Hermétisme et Johannisme, in: Revue Thomiste 55 (1955), Bruges et al., 22-42, 259-299

Breloer, Bernardus / Bömer, Franziscus ⟨edd.⟩: Fontes historiae religionum Indicarum, Bonnae 1939

Bremmer, Jan M.: The Early Greek Concept of the Soul, Princeton/NJ, 1983

Brereton, Joel P.: Edifying Puzzlement: *Ṛgveda* 10.129 and the Uses of Enigma, in: Journal of the American Oriental Society 119 (1999), Ann Arbor/MI–New Haven/CT, 248-260 (elektronische Ressource)

Brisson, Luc: La tri-fonctionnalité indo-européenne chez Platon, in: Lacrosse, Joachim: Philosophie comparée. Grèce, Inde, Chine, Paris 2005, 121-142

Brisson, Luc: Orphée et l'Orphisme dans l'Antiquité gréco-romaine, Aldershot–Brookfield/VT 1995

Brodbeck, Karl-Heinz: Der Spiel-Raum der Leerheit. Buddhismus im Gespräch, Solothurn–Düsseldorf 1995

Bronkhorst, Johannes: The Two Sources of Indian Asceticism, Bern et al. 1993

Bronkhorst, Johannes: The two Traditions of Meditation in Ancient India, Stuttgart 1986

Brons, Bernhard: Gott und die Seienden. Untersuchungen zum Verhältnis von neuplatonischer Metaphysik und christlicher Tradition bei Dionysius Areopagita, Göttingen 1976

Brough, John: Collected Papers, ⟨edd.⟩ Hara, Minoru / Wright, J. C., London 1996

Brown, W. Norman: India and Indology. Selected Articles, ⟨ed.⟩ Rocher, Rosane, Delhi et. al. 1978

Brown, W. Norman: Theories of Creation in the Rig Veda, in: Journal of the American Oriental Society 85 (1965), Ann Arbor/MI–New Haven/CT, 23-34 (elektronische Ressource)

von Brück, Michael: Advaita and Trinity, in: Prabuddha Bharata 89 (1984), Calcutta, 127-140

von Brück, Michael: Buddhist Shūnyatā and the Christian Trinity: The Emerging Holistic Paradigm, in: ⟨edd.⟩ Corless, Roger / Knitter, Paul F.: Buddhist Emptiness and Christian Trinity. Essays and Exploration, New York–Mahwah/NJ 1990, 44-66

von Brück, Michael: Einheit in Differenzierung. Trinitarische Denkstrukturen im Vergleich der Religionen, in: ⟨edd.⟩ Schadel, Erwin / Voigt, Uwe: Sein – Erkennen – Handeln. Interkulturelle, ontologische und ethische Perspektiven. Festschrift für Heinrich Beck zum 65. Geburtstag, Frankfurt/M. et al. 1994, 215-227

van Buitenen, J. A. B.: Studies in Indian Literature and Philosophy. Collected Essays, ⟨ed.⟩ Rocher, Ludo, Delhi et al. 1988

van Buitenen, J. A. B.: Maitrāyaṇīya Upaniṣad. A Critical Essay, with Text, Translation and Commentary, 's-Gravenhage (Den Haag) 1962

Burkert, Walter: Kleine Schriften, 8 Bde., ⟨edd.⟩ Riedweg, Christoph, Gemelli Marciano, M. Laura, Graf, Fritz, Krummen, Eveline, Rösler, Wolfgang, Slezák, Thomas A. / Stanzel, Karl-Heinz, Göttingen 2001-2011

Canto-Sperber, Monique / Brisson, Luc: Zur sozialen Gliederung der Polis (Buch II 372d-IV 427), in: ⟨ed.⟩ Höffe, Otfried: Politeia, Berlin ^{3}2011, 71-87

Casey, Robert Pierce: The Excerpta ex Theodoto of Clement of Alexandria, London et al. 1934

Ceming, Katharina: Einheit im Nichts. Die mystische Theologie des Christentums, Buddhismus und Hinduismus im Vergleich,

Augsburg 2004

Chadwick, Henry: Philo and the Beginnings of Christian Thought, in: ⟨ed.⟩ Armstrong, A. H.: The Cambridge History of Later Greek and Early Medieval Philosophy, Cambridge et al. 1991 ([1]1967)

Chan Wing-tsit: A Source Book in Chinese Philosophy, Princeton/NJ 1973 ([1]1963)

Chang, Garma C. C.: The Buddhist Teaching of Totality. The Philosophy of Hwa Yen Buddhism, London 1972

Chang Tsung-tung: Metaphysik, Erkenntnis und Praktische Philosophie im Chuang-Tzu. Zur Neu-Interpretation und systematischen Darstellung der klassischen chinesischen Philosophie, Frankfurt/M. 1982

Charles-Saget, Annick: La théurgie, nouvelle figure de l'*ergon* dans la vie philosophique, in: Blumenthal, Henry J. / Clark, E. Gillian: The Divine Iamblichus. Philosopher and Man of Gods, London 1993, 107-115

Charpentier, Jarl: Brahman. Eine Sprachwissenschaftlich-exegetisch-religionsgeschichtliche Untersuchung, Tle. 1-2, Uppsala 1932

Chatterjee, Ashok Kumar: The Yogācāra Idealism, Delhi et al. 1987 (repr. of rev. [2]1975; [1]1962)

Chaudhury, Prabas Jivan: Reflections on Science, Philosophy and Art, Calcutta 1966

Cicero, Marcus Tullius: Tusculanae disputationes (lat./dt.), ⟨tr.⟩ Gigon, Olof: Cicero: Gespräche in Tusculum, München–Zürich [6]1992

Cicero, Marcus Tullius: Tusculanae disputationes (lat./engl.), ⟨tr.⟩ King, J. E.: Cicero in twenty-eight Volumes, Vol. 18, Cambridge/MA–London 1971 (revised repr. of [1]1927)

Clark, John P. H.: The Cloud of Unknowing: An Introduction, Salzburg 1995

Clark, Robert Maurice: A Study of Christological Categories in the Indian Church, as Compared with those of the Early Church, New York 1949 (Theol. Diss.)

Clemens Alexandrinus: ⟨ed.⟩ Stählin, Otto: Clemens Alexandrinus, 4 Bde., Leipzig 1905-1936 (Bde. 1, 3, 4), Berlin [4]1985 (Bd. 2)

Clemens Alexandrinus: ⟨tr.⟩ Stählin, Otto: Des Clemens von Alexandreia ausgewählte Schriften aus dem Griechischen übersetzt, 5

Bde., München 1934–1938

Clemens Alexandrinus: Stromatum VII (gr./frz.), 〈ed./tr.〉 Le Boulluec, Alain: Clément d'Alexandrie: Les Stromates. Stromate VII, Sources Chrétiennes 428, Paris 1997

Colebrooke, Henry Thomas: Miscellaneous Essays, 2 Vols., London 1837

Collins, Alfred: Reflections on Ṛgveda, X.129: Stimulated by Walter Maurer's Paper, in: Journal of Indo-European Studies 3 (1975), Washington/DC, 271–281

Colpe, Carsten: Heidnischer und christlicher Hellenismus in ihren Beziehungen zum Buddhismus, in: Jahrbuch für Antike und Christentum, Ergänzungsband 11 (1984) = Vivarium. Festschrift Theodor Klauser zum 90. Geburtstag, Münster/Westf. 1984, 57–81

Conze, Edward: Buddhist Prajñā and Greek Sophia, in: Religion 5 (1975), Newcastle-Upon-Tyne–London, 160–167

Conze, Edward: Buddhist Studies 1934–1972, Selected Essays, 1 Doppelband: Thirty Years of Buddhist Studies, 1967 & Further Buddhist Studies, 1975, San Francisco s.a.

Conze, Edward 〈tr.〉: The Large Sutra on Perfect Wisdom. With the Divisions of the Abhisamayālaṅkāra, Berkeley–Los Angeles–London 1975

Coomaraswamy, Ananda K.: Bibliography/Index, 〈ed.〉 Coomaraswamy, Rama P., Berwick-upon-Tweed 1988

Coomaraswamy, Ananda K.: Buddha and the Gospel of Buddhism, New York et al. 1964 (rev. repr. of [1]1916)

Coomaraswamy, Ananda K.: Elements of Buddhist Iconography, New Delhi [2]1972 ([1]1935)

Coomaraswamy, Ananda K.: Hinduism and Buddhism, Westport/CT 1971 (repr. of [1]1943)

Coomaraswamy, Ananda K.: 'Pantheism', Indian and Neo-Platonic, in: Journal of Indian History 16 (1937), Madras, 249–252

Coomaraswamy, Ananda K.: Ṛgveda 10.90.1 *áty atiṣṭhad daśāṅgulám*, in: Journal of the American Oriental Society 66 (1946), New Haven/CT, 145–161

Coomaraswamy, Ananda K.: Selected Papers 1: Traditional Art and Symbolism, 〈ed.〉 Lipsey, Roger, Princeton/NJ 1989 (3rd. pbk.

printing)

Coomaraswamy, Ananda K.: Selected Papers 2: Metaphysics, ⟨ed.⟩ Lipsey, Roger, Princeton/NJ 1987 (1st. pbk. printing)

Coomaraswamy, Ananda K.: The Reinterpretation of Buddhism, in: New Indian Antiquary 2 (1939), Bombay, 575–590

Coomaraswamy, Ananda K.: The Vedas. Essays in Translation and Exegesis, Beckenham/England 1976 (repr. ed. with corr. of: A New Approach to the Vedas [1933] & The Ṛg Veda as Land-Náma-Bók [1935]) = Idem: Perception of The Vedas, ⟨ed.⟩ Misra, Vidya Nivas, New Delhi [1]2000, 17–136

Crouzel, Henri: Origène et Plotin. Comparaisons doctrinales, Paris 1992

Dahlquist, Allan: Die Geschichte der philosophischen Motive in Indien und im Griechenland des Altertums. Die Geschichte der religiös gefärbten Motive in Griechenlands und Indiens philosophischen Systemen, 2 Vols., Hässleholm/Schweden 1992

Damaskios: De principiis (gr./frz.), 3 tomes, ⟨ed.⟩ Westerink, Leendert Gerrit, ⟨tr.⟩ Combès, Joseph: Damascius: Traité des Premiers Principes, Paris 1986–1991

Damaskios: De principiis, ⟨tr.⟩ Ahbel-Rappe, Sara: Damascius' *Problems and Solutions Concerning First Principles*, Oxford et al. 2002

Damaskios: De principiis, ⟨tr.⟩ Ahbel-Rappe, Sara: Damascius' *Problems and Solutions Concerning First Principles*, Oxford et al. 2010

Damaskios: In Platonis Phaedonem (gr./engl.), ⟨ed./tr.⟩ Westerink, Leendert G.: The Greek Commentaries on Plato's Phaedo, Vol. 2: Damascius, Amsterdam–Oxford–New York 1977

Daniélou, Alain: Virtue, Success, Pleasure, and Liberation. The Four Aims of Life in the Tradition of Ancient India, Rochester/VT 1993

Dasgupta, Shashi Bhushan: An Introduction to Tāntric Buddhism, Calcutta [3]1974

Dasgupta, Surendranath: A History of Indian Philosophy, 5 Vols., Delhi et al. [1]1975 (reprint of [1]1922)

Davies, John: The Sankhya Karika of Iswara Krishna. An Exposition of the System of Kapila with Original Sanskrit Texts, Calcutta [2]1957 ([1]1881)

Dèng Xī, ⟨edd./comm.⟩ Xú Zhōng-liáng / Liú Fú-zēng: Xīn-yì

Dèngxīzǐ, Taibei 1997

Despeux, Catherine: *jing, qi, shen* 精 · 氣(炁) · 神 essence, pneuma (breath, energy, vital force), spirit, in: ⟨ed.⟩ Pregadio, Fabrizio: The Encyclopedia of Taoism, 2 Vols, London–New York 2008, 562-565

Deussen, Paul: Allgemeine Geschichte der Philosophie, 2 Bde. in 6 Abt., Leipzig 1894-1915

Deussen, Paul: Sechzig Upanishad's des Veda, Leipzig 1897

Deussen, Paul: Vier philosophische Texte des Mahâbhâratam: Sanatsujâta-Parvan – Bhagavadgîtâ – Mokshadharma – Anugîtâ. In Gemeinschaft mit Dr. Otto Strauss aus dem Sanskrit übersetzt, Bielefeld 1980 (Nachdruck d. Ausg. Leipzig [1]1906, [2]1922)

Dhātu Kathā Pakaraṇa (Aṭṭhakathā): ⟨ed.⟩ Gooneratne, Edmund Rowland, London 1892

Dhātu Kathā: ⟨tr.⟩ U Nārada: Discourse on Elements (Dhātu-Kathā). The Third Book of the Abhidharma Piṭaka, London 1962

Dīgha-Nikāya: ⟨edd.⟩ Rhys Davids, T. W. / Carpenter, J. Estlin, 3 Vols., London 1890-1911

Dīgha-Nikāya: ⟨trr.⟩ Rhys Davids, T. W. / Rhys Davids, C. A. F.: Dialogues of the Buddha, 3 Vols., London 1899-1921

Dīgha-Nikāya: ⟨tr.⟩ Franke, Otto: Dīghanikāya. Das Buch der Langen Texte des Buddhistischen Kanons. In Auswahl übersetzt, Göttingen–Leipzig 1913

Dillon, John M.: Iamblichus of Chalcis (c. 240-325 A. D.), in: ⟨edd.⟩ Haase, Wolfgang / Temporini, Hildegard: Aufstieg und Niedergang der römischen Welt (ANRW), Bd. 2.36.2, Berlin–New York 1987, 862-909

Dillon, John M.: The Golden Chain. Studies in the Development of Platonism and Christianity, Aldershot–Brookfield/VT 1990

Dillon, John M.: The Great Tradition. Further Studies in the Development of Platonism and Early Christianity, Aldershot–Brookfield/VT 1998

Diogenes Laërtios: De vitis dogmatis et apophthegmatis eorum qui in philosophia claruerunt (gr./engl.), ⟨ed./tr.⟩ Hicks, R. D.: Lives of Eminent Philosophers, 2 Vols., Cambridge/MA–London 1980 & 1979 (viele Nachdrucke)

Pseudo-Dionysios Areopagita: Corpus Dionysiacum I. De divinis nominibus, ⟨ed.⟩ Suchla, Beate Regina, Berlin–New York 1990

Pseudo-Dionysios Areopagita: Corpus Dionysiacum II. De coelesti hierarchia. De ecclesiastica hierarchia. De mystica theologia. Epistulae, ⟨edd.⟩ Heil, Günter / Ritter, Adolf Martin, Berlin–New York [2]2012 (überarb.; [1]1991)

Pseudo-Dionysios Areopagita: Die Namen Gottes, ⟨tr.⟩ Suchla, Beate Regina, Stuttgart 1988

Pseudo-Dionysios Areopagita: Über die himmlische Hierarchie. Über die kirchliche Hierarchie, ⟨tr.⟩ Heil, Günter, Stuttgart 1986

Dörrie, Heinrich: Das fünffach gestufte Mysterium. Der Aufstieg der Seele bei Porphyrios und Ambrosius, in: ⟨edd.⟩ Stuiber, Alfred / Hermann, Alfred: Mullus. Festschrift Theodor Klauser, Jahrbuch für Antike und Christentum, Ergänzungsband 1, Münster/Westf. 1964, 79-92

Dohrn-van Rossum, Gerhard: Organ, Organismus, Organisation, politischer Körper I.-VI., in: ⟨edd.⟩ Brunner, Otto / Conze, Werner / Koselleck, Reinhard: Geschichtliche Grundbegriffe. Historisches Lexikon zur politisch-sozialen Sprache in Deutschland, Bd. 4, Stuttgart 1978, 519-560

Doniger O'Flaherty, Wendy: The Rig Veda. An Anthology, London et al. 1981

Druon, H.: Synesios: Œuvres de Synésius, Paris 1878

Dürr, Hans-Peter (Global Challenges Network e.V.): Was ist Leben? Betrachtungen eines Quantenphysikers, Vortrag im Rahmen des Seminars „Ökologie und Bewusstsein“ an der Ludwig-Maximilians-Universität München, High-Tech-Campus Martinsried, vom 26. 04. 2007, www.gcn.de/download/Muenchen070426.pdf (Stand: 16. 06. 2018)

Dürr, Hans-Peter: Wir erleben mehr als wir begreifen, im Rahmen der „Future Visions" des DOPEC (Doors of Perception Ethic Committee) und des DAI (Deutsch Amerikanisches Institut), Heidelberg, Februar 2005, www.youtube.com/watch?v=JxoSMOIW5JO (Stand: 15. 06. 2018).

Dumézil, Georges: L'idéologie tripartie des Indo-Européens, Bruxelles 1958

Dumézil, Georges: L'idéologie tripartie des Indo-Européens et la Bible, in: Kratylos 4 (1959), Wiesbaden, 97-118 ≈ Idem: Mythe et épopée I-II-III, Paris 1995 ([1]1968-1973), Appendice III,

1410-1433 = tome 3, 338-361

Dùshùn: Fǎ-jiè-guān-mén, ⟨edd.⟩ Takakusu Junjiru / Watanabe, Kuntaro: Taishō shinshū Daizōkyō, Bd. 45, Nr. 1884, 683-692, Tokyo 1968 (Reprint der Ausg. 1927) = http://21dzk.l.u-tokyo.ac.jp/SAT/index_en.html (Stand 26. 06. 2017)

Dùshùn: Fǎ-jiè-xuán-jìng, ⟨edd.⟩ Takakusu Junjiru / Watanabe, Kuntaro: Taishō shinshū Daizōkyō, Bd. 45, Nr. 1883, 672-683, Tokyo 1968 (Reprint der Ausg. 1927) = http://21dzk.l.u-tokyo.ac.jp/SAT/index_en.html (Stand 26. 06. 2017)

Dutt, Nalinaksha: Aspects of Mahāyāna Buddhism and its Relation to Hīnayāna, London 1930

Eckel, Malcolm David: Bhāvaviveka and His Buddhist Opponents, Cambridge/MA–London 2008

Eckhart ⟨Meister⟩: Die deutschen Werke, Bde. 1-3, 4.1-2, 5, ⟨edd./trr.⟩ Quint, Josef / Steer, Georg, Stuttgart 1958-2003

Eckhart ⟨Meister⟩: Die lateinischen Werke, Bde. 1.1-2, 2-6, ⟨edd./trr.⟩ Weiß, Konrad / Sturlese, Loris et al., Stuttgart 1956-2015

Eirenaios Lugdunensis: Contra haereses, in: ⟨ed.⟩ Migne, J.-P.: Patrologia Graeca, tomus 7, Paris 1882, 431-1226

Eirenaios Lugdunensis: Contra haereses (gr./lat./frz.), ⟨edd.⟩ Rousseau, Adelin / Doutreleau, Louis: Irénée de Lyon: Contre les hérésies, 10 tomes, Paris 1965-1982

Eliade, Mircea: The Myth of the Eternal Return, [2]1965 (frz. Originalausg. Paris 1949)

Erkes, Eduard: Spuren einer Kosmogonischen Mythe bei Lao-Tse, in: Artibus Asiae 8 (1940), Zürich, 16-35

Eusebeios Pamphilos ⟨Caesariensis⟩: Praeparatio evangelica (gr./frz.), 9 Vols., ⟨edd./trr.⟩ Sirinelli, Jean / des Places, Éduoard et al., Paris 1974-1991

Evangeliou, Christos C.: Hellenic Philosophy. Origin and Character, Aldershot/GB–Burlington/VT 2007 (repr. of 2006)

Falk, Maryla: Il mito psicologica nell' India antica, Milano 1986 (Neudruck d. Ausg. Roma [1]1939)

Falk, Maryla: Indologie auf den Wegen und Abwegen vergleichender Religionsforschung, in: Polski biuletyn orientalistyczny 1 (1937), Warszawa, 18-37

Falk, Maryla: Kośas, Kāyas and Skandhas, in: Proceedings of the All-

India Oriental Conference 10 (1941), Calcutta et al., 310-325

Falk, Maryla: Nāma-Rūpa and Dharma-Rūpa. Origin and Aspects of an Ancient Indian Conception, Calcutta 1943

Falk, Maryla: The Five Jinas and the Five Colours of Consciousness, in: Proceedings of the All-India Oriental Conference 12 (1943), Calcutta et al., 430-443

Falk, Maryla / Przyluski, Jean: Aspects d'une ancienne psychophysiologie dans l'Inde et en Extrême-Orient, in: Bulletin of the School of Oriental Studies 9 (1938), London, 723-728

Fattal, Michel: *Logos,* pensée et vérité dans la philosophie grecque, Paris et al. 2001

Fǎzàng: Bō-rě-bō-luó-mì-duō-xīn-jīng-lüè-shū, ⟨edd.⟩ Takakusu Junjiru / Watanabe, Kuntaro: Taishō shinshū Daizōkyō, Bd. 33, Nr. 1712, 552-555, Tokyo 1968 (Reprint der Ausg. 1927) = http://21dzk.l.u-tokyo.ac.jp/SAT/index_en.html (Stand 26. 06. 2017)

Fǎzàng: Fā-pútí-xīn-zhāng, ⟨edd.⟩ Takakusu Junjiru / Watanabe, Kuntaro: Taishō shinshū Daizōkyō, Bd. 45, Nr. 1878, 650-656, Tokyo 1968 (Reprint der Ausg. 1927) = http://21dzk.l.u-tokyo.ac.jp/SAT/index_en.html (Stand 26. 06. 2017)

Fǎzàng: Huá-yán-jīng-yì-hǎi-bǎi-mén, ⟨edd.⟩ Takakusu Junjiru / Watanabe, Kuntaro: Taishō shinshū Daizōkyō, Bd. 45, Nr. 1875, 627-636, Tokyo 1968 (Reprint der Ausg. 1927) = http://21dzk.l.u-tokyo.ac.jp/SAT/index_en.html (Stand 26. 06. 2017)

Ferguson, John: War and Peace in the World's Religions, London 1977

Feuerstein, Georg / Miller Jeanine: The Essence of Yoga. Essays on the Development of Yogic Philosophy from the Vedas to Modern Times, Rochester/VT 1998 (Erstausgabe London 1971 unter dem Titel: A Reappraisal of Yoga; weitere Ausg. New York 1972 unter dem Titel: Yoga and beyond)

Filliozat, Jean: La doctrine des brâhmanes d'après saint Hippolyte, in: Revue de l'histoire des religions 130 (1945), Paris, 59-91

Filliozat, Jean: Taoïsme et Yoga, in: Journal asiatique 257 (1969); Paris 41-87

Forke, Alfred: The Chinese Sophists, in: Journal of the China Branch of the Royal Asiatic Society 34 (1901-1902), Shanghai, 1-100

Frenkian, Aram M.: PURUṢA – GAYŌMARD – 'ΑΝΘΡΩΠΟΣ. Quelques problèmes concernant le communauté indo-iranienne et la Grèce antique, in: Revue des études indo-européennes 3 (1943), Bucarest, 118–131

Früchtel, Ursula: Die Kosmologischen Vorstellungen bei Philo von Alexandrien. Ein Beitrag zur Geschichte der Genesisexegese, Leiden 1968

Fung Yu-lan: A History of Chinese Philosophy, 2 Vols., ⟨tr.⟩ Bodde, Derk, Princeton 1973 (7th printing of [2]1952, [1]1937 (Vol. 1) & 1953 (Vol.2); 1st Chinese publication: Shanghai 1931–1934)

Garbe, Richard: Die Sāṃkhya-Philosophie. Eine Darstellung des indischen Rationalismus, Leipzig [2]1917

Gauḍapāda: Āgama-Śāstra (Gauḍapādīya-Kārikā) (skr./engl.), ⟨ed./tr⟩ Bhattacharya, Vidhushekhara, Delhi et al. [1]1989 (Reprint d. Ausg. [1]1943)

Gebser, Jean: Gesamtausgabe, 8 Bände in 9 Teilen, Schaffhausen 1975–1981

Geldner, Karl Friedrich: Zur Kosmogonie des Rigveda mit besonderer Berücksichtigung des Liedes 10, 129, Marburg 1908

Geldner, Karl / Kaegi, Adolf / Roth, R.: Siebenzig Lieder des Rigveda, Tübingen 1875

Gerlitz, Peter: Ausserchristliche Einflüsse auf die Entwicklung des christlichen Trinitätsdogmas. Zugleich ein religions- und dogmengeschichtlicher Versuch zur Erklärung der Herkunft der Homousie, Leiden 1963

Gertz, Sebastian Ramon Philipp: Death and Immortality in Late Platonism. Studies on the Ancient Commentaries on Plato's *Phaedo,* Leiden–Boston 2011

Geyer, Bernhard ⟨ed.⟩: Friedrich Ueberwegs Grundriß der Geschichte der Philosophie, 2. Tl.: Die Patristische und Scholastische Philosophie, Darmstadt 1961 (Nachdr. d. 11. Aufl.)

Gilgamesch-Epos: ⟨tr.⟩ Maul, Stefan M., München 2005

Girardot, Norman J.: Myth and Meaning in Early Taoism. *The Theme of Chaos* (*hun-tun*), Berkeley–Los Angeles–London 1983

von Glasenapp, Helmuth: Buddhismus und Gottesidee. Die buddhistischen Lehren von den überweltlichen Wesen und Mächten und ihre religionsgeschichtlichen Parallelen, in: Abhandlungen der

Geistes- und Sozialwissenschaftlichen Klasse der Akademie der Wissenschaften und der Literatur, Mainz, Jg. 1954, Nr. 8, Wiesbaden, 395-525

von Glasenapp, Helmuth: Buddhistische Mysterien. Die geheimen Lehren und Riten des Diamant-Fahrzeugs, Stuttgart 1940

von Glasenapp, Helmuth: Die Philosophie der Inder. Eine Einführung in ihre Geschichte und ihre Lehren, Stuttgart ^{3}1974

von Goethe, Johann Wolfgang: Goethes Werke (Sophienausgabe), 133 Bde. in 143 Tln., ⟨ed.⟩ im Auftrage der Großherzogin Sophie von Sachsen, Weimar 1887-1919

Gonda, Jan: Notes on Brahman, Utrecht 1950

Gonda, Jan: Selected Studies. Presented to the author by the staff of the Oriental Institute, Utrecht University, on the occasion of his 70th birthday, 7 pts. in 6 vols., Leiden 1975-1991

Gonda, Jan: Triads in the Veda, Amsterdam–Oxford–New York 1976

Govinda, Anagarika: Creative Meditation and Multi-Dimensional Consciousness, Wheaton/IL 1976

Govinda, Anagarika: Die psychologische Haltung der frühbuddhistischen Philosophie und ihre systematische Darstellung nach der Tradition des Abhidharma. Mit Diagrammen und Tabellen, Wien 1980 (Nachdr. d. Ausg. Zürich 1962)

Govinda, Anagarika: Grundlagen tibetischer Mystik. Nach den esoterischen Lehren des Großen Mantra *OṂ MAṆI PADME HŪṂ*, Frankfurt/M. 1975

Graf, Eckhard: Einführung in: Laṅkāvatārasūtra, ⟨tr.⟩ Golzio, Karl-Heinz: Die makellose Wahrheit erschauen. Die Lehre von der höchsten Bewußtheit und absoluten Erkenntnis. Das Laṅkāvatārasūtra, Bern–München–Wien 1996

Graham, Angus C.: Yin-Yang and the Nature of Correlative Thinking, Singapore 1986

Granet, Marcel: Das chinesische Denken. Inhalt, Form, Charakter, München ^{2}1971 (frz. Originalausgabe Paris 1934)

Grassmann, Hermann: Wörterbuch zum Rig-Veda, Wiesbaden ^{5}1976 (Erstaufl. Leipzig ^{1}1873-1875)

Gregorios, Paulos Mar (Verghese, Paul) ⟨ed.⟩: Neoplatonism and Indian Philosophy, Albany/NY 2002

Grimm, Jacob und Wilhelm: Deutsches Wörterbuch, 17 Bde. in 33

Tln., Leipzig 1854-1960

Grözinger, Karl Erich: Jüdisches Denken. Theologie – Philosophie – Mystik, Bd. 1: Vom Gott Abrahams zum Gott des Aristoteles, Frankfurt/M. 2004

Grözinger, Karl Erich: Neoplatonisches Denken in Ḥasidismus und Kabbala, in: Frankfurter judaistische Beiträge 11 (1983), Frankfurt/M. 57-89

Guănzĭ, ⟨ed.⟩ Liù Jí, Guănzĭ bŭ zù, 7 Vols., Qīndìng Sìkù Quánshū zi bù sān Făjiā lèi Míng, s.l., s.a.

Guénon, René: L'Homme et son devenir selon le Vêdânta, Paris [2]1941 ([1]1925; gekürzte Aufl. ab [3]1947 von mir nicht verwendet)

Guénon, René: La Grande Triade, Paris 1957 ([1]1946)

Guénon, René: Les états multiples de l'être, Paris 1932

Guénon, René: Man and His Becoming According to the Vedānta, ⟨tr.⟩ Nicholson, Richard C., Hillsdale/NY 2001 (frz. Originalausg. Paris 1925)

Guénon, René: Stufen des Seins, Freiburg/Br. 1987 (gestraffte Ausg. der frz. Ausg. Paris 1980 unter dem Titel Les états multiples de l'être)

Guénon, René: The Great Triad, ⟨tr.⟩ Kingsley, Peter, Cambridge 1991 (frz. Originalausg. Paris 1946)

Guenther, Herbert V.: The Tantric View of Life, Boulder/CO–London 1976 ([1]1972)

Guthrie, Kenneth Sylvan: Numenius of Apamea. The Father of Neo-Platonism. Works, Biography, Message, Sources, and Influence, London–Grantwood/NJ 1917

Guttmann, Julius: Die Philosophie des Judentums. Mit einer Standortbestimmung von Esther Seidel und einer Biographischen Einführung von Fritz Bamberger, Berlin 2000 ([1]1933)

Haas, Alois M.: Apophatik bei Meister Eckhart und im Zen-Buddhismus, in: Zen Buddhism Today 2 (1984), Kyoto, 150-169

Haas, Alois M.: Geistliches Mittelalter, Freiburg/Schweiz 1984

Haas, Alois M.: Gottleiden – Gottlieben. Zur volkssprachlichen Mystik im Mittelalter, Frankfurt/M. 1989

Haas, Alois M.: Kunst rechter Gelassenheit. Themen und Schwerpunkte von Heinrich Seuses Mystik, Bern et al. [2]1996 (durchges.

und verb. Auflage von [1]1995)

Haas, Alois M.: Meister Eckhart als normative Gestalt geistlichen Lebens, Freiburg [2]1995 (Einsiedeln [1]1979)

Haas, Alois M.: Mystik als Aussage. Erfahrungs-, Denk- und Redeformen christlicher Mystik, Frankfurt/M.–Leipzig 2007 (Neudruck d. Aufl. Frankfurt/M. [1]1996)

Haas, Alois M.: Nietzsche zwischen Dionysos und Christus. Einblicke in einen Lebenkampf, ⟨ed.⟩ Keller, Hildegard Elisabeth, Wald/Schweiz 2003

Hadot, Ilsetraut: Le problème du Néoplatonisme Alexandrin. Hiéroclès et Simplicius, Paris 1978

Hadot, Pierre: Christlicher Platonismus. Die theologischen Schriften des Marius Victorinus, ⟨trr.⟩ Pierre Hadot / Ursula Brenke, Zürich–Stuttgart 1967

Hadot, Pierre: Die Metaphysik des Porphyrios, in: ⟨ed.⟩ Zintzen, Clemens: Die Philosophie des Neuplatonismus, Darmstadt 1977, 208-237 = Idem: La métaphysique de Porphyre, in: Porphyre. Entretiens sur l'antiquité classique, Fondation Hardt, tome 12, Vandœuvres–Genève 1966, 127-157

Hadot, Pierre: Être, vie, pensée chez Plotin et avant Plotin, in: Les sources de Plotin, Entretiens sur l'antiquité classique 5 (1957), Vandœuvres–Genève, 107-157

Hadot, Pierre: Porphyre et Victorinus, 2 tomes, Paris 1968

Hadot, Pierre: Wege zur Weisheit oder Was lehrt uns die antike Philosophie?, Frankfurt/M. 1999

Halbfass, Wilhelm: Zur Theorie der Kastenordnung in der indischen Philosophie, in: Nachrichten der Akademie der Wissenschaften in Göttingen. I. Philologisch-Historische Klasse, Jg. 1975, Nr. 9, Göttingen, 273-316

Halfwassen, Jens: Das Eine als Einheit und Dreiheit. Zur Prinzipienlehre Jamblichs, in: Rheinisches Museum für Philologie, Neue Folge, 139 (1996), Frankfurt/M., 52-83

Halfwassen, Jens: Der Demiurg: Seine Stellung in der Philosophie Platons und seine Deutung im antiken Platonismus, in: ⟨ed.⟩ Neschke-Hentschke, Ada: Le *Timée* de Platon. Contributions à l'histoire de sa réception. Platos *Timaios*. Beiträge zu seiner Rezeptionsgeschichte, Louvain–Paris 2000, 39-62

Halfwassen, Jens: Geist und Selbstbewußtsein. Studien zu Plotin und Numenios, Abhandlungen der Geistes- und Sozialwissenschaftlichen Klasse der Akademie der Wissenschaften und der Literatur, Mainz, Jg. 1994, Nr. 10, Stuttgart 1994

Hauer, Jakob Wilhelm: Die Anfänge der Yogapraxis im alten Indien. Eine Untersuchung über die Wurzeln der indischen Mystik nach Ṛgveda und Atharvaveda, Berlin–Stuttgart–Leipzig 1922

Heiler, Friedrich: Christlicher Glaube und Indisches Geistesleben. Rabindranath Tagore / Mahatma Gandhi / Brahmabandhav Upadhyaya / Sadhu Sundar Singh, München 1926

Henry, Paul: Les états du texte de Plotin, Paris–Bruxelles 1938

Hermeias Alexandrinus: ⟨ed.⟩ Couvreur, Paul: Hermiae Alexandrini in Platonis Phaedrum scholia ad fidem codicis Parisini 1810 denuo collati edidit et apparatu critico ornavit, Hildesheim–New York 1971 (Nachdr. d. Ausg. Paris 1901)

Hermeias Alexandrinus: ⟨tr./intro.⟩ Bernard, Hildegund: Hermeias von Alexandrien. Kommentar zu Platons „Phaidros", Tübingen 1997

Hermes Trismegistos: Corpvs Hermeticvm (gr./lat./frz.), 4 tomes, ⟨ed.⟩ Nock, A. D., ⟨tr.⟩ Festugière, A.-J., Paris 1945-1954

Hermes Trismegistos: Das Corpus Hermeticum Deutsch, 3 Bde. (bisher 2 Bde. erschienen), ⟨tr.⟩ Holzhausen, Jens, Stuttgart-Bad Cannstatt 1997

Herodotos, Historiae, ⟨ed.⟩ Stein, Henricus, 2 tomi, Berolini 1869-1871

Herodotos, Historiae, ⟨tr.⟩ Jacobi, Maximilian: Herodots Geschichte, 3 Bde., Düsseldorf s.d. [1799-1801]

Herrera, Abraham Cohen: Das Buch שער השמיים [Sha'ar ha-shamayim] oder Pforte des Himmels, in welchem die kabbalistischen Lehren philosophisch dargestellt und mit der Platonischen Philosophie vergleichen werden, ⟨tr.⟩ Häußermann, Friedrich, Einleitung von Gershom Scholem, Frankfurt/M. 1974

Hieronymus, Sophronius Eusebius: Commentariorum in Danielem libri 3 (4), ⟨ed.⟩ Glorie, Franciscus, Corpus Christianorum. Series latina 75 A, Turnhout 1964

Hill, Stephen R. / Harrison, Peter G.: Dhātu-Pāṭha. The Roots of Language. The foundations of the Indo-European verbal system,

London 1991

Hilton, Walter: The Scale of Perfection, ⟨ed.⟩ Underhill, Evelyn, London 1923

Hilton, Walter: Glaube und Erfahrung [The Scale of Perfection], ⟨tr.⟩ Strakosch, Elisabeth, Einsiedeln 1966

Hilton, Walter: The Scale of Perfection, ⟨trr.⟩ Clark, John P. H. / Dorward, Rosemary, New York–Mahwah/NJ 1991

Hippolytos Romaîos: Refutatio omnium haeresium, ⟨ed.⟩ Marcovich, Miroslav, Berlin–New York 1986

Hoàng-sy-Quý, Hoành-son: Le mythe indien de l'Homme cosmique dans son contexte culturel et dans son évolution, in: Revue de l'histoire des religions 175 (1969), Paris, 133–154

Höffe, Otfried: Zur Analogie von Individuum und Polis (Buch II 367a–374d), in: ⟨ed.⟩ Idem: Politeia, Berlin [3]2011, 51–69

Holenstein, Elmar: Komplexe Kulturen, in: ⟨edd.⟩ Yousefi, Hamid Reza / Fischer, Klaus: Wege zur Philosophie. Grundlagen der Interkulturalität, Nordhausen 2006, 175–196

Honorius Augustodunensis: Scala coeli major seu de ordine cognoscendi Deum in creaturis, in: Patrologia Latina, tomus 172, ⟨ed.⟩ Migne, J.-P., Paris 1895, 1229–1240

Honorius Augustodunensis: Scala coeli minor seu de gradibus charitatis opusculum, in: Patrologia Latina, tomus 172, ⟨ed.⟩ Migne, J.-P., Paris 1895, 1239–1242

Hugo de Saint Victor: In Salomonis Ecclesiasten homiliae, ⟨ed.⟩ Migne, J.-P.: Patrologia Latina, tomus 175, Paris 1879, 113–256

Iacopone da Todi: Laude, ⟨ed.⟩ Mancini, Franco, Roma–Bari 1974

Iamblichos: De anima (gr./engl.), ⟨edd./trr.⟩ Finamore John F. / Dillon, John M.: Iamblichus *De anima*, Leiden–Boston–Köln 2002

Iamblichos: De vita Pythagorica liber (gr./dt.), ⟨ed./tr.⟩ von Albrecht, Michael, Zürich–Stuttgart 1963

Iamblichos: In Platonis dialogos commentariorum fragmenta (gr./engl.), ⟨ed./tr.⟩ Dillon, John M., Leiden 1973

Idel, Moshe: Abraham Abulafia und die mystische Erfahrung, Frankfurt/M. 1994 (engl. Originalausg. 1988)

Idel, Moshe: Studies in Ecstatic Kabbalah, Albany/NY 1988

Isokrates: ⟨edd./trr.⟩ Norlin, George / Van Hook, Larue: Isocrates in

Three Volumes (gr./engl.), Cambridge/MA–London 1966–1968 (reprints of [1]1928–1945)

Isokrates: Sämtliche Werke, 2 Bde., ⟨tr.⟩ Ley-Hutton, Christine, Stuttgart 1993–1997

Israeli, Isaac → Altmann, A. / Stern, S. N.

Iti-Vuttaka: ⟨ed.⟩ Windisch, Ernst, Oxford 1948 (reprint of 1889)

Iti-Vuttaka: ⟨tr.⟩ Hecker, Hellmuth: Itivuttakam. Sammlung der Aphorismen aus dem Pālikanon, Hamburg 1994

Iti-Vuttaka: ⟨tr.⟩ Seidenstücker, Karl: Das Buch der Herrnworte. Eine kanonische Schrift des Pāli-Buddhismus, Leipzig 1922

von Ivánka, Endre: Der ›Apex mentis‹, in: ⟨ed.⟩ Beierwaltes, Werner: Platonismus in der Philosophie des Mittelalters, Darmstadt 1969, 121–146

von Ivánka, Endre: Zur Überwindung des neuplatonischen Intellektualismus in der Deutung der Mystik. Intelligentia oder principalis affectio, in: ⟨ed.⟩ Beierwaltes, Werner: Platonismus in der Philosophie des Mittelalters, Darmstadt 1969, 147–160

Izutsu, Toshihiko: Die Entdinglichung und Wiederverdinglichung der „Dinge" im Zen-Buddhismus, in: ⟨ed.⟩ Nitta, Yoshihiro: Japanische Beiträge zur Phänomenologie, Freiburg–München 1984, 13–40

Izutsu, Toshihiko: Bewusstsein und Wesen, ⟨tr.⟩ Liederbach, Hans Peter, München 2006 (jap. Originalausg. Tokyo 1983)

Izutsu, Toshihiko: Toward a Philosophy of Zen Buddhism, Boulder/CO 1982 (reprint; Erstausgabe Teheran 1977)

Jacob, G. A.: Upaniṣadvākyakośaḥ. A Concordance to the Principal Upaniṣads and Bhagavadgītā, Delhi et al. 1985 (repr. of [1]1891)

Jaiminīya-Brāhmaṇa: ⟨edd.⟩ Raghu Vira / Chandra, Lokesh, Nagpur 1954

Jaspers, Karl: Chiffren der Transzendenz, München–Zürich [4]1984 ([1]1970)

Jeck, Reinhold Udo: Platonica Orientalia. Aufdeckung einer philosophischen Tradition, Frankfurt/M. 2004

Iohannes Scottus Eriugena: Periphyseon, 5 tomi, ⟨ed.⟩ Jeauneau, Eduardus A., Corpus Christianorum. Continua Mediaeualis 161–165, Turnhout 1996–2003

Iohannes Scottus Eriugena: Periphyseon (De diuisione naturae) (lat./ engl.), bisher 4 Vols., ⟨edd./trr.⟩ Sheldon-Williams, I. P. / Jeauneau, Édouard A. / O'Meara, John J., with the collaboration of Bieler, Ludwig / Zier, Mark A., Dublin 1968–1995

Joannes Scotus Eriugena: De divisione Naturae (Periphyseon), in: ⟨ed.⟩ Migne, J.-P.: Patrologia Latina, tomus 122, Paris 1853, 439–1122

Johannes Scotus Eriugena: Über die Einteilung der Natur, 2 Bde. in einem, ⟨tr.⟩ Noack, Ludwig, Hamburg [3]1994 (Nachdruck der Ausg. Berlin 1870–1874)

Johari, Harish: Wege zum Tantra. Vorbereitung und Durchführung tantrischer Rituale, Freiburg/Br. 1987

Jonas, Hans: Philosophical Essays. From Ancient Creed to Technological Man, Englewood Cliffs/NJ 1974

Jostes, Franz: Meister Eckhart und seine Jünger. Ungedruckte Texte zur Geschichte der deutschen Mystik, Freiburg/Schweiz 1895

Kane, Pandurang Vaman: History of Dharmaśāstra (Ancient and Mediæval Religious and Civil Law), Vol. 2.1, Pune [3]1997

Kant, Immanuel: Kant's gesammelte Schriften (Akademieausgabe), 29 Bde. in 37 Tln., ⟨ed.⟩ Königlich Preußische Akademie der Wissenschaften, Berlin–Leipzig 1910–1983 (noch unabgeschlossen)

Kant, Immanuel: Werke, 10 Bde., ⟨ed.⟩ Weischedel, Wilhelm, Darmstadt 1983 (Sonderausgabe)

Kaplan, Aryeh: Meditation und Kabbala, Berlin 1995 (engl. Originalausg. York Beach/ME 1982)

Kāṭhaka: Die Saṃhitā der Kaṭha-Śākhā, 4 Bde., ⟨ed.⟩ von Schroeder, Leopold, Wiesbaden 1970–1972 ([1]1900–1912)

Kazanas, Nicholas: A New Date for the *Ṛgveda*, in: ⟨ed.⟩ Pande, Govind Chandra: Chronology and Indian Philosophy , New Delhi 2002, 79–108

Kazanas, Nicholas: Advaita and Gnosticism, in: Indian Historical Review 32 (2005) New Delhi, 197–254

Kazanas, Nicholas: Indo-Aryan Origins and other Vedic Issues, New Delhi 2009

Kazanas, Nicholas: Philosophy and Self-realization in the Ṛgveda, in: ⟨ed.⟩ Chattopadhyaya, D. P. in association with Sen Gupta, A. K.: Self, Society and Science. Theoretical and Historical Perspectives,

History of Indian Science, Philosophy and Culture in Indian Civilization, Vol. 9.2, New Delhi 2005, 21-42

Kazanas, Nicholas: The Dialogues of Plato and the Upaniṣad-s, Chennai 2005

Kazanas, Nicholas: The Ṛgveda Date and Indigenism, in: ⟨ed.⟩ Singh, Bal Ram: Origin of Indian Civilization, Dartmouth/MA–New Delhi 2010, 37-74

Kazanas, Nicholas: The Three Functions and Unity in the *Ṛgveda*, in: Journal of Indian Council of Philosophical Research 19 (2002), New Delhi, 75-98

Keenan, John P.: The Meaning of Christ. A Mahāyāna Theology, Maryknoll/NY 1989

von Kempski, Jürgen: Zimzum: Die Schöpfung aus dem Nichts, in: Merkur 14 (1960), Stuttgart, 1107-1126

Kirfel, Willibald: Die fünf Elemente insbesondere Wasser und Feuer. Ihre Bedeutung für den Ursprung altindischer und altmediterraner Heilkunde. Eine medizingeschichtliche Studie, Walldorf-Hessen 1951

Kirfel, Willibald: Die Kosmographie der Inder. Nach den Quellen dargestellt, Hildesheim–Zürich–New York 1990 (2. Nachdr. d. Ausg. Bonn–Leipzig 1920)

Kloetzli, Randy [W. Randolph]: Buddhist Cosmology. From Single-World System to Pure Land: Science and Theology in the Images of Motion and Light, Delhi et al. 1983

Kloetzli, W. Randolph: Cosmology: Buddhist Cosmology, in: ⟨ed.⟩ Eliade, Mircea: The Encyclopedia of Religion, Vol. 4, New York–London 1987, 113-119

Kloetzli, W. Randolph: Nous and Nirvāṇa: Conversations with Plotinus – An Essay in Buddhist Cosmology, in: Philosophy East and West 57 (2007), Honolulu/HI, 140-177

Koch, Hugo: Pseudo-Dionysius Areopagita in seinen Beziehungen zum Neuplatonismus und Mysterienwesen. Eine Litterarhistorische Untersuchung, Mainz 1900

Kochumuttom, Thomas A.: A Buddhist Doctrine of Experience. A New Translation and Interpretation of the Works of Vasubandhu the Yogācārin, Delhi et al 1999 (repr. of 1982)

Köbler, Gerhard, Indogermanisches Wörterbuch, elektronische

Ressource [5]2014, www.koeblergerhard.de/idg/idg.html (Stand: 30. 07. 2017)

Kohn, Livia: Early Chinese Mysticism. Philosophy and Soteriology in the Taoist Tradition, Princeton/NJ 1992

Kramrisch, Stella: The Triple Structure of Creation in the Ṛg Veda, in: History of Religions (2) 1962/1963, Chicao/IL, 140–175, 256–285

Kühn, Alfred: Berichte über den Weltanfang bei den Indochinesen und ihren Nachbarvölkern. Ein Beitrag zur Mythologie des Fernen Ostens, Leipzig 1935 (Phil. Diss.)

Kuiper, F. B. J.: Ancient Indian Cosmogony. Essays selected and introduced by John Irvin, Sahibabad/India 1983

Lamberton, Robert: The Neoplatonists and the Spiritualization of Homer, in: ⟨edd.⟩ Idem / Keaney, John J.: Homer's Ancient Readers. The Hermeneutics of Greek Epic's Earliest Exegetes, Princeton/NJ 1992, 115–133

Lämmli, Franz: Vom Chaos zum Kosmos. Zur Geschichte einer Idee, 2 Bde., Basel 1962

Lang, Bernhard: Jahwe, der biblische Gott. Ein Porträt, München 2002

Laṅkāvatāra-Sūtra → Suzuki, Daisetz Teitaro; → Graf, Eckhard

Lǎozǐ: Dào-dé-jīng, ⟨ed./tr.⟩ Izutsu, Toshihiko: Lao-tzŭ. The Way and Its Virtue (chin./engl.), ⟨edd.⟩ Matsubara Hideichi / Ohashi Ryosuke / Sawai Yoshitsugu, Tokyo [1]2001

Lǎozǐ: ⟨tr.⟩ Mair, Victor H.: Lao Tzu: Tao Te Ching. The Classic Book of Integrity and the Way. An Entirely New Translation Based on the Recently Discovered Ma-Wang-Tui Manuscripts, New York et al. 1990

Laycock, Steven W.: Harmony as Transcendence: A Phenomenological View, in: Journal of Chinese Philosophy 16 (1989), Dordrecht–Boston, 177–201

Le Saux, Dom (Henri) (Abhishiktananda): Indische Weisheit – Christliche Mystik, Luzern–München 1968

Le Saux, Henri (Abhishiktananda): Wege der Glückseligkeit. Begegnung indischer und christlicher Mystik, München 1995

Lebreton, Jules: Histoire du dogme de la Trinité des origines au concile de Nicée, 2 tomes, Paris 1927–1928

Lewy, Hans: Chaldaean Oracles and Theurgy. Mysticism Magic and Platonism in the Later Roman Empire, ⟨ed.⟩ Tardieu, Michel, Paris [2]1978 ([1]1956)

Libbrecht, U.: Prāṇa = Pneuma = Ch'i?, in: ⟨edd.⟩ Eadem, W. L. / Zürcher, E.: Thought and Law in Qin and Han China. Studies dedicated to Anthony Hulsewé on the occation of his eightieth birthday, Leiden et al. 1990, 42-62

Lincoln, Bruce: The Indo-European Myth of Creation, in: History of Religions 15 (1975), Chicago, 121-145

Lindtner, Christian: Bhavya's Critique of Yogācāra in the *Madhyamakaratnapradīpa,* Chapter IV, in: ⟨edd.⟩ Matilal, Bimal Krishna / Evans, Robert D.: Buddhist Logic and Epistemology. Studies in the Buddhist Analysis of Inference and Language, Dordrecht et al. 1986, 239-263

Lindtner, Christian: From Brahmanism to Buddhism, in: Asian Philosophy 9 (1999), Abington et al., 5-37

Lindtner, Christian: Madhyamaka Causality, in: Hōrin. Vergleichende Studien zur japanischen Kultur 6 (1999), München, 37-77

Lindtner, Christian: Magnanimity of Madhyamaka, in: Communication and Cognition 32 (1999), Ghent, 127-148

Lindtner, Christian: Nagarjuniana. Studies in the Writings and Philosophy of Nāgārjuna, Delhi et al. 1987 ([1]1982)

Lindtner, Christian: Yoga in Mahāyāna and Mahāvajrayāna, in: ⟨ed.⟩ Sørensen, Henrik H.: The Esoteric Buddhist Tradition, Copenhagen 1994, 1-30

Liu Ming-wood: The Harmonious Universe of Fa-tsang and Leibniz: A Comparative Study, in: Philosophy East and West 32 (1982), Honolulu/HI, 61-76

Liu Ming-wood: The Teaching of Fa-tsang – An Examination of Buddhist Metaphysics, Los Angeles/CA 1979 (Phil. Diss.), Ann Arbor/MI 1986 (University Microfilms International)

Lloyd, A. C.: Procession and Division in Proclus, in: ⟨edd.⟩ Blumenthal, Henry J. / Lloyd, A. C.: Soul and the Structure of Being in Late Neoplatonism. Syrianus, Proclus and Simplicius, Liverpool 1982, 18-45

Lommel, H.: Der Welt-Ei-Mythos im Rig-Veda, in: ⟨ed.⟩ Faculté des lettres de l'Université de Genève: Mélanges de linguistique offerts à Charles Bally, Genève 1939, 214-220

Louis, François: The Genesis of an Icon. The *Taiji* Diagram's Early History, in: Harvard Journal of Asiatic Studies 63 (2003), 145-196

de Lubac, Henri: Textes alexandrins et bouddhiques, in: Recherches de science religieuse 17 (1937), Paris, 336-351

Ludwig, Alfred: Der Nâsadasîya-hymnus Rigveda X. 129, in: Sitzungsberichte der Königlich Böhmischen Gesellschaft der Wissenschaften, Classe für Philosophie, Geschichte und Philologie, Jg. 1895, Nr. XIV, Prag, 1-8

Ludwig, Alfred: Der Rigveda oder die heiligen Hymnen der Brâhmana, 6 Bde., Prag 1876-1888

Lusthaus, Dan: Buddhist Phenomenology. A Philosophical Investigation of Yogācāra Buddhism and the *Ch'eng Wei-shih lun*, London–New York 2002

Macdonell, Arthur Anthony: Hymns from the Rigveda, Calcutta–London 1922

Mackenzie, Donald A.: Myths of China and Japan, Boston/MA 1977 (reprint of the edition: London 1923)

Mādhavānanda, Swāmī ⟨ed./tr.⟩: The Bṛhadāraṇyaka Upaniṣad. With the Commentary of Śaṅkarācārya (Upaniṣad-Text skr./engl.; Kommentar-Text engl.), Calcutta [7]1988

Mahābhārata: ⟨edd.⟩ Sukthankar, Vishnu S. / Belvalkar, S. K. / Vaidya, P. L. et al.: The Mahābhārata, 19 Vols. in 29 Parts Text + 6 Vols. Pratīka-Index, Poona 1933-1966 (Text), 1967-1972 (Index)

Maheṣvarānanda: Mahārthamañjarī with the Auto-Commentary 'Parimala', ⟨ed.⟩ Dviveda, Vrajavallabha, Varanasi 1992

Maheṣvarānanda: Mahārthamañjarī, ⟨ed./tr.⟩ Silburn, Lilian: La Mahārthamañjarī de Maheṣvarānanda (skr./frz.) avec des Extraits du Parimala (frz.), Paris 1968

Mai, Gottfried: Buddha. Die Illusion der Selbsterlösung, Berneck/Schweiz 1985

Majjhima-Nikāya: ⟨edd.⟩ Trenckner, V. / Chalmers, R., 4 Vols., London 1888-1925

Majjhima-Nikāya: ⟨tr.⟩ Horner, I. B.: Middle Length Sayings, 3

Vols., London 1954-1959

Mall, Ram Adhar: Indische Schöpfungsmythen. Eine Einführung, Bonn 1982

Manohar, Christina: Spirit Christology. An Indian Christian Perspective, Gloucestershire 2007 (Phil. Diss.)

Manu-Smṛti: With the 'Manubhāṣya' of Methātithi, 10 Vols., ⟨ed.⟩ Jha, Ganganath, Delhi ²1999 (1st edition Calcutta 1920-1939)

Manu-Smṛti: ⟨tr.⟩ Hüttner, Johann Chr., bearbeitet von Preuß, Renate: Die Gesetze des Manu, Husum 1981 (Überarbeitete Fassung der Ausgabe Weimar 1797)

Maritain, Jacques: Die Stufen des Wissens oder durch Unterscheiden zur Einung, Mainz s.a.

Maritain, Jacques: Ransoming the Time, New York 1972 (¹1941)

Marlow, A. N.: Hinduism and Buddhism in Greek Philosophy, in: Philosophy East and West 4 (1954), Honolulu/HI, 3-38; ebenso in: ⟨ed.⟩ Singh, Nagendra Kumar: International Encyclopaedia of Buddhism, Vol. 18 (Greek), New Delhi 1996, 77-85

Matilal, Bimal Krishna: Philosophy, Culture and Religion. The Collected Essays of Bimal Krishna Matilal, 2 Vols., Vol. 1: Mind, Language and World, Vol. 2: Ethics and Epics, ⟨ed.⟩ Ganeri, Jonardon, New Delhi et al. 2002

Mātṛceṭa: Śatapañcāśatka (skr./tib./chin./engl.), ⟨ed./tr.⟩ Bailey, D. R. Shackleton, Cambridge 1951

Maurer, Walter H.: A Re-Examination of Ṛgveda X.129, the Nāsadīya Hymn, in: Journal of Indo-European Studies 3 (1975), Washington/DC, 217-238

Mauthner, Fritz: Wörterbuch der Philosophie. Neue Beiträge zu einer Kritik der Sprache, 3 Bde., Leipzig ²1923-1924

Mayrhofer, Manfred: Etymologisches Wörterbuch des Altindoarischen, 3 Bde., Heidelberg 1992-2001

Mayrhofer, Manfred: Kurzgefaßtes etymologisches Wörterbuch des Altindischen. A Concise Etymological Sanskrit Dictionary, 4 Bde., Heidelberg 1956-1980

Mayrhofer, Manfred: Sanskrit-Grammatik, Berlin ¹1953

Mayrhofer, Manfred: Sanskrit-Grammatik. Mit sprachvergleichenden Erläuterungen, Berlin ²1965 (völlig neu bearbeitete Auflage)

McEvilley, Thomas: The Shape of Ancient Thought: Comparative Studies in Greek and Indian Philosophies, New York 2002

McLean, George F: Plenitude and Participation. The Life of God in Man, Washington/DC 2004

Mead, George Robert Stow: Die Lehre vom feinstofflichen Körper in der westlichen Tradition. Geistkörper, Strahlenkörper und Auferstehungskörper in der Erfahrungswelt der Pythagoräer, Neuplatoniker, Gnostiker und Hermetischen Philosophen. Mit einem Essay von Ernst R. Waelti, Interlaken 1991

Merlan, Philip: Kleine philosophische Schriften, ⟨ed.⟩ Merlan, Franciszka, Hildesheim–New York 1976

Meyer, Hans: Geschichte der Lehre von den Keimkräften von der Stoa bis zum Ausgang der Patristik, nach den Quellen dargestellt, Bonn 1914

Migne, Jacques-Paul: Patrologia Graeca, 161 Vol., Paris 1857 - 1866 (Nachdrucke und elektronische Fassungen verfügbar)

Migne, Jacques-Paul: Patrologia Latina, 221 Vol., Paris 1844 - 1865 (Nachdrucke und elektronische Fassungen verfügbar)

Miller, Jeanine: The Vedas. Harmony, Meditation, Fulfilment, London 1974

Miller, Jeanine: The Vision of Cosmic Order in the Vedas, London et al. 1985

Mohanty, Jitendra Nath: Explorations in Philosophy. Essays by J. N. Mohanty, 2 Vols., ⟨ed.⟩ Gupta, Bina, Delhi–Oxford et al. 2001 - 2002

Monastra, Giovanni: The “Yin-Yang” among the Insignia of the Roman Empire?, in: Sophia 6 (2000), Oakton/VA, 39 - 60

Monier-Williams, Monier: A Dictionary English and Sanskrit, Delhi et al. 1999 ([1]1851)

Moraux, Paul: quinta essentia, in: Paulys Realencyclopädie der Classischen Altertumswissenschaft, Bd. 24 (47. Halbbd.), Stuttgart 1963, 1171 - 1263

Müller, Friedrich Max: A History of Ancient Sanskrit Literature so far as it Illustrates the Primitive Religion of the Brahmans, New York 1978 (reprint of the ed. London [2]1860; London [1]1859)

Müller, Friedrich Max ⟨ed.⟩: Rig-Veda-Sa*m*hitâ. The Sacred Hymns of the Brâhmans together with the Commentary of Sâya*n*â*k*ârya,

4 Vols., Varanasi ²1983 (reprint; London ¹1849-1874; ²1890-1892)

Müller, Friedrich Max: The Six Systems of Indian Philosophy, New York 1977 (reprint of ed. London 1919; London ²1892)

Müller, Friedrich Max: The Vedas, Delhi–Varanasi 1969

Müller, Friedrich Max: Three Lectures on the Vedānta Philosophy, Delivered at the Royal Institution in March, 1894, Varanasi ²1967

Muir, John: Original Sanskrit Texts on the Origin and History of the People of India, their Religion and Institutions, 5 Vols., London 1868-1884 (Vols. 3-4: 2nd ed.; Vols. 1-2, 5: 3rd ed.)

Muller-Ortega, Paul Eduardo: The Triadic Heart of Śiva. Kaul Tantrism of Abhniavagupta in the Non-Dual Shaivism of Kashmir, Albany/NY 1989

Munk, Salomon: Mélanges de philosophie juive et arabe, Paris 1988 (Reprint d. Ausg. 1857-1859)

Murphy, Paul E.: Triadic Mysticism. The Mystical Theology of the Śaivism of Kashmir, Delhi et al. 1986

Murti, Tirupattur Ramaseshayyer Venkatachala: The Central Philosophy of Buddhism, London ²1960 (¹1955)

Mus, Paul: Barabudur. Esquisse d'une histoire du Bouddhisme fondée sur la critique archéologique des textes, 2 volumes in one, New York 1978 (reprint of ed. Hanoi ¹1935)

(Pseudo-)Nāgārjuna: Mahāprajñāpāramitā-Śāstra (Dà-zhì-dù-lùn), ⟨edd.⟩ Takakusu, Junjiro / Watanabe, Kuntaro: Taishō shinshū Daizōkyō, Bd. 25, Nr. 1509, 57-756, Tokyo 1960 (Nachdr. d. Ausg. 1927) = http://21dzk.l.u-tokyo.ac.jp/SAT/index_en.html (Stand 01. 11. 2014)

Nāgārjuna: Yuktiṣaṣṭikā-Kārikā (tib./engl.), ⟨edd./trr.⟩ Tola, Fernando / Dragonetti, Carmen: On Voidness. A Study on Buddhist Nihilism, Delhi 1995, 19-51; und in Lindtner, Christian: Nagarjuniana. Studies in the Writings and Philosophy of Nāgārjuna, Delhi et al. 1987 (¹1982), 100-119

Nakamura, Hajime: A Comparative History of Ideas, London–New York–Sydney–Henley-on-Thames ²1986 (Tokyo ¹1975)

Ñāṇajīvako, Bhikkhu (Čedomil Veljačić): The Philosophy of Disgust – Buddho and Nietzsche, in: 58. Schopenhauer-Jahrbuch 1977, Frankfurt/M., 112-132

Narahari, H. G.: Ātman in Pre-Upaniṣadic Vedic Literature, Madras 1944

Narbonne, Jean-Marc: Hénologie, ontologie, et *Ereignis* (Plotin – Proclus – Heidegger), Paris 2001

Nawratil, Karl: Platon in Ägypten, in: Zeitschrift für philosophische Forschung 28 (1974), Meisenheim/Glan, 598-603

Negele, Manfred: Leben des Geistes. Zur Denkwürdigkeit von G. W. F. Hegels „Phänomenologie des Geistes“, in: ⟨ed.⟩ Malinowski, Bernadette: Im Gespräch: Probleme und Perspektiven der Geisteswissenschaften, München 2006, 159-177

Netti-Pakaraṇa: ⟨ed.⟩ Hardy, E., London 1902

Neumann, Karl Eugen: Die Lehren Gotamo Buddhos, Gesamtausgabe in 3 Bänden, Zürich–Wien $^{3/4}$1956-1957

Nietzsche, Friedrich: Kritische Studienausgabe, 15 Bde., ⟨edd.⟩ , Giorgio / Montinari, Mazzino, München–Berlin–New York ^{2}1988

Noumenios: Fragmenta (gr./lat./frz.), ⟨ed./tr.⟩ des Places, Édouard: Numénius: Fragments, Paris 1973

Noumenios: Fragmenta (gr./lat./engl.), ⟨ed./tr.⟩ Guthrie, Kenneth Sylvan: Numenius of Apamea. The Father of Neo-Platonism. Works, Biography, Message, Sources, and Influence, London–Grantwood/NJ 1917

Obenga, Théophile: L’Égypte, la Grèce et l’école d’Alexandrie. Histoire interculturelle dans l’Antiquité aux sources égyptiennes de la philosophie grecque, Gif-sur-Yvette–Paris et al. 2005

Odin, Steve: Process Metaphysics and Hua-Yen Buddhism. A Critical Study of Cumulative Penetration vs. Interpenetration, Albany/NY 1982

Oexle, Otto Gerhard: Stand, Klasse I.-VI., in: ⟨edd.⟩ Brunner, Otto / Conze, Werner / Koselleck, Reinhard: Geschichtliche Grundbegriffe. Historisches Lexikon zur politisch-sozialen Sprache in Deutschland, Bd. 6, Stuttgart 1990, 155-200

Oh Kang Nam: A Study of Chinese Hua-Yen Buddhism. With Special Reference to the Dharmadhātu (Fa-Chieh) Doctrine, Hamilton/Ontario 1976 (Phil. Diss.)

Oldenberg, Hermann: Die Lehre der Upanishaden und die Anfänge des Buddhismus, Göttingen 1915

Oldenberg, Hermann: Vorwissenschaftliche Wissenschaft. Die

Weltanschauung der Brāhmana-Texte, Göttingen 1919

Olerud, Anders: L'idée de macrocosmos et de microcosmos dans le Timée de Platon. Étude de mythologie comparée, Uppsala 1951

Olivelle, Patrick: The *Āśrama* System. The History and Hermeneutics of a Religious Institution, New York–Oxford et al. 1993

Olivelle, Patrick: The Origin and the Early Development of Buddhist Monachism, Colombo 1974

Olympiodoros: In Platonis Alcibiadem, ⟨ed.⟩ Westerink, Leendert G., Amsterdam 1982 (corr. repr. of ed. Amsterdam 1956)

Olympiodoros: In Platonis Phaedonem (gr./engl.), ⟨ed./tr.⟩ Westerink, Leendert G.: The Greek Commentaries on Plato's Phaedo, Vol. 1: Olympiodorus, Amsterdam–Oxford–New York 1976

Organ, Troy: Three into Four in Hinduism, in: Ohio Journal of Religious Studies 1 (1973), Cleveland/OH, 7-13

Origenes: Commentarium in Canticum Canticorum, ⟨tr.⟩ Lawson, R. P.: Origen: The Song of Songs. Commentary and Homilies, Westminster/MD–London 1957

Origenes: Werke, 12 Bde., ⟨ed.⟩ Kommission für spätantike Religionsgeschichte der Preussischen Akademie der Wissenschaften (verschiedene Einzeleditoren), Leipzig 1899-1955

Otto, Rudolf: West-östliche Mystik. Vergleich und Unterscheidung zur Wesensdeutung, Gotha [2]1929 (ergänzt; [1]1926)

Padoux, André: Le Tantrisme, in: ⟨ed.⟩ Silburn, Lilian: Aux sources du Bouddhisme, s.l. 1997 ([1]1977), 285-318

Padoux, André: Vāc. The Concept of the Word in Selected Hindu Tantras, Albany/NY 1990

Palsule, Gajanan Balkrishna: A Concordance of Sanskrit Dhātupāṭhas (with Index of meanings), Poone 1955

Pañcaviṃśa-Brāhmaṇa/Tāṇḍyamahābrāhmaṇa: ⟨edd.⟩ Śāstri, Śrī Cinnasvāmi / Śāstri, Paṭṭābhirāma: Tāṇḍyamahābrāhmaṇa belonging to the Sāma Veda, with the Commentary of Sāyāṇācārya, 2 Pts., Varanasi 1935-1936

Pañcaviṃśa-Brāhmaṇa: ⟨ed.⟩ Chandra, Lokesh: Pañcaviṃśa-Brāhmaṇa and Ṣaḍviṃśa-Brāhmaṇa with the Commentary of Sāyaṇa. Facsimile Reproduction of a Devanāgarī Manuscript from the Collection of Prof. Raghuvira, New Delhi 1981

Pañcaviṃśa-Brāhmaṇa: ⟨tr.⟩ Caland, W.: The Brahmana of Twenty

Five Chapters, Calcutta 1931

Panikkar, Raimundo: The Vedic Experience. Mantramañjarī. An Anthology of the Vedas for Modern Man and Contemporary Celebration, New Delhi 1977

Patañjali: Yoga-Sūtra (skr./engl.), ⟨ed.⟩ Hariharānanda Āraṇya, Swāmi: Yoga Philosophy of Patañjali. Containing His Yoga Aphorisms with Vyāsa's Commentary in Sanskrit and a Translation with Annotations Including Many Suggestions for the Practice of Yoga, ⟨tr.⟩ Mukerji, Paresh Nath, Albany/NY 1983 (Calcutta [1]1963; revidierte Ausgaben 1977; 1981)

Patañjali: Yoga-Sūtra (skr./dt.), ⟨tr.⟩ Maldoner, Helmuth: Yoga Sūtra. Der Yogaleitfaden des Patañjali, Hamburg [1]1987

Patañjali: Yoga-Sūtra (skr./engl.), ⟨ed./tr.⟩ Taimni, I. K.: The Science of Yoga. The Yoga-Sūtras of Patañjali in Sanskrit with Transliteration in Roman, Translation and Commentary in English, Madras–Wheaton/IL–London 1986 (Repr. d. Ausg. [1]1961)

Pelikan, Jaroslav: The Christian Tradition. A History of Development of Doctrine, 5 Vols., Chicago–London 1971–1989

Pépin, Jean: Idées grecques sur l'homme et sur dieu, Paris 1971

Pereira, José: Hindu Theology. Themes, Texts and Structures, Delhi et al. 1991 ([1]1976)

Peyre, Christian: Y a-t-il un contexte italique au Style de Waldalgesheim?, in: ⟨edd.⟩ Duval, Paul-Marie / Kruta, Venceslas: L'art celtique de la période d'expansion IVe et IIIe siècles avant notre ère. Actes du colloque organisé sous les auspices du Collège de France et de la IVe Section de l'Ecole pratique des Hautes Etudes, du 26 au 28 septembre 1978, au Collège de France à Paris, Genève–Paris 1982, 51–82

Philokalía tõn 'ierõn nēptikõn (Φιλοκαλία τῶν ἱερῶν νηπτικῶν), Athen 1976–1984 (4. & 5. Aufl.)

Philokalia: ⟨tr.⟩ Verlag "Der Christliche Osten", Schriftleitung Gregor Hohmann: Philokalie der heiligen Väter der Nüchternheit, 6 Bde., Würzburg 2004

Philon ⟨Ioudaios⟩ Alexandrinus: ⟨edd.⟩ Cohn, Leopold / Wendland, Paul: Philonis Alexandrini opera quae supersunt, 6 Bde. + 1 Doppel-Indexband, Berlin 1962–1973 (Nachdr. von [1]1896–1930)

Philon ⟨Ioudaios⟩ Alexandrinus: ⟨edd.⟩ Cohn, Leopold / Heinemann,

Isaak / Adler, Maximilian / Theiler, Willy: Philo von Alexandria. Die Werke in deutscher Übertragung, 7 Bde., Berlin [2]1962-1964

Philon ⟨Ioudaios⟩ Alexandrinus: ⟨edd./trr.⟩ Colson, F. H. / Whitaker, G. H.: Philo in ten Volumes and two Supplementary Volumes [by Marcus, Ralph] (gr./engl.), Cambridge/MA–London 1960-1971 (reprint)

Picavet, François: Essais sur l'histoire générale et comparée des théologies et des philosophies médiévales, Paris 1913

Picavet, François: Hypostases Plotiniennes et trinité chrétienne, in: Annuaire de l'École pratique des Hautes-Études, Section des Sciences Religieuses, Jg. 1917, Paris, 1-52

Pingle, Pratibha M.: The Concept of VĀC in the Vedic Literature, Delhi [1]2005

des Places, Édouard: La religion de Jamblique, in: ⟨edd.⟩ Larsen, Daalsgaard Bent et al.: De Jamblique à Proclus, Vandœuvres–Genève 1974, 69-101

Platon: Werke (gr./dt.), 8 Bde. in 9 Tln., ⟨ed.⟩ Eigler, Gunther, Text der Œuvres complètes (gr./frz.), 14 Bde. in 26 Tln., verschiedener Editoren der Société d'Édition les Belles Lettres, Paris, unterschiedliche Jahrgänge und Auflagen, ⟨trr.⟩ Schleiermacher, Friedrich / Kurz, Dietrich / Müller, Hieronymus / Schöpsdau, Klaus, verschiedene Bearbeiter, Darmstadt [3]1990 (Sonderausgabe von [3]1990 der Ausg. Darmstadt 1973)

Platon: Jubiläumsausgabe sämtlicher Werke zum 2400. Geburtstag (Artemis-Paperbackausgabe), 8 Bde., ⟨tr.⟩ Rufener, Rudolf, Zürich–München 1974

Pletsch, Alexander: Der Schein des Guten und das wahrhaft Gute bei Boethius, in: ⟨edd.⟩ Khoury, Raif Georges / Halfwassen, Jens, in Verbindung mit Musall, Frederek: Platonismus im Orient und Okzident. Neuplatonische Denkstrukturen im Judentum, Christentum und Islam, Heidelberg 2005, 61-72

Plotinos: ⟨ed./tr.⟩ Armstrong, H. A.: Plotinus in Seven Volumes (gr./engl.), Cambridge/MA–London 1966-1988

Plotinos: ⟨ed./tr.⟩ Harder, Richard: Plotins Schriften [Enneaden], (gr./dt.), 6 Haupt-/6 Ergänzungsbände, Hamburg 1956-1971

Plotinos: ⟨edd.⟩ Henry, Paul / Schwyzer, Hans-Rudolf: Plotini opera, 3 Vols., Oxonii (Oxford) 1964-1982

Ploutarchos: Vitae parallelae (gr./engl.), ⟨tr.⟩ Perrin, Bernadotte: Plutarch's Lives in 11 Volumes, Cambridge/MA–London 1961–1970 (repr.)

Proklos: Elementa Theologiae (gr./engl.), ⟨ed./tr./com.⟩ Dodds, Eric R.: Proclus. The Elements of Theology, Oxford ²1992 (¹1932)

Proklos: In Platonis Parmenidem, ⟨ed.⟩ Cousin, Victor: Procli philosophi platonici opera inedita, pars tertia, continens Procli commentarium in Platonis Parmenidem, Hildesheim 1961 (repr. der Ausg. Parisiis 1864), 617–1314

Proklos: In Platonis Parmenidem, ⟨trr.⟩ Morrow, Glenn R. / Dillon, John M.: Proclus' Commentary on Plato's *Parmenides*, Princeton/NJ 1987

Proklos: In Platonis Parmenidem Commentaria, 3 tomi, ⟨edd.⟩ Steel, Carlos / Mace, Caroline / D'Hoine, Pieter / Gribomont, Aurelie / van Campe, Leen, Oxford–New York 2007–2009

Proklos: In Parmendiem [Commentarius in Parmenidem] (lat.), ⟨ed.⟩ Steel, Carlos: Proclus: Commentaire sur le Parménide de Platon. Traduction de Guillaume de Moerbeke, 2 tomes (mit fortlaufender Paginierung), Leuven 1982–1985

Proklos: In Platonis Parmenidem, ⟨tr.⟩ Bartholomai, Rainer: Kommentar zu Platons Parmenides 141 E – 142 A, Sankt Augustin ²2002 (¹1990)

Proklos: In Platonis Parmenidem, ⟨tr.⟩ Zekl, Hans Günter: Proklos Diadochos. Kommentar zum platonischen Parmenides, Würzburg 2010

Proklos: In Platonis Theologiam libri VI (gr./frz.), ⟨edd./trr.⟩ Saffrey, Henri D. / Westerink, Leendert G.: Proclus. Théologie platonicienne, livres I–VI, 6 tomes, Paris 1968–1997

Proklos: In Platonis Theologiam libri VI, ⟨tr.⟩ Taylor, Thomas: Proclus. The Theology of Plato, Frome/Somerset ²1995 (¹1816)

Przyluski, Jean / Lamotte, Étienne: Buddhisme et Upaniṣad (1932), in: Lamotte, Étienne: Opera Indologica, Louvain-la-Neuve–Paris 2004, 173–201

Przyluski, Jean: Les trois hypostases dans l'Inde et à Alexandrie, in: Annuaire de l'Institut de Philologie et d'Histoire Orientales et Slaves 4 (1936), Mélanges Franz Cumont I + II, Bruxelles, 925–933

Puligandla, Ramakrishna: Fundamentals of Indian Philosophy, Lanham–New York–London 1985 ([1]1975)

Puligandla, Ramakrishna: Jñāna-Yoga – The Way of Knowledge (An Analytical Interpretation), Lanham–New York–London 1985

Quecke, Kurt: Die Lehre von den drei Körpern Buddhas (Trikâya). Ein Beitrag zur Buddhologie des Mahâyâna, Marburg 1947 (Phil. Diss.)

Rabbow, Paul: Seelenführung. Methodik der Exerzitien in der Antike, München 1954

Radhakrishnan, Sarvepalli: East and West in Religion, London 1933

Radhakrishnan, Sarvepalli: Indian Philosophy, 2 Vols., London–New York [2]1971 (9th impression)

Radhakrishnan, Sarvepalli ⟨ed./tr.⟩: The Principal Upaniṣads (skr./engl.), with introduction and notes, Atlantic Highlands/NJ 1993 (2nd. pbk. printing of 1st. publ. London 1953)

Rahner, Karl: Le début d'une doctrine des cinq sens spirituels chez Origène, in: Revue d'ascétique et de mystique 13 (1932), Toulouse, 113-145

Raju, P[oolla]. T[irupati].: Idealistic Thought of India, New York–London 1973 (repr. of the ed. 1953, with a new Preface)

Raju, P[oolla]. T[irupati].: Introduction to Comparative Philosophy, Delhi 1992 ([1]1962)

Raju, P[oolla]. T[irupati].: The Concept of Man in Indian Thought, in: Radhakrishnan, S. / Raju, P. T.: The Concept of Man. A Study in Comparative Philosophy, Delhi 1992

Raju, P[oolla]. T[irupati].: The Philosophical Traditions of India, Delhi et al. 1992

Rappe, Guido: Archaische Leiberfahrung. Der Leib in der frühgriechischen Philosophie und in außereuropäischen Kulturen, Berlin 1995

Rees, Alwyn / Rees, Brinley: Celtic Heritage. Ancient Tradition in Ireland and Wales, London 1989 (reprint of 1961)

Renou, Louis: Études védiques et pāṇinéennes, 17 tomes, Paris 1955-1969

Renou, Louis avec la collaboration de Lilian Silburn: Sur la notion de *bráhman*, in: Journal asiatique 237 (1949), Paris, 7-46

Renou, Louis / Filliozat, Jean: L'Inde classique. Manuel des études indiennes, 2 tomes, avec le concours de Pierre Meile, Anne-Marie Esnoul, Liliane Silburn, Paul Demiéville, Olivier Lacombe, Paris 1985 ([1]1947-1949)

Ṛg-Veda: ⟨ed.⟩ Aufrecht, Theodor: Die Hymnen des Ṛgveda, 2 Bde., Darmstadt [3]1955 (Nachdr. von [2]1877)

Ṛg-Veda: ⟨edd.⟩ van Nooten, Barend A. / Holland, Gary B.: Rig Veda. A Metrically Restored Text with an Introduction and Notes, Cambridge/MA–London 1994

Ṛg-Veda: ⟨tr.⟩ Geldner, Karl Friedrich: Der Rig-Veda, 4 Bde., Cambridge/MA–London–Leipzig 1951-1957

Ṛg-Veda: ⟨tr.⟩ Grassmann, Hermann: Rig-Veda, 2 Tle., Frankfurt/M. 1990 (Nachdr. d. Ausg. Leipzig 1876-1877)

Ṛg-Veda: ⟨tr.⟩ Griffith, Ralph Thomas Hotchkin: The Hymns of the Rigveda, 2 Vols., Benares [1]1897

Ṛg-Veda: ⟨trr.⟩ Jamison, Stephanie W. / Brereton Joel P.: The Rigveda. The Earliest Religious Poetry of India, 3 Vols., Oxford et al. 2014

Ṛg-Veda: ⟨tr.⟩ Wilson, Horace Hayman: Ṛig-Veda Sanhitá. A Collection of Ancient Hindu Hymns, 6 Vols., London 1854-1888

Rhys Davids, T. W. / Stede, William: The Pali Text Society's Pali-English Dictionary, Oxford 1992 (Repr. d. Ausg. 1921-1925)

Riedweg, Christoph: Mysterienterminologie bei Platon, Philon und Klemens von Alexandrien, Berlin–New York 1987

Robilliard, J.-A.: Les six genres de contemplation chez Richard de Saint-Victor et leur origine platonicienne, in: Revue des sciences philosophiques et théologiques 28 (1939), Paris, 229-233

Robinson, Bob: Christians Meeting Hindus. An Analysis and Theological Critique of the Hindu-Christian Encounter in India, Oxford et al. 2004

Robinson, James M. ⟨ed.⟩: The Nag Hammadi Library in English, San Francisco [3]1990 (revised ed.)

Rodier, David F. T.: Meditative States in the Abhidharma and in Pseudo-Dionys, in: ⟨ed.⟩ Harris, R. Baine: Neoplatonism and Indian Thought, Delhi 1992 (reprint of ed. [1]1982), 121-136

Röth, Eduard: Geschichte unserer Abendländischen Philosophie. Entwicklungsgeschichte unserer spekulativen, sowohl philosophischen als religiösen Ideen von ihren ersten Anfängen bis auf die Gegenwart, 2 Bde. in 3 Tln., Mannheim [2]1862 ([1]1846–1858)

Roques, René: Dionysius Areopagita, in: ⟨ed.⟩ Klauser, Theodor: Reallexikon für Antike und Christentum, Bd. 3, Stuttgart 1957, 1075–1121

Roques, René: L'univers dionysien. Structure hiérarchique du monde selon le Pseudo-Denys, Latour-Maubourg 1983 (reproduction de l'édition Paris [1]1954)

Rosán, Laurence Jay: The Philosophy of Proclus. The Final Phase of Ancient Thought, Dilton Marsh/UK 2009 (Neudruck d. Ausg. New York 1949 mit Ergänzungsbibliographie und geänderter Paginierung:)

Ruben, Walter: Indische und griechische Metaphysik, in: Zeitschrift für Indologie und Iranistik 8 (1931/32), Leipzig, 147–227

Ruh, Kurt: Geschichte der abendländischen Mystik, 4 Bde., München 1990–1999

Sabo, Theodore: Plotinus and Buddhism, in: Philosophy East and West 67 (2017), Honolulu/HI, 494–505

Sadakata, Akira: Buddhist Cosmology. Philosophy and Origins, Tokyo 1997

Sadānanda: Vedāntasāra (skr./engl.), ⟨ed./tr.⟩ Nikhilananda, Swami: Vedanta-Sara (The Essence of Vedanta) of Sadananda Yogindra, Calcutta 1990 (9th impr.)

Sagar, Sunder Lal: Hindu Culture and Caste System in India, Delhi 1975

Sāṃkhya-Kārikā: ⟨ed./tr.⟩ Esnoul, Anne-Marie: Les Strophes de Sāṃkhya (Sāṃkhya-Kārikā) avec le commentaire de Gauḍapāda (skr./frz.), Paris 1964

Sangeetha Rao, S.: Caste System in India: Myth and Reality, Delhi 1989

(Pseudo-)Śaṅkara: Aparokṣānubhūti or Self-Realization (skr./engl.), ⟨ed./tr.⟩ Vimuktananda, Swami, Calcutta 1982 (6th impr.)

Śaṅkara: Bhagavad-Gītā-Bhāṣya, ⟨tr.⟩ Sastry, Alladi Mahadeva: The Bhagavad Gita with the Commentary of Sri Sankaracharya, Madras 1988 (corr. ed. of [1]1897)

Śaṅkara: Śrīśāṃkaragraṃthāvaliḥ. Complete Works of Sri Sankaracharya, 10 Vols., Samata Edition, Madras [rev.]1981–1983 ([1]1910)

Śaṅkara: Upadeśasāhasrī (skr./engl.), ⟨ed./tr.⟩ Alston, A. J.: The Thousand Teachings of Śaṅkara, London [1]1990

Śaṅkara: Vivekacūḍāmaṇi (skr./engl.), ⟨ed./tr.⟩ Mādhavānanda, Svāmī, Calcutta1982 (11th reprint of ca. 1921)

Śatapatha-Brāhmaṇa: ⟨ed.⟩ Weber, Albrecht: The Śatapatha-Brāhmaṇa in the Mādhyandina-Śākhā with Extracts from the Commentaries of Sāyaṇa, Harisvāmin and Dvivedaganga, Varanasi/India 1964

Śatapatha-Brāhmaṇa (engl.): ⟨tr.⟩ Eggeling, Julius, 5 Vols., Oxford 1882-1900

Sauzeau, Pierre / Sauzeau, André: Le symbolisme des métaux et le mythe des races métalliques, in: Revue de l'histoire des religions, 219 (2002), Paris, 259-297

Sawant, Ankush R.: Manu-Smriti and Republic of Plato. A Comparative and Critical Study, Bombay–Delhi–Nagpur 1996

Schaberg, Jane: The Father, the Son and the Holy Spirit. The Triadic Phrase in Matthew 28:19b, Chico/CA 1982

Schadel, Erwin: Bibliotheca Trinitariorum, 2 Bde., München et al. 1984-1988

Scharbau, Carl Anders: Die Idee der Schöpfung in der vedischen Literatur. Eine religionsgeschichtliche Untersuchung über den frühindischen Theismus, Stuttgart 1932

Scharfstein, Ben-Ami: 'Cogito Ergo Sum': Descartes, Augustine, and Śankara, in: ⟨edd.⟩ Idem et al.: Philosophy East/Philosophy West. A Critical Comparison of Indian, Chinese, Islamic, and European Philosophy, Oxford 1978, 199-217, 319-322

Schayer, Stanisław: O filozofowaniu Hindusów (Artykuły wybrane) – On Philosophizing of the Hindus (Selected Papers), ⟨ed.⟩ Mejor, Marek, Warszawa 1988

Schefer, Christina: Platons unsagbare Erfahrung. Ein anderer Zugang zu Platon, Basel 2001

von Schelling, Friedrich Wilhelm Joseph: Schellings Werke, 12 Bde., ⟨ed.⟩ Schröter, Manfred, München 1958 (unveränderter Nachdruck des 1927 erschienenen Münchener Jubiläumsdruckes)

Scherman, Lucian: Philosophische Hymnen aus der Ṛig- und Atharva-veda-Sanhitâ verglichen mit den Philosophemen der älteren Upanishad's, London 1887

Schissel von Fleschenberg, Otmar: Marinos von Neapolis und die neuplatonischen Tugendgrade, Athen 1928

Schmidt-Leukel, Perry: Grundkurs Fundamentaltheologie. Eine Einführung in die Grundfragen des christlichen Glaubens, München [1]1999

Scholem, Gershom: Die jüdische Mystik in ihren Hauptströmungen, Frankfurt/M. 1980 (engl. Erstaufl. 1941)

Scholem, Gershom: Reste neuplatonischer Spekulation in der Mystik der deutschen Chassidim und ihre Vermittlung durch Abraham bar Chija, in: Monatsschrift für Geschichte und Wissenschaft des Judentums 75 = Neue Folge, 39 (1931), Frankfurt/M., 172-191

Scholem, Gershom: Schöpfung aus Nichts und Selbstverschränkung Gottes, in: Eranos-Jahrbuch 25 (1956), Zürich 1957, 87-119

Scholem, Gershom: Über einige Grundbegriffe des Judentums, Frankfurt/M. 1970

Scholem, Gershom: Zur Kabbala und ihrer Symbolik, Frankfurt/M. [3]1981 ([1]1960)

Schopenhauer, Arthur: Arthur Schopenhauers sämtliche Werke, Bde. 1-6, 9-11, 13-16, ⟨edd.⟩ Deussen, Paul et al., München 1911-1942

Schulze-Maizier, Friedrich: Meister Eckharts deutsche Predigten und Traktate, Leipzig [2]s.a [1927]

Schwartz, Yossef: Salomon Ibn Gabirol: Zwischen Schöpfungsmythologie und Geheimnis der Einheit, in: ⟨edd.⟩ Khoury, Raif Georges / Halfwassen, Jens, in Verbindung mit Musall, Frederek: Platonismus im Orient und Okzident. Neuplatonische Denkstrukturen im Judentum, Christentum und Islam, Heidelberg 2005, 141-159

Seidenstücker, Karl: Nirvāṇa, des Riesen Riesenwahrheit, in: Buddhistischer Weltspiegel 1 (1919), Leipzig, 161-177

Sekretariat der Deutschen Bischofskonferenz ⟨ed.⟩: Verlautbarungen des Apostolischen Stuhls 95. Kongregation für die Glaubenslehre. Schreiben an die Bischöfe der katholischen Kirche über einige Aspekte der christlichen Meditation, 15. Oktober 1989, Bonn 1989

Senzaki, Nyogen / Strout McCandless, Ruth ⟨edd./trr.⟩: The Iron Flute. 100 Zen Kōan with commentary by Genrō, Fūgai, and Nyogen, Rutland/VT–Tokyo 1961

Sergent, Bernard: Les trois fonctions indo-européennes en Grèce ancienne. I De Mycènes aux Tragiques, Paris 1998 (Band II nicht erschienen)

Sethe, Kurt: Amun und die acht Urgötter von Hermopolis. Eine Untersuchung über Ursprung und Wesen des ägyptischen Götterkönigs, Abhandlungen der Preussischen Akademie der Wissenschaften, Philosophisch-historische Klasse, Jg. 1929, Nr. 4, Berlin 1930

Shankar, Bhavani: The Doctrine of the Bhagavad Gita, London–Santa Barbara–New York 1984

Sharma, Arvind: The *Puruṣārthas*. A Study in Hindu Axiology, East Lansing/MI 1982

Sharma, Chandradhar: A Critical Survey of Indian Philosophy, Delhi et al. 1991 (reprint of ed. [1]1960)

Sharma, Chandradhar: The Advaita Tradition in Indian Philosophy, Delhi 1996

Sharma, I. C.: The Four Dimensional Philosophy of Indian Thought and Plotinus, in: ⟨ed.⟩ Gregorios, Paulos Mar (Verghese, Paul): Neoplatonism and Indian Philosophy, Albany/NY 2002, 189 – 198

Shaw, Gregory: The Geometry of Grace: A Pythagorean Approach to Theurgy, in: ⟨edd.⟩ Blumenthal, Henry J. / Clark, E. Gillian: The Divine Iamblichus. Philosopher and Man of Gods, London 1993, 116-137

Sheppard, Anne: Proclus' Attitude to Theurgy, in: Classical Quarterly, new series, 32 (1982), Oxford et al., 212-224

Sheppard, Anne: Studies on the 5th and 6th Essays of Proclus' Commentary on the Republic, Göttingen 1980

Skurzak, Ludwik: Étude sur l'origine de l'ascétisme indien, Traveaux de la Société des Sciences et des Lettres de Wrocław, Seria A, Nr. 15, Wrocław 1948

Sleeman, John H. / Pollet, Gilbert: Lexicon Plotinianum, Leiden–Leuven 1980

Smith, Brian K.: Classifying the Universe. The Ancient Indian *Varṇa* System and the Origins of Caste, New York–Oxford et al. 1994

Smith, Brian K.: Reflections on Resemblance, Ritual, and Religion, New York–Oxford 1989

Sōgen, Yamakami: Systems of Buddhistic Thought, Calcutta 1912

Solignac, Aimé: Oculus, in: ⟨ed.⟩ Viller, Marcel: Dictionnaire de spiritualité ascétique et mystique, tome 11, Paris 1982, 591-601

Stein, O.: Notes on the Trikāya-Doctrine, in: ⟨edd.⟩ Belvalkar, S. K. et al.: Jhā Commemoration Volume. Essays on Oriental Subjects, Poona 1937, 389-398

Steiner, Rudolf: Gesamtausgabe, 354 Bde., Dornach–Basel 1961-noch andauernd

Steiner, Wolfgang: Die Aufgabe des Denkens. Martin Heidegger und die philosophische Mystik, Augsburg 2006 (Phil. Diss), elektronische Ressource: d-nb.info/990104648/34, Stand 2008

Stoddart, William: Sufism. The Mystical Doctrines and Methods of Islam, Wellingborough/Northamptonshire 1984 (2nd impression; [1]1976)

Stöckl, Albert: Die Lehre der vornicänischen Kirchenväter von der göttlichen Trinität. Ein Programm, in: Jahresbericht über das königliche Lyceum, Gymnasium und die lateinische Schule zu Amberg für das Studienjahr 1860/61, Amberg 1861, 1-66

Sturm, Hans P.: Absolute Grunddisjunktion und Hypostasen. Das Vierphasen-Schema des Wissens bei J. G. Fichte und Plotin, in: Fichte-Studien 22 (2003), Amsterdam–New York 2003, 37-47

Sturm, Hans P.: Alt-Akademische Erledigung der okzidentalen Metaphysik. Unter Berücksichtigung des Lykeions und mit Bemerkungen zur Stoa, Widerspiegelung des Geistes II/4, Augsburg 2018

Sturm, Hans P.: Dao einfach, Dao vierfach. Der Weg/*Dào* 道, seine Tüchtigkeit/*dé* 德, Himmel-und-Erde/*tiān dì* 天地, Myriaden von Dingen/*wàn wù* 萬物, Widerspiegelung des Geistes II/7, Augsburg 2019

Sturm, Hans P.: Die vier Stadien des Ent–Setzens (ausgehend von) der buddhistischen Mittelweg-Philosophie Ārya Nāgārjuna's, nebst Parallelen aus den »Wissenschaftslehren« von J. G. Fichte. Eine Grundlegung der Strukturtheorie der Re-flexion, Widerspiegelung des Geistes I, Augsburg [2]2014 (vollständig überarbeitete, verbesserte, präzisierte und stark erweiterte Auflage mit leicht verändertem Titel der Ausg. Augsburg [1]2004)

Sturm, Hans P.: Die vier Wissenskonstituenzien (in) der spätantiken westlichen (?) Spekulation oder Philosophie im Dunstkreis des Orients, Widerspiegelung des Geistes II/5, Augsburg 2018

Sturm, Hans P.: Einleitung in die Strukturphilosophie der Re-flexion in transkulturaler Anwendung (Transkultural-Philosophie) auf die antike Philosophie Indiens, Griechenlands und Chinas. Von der szientistischen Real-Aporie: Formalien, Ausgangspunkt, Methodik, Rahmenbedingungen, Widerspiegelung des Geistes II/1 Augsburg 2016

Sturm, Hans P.: Ethische Evokationen der Sophistik. Sokrates und die Aufklärung der Protagoreischen Widerspruchsunmöglichkeit, in: ⟨edd.⟩ Baruzzi, Arno / Takeichi, Akihiro: Ethos des Interkulturellen. Was ist das, woran wir uns jetzt und in Zukunft halten können?, Würzburg 1998, 125-146

Sturm, Hans P.: »Im Anfang war ... ?« Der Alte Orient und die Vier. Kosmogonie als vergegenständlichte Re-flexionsstruktur, Widerspiegelung des Geistes II/3, Augsburg 2017

Sturm, Hans P.: Prinzipien-Triadik oder Prinzipien-Tetradik? Vom ‚non-missing (non-)link' (in) der Proto-Philosophie Griechenlands und Indiens, Widerspiegelung des Geistes II/2, Augsburg 2016

Sturm, Hans P.: Tetralogos – Ein erster Versuch. Die vier Positionen der Aussage und die vier Glieder des Geistes in der Māṇḍūkya-Upaniṣad und der ars coniecturalis des Nicolaus Cusanus, in: ⟨edd.⟩ Schneider, Notger / Mall, Ram Adhar / Lohmar, Dieter: Einheit und Vielfalt. Das Verstehen der Kulturen, Studien zur interkulturellen Philosophie, Bd. 9, Amsterdam–Atlanta 1998, 85-98

Sturm, Hans P.: Urteilsenthaltung oder Weisheitsliebe zwischen Welterklärung und Lebenskunst, Freiburg/Br.–München 2002

Sturm, Hans P.: Weder Sein noch Nichtsein. Der Urteilsvierkant (catuṣkoṭi) und seine Korollarien im östlichen und westlichen Denken, Würzburg 1996

Subhāṣita-Saṃgraha. An Anthology of Extracts from Buddhist Works Compiled by an Unknown Author, to Illustrate the Doctrines of Scholastic and of Mystic (Tāntrik) Buddhism, ⟨ed.⟩ Bendall, Cecil, 2 Parts, in: Le Muséon, new series, 4 (1903), 375-402 & 5 (1904), 5-46, Louvain

Suzuki, Daisetz Teitaro: Studies in the Lankavatara Sutra. One of the most important texts of Mahayana Buddhism, in which almost all its principal tenets are presented, including the teaching of Zen, London–Boston 1972 (reprint; [1]1930)

Synesios: De insomniis, ⟨tr.⟩ Lang, Wolfram: Das Traumbuch des

Synesius von Kyrene, Tübingen 1926

Synesios: Hymni (gr./dt.), ⟨edd./trr.⟩ Gruber, Joachim / Strohm, Hans: Synesios von Kyrene: Hymnen, Heidelberg 1991

Synesios: Opere (gr./ital.), ⟨ed./tr.⟩ Garzya, Antonio: Opere di Sinesio di Cirene. Epistole Opere Inni, Torino 1989

Synesios: Opuscula I, ⟨ed.⟩ Lamoureux, Jacques, ⟨tr.⟩ Aujoulat, Noël: Synésios de Cyrène, Tome IV, Opuscules I, Paris 2004

Taittirīya-Brāhmaṇa: ⟨ed.⟩ Mitra, Rājendralāla: The Taittirīya Brāhmaṇa of the Black Yajur Veda, with the Commentary of Sāyanāchārya, 4 Vols., Osnabrück 1981 (reprint of Calcutta 1855-1870)

Tanaseanu-Döbler, Ilinca: Theurgy in Late Antiquity. The Invention of a Ritual Tradition, Göttingen–Bristol/CT 2013

Tauler, Johannes: Die Predigten Taulers aus der Engelberger und Freiburger Handschrift sowie aus Schmidts Abschriften der ehemaligen Straßburger Handschriften, ⟨ed.⟩ Vetter, Ferdinand, Berlin 1910

Tauler, Johannes: Predigten. Vollständige Ausgabe, 2 Bde., ⟨ed./tr.⟩ Hofmann, Georg, Einführung von Alois M. Haas, Einsiedeln–Trier ^{3}1987

Teichmüller, Gustav: Neue Studien zur Geschichte der Begriffe, Heft 1: Herakleitos, Gotha 1876

Theiler, Willy: Forschungen zum Neuplatonismus, Berlin 1966

Theon Smyrnaios: Expositio rerum mathematicarum ad legendum Platonem utilium (gr./frz.), ⟨ed./tr.⟩ Dupuis J.: Théon de Smyrne, Philosophe Platonicien. Exposition des connaissances mathématiques utiles pour la lecture de Platon, Bruxelles 1966 (Nachdr. d. Ausg. Paris 1892)

Thieme, Paul: Gedichte aus dem Rig-Veda, Stuttgart 1964

Thomas, Edward J.: The History of Buddhist Thought, London–New York 1933

Thomassen, Einar: The Philosophical Dimension in Gnosticism: the Valentinian System, in: ⟨ed.⟩ Skarsten, Roald: Understanding and History in Arts and Sciences, Oslo 1991, 69-79

Tola, Fernando / Dragonetti, Carmen: Being as Consciousness. *Yogācāra Philosophy of Buddhism,* Delhi 2004

Tränkle, Hermann: ΓΝΩΘΙ ΣΕΑΥΤΟΝ. Zu Ursprung und Deutungsgeschichte des delphischen Spruchs, in: Würzburger Jahrbücher für die Atertumswissenschaft, Neue Folge, 11 (1985), Würzburg, 19-31

Tripathi, C. L.: The Influence of Indian Philosophy on Neoplatonism, in: ⟨ed.⟩ Harris, R. Baine: Neoplatonism and Indian Thought, Delhi 1992 (reprint of ed. [1]1982), 273-292

Tugwell, Simon: Ways of Imperfection. An Exploration of Christian Spirituality, London 1984

Udāna: ⟨ed.⟩ Steinthal, Paul, London 1948 (Repr. d. Ausg. [1]1885)

Uddhava-Gītā: ⟨ed./tr.⟩ Mādhavānanda, Swāmī: Uddhava Gita or the Last Message of Shri Krishna (skr./engl.), Calcutta 1978 (4th impr.)

Upadhyaya, Kashi Nath: Early Buddhism and the Bhagavadgītā, Delhi et al. 1971

Upaniṣads → Deussen, Paul; → Gambhīrānanda, Swāmī; → Mādhavānanda, Swāmī; → Radhakrishnan, Sarvepalli

Upaniṣads (Minor) (skr./engl.): ⟨ed./tr.⟩ Mādhavānanda, Swāmī: Minor Upanishads, Calcutta 1988 (6th impr.)

Upaniṣatsaṃgrahaḥ: ⟨ed.⟩ Shastri, Jagadish Lal, Delhi et al. [2]1980 ([1]1970)

Urwick, Edward J.: The Platonic Quest. An Interpretation of the *Republic*, London–Santa Barbara–New York 1983 (Teilneudruck von idem: The Message of Plato)

Uždavinys, Algis: Philosophy and Theurgy in Late Antiquity, San Rafael/CA 2010

de la Vallée Poussin, Louis: Cosmogony and Cosmology (Buddhist), in: ⟨ed.⟩ Hastings, James: Encyclopædia of Religion and Ethics, Vol. 4, Edinburgh–New York [3]1954, 129-138

de la Vallée Poussin, Louis de la ⟨ed.⟩: Mūlamadhyamakakārikās de Nāgārjuna avec la Prasannapadā Commentaire de Candrakīrti, Osnabrück 1970 (Neudruck d. Ausg. 1903-1913)

de la Vallée Poussin, Louis de la: The three Bodies of a Buddha (trikāya), in: Journal of the Royal Asiatic Society 37 (1906), Cambridge, 943-977

Vallin, Georges: La perspective métaphysique, Paris [2]1977 ([1]1959)

Vallin, Georges: Lumière du Non-dualisme, Nancy 1987

Vallin, Georges: Voie de gnose et voie d'amour. Eléments de mystique comparée, Sisteron 1980

van der Waerden, B. L.: Das Große Jahr und die ewige Wiederkehr, in: Hermes 80 (1952), Wiesbaden, 129-155

Van Liefferinge, Carine: La théurgie. Des *Oracles Chaldaïques* à Proclus, Liège 1999

Van Riel, Gerd: Damascius on the Contemplative Life, in: ⟨edd.⟩ Bénatouïl, Thomas / Bonazzi, Mauro: *Theoria, Praxis* and the Contemplative Life after Plato and Aristotle, Leiden–Boston 2012, 199-212

Vasil'ev, Leonid S.: Dao and Brahman: The Phenomenon of Primordial Supreme Unity, ⟨tr.⟩ Berezkin, Rostislav, in: Sino-Platonic Papers 252 (2014), Philadelphia/PA, 33 pp.

Васильев, Леонид С., Дао и Брахман: Феномен Изначалной Верховной Всеобщности, ⟨Ответственные редакторы⟩, Л. С. Васильев / Е. Б. Поршнева: Дао и Даосизм в Китае, Москва 1982, 134-158 (Vasiliev, Leonid S.: Dao i Brachman: Fenomen Iznatschal'noj Verchovnoj Vseobschtschnosti, ⟨Otvetstvennye redaktory⟩, L. S. Vasiliev / E .B. Porschneva: Dao i daosizm v Kitae, Moskva 1982, 134-158)

Vasubandhu: Triṃśikā-Kārikā (skr./engl.), ⟨ed./tr.⟩ Anacker, Stefan: Seven Works of Vasubandhu. The Buddhist Psychological Doctor, Delhi 2002 ([1]1984, reprint von [corr.]1998), 183-190, 422-423

Vasubandhu: Trisvabhāvakārikā (skr./engl.), ⟨ed./tr.⟩ Anacker, Stefan: Seven Works of Vasubandhu. The Buddhist Psychological Doctor, Delhi 2002 ([1]1984, reprint von [cor.]1998), 289-297, 464-466

Vasubandhu: Trisvabhāvakārikā (skr./engl.), ⟨edd./trr.⟩ Tola, Fernando / Dragonetti, Carmen: Being as Consciousness. *Yogācāra Philosophy of Buddhism,* Delhi 2004, 219-228

Vasubandhu: Vijñaptimātratāsiddhi (skr./engl.) [Viṃśatikā-Kārikā & Vṛtti; Triṃśikā & Bhāṣya] (With Sthiramati's Commentary), ⟨ed./tr.⟩ Chatterjee, K. N., Bhadaini–Varanasi 1980

Vaughan, Robert Alfred: Hours with the Mystics. A Contribution to the History of Religious Opinion, Vol. 1, London [2]1860 ([1]1856)

Venkata Ramanan, Krishnia: Nāgārjuna's Philosophy. As Presented in The Mahā-Prajñāpāramitā-Śāstra, Delhi et al. 1978 ([1]1966)

Vibhaṅga: ⟨ed.⟩ Rhys Davids, C. A. F.: The Vibhaṅga. Being the Second Book of the Abhidhamma Piṭaka, London 1904

Vibhaṅga: ⟨tr.⟩ Paṭhamakyaw Ashin Thiṭṭila (Seṭṭhila): The Book of Analysis (Vibhaṅga). The Second Book of the Abhidhamma Piṭaka, London 1969

Victorinus, Marius: Marii Victorini opera, 2 Bde., Pars prior: Opera theologica, ⟨edd.⟩ Henry, Paul / Hadot, Pierre. Pars posterior: Opera exegetica, ⟨ed.⟩ Gori, Franco, Wien 1971-1986

Visuddhi-Magga: ⟨ed.⟩ Rhys Davids, C. A. F.: The Visuddhi-Magga of Buddhaghosa, 2 Vols., London 1920-1921

Visuddhi-Magga: ⟨tr.⟩ Nyanaponika Mahathera: Der Weg zur Reinheit. Visuddhi-Magga. Die größte und älteste systematische Darstellung des Buddhismus, Uttenbühl [8]2002 (Nachdr. der 3., revidierten Aufl.; [1]1927)

Vitsaxis, Vassilis G.: Plato and the Upanisads, New Delhi [1]1977

Volk, Stefan: System und Kritik. Eine Einleitung in die tropologische Methode, Würzburg 2005

Wagner, Jürgen: Meditationen über Gelassenheit. Der Zugang des Menschen zu seinem Wesen im Anschluß an Martin Heidegger und Meister Eckhart, Hamburg 1995

Walde, Alois: Vergleichendes Wörterbuch der indogermanischen Sprachen, 3 Bde., ⟨ed.⟩ Pokorny, Julius, Berlin–Leipzig [2]1973 ([1]1927-1932)

Wallis, Henry White: The Cosmology of the Ṛigveda. An Essay, London–Edinburgh 1887

Wallis, Richard T.: Neoplatonism. With a Foreword and Bibliography by Lloyd P. Gerson, London–Indianapolis [2]1995 ([1]1972)

Wallis, Richard T.: ΝΟΥΣ as Experience, in: ⟨ed.⟩ Harris, R. Baine: The Significance of Neoplatonism, Norfolk/VA 1976, 121-153

Walter, Nikolaus: Der Thoraausleger Aristobulos. Untersuchungen zu seinen Fragmenten und zu pseudepigraphischen Resten der jüdisch-hellenistischen Literatur, Berlin 1964

Walter, Nikolaus: Fragmente jüdisch-hellenistischer Historiker, Jüdische Schriften aus hellenistisch-römischer Zeit, Bd. 1-2, Gütersloh 1976

Wayman, Alex: The Buddhist „Not this, Not this", in: Philosophy East and West 11 (1961), Honolulu/HI, 99-114

Weber, Albrecht: Collectanea über die Kastenverhältnisse in den Brâhmaṇa und Sûtra, in: ⟨ed.⟩ Idem: Indische Studien. Beiträge für die Kunde des indischen Alterthums, Bd. 10, Hildesheim–New York 1973 (Nachdr. d. Ausg. Leipzig 1868)

Weber, Albrecht: vâc und λόγος, in: ⟨ed.⟩ Idem: Indische Studien. Beiträge für die Kunde des indischen Alterthums, Bd. 9, Hildesheim–New York 1973 (Nachdr. d. Ausg. Leipzig 1865), 473-480

Weinsberg, Leopold: Der Mikrokosmos, ein angeblich im 12. Jahrhundert von dem Cordubenser Josef ibn Zaddik verfasstes philosophisches System, nach seiner Echtheit untersucht, Breslau 1888, Nachdruck in: ⟨ed.⟩ Katz, Steven T.: Jewish Neo-Platonism, New York 1980

von Weizsäcker, Carl Friedrich: Einleitung zum Buch von Gopi Krishna: Biologische Basis der Glaubens-Erfahrung, in: Krishna, Gopi / von Weizsäcker, Carl Friedrich: Die biologische Basis der Glaubens-Erfahrung, s.l. [2]1973 ([1]1971), 5-45

Werblowsky, R. J. Zwi: Magie, Mystik, Messianismus. Vergleichende Studien zur Religionsgeschichte des Judentums und Christentums, ⟨ed.⟩ Smith, Gary, in Zusammenarbeit mit Hermann Simon und Andreas Nachama, Hildesheim–Zürich–New York 1997

Werner, Edward Theodore Chalmers: Myths and Legends of China, New York 1994 (1st ed. London 1922)

Werner, Karel: From Polytheism to Monism – a Multidimensional View of the Vedic Religion, in: ⟨ed.⟩ Davies, Glenys: Polytheistic Systems, Edinburgh 1989, 12-27

Werner, Karel: The Vedic Concept of Human Personality and its Destiny, in: Journal of Indian Philosophy 5 (1978), Dordrecht, 275-289

West, Martin L.: Early Greek Philosophy and the Orient, Oxford et al. 1971

Westcott, William Wynn: An Introduction to the Study of the Kabalah with Eight Diagrams, London 1910

Whitehead, Alfred North: Process and Reality. An Essay in Cosmology, ⟨edd.⟩ Griffin, David Ray / Sherburne, Donald W., New York–London 1978 (corrected edition) ([1]1929)

Whitney, William Dwight: The Cosmogonic Hymn, Rig-Veda X. 129, in: Journal of the American Oriental Society 11 (1885),

Proceedings at Boston, May 24th, 1882, Ann Arbor/MI, CIX-CXI

von Wilamowitz-Moellendorff, Ulrich: Reden und Vorträge, 2 Bde., Dublin–Zürich [5]1967

Winston, David: Moses. In Hellenistic Literature, in: Encyclopaedia Judaica, Vol. 12, Jerusalem 1971, 388-393

Winternitz, Moritz: Geschichte der indischen Litteratur, 3 Bde., Leipzig, Bd. 1: [2]1909, Bd. 2: [2]1920, Bd. 3: [1]1922

Wittmann, Michael: Die Stellung des Hl. Thomas von Aquin zu Avencebrol (Ibn Gebirol), Münster/Westf. 1900, Nachdruck in: ⟨ed.⟩ Katz, Steven T.: Jewish Neo-Platonism, New York 1980

Wolfson, Harry Austryn: The Philosophy of the Church Fathers, Vol. 1: Faith, Trinity, Incarnation, Cambridge/MA 1956

Wolz-Gottwald, Eckard: Die Transzendentale Phänomenologie und die philosophische Mystik. Zum Durchbruch eines neuen Denkens im Spätwerk Edmund Husserls, in: Philosophisches Jahrbuch 101 (1994), Freiburg–München, 98-115

Wolz-Gottwald, Eckard: Transformation der Phänomenologie. Zur Mystik bei Husserl und Heidegger, Wien 1999

Woodroffe, John: Śakti and Śākta. Essays and Addresses, Madras [8]1975 ([1]1918)

Woodroffe, John: The Garland of Letters. Studies in the Mantra-Śāstra, Madras [6]1974 ([1]1922 ca., nach Vorwortdatierung)

Woodward, Frank Lee ⟨tr.⟩: The Minor Anthologies of the Pali Canon Part 2. Udāna: Verses of Uplift and Itivuttaka: As it was said, London 1948 ([1]1935)

Xuánzàng: Chéng-wéi-shì-lùn (Vijñaptimātratāsiddhi), ⟨edd.⟩ Takakusu, Junjiro / Watanabe, Kuntaro: Taishō shinshū Daizōkyō, Bd. 31, Nr. 1585, 1-60, Tokyo 1960 (Nachdr. d. Ausg. 1927) = http://21dzk.l.u-tokyo.ac.jp/SAT/index_en.html (Stand 26. 06. 2017)

Xuánzàng: Vijñaptimātratāsiddhi, ⟨tr.⟩ de la Vallée Poussin, Louis: La Siddhi de Hiuan-Tsang, 2 tomes, 1er tome: 8 fascicules, Paris 1928-1929; 2e tome: Index, Paris 1948

Yao Zhi-hua: One, Water, and Cosmogony. *Reflections on the Ṛgveda X.129 and the* Taiyi sheng shui, in: ⟨edd.⟩ Theodor, Ithamar / Yao Zhihua: Brahman and Dao. Comparative Studies of Indian and Chinese Philosophy and Religion, Lanham/MD et al. 2014, 3-18

Yogananda Paramahansa: Autobiography of a Yogi, Los Angeles/CA [11]1971 ([1]1946)

Yogananda Paramahansa ⟨tr./com.⟩: God Talks With Arjuna. The Bhagavad Gita. Royal Science of God-Realization (skr./engl.), 2 Vols. (mit durchlaufender Paginierung), Los Angeles/CA [1]1995

Yogananda Paramahansa: The Second Coming of Christ. The Resurrection of the Christ Within You. A revelatory commentary on the original teachings of Jesus, 2 Vols. (mit durchlaufender Paginierung), Los Angeles/CA [1]2004

Zeller, Eduard: Die Philosophie der Griechen in ihrer geschichtlichen Entwicklung, 3 Bde. in 6 Tln., Leipzig 1920-1923 (4.-7. Aufl.)

Zhèng-tǒng-dào-zàng: Hánfēn-lóu-Reprint, 1120 Faszikel, ⟨ed.⟩ Shāngwù Yìnshūguǎn, Shanghai [1]1923-1926 (Reprint-Neuausgaben verschiedener Verlage mit unterschiedlichen Bandzahlen und Paginierungen: 1963, 1977, 1986, 1988)

Zhōng-huá-dào-zàng: ⟨ed.⟩ Zhāng Jìyǔ, 49 Bde., Chinese Daoist Association, Huá-xià-chū-bǎn-shè, Beijing 2004

Zhū Xī: ⟨edd.⟩ Zhū Jié-rén / Yán Zuǒ-zhī / Liú Yǒng-xiáng: Zhū-zhi-quán-shū, 27 Vols., Shànghǎi gǔjí chūbǎn shè, Shanghai 2002

Zhuāngzǐ: Nán-huá-zhēn-jīng, ⟨ed.⟩ Harvard-Yenching Institute: Zhuangzi-yinde, A Concordance to Chuang Tzu, Sinological Index Series, Supplement No. 20, Taipei 1966 (repr.)

Zhuāngzǐ: Nán-huá-zhēn-jīng, ⟨tr.⟩ Mair, Victor H.: Wandering on the Way. Early Taoist Tales and Parables of Chuang Tzu, Honolulu/HI 1998 ([1]1994)

Zimmer, Heinrich: Kunstform und Yoga im indischen Kultbild, ⟨ed.⟩ Wilhelm, Friedrich, Frankfurt/M. 1976 (Berlin [1]1926)

Zimmer, Heinrich: Philosophie und Religion Indiens, Frankfurt/M. 1973 (engl. Originalausg. New York 1951)

Zimmer, Heinrich: Yoga und Buddhismus. Indische Sphären, Frankfurt/M. 1973

Namensregister

Enthält Namen von Autoren, Kompilatoren, Editoren, Übersetzern, historischen und mythischen Persönlichkeiten (nicht von Buch- und Werktiteln) und von ohne Verfassernamen überlieferten Quellenschriften

D

E

N

O

P

Q

R

T

U

V

Corrigenda zu

Faszikel II/4:
»Alt-Akademische Erledigung der okzidentalen Metaphysik«

p. 261, Literaturverzeichnis; zu ergänzen:

Sturm, Hans P.: »Im Anfang war … ?« Der Alte Orient und die Vier. Kosmogonie als vergegenständlichte Re−flexionsstruktur, Widerspiegelung des Geistes II/3, Augsburg 2017

Sturm, Hans P.: Prinzipien-Triadik oder Prinzipien-Tetradik? Vom ‚non-missing (non-)link' (in) der Proto-Philosophie Griechenlands und Indiens, Widerspiegelung des Geistes II/2, Augsburg 2016

Faszikel II/5:
»Die vier Wissenskonstituenzien (in) der spätantiken westlichen (?) Spekulation«

p. 276, Namensregister; richtig: Eckhart 167-168, 217, 235